O MODELO TOYOTA DE EXCELÊNCIA em SERVIÇOS

L727m Liker, Jeffrey K.
O modelo Toyota de excelência em serviços : a transformação lean nas organizações de serviço / Jeffrey K. Liker, Karyn Ross ; tradução: Francisco Araújo da Costa ; revisão técnica: Altair Flamarion Klippel. – Porto Alegre : Bookman, 2018.
xxxii, 415 p. : il. ; 25 cm.

ISBN 978-85-8260-474-8

1. Administração – Liderança – Modelo Toyota. 2. Gestão de pessoas – Modelo Toyota. 3. Liderança Lean. I. Ross, Karyn. II. Título.

CDU 658.3

Catalogação na publicação: Karin Lorien Menoncin – CRB 10/2147

JEFFREY K. LIKER
AUTOR DO *BEST-SELLER O MODELO TOYOTA*
KARYN ROSS

O MODELO TOYOTA DE EXCELÊNCIA em SERVIÇOS

A TRANSFORMAÇÃO LEAN EM ORGANIZAÇÕES DE SERVIÇOS

Tradução:
Francisco Araújo da Costa

Revisão técnica:
Altair Flamarion Klippel
Doutor em Engenharia de Produção pelo PPGEM/UFRGS
Sócio-consultor da Produttare Consultores Associados

bookman

2018

Obra originalmente publicada sob o título *The Toyota Way to Service Excellence*
ISBN 9781259641107 / 1259641104

Gerente editorial: *Arysinha Jacques Affonso*

Colaboraram nesta edição:

Leitura final: *Amábile Alice Deretti*

Capa: *Márcio Monticelli* (arte sobre capa original)

Projeto gráfico e editoração: *Techbooks*

Reservados todos os direitos de publicação, em língua portuguesa, à
BOOKMAN EDITORA LTDA., uma empresa do GRUPO A EDUCAÇÃO S.A.
Rua Ernesto Alves, 150 – Bairro Floresta – 90220-190 – Porto Alegre – RS
Fone: (51) 3027-7000 – SAC 0800 703 3444 – www.grupoa.com.br

Unidade São Paulo
Rua Doutor Cesário Mota Jr., 63 – Vila Buarque
01221-020 São Paulo SP
Fone: (11) 3221-9033

SAC 0800 703-3444 – www.grupoa.com.br

IMPRESSO NO BRASIL
PRINTED IN BRAZIL

Os autores

Dr. Jeffrey K. Liker é professor de engenharia industrial e operacional na Universidade de Michigan e presidente da Liker Lean Advisors. Liker é o autor do bestseller internacional *O Modelo Toyota: 14 Princípios de Gestão do Maior Fabricante do Mundo* e coautor de oito outros livros sobre a Toyota, incluindo *O Modelo Toyota de Liderança Lean*. Seus livros e artigos foram premiados com 12 Shingo Prizes for Research Excellence. Em 2012, ele foi elevado ao Hall da Fama da Association of Manufacturing Excellence, e em 2016 se tornou membro da Shingo Academy. Liker mora em Ann Arbor, Michigan, com a esposa e os filhos.

Visite JeffLiker.com

Karyn Ross é consultora *lean* e coach executiva, com foco na criação de mudanças sustentáveis na cultura corporativa de organizações de serviços. Ela trabalhou com empresas como Paychex, PrimePay, Zurich Insurance e National Taxi Limo para ajudar a desenvolver uma cultura de solução de problemas e práticas de negócios melhores. Ross escreve regularmente para o Lean Leadership Ways Industry Week Blog e também escreveu para as revistas *The Lean Management Journal* e *Industrial Engineer*. Ross mora em Naperville, Illinois.

Visite KarynRossConsulting.com

Para nossas famílias, amigos e professores.
Precisamos de vocês para nos inspirar e ensinar.

Jeff Liker
Karyn Ross

Agradecimentos

Tantas pessoas nos ensinaram e foram generosas com seus conhecimentos que é difícil saber por onde começar ou terminar na hora de agradecer a todos. Karyn e Jeff decidiram escrever agradecimentos individuais.

Do Jeff:

Infelizmente, não tenho como agradecer a todos que foram gentis e concordaram em participar de longas entrevistas e revisar a precisão de partes deste livro, mas várias pessoas dedicaram um nível excepcional de tempo para contar suas histórias, compartilhar informações e corrigir o resultado. Este livro contém muitos exemplos de caso detalhados. Obrigado a todos por me ensinarem o que significa buscar a excelência em serviços, não só na teoria, mas nos corações de pessoas reais. Um obrigado especial (sem nenhuma ordem específica) para:

- Dr. Richard Zarbo, Vice-Presidente Sênior e Diretor de Patologia e Medicina Laboratorial, Henry Ford Health System
- Betty Gratopp, Gerente-Geral de Produção, Zingerman's Mail Order
- Tom Root, Proprietário e Sócio-Gerente, Zingerman's Mail Order
- Richard Sheridan, Diretor de Narrativa, Menlo Innovations, autor de *Joy, Inc.*
- John Taylor, Gerente-Geral e Vice-Presidente, Dunning Toyota e Dunning Subaru
- Einar Gudmundsson, CEO, Rejmes Bil (Concessionária)
- Veli-Matti Mattila, CEO, Elisa
- Petri Selkäinaho, Diretor de Desenvolvimento, Elisa
- Merja Ranta-aho, Vice-Presidente Executiva de Recursos Humanos, Elisa
- David Hanna, Sócio, HPO Global Alliance, autor de *The Organizational Survival Code*
- Kai Laamanen, Profissional de Consultoria de Gestão da Innotiimi
- Jonathan Escobar Marin, Diretor Global de Gestão *Lean*, Hartmann Group
- Mariano Jimenez Torres, Gerente de Desenvolvimento Organizacional, Inversiones La Paz
- Florencio Munoz, Consultor *Lean* Sênior
- Dr. Brock Husby (meu ex-orientando), consultor *lean* em saúde
- Dr. Eduardo Lander, PhD (meu ex-orientando), consultor *lean* em serviços

- Hiroshi Ozawa, Professor, Universidade de Nagoya (colaborador em pesquisas)
- John Shook, CEO, Lean Enterprise Institute (um dos meus primeiros professores, e um dos mais influentes)
- Pierre Nadeau, Proprietário, SoulSmithing (foi aprendiz em uma forja de espadas no Japão)
- Whitney Walters, Diretora, Lean for Clinical Redesign, Universidade de Michigan
- Bill Costantino, Sócio Sênior, W3 Group
- Tyson Ortiz, pai que salvou a vida do seu filho Michael seguindo os princípios do *kata* de melhoria

Continuo a aprender e a me inspirar com cada visita que faço à Toyota, dentro e fora do Japão. Mitsuru Kawai, que estudou com Ohno, foi uma inspiração particularmente forte na sua dedicação inabalável ao trabalho de desenvolver pessoas todos os dias usando desafios e mentoreamento. Também fui inspirado por Latondra Newton, vice-presidente de grupo da Toyota North America, que se responsabilizou por transformar o Desenvolvimento no Trabalho enquanto conceito dentro da Toyota em uma abordagem intencional de *coaching* e ensino.

Neste livro, definimos a excelência em serviços como uma jornada de pensamento científico em direção a uma visão clara. Isso significa experimentar e refletir para superar obstáculos em busca de um objetivo. Devemos esses *insights* cruciais, espalhados por todo o livro, a Mike Rother, meu ex-aluno e autor de *Toyota Kata*. Um *kata* é uma rotina de prática que divide uma habilidade complexa (neste caso, uma abordagem científica à melhoria) em elementos básicos que podem ser treinados com um *coach*. Mike usou a neurociência para desenvolver um modo de entender essa ideia e encontrar uma maneira prática de mudar nossas mentalidades de modo a pensar e agir cientificamente. Somos gratos a Mike por esses *insights* profundos e pelo *coaching* pessoal que fez com Jeff nas cafeterias de Ann Arbor.

Ensinei as ideias deste livro em meu seminário de pós-graduação na University of Michigan três vezes. Meus alunos realizam projetos *lean* em organizações locais usando o paradigma do *kata* de melhoria e do *kata* de *coaching*, quase sempre em organizações de serviços. Aprendi muito com a sua criatividade e o seu entusiasmo. O caso da Dunning Toyota neste livro se baseou em um projeto elaborado por Xinhang Li, Mengyuan Sun, Ruqing Ye e Zhenhuan Yu.

Pedi a Karyn Ross para trabalhar comigo porque ela é uma *coach* de organizações de serviços experiente e habilidosa que segue fiel e alegremente os princípios do Modelo Toyota. Foi um grande prazer descobrir que ela também é uma ótima artista e contista! O livro foi escrito em primeira pessoa da minha perspectiva, mas Karyn foi uma parceira em todos os sentidos.

Mais uma vez, sou grato à minha família pelo seu amor e apoio durante o processo bastante intenso de escrita deste livro. Muitas das minhas ideias e da minha inspiração vêm de Deb, Em e Jesse. Neste livro, Deb realizou um trabalho de edição detalhado que beneficiou todos os nossos leitores.

Da Karyn:

Gostaria de agradecer ao meu marido, Brian Hoffert, e aos nossos filhos, Quinton Hoffert e Serena Ross, pelo seu apoio durante os muitos anos em que aprendi e pratiquei o Modelo Toyota. Seja pela prática em processos domésticos, como na lavanderia, ou lá fora, em inúmeras conversas com profissionais de serviço em restaurantes, lojas, hotéis e assim por diante, eles aprenderam comigo e se tornaram praticantes bastante proficientes no processo. Recentemente, meu marido estava na fila de um restaurante no aeroporto e me enviou mensagens de texto sobre problemas de fluxo e possíveis contramedidas.

Como você verá neste livro, sem professores para nos guiar e orientar, o autodesenvolvimento e o progresso são praticamente impossíveis.

Um agradecimento especial para meus professores e mentores. Para a *verdadeira* Leslie Henckler, minha primeira mentora e professora, obrigada por me dar um alicerce incrivelmente forte (vá ao *gemba* e veja você mesma; pare de pressupor tanto!), obrigada por me ensinar que a única resposta possível é "depende" e, acima de tudo, por me ensinar a "aprender na prática", para que eu pudesse aprender como pensar e a ensinar os outros. Obrigada a Dennis Gawlik, meu amigo e colega, um grande "nerd de *kata*", por estar sempre me incentivando, questionando e desafiando ("qual é a sua hipótese?") para que eu nunca ficasse acomodada por muito tempo. Sou uma *coach* melhor porque observei você fazendo *coaching* com os outros, e comigo também!

Obrigada também para as muitas pessoas com as quais tive o prazer e o privilégio de trabalhar em organizações de serviços, das maiores às menores, enquanto aprendiam, cresciam e encontravam maneiras de usar os conceitos e as práticas deste livro para atender os clientes que encontram todos os dias. Nesse aspecto, preciso agradecer especialmente aos sócios da National Taxi Limo. Sua paixão, compromisso e dedicação ao aprendizado continua a me inspirar e me ensinar. Obrigada pela sua excelente história, que colocamos no coração do último capítulo.

E a Jeff Liker, obrigada por ser um professor e mentor fenomenal, disposto a passar horas e horas ouvindo e respondendo minhas perguntas, criando oportunidades para que eu aprenda (incluindo este livro) e por sempre me desafiar e me incentivar a sair da minha zona de conforto. Obrigada por ser um modelo inacreditável de comportamento, alguém que sempre inspira (não somente a mim, mas também a muitos outros) a trabalhar continuamente para que eu desenvolva meu pensamento e minha prática, assim como trabalha continuamente para desenvolver a sua própria. São presentes incríveis para todos nós!

Apresentação à Edição Brasileira

Bem-vindo à edição brasileira de *O Modelo Toyota de excelência em serviços*. Como o próprio título indica, esta obra tem por objetivo mostrar que o sistema de gestão implantado na Toyota Motor Company, e que deu origem ao mundialmente conhecido Sistema Toyota de Produção (STP), pode ter seus conceitos, princípios, métodos e ferramentas/técnicas amplamente adaptados e implantados nos mais diferentes segmentos da atividade humana, em particular, no segmento de serviços.

Ao leitor ficará claro no desenvolvimento da leitura, a tenacidade que os abnegados colaboradores da Toyota que idealizaram a construção do STP tiveram para a obtenção dos resultados a que se propugnavam pelo foco nas pessoas, ou mais precisamente, no respeito às pessoas, por serem elas que realmente *fazem* a produção e possibilitam às organizações a obtenção de melhores resultados em seu propósito. Como afirma o autor, na Toyota o respeito pelas pessoas "significa desafiar as pessoas para que deem o melhor de si e, também, que elas estão continuamente melhorando a si mesmas enquanto melhoram o modo como trabalham para satisfazer o cliente".

Isto se deve ao fato de que o autor propõe que o STP, ou Modelo Toyota como ele denomina em seus livros anteriores, é mais do que um programa de uso de técnicas e ferramentas para eliminar as perdas nos processos produtivos, mas se constitui em um profundo processo de mudança cultural que envolve todos os colaboradores da organização a partir de um conjunto de princípios.

Sendo assim, no Capítulo 1 é caracterizado o que vem a ser organizações de serviços bem como o significado da excelência em serviços. Também é explicitado como os conceitos *lean* podem se adaptar às mesmas enfatizando o fato da liderança das pessoas na realização de melhorias contínuas em direção a uma visão de excelência.

No Capítulo 2 é abordada a questão do desenvolvimento das lideranças em todos os níveis da organização. A ideia é explicar em detalhes os conceitos desenvolvidos na Toyota, colocando os princípios do STP em ação e usando o desenvolvimento do trabalho para que as lideranças se transformem em *coaches* competentes.

No Capítulo 3 é analisada a importância da filosofia de pensamento implantada na cultura organizacional, por ser ela quem dá o propósito e a direção para todos os esforços da organização. É destacado que as organizações com propósito são alicerçadas por filosofias fortes que enfocam na oferta de valor superior para os clientes e para a sociedade e pensam além do resultado econômico-financeiro, sendo este o resultado de se cumprir o propósito da organização.

Na sequência, no Capítulo 4 é abordado o desenvolvimento de processos *lean*. Neste contexto são sugeridos passos para a melhoria de processos e o desenvolvimento simultâneo das pessoas nas organizações a partir do entendimento do estado atual e a busca do estado futuro dos processos pela aplicação contínua do método dos métodos, o PDCA – Planejar, Executar, Verificar e Agir.

A partir do Capítulo 5 são apresentados os 17 princípios do *lean*. Eles são denominados de princípios dos macroprocessos, quando estão relacionados aos processos produtivos em si, e princípios dos microprocessos, quando estão relacionados às operações que compõem estes processos produtivos.

No Capítulo 5 é realizada a discussão de cinco princípios dos macroprocessos *lean* que têm por objetivo criar uma cadência de fluxo de alto valor para o cliente. São abordados o mapeamento do fluxo de valor dos processos produtivos; o entendimento das necessidades dos clientes; a busca pelo fluxo unitário de peças visando a eliminação/redução dos desperdícios; a busca pelos padrões de trabalho nivelados e a produção "puxada" para atender as necessidades demandadas pelo cliente.

No Capítulo 6 é realizada a discussão de quatro princípios dos microprocessos *lean* que têm por objetivo tornar os padrões visíveis para promover a melhoria contínua. Neste contexto são abordados: i) a estabilização e adaptação contínua dos padrões de trabalho; ii) a gestão visual; iii) a integração da qualidade em todas as etapas do processo produtivo; e iv) a utilização da tecnologia para capacitar as pessoas.

No Capítulo 7 a discussão sobre os princípios dos macroprocessos *lean* prossegue. Neste item são apresentados os três princípios com foco nas pessoas, visando o nivelamento do conhecimento e o foco no cliente para que a organização se adapte às necessidades do mesmo; o desenvolvimento de uma cultura deliberada para que todos entendam e saibam como agir alinhados à cultura organizacional e a integração dos parceiros externos à cultura da organização.

No Capítulo 8 o autor retorna à discussão de três microprocessos *lean* voltados ao desenvolvimento das pessoas para que estas se tornem mestres em sua arte. Estes princípios abordam o desenvolvimento de habilidades e mentalidade pela prática de *kata*, que vem a ser rotinas de práticas usadas para desenvolver hábitos eficazes; o desenvolvimento de líderes como *coaches* de equipes em desenvolvimento contínuo e o equilíbrio entre recompensas extrínsecas, que servem para motivar e reforçar comportamentos habituais específicos, e recompensas intrínsecas, que levam a maior criatividade e aprendizagem de novas habilidades.

No Capítulo 9 são abordados dois princípios *lean* para a solução de problemas. É destacado a necessidade de desenvolver continuamente o pensamento científico e o alinhamento de planos e objetivos de melhorias de acordo com a aprendizagem organizacional.

No Capítulo 10 o autor trata da questão da longa jornada em direção à organização de aprendizagem focada no cliente, exemplificando a aplicação dos 17 princípios *lean* discutidos nos capítulos antecedentes em uma empresa de prestação de serviços de transporte de pessoas (táxi). Neste capítulo é destacada, também, a necessidade de mudança comportamental por parte das lideranças e o desenvolvimento dos líderes para construção da cultura organizacional.

Pelos diversos exemplos apresentados nesta obra os leitores constatam que os conceitos que deram origem ao Sistema Toyota de Produção (STP), amplamente divulgado e copiado no Ocidente como *Lean Manufacturing* ou *Just-in-*Time, ultrapassaram a fronteira do ambiente fabril, adaptando-se aos mais diferentes ambientes produtivos, seja na produção de bens de consumo, na área administrativa ou na prestação dos diversos tipos de serviços. Desejamos a todos uma proveitosa leitura.

José Antonio Valle Antunes Júnior (Junico Antunes)
Doutor em Administração de Empresas pelo PPGA/UFRGS
Professor do Mestrado Profissional em Administração da Unisinos
Professor do Mestrado e Doutorado em Engenharia de Produção e Sistemas da Unisinos
Sócio-Diretor da Produttare Consultores Associados

Altair Flamarion Klippel
Doutor em Engenharia pelo PPGEM/UFRGS
Sócio-consultor da Produttare Consultores Associados

Sumário

PRÓLOGO

O Modelo Toyota como uma filosofia geral de administração

Os ladrões podem ser capazes de seguir o projeto e produzir um tear, mas nós modificamos e melhoramos os nossos teares todos os dias.

—Kiichiro Toyoda, fundador da Toyota Motor Company
(após os projetos de um tear serem roubados da empresa do seu pai)

O PROBLEMA: OS MAL-ENTENDIDOS DO *LEAN* E COMO ELE SE APLICA AQUI

O *lean* (assim como suas variações, como seis sigma, teoria das restrições, *lean six sigma*, e especializações em diversos setores, como desenvolvimento ágil de TI, construção *lean*, saúde *lean*, finanças *lean* e governo *lean*) se tornou um movimento global. Como acontece com todo movimento da administração, ele tem seus fiéis devotados, os resistentes e aqueles que acompanham a massa, mas sem se importar muito com nada. Existe uma infinidade de prestadores de serviços espalhados por universidades, consultorias e organizações sem fins lucrativos, além de uma indústria editorial. Para os fanáticos como eu (Jeffrey), isso é, em certo sentido, algo bom: minha mensagem tem consumidores. Mas também há um lado ruim. À medida que a mensagem se espalha e toca tantas pessoas, empresas e culturas, ela muda em relação à original, como na brincadeira do telefone sem fio, na qual a mensagem sussurrada para a primeira pessoa é radicalmente diferente da mensagem escutada pela vigésima.

Enquanto isso, organizações bem-intencionadas e que desejam resolver seus problemas estão em busca de respostas. O que é *lean*? Como começamos? Como essas ferramentas que a Toyota desenvolveu para produzir carros se aplicam à minha organização, que tem um produto ou serviço completamente diferente? Como elas se aplicam na nossa cultura, que é diferente da japonesa? As ferramentas precisam ser usadas exatamente da mesma forma que na Toyota ou podem ser adaptadas às nossas circunstâncias? E como a Toyota recompensa seu pessoal por usar essas ferramentas para produzir melhorias?

Todas essas perguntas parecem razoáveis e, infelizmente, muitos consultores e autointitulados "especialistas em *lean*" querem geralmente respondê-las de jeitos muito diferentes. Mas o ponto de partida deve ser as perguntas em si. Elas realmente são as perguntas certas? Embora pareçam razoáveis à primeira vista, creio que estão equivocadas. O pressuposto fundamental em todos os casos é que o *lean* é um processo mecanicista baseado em ferramentas e implementado em uma organização da mesma forma como se instalaria um novo *software* no computador. Mais especificamente, os pressupostos podem ser resumidos da seguinte forma:

1. Existe uma única abordagem simples e clara ao *lean* que é bastante diferente das metodologias alternativas.
2. Existe uma única maneira de começar que é melhor que todas as outras.
3. A Toyota é uma organização simples que monta carros e usa um conjunto padrão de ferramentas da mesma forma em todos os lugares.
4. As ferramentas são a essência e, logo, devem ser adaptadas a tipos específicos de processos.
5. Como o *lean* foi desenvolvido no Japão, pode haver alguma peculiaridade que precisa ser modificada para se adaptar às culturas não nipônicas.
6. A Toyota tem um método preciso de aplicar as ferramentas da mesma forma em todos os lugares, e os outros precisam copiar esse método.
7. O sistema formal de recompensas é o motivo para as pessoas da Toyota participarem da melhoria contínua e alocarem esforços para apoiar a empresa.

Na verdade, nenhum desses pressupostos está correto, e aí está o problema. A diferença entre o senso comum sobre o *lean* e a realidade de como essa coisa poderosa que a Toyota está sempre buscando funciona *de verdade* está impedindo as organizações de atingirem seus objetivos. O Modelo Toyota, por outro lado, é uma filosofia genérica que pode ser aplicada a qualquer organização e, se aplicada com disciplina, praticamente garante melhorias drásticas.[1] Ele é um modo de pensar, uma filosofia e um sistema de pessoas e processos interconectados que se esforçam continuamente para melhorar o modo como trabalham e produzem valor para cada cliente. No centro do modelo está a paixão pela busca da perfeição, a busca passo a passo em direção a objetivos claros e bem-definidos. Os pilares gêmeos do Modelo Toyota são a *melhoria contínua* e o *respeito por pessoas*.

Nosso objetivo é que, ao ler este livro, você desenvolva um entendimento claro do que é "*lean*" ou "enxuto", ou seja lá como você chame. Karyn e eu começamos desmontando a noção simplista e popular de que é um programa de uso de ferramentas para eliminar as perdas dos processos. Se a sua organização vê o *lean* assim, vocês estão fadados a ter resultados medíocres até o próximo modismo da administração aparecer e criar mais resultados medíocres. Vamos demonstrar o verdadeiro significado do que a Toyota descobriu por meio de discussões sobre a origem do Modelo Toyota, os princípios que destilamos e exemplos reais de organizações que estão buscando a excelência em serviços.

Os princípios que descrevi em *O Modelo Toyota*, publicado em 2004, são o ponto de partida. Esses princípios foram desenvolvidos como uma maneira de organizar décadas de observações da Toyota e experiências diretas com muitas organizações que batalharam em suas jornadas *lean*. A maioria dos exemplos do livro original veio da Toyota e, apesar de alguns deles abordarem serviços e desenvolvimento de produtos, quase todos vieram da indústria. O livro continua a ser bastante popular (mais de 900.000 exemplares vendidos) em diversos setores da indústria e dos serviços. Os leitores foram capazes de abstrair as mensagens além da indústria, mas ainda ouço muitas perguntas do tipo: "como esses princípios se aplicam à minha organização e na minha cultura? Trabalhamos com serviços, não com indústria". Como seria impossível descrever todas as situações que você poderia enfrentar, decidimos escrever este livro para aproximar o *lean* do mundo dos serviços. Estamos nos concentrando em serviços, mas, como veremos no Capítulo 1, a distinção entre indústria e serviços é mais confusa e complicada do que parece à primeira vista.

Alguns dos melhores exemplos que conhecemos de *lean* em serviços começaram com visitas a fábricas excepcionais, como é o caso da ThedaCare, de Appleton, Wiscosin, na área da saúde. John Toussaint, o CEO na época, teve uma epifania após visitar uma fabricante de sopradores de neve cujo presidente tinha um compromisso absoluto com o *lean*. Durante a visita, Toussaint viu pessoas engajadas e um verdadeiro fluxo de valor através das instalações. Certamente, a fábrica era tão complexa quanto a seu sistema de saúde! Era fácil imaginar um sistema no qual os pacientes fluiriam através da experiência de saúde sem interrupções ao invés de ficarem esperando na fila.[2] Ele também descobriu que precisaria liderar a transformação pessoalmente. À medida que as suas organizações aprendiam e evoluíam, o tempo de espera dos pacientes foi reduzido drasticamente. Antes da transformação, os pacientes precisavam fazer diversas visitas para realizar os testes necessários, obter os resultados dos testes e receber um diagnóstico para talvez precisar voltar para o tratamento. A visão era o paciente passar do teste ao tratamento durante a primeira visita; e se isso não fosse possível, sair da clínica pelo menos com um plano de tratamento. Transformar essa visão em realidade levou a muitas mudanças em pensamentos e processos, incluindo como e onde as amostras de sangue eram analisadas. No passado, os exames laboratoriais eram centralizados e chegavam a demorar dias. Agora, a maioria dos testes é completada nas clínicas locais em questão de minutos. Na verdade, após anos de melhoria, cerca de 90% dos testes laboratoriais ou exames de imagem necessários em casos de medicina geral podem ser completados no local, e 95% dos pacientes sai com um plano de tratamento após uma única visita.

O aprendizado pode esbarrar em muitas barreiras, entretanto. A primeira pode ser simplesmente o primeiro passo. Karyn às vezes precisa implorar aos gerentes das organizações de serviços com as quais trabalha para que visitem uma fábrica. Ela lembra da felicidade que teve uma vez quando, após conseguir levar um grupo de executivos de uma seguradora até a Toyota, um dos líderes exclamou: "da próxima vez que nos disserem que 'a gente não faz engenhocas', vou mandar eles para a Toyota. Quando virem a complexidade que é fabricar um carro, vão correr de volta para o escritório, felizes por só precisarem tomar algumas decisões e inserir umas informações no computador para ganharem uma apólice de seguros!".

Tendo deixado de lado a noção simplista e popular de que o *lean* é um programa centrado em ferramentas para tirar as perdas de processos industriais, gostaríamos de comunicar neste Prólogo o significado mais profundo do Modelo Toyota. Para tanto, vamos descrever brevemente a origem do Modelo Toyota dentro da própria empresa, como o conceito de "pensamento *lean*" se encaixa no Modelo Toyota e como é buscar esse objetivo na prática.

A FAMÍLIA TOYODA: GERAÇÕES DE LIDERANÇA CONSISTENTE

Para entender a cultura de uma empresa, é preciso começar com suas raízes, ou seja, os valores fundamentais dos seus fundadores, e a Toyota não é exceção. Muitas empresas se afastaram tanto das suas raízes que os valores iniciais praticamente desapareceram de vista, mas a Toyota manteve um nível inacreditável de continuidade cultural por mais de um século, começando pelo seu fundador, Sakichi Toyoda.

Sakichi Toyoda: criando teares, criando valores

Sakichi Toyoda nasceu em 1867, filho de um carpinteiro pobre em um vilarejo dedicado à rizicultura. Ele aprendeu carpintaria em seus elementos mais básicos, além da necessidade de disciplina e do trabalho árduo. Sakichi era um inventor nato que enxergava um problema na comunidade. As mulheres estavam arruinando suas mãos e sua saúde com teares manuais para produzir tecido para a família e para a venda após um dia inteiro de trabalho na fazenda. Para aliviar esse fardo, ele começou a inventar um novo tipo de tear. Sua primeira modificação usava a gravidade para permitir que as tecelãs colocassem a lançadeira de algodão para a frente e para trás na trama com o uso de pedais sem usar as mãos. Imediatamente, as mulheres passaram a gastar metade do esforço e se tornaram mais produtivas. Sakichi Toyoda continuou criando melhorias (algumas pequenas, outras grandes) e em 1926 formou a Toyota Automatic Loom Works.

Sakichi era um budista fiel e sempre respeitou valores fortes. Um dos seus livros favoritos era *Autoajuda*,[3] escrito pelo filantropo britânico Samuel Smiles. Smiles dedicou boa parte da sua vida a mentorear delinquentes juvenis para que pudessem contribuir para a sociedade. Ele escreveu sobre a inspiração dos grandes inventores, pessoas que, ao contrário do que acreditava a opinião popular, não eram sempre alunos brilhantes e privilegiados, e alcançavam grandes sucessos com um misto de autossuficiência, muito trabalho e amor pelo conhecimento. Essas ideias combinavam bem com a história de Sakichi Toyoda, que começou a vida como o pobre filho de um carpinteiro e não parecia se destacar em nada. Contudo, a paixão por contribuir, o trabalho árduo de aprender os fundamentos da carpintaria e a imagem clara dos problemas que desejava resolver fizeram com que Sakichi trabalhasse incansavelmente para criar novas melhorias e resolver os problemas que encontrava.

À medida que Sakichi Toyoda foi crescendo, suas ambições e contribuições cresceram também. Ele começou a imaginar um tear totalmente automático, e cada inovação o levou mais próximo dessa ideia e o fez continuamente em busca dessa visão. No começo, ele ajudava as mulheres da sua família; depois, da comunidade; mais tarde, começou a ajudar os japoneses a se industrializar, e consequentemente, contribuir para toda a sociedade. Sakichi é considerado por muitos o pai da revolução industrial japonesa e recebeu o título de "Rei dos Inventores" no Japão. Em sua trajetória, ele cultivou a si mesmo e seus próprios valores, que por fim se tornaram os princípios que norteiam a Toyota Motor Company. Eles incluem as seguintes ações:

- Contribuir para a sociedade.
- Colocar o cliente em primeiro lugar e a empresa em segundo.
- Mostrar respeito por todas as pessoas.
- Conhecer o negócio de cima a baixo.
- Sujar as mãos.
- Trabalhar muito e com disciplina.
- Trabalhar em equipe.
- Integrar a qualidade.
- Melhorar continuamente em direção a uma visão.

A qualidade intrínseca fica evidente em uma das suas invenções mais influentes: o tear que parava a si mesmo quando havia um problema. Todas as inovações de Sakichi Toyoda nasciam de problemas. Depois que o tear estava consideravelmente automático e conseguia rodar em velocidades relativamente altas, ele notou que, quando um único fio se partia na trama do tecido, o produto resultante era um tecido com defeito. Um ser humano precisava observar o tear e pará-lo quando isso acontecia, o que ele considerava um enorme desperdício de capacidade humana. Outra invenção que usava a gravidade resolveria esse problema. Dessa vez, Sakichi adicionou um peso de metal na ponta de um cordão ligado a cada fio da trama. Quando o fio se quebrava, o peso trancava os fios e parava o tear. Ele chamou sua invenção de *jidoka*, palavra formada pela combinação de dois *kanji* japonês, um representando automação, e o outro, um ser humano. Assim, ele colocara a inteligência humana na automação, permitindo que o tear parasse a si mesmo quando houvesse um problema. Mais tarde, ele adicionou uma bandeirinha de metal que saltava na máquina, um sinal de "preciso de ajuda". O *jidoka* se tornou um dos pilares do Sistema Toyota de Produção (STP), representando a ideia de parar quando há um problema de qualidade e resolvê-lo imediatamente.

Com base nos ensinamentos de Sakichi Toyoda, foram criados os Preceitos Toyoda, que até hoje orientam a empresa:

1. *Independentemente da posição ocupada, trabalhem juntos para completar suas tarefas fielmente e contribuir para o desenvolvimento do seu país.*

2. *Mantenham-se à frente dos tempos por meio da criatividade, da curiosidade e da busca por melhorias.*
3. *Sejam práticos e evitem frivolidades.*
4. *Sejam bondosos e generosos; esforcem-se para criar uma atmosfera calorosa e familiar.*
5. *Sejam reverentes e demonstrem gratidões por coisas grandes e pequenas em pensamentos e ações.*

A Toyota Motor Company e o sistema Toyota de produção

Em 1937, Kiichiro Toyoda formou a Toyota Motors como divisão da Toyota Automatic Loom Works. Sakichi, o pai de Kiichiro, pedira que ele fizesse algo que contribuísse para a sociedade, e Kiichiro escolheu os automóveis, um grande e arriscado desafio. A indústria automobilística é de capital intensivo, e a Toyota parecia estar gerações atrás da Ford Motor Company, que na época fabricava mais de um milhão de veículos por ano, com todas as economias de escala que envolve esse meio de produção. Por que uma empresa iniciante e minúscula em um canto obscuro do Japão conseguiria competir além do mercado protegido do Japão? Assim como seu pai, Kiichiro Toyoda viu uma necessidade e acreditou na sua equipe. Incorporando um dos princípios Toyota na fundação da empresa, Kiichiro (que era engenheiro mecânico) e sua equipe aprenderam tudo sobre as tecnologias envolvidas partindo dos elementos básicos e sujaram as mãos. Isso se reflete no princípio da Toyota de autossuficiência. Outro princípio fundamental foi anunciado em um discurso de Kiichiro, em que ele disse: "planejo reduzir o tempo de espera nos nossos processos de trabalho. (...) Como princípio básico, vou implantar a abordagem '*just in time*'".

O que era essa abordagem "*just-in-time*" (JIT)? Os cursos de gerenciamento de operações em programas de MBA só ensinariam o JIT décadas depois, e não havia livros ou artigos sobre o tema. Ele parece ter inventado a ideia! E ele não tinha exatamente certeza do que era. Taiichi Ohno, um jovem e brilhante gerente da Toyota Automatic Loom Works, recebeu a missão de desenvolver o sistema industrial que se tornaria a próxima grande inovação da Toyota além dos teares automáticos: o Sistema Toyota de Produção. Transformar o conceito de *just-in-time* num sistema funcional seria o alicerce dessa nova sistemática.

A metodologia para a inovação de Ohno foi a mesma que a de Sakichi Toyoda para o tear: *kaizen* constante. *Kaizen* significa literalmente "mudar para melhor", porém, no caso da Toyota, significa trabalhar sistematicamente em um desafio, superando todos os obstáculos, um de cada vez. Quando Ohno iniciou, ele gerenciava a oficina mecânica dos componentes do motor e da transmissão. Logo depois, começou a fazer pequenos experimentos para resolver um problema após o outro. Para Ohno, não valia a pena conversar sobre nada até que ele fizesse um experimento no chão de fábrica. Quanto mais problemas ele resolvia, mais problemas se revelavam.

Por exemplo, a fábrica estava organizada do jeito tradicional, por tipo de processo: tornos aqui, perfuratrizes ali, e trabalhadores especialistas para cada departamento de usinagem. A ideia de Ohno foi criar uma célula para uma família de produtos e colocar todas as máquinas em sequência para produzir peças completas, o que poderia significar um torno seguido por um centro de usinagem, uma perfuratriz e um processo de montagem. Ele queria que as células trabalhassem em *takt* (o ritmo da demanda do cliente), sem estoque e apenas uma peça como "amortecedor" em determinados espaços entre as máquinas. Essa organização é o que hoje chamamos de fluxo unitário de peças. Ohno também queria flexibilidade para ajustar o número de pessoas nas células com base na variação da demanda do cliente, mas sem perder produtividade. Isso significa que quando a demanda diminuísse, haveria menos pessoas, e algumas precisariam operar mais de um tipo de equipamento (por exemplo, um torno e uma perfuratriz).

O conceito de uma célula que segue um *takt* na produção era uma ideia magnífica, mas se revelou muito mais difícil de implementar do que Ohno esperava. Os operadores de tornos não queriam operar perfuratrizes, e o contrário valia para os operadores dessas máquinas. A solução? Ir ao *gemba* (onde o trabalho é realizado) todos os dias e passar tempo com os trabalhadores para persuadi-los, ensiná-los e convencê-los a experimentar o novo sistema. Com o tempo, eles descobriram que era um jeito melhor de trabalhar, pois produziam materiais de maior qualidade e menor desperdício de esforço, além do trabalho ser mais seguro. Ohno aprendeu uma lição fundamental: simplesmente ter uma ideia é apenas o primeiro passo; o trabalho de verdade está no processo demorado de treinar e desenvolver as pessoas, usando práticas com muitas repetições para que o novo sistema se torne "o jeito como trabalhamos".

Mais tarde, depois que os problemas (*bugs*) foram quase todos resolvidos, o sistema foi colocado no papel e representado na forma de uma casa (ver Figura P.1). O termo "sistema" não é por acaso: é absolutamente intencional, pois todas as partes estão inter-relacionadas. Os dois pilares principais eram o *just-in-time*, de Kiichiro Toyoda, e o *jidoka* (qualidade intrínseca), de Sakichi Toyoda. Se a Toyota pretendia trabalhar com pouquíssimo estoque e integrar a qualidade em todos os passos, ela necessitaria de um alicerce extremamente estável. A entrega das peças precisaria ser confiável, os equipamentos demandariam o funcionamento esperado, os membros da equipe deveriam ser bem-treinados e basicamente não poderia ocorrer nenhum desvio do padrão. O ideal seria que o alicerce oferecesse a capacidade de avançar consistentemente em direção a um cronograma de produção nivelado, apoiando o *takt* do cliente sem grandes altos e baixos. A produção nivelada criaria um ritmo estável para a fábrica.

Manter esse alto nível de estabilidade, qualidade e produção *just-in-time* exigiria membros de equipe inteligentes, atentos aos diversos problemas que ocorrem todos os dias e dispostos a imaginar e testar contramedidas em resposta aos desvios do padrão. No centro da casa estão pessoas altamente desenvolvidas e motivadas que observam, analisam e melhoram os processos continuamente. O processo se aproxima da perfeição por meio da melhoria contínua realizada por pessoas que sabem pensar. Sendo assim, há quem chame o STP de Sistema *Pensante* de Produção.

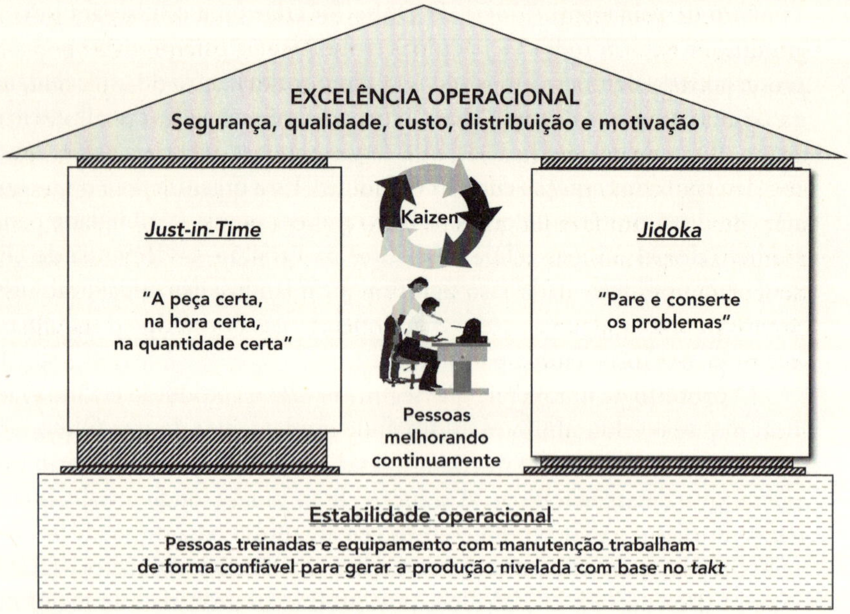

FIGURA P.1 A casa do Sistema Toyota de Produção.

O propósito do sistema é representado pelo teto: melhor qualidade, menor custo, entrega no prazo, e um ambiente de trabalho seguro e com alto nível de motivação. Por ser um sistema, todas as partes precisam funcionar em harmonia. Se os pilares são fracos, o alicerce é ruim ou o teto tem goteiras, a casa desmorona. A adesão perfeita à visão do STP nunca foi possível, mas ainda oferece uma imagem da perfeição que é um ideal sempre a ser buscado. Este é o propósito do *kaizen*.

O QUE É *LEAN*?

O "movimento *lean*" que varreu as indústrias e os serviços em nível mundial se inspirou originalmente no Sistema Toyota de Produção. Há muitas definições de "*lean*", mas vamos começar com a origem do termo como sinônimo de excelência organizacional. Não é uma palavra que se escuta muito na Toyota. Ela foi usada pela primeira vez no livro *A Máquina que Mudou o Mundo*,[4] como o resultado de um estudo de cinco anos do Massachusetts Institute of Technology que comparou as indústrias automotivas dos EUA, da Europa e do Japão. Os pesquisadores descobriram consistentemente que, seja qual fosse o processo ou a métrica, as montadoras japonesas da época eram muito superiores às empresas europeias e americanas em uma ampla variedade de áreas, incluindo eficiência de produção, qualidade do produto, logística, relação com fornecedores, tempo de ciclo, eficiência do desenvolvimento de produtos, sistemas de distribuição e muito mais.

A mensagem era que os japoneses haviam desenvolvido uma organização integrada com base em uma forma fundamentalmente diferente de ver a empresa, os processos de trabalho e as pessoas, o que pode ser considerado um novo *paradigma* na administração. O termo "*lean*" ("enxuto") foi sugerido por John Krafcik (na época, aluno de pós-graduação), que argumentou que a palavra significa fazer mais com menos, como no caso de um grande atleta, e que os japoneses, especialmente a Toyota, estavam fazendo mais de tudo que precisavam fazer pelo cliente, usando menos de praticamente tudo. Era um conceito holístico da empresa, não um *kit* de ferramentas para um tipo específico de processo. Ele se aplica a trabalhos rotineiros, como aqueles realizados na linha de montagem, e ao trabalho ocasional que exige conhecimento especializado, como vendas e projeto de engenharia.

O conceito de "perda" no *lean* é fundamental, porém muitas vezes mal entendido. A perda é mais do que ações ou objetos específicos que precisam ser eliminados. A perda é tudo que causa um desvio do processo perfeito. Ele dá aos clientes exatamente o que querem, na quantidade que querem e quando querem, realizando todos os passos que produzem valor sem interrupções.

O conceito de "fluxo unitário de peças" é ideal. Cada passo no processo que agrega valor faz perfeitamente o que deveria fazer, sem as diversas formas de perda que levam os processos a se desconectarem no tempo, no espaço ou no estoque. A Toyota costuma usar a metáfora de uma corrente de água que corre livremente, sem acumular poças. Obviamente, o fluxo unitário de peças exige perfeição em tudo que é feito por pessoas ou tecnologias e, logo, é um sonho impossível. A Toyota diz que esse é seu "norte verdadeiro"; uma visão que não pode ser alcançada, mas sempre será considerada seu objetivo: lutar pela perfeição ao mesmo tempo que reconhece que não existe processo perfeito.

Essa visão ideal (ou *idealista*, como alguns chamariam) nasceu entre algumas pessoas muito especiais na Toyota, a começar por Sakichi Toyoda. Acreditamos que toda organização deveria desejar esse estado de perfeição, independentemente das especificidades de produto, serviço ou cultura da organização. Quem conseguir produzir valor puro, sem perdas para seus clientes, enquanto inova continuamente para melhorar o produto, o serviço e o processo, será bem-sucedido.

Womack e Jones partiram de *A Máquina que Mudou o Mundo* e escreveram o livro *A Mentalidade Enxuta nas Empresas.*[5] O *lean* era muito mais do que um sistema altamente eficaz para produzir valor para os clientes: era um jeito diferente de pensar sobre a empresa na sua totalidade. O livro deixou claro que o modelo *lean* não se baseava nas montadoras japonesas em geral, mas na Toyota especificamente. Na época, a Toyota tinha o melhor desempenho entre todas as montadoras japonesas e era o melhor modelo para a "mentalidade enxuta".

O MODELO TOYOTA: UMA FILOSOFIA E UM JEITO DE PENSAR

O Modelo Toyota começa com a paixão pela solução de problemas para os clientes e a sociedade. Para tanto, é preciso um respeito profundo pelas pessoas e pelas suas capacidades de adaptação e inovação. Construir uma empresa capaz de suportar as pressões gigantescas do ambiente durante décadas exige um nível de adaptação que só é possível quando todos praticam o *kaizen* ininterruptamente. Como as pessoas não nascem com o espírito do *kaizen* ou as habilidades necessárias, elas precisam ser ensinadas. Assim como acontece com qualquer outra habilidade avançada, aprender a aprimorar processos exige direção, prática constante e *feedback* com correções, além da não limitação da prática a um departamento especializado de *black belts*.

Segundo os achados de psicólogos cognitivos como o Dr. K. Anders Ericsson,[6] dominar qualquer habilidade complexa exige sua "prática deliberada" por 10 anos ou 10.000 repetições. Durante sua realização, necessita-se estar consciente dos pontos fracos e conhecer os treinos necessários para corrigi-los um a um. Ela também pode ser potencializada por um professor que saiba identificar estes pontos e sugerir estes treinos. Ohno fez isso durante toda sua carreira. O que aprendia, ele ensinava, mas não o fazia por meio de palestras. Ohno compartilhava seu conhecimento no *gemba* (onde o trabalho acontece), questionando os alunos, oferecendo *feedback* (sem muita delicadeza) e deixando-os enfrentar as dificuldades que surgiam.

Após o Sistema Toyota de Produção estar bem-estabelecido no Japão, a empresa enfrentava um dilema. Esse sistema delicado e sutil funcionaria em um país estrangeiro, sem os trabalhadores e a cultura japonesa que pareciam se adaptar tão bem aos seus princípios? Para descobrir, a Toyota fez o que sempre faz: experimentou. A empresa decidiu não tentar tudo sozinha, e em vez disso, formou uma parceria com a General Motors, uma *joint venture* na qual as duas seriam parceiras iguais e que recebeu o nome de New United Motor Manufacturing Inc. (NUMMI). A NUMMI começou a funcionar em 1984, quando recontratou mais de 80% dos funcionários da fábrica da GM em Fremont, Califórnia, que havia sido fechada em 1982. Um motivo para fechar a fábrica original da GM era o estado horrível em que as relações trabalhistas se encontravam, diminuindo seus índices de qualidade e produtividade. Unindo esses trabalhadores aparentemente descontentes com o Modelo Toyota, a NUMMI logo se tornou a melhor montadora de automóveis da América do Norte em termos de qualidade, produtividade, baixo estoque e segurança. Em suma, ela mais parecia uma fábrica de alto desempenho da Toyota do que uma de baixo desempenho da GM. Graças a essa parceria, a Toyota aprendeu muito sobre como desenvolver americanos e criar uma cultura de confiança, e decidiu construir sua própria fábrica em Georgetown, Kentucky. As instalações da Toyota Motor Manufacturing Kentucky (TMMK) iniciaram a produção em 1988.

Fujio Cho foi escolhido para ser o primeiro presidente da TMMK. Surpreendentemente, ela superou o desempenho da NUMMI. Tudo parecia estar indo bem, mas Fujio Cho enxergou um ponto fraco. Os instrutores japoneses foram embora e os americanos cada vez mais se responsabilizavam pela fábrica, o que resultou na necessidade de um treinamento explícito no Modelo Toyota. Ele percebeu que a filosofia da Toyota ia além daquilo que estava implantado no Sistema Toyota de Produção, que consiste principalmente em uma série de regras para a indústria. A filosofia mais ampla era aprendida tacitamente no Japão, "vivendo" na empresa, escutando as histórias o tempo todo e recebendo mentoreamento. Nos EUA, ele vivenciou muita variação no entendimento da filosofia fundamental que a Toyota esperava que todos os seus líderes adotassem.

Fujio Cho montou uma equipe que, durante um período de cerca de 10 anos, trabalhou para colocar essa filosofia no papel. Após muitas versões, entretanto, o documento ainda não havia sido aprovado. A Toyota busca o consenso no que faz, e não estava conseguindo formá-lo. Em 1999, quando se tornou presidente global da Toyota Motor Company, Fujio Cho ressuscitou o projeto, desta vez para a empresa como um todo. Ele ainda teve dificuldade para conseguir formar um consenso, pois outros diziam que a filosofia era uma coisa viva que não poderia ser congelada e presa na forma de um documento. Cho finalmente conseguiu que concordassem em chamar o documento de *O Modelo Toyota 2001*, com o entendimento de que o resultado era o melhor que haviam conseguido desenvolver até aquele ano e que ele poderia ser modificado no futuro (o que ainda não aconteceu).

O Modelo é representado por uma casa (ver Figura P.2) apoiada por dois pilares. Um pilar é a melhoria contínua, o outro é o respeito pelas pessoas. A melhoria contí-

"Peço que todos os membros de equipe Toyota ao redor do mundo se responsabilizem profissional e pessoalmente pelo avanço da compreensão e aceitação do Modelo Toyota".

— Fujio Cho, ex-presidente da Toyota, *The Toyota Way 2001*

FIGURA P.2 A casa de *O Modelo Toyota 2001*.

nua significa exatamente o que parece: as pessoas estão constantemente questionando o modo como trabalham hoje e perguntando se não haveria um jeito melhor.

O respeito por pessoas vai muito além de ser simpático e bonzinho. Na Toyota, significa desafiar as pessoas para que deem o melhor de si, além de lembrá-las de que estão continuamente melhorando a si mesmas enquanto melhoram o modo como trabalham para satisfazer o cliente. O respeito pelas pessoas é propositalmente genérico, e vai além do respeito pelos empregados da Toyota. Ele começa com o propósito da empresa, que é oferecer os melhores meios de mobilidade possíveis de modo a agregar valor para os clientes e a sociedade. O respeito pela sociedade inclui respeitar o meio ambiente, as comunidades nas quais a Toyota trabalha e as leis e costumes locais de cada comunidade.

É difícil respeitar pessoas tratadas apenas como mão de obra descartável e temporária. Assim, a Toyota firma um compromisso de longo prazo com os seus funcionários e as comunidades nas quais se instala. Não é impossível, mas é raro que as pessoas percam seus empregos. Mesmo na Grande Recessão, a Toyota manteve dezenas de milhares de funcionários mundialmente empregados, dos quais a empresa não necessitava para fabricar veículos ao baixo nível de demanda do mercado. Durante esse período, a empresa trabalhou em melhoria contínua e se concentrou em desenvolver pessoas, usando educação e treinamento, esperando a economia melhorar e se preparando para a demanda acumulada que inevitavelmente apareceria quando a situação melhorasse. A Toyota não fechou nenhuma fábrica, salvando as economias locais que sofreriam efeitos devastadores com as demissões em massa.

O jeito certo de ter melhoria contínua e respeito por pessoas está representado pelos valores fundamentais que alicerçam a casa. Ele começa com o desenvolvimento de pessoas que ficam felizes em enfrentar desafios, mesmo quando não fazem ideia de como superá-los. O processo de melhoria é o *kaizen*, isto é, a experimentação incessante com o aprendizado de cada experimento informando o seguinte. De 2000 a 2015, a engenharia da Toyota praticou *kaizen* constante para aumentar o número de veículos em uma plataforma leve e comum, tornando os processos de fabricação menores e mais flexíveis. Os resultados incluíram:

- Redução de 20% dos recursos para o desenvolvimento de novos modelos
- Melhoria de 25% em economia de combustível, com 15% mais potência
- Redução de 40% no custo de uma nova fábrica
- Redução de 50% no lançamento de um novo modelo, com tempo ocioso quase zero na produção

Uma regra rigorosa do *kaizen* é praticá-lo no *gemba*, aquilo que a Toyota chama de *genchi genbutsu*, que significa "vá até o local real para observar diretamente e aprender". Os líderes da Toyota são obcecados com observação direta. Na verdade, eles realizam diferenciações entre dados (abstrações da realidade) e fatos (observação direta da realidade). Ambos são valiosíssimos para entender a realidade atual e determinar o que acontece quando se pratica alguma intervenção.

Os dois últimos valores enfocam as pessoas. Elas trabalham para serem os melhores colaboradores possíveis para a equipe. Como afirmado em *O Modelo Toyota 2001*, "Estimulamos o crescimento pessoal e profissional, compartilhamos oportunidades de desenvolvimento e maximizamos o desempenho individual e da equipe". A equipe sempre recebe crédito pelos sucessos, ainda que sempre haja um líder individual responsável pelos resultados do projeto.

Agora, voltamos imediatamente a tratar de respeito como o modo como realizamos melhorias. Isso inclui respeito pelas partes interessadas, seriedade e confiança mútua e responsabilidade sincera. A responsabilidade é descrita da seguinte forma: "aceitamos responsabilidade por trabalhar independentemente, contribuindo com um esforço honesto correspondente às nossas habilidades e sempre honrando nossas promessas de desempenho".

Você pode estar se perguntando: o que aconteceu com o Sistema Toyota de Produção? E o JIT, a qualidade intrínseca e os processos estáveis? Em *O Modelo Toyota 2001*, eles são parte dos "sistemas e estrutura *lean*" que contribuem para o *kaizen* (ver Figura P.3). São as ferramentas e conceitos que devemos considerar quando trabalhamos para atingir objetivos desafiadores.

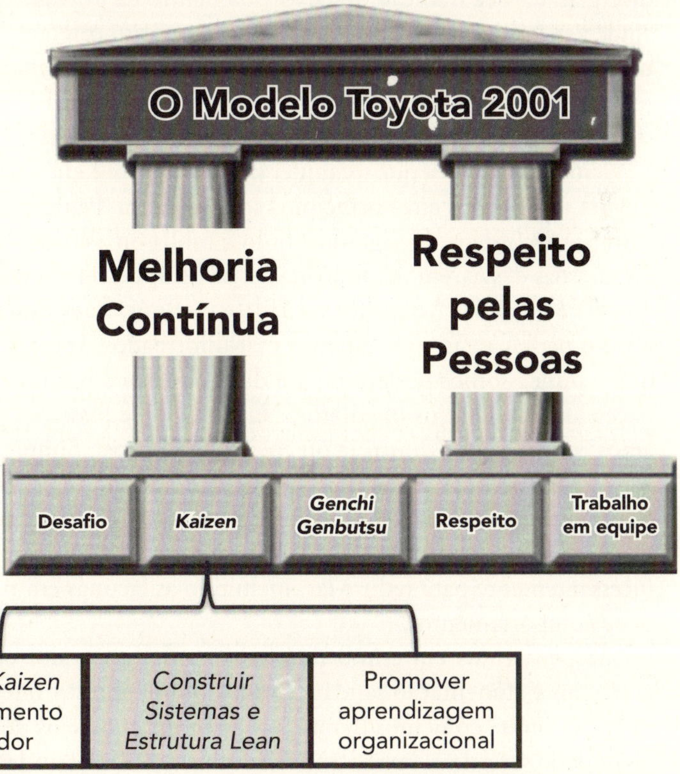

FIGURA P.3 Os sistemas *lean* contribuem para o *kaizen* no alicerce do Modelo Toyota.

No início deste Prólogo, argumentei que a administração *lean* se tornara míope. Ela quase parece um fim em si mesma. As empresas pensam: "vamos implementar JIT para reduzir o estoque", ou "vamos instalar sistemas de qualidade para aumentar a qualidade", ou "vamos padronizar o trabalho para que os processos sejam estáveis". No Modelo Toyota, entretanto, estas são ferramentas e conceitos poderosos a serem *considerados* quando se faz *kaizen* em busca da excelência. O foco está no objetivo e na maneira certa de atingi-lo. Os sistemas *lean* estão lado a lado com o pensamento inovador e a promoção da aprendizagem organizacional, contribuindo coletivamente para o *kaizen*. É uma mentalidade totalmente diferente da visão mecanicista de implementar ferramentas de modo a obter resultados específicos e, muitas vezes, apenas de curto prazo.

NÃO EXISTE UMA RECEITA PARA APRENDER O PENSAMENTO DO MODELO TOYOTA

Refletindo sobre o início deste Prólogo, após analisarmos o problema das empresas e seus muitos assessores que veem o *lean* como um *kit* de ferramentas para reduzir perdas, agora pode estar mais claro o quanto esses "programas *lean*" mecanicistas divergem da rica tradição desenvolvida dentro da Toyota. Esperamos que este livro ajude a guiar nossos leitores de volta ao propósito original do Modelo Toyota: criar uma cultura de pessoas que melhoram continuamente para se adaptarem e crescerem enquanto enfrentam os muitos desafios do ambiente, de modo a satisfazer os seus clientes e contribuir para a sociedade no longo prazo.

Isso não significa que qualquer pessoa que você encontra em qualquer lugar da Toyota segue todos esses princípios ao pé da letra. Pense que *O Modelo Toyota 2001* é uma espécie de texto sagrado, como a Bíblia ou a constituição de seu país. O fato das pessoas desviarem da doutrina ou não a aplicarem corretamente não quer dizer que ela é inválida. A simples verdade é que nós, seres humanos, estamos longe de sermos perfeitos; às vezes estamos mal-informados, às vezes tomamos más decisões, quase nunca somos perfeitamente disciplinados e muitas vezes cedemos às nossas necessidades e desejos imediatos. Na verdade, se fôssemos perfeitos, não precisaríamos enunciar uma doutrina ou colocá-la no papel. Simplesmente a aplicaríamos.

O Modelo Toyota costuma ser chamado de "norte verdadeiro", o farol que guia o comportamento diário e ajuda todos a saberem se estão ou não no caminho certo. A base da melhoria contínua é identificar as lacunas entre o real e o ideal, e trabalhar incessantemente para reduzi-las, incluindo as lacunas em nossas próprias habilidades e comportamentos.

Se pensarmos em como tentamos melhorar nossos corpos fisicamente com exercícios e alimentação saudável, todos vamos admitir que erramos de tempos em tempos porque comemos demais ou pulamos exercícios de vez em quando. Nossa visão pode ser ótima, mas a execução quase sempre tem falhas. Para quem perdeu o controle do seu corpo e está obeso, até mesmo começar é extremamente difícil.

Temos tanto a fazer e precisamos de uma disciplina tremenda e muito apoio social. Aqueles que estão em relativamente boa forma podem já ter algumas das habilidades e podem ter desenvolvido um certo grau de força de vontade. Quanto mais exercitamos essa força de vontade para criar hábitos positivos, mais fácil se torna seguir nosso regime diário.

Ser uma organização medíocre, com poucos hábitos bem definidos e processos mal estruturados é como ser obeso. Dói até pensar no primeiro passo em direção ao norte verdadeiro. Mas quando tentamos e falhamos também conquistamos algumas vitórias, aprendendo mais e mais a superar nossos pontos fracos. O sucesso gera sucesso e a prática disciplinada é a única estrada verdadeira para a excelência.

A Toyota está longe de ser perfeita, mas ela é comparativamente saudável em muitas partes da organização e em muitos países diferentes. A empresa desenvolveu obsessivamente líderes que se esforçam para viver seus valores e buscar o norte verdadeiro. A gerência média tem o apoio social da liderança sênior, cuja consistência na sua visão do norte verdadeiro abrange décadas de desenvolvimento. Mesmo para uma organização longe do nível de maturidade da Toyota, nunca é tarde para começar o processo de ser brutalmente honesto e analisar onde você está e onde gostaria de chegar, ou seja, qual é o seu norte verdadeiro. Depois, é preciso dar o primeiro passo, o segundo, e melhorar continuamente em busca de sua visão.

Enquanto pensa em como dar o primeiro passo na sua organização, revise os princípios do Modelo Toyota. Reveja os diversos métodos discutidos neste livro para desenvolver os hábitos individuais e as rotinas organizacionais que levarão à excelência, como as Práticas de Negócios Toyota e de desenvolvimento no trabalho. Por onde você vai começar? Identifique um desafio que levará a sua organização a um novo nível de serviço para o cliente. Entenda o estado atual. Defina o estado ideal. A seguir, divida o problema em peças mais fáceis de trabalhar passo a passo. Para cada passo, identifique uma meta de curto prazo e comece a experimentar em direção a cada meta usando ciclos de aprendizagem rápidos. Todo passo vale a pena, bem-sucedido ou não, desde que você aprenda alguma coisa. Para mais orientações, leia *Toyota Kata*,[7] de Mike Rother. Nesse livro, Mike desenvolveu um modelo claro do processo de melhoria e das rotinas de prática que você pode usar no trabalho para construir o hábito da melhoria diária.

Se você já iniciou um programa *lean*, sugiro que pense nele como parte do estado atual e compare-o com o estado ideal. Quais são as lacunas críticas no modo como o programa está sendo executado? Como você está se saindo na missão de desenvolver as pessoas respeitosamente? Onde a cultura de melhoria contínua está criando raízes e onde está se estagnando? Investigue pessoalmente no *gemba*. Aprenda com um *coach*. Você vai começar a entender o verdadeiro estado da sua organização e quem você é enquanto líder.

Neste livro, Karyn e eu trabalhamos para oferecer uma imagem clara do que a transformação *lean* significa nas organizações de serviços. Durante a leitura, lembre-se que tudo começa com você.

Jeffrey K. Liker
Autor de *O Modelo Toyota*

PONTOS PRINCIPAIS

Encerraremos todos os capítulos com um resumo dos pontos principais que gostaríamos de ver você levar consigo e usar na prática. São itens curtos para ajudá-lo a lembrar o que estamos tentando ensinar e também a pensar sobre como poderia utilizar essas ideias no seu próprio trabalho. Neste capítulo, aprendemos que:

1. O Modelo Toyota é uma filosofia, um modo de pensar e um sistema de pessoas e processos interconectados que se esforçam continuamente para melhorar o modo como trabalham e produzem valor para cada cliente.
2. O Modelo Toyota começa com a paixão pela solução de problemas para cada cliente e a sociedade. Os valores fundamentais de desafio, *kaizen*, *genchi genbutsu* (estude as condições reais e aprenda), respeito e trabalho em equipe são o alicerce do sistema e sustentam os pilares gêmeos da melhoria contínua e do respeito por pessoas:
   - Melhoria contínua significa que todas as pessoas, em todos os lugares, estão constantemente em busca de jeitos novos e melhores de satisfazer cada um dos seus clientes, fazendo experimentos em direção à metas desafiadoras e se esforçando em busca do norte verdadeiro.
   - Respeito por pessoas significa desafiá-las a fim de desenvolvê-las pessoal e profissionalmente para que sejam a melhor versão de si mesmas. O respeito por pessoas abrange todos que trabalham para a Toyota, além dos fornecedores, da comunidade, do ambiente e do mundo como um todo.
3. Não existe uma "receita" genérica ou uma "melhor prática" para "instalar" ou "implementar" mecanicamente o *lean* em uma organização. Os princípios do Modelo Toyota descritos neste livro podem, entretanto, ajudá-lo a refletir sobre sua organização, entender as lacunas no caminho do norte verdadeiro e iniciar o processo de busca pela perfeição: prestar os serviços que os seus clientes querem, exatamente como querem, agora e no longo prazo.

CAPÍTULO 1

O que é excelência em serviços?

Temos que dar às pessoas um motivo para nos procurar e depois voltar. Vamos tratá-las como realeza. Vamos deslumbrá-las e atendê-las até não poder mais e fazer os clientes acreditarem que nosso único motivo para sair da cama de manhã é ter a mínima chance de sermos agraciados pela sua presença.

—Paul Saginaw, cofundador da Zingerman's

PRECISAMOS DE *LEAN* EM SERVIÇOS?

Algum leitor deste livro tem uma história de terror no mundo dos serviços que gostaria de compartilhar? Em outras palavras, alguém já sofreu uma experiência terrível e frustrante? Lembrar dessas experiências abismais é fácil. O que não sabemos é quantos exemplos de serviços excelentes nossos leitores conseguiriam lembrar. Você ligou para a companhia telefônica, a de energia, ou a Receita Federal e falou rapidamente com uma pessoa de verdade que resolveu o problema com gentileza e eficiência? A resposta pode ser que o serviço foi excelente quando lidou com um vendedor, mas terrível quando teve um problema depois que finalizou uma compra.

As quedas de luz são resolvidas eficientemente? E os buracos nas estradas? Quando foi a última vez que passou por obras nas estradas e viu as pessoas trabalhando de verdade? Alguém aqui ficou preso em um avião parado na pista depois que o piloto explicou que a equipe precisava de alguns minutos para resolver o problema, mas ninguém nem chegou perto do avião pelos próximos 30 minutos, ou até mais? (Eu [Jeffrey] estou nessa situação enquanto escrevo este parágrafo.) Você leu alguma revista interessante no consultório do médico, do dentista, ou na oficina mecânica, sempre consultando o relógio, esperando para ser atendido? Ficou aguardando um empreiteiro ou inspetor naquele novo projeto de construção emocionante?

A Accenture realizou um estudo esclarecedor sobre o setor de seguro de vidas, o bastião da excelência em serviços. O estudo informa que cerca de 470 bilhões de dólares dos clientes de seguros em todo o mundo estão disponíveis no mercado porque os clientes estão infelizes. De acordo com a pesquisa, feita com mais de 13.000 clientes em 33 países, 16% (menos de 1 em 7 pessoas) disse que "com certeza compraria mais produtos da sua seguradora atual", e apenas 27% classificou positivamente sua "confiabilidade".

Trabalhamos com muitos prestadores de serviço que começaram a prática de conduzir pesquisas com clientes (locadoras de automóveis, terceirizados de folhas de pagamento, serviços de TI, operadoras de telefonia móvel), e a história é sempre a mesma. As empresas ficam surpresas em descobrir o quanto seus clientes estão infelizes. Eles não apenas estão insatisfeitos, mas também irritados e frustrados.

Este livro trata da "excelência em serviços", algo que para muitos de nós parece uma contradição em termos. A maioria das organizações de serviços está tão longe de ter serviços básicos minimamente adequados que a excelência parece um slogan vazio. Contudo, ao simplesmente medir a satisfação dos clientes, as organizações encontram inúmeras oportunidades de melhorar. Apenas concentrar sua atenção pode fazer a diferença. No entanto, a excelência vai muito além disso. Ela exige uma prática disciplinada e uma melhoria contínua em todo o empreendimento. Pense nela como uma visão de longo prazo que, por ora, pode parecer inatingível, mas que aponta na direção certa.

Neste capítulo, vamos definir a excelência em serviços, a começar pelo contraste entre histórias que comparam uma loja de varejo de eletrodomésticos considerada boa e confiável e uma rede de concessionárias de automóveis que está buscando a excelência. A seguir, começaremos a definir a excelência em serviços, iniciando pelas seguintes perguntas: o que queremos dizer por serviço e qual é a diferença entre serviço e indústria?

DUAS HISTÓRIAS DE ATENDIMENTO AO CLIENTE

Instalação e compra de um fogão (cooktop) a gás

Era quase dia das mães e eu tive uma grande ideia. Faria uma surpresa para Deb, minha esposa, e a presentearia com um fogão a gás. Quando nossa casa foi construída, selecionamos um fogão elétrico Jenn-Air embutido na bancada de granito. Mas Deb se arrependeu e preferia que tivéssemos escolhido um fogão a gás, pois a chama é mais consistente na hora de cozinhar.

Ao me perguntar se a Jenn-Air fabricava um modelo a gás que pudesse substituir o elétrico e coubesse na ilha central da cozinha, medi o tamanho da abertura, entrei na Internet e, em poucos minutos, encontrei o número do modelo exato do fogão a gás Jenn-Air que se encaixava na bancada. Considerei se devia pesquisar o preço na Internet, mas acabei comprando o fogão da loja de eletrodomésticos mais confiável da cidade, pois ela é especializada em produtos da Jenn-Air. Não era a alternativa mais barata, mas queria garantir a melhor instalação e experiência possíveis.

Entrei no carro e fui até a loja, onde fiquei esperando na recepção enquanto um vendedor mexia no computador e tentava achar a peça com o número do modelo que eu fornecera. O vendedor parecia estar escrevendo um longo artigo de revista enquanto "catava milho" no teclado em vez de selecionar um item com um clique do mouse. Continuei a esperar pacientemente enquanto o vendedor contava algumas histórias muito interessantes e continuava sua busca.

Finalmente, o vendedor encontrou o que estava procurando. "Que sorte a sua!", ele exclamou. "Normalmente não temos esse modelo no nosso estoque normal, mas ele está disponível, e um caminhão vai vir do armazém daqui a dois dias. Se fizermos o pedido agora, podemos colocar o fogão nesse caminhão!" O vendedor me mostrou um modelo parecido na loja e eu concordei em fazer o pedido. O vendedor começou a "catar milho" novamente. A essa altura, cerca de 15 minutos já haviam se passado e, como estava cansado de esperar, comecei a mexer no meu iPhone. Após no mínimo mais cinco minutos, ele finalmente imprimiu o pedido. "O computador está muito lerdo hoje", ele se desculpou.

A seguir, o vendedor explicou que um instalador precisaria visitar a casa antes da instalação para determinar quais peças seriam necessárias para a nova tubulação de gás e estimar o custo de mão de obra. Eu respondi que tudo bem e o vendedor abriu mais um programa no computador. Digitando feito louco, ele finalmente achou a agenda do instalador e, vejam só, havia uma vaga na tarde seguinte. Eu não estaria disponível naquele horário e, apesar disso estragar a surpresa do presente de dia das mães, decidi ligar para Deb e ver se ela poderia ficar em casa e receber o instalador. Deb estava disponível, então o vendedor passou mais alguns minutos no computador, marcando a visita. Depois que paguei a entrada de 50%, o vendedor inseriu algumas informações finais e imprimiu a nota. A essa altura, eu já havia passado meia hora na loja. Quando cheguei em casa, a viagem toda consumira uma hora do meu dia.

(Tempo de atravessamento total = 1 hora; "tempo de atravessamento" é o tempo entre o início e o fim de um processo.)

No dia seguinte, Deb ficou em casa. Após cerca de uma hora de espera, dois instaladores chegaram e começaram a estimativa, inspecionando o porão e tirando uma série de medidas. Os instaladores demoraram cerca de 20 minutos para escrever à mão o tipo e a quantidade de materiais dos quais precisariam (tubos de gás, adaptadores, válvulas etc.), e calcular uma estimativa do tempo de trabalho. O tempo total para a estimativa da instalação, incluindo a espera de Deb, foi de uma hora e meia.

(Tempo de atravessamento total = 1,5 hora)

Fiquei um pouco surpreso em descobrir quanto custaria a instalação, mas era um presente de dia das mães. Peguei o carro e voltei à loja no dia seguinte para completar o pedido e pagar o resto do valor. O vendedor com o qual conversara antes não estava, então expliquei a situação uma segunda vez para um vendedor diferente. Este me pediu para repetir muitas das mesmas informações que eu havia fornecido na primeira visita (nome do item, número do modelo, meu nome, endereço, telefone), e começou a digitar velozmente. Desta vez, no entanto, a tela do computador estava virada para mim, e ficou evidente por que o processo era tão demorado. A interface do usuário parecia ter sido atualizada pela última vez na década de 1980, quando os aplicativos eram programados em Basic. O vendedor precisava descer linha por linha, ajustando o cursor todas as vezes, e digitar até o último elemento da informação, incluindo números de peças que pareciam ter 15 dígitos. Toda vez que o vendedor terminava de digitar em um campo, ele precisava apertar Enter e esperar enquanto o cursor piscava. Foi fascinante observar tudo aquilo por um minuto, mas logo voltei a fuçar no meu iPhone.

Após cerca de cinco minutos digitando, o vendedor olhou para mim confuso. "Parece que o seu fogão já está aqui na loja. Podemos marcar a instalação se você quiser". A seguir, o vendedor abriu uma agenda meio grosseira e viu que havia horários vagos na terça e na quarta da semana seguinte. Como eu ia estar viajando, liguei para Deb mais uma vez para ver se ela estaria disponível. Deb poderia ficar em casa na manhã de terça-feira para atender a janela de um turno da loja, então o vendedor marcou a instalação para esse dia. Após mais alguns minutos digitando, ele estava pronto para imprimir o pedido de instalação e as notas. Quando tentou imprimir os documentos, ficou frustrado. "Parece que a impressora está com problemas", ele me disse. "Vamos tentar na recepção". Lá, ele conseguiu imprimir os quatro documentos. Paguei, assinei, e o vendedor se ofereceu para grampear os três novos documentos aos dois que eu já tinha. Após passar 25 minutos na loja, mais uma vez, estava a caminho de casa. O tempo total para marcar a instalação e finalizar o pagamento foi de 55 minutos.

(Tempo de atravessamento total = 55 minutos)

No dia da instalação, Deb ficou esperando ansiosamente os instaladores às 9 da manhã. Como é política da empresa, eles ligaram antes para informar o cliente que chegariam em quinze minutos, mas como ligaram para o meu celular e eu estava dando uma palestra na Suíça, Deb não tinha como saber dessa informação. Quando chegaram, os instaladores completaram eficientemente a tarefa complexa de passar a tubulação de gás e a fiação acima do teto de gesso do porão. Habilidosamente, eles abriram um buraco no tampo do armário abaixo do fogão para instalar o mecanismo de acionamento a gás. Deb ficou impressionada com o profissionalismo e a habilidade dos instaladores. A experiência não foi totalmente perfeita, entretanto. A instalação foi barulhenta. Deb passou 3,5 horas escutando batidas e outros barulhos. Também foi poeirenta. Os instaladores fizeram várias viagens entre o caminhão e a casa, deixando a porta da garagem aberta todo esse tempo. Deb precisou limpar a garagem depois que eles foram embora. Além disso, o cheiro de gás se espalhou da área de serviço para o porão e subiu até a sala de estar. Porém, ao meio-dia e quarenta e cinco, a instalação foi completada e Deb pode aproveitar um fogão a gás corretamente instalado, lindo e que funcionava! Ela deu uma gorjeta para os instaladores e eles foram embora.

Naquela tarde, entretanto, Deb e eu percebemos que parecia haver um fluxo contínuo de ar soprando através do novo fogão para o resto da cozinha. Ao procurar a origem do problema, descobrimos que uma tampa de duto externa fora aberta por um prego, provavelmente pelos pintores no verão passado, para não ficar presa na tinta. Removemos o prego e o problema foi resolvido. Meu presente de dia das mães foi um sucesso estrondoso!

Para resumir a nossa experiência:

- Tempo de instalação total: 3,5 horas (ver Figura 1.1)
- Tempo de trabalho total do processo como um todo (com e sem valor agregado), incluindo a instalação: 6,9 horas
- Tempo de atravessamento total do início até a instalação: 13 dias

Após a instalação ser completada, nem Deb nem eu recebemos ligações de pós-vendas ou pesquisas de satisfação do cliente da loja de eletrodomésticos. Nós provavelmente teríamos dito que estava tudo certo.

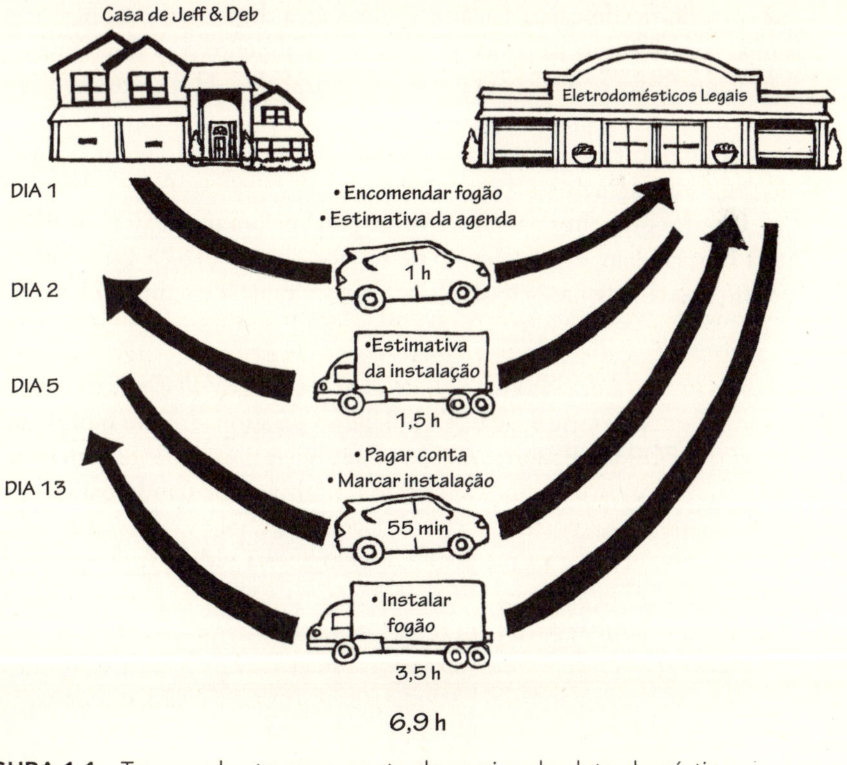

FIGURA 1.1 Tempos de atravessamento do serviço de eletrodoméstico.

Serviços e consertos de automóveis da Volvo

Assim como a loja de eletrodomésticos, as concessionárias da Volvo na Suécia tinham uma reputação sólida. Contudo, simplesmente ter uma "reputação sólida" não satisfazia Einar Gudmundsson, vice-presidente de atendimento ao cliente. Estudioso dedicado do Modelo Toyota, Einar levou muitas das suas ideias à Volvo. Ele e a sua equipe elaboraram uma visão audaciosa de se tornarem líderes mundiais em serviços de concessionárias automotivas (ver Figura 1.2).

O primeiro passo foi determinar exatamente o que os clientes da Volvo valorizavam no serviço automotivo. Uma pesquisa com 100.000 clientes ensinou a Einar que os três desejos principais dos clientes eram: (1) relacionamentos positivos, (2) tempo reduzido ao mínimo e (3) boa solução de problemas para serviço e conserto dos carros.

Um ponto em que Einar e sua equipe se concentraram para fazer a diferença no serviço foi os boxes de conserto de automóveis. No sistema antigo, uma experiência típica era semelhante ao caso da loja de eletrodomésticos. O cliente que precisava de um conserto ligava para a concessionária. Uma recepcionista marcava um horário para o cliente levar o carro e diagnosticar o problema. Quando o cliente buscava o carro, ele era informado de qual era o problema e marcava um novo horário para trazer o carro e começar o conserto. Quando o carro estava pronto, ele precisava ir até o escritório do caixa, pagar e voltar à área de serviço para buscar o carro. Em suma, o carro ficava na concessionária um dia inteiro para cada uma dessas visitas, e o cliente ficava sem ele para ir e voltar do trabalho. Havia muitas filas e esperas no processo, pois o cliente era passado e repassado entre os departamentos, e os problemas de comunicação ocasionavam uma série de erros (a Figura 1.3 mostra o fluxo do processo original).

Um dos primeiros passos da Volvo para melhorar esse processo foi desenvolver uma função chamada de técnico de serviço pessoal (TSP). De acordo com o TSP, na teoria, o cliente não seria repassado para ninguém e sempre lidaria com a mesma

SERVIÇO DA VOLVO: LÍDER MUNDIAL

POR QUE	COMO	O QUE
• A marca Volvo promete serviço pessoal de classe mundial baseado em rapidez, relacionamentos e respeito. Nosso sucesso global dependerá de descomplicar a vida das pessoas, pois os clientes satisfeitos sempre voltam.	• Cumpriremos essa promessa com a construção incansável de cadeias de valor robustas, desenhadas em torno de um propósito e a determinação de sempre colocar a qualidade em primeiro lugar.	• Líderes *lean* em todos os níveis • Logística de alto valor agregado • Serviço pessoal e eficiente • Acessórios atraentes e fáceis de comprar • Cliente Volvo conectado • Ofertas personalizadas

FIGURA 1.2 Visão de serviço da Volvo.

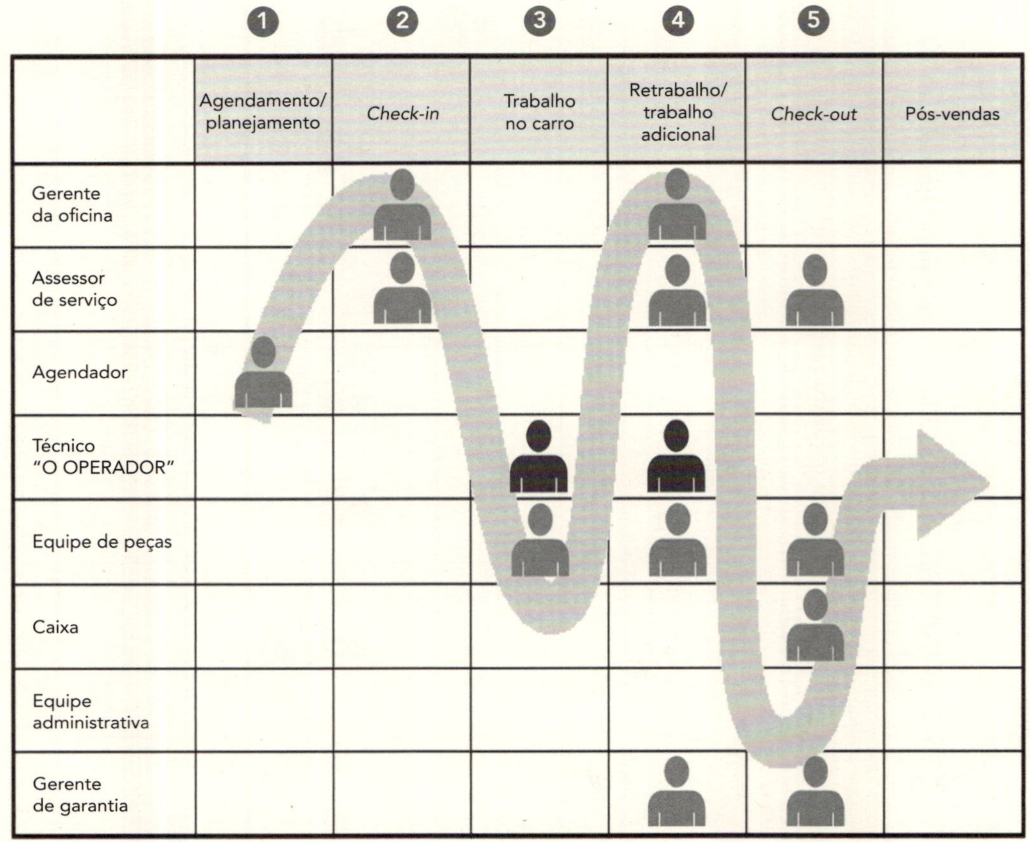

FIGURA 1.3 Cadeia de valor do cliente na oficina tradicional.

1 **AGENDAMENTO/PLANEJAMENTO**
Separar o agendamento e o diagnóstico prejudica a eficiência do planejamento. Sem a competência do técnico, corre-se o risco de mal-entendidos e de planejamento incompleto.

2 ***CHECK-IN***
O assessor de serviço pode ser um gargalo no *check-in* e no *check-out*.

3 **TRABALHO NO CARRO**
Ineficiência e tempos de espera devido a um fluxo inconstante e à separação de funções. Ex.: espera por ordens de serviço na manhã ou para que o assessor de serviço contate o cliente sobre serviços adicionais.

4 **RETRABALHO/TRABALHO ADICIONAL**
Entendimento insuficiente sobre o que aconteceu antes no processo leva a problemas de qualidade e dificulta a solução de todos os problemas do cliente.

5 ***CHECK-OUT***
O assessor de serviço pode ser um gargalo no *check-in* e no *check-out*.

pessoa (um técnico), desde a ligação inicial até o pagamento, reduzindo os erros e o tempo gasto pelo cliente (a Figura 1.4 mostra o processo melhorado).

Na função de vice-presidente de atendimento ao cliente, Einar levou essa ideia adiante e desenvolveu algo que ele e sua equipe chamaram de "parada de uma hora". Um dos princípios fundamentais do *lean* é o fluxo unitário de peças, então eles se perguntaram: "como seria se o cliente fluísse de um passo para o outro sem interrupções?". O objetivo seria atender tantos clientes quanto possível dentro do horário estabelecido de uma hora, iniciando no instante em que o cliente entrasse na concessionária com o seu carro até o momento em que saísse com o automóvel consertado. Eles descobriram que o sistema TSP tinha limitações e que os clientes muitas vezes não conseguiam falar com o técnico quando ligavam, pois este estava ocupado. Eles também descobriram que os técnicos muitas vezes designavam os clientes até o caixa para realizar o pagamento no final do serviço, em vez deles próprios aceitarem o pagamento. Os clientes não gostavam de nenhuma dessas duas condições.

Transformar a parada de uma hora em realidade exigiria muitas mudanças além de criar a função TSP. Uma coisa que Einar e sua equipe aprenderam foi que ter um tempo de ciclo curto e confiável para o conserto de um automóvel exigiria dois técnicos trabalhando em conjunto no box de conserto. Um único técnico precisava ficar dando voltas e mais voltas ao redor do carro para trabalhar nele, mas dois técnicos poderiam trabalhar um em cada lado do automóvel. Com isso, eles poderiam

	Agendamento/ planejamento	Check-in	Trabalho no carro	Retrabalho/ trabalho adicional	Check-out	Pós-vendas
Gerente da oficina						●
Assessor de serviço						
Equipe/*Andon*						●
Agendador						
Técnico "O OPERADOR"	●	●	●		●	●
Equipe de peças	●					
Caixa						
Equipe administrativa						
Gerente de garantia						

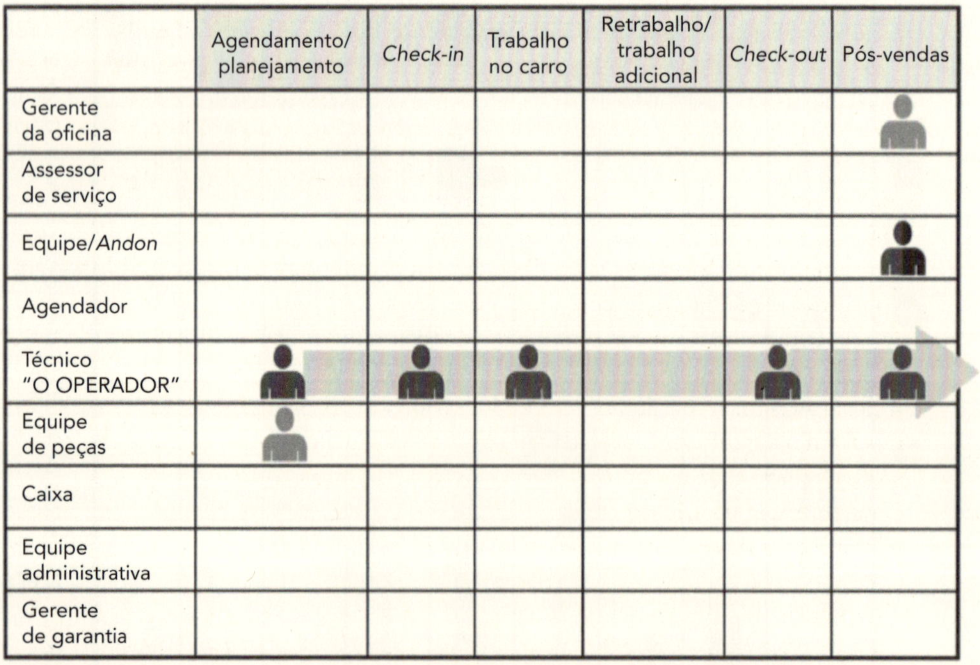

FIGURA 1.4 Cadeia de valor do cliente na oficina com parada de uma hora.

planejar os passos que cada um iria seguir, fazendo o que a Toyota chama de trabalho padronizado. Também era importante que eles começassem com as peças e ferramentas certas, preparadas de antemão para o serviço, como acontece em um *pit stop* nas corridas automobilísticas.

A equipe de Einar foi bem-sucedida no desenvolvimento de concessionárias fortes e capazes de realizar paradas de uma hora, resultando na aparição de clientes sem marcar horário. A satisfação do cliente aumentou. Sua equipe foi de concessionária em concessionária com uma proposta: "vamos colocar equipes para trabalhar em cada box de conserto, e isso vai mais do que dobrar sua produtividade". Muitas vezes, uma dupla de técnicos de Einar conseguia trabalhar tanto quanto três ou quatro técnicos das concessionárias. Como elas têm limitação de espaço, as concessionárias conseguiam mais do que dobrar sua capacidade sem construir novas instalações.

Em 2013, reconhecido pelo seu enorme progresso em transformação *lean* nas concessionárias e escritórios corporativos, Einar foi convidado para administrar, em tempo integral, uma concessionária de desempenho médio. Seu objetivo logo passou a ser torná-la a concessionária mais lucrativa e com o maior nível de satisfação do cliente usando o que aprendera com o Modelo Toyota.

É assim que funciona a parada de uma hora na concessionária de Einar: quatorze técnicos ficam organizados em duas equipes de três duplas, com um técnico de serviço principal por equipe. Cada equipe tem três boxes de serviço. Quando ligam, os clientes falam diretamente com um técnico que faz o melhor possível para diagnosticar o problema por telefone. A seguir, o técnico liga para o depósito de peças da Volvo (que também foi reorganizado usando princípios como os da Toyota) e pede (com dois dias de antecedência) as peças necessárias. Se o técnico acha que podem ser dois problemas diferentes, ele encomenda dois conjuntos de peças. As peças chegam em uma bandeja cinza, organizadas para o serviço específico. A seguir, a dupla começa a realizar o conserto. Quando o conserto termina, os técnicos se reúnem com o cliente para explicar o que foi feito e fazer a cobrança. Os clientes podem passar uma hora esperando o conserto terminar em uma "sala de estar" confortável, com televisores, Wi-Fi, café de alta qualidade, refrigerantes e lanches, tudo de graça, junto à área de vendas. Enquanto os clientes esperam, os vendedores têm a oportunidade de interagir com eles, o que levou a um aumento nas vendas.

As equipes de técnicos funcionam de forma quase autônoma, apesar de terem reuniões de *coaching* semanais com a gerência. Todas as semanas, eles revisam os indicadores-chave de desempenho (KPIs) nos quadros de metas das equipes que mostram o desempenho de cada par. As medidas incluem o tempo até o faturamento do cliente e algumas porcentagens, como a do tempo que a equipe leva para atender a primeira ligação do cliente, a dos diagnósticos corretos baseados em ligações telefônicas, a das vezes que o cliente pagou o TSP e não precisou ir até o caixa e a das encomendas de peças de emergência *versus* peças entregues por agendamento. As medidas de desempenho de serviço são atualizadas continuamente pela equipe. É uma cultura de não atribuição de culpas que resolve os problemas da empresa. Na verdade, os técnicos lideram as reuniões; os gerentes ficam em silêncio e fazem um pouco de *coaching* depois que ela termina. Os gerentes são até mesmo avaliados pelos técnicos e recebem notas pela qualidade do seu *coaching*.

Com o tempo, as equipes aprenderam a lidar com diversos tipos comuns de problemas de serviço, e em um ano e meio estavam completando 80% dos serviços em menos de uma hora, contando do momento em que o carro chegava na concessionária até o cliente sair dirigindo seu automóvel consertado.

Também após apenas um ano e meio, a concessionária de Einar foi de mediana para uma das dez melhores da Suécia. O lucro aumentou significativamente e a empresa dobrou o uso de cada box de serviço. Um projeto de construção planejado reduziria o número de boxes e o custo de capital por conserto.

Aqui está um resumo dos resultados atingidos usando a parada de uma hora em concessionárias da Volvo na Bélgica, Espanha e Taiwan:

- Apenas metade dos boxes de trabalho foram necessários para uma determinada quantidade de consertos
- Tempo vendido por box de trabalho aumentou 114%, atingindo 193%
- A produtividade por funcionário dobrou ou triplicou no setor de consertos
- O lucro aumentou o triplo ou o quádruplo com o aumento da produção e a queda do custo por reparo
- Metade das caminhadas dos técnicos
- A quantidade de serviços classificados como muito bons ou excelentes pelos clientes aumentou de 74% para 83%, principalmente na classificação "excelente", que foi de 31% para 41%

Um dos achados mais interessantes é o aumento nas notas de satisfação do cliente. O que surpreende não é o fato de que o número aumentou, mas que sua porcentagem original já era muito alta. No sistema tradicional, 74% dos clientes classificavam o serviço como "muito bom" ou "excelente". Contudo, ele era muito inconveniente e demorado para os clientes em comparação com a nova abordagem. Isso sugere que os clientes tendem a se adaptar a serviços medíocres, valorizam um novo nível de serviço e o transformam em sua nova expectativa.

Foi difícil criar a mudança cultural necessária para instituir a parada de uma hora nas concessionárias? Certamente houve alguma consternação com a ideia de fazer essas mudanças radicais em todas as unidades, mas elas se tornaram muito populares depois de implementadas. Por exemplo, o gerente de atendimento ao cliente na Bélgica disse: "o tempo do cliente é melhor utilizado. A comunicação também é muito melhor, porque agora os técnicos explicam tudo diretamente para o cliente, e eles reagem positivamente". Um técnico de serviço na Espanha explica: "para mim, a oportunidade de lidar diretamente com os clientes é o principal benefício. Isso gera confiança e cria um relacionamento mais forte e mais pessoal".

Os resultados também apareceram nos lucros. Enquanto Einar era VP, a área de atendimento ao cliente ganhou US$2,3 bilhões, com lucro de US$800 milhões.

Comparação dos dois casos

No geral, ambas as organizações parecem estar indo bem. A loja de eletrodomésticos tem um longo histórico de ser uma empresa local estável e sobreviveu aos altos e baixos da economia. Em alguns momentos, a Volvo enfrentou épocas difíceis e quase foi à falência. Contudo, neste ponto da sua história, a área de atendimento ao cliente da Volvo trabalha incansavelmente em busca da excelência em serviços, enquanto a loja de eletrodomésticos parece ter se estagnado.

A estagnação prejudicou os negócios da loja de eletrodomésticos? Os clientes parecem se adaptar e considerar um determinado nível de serviço como o normal. Pelo padrão da maioria, nossa experiência de compra e instalação do fogão foi "muito boa", e essa loja específica tem bom desempenho há décadas por causa da sua reputação de alta qualidade de serviço. Em todos os passos do processo, os vendedores e instaladores foram simpáticos e profissionais, sabiam o que estavam fazendo e instalaram o fogão a gás corretamente. No geral, ficamos contentes em termos selecionado a loja para a compra e instalação do aparelho, mas podemos mesmo dizer que testemunhamos um exemplo de "excelência em serviços"? Quando calculei o tempo gasto de porta a porta na primeira visita, o tempo que esperei em casa os funcionários chegarem para fazer uma estimativa no segundo dia, e o tempo de porta a porta no terceiro, o total foi de 6,9 horas, incluindo duas idas e voltas à loja, minha espera dentro do estabelecimento e a espera de Deb em casa enquanto os instaladores planejavam e instalavam o fogão. No total, 13 dias se passaram entre o pedido inicial e a instalação. Tudo isso para instalar o item exato que eu identificara na Internet em questão de minutos antes de dar início ao processo (e estamos falando de um produto que eles já tinham em estoque). Houve alguns tropeços, talvez pequenos, mas nenhum sinal que qualquer pessoa na loja percebeu ou se importou. Após a instalação, não recebemos nenhuma ligação de pós-vendas da loja ou pesquisa de satisfação do cliente. Como não reclamamos da experiência de serviço, talvez a loja tenha pressuposto que tudo foi excelente.

O Modelo Toyota nos incentiva a imaginar o estado ideal e então compará-lo com a condição atual. É apenas se pensamos em uma alternativa muito melhor do que a que temos hoje que ficamos insatisfeitos. E se eu pudesse simplesmente ter telefonado para a loja de eletrodomésticos, pois já sabia o que queria, conversado com um técnico, descrito a situação e depois recebido o técnico, que chegaria para instalar o novo fogão? Em muitos casos, seria difícil por exemplo, estimar o comprimento da tubulação de gás necessária, o número de conectores e os custos de tempo de mão de obra. Porém, talvez um técnico de serviço pudesse ter me ensinado pelo telefone a fazer as medições necessárias e eu poderia ter fotografado com meu *smartphone* para mostrar a ele. Nesse caso, assim como a concessionária da Volvo, talvez fosse possível realizar a entrega e a instalação em um ou dois dias.

Pense na experiência da instalação. Ela foi realizada profissionalmente e os instaladores obviamente sabiam o que estavam fazendo, mas era realmente necessário ficar indo e voltando até o caminhão por horas a fio, deixando a porta da garagem aberta todo esse tempo? Seria possível tornar a agenda de instalação mais adaptável, permitindo que os instaladores fossem recebidos sem que um familiar precisasse ficar todo esse tempo em casa? Os instaladores precisavam mesmo deixar nossa casa com cheiro de gás? Eles não poderiam ter conferido a ventilação e percebido que uma das aberturas não estava fechando? (ver Figura 1.5).

E quanto à ligação para nos avisar que os instaladores estavam a caminho? Eles acabaram por me ligar na Suíça momentos antes de eu precisar subir ao palco para dar minha palestra, então não atendi. E se a política da loja fosse não ir ao local da instalação caso o cliente não atendesse o telefone? Deb teria passado a manhã inteira esperando sem saber por que os instaladores não haviam chegado. Um problema importante nos processos de serviço é ter o melhor método para contatar clientes e ter ideia se eles estarão disponíveis para o contato. Isso pode ser resolvido?

Karyn teve essa experiência várias vezes por trabalhar em organizações de serviços. Em uma processadora de folhas de pagamento, esse era um problema comum, e quase sempre acontecia às sextas-feiras. A pessoa que fazia a entrega precisava ligar para o cliente antes de deixar os cheques para que os funcionários fossem pagos. Quando o motorista ligava para o número informado e o cliente não atendia, o serviço de entrega não tinha como completar o processo, e o motorista precisava ligar para

FIGURA 1.5 Aguns pontos fracos na experiência de Jeff e Deb com o serviço da loja de eletrodomésticos.

Aviso: Esta é uma visão satírica exagerada de uma experiência que foi muito positiva.

o representante de atendimento ao cliente e conferir o número. Em seguida, o representante precisava sair correndo e ligar para todos os números no arquivo e enviar um e-mail. Se o cliente não respondia, a entrega não era feita e os funcionários não recebiam os cheques esperados. Quando chegava no trabalho segunda-feira e descobria que os funcionários não foram pagos, o cliente ligava furioso para o atendimento ao cliente. Mesmo que o representante conseguisse encontrar uma maneira bem-educada de dizer que ninguém atendera no número que o cliente fornecera, o final nunca era feliz. O cliente não dera as informações erradas; as condições simplesmente haviam mudado e o prestador de serviços não estava ciente disso, além do fato de não haver um entendimento claro entre o prestador de serviços e o cliente de quando uma ligação seria realizada e quem estaria disponível para atendê-la.

Karyn também encontrou uma situação semelhante no pagamento de sinistros de seguros. O segurado fornece um endereço para receber o cheque da indenização e depois se muda. A seguradora não sabe disso e continua a mandar os cheques para o endereço que têm nos arquivos. O segurado se irrita porque não está recebendo os cheques.

As empresas "boas" fazem o melhor que podem. Elas acreditam que, como não é possível antecipar tudo que poderia dar errado, não podem ser responsáveis pelo que os clientes fazem. Empresas excelentes continuam a trabalhar e encontram jeitos de melhorar de modo a resolver esses problemas, e elas nunca culpam o cliente!

As concessionárias da Volvo na Suécia tinham uma boa reputação antes do *lean*. Os clientes que precisavam de consertos levavam seus automóveis até a concessionárias várias vezes e achavam que isso era "um bom serviço". Após conhecerem a parada de uma hora, no entanto, eles não iam querer voltar para o velho sistema de múltiplas visitas e ligações telefônicas. Na verdade, nós achamos que após passarem pelo sistema de parada de uma hora, eles ficariam muito descontentes se a Volvo revertesse para o sistema anterior.

Na psicologia, sabe-se que a satisfação depende tanto das expectativas quanto da realidade. Você pode reduzir a satisfação se não atingir as expectativas atuais ou se elevá-las e depois não atendê-las. Isso leva a um paradoxo: quanto melhor trabalhamos, mais os clientes esperam de nós e mais difíceis eles são de agradar. Essa tem sido a história da indústria automobilística por causa da excelência das montadoras japonesas, especialmente a Toyota. As expectativas dos clientes estão nas alturas, e alta qualidade e segurança são expectativas básicas para quem simplesmente não quer ir à falência.

Em 2014, as montadoras bateram o recorde de *recalls* nos Estados Unidos: foram 63,95 milhões de veículos, refletindo 803 campanhas separadas. Foi mais do que o dobro do recorde anterior de 30,8 milhões em 2004. A General Motors liderou o grupo com 27 milhões de *recalls*, com o fiasco da chave de ignição como um dos mais relevantes, mas todas as montadoras fizeram um grande número de *recalls*. Seria de imaginar que a segurança dos automóveis era abismal e que as pessoas sofriam acidentes graves todos os dias por causa dos veículos defeituosos, mas este não é o caso. Aliás, é exatamente o contrário: a segurança automotiva nunca foi tão boa desde que os primeiros automóveis apareceram nas estradas, competindo com cavalos e carroças. O número de acidentes graves relacionados aos veículos nos *recalls* foi minúsculo. Quase todos eles foram preventivos, apenas para impedir algo que poderia dar errado. Não é ruim para os clientes, mas isso ainda reflete suas expectativas extremamente altas, esperando quase perfeição em uma máquina com dezenas de milhares de peças, que espera-se que dure 15 anos ou mais sofrendo desgastes intensos e operando sob condições adversas.

Em alguns sentidos, era mais fácil para o pessoal da loja de eletrodomésticos atender as expectativas dos clientes sobre qualidade do serviço do que era para a Volvo. A loja era boa e muitos dos clientes como nós continuavam a voltar, apesar dela parecer não ter melhorado significativamente a qualidade do atendimento nas últimas décadas. Seus concorrentes eram quase todos de redes nacionais de eletrodomésticos com serviço de pior qualidade, e enquanto estes não investirem em uma abordagem muito melhor, a loja vai ficar muito bem.

John Wooden, técnico de longa data do time de basquete da UCLA, era um perfeccionista na preparação das suas equipes, grandes vencedoras do basquete universitário. Ele dizia que "o sucesso nasce de saber que você fez o melhor para se tornar o melhor que pode ser".

Isso nos leva a uma série de perguntas interessantes: como definimos excelência em serviços? Podemos confiar na satisfação do cliente como indicador de excelência? Como mudar a mentalidade das pessoas normais que trabalham nesse setor para que fiquem insatisfeitas com o serviço prestado, mesmo quando os clientes parecem estar contentes? Como desenvolver uma cultura de pessoas apaixonadas pela ideia de "se tonarem o melhor que podem ser"?

O QUE É UMA ORGANIZAÇÃO DE SERVIÇOS E COMO DEFINIMOS EXCELÊNCIA?

O que queremos dizer por organização de serviços?

Vamos primeiro considerar o que queremos dizer por "serviço". O *businessdictionary.com* define serviço como "uma ação, um ato ou um esforço valioso realizado para satisfazer uma necessidade ou atender uma demanda". Parece simples e direto, e nos lembra que um serviço só é um serviço se atende uma necessidade do cliente.

Uma perspectiva econômica sobre serviço vem do site *investorwords.com*, que adiciona a seguinte definição: "tipo de atividade econômica que é intangível, não armazenada e não resulta em propriedade. O serviço é consumido no ponto de venda".

Agora, temos a noção de que o serviço é "intangível". Além disso, ele é consumido no ponto de venda, de modo que os clientes em si são parte do processo de transformação. Se podemos sentir, tocar e guardar para uso futuro, não estamos falando de um serviço, e sim, de um bem tangível. Se um processo nos muda diretamente enquanto clientes em algum sentido, ele é intangível e é um serviço.

Os serviços prestados por cabeleireiros, cirurgiões, psicólogos e *personal trainers* claramente se encaixam nessa definição de algo intangível que é consumido no ponto de venda. Nenhum desses serviços pode acontecer quando o cliente não está presente.

O dicionário do Google aumenta ainda mais a complexidade da nossa definição de serviço:

1. "A ação de ajudar ou realizar um trabalho por alguém".
2. "Sistema para atender uma necessidade pública, como transporte, comunicação, eletricidade e abastecimento de água".

A primeira definição é semelhante às duas que analisamos, mas a segunda agrega a ideia de um sistema que movimenta ou transfere algo que é, em parte, tangível e armazenável. A eletricidade pode ser armazenada e, apesar de ninguém querer segurá-la na mão, é uma entidade física mensurável. Uma garrafa d'água é um produto físico de uma fábrica, mas um prestador de serviço transporta-a até a loja, que também presta serviços. Quando abrimos a torneira em casa, estamos recebendo um serviço prestado por uma empresa que bombeia e trata água em um reservatório. Onde termina a indústria e começa o serviço?

O mundo se tornou muito mais complexo com o advento da computação, especialmente com a Internet. Quando acesso o site da *Amazon.com*, estou usando um serviço ou um produto de tecnologia tangível? A Amazon em si é um sistema de pessoas e tecnologias que fornece algo tangível: um *software* que produz uma interface do usuário no nosso computador, armazenada para ser usada quando e como desejado. Nós interagimos com o computador. Os dados da Amazon ficam armazenados em uma infraestrutura complexa de mais de um milhão de servidores físicos espalhados pelo mundo. Se escrevêssemos o nosso pedido no papel, diríamos que ele é um bem tangível produzido em uma fábrica, mas quando o digitamos na interface da máquina, ele é um serviço, pois estamos falando de um papel virtual criado em uma fábrica de *software*. Hmmm. Isso está ficando confuso.

Para complicar ainda mais a situação, os governos medem os serviços como um complemento da indústria. De acordo com os sistemas de medição nacionais, classifica-se como serviço tudo que *não* é a produção de bens tangíveis. A Encyclopædia Britannica online descreve serviços da seguinte forma:

> *Serviços: um setor na parte da economia que cria serviços em vez de objetos tangíveis. Os economistas dividem todas as atividades econômicas em duas categorias amplas, bens e serviços. Os setores que produzem bens são a agricultura, mineração, manufatura e construção; todos criam alguma espécie de objeto tangível. Os setores de serviços incluem todo o resto: bancos, comunicação, comércio de varejo e atacado e todos os serviços profissionais, como engenharia, desenvolvimento de* software *e medicina, atividades econômicas sem fins lucrativos e todos os serviços governamentais para o consumidor, incluindo defesa e administração da justiça.*

O resultado parece, ao mesmo tempo, estranho e desleixado. Uma maneira descuidada de definir um termo é que ele representa todo o resto que fica de fora de alguma outra coisa que definimos: o serviço é tudo que não é indústria. Se gravamos várias e várias camadas de *bits* e *bytes* em uma placa de circuito impresso na Intel, isso é indústria, mas a companhia de TV por assinatura que transforma *bits* e *bytes* em um filme que assistimos no computador é um serviço. Os dois casos parecem ter mais semelhanças do que diferenças. Se uma engenheira na Intel está inventando uma nova geração de chips de computador menores e mais rápidos, ela está trabalhando em uma indústria, já que a Intel fabrica itens físicos, ou em uma organização de serviços, pois está realizando um trabalho intelectual? Se fizesse a mesma coisa em um escritório de engenharia terceirizado pela Intel, ela estaria prestando um serviço?

Qual a diferença entre indústria e serviço?

Quando tentamos ensinar o *lean* a uma organização de serviços usando a Toyota de exemplo, uma resposta típica que recebemos é: "nós não fabricamos carros, prestamos um serviço intangível. É bem diferente. Como vamos aprender alguma coisa com uma montadora?"

É verdade que as empresas de serviços e industriais são tão diferentes que não têm como aprender umas com as outras? Todos os anos, *Organizações: Teoria e Projetos*, de Richard Daft, é o campeão de vendas entre os livros-textos de *design* organizacional, e ele parece acreditar que as diferenças entre serviços e indústria são enormes. Daft diz que os serviços são intangíveis e não podem ser guardados para uso futuro. Também diz que os serviços fazem uso intensivo de mão de obra e conhecimento, e que a alta interação com o cliente e o elemento humano é de extrema importância.

Algumas das outras distinções parecem se basear em estereótipos ultrapassados do que é indústria. Por exemplo, Daft diz que o elemento humano é menos importante na indústria do que é nos serviços, mas no *lean*, ao menos na versão do Modelo Toyota, os membros de equipe que trabalham na produção estão no centro da melhoria contínua que faz a empresa avançar. Daft diz que os tempos de resposta maiores são aceitáveis na indústria, mas o ideal do *just-in-time* é o fluxo unitário de peças, sem atrasos. Da perspectiva do *lean*, fica evidente que dicotomias como essas são simplificações exageradas.

Pense em uma concessionária de energia. Ela vende um produto tangível que pode ser estocado, é de capital intensivo, e possui pouca interação com o cliente em relação às usinas de energia, de modo que o elemento humano é menos óbvio para o cliente, além da qualidade poder ser medida diretamente. Assim, na maioria dos aspectos, ela mais se parece com uma indústria do que com um serviço.

A situação fica ainda menos clara quando pensamos em um empreendimento como um todo. Pense em um hospital. Na Figura 1.6, Karyn apresenta um desenho altamente simplificado. As áreas sombreadas parecem se encaixar melhor na coluna "Indústria" da classificação de Daft do que na coluna "Serviços": são áreas

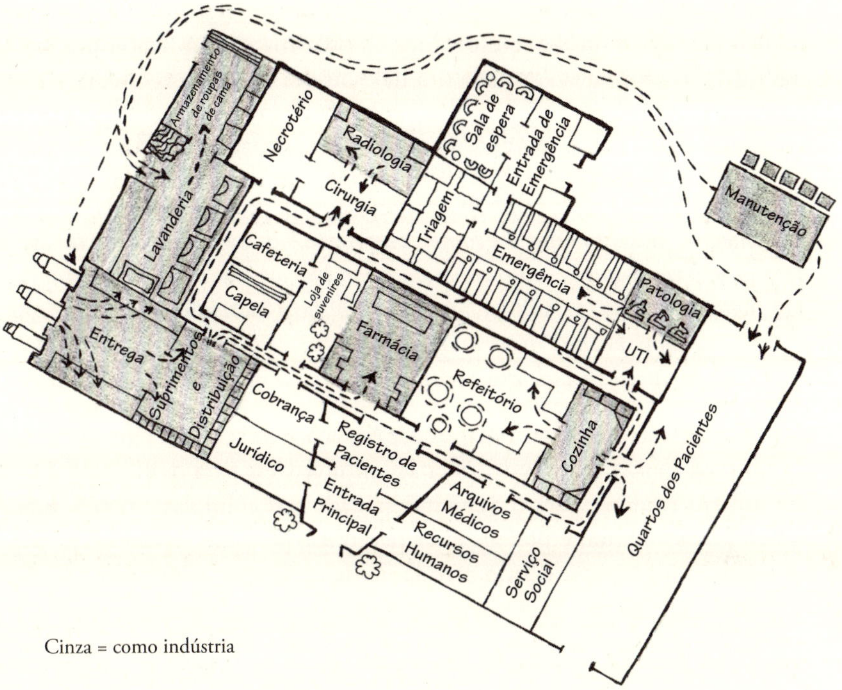

FIGURA 1.6 O *lean* na saúde é diferente do *lean* na indústria?

como a farmácia, a lavanderia, os laboratórios de patologia (que analisam amostras de tecido) e o departamento que faz manutenção em todas as instalações e equipamentos complexos da instituição. Além disso, os auxiliares de enfermagem que levam pessoas e objetos de um lado para o outro no hospital lembram em muito os funcionários que manuseiam materiais em uma indústria. Na verdade, parece haver tanto material se movendo dentro do hospital quanto em uma fábrica, e eles precisam ser ordenados, entregues, armazenados, transportados e eliminados. Não está parecendo cada vez mais uma indústria?

Eu (Jeff) tive uma experiência interessante durante uma visita ao Hospital Toyota Memorial no Japão. Ouvi falar que estavam aplicando os princípios da Toyota em um ambiente de serviço. Na visita, fui acompanhado por dois gerentes seniores japoneses que me mostraram o sistema de fluxo de materiais. Todos os materiais usados pelos médicos e enfermeiros eram cuidadosamente organizados, por exemplo, em gavetas com rótulos claros, incluindo endereços para os seus locais. Itens pequenos e comuns, como seringas, ficavam em sacos transparentes e eram fáceis de localizar. Um fato ainda mais interessante é que essas sacolas continham um pequeno cartão laminado, o que a Toyota chama de *kanban*. As informações no cartão incluem o número da peça, sua descrição, sua localização para usuários e sua localização no depósito, e o número de seringas no saco (ver Capítulo 5). Enquanto analisávamos as gavetas, um entregador de material apareceu com um carrinho, re-

-estocou o que fora utilizado e recolheu os cartões dos itens que estavam perto de acabar para que pudesse re-estocá-los na próxima viagem. Perguntei aos dois gerentes qual era a formação de cada um deles, e eles explicaram o seguinte:

> *Antes de virmos para cá, trabalhamos por muitos anos em fábricas na Toyota como gerentes de fluxo de materiais. Uma semana, fomos notificados que começaríamos nosso novo emprego na segunda-feira, no hospital. Achamos que era um engano, mas assim que chegamos, vimos que havia milhares de materiais fluindo através do hospital, assim como peças em fábricas da Toyota. Poderíamos aplicar todos os mesmos princípios para tornar o fluxo mais eficiente e fazer com que os clientes obtivessem o material certo, no lugar certo e na hora certa. Conseguimos esvaziar quase metade do armazém e melhorar o atendimento ao cliente.*

Na nossa experiência, todas as organizações de serviços têm elementos que lembram uma indústria, apesar desses serem invisíveis para os clientes. Os clientes vão ao supermercado e veem o que está estocado nas gôndolas, quase sempre com uma apresentação bonita, e podem fazer perguntas para um representante de serviço ou conversar diretamente com o atendente de caixa, caso esse processo não tenha sido automatizado. Os clientes raramente veem os paletes de materiais descarregados de um caminhão em um depósito interno, não veem os paletes sendo desmontados e os produtos trazidos no final da noite para a re-estocagem das gôndolas nem a arrumação para os clientes do dia seguinte. Eles não veem a rotina física de processar o dinheiro, muito menos um contador controlando todos estes números em um escritório no fundo da loja.

Por outro lado, caminhe por uma fábrica e você provavelmente vai encontrar grandes áreas de escritórios onde as pessoas estão comprando itens, coordenando entregas, planejando, atendendo ligações de clientes, trabalhando em finanças e contabilidade, coordenando seguros e executando inúmeras outras "funções de serviço". Em algumas grandes instalações, vemos até médicos e enfermeiros prestando serviços de saúde para os funcionários, podendo haver até uma farmácia.

Em suma, quase sempre é mais útil considerar as diferenças entre os grupos funcionais dentro de sistemas de saúde e industriais, ou mesmo as diferenças nas funções individuais do que seria tratar as organizações industriais e de serviço como se fossem criaturas diferentes. Poderíamos definir uma organização em termos dos fundamentos do que faz. Se o trabalho fundamental é criar um produto tangível para venda, poderíamos classificá-la como uma indústria. Se o trabalho fundamental é atender os clientes e facilitar seu acesso a algo de que precisam, como no caso da Amazon, ou melhorar diretamente a sua saúde ou bem-estar, poderíamos classificá-la como um serviço. Nas organizações industriais, muitas vezes vemos serviços que são funções de apoio à produção. A manufatura está em primeiro plano e o serviço em segundo. Nas organizações de serviços, vemos o processo de atendimento ao cliente em primeiro plano e a produção está nas funções de suporte em segundo plano (ver Figura 1.7).

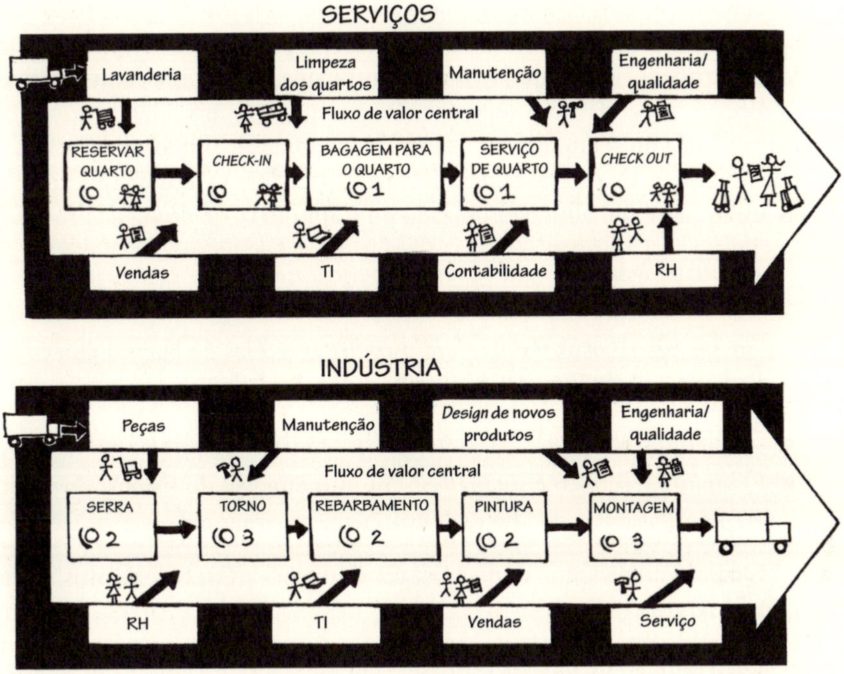

FIGURA 1.7 Fluxos de valor de serviços *versus* indústria.

Em vez de pensar em serviço *versus* indústria, para fins de melhoria, talvez seja mais útil pensar em termos de complexidade do trabalho.

- **Customização do trabalho.** O quão rotineira (passos, sequência, tempo) é a operação (baixa) em comparação com o quanto ela é específica à situação (alta)?
- **Intangibilidade do trabalho.** O quanto enxergamos fisicamente do processo de transformação (baixa) em comparação com o quanto precisamos de maneiras abstratas de descrevê-lo (alta)?

A complexidade do trabalho pode variar por departamento, projeto, tarefa individual ou até mesmo entre as diferentes funções de um mesmo indivíduo. Pense no cirurgião que, em um momento, faz um *check-up* de rotina. Agora, pense na cirurgia cardíaca em que o cirurgião faz ajustes a cada segundo com base nas condições do paciente enquanto a enfermeira executa ações de rotina (como cuidar de um dreno), e diversos auxiliares de enfermagem trazem ferramentas e materiais para a sala quando necessário. Temos uma ampla variedade de tipos de trabalho acontecendo na mesma sala de cirurgia.

Os trabalhos simples podem ser planejados de antemão e é possível identificar, cronometrar, padronizar e ensinar rigorosamente ciclos repetidos usando uma receita precisa (ver Liker e Meier[1]). Isso é característico de boa parte do trabalho de montagem em uma fábrica da Toyota, mas também é algo que se vê em qualquer organização de serviços. A concessionária da Volvo concentrou quase todo o seu esforço *lean* para criar a parada de uma hora focada em procedimentos padrões, como trocas de óleo e pneus. Por outro lado, quando Einar e sua equipe começaram a melhorar o processo de vendas, eles logo perceberam que estavam lidando com um processo criativo e não quiseram limitar os profissionais mais habilidosos desse setor ao uso de uma longa lista de processos de venda padronizados. Vamos revisitar essa questão na discussão sobre trabalho padronizado no Capítulo 6, que trata de processos estáveis.

Quatro tipos de organizações de serviços

Tentamos organizar os serviços em quatro categorias de baixa a alta complexidade na tabela de 2×2 da Figura 1.8, com base em duas perguntas:

- O quanto o serviço é *customizado*? Padrão (baixo) *versus* customizado (alto).
- O quanto o serviço é *intangível*? Produto tangível do sistema de serviço (baixo) *versus* experiência do cliente (alto).

Quando analisamos as diversas combinações desses elementos, temos quatro tipos de serviço:

1. **Distribuição de bens produzidos em massa.** É um sistema de serviço que produz algo tangível e é o que mais se assemelha à indústria. Estamos distribuindo um produto. Definimos "produto" de forma ampla, incluindo hambúrgueres em um restaurante de *fast food*, um filme pela Internet, um livro entregue em

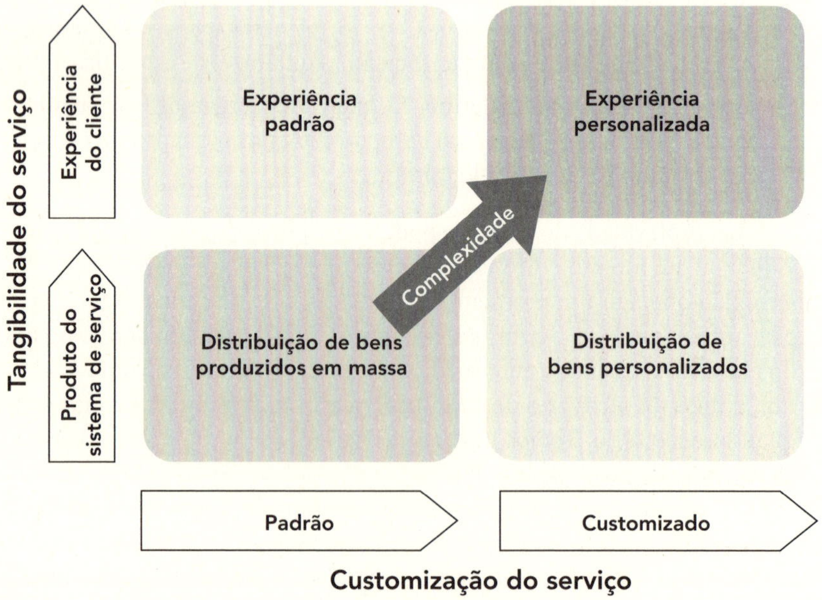

FIGURA 1.8 Classificação dos quatro tipos de serviço.

casa pela Amazon, uma cerveja sazonal de uma microcervejaria ou a eletricidade em um edifício. Em muitos casos, a organização de serviços não produziu o produto, ainda que o restaurante de *fast food* prepare e monte o que entrega, e a microcervejaria fabrique a cerveja que serve no seu bar.

2. **Distribuição de bens personalizados.** O sistema também produz algo tangível que pode ser armazenado, mas que ele seja é customizado. Observe que estes itens normalmente seriam versões mais caras e luxuosas de outros bens, como uma butique que faz roupas sob medida. Uma atriz que compra seu vestido para a noite do Oscar iria a um lugar assim. Posteriormente neste livro, vamos conhecer uma desenvolvedora de *software* excepcional que cria apenas *software* customizado para um cliente específico. A empresa dedica boa parte do seu tempo e observação direta entendendo como o cliente trabalha e como o *software* pode funcionar de forma fácil e contínua para que ele possa atingir seus objetivos.
3. **Experiência padrão.** Este é o que melhor se encaixa com a definição de serviço como algo intangível que, embora não possa ser armazenado, pode ser consumido no ponto de venda com interação direta entre o prestador do serviço e o cliente. Há alguma variação no serviço, embora seja basicamente padronizado entre os clientes. Vamos ao banco depositar um cheque e entramos em contato direto com um atendente. O dentista faz uma limpeza dentária de rotina. Ou (Deus nos acuda neste caso) precisamos ligar para a provedora de TV por assinatura porque temos uma dúvida sobre algo na nossa conta. Nesses casos, somos mais um em uma longa fila de clientes recebendo serviços semelhantes. Às vezes, no entanto, nosso caso tem algo de especial, e ele passa de transação de rotina para atendimento personalizado. Por exemplo, o representante da TV por assinatura pode não ter como resolver facilmente pelo telefone o motivo para o serviço estar fora do ar, e ele precisa enviar um técnico para investigar a situação no local.
4. **Experiência personalizada.** Também é intangível, porém customizada e geralmente mais cara e luxuosa. Antigamente, um *personal trainer* ia até minha casa e customizava cada sessão de exercício ao que ele achava que eu precisava fazer naquele dia. O *personal trainer* era formado em educação física e tinha um entendimento amplo sobre anatomia, grupos musculares e o impacto que os diferentes tipos de exercício têm no corpo. O técnico da TV por assinatura que visita nossa casa para resolver o problema é outro exemplo. O cabeleireiro famoso, que estuda cada cliente para inventar um estilo especial para o cabelo daquela pessoa, está prestando um serviço personalizado.

Por via de regra, quando passamos da distribuição de bens produzidos em massa para a experiência personalizada, o serviço se torna mais complexo. Por complexidade, referimo-nos ao envolvimento de um nível mais elevado de conhecimento tácito, ou seja, de conhecimentos adquiridos por experiências repetidas e que não podem ser documentados facilmente na forma de uma receita padrão.

Na Figura 1.9, exemplificamos o que cada célula da tabela poderia conter. Todas as tipologias são simplificações exageradas, e esta não é uma exceção. Qualquer

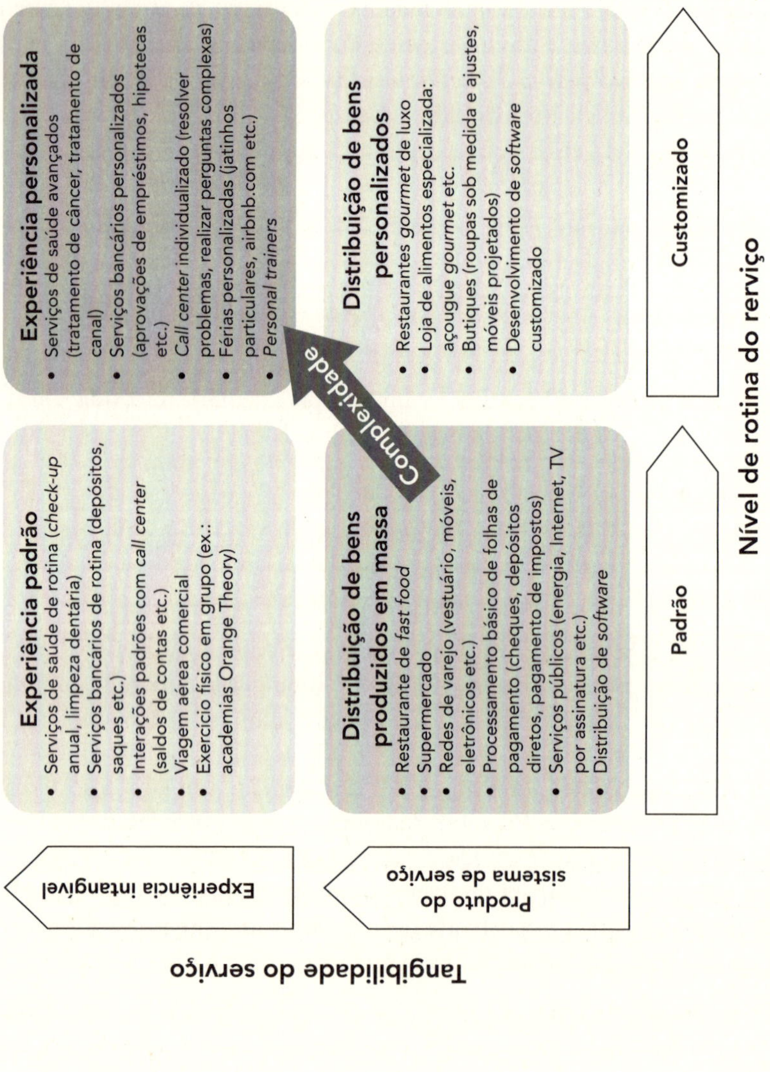

Tangibilidade do serviço
Experiência intangível
Produto do sistema de serviço
Experiência padrão
• Serviços de saúde de rotina (check-up anual, limpeza dentária)
• Serviços bancários de rotina (depósitos, saques etc.)
• Interações padrões com call center (saldos de contas etc.)
• Viagem aérea comercial
• Exercício físico em grupo (ex.: academias Orange Theory)
Experiência personalizada
• Serviços de saúde avançados (tratamento de câncer, tratamento de canal)
• Serviços bancários personalizados (aprovações de empréstimos, hipotecas etc.)
• Call center individualizado (resolver problemas, realizar perguntas complexas)
• Férias personalizadas (jatinhos particulares, airbnb.com etc.)
• Personal trainers
Distribuição de bens produzidos em massa
• Restaurante de fast food
• Supermercado
• Redes de varejo (vestuário, móveis, eletrônicos etc.)
• Processamento básico de folhas de pagamento (cheques, depósitos diretos, pagamento de impostos)
• Serviços públicos (energia, Internet, TV por assinatura etc.)
• Distribuição de software
Distribuição de bens personalizados
• Restaurantes gourmet de luxo
• Loja de alimentos especializada: açougue gourmet etc.
• Butiques (roupas sob medida e ajustes, móveis projetados)
• Desenvolvimento de software customizado
Complexidade
Padrão
Customizado
Nível de rotina do rerviço

FIGURA 1.9 Exemplos de quatro tipos de serviço.

organização complexa oferece uma variedade de serviços que se encaixaria em mais de uma célula. As empresas de TV por assinatura têm *call centers* que respondem perguntas cotidianas (experiência padrão) e também resolvem problemas complexos dos clientes (experiência personalizada).

O propósito do modelo é ser um ponto de partida para refletir sobre a abordagem à melhoria que precisaremos adotar. No Capítulo 6, sobre a melhoria de processos, veremos que as abordagens mais convencionais aos métodos *lean*, como desenvolver um processo padronizado, documentado e em um ritmo de trabalho cronometrado, aplicam-se com mais facilidade à "distribuição de bens produzidos em massa", e precisam de mais ajustes para serem aplicados a uma "experiência personalizada".

Mas então, o que é excelência em serviços?

Já dissecamos e dividimos os serviços a ponto do conceito mal ser reconhecível enquanto categoria distinta, mas ainda precisamos definir o que é excelência em serviços.

O ponto de partida é o mesmo para indústrias e serviços: o cliente. Qual é a experiência do cliente? Ele está satisfeito? O quanto estamos melhorando na vida de cada cliente?

O processo de entender o cliente e projetar um serviço adequado é semelhante à criação de um *design* de produto excelente. Precisamos entender o que os clientes esperam para ir além e oferecer o inesperado. Como Henry Ford brincou: "se eu tivesse perguntado às pessoas o que queriam, elas teriam dito 'cavalos mais rápidos'". Não podemos esperar que os clientes saibam o que atenderia suas necessidades. Eles não são desenvolvedores de serviços e quase sempre são limitados pelas suas próprias experiências.

Depois que o serviço é criado, precisamos prestá-lo no prazo, quando o cliente desejar, e acertar de primeira. Nesse sentido, as necessidades dos clientes são as mesmas nos quatro quadrantes da nossa tipologia de serviços. Contudo há diferenças. Em linhas gerais, além da qualidade e tempestividade, os clientes de cada tipo querem:

- **Distribuição de bens produzidos em massa.** Os principais desejos dos clientes são funcionalidade, confiabilidade, baixo custo e conveniência.
- **Experiência padrão.** Os desejos dos clientes são semelhantes ao caso da distribuição de bens produzidos em massa, porém incluem a simpatia na interação com o cliente. Esperamos a prestação de um serviço eficiente, que atende nossas necessidades com baixo custo, além de querermos ser tratados com respeito.
- **Distribuição de bens personalizados.** Os clientes querem algo especial e que não há como ser obtido com a empresa média do mercado, isto é, algo que os diferencie da massa. A compra deve resolver seu problema pessoal, não o problema de um grupo genérico de clientes.
- **Experiência personalizada.** Este talvez seja o tipo mais difícil de serviço, pois os clientes querem ser deslumbrados, mimados e tratados como VIPs. Eles querem uma experiência memorável e estão dispostos a pagar mais por ela. É

um serviço de luxo, e apenas a experiência da pessoa específica importa, não a experiência de qualquer outro indivíduo.

A EXCELÊNCIA EM SERVIÇOS IMPORTA?

Empresas excelentes não acreditam em excelência, apenas em melhorias e mudanças constantes.

—Tom Peters, autor de *As Pequenas Grandes Coisas: 163 Maneiras Para Conquistar A Excelência*

De acordo com o Departamento de Estatística do Trabalho dos Estados Unidos, espera-se que a indústria perca 549.500 empregos entre 2012 e 2022, uma taxa anual de 0,5% negativo. No mesmo período, os empregos no serviço devem crescer de 116,1 milhões para 130,2 milhões. Isso significa que, até 2022, o serviço representará mais de 90% dos empregos criados na economia americana.[2] À medida que mais empregos são criados e o setor de serviços cresce, os consumidores terão uma gama mais ampla de opções ao seu dispor.

Dado esse aumento das alternativas para os clientes, como as organizações de serviços poderão manter os clientes que já têm e atrair (e manter) novos clientes? A resposta está na melhoria contínua dos seus serviços. Em 2013, um estudo da Accenture descobriu que, em 2012, 51% dos clientes trocaram de prestador de serviço devido às más experiências com o atendimento, transferindo $1,3 trilhão em receita entre empresas americanas. Bancos, provedores de TV por assinatura e varejistas foram alguns dos serviços mais trocados.[3] Para as organizações de serviços na economia atual, a excelência no atendimento ao cliente não é mais uma escolha: é uma necessidade.

Não faltam histórias sobre experiências de serviço em empresas altamente *benchmarked*, como o Ritz-Carlton e o Four Seasons.

- Se você se hospedou em qualquer Ritz-Carlton no passado e indicou uma preferência específica, como frutas frescas, travesseiros de pena, tinta preta nas canetas ou material de leitura, estas preferências estão esperando por você no seu quarto.
- Um hóspede do Ritz-Carlton de Boston mencionou para o porteiro que saíra para pescar naquele dia e fisgara um atum de 90 kg. O hóspede disse que o peixe estava no congelador (*cooler*) dentro do carro e explicou que precisaria limpar e cortar o peixe quando chegasse em casa e, por esse motivo, precisava de um pouco de gelo. O gerente-assistente da recepção levou o congelador até a cozinha, onde o supervisor limpou o peixe para o hóspede e o dividiu em peças menores. O supervisor foi além e ainda lavou o congelador e organizou os pedacinhos de peixe no gelo para que o hóspede os levasse para casa.

- Um hóspede de um hotel Four Seasons estava indo para o seu quarto quando viu que alguém estava ajustando sua porta. Quando perguntou o que estava acontecendo, o engenheiro explicou: "a camareira no quarto ao lado notou que, quando sua porta fecha, ela faz um barulhinho suave demais, menos definitivo do que o 'clique' que preferimos, então ela ligou para o setor de engenharia para que alguém viesse analisar o mecanismo de fechamento".[4]

As histórias que ganham mais atenção tendem a ser naquilo que chamamos de "experiência personalizada". São experiências diretas do cliente, normalmente em ramos de luxo, que não poupam despesas e cobram fortunas pelo uso de suas instalações que criam experiências inesquecíveis para o cliente. Mesmo no caso das marcas luxuosas, os processos de rotina por trás dos panos precisam de muita sintonia fina; caso contrário, a experiência do cliente acaba ficando bem menos agradável. Imagine um Ritz-Carlton incrível, com os seus travesseiros hipoalergênicos disponíveis na sua cama, com as mangas que você disse que gostou no Brasil disponíveis na mesa do quarto no Havaí. É fantástico. Agora, imagine que o tapete está com cheiro ruim, a descarga não funciona direito e a conta está errada. O Ritz também precisa fazer investimentos semelhantes na equipe para garantir a alta qualidade da manutenção, limpeza dos quartos, lavanderia e assim por diante, pois isso garante a experiência perfeita que os clientes aprenderam a esperar. Os clientes podem ter a expectativa de uma experiência especial e customizada, mas o sistema também possui diversos elementos de experiência de massa padronizada que precisam ser executados corretamente no segundo plano.

As redes de mercadinhos costumam ficar na célula de distribuição de bens produzidos em massa, no lado oposto do espectro em relação ao Ritz, onde também fica a Toyota. Os mercadinhos têm sistemas projetados para oferecer produtos que atendem às suas necessidades, organizados convenientemente em termos de seleção e apresentação atraente. Contudo, mesmo nos mercadinhos mais básicos, algumas organizações se destacam pelo seu serviço. A Whole Foods enfatiza que seus alimentos são saudáveis, mas a Wegmans, a rede que sempre lidera em termos de satisfação do cliente, não ocupa um nicho distinto. Ela tem lojas enormes, que parecem ter tudo que o consumidor poderia querer. Ela também vende diversos itens exóticos, como queijos raros, e suas verduras e legumes são de altíssima qualidade e incrivelmente frescos. Em todas as partes da loja, os colaboradores fazem o impossível para ajudar os clientes, e o resultado é uma experiência excepcional de compras e serviço.

O atendimento ao cliente excepcional da Wegmans tem tudo a ver com o investimento que a rede faz nos seus membros de equipe. Os caixas não podem interagir com os clientes até completarem 40 horas de treinamento. Centenas de funcionários viajam ao redor dos Estados Unidos e pelo resto do mundo para se tornarem especialistas nos seus produtos. A empresa não tem uma idade de aposentadoria compulsória e nunca fez demissões em massa. Todo o lucro é reinvestido na empresa ou dividido com os funcionários.[5]

Assim como a Toyota, todas essas empresas de serviços excepcionais têm alto desempenho que dura há muito tempo. Elas superam recessões, expandem suas receitas, lucram consistentemente e têm rentabilidade acima da média dos seus setores. Ao contrário de alguns concorrentes, elas poupam caixa para sobreviverem os períodos de baixa e reinvestem boa parte do lucro no próprio negócio.

O Dr. André de Waal, professor associado da Maastricht School of Management da Holanda, estuda diversos setores há mais de uma década para determinar o que está por trás das organizações de alto desempenho (OAD). Ele descobriu que as OADs têm culturas caracterizadas pelos seguintes fatores:[6]

- **Orientação de longo prazo.** Continuidade acima do lucro de curto prazo, colaboração com outros, boas relações de longo prazo com todas as partes interessadas, foco no cliente.
- **Gestão de alta qualidade.** Decisiva, orientada à ação, fortes relações de confiança, *coaching*, responsabilização dos outros.
- **Gestão aberta e orientada à ação.** Comunicação frequente com funcionários, abertura a mudanças, orientação ao desempenho.
- **Funcionários de alta qualidade.** Recrutamento de pessoas que desejam assumir responsabilidades e ser excelentes (com formações diversas); complementares, flexíveis e resilientes.
- **Inovação e melhoria contínua.** Uma estratégia diferenciada; processos coordenados, simplificados e melhorados continuamente; *core competencies* e produtos melhorados continuamente; divulgação de informações corretas e importantes.

Waal estudou mais de 2.500 organizações de todo o mundo, grandes e pequenas, públicas e privadas, indústrias e serviços. As empresas que atendia os cinco fatores do perfil acima também tinham vantagens financeiras em comparação com as outras empresas do estudo que não se encaixavam no perfil. Especificamente, em comparação com organizações que não se saem bem nessas dimensões, as organizações de alto desempenho tinham as seguintes vantagens percentuais:

- Crescimento da receita +10%
- Rentabilidade +29%
- Retorno sobre os ativos +7%
- Retorno sobre o patrimônio líquido +17%
- Retorno sobre investimento +20%
- Retorno sobre as vendas +11%
- Retorno total para o acionista +23%

O resultado final é que a excelência em serviços sempre compensa. Além disso, podemos identificar os tipos de lideranças e as características organizacionais que levam ao alto desempenho e, consequentemente, ao sucesso financeiro no longo prazo. São as características de grandes empresas, como a Toyota.

O MODELO TOYOTA DE EXCELÊNCIA EM SERVIÇOS

Ao refletir sobre o Modelo Toyota de Excelência em Serviços, estamos, na verdade, pensando sobre como sistemas completos podem melhorar continuamente o modo como agregam valor para o cliente. Estamos refletindo sobre uma filosofia de administração e de negócios, não um mero *kit* de ferramentas. Durante este livro, pretendemos esclarecer e detalhar o que queremos dizer por excelência em serviços no Modelo Toyota. Quando usarmos o termo *lean*, em linhas gerais, estaremos nos referindo à excelência em serviços de formas que incluem as seguintes características:

- O ideal é sempre o fluxo contínuo de valor para o cliente, sem perdas.
- A melhoria contínua significa tanto pequenos passos quanto avanços revolucionários, ambos nascidos do pensamento inovador.
- As organizações respeitam as pessoas o suficiente para investir no seu desenvolvimento.

Aplicação dos conceitos *lean* deve ser adaptada à organização individual:

- Contramedidas específicas para solucionar problemas serão diferentes para os diferentes tipos de processos e organizações de serviços.
- As organizações de serviços sempre incluem processos rotineiros que podem ser padronizados e processos não rotineiros que exigem abordagens diferentes à melhoria.
- No final das contas, não existem soluções *lean*, apenas modos de liderar que envolvem todos na melhoria contínua em direção a uma visão de excelência.

PONTOS PRINCIPAIS
O QUE É EXCELÊNCIA EM SERVIÇOS?

1. "Serviço" é uma categoria ampla de diferentes tipos de organizações com propósitos diferentes:
   - Os serviços podem ser intangíveis e consumidos no ponto de venda, como aqueles prestados por cabeleireiros, cirurgiões ou *personal trainers*, ou podem atender a necessidades públicas mais tangíveis e ser armazenados, como o fornecimento de eletricidade ou água para sua casa.

- Alguns serviços são intensivos em conhecimento com um significativo elemento humano, como a criação de um *software*, enquanto outros são mais repetitivos e transacionais, como obter uma hipoteca ou emitir uma apólice de seguro.
- Todas as organizações industriais incluem partes de serviço, e praticamente todas as organizações de serviços lidam com bens físicos de forma semelhante ao que ocorre na indústria. Queremos que você pense no trabalho em termos de complexidade ao invés de classificar como indústria ou serviço:
  - **Trabalho customizado.** O quão rotineiro (passos, sequência, tempo) é o serviço (baixa) em comparação com o quanto ele é específico à situação (alta)?
  - **Intangibilidade do trabalho.** O quanto enxergamos fisicamente o processo de transformação (baixa) em comparação com o quanto precisamos de maneiras abstratas de descrevê-lo (alta)?

2. Apresentamos quatro tipos diferentes de organizações de serviços, que se tornam mais complexas à medida que passamos da distribuição de bens produzidos em massa para experiências de serviço personalizadas.
   - **Distribuição de bens produzidos em massa (tangível, baixa customização).** Exemplos: restaurante de *fast food*, filme no computador, livro entregue em casa pela Amazon.
   - **Entrega de experiência padrão (intangível, baixa customização).** Exemplos: *check-up* de rotina, transação bancária padrão, aula de exercício físico em grupo.
   - **Distribuição de bens personalizados (tangível, alta customização).** Exemplos: butiques de roupas sob medida, jantar em restaurante *gourmet*, *software* customizado.
   - **Experiência personalizada (intangível, alta customização).** Exemplos: *personal trainer*, férias de luxo.
3. O que é excelência em serviços?
   - **Distribuição de bens produzidos em massa.** Funcionalidade, confiabilidade, baixo custo e conveniência.
   - **Experiência padrão.** Igual à distribuição de bens produzidos em massa, mas com simpatia e tratamento respeitoso.
   - **Distribuição de bens personalizados.** Produtos especializados que resolvem os problemas dos clientes.
   - **Experiência personalizada.** Luxo: tratamento VIP com experiências de serviço extravagantes e surpreendentes.
   - **Empresas "boas" oferecem o melhor serviço que podem.** Empresas excelentes trabalham contínua e sistematicamente para melhorar seus serviços e satisfazer seus clientes.

CAPÍTULO 2

O Modelo Toyota continua a evoluir

O Modelo Toyota 2001 é um ideal, um padrão e um farol para as pessoas da organização Toyota. Ele expressa as crenças e os valores que todos compartilhamos.

—Fujio Cho, ex-presidente da Toyota

INTRODUÇÃO

No capítulo anterior, aprendemos que o conceito de "organização de serviços" é mais complexo do que parece à primeira vista, incluindo processos rotineiros semelhantes aos da indústria, e processos complexos e customizados que nenhuma receita simples consegue resolver. Aprendemos que as organizações de serviços melhor avaliadas têm algumas características em comum, incluindo uma forte ênfase no desenvolvimento de líderes, trabalho em equipe e melhoria contínua. Definimos a excelência como um processo de se esforçar para atender melhor cada cliente. As melhores organizações não consideram a excelência uma conquista ou algo que se ganharia um prêmio por atingir, e sim um processo contínuo de lutar para ser melhor.

Agora, vamos pensar na Toyota e no modo como ela constrói a cultura por trás da excelência. Usaremos como exemplo o Modelo Toyota nas vendas e no marketing. A Toyota é a marca mais valiosa do setor automotivo e líder consistente entre as montadoras em praticamente todas as medidas de qualidade, reputação e desempenho financeiro. Talvez por causa do seu incrível sucesso de longo prazo, o maior medo de todos os presidentes da Toyota é a complacência. Como vimos no Prólogo, a filosofia do Modelo Toyota por trás de toda a empresa pode ser resumida por dois pilares: o respeito pelas pessoas e a melhoria contínua. Os líderes da Toyota acreditam piamente que, se focarem intensa e continuamente nesses pilares, todos os outros tipos de sucesso virão junto. A Toyota sabe também que não basta criar essa cultura de melhoria no setor de produção da empresa. Igualmente críticas são as funções que seriam consideradas organizações de serviços se fossem empresas independentes: vendas, marketing, compras, finanças, contabilidade, planejamento estratégico, tecnologia da informação, peças, pesquisa e desenvolvimento e, obviamente, recursos humanos. Para a Toyota, o desafio está em como fazer com que a paixão e habilidades produzam o respeito por pessoas e a melhoria contínua em todas as áreas do negócio e em toda a organização, com mais de 340.000 pessoas ao redor do mundo.

Durante os últimos 40 anos, observamos a Toyota amadurecer e passar de uma empresa japonesa, com várias subsidiárias no exterior, para uma empresa global com uma cultura corporativa comum que respeita as diferenças nacionais. Em geral, o Modelo Toyota ocorre naturalmente no Japão. O objetivo principal da empresa ao documentar o Modelo Toyota foi desenvolver os gerentes e membros de equipe no exterior.

Neste capítulo, descrevemos o processo intensivo e de longo prazo que a Toyota usou para desenvolver uma cultura global de busca de excelência. Ela questiona as revoluções super-rápidas que costumam ser associadas à transformação *lean* e, na nossa opinião, representa um modelo útil, com o qual toda organização de serviços poderia aprender. A seguir, vamos apresentar uma versão evoluída do Modelo Toyota para serviços baseado no meu modelo original dos 4Ps: filosofia, processo, pessoas e solução de problemas (em inglês, *philosophy, process, people, and problem solving*).

DESENVOLVENDO OS LÍDERES DA TOYOTA COMO *COACHES*: AS TRÊS ONDAS

Desenvolver pessoas é a responsabilidade número um de todos os líderes da Toyota, do presidente ao líder de equipe no chão de fábrica. *O Modelo Toyota de Liderança Lean* oferece um relato detalhado de como os líderes da Toyota são desenvolvidos para serem *coaches*. Por *coaches*, queremos dizer que eles são responsáveis por desenvolver as habilidades técnicas de quem faz o trabalho, e as habilidades técnicas e sociais necessárias para liderar a melhoria.

Certamente, não faltam tarefas administrativas para os gerentes, incluindo cumprir orçamentos, contratar pessoal, avaliar desempenho e participar de decisões de negócios. Para a Toyota, entretanto, elas formam apenas a linha de base da gestão. Na verdade, Einar Gudmundsson, da Volvo, que conhecemos no Capítulo 1, logo concluiu que apenas o tempo no *gemba* refletindo e trabalhando em melhorias, agregava valor. Quando a empresa mediu o tempo que a equipe administrativa passava no *gemba* melhorando o fluxo de trabalho, o número era minúsculo, sequer alcançando 1% do tempo total. Ele imediatamente definiu uma meta de 10 horas semanais por gerente, o que exigiria eliminar muitas das tarefas administrativas que não agregavam valor. A meta de longo prazo seria que 70% do tempo de cada gerente fosse dedicado ao *coaching* no *gemba* para facilitar melhorias.

Obviamente, enviar alguém para o *gemba* para agregar valor é como mandar um novato para o meio da selva para que ele aprenda a se virar. O que eles vão fazer? Como vão aprender? Existe um conjunto claro de habilidades que é necessário para ser produtivo no *gemba* (o lugar onde o trabalho acontece), quando não se está pessoalmente realizando o trabalho central. Como Mike Rother concluiu em *Toyota Kata*, há três passos no processo de aprender qualquer habilidade complexo, e isso

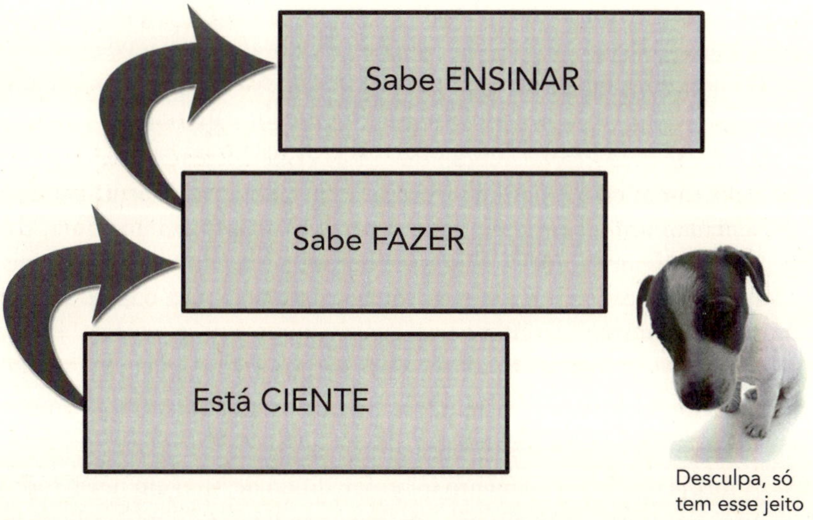

FIGURA 2.1 Desenvolvendo o gerente para ser *coach* de melhoria contínua no *gemba*.

Fonte: Mike Rother

levou a três ondas de treinamento dentro da Toyota (Figura 2.1): (1) *estar ciente*: aprender os princípios do Modelo Toyota; (2) *saber fazer*: aprender as Práticas de Negócios Toyota (PNT) como método concreto para colocar em ação os princípios do Modelo Toyota; (3) *saber ensinar*: aprender o Desenvolvimento no Trabalho como modo de ensinar as Práticas de Negócios Toyota aos aprendizes.

Onda 1: Ensinar os princípios do Modelo Toyota

Em 2001, a cultura da Toyota estava razoavelmente madura na maioria das regiões do mundo. Porém, ao contrário da maioria das empresas que não investem tão profundamente no desenvolvimento de pessoas, todos os líderes da Toyota, incluindo aqueles que estão há décadas na empresa, eram obrigados a participar de treinamentos no Modelo Toyota que duravam não apenas alguns dias, mas meses.

Assim como todos os grandes esforços de treinamento da empresa, o treinamento do *Modelo Toyota 2001* foi desenvolvido e implementado usando uma sequência de passos parecida.

1. O programa passou por um desenvolvimento intenso, com teste piloto e *kaizen* até a qualidade ser considerada suficiente para que fosse disseminado amplamente (processo de geralmente um ano de duração).
2. Os executivos seniores receberam o treinamento primeiro. Vários dias de treinamento em sala de aula foram seguidos por um período de seis a oito meses de aplicação prática. Durante esse tempo, os aprendizes analisaram um estudo

de caso que exigia que aplicassem os princípios do Modelo Toyota fora da sala de aula. Semanas depois, eles se reuniram novamente para debater o caso e concordar com um projeto que, por sua vez, foi realizado junto com um *coach*. No nível executivo, o treinamento foi propositalmente transnacional, com a ideia de incentivar o *networking* global. Os projetos foram executados localmente.

3. Após completar o período de aplicação prática, os executivos seniores apresentaram um relatório do projeto para uma banca examinadora, composta de executivos ainda mais seniores e de especialistas no assunto. Muitas vezes, foi necessário realizar trabalhos adicionais no projeto para que os participantes fossem aprovados.
4. Após a aprovação, os executivos seniores participavam do treinamento dos seus subordinados diretos, incluindo compor a banca examinadora durante o treinamento de suas organizações.
5. À medida que o treinamento foi progredindo de nível em nível, todos os executivos e gerentes passaram pelo mesmo programa, incluindo treinamento em sala de aula, realização de projetos práticos supervisionados por um *coach*, e apresentação dos relatórios de projeto perante uma banca examinadora. Nos níveis mais baixos, o escopo dos projetos era mais limitado e podia demorar apenas três ou quatro meses para ser finalizado, em comparação com os oito meses para os executivos seniores.

Fazer o treinamento no Modelo Toyota dessa maneira foi um processo de longo prazo. Atravessar a organização de nível em nível, com as pessoas tornando-se mentores dos seus subordinados, demorou seis anos. À medida que novos locais são adicionados globalmente e novos executivos são contratados, a necessidade de treinamento no Modelo Toyota se faz presente.

Onda 2: as práticas de negócios Toyota para transformar a teoria em ação

Como o treinamento no Modelo Toyota foi projetado para ensinar princípios, e não uma metodologia específica, a conexão com a ação era um tanto tênue, e Fujio Cho não encontrava o entendimento aprofundado que esperava. Ficou claro que, mesmo com a aplicação da teoria em estudos de caso e projetos, algo estava faltando: o desenvolvimento de habilidades que só é possível com a ação. Esse *insight* levou ao desenvolvimento de uma segunda onda de treinamento, chamada Práticas de Negócios Toyota. Segundo Fujio Cho, estas seriam o "método concreto para colocar o Modelo Toyota em ação". Muitos vão reconhecer as PNTs como um processo em oito passos de solução de problemas (ver Figura 2.2).

Observe que as PNT seguem o famoso método de melhoria Planejar-Executar-Verificar-Agir (PDCA). O desenvolvimento do PDCA costuma ser atribuído ao Dr. Deming, que preferia chamá-lo de Planejar-Executar-Estudar-Agir. O *insight* crucial é que todos os "planejamentos" são provisórios e, na verdade, representam o

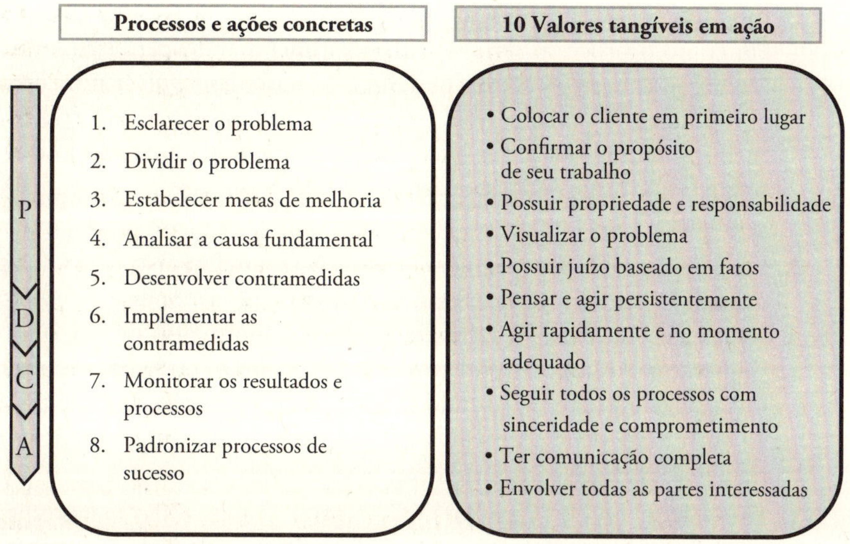

Processos e ações concretas
10 Valores tangíveis em ação
P
D
C
A
1. Esclarecer o problema
2. Dividir o problema
3. Estabelecer metas de melhoria
4. Analisar a causa fundamental
5. Desenvolver contramedidas
6. Implementar as contramedidas
7. Monitorar os resultados e processos
8. Padronizar processos de sucesso
• Colocar o cliente em primeiro lugar
• Confirmar o propósito de seu trabalho
• Possuir propriedade e responsabilidade
• Visualizar o problema
• Possuir juízo baseado em fatos
• Pensar e agir persistentemente
• Agir rapidamente e no momento adequado
• Seguir todos os processos com sinceridade e comprometimento
• Ter comunicação completa
• Envolver todas as partes interessadas

FIGURA 2.2 Nas Práticas de Negócios Toyota, a solução de problemas e o desenvolvimento de pessoas andam juntos.

Fonte: Toyota Motor Corporation

teste de hipóteses. Do ponto de vista da ciência, os planejamentos são apenas teorias até serem testados com experimentos.[1] Infelizmente, em muitas organizações, vemos "especialistas" em *lean* que presumem que sabem qual é o problema e como resolvê-lo. Essa doença da certeza desincentiva os experimentos com abordagens alternativas e corta as oportunidades de aprendizagem. Executar-Verificar-Agir significa fazer um experimento, verificar os resultados e refletir sobre o que se aprendeu.

Na verdade, os cinco primeiros passos das PNTs são todos de planejamento, ou seja, de estabelecimento da hipótese. Começamos com uma definição ampla do problema, baseada em identificar o estado ideal e compará-lo com o estado atual. Estudamos o estado atual detalhadamente, usando dados e observação direta, visitando e estudando o *gemba*. Reconhecemos que o estado ideal seria impossível de atingir, então dividimos o megaproblema em problemas menores e mais acessíveis, mas que ainda representassem desafios importantes para definirmos metas de melhoria. Fazemos o melhor possível para entender a causa fundamental da diferença entre o estado atual e nossas metas, reconhecendo que a causa fundamental é apenas nossa suspeita inicial, e em seguida, desenvolvemos um conjunto de possíveis contramedidas que acreditamos que poderiam nos deixar mais próximos da meta. As contramedidas são hipóteses que estamos testando diretamente com a execução do planejamento. Depois, verificamos os resultados e adotamos ações adicionais, como padronizar o que funciona. Vamos considerar cada um dos passos das PNTs:

1. **Esclarecer o problema em relação ao ideal (Planejar).** Poucos esforços de solução de problemas começam com a definição do estado ideal. Ao definir o estado ideal primeiro, as PNTs tiram o solucionador de problemas da situa-

ção presente que aparentemente são insolúveis, e concentra a sua imaginação em como o processo seria se estivesse funcionando perfeitamente. Além de visualizar um estado futuro perfeito, é preciso desenvolver um entendimento aprofundado do estado atual para esclarecer o problema em relação ao ideal. A única maneira de fazer isso é indo ao *gemba* para estudá-lo diretamente, pois é lá que os problemas ocorrem e a diferença entre o ideal e a realidade fica evidente.

2. **Dividir o problema em peças acessíveis (Planejar).** No Passo 2, o problema é dividido em peças ainda desafiadoras, mas viáveis. Apesar do estado ideal ser visualizado no Passo 1, também há um entendimento de que o ideal provavelmente seria impossível de realizar. No começo, pode parecer ridículo criar imagens fantasiosas do mundo ideal, mas o fato é que essa visão nos direciona ao norte verdadeiro. À medida que o problema é dividido em desafios menores e mais factíveis, o caminho vai ficando mais claro.
3. **Estabelecer metas (Planejar).** No Passo 3, são definidas metas específicas. O que esperamos realizar? Estas metas precisam ir além do que parece possível de realizar com base no que sabemos hoje. Poderíamos chamá-las de metas ampliadas.
4. **Analisar a causa fundamental (Planejar).** No Passo 4, as diferenças que foram identificadas são analisadas. Pergunta-se "por que" múltiplas vezes para penetrar no problema e descobrir as razões por trás dele, de modo que a causa fundamental possa ser atacada.
5. **Desenvolver contramedidas (Planejar).** No Passo 5, são identificadas contramedidas para as causas fundamentais. Não são "soluções", pois não sabemos se funcionarão. São nossas melhores ideias do que poderia reduzir a diferença entre a condição real e a meta. Muitas ideias são geradas; algumas podem vir do *benchmarking* com outras pessoas e organizações que enfrentaram problemas semelhantes, mas todas são apenas hipóteses até serem testadas e refinadas na prática.
6. **Implementar as contramedidas (Executar).** No Passo 6, o solucionador finalmente tem a oportunidade de fazer alguma coisa. Uma de cada vez, algumas das contramedidas geradas no Passo 5 são testadas na prática. São as "ações rápidas no momento adequado". Observe, entretanto, que o rigor dos Passos 1 a 5 garante que as contramedidas testadas não sejam meros "chutes". Testá-las é um processo iterativo que segue ciclos PDCA rápidos nos quais se testa cada ideia, confere-se o que aconteceu e define-se mais ações com base no que foi aprendido.
7. **Monitorar os resultados e processos (Verificar).** O Passo 7 vai além de simplesmente conferir os números e ver se o resultado final foi o esperado. Neste passo, o solucionador verifica constantemente a situação para determinar se as ações estão aproximando os resultados das metas definidas no Passo 3, além de

verificar o processo usado para atingi-los. Na Toyota, diz-se que atingir resultados sem um bom processo não passa de sorte.

8. **Padronizar processos de sucesso, ajustar e disseminar (Agir).** O Passo 8 também é chamado de "aprendizado", pois é nele que o solucionador reflete e consolida seus achados e determina o que fazer com o que se aprendeu com os experimentos. Quais ações serão realizadas a seguir? O que está funcionando e deveria ser padronizado? Quais áreas precisam ser trabalhadas no futuro? O que deve ser compartilhado com os outros para que o resto da organização possa aprender com o que aconteceu?

O processo de treinamento nas PNTs foi praticamente idêntico ao treinamento do *Modelo Toyota 2001*: alguns dias de treinamento em sala de aula, seguidos pela execução de um projeto e apresentação para uma banca examinadora. Mais uma vez, o treinamento nas PNTs foi disseminado pelos níveis hierárquicos, partindo dos executivos seniores e chegando, desta vez, aos líderes de grupo no chão de fábrica. Durante a Grande Recessão, visitei a fábrica de caminhões em Princeton, Indiana, quando cerca de metade dos funcionários não estava construindo veículos. Esta foi considerada uma oportunidade perfeita para fazer treinamentos em diversas áreas, incluindo as Práticas de Negócios Toyota. Também foram oito anos após as PNTs serem introduzidas.

Alguns leitores vão achar que a Toyota é lenta demais, demorando oito anos para fazer um programa que muitas empresas completariam em um ano ou menos, usando *workshops* de três a cinco dias e executando projetos não supervisionados. A realidade é que a Toyota não é lenta; ela é séria. Fujio Cho estava falando sério quando disse que esse seria um método concreto para aprender o Modelo Toyota, ou seja, aprender na prática com um *coach*. Todas as habilidades complexas exigem práticas com *coaches* para corrigir desvios em relação ao método correto, e as PNTs continuam a ser fundamentais para a empresa até os dias de hoje.

Na Figura 2.2, à direita dos oito passos das PNTs, vemos dez valores tangíveis em ação. Enquanto todos os oito passos são cumpridos, o *coach* deve reforçá-los. Por exemplo, para esclarecer um problema, é preciso colocar em primeiro lugar as necessidades dos clientes, sejam eles internos ou externos. O que eles querem? Do que precisam? Como você sabe? Você foi ver seus clientes pessoalmente para entendê-los? O *coach* questiona os aprendizes incessantemente, até que eles desenvolvam um entendimento adequado dos clientes e do propósito mais amplo do projeto e que a definição do problema reflita o que foi aprendido. Os aprendizes não passam para o Passo 2 até haver um entendimento completo do Passo 1. Eles continuam a aprofundar o seu conhecimento com as inscrições que recebem do *coach* todos os dias.

Um exemplo é Steve St. Angelo, que teve a honra de se tornar o segundo presidente americano da fábrica da Toyota em Georgetown, Kentucky. Steve tinha conhecimento da América Latina e administrara uma fábrica na região quando trabalhara para a General Motors. Para seu projeto, ele escolheu desenvolver uma estratégia de longo prazo para aumentar a participação no mercado mexicano. Com a ajuda do seu *coach*, Steve explorou detalhadamente o mercado local, buscando entender os clientes, a cultura, a política nacional, o ambiente econômico da época e sua previsão para o futuro, e muito mais. Foram oito meses de trabalho árduo, que ainda se somavam às suas atribuições de presidente. No final, a estratégia que ele desenvolveu no seu projeto de PNT embasou a estratégia da Toyota no México. Parece justo que Steve fosse escolhido o primeiro CEO da Toyota da América Latina, o que permitiu que colocasse em prática tudo que aprendera.

Em algumas partes da Toyota, espera-se que se complete um novo projeto de PNT imediatamente após uma promoção. Além de continuar a renovar e aprofundar as habilidades em melhoria e os valores fundamentais, isso também oferece uma maneira poderosa de aprender mais sobre o novo cargo. Para a Toyota, a solução de problemas é o modo como a empresa melhora, atinge novos níveis de desempenho e evolui enquanto organização de aprendizagem.

Onda 3: Desenvolvimento no trabalho para aprender a fazer *coaching* para líderes

Assim como o mestre-artesão ensinava seu aprendiz nos tempos das pequenas oficinas, uma forma natural de aprender na Toyota é por meio do Desenvolvimento no Trabalho, que consiste em aprender com o *coaching* de um professor-mestre, em geral o gerente. Contudo, antigamente não havia um manual para professores-mestres, então cada professor desenvolvia seus alunos à própria maneira. A Toyota mudou isso em 2008.

A América do Norte foi selecionada para o piloto global da criação do treinamento de Desenvolvimento no Trabalho. Fora do Japão, ela era a região mais avançada no aprendizado do Modelo Toyota, e saberia se identificar com as outras regiões do mundo que estavam apenas começando a aprender. Os coordenadores japoneses foram excepcionalmente bem no ensino do Modelo Toyota, mas nunca haviam precisado aprender a cultura da Toyota explicitamente; todo o seu aprendizado foi implícito, com o conhecimento tácito sendo comunicado pela convivência diária dentro da empresa. Por esse motivo, em certos aspectos, os Estados Unidos e o Canadá superaram a matriz no ensino formal do Modelo Toyota.

A responsabilidade por desenvolver o programa de Desenvolvimento no Trabalho ficou com Latondra Newton (atual vice-presidente de grupo da Toyota North America), gerente-geral do Centro de Desenvolvimento de Membros de Equipe na época. O programa de Desenvolvimento no Trabalho que a sua equipe criou em 2007 exigia, como pré-requisito, treinamento nas PNTs. Nele, os alunos aprendiam a liderar um grande projeto de melhoria e se responsabilizavam por desenvolver os membros da equipe durante o processo. Agora, o Desenvolvimento no Trabalho elevaria esse processo ainda mais, pois os alunos do novo programa precisariam ser *coaches* da equipe e de um indivíduo liderando um projeto de PNTs.

A equipe de Latondra desenvolveu um modelo em quatro passos para o Desenvolvimento no Trabalho, que segue o método PDCA:

1. **Escolha um problema com sua equipe (Planejar).** O problema é selecionado com o *coach* do líder (o aluno de Desenvolvimento no Trabalho), de modo a ampliar o entendimento do líder sobre como desenvolver trabalhos apropriados para apoiar o plano da empresa (um tema que será discutido no Capítulo 9 sob o nome de *hoshin kanri*).
2. **Divida adequadamente o trabalho entre membros de equipe responsáveis e ofereça uma direção instigante (Planejar).** O líder recebendo *coaching* do aluno de Desenvolvimento no Trabalho deve comunicar o propósito de cada objetivo, para que os membros da equipe vejam o significado do trabalho, além de designar os membros certos para fazerem o trabalho corretamente de modo a ampliar suas habilidades. É fundamental que as tarefas e metas sejam divididas cuidadosamente, com base nas capacidades de cada indivíduo, para que possam ser atingidas e capazes de fazer cada pessoa se estender, crescer e se desenvolver ao mesmo tempo.
3. **Execute dentro de limites amplos, monitore e faça *coaching* (Executar e Verificar).** Essa é a fase na qual o líder recebendo *coaching* do aluno de Desenvolvimento no Trabalho colocará em prática os passos das PNTs. O líder deve observar constantemente como os membros da equipe estão executando o trabalho, entendendo quais questões estão sendo trabalhadas. Se eles não estão atendendo as expectativas, o líder deve ser capaz de identificar por que o desempenho está abaixo do padrão e adotar as contramedidas apropriadas para motivá-los a completar o trabalho dentro do padrão esperado. De acordo com Latondra:

   > *O que pode ser considerado especial no modelo da Toyota é a mentalidade de deixar os membros da equipe, caso haja uma linha direta entre o ponto A e o ponto B, oscilar em direção aos limites do que seria aceitável no trabalho, criando oportunidades de* coaching *com eles quando se aproximam desses limites. Se eles estão na direção errada, você não deixa eles se desviarem demais e usa isso para ensiná-los e ajudá-los a reencontrar o caminho certo.*

4. **Proporcione *feedback*, reconhecimento e reflexão (Agir).** O líder deve criar uma ideia de conquista à medida que a equipe se aproxima do objetivo. Como o trabalho de cada membro da equipe está sendo avaliado? Como eles recebem *feedback* para melhorarem? Como o reconhecimento pelo sucesso é mostrado quando o objetivo é atingido? O líder em treinamento também deve refletir regularmente, recebendo *feedback* do *coach* de Desenvolvimento no Trabalho para que possa se sair melhor da próxima vez, o que completa o método PDCA.

O processo de treinamento em si se baseava na aprendizagem experiencial, com poucas aulas teóricas tradicionais. O primeiro passo era uma ferramenta de simulação via web que os líderes completavam nos seus próprios computadores antes da aula. A simulação usava membros de equipe de produção reais e problemas de verdade das fábricas. Para que se familiarizassem com o modelo em quatro passos, os alunos recebiam uma descrição do problema e uma série de questões de múltiplas escolhas. Com base nas suas respostas, eles assistiam cenários em vídeo, encenados pelos membros de equipe, do que acontecia em consequência das suas escolhas. Eles eram levados por caminhos bem ou mal-sucedidos e podiam então voltar atrás e tentar de novo para ver o que aconteceria se selecionassem uma opção diferente.

Em seguida, acontecia o treinamento em sala de aula também baseado nos quatro passos, no qual os alunos interpretavam diferentes cenários, refletiam e recebiam *feedback*. Com o alto nível de diversidade nos Estados Unidos, era fundamental que os líderes adaptassem as tarefas e sua abordagem de *coaching* para cada indivíduo. O treinamento em sala de aula incluía um módulo sobre inteligência emocional e enfatizava entender o histórico pessoal e a perspectiva do indivíduo que recebia *coaching*.

A última missão dos alunos de Desenvolvimento no Trabalho era um projeto que seria completado em suas fábricas de origem, nas quais usariam as PNTs para liderar um projeto de melhoria que lhes permitiria fazer *coaching* com um indivíduo do seu grupo. A Figura 2.3 mostra um aluno de Desenvolvimento no Trabalho aprendendo a oferecer *coaching* para um líder de projeto de PNT. O líder em

FIGURA 2.3 O aluno de Desenvolvimento no Trabalho está aprendendo a oferecer *coaching* para o líder de um projeto de Práticas de Negócios Toyota.

desenvolvimento no processo de Desenvolvimento no Trabalho precisaria usar os quatro passos da maneira ensinada e obter *feedback* e *coaching* do supervisor (que já completara o treinamento), e de um dos membros da equipe de Newton alocado à região. A avaliação final se basearia na reflexão do aluno, no *feedback* da pessoa a quem oferecera *coaching* e em contribuições do seu supervisor.

O Desenvolvimento no Trabalho na América do Norte teve início em 2008. Como havia muitos níveis para receber *coaching*, além de uma ampla gama de funções a ser treinada, incluindo produção, vendas, engenharia e toda a administração, o processo foi lento e demorou anos. À medida que era aprovada no curso, a alta liderança passava a ser responsável por assumir o treinamento e continuar o processo de *coaching* internamente, tornando-se um sucesso estrondoso. Na verdade, ele foi tão bem-sucedido que logo começou a se espalhar para outras regiões, incluindo o Japão. O treinamento foi muito valorizado e recebeu comentários, como "pela primeira vez na vida, realmente estou entendendo o Modelo Toyota na prática".

O MODELO TOYOTA EM VENDAS E MARKETING

Durante décadas no Japão, a Toyota Motor Sales, Inc., foi uma empresa independente da Toyota Motor Company, Inc. Em resposta às regulamentações antitruste, essas duas partes da empresa foram separadas em 1950, e foi apenas em 1982 que a organização de vendas e a Toyota Motor Company, Inc., foram reunidas.

Nos Estados Unidos, antes de 2015, a Toyota Motors Sales, U.S.A., Inc., continuou a ser uma subsidiária independente com a própria sede em Torrance, na Califórnia. Aos olhos dos membros da equipe de engenharia e produção na América do Norte, a equipe de vendas vivia no alto de uma torre de marfim, ocupando uma série de edifícios modernos que mais pareciam um campus universitário do que parte de uma indústria. Os executivos da Toyota imaginavam uma cultura unificada do Modelo Toyota e, em 2015, começaram a transferir a Toyota Engineering and Manufacturing e a Toyota Motors Sales para um novo campus em Plano, Texas.

O Modelo Toyota é genérico em si, mas a empresa acreditava que haveria algum valor em criar manuais especializados e materiais de treinamento para áreas não industriais. *O Modelo Toyota em Vendas e Marketing* também foi introduzido por Fujio Cho em 2001. Com o tempo, foram criados outros livros para contabilidade, compras, gestão de recursos humanos e outras funções. Vamos considerar o documento de vendas e *marketing* como exemplo de como o Modelo Toyota é aplicado a uma organização puramente de serviços.

O Modelo Toyota em Vendas e Marketing introduz o modelo 5P de *propósito*, *princípios*, *pessoas*, *processos* e solução de *problemas*. Apesar de superficialmente parecer um modelo completamente diferente, ele é derivado dos mesmos conceitos gerais de respeito por pessoas e melhoria contínua (ver Figura 2.4). Como descreve o manual *O Modelo Toyota em Vendas e Marketing*, os 5Ps são:

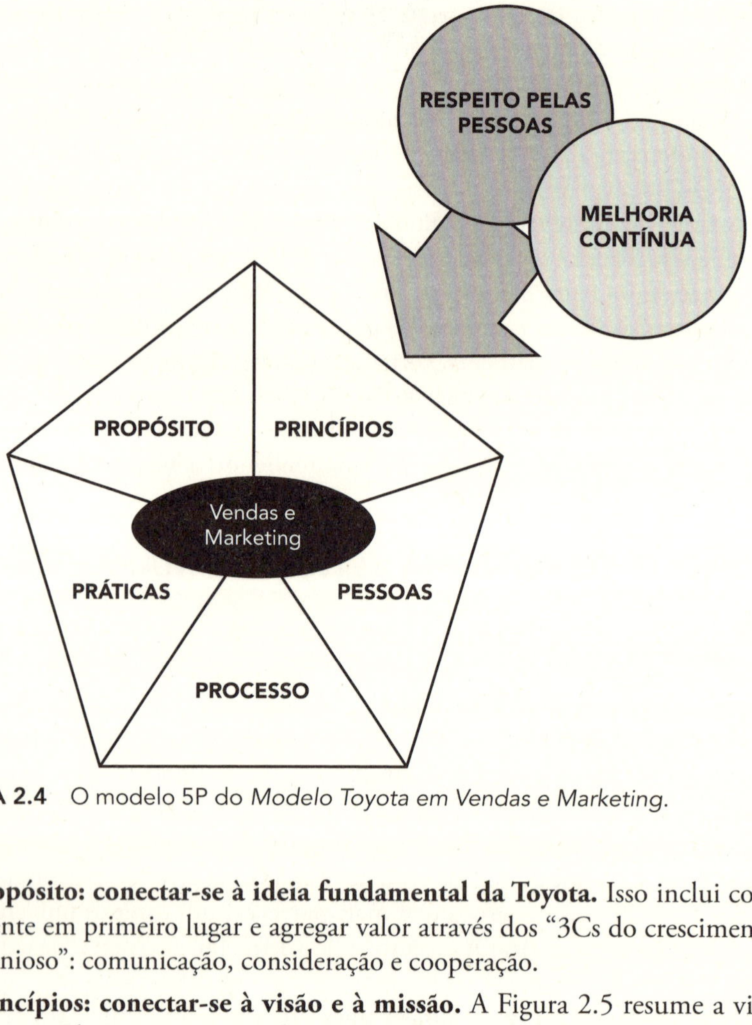

FIGURA 2.4 O modelo 5P do *Modelo Toyota em Vendas e Marketing*.

1. **Propósito: conectar-se à ideia fundamental da Toyota.** Isso inclui colocar o cliente em primeiro lugar e agregar valor através dos "3Cs do crescimento harmonioso": comunicação, consideração e cooperação.
2. **Princípios: conectar-se à visão e à missão.** A Figura 2.5 resume a visão e a missão. Observe que as vendas e o *marketing* contribuem para o desenvolvimento de clientes fiéis e servem de radar para a Toyota como um todo: "precisamos comunicar informações apropriadas para *toda a Toyota*, incluindo fornecedores, pesquisa, desenvolvimento e produção. Em outras palavras, nossa missão é pesquisar e entender as necessidades dos clientes em potencial". Um resultado positivo da crise do *recall* da Toyota de 2009 foi a ressurgência da importância da Toyota Motor Sales da América do Norte na disseminação de informações sobre as necessidades dos clientes por toda a Toyota. Por exemplo, o *call center* de serviços obteve *insights* e dados valiosíssimos sobre os clientes. Essas informações eram praticamente ignoradas, mas agora que a engenharia e a produção enfrentavam o desafio de estarem mais sensíveis aos clientes, a procura por elas era enorme.

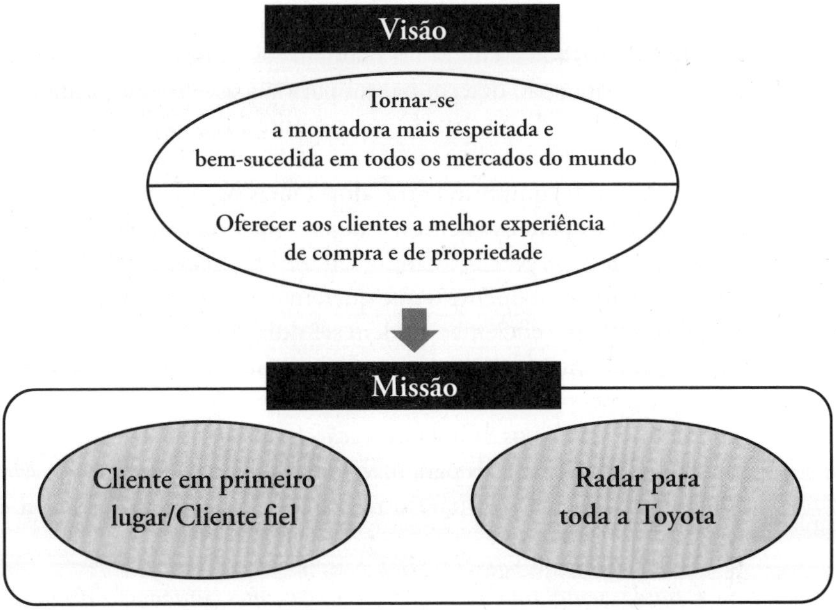

FIGURA 2.5 Os princípios do *Modelo Toyota em Vendas e Marketing* se conectam à visão e à missão da Toyota Motor Sales.

FIGURA 2.6 O modelo de pessoas do *Modelo Toyota em Vendas e Marketing*.

3. **Pessoas: conectar-se e respeitar nossos ativos mais importantes.** O ex-presidente Eiji Toyoda é citado no manual: "as pessoas são o ativo mais importante da Toyota e são determinantes para sua ascensão e queda". A Figura 2.6 mostra o modelo de pessoas. O interessante é que o modelo também conecta as pessoas ao conceito de *just-in-time* do Sistema Toyota de Produção (STP), descrevendo um equilíbrio entre "dois temas opostos de oferecer respostas *rápidas* e *flexíveis* para os clientes, e desenvolver mecanismos de vendas que sejam *eficientes* e *sem perdas*". Como veremos no nosso capítulo sobre processos, dar aos clientes exatamente o que querem e quando querem, tendo padrões de trabalho estáveis e eficientes, podem ser dois objetivos em conflito. Quando se tornou presidente, Shoichiro Toyoda introduziu dois conceitos mencionados anteriormente, os 3Cs do crescimento harmonioso (comunicação, consideração e cooperação) e os 3Cs da inovação (criatividade, competição e coragem). Ambos são fundamentais para os valores de desafio e *kaizen* do *Modelo Toyota 2001*. A definição dada para o terceiro C, a coragem, possui a essência da Toyota:

> *É fundamental considerar os fatores relevantes cuidadosa e detalhadamente em todas as situações, e ter a coragem de tomar decisões claras e executá-las. Quanto mais incerto é o futuro, mais importante é ter essa coragem.*

4. **Processo: conectar-se às estratégias recomendadas para satisfazer os clientes.** Todos os processos na Toyota devem ser focados no cliente, seja ele interno (por exemplo, P&D é um cliente das vendas durante o desenvolvimento de

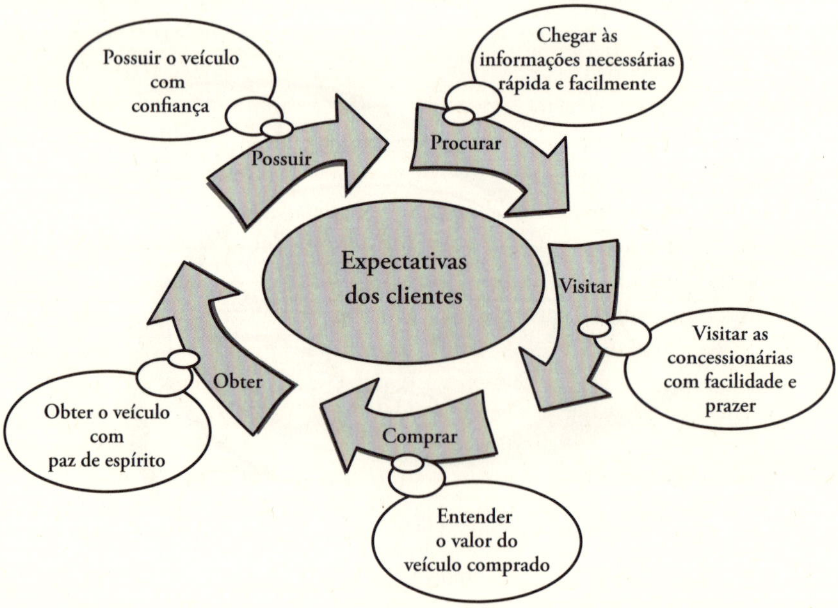

FIGURA 2.7 Processos genéricos do *Modelo Toyota em Vendas e Marketing*.

produtos) ou externo, que compra um produto ou serviço. Na Figura 2.7, vemos os processos gerais pelos quais as vendas e o *marketing* são responsáveis, como "obter as informações necessárias com rapidez e facilidade" do ponto de vista do cliente. No manual, cada um desses passos é seguido por uma série de detalhes. Por exemplo, uma maneira de criar uma experiência de compra positiva é com o "Toque da Toyota no Cuidado com o Cliente", que simboliza o sentimento especial que os clientes devem ter sempre que lidam com a Toyota. Ele é definido desta maneira: "os clientes terão uma experiência de compra agradável e sem pressão. Ao garantir que todos os contatos com os clientes são de altíssima qualidade, podemos criar um defensor da Toyota".

O Toque da Toyota depende muito das concessionárias. Como estas são empresas independentes, a Toyota se responsabiliza pela sua seleção cuidadosa e seu desenvolvimento. O esforço mostrou resultados durante a crise do *recall*, quando essas empresas independentes em todo o país fizeram o impossível para cuidar dos clientes, mesmo quando os problemas não tinham nenhuma relação com os componentes do *recall*. A empresa foi recompensada com o fato de mais de 85% dos donos de automóveis da Toyota dizendo, durante os piores meses de cobertura jornalística da crise, que confiavam na Toyota, acreditavam na segurança dos seus veículos e recomendariam a Toyota para seus amigos.[2] Além disso, é esperado que os processos de vendas e *marketing* se encaixem nas perspectivas comuns da gestão *lean*, o que é enfatizado em dois aspectos:

- Oferecer o valor da Toyota rápida e precisamente com alta qualidade (análogo ao pilar do STP da qualidade intrínseca).
- Eliminar *muri* (sobrecarga), *muda* (perda) e *mura* (desnivelamento).

5. **Práticas: conectar-se a ações e medidas para garantir o sucesso no mercado.** Esta é, de longe, a seção mais detalhada do manual, e há uma forte ênfase em diretrizes para parceria com concessionárias: "monte redes de concessionárias com foco em prazer, conveniência e alto valor, e ofereça serviços 3S integrados (vendas, peças de reposição, serviço), engajando os clientes em uma comunicação direta para desenvolver um relacionamento de longo prazo". Certa vez, conversei com o dono de uma concessionária Toyota que também tinha uma concessionária de uma montadora americana. Ele me explicou que a montadora americana "mandava pessoas conferirem as vendas e me forçar a comprar veículos indesejáveis, que não estavam vendendo bem. A Toyota me mandava gente para me educar e me informar". Ele me mostrou suas estantes cheias de materiais de treinamento da Toyota e um documento mensal preparado pela Toyota que detalhava as condições do mercado automotivo local.

Na seção de práticas, encontramos muitos modelos que descrevem as diretrizes de como a Toyota e suas concessionárias trabalham em equipe para desenvolver

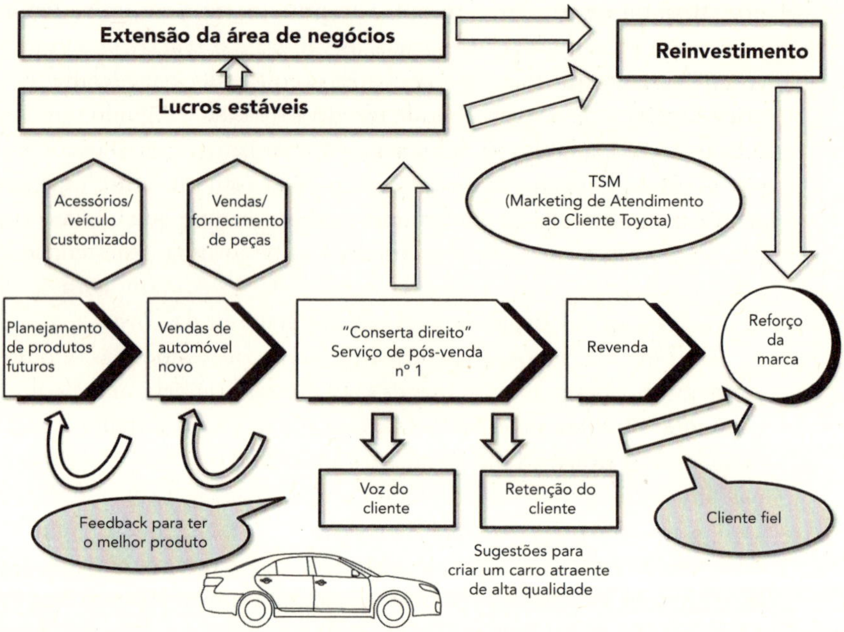

FIGURA 2.8 Práticas integradas do *Modelo Toyota em Vendas e Marketing*.

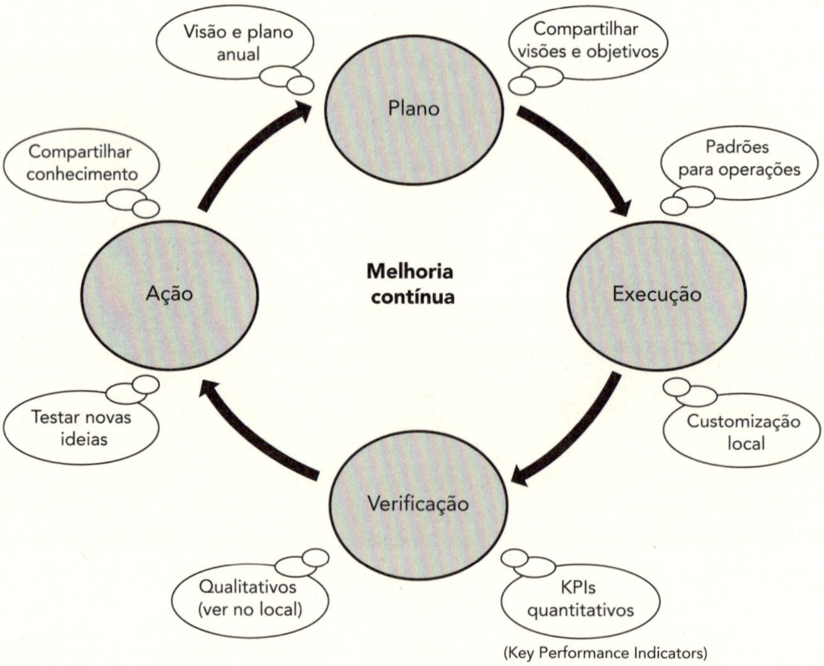

FIGURA 2.9 O método PDCA do *Modelo Toyota em Vendas e Marketing*.

clientes fiéis, porém a Figura 2.8 é uma imagem abrangente que reúne as conexões íntimas entre a Toyota, as concessionárias e os clientes.

Obviamente, nenhum documento da Toyota estaria completo sem a ênfase na "prática contínua do *kaizen*" usando o ciclo PDCA (ver Figura 2.9). Esta é comunicada à comunidade de vendas e *marketing* de maneira poderosa, que enfatiza o modo de pensar desejado: objetivos compartilhados, customização em vez de cópia cega das melhores práticas, avaliações quantitativas e qualitativas, e compartilhamento do conhecimento e do *know-how*:

Planejar. Compartilhar nossos objetivos por meio de processos e formatos comuns.

Executar. Desenvolver e customizar o padrão Toyota para operações locais.

Verificar. Avaliar as operações de perspectivas qualitativas (ver no local) e quantitativas (indicadores-chave de desempenho).

Agir. Compartilhar o conhecimento e o *know-how* por toda a Toyota e desenvolver ainda mais nossos métodos.

A Toyota treina suas concessionárias (negócios independentes) em habilidade técnica, de negócios e no pensamento do Modelo Toyota. Por exemplo, um consultor contratado pelo escritório de vendas regional da Toyota visita a concessionária da Dunning Toyota em Ann Arbor, Michigan, uma vez ao mês para ajudá-la a implantar a Manutenção Expressa Toyota (serviços como rotação de pneus e troca do óleo enquanto você espera). O ponto de partida era melhorar a produtividade e eficiência de tarefas de manutenção de rotina usando trabalho padronizado, grupos de trabalho, melhor apresentação de peças e ferramentas, gestão visual e outros métodos. O treinamento tem uma série de fases, e a concessionária pode levar anos para completá-las. É um processo intenso, com verificações estritas por parte do consultor para garantir que as melhorias estão se sustentando. Os resultados da transformação têm sido inacreditáveis, abrindo os olhos dos proprietários de concessionárias. A concessionária paga por esse mentoreamento intensivo, mas, desde que seu pessoal faça o trabalho, ela é reembolsada pela Toyota.

OS 4Ps DO MODELO TOYOTA DE LIKER ADAPTADOS PARA ORGANIZAÇÕES DE SERVIÇO

No livro *O Modelo Toyota*, após estudar a Toyota por 20 anos e *O Modelo Toyota 2001* cuidadosamente, desenvolvi meu próprio modelo da filosofia fundamental. Karyn o representou na forma de uma casa na Figura 2.10. Os 4Ps são:

1. **Filosofia.** Qual é o propósito da nossa organização? Em empresas excelentes, isso sempre vai além de enriquecer os donos do negócio. Os clientes não pagam para enriquecer os donos. O que a organização vai contribuir para os clientes

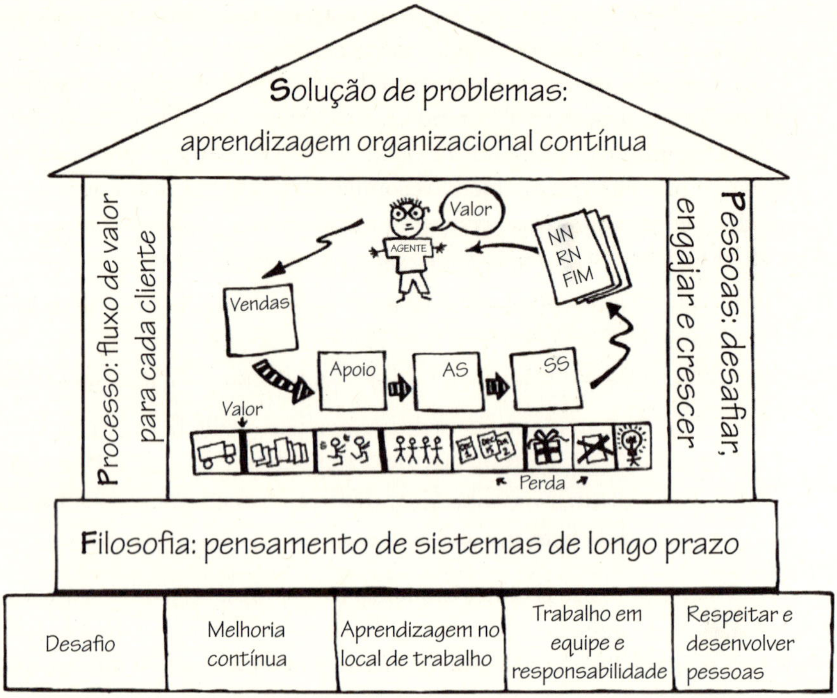

FIGURA 2.10 O modelo dos 4Ps de Liker do Modelo Toyota.

Adaptado de: Jeffrey Liker, *The Toyota Way*, McGraw Hill: NY, 2004.

Obs.: O exemplo acima vem do mundo das seguradoras. SS = Subscritor; AS = Auxiliar de Subscrição; NN = Novos Negócios; RN = Renovação.

mais do que qualquer outra? Quais são os valores fundamentais da organização? O que é importante para a organização enquanto sociedade em miniatura?

2. **Processo.** Do ponto de vista do cliente, o processo ideal sempre é o fluxo unitário de peças: o cliente pede exatamente o que quer ou precisa, que chega imediatamente, quando se faz necessário, na quantidade necessária. Os clientes pagam pelo valor agregado, não por atividades extras, que envolvem esperar por itens, pessoas, trabalhos refeitos por causa de defeitos, geração de materiais ou informações em excesso. Internamente, o fluxo unitário de peças significa trabalho de valor agregado contínuo a cada passo. Há algumas diretrizes sobre a melhor maneira de fazer isso, como trabalhar de forma nivelada, sem picos e vales enormes na carga de trabalho. A tecnologia pode ser importante para o processo, mas ela não é o processo em si. Ele precisa ser projetado cuidadosamente e então melhorado à medida que as condições mudam e nós aprendemos mais.

3. **Pessoas.** Todas as declarações de missão que já li na vida falam sobre como pessoas da organização são importantes, mas é raro encontrar uma empresa que realmente trata as pessoas como seu recurso mais valioso. Na maioria dos casos, as pessoas são "empoderadas" com algum treinamento e recursos, e a empresa "sai da frente

delas". No Modelo Toyota, isso é considerado puro desrespeito. As pessoas precisam ser simultaneamente desafiadas para atingirem novos níveis de desempenho e receber *coaching* para que possam aprender a ser bem-sucedidas, o que é a essência do Desenvolvimento no Trabalho. Na Toyota, isso significa que desenvolvê-las ativamente e não deixá-las por conta própria é o que demonstra como as pessoas são importantes para a organização e o quanto elas são respeitadas.

4. **Solução de problemas.** É um termo que se escuta o tempo inteiro dentro da Toyota, mas a nossa imagem tradicional do que significa resolver um problema é uma mera casca do significado pretendido. Costumamos pensar na solução de problemas como algo reativo. A represa está vazando, então tampamos o furo. Como vimos com as PNTs, o membro da equipe na Toyota precisa começar pela pergunta "qual é o propósito da represa?". Resposta: "Um fluxo de água regulado". "Qual seria o estado ideal?". Resposta: "A água flui sem interrupções, apenas com o volume e a velocidade de que precisamos". "Como posso me aproximar desse ideal?", e assim por diante. A solução de problemas passa a ser aspiracional ao invés de reativa, levando a inovações, não consertos rápidos. A solução de problemas se torna um processo de aprendizado que, quando compartilhado corretamente, constrói uma organização de aprendizagem.

Muitos consideram o modelo dos 4Ps valioso para refletir como estruturar transformações *lean*. Em minha carreira, o momento de que mais me orgulho foi uma reunião com Eiji Toyoda, o herdeiro que transformou uma pequena montadora doméstica japonesa em uma potência global. Na sua mesa, ele tinha exemplares de *O Modelo Toyota* em inglês e em japonês. "Você estruturou nosso pensamento tão bem e explicou melhor do que nós conseguimos, então mandei todos os nossos executivos lerem este livro, pois não somos tão bons quanto você descreve", ele disse. "Ainda temos muito a crescer antes de estarmos à altura das suas explicações". Depois daquela reunião, passei semanas sorrindo.

Ainda assim, no espírito da melhoria contínua, olhamos esse modelo de mais de uma década, refletimos sobre como ele se aplica aos serviços e então criamos uma versão melhorada (ver Figura 2.11). O modelo original, derivado da indústria, pesava um pouco mais para o processo e menos para as outras áreas. A seguir, apresentamos um resumo das principais alterações detalhadas nos capítulos para cada um dos 4Ps:

1. **Filosofia.** Em *O Modelo Toyota*, enfatizei que viver uma filosofia exige pensamento de longo prazo, mesmo ao custo de considerações financeiras de curto prazo. Ainda acreditamos que esse é o ponto de partida crítico. As organizações que se focam no curto prazo esperam que todos os investimentos que fazem tenham um retorno sobre investimento (ROI) imediato, incluindo aqueles em pessoas. Além disso, elas tendem a pensar em melhorias discretas de processos independentes, não em melhorar o sistema de atendimento ao cliente como um todo. O Modelo Toyota se baseia no pensamento de sistemas. Como podemos integrar processos, pessoas e solução de problemas, e agregar cada vez mais valor para nossos clien-

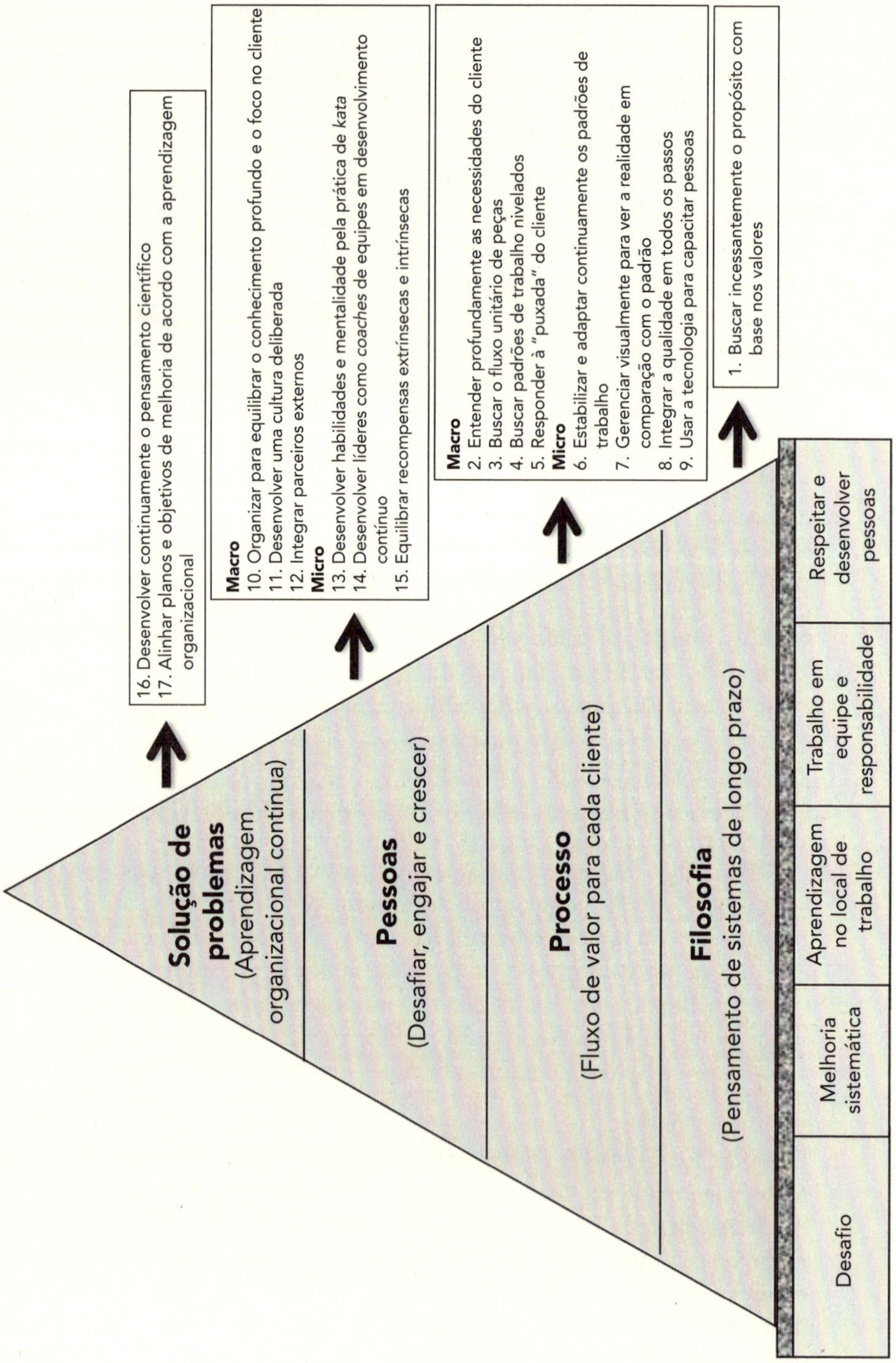

16. Desenvolver continuamente o pensamento científico
17. Alinhar planos e objetivos de melhoria de acordo com a aprendizagem organizacional
Macro
10. Organizar para equilibrar o conhecimento profundo e o foco no cliente
11. Desenvolver uma cultura deliberada
12. Integrar parceiros externos
Micro
13. Desenvolver habilidades e mentalidade pela prática de kata
14. Desenvolver líderes como coaches de equipes em desenvolvimento contínuo
15. Equilibrar recompensas extrínsecas e intrínsecas
Macro
2. Entender profundamente as necessidades do cliente
3. Buscar o fluxo unitário de peças
4. Buscar padrões de trabalho nivelados
5. Responder à "puxada" do cliente
Micro
6. Estabilizar e adaptar continuamente os padrões de trabalho
7. Gerenciar visualmente para ver a realidade em comparação com o padrão
8. Integrar a qualidade em todos os passos
9. Usar a tecnologia para capacitar pessoas
1. Buscar incessantemente o propósito com base nos valores
Solução de problemas
(Aprendizagem organizacional contínua)
Pessoas
(Desafiar, engajar e crescer)
Processo
(Fluxo de valor para cada cliente)
Filosofia
(Pensamento de sistemas de longo prazo)
Desafio
Melhoria sistemática
Aprendizagem no local de trabalho
Trabalho em equipe e responsabilidade
Respeitar e desenvolver pessoas

FIGURA 2.11 O modelo dos 4Ps do *Modelo Toyota de excelência em serviços*.

tes? O que nos diferencia da concorrência? As respostas mudam com o tempo. Cumprir a estratégia exige pessoas adaptáveis que melhoram continuamente os processos críticos para a estratégia. É neste espaço que entra a cultura e os valores. Estratégias e modelos de negócios podem mudar, mas os valores são a base da empresa e quase nunca mudam. Investir em pessoas, cultura e capacidade de executar uma estratégia bem-pensada representa um empreendimento de longo prazo. As organizações que contam o sucesso por trimestre não têm a mínima chance de desenvolver a verdadeira capacidade de excelência em serviços.

2. **Processo.** Na nossa experiência, é útil diferenciar entre melhorias de processo no nível macro e no nível micro. No nível macro, estamos enfocando na empresa, onde as melhorias precisam da liderança da alta gerência. A ferramenta popular do mapeamento do fluxo de valor analisa como materiais e informações fluem no nível macro, começando com o estado atual e desenvolvendo uma visão do estado futuro desejado. O mapeamento do fluxo de valor considera sua arquitetura com uma visão panorâmica, começando com os clientes e o entendimento do que, quanto e quando eles querem, e voltando ao princípio para determinar como os processos críticos precisam funcionar para alcançar nossos objetivos do fluxo de valor. Isso leva diretamente ao que precisamos dos nossos fornecedores para manter o fluxo de valor contínuo e harmônico, partindo dos fornecedores, passando pelos nossos processos e chegando, por fim, aos nossos clientes.

   A visão macro é, necessariamente, uma abstração, uma imagem teórica do que gostaríamos de realizar. Para transformar essa visão em realidade, ela precisa ser detalhada até chegarmos ao nível micro. É aqui que acontece o trabalho detalhado de elaborar projetos, e onde nos adaptamos à medida que encontramos os obstáculos do cotidiano e nos esforçamos para superá-los. O trabalho pesado da melhoria contínua acontece no nível micro, realizado por membros da equipe de toda a empresa. Eles também aceitam objetivos desafiadores, buscando entender o estado atual, desenvolvendo visões do estado futuro e, por meio do PDCA diário, aproximando-se cada vez mais da visão.

3. **Pessoas.** Na nossa experiência, também é útil dividir o modo como gerenciamos e desenvolvemos pessoas em nível macro e micro. Muitas vezes, acabamos trabalhando com clientes exclusivamente no nível micro, enfocando pequenas partes dos fluxos de valor e dos processos individuais. É uma maneira mais acessível de aprender a abordagem disciplinada do PDCA diário, mas logo esbarramos nos limites do progresso. Em *A Mentalidade Enxuta nas Empresas*, Womack e Jones[3] argumentam que devemos nos organizar em torno de fluxos de valor, usando uma função que eles chamam de "gerente do fluxo de valor". As opções de *design* organizacional são variadas, mas acreditamos que, a longo prazo, é importante pensar sobre o *design* da organização e dos sistemas de recursos humanos em nível macro, e ajustá-los regularmente à medida que vamos aprendendo. Um bom exemplo é o caso das empresas que determinam que há um foco isolado muito forte den-

tro das estruturas funcionais verticais (especialistas que só conversam entre si) e pouco foco no cliente no fluxo de valor horizontal. Uma organização matricial, ou mesmo uma organização que gire em torno de famílias de produtos, pode ser necessária para gerar o foco no cliente que ela precisa.

4. **Solução de problemas.** No nível micro, analisamos as PNTs como o modo que os líderes individuais abordam objetivos estendidos desafiadores. Esses objetivos precisam estar alinhados com a estratégia da empresa. O *hoshin kanri*, ou gerenciamento pelas diretrizes, é um sistema para gerar esse alinhamento. O PDCA deve ocorrer em todos os níveis e estar alinhado desde a empresa como um todo até a unidade organizacional e o nível do grupo de trabalho. O foco da melhoria deve estar alinhado com uma estratégia de negócios claramente articulada.

O MODELO TOYOTA ENQUANTO VISÃO UNIFICADA PARA A BUSCA DA EXCELÊNCIA

O Modelo Toyota não é um modelo corporativo que só precisa ser ajustado para sua organização e, então, implementado. Os princípios não são receitas que podem ser instalados na nossa organização do mesmo jeito que faríamos *download* de um aplicativo para o nosso computador. Embora os princípios ofereçam modelos conceituais, eles não estabelecem os padrões de pensamento e ação necessários para a melhoria contínua.

Quando os executivos da Toyota no Japão perceberam que precisavam de uma maneira padrão de desenvolver sua cultura fora do país, eles começaram com os princípios do *Modelo Toyota 2001*, mas logo concluíram que ensiná-los não seria suficiente. Quando analisaram as *core competencies* exigidas de todos os membros da empresa, a conclusão foi que o importante era a capacidade de melhorar continuamente em busca de objetivos desafiadores. Isso levou ao desenvolvimento das Práticas de Negócios Toyota, a abordagem em oito passos padrão para a melhoria (descrita anteriormente neste capítulo). Em seguida, eles perceberam que precisavam de *coaches* para ensinar as PNTs, e que estes precisariam estar integrados às próprias organizações nas quais ensinariam. O ensino precisaria ser contínuo e acontecer no próprio trabalho. A única escolha lógica seria criar a expectativa de que todos os gerentes são *coaches* de melhoria contínua, o que levou a empresa a criar o Desenvolvimento no Trabalho, a terceira fase do programa para treinar os gerentes para trabalhar com os líderes das equipes que tentam atingir metas específicas.

Por trás do Modelo Toyota, há uma mentalidade. Ela não é misteriosa e exclusiva da cultura japonesa, mas a universal do pensamento científico. Professores como o Dr. Deming foram levados a sério, e a Toyota aprendeu os benefícios possibilitados pelo método científico do ciclo Planejar-Executar-Verificar-Agir, que é tão simples, mas tão difícil de implantar. A empresa descobriu o poder da gestão por fatos. Ela aprendeu que solucionar problemas é melhor do que culpar pessoas. Aprendeu também que atender os clientes significa estar um passo à frente, antecipando suas necessidades e enfocando a construção de fluxos de trabalho para produzir valor, sem ser atrapalhada pela espera do produto ou serviço. O fluxo de valor para cada cliente passou a ser a pedra fundamental da visão de excelência da empresa. Contudo, visão e realidade não são a mesma coisa. Os presidentes da empresa lamentam regularmente o risco da complacência e prometem voltar aos elementos básicos do Modelo Toyota. Eles sabem muito, muito bem que a Toyota está longe de ser perfeita, e que buscar a excelência exige perseverança e dedicação contínua. É um trabalho difícil!

Qualquer organização de serviço tem como aprender com essa sabedoria universal. Aprender não é o mesmo que imitar. Não temos como imitar as soluções específicas que a Toyota desenvolveu para produzir valor a seus clientes. A Toyota não imita suas próprias soluções; cada área da empresa continua a evoluir e desenvolver métodos novos e melhores. Não podemos imitar a cultura que a Toyota desenvolveu e continua a desenvolver, nem imitar suas políticas e procedimentos específicos. Contudo, podemos observar além da superfície e aprender com o jeito como a Toyota pensa:

1. A jornada eterna da busca pela excelência deve ser adotada profundamente pela alta liderança da empresa.
2. Todas as organizações precisam desenvolver suas próprias estratégias, direções e modelos.
3. Os líderes de todos os níveis devem ser treinados para usar o método científico de melhoria para apoiar a direção.
4. O treinamento deve enfocar principalmente a execução, com repetições supervisionadas por um *coach* que possa dar *feedback* corretivo.
5. As pessoas que ocupam os níveis mais elevados de liderança precisam aprender na prática para se tornarem *coaches* do próximo nível hierárquico.
6. É preciso estabelecer uma cadeia de *coaching* sustentável tão forte quanto seu elo mais fraco.
7. Quando se desenvolve uma cadeia de gestores competentes enquanto *coaches*, passa a ser possível desenvolver metas de melhoria alinhadas e esperar abordagens inovadoras para atingir tais metas em todos os níveis.
8. Os gerentes devem se tornar modelos de comportamento de uma gestão diária centrada na satisfação total do cliente.
9. Desvios em relação a padrões de excelência devem ser tratados como oportunidades para aprender e melhorar o modo como atendemos os clientes.

Esse é o único caminho que conhecemos para desenvolver uma cultura focada na excelência em serviços. Na teoria, é uma receita simples. Na prática, uma batalha super-desafiadora, travada todos os dias. A luta não está em identificar perdas ou inventar soluções, mas sim em desafiar a organização continuamente para enfocar, questionar e aprender. Práticas simples de gestão, como ir ao *gemba* para entender profundamente a realidade cotidiana, podem se tornar desafios monumentais quando os gerentes estabeleceram padrões de ir a diversos lugares, exceto onde o trabalho acontece. No restante deste livro, analisaremos em mais detalhes o modelo dos 4Ps da excelência em serviços. Enfatizaremos continuamente que entendimento conceitual não é o mesmo que ação, e que é apenas com ações repetidas que podemos aprender de verdade.

PONTOS PRINCIPAIS
O MODELO TOYOTA CONTINUA A EVOLUIR

1. A filosofia do Modelo Toyota de respeito por pessoas e melhoria contínua se aplica igualmente aos serviços e à indústria.
2. Transformar a filosofia e a teoria em um entendimento profundo exige muito treino prático. A Toyota dissemina o Modelo Toyota, a começar pela liderança sênior, em três ondas:
   - Ensinar a teoria do Modelo Toyota
   - Colocar os princípios em ação por meio das Práticas de Negócios Toyota
   - Usar o Desenvolvimento no Trabalho para que os gerentes se transformem em *coaches* competentes, que sabem ensinar as Práticas de Negócios Toyota
3. Para conectar todas as áreas à visão e à missão da organização, é importante colocar os princípios em prática em toda a empresa; foi o que a Toyota fez ao espalhar seu modelo em áreas não industriais, como vendas, compras e P&D.
4. Atualizamos o modelo 4P do Modelo Toyota original de Liker para trabalhar as necessidades específicas das organizações de serviço, equilibrando os 4Ps:
   - **Filosofia.** A excelência em serviços é uma filosofia de longo prazo, não uma estratégia que enfoca apenas recompensas financeiras de curto prazo:
     - Qual é o propósito da sua organização e como os serviços que a sua empresa presta contribuem para a sociedade?
   - **Processo.** Os processos em todos os níveis organizacionais devem ser projetados e continuamente refinados para entregar o que os clientes querem, sempre buscando um fluxo unitário de peças:
     - **Nível macro.** A arquitetura de todo o fluxo de valor deve apoiar a excelência em serviços.
     - **Nível micro.** Todos os membros da equipe do empreendimento devem estar ativamente engajados na busca pelas diferenças entre o estado desejado e o estado atual dos serviços e na eliminação dessas diferenças.

- **Pessoas.** Respeitar pessoas em uma organização significa usar *coaching* constante para desafiá-las a atingir novos patamares de excelência em serviços, não "empoderá-las" com treinamento e depois "sair da frente delas":
  - **Nível macro.** O *design* organizacional geral deve apoiar o respeito por pessoas e a melhoria contínua com foco no cliente.
  - **Nível micro.** O PDCA no nível dos processos, com *coaching*, desenvolve as capacidades dos membros de equipe.
- **Solução de problemas.** Os esforços de solução de problemas em toda a organização devem estar alinhados para produzir excelência em serviços:
  - **Nível macro.** Os objetivos são alinhados à estratégia da empresa através de uma estratégia de negócios de longo prazo claramente articulada (*hoshin kanri*).
  - **Nível micro.** Todos os esforços de melhoria apoiam a excelência em serviços de acordo com a definição no nível macro.

5. Os princípios do Modelo Toyota fornecem modelos conceituais que podemos usar para refletir sobre nossas próprias organizações; eles não são receitas a serem copiadas, implantadas, instaladas ou implementadas.
6. A ideia é construir intencionalmente a cultura da empresa para que enfoque na melhoria ativa do valor para cada cliente.

CAPÍTULO 3

Princípio 1: a filosofia do pensamento de sistemas de longo prazo

Queremos que as organizações sejam flexíveis, inteligentes, adaptáveis, capazes de se recuperar, de se renovar e de aprender — atributos encontrados apenas em sistemas vivos. Queremos que as organizações se comportem como sistemas vivos, mas só sabemos tratá-las como máquinas: essa é a tensão da nossa época.

—Margaret J. Wheatley, *Liderança para Tempos de Incerteza: Descoberta de um Novo Caminho*

A FILOSOFIA É A BÚSSOLA MORAL DA ORGANIZAÇÃO

Em 1992, eu era codiretor do Programa de Tecnologia da Administração Japonesa na Universidade de Michigan, dedicado a estudar e transferir conhecimento do Japão para os Estados Unidos. Tínhamos o dever de compartilhar o que estávamos aprendendo com nossas pesquisas, então organizei uma conferência de um dia para que nossos pesquisadores financiados apresentassem seus achados. Cada acadêmico comparava as práticas americanas com as japonesas na sua respectiva área; por exemplo, a indústria de eletrônicos, a estratégia corporativa e a gestão da cadeia de suprimentos. O que eu não sabia é que um dos maiores especialistas da Toyota no STP estava na plateia, absorvendo tudo em silêncio. No final do dia, ele se apresentou para mim e disse: "apresentações interessantes, mas vocês não pegaram a filosofia da administração. (...) No futuro, recomendo que adicione mais discussão sobre a filosofia". Com isso, ele se despediu educadamente e foi embora. Na época, fiquei ligeiramente ofendido que ele não soubera valorizar todos os excelentes dados e observações apresentados no seminário. Mais tarde, refletindo sobre o ocorrido, percebi que havíamos reunido uma mixórdia de apresentações acadêmicas desconexas e que ele estava absolutamente certo. Penso muito naquela simples observação. Por que uma empresa industrial conservadora é tão obcecada com filosofia?

Uma das definições de filosofia é "um sistema de princípios para orientação em questões práticas".[1] Para mim, ela é a bússola moral da empresa. O que representamos? Por que existimos? Como nossa existência torna o mundo um lugar melhor? Como instituição, como vamos nos comportar no mundo? Os documentos do *Modelo Toyota 2001* são uma maneira de formalizar a filosofia fundamental da empresa.

O subtítulo do livro de Isadore Sharp, fundador, presidente e CEO da rede de hotéis Four Seasons, é *A História de uma Filosofia de Negócios*.[2] Seu objetivo era simplesmente "construir a melhor empresa hoteleira do mundo". Sua conclusão foi que o único jeito de fazer isso seria se destacar entre os hotéis globais pela qualidade excepcional do serviço aos olhos dos clientes. Ele observou também que precisaria "acertar na linha de frente: atendentes, carregadores, garçons de bares (*bartenders*), garçons, cozinheiros, camareiras e lavadores de pratos; o pessoal com os piores salários e, na maioria das empresas, o menos motivado, mas aqueles que definem a reputação de serviço cinco estrelas, por bem ou por mal". Ele reuniu seus gerentes gerais e explicou que nenhum deles afetaria diretamente a experiência do cliente, pois todos dependiam completamente de seus subalternos. A seguir, ele apresentou a filosofia e o desafio em uma simples declaração:

> *Este vai ser o seu desafio administrativo: atingir o objetivo de serem os melhores, até a base da pirâmide, motivando o pessoal menos bem pago para agirem por conta própria, para não se enxergarem como funcionários de rotina, e sim como facilitadores da empresa que estão criando nossa base de clientes.*

Como vimos no último capítulo, transformar uma filosofia em prática exige socializar todos os membros até os princípios se tornarem o modo de pensar e de agir. É um processo que nunca termina. Todas as histórias excepcionais que ouvi sobre o Four Seasons, o serviço inacreditável que deixa os novos clientes chocados, envolve um encontro com funcionários da linha de frente. Selecionei aleatoriamente um Four Seasons de Londres e descobri que ele tinha nota cinco estrelas no site TripAdvisor, com base em 614 resenhas de clientes. Os textos dos clientes incluem frases como estas:

- "Comida, serviço, atenção a detalhes em tudo: fantásticos. Uma menção especial para a Veronica, que serviu o jantar com graciosidade e entusiasmo... e também James, no serviço de recepcionista do hotel, o máximo, e para Annabel e Caroline, vocês são estrelas!!!!!"
- "Todos são muito prestativos, mas o melhor serviço é o da equipe de recepcionista, do hotel. Eles são incríveis."
- "O serviço foi particularmente excelente. Menção especial para Nat, meu garçom. Ele foi brilhante!"
- "A equipe foi simpática e superatenciosa a detalhes, e todos eram excelentes com nomes. Me senti chegando em casa todos os dias."
- "A equipe do hotel está entre as melhores que já encontrei em qualquer lugar do mundo. A experiência de chegada é fantasticamente acolhedora, e nunca precisamos esperar para fazer *check-in*, mesmo quando um voo da madrugada chega mais cedo."

Obviamente, esse serviço maravilhoso não significaria nada se o hotel não incluísse *kits* de amenidades excelentes, locais incríveis, comida maravilhosa e acessórios que funcionam. As declarações quase sempre comentam algum aspecto do quarto, cama, comida, spa ou o que quer que o cliente tenha considerado importante na experiência como um todo. Os comentários críticos são sobre o que deu errado, como refeições mal preparadas ou mesas que não foram limpas corretamente. Uma resenha de duas estrelas citou o "ótimo ambiente, refeição triste". Uma resposta imediata da gerência prometeu "não poupar esforços para oferecer uma visita perfeita" na próxima vez e pediu para falar pessoalmente com o hóspede insatisfeito. Tenho certeza que algo excepcional foi oferecido para ele.

Metade da experiência de serviço é tratar os clientes como realeza, metade fazer tudo funcionar perfeitamente, ou responder de imediato às imperfeições de modos que corrijam a situação muito além do que o cliente espera. Observe que tudo isso nasce da filosofia de fazer com que todos os membros da equipe se transformem em emissários da empresa. É fácil escrever uma política de receber o cliente com um sorriso no rosto, mas isso não coloca automaticamente sorrisos genuínos nos rostos da equipe de linha de frente.

Isso não significa que o segredo da excelência em serviços para todas as organizações é uma equipe super-entusiasmada que pode oferecer presentinhos para os clientes que têm reclamações ou pedidos especiais. O Four Seasons está no quadrante da experiência personalizada no nosso modelo e presta serviços de luxo. A proposição de valor do hotel é oferecer níveis alucinantes de serviço de primeira classe, cobrando diárias de primeira classe. Os clientes dispostos a pagar por luxo têm uma experiência perfeita, ou são amplamente recompensados quando reclamam. Esse modelo não funcionaria no quadrante da distribuição de bens produzidos em massa, onde o valor muitas vezes é definido por um serviço que funciona perfeitamente, mas a um preço razoável.

Uma empresa que perdeu sua filosofia centrada no cliente e teve dificuldade para recuperá-la sob um novo CEO foi a United Continental, resultado da fusão da United com a Continental Airlines. A fusão das duas empresas pareceu seguir o caminho tradicional da redução de custos através de "reestruturação e sinergias", sem construir uma cultura comum e enfocar o atendimento ao cliente. O CEO na época da fusão falou muito sobre trabalho em equipe e definiu a meta de firmar um novo contrato trabalhista coletivo até o final de 2011. Quando foi demitido em setembro de 2015, a empresa ainda não havia assinado um contrato com os comissários de bordo e mecânicos; coincidentemente, a empresa recebeu a pior nota no relatório anual de qualidade das companhias aéreas. A empresa está no quadrante da experiência padrão, mas isso não significa que a excelência em serviços é irrelevante. Os clientes têm opções.

Em setembro de 2015, Oscar Munoz fez sua primeira aparição pública como novo CEO da United Airlines. Ele começou com um pedido de desculpas.[3] Após uma experiência terrível como passageiro anônimo em um voo da United, ele disse o seguinte sobre a fusão entre a Continental e a United Airlines: "essa integração é problemática. Ponto final". Ele continuou: "precisamos fazer um *mea culpa* público. (...) A experiência dos nossos clientes não tem sido o que gostaríamos que fosse".

Logo antes de assumir o cargo de CEO, ele embarcou em um voo em Chicago, um dos focos principais (*hubs*) da United. Ele assistiu duas pessoas serem impedidas de embarcar por causa de *overbooking*. Depois disso, ficou 30 minutos dentro do avião parado na pista, em um avião a jato regional apertado de 50 lugares, esperando a fila no portão se resolver. Depois, esperou cinco horas até suas malas aparecerem. Munoz puxou conversa com os outros passageiros, provocando-os a falar sobre os atrasos. Eles concordaram, mas para a sua surpresa, imediatamente completavam com: "aquela mulher no voo, ela foi simpática, né?" Eles estavam falando de Jenna, a comissária de bordo. Oscar descobriu que Jenna fora o ponto alto de um voo que, com exceção dela, fora terrível. A revelação foi crítica para ele. "Todo mundo naquele voo lembrava [da Jenna]", Munoz conta. "O processo e os sistemas e os investimentos e tudo mais? São todos maravilhosos... mas preciso começar pelas pessoas".

As empresas se fundem para obter sinergias financeiras e capacidades adicionais que não possuem, adquirir novas tecnologias e por muitos outros motivos. Lá no fim da lista, se é que aparece, está o cliente. Como Oscar descobriu, fundir duas culturas ruins não produz magicamente uma cultura positiva e com propósito. Não ajuda o fato de que a empresa tinha um conflito trabalhista grave e que alguns sindicatos estavam trabalhando sem contrato.

Recentemente, Karyn voou pela United, decolando de Chicago. A cidade é um *hub* importante, um ponto que a United deveria tentar acertar. A experiência dela:

> *Absolutamente terrível. Faltavam assentos na área de espera. Cadeiras quebradas/arrancadas, quando se acha. Não tinha onde carregar meu celular. Processo de embarque confuso. Overbooking de três assentos; pediram para as pessoas abrirem mão das suas vagas até amanhã. Estão pagando $500 + hotel + todas as refeições; logo, estão perdendo dinheiro (...) esse voo custa só $250. Toda a equipe de serviço está tentando ser simpática, mas eles não têm nenhuma chance de superar esse processo bagunçado.*

Claramente, o novo CEO tinha um trabalhão à sua espera, mas ele tem a perspectiva certa e tem paixão. Munoz começou a trabalhar em construir confiança junto aos sindicatos, incluindo viajar e conhecer trabalhadores para entender suas preocupações sobre as relações com a administração. Infelizmente, ele teve um ataque cardíaco, o que o tirou de campo por dois meses, mas ele ainda indicou um CEO interino que negociou os novos contratos e começou a trabalhar proativamente com os sindicatos. Munoz logo voltou ao trabalho e está supervisionando uma escalada lenta e difícil para transformar a empresa em, no mínimo, uma companhia aérea decente.

A liderança *lean* evoca facilmente líderes que cortam custos, eliminam as gordurinhas e simplificam a organização para que ela seja uma máquina de eficiência.

Um líder *lean* de verdade, entretanto, começa com os clientes e as pessoas que os atendem. Munoz estava se tornando um líder *lean*. Em termos *lean*, ele foi ao *gemba*, ou seja, ao local onde o trabalho central da organização é realizado e onde os clientes são atendidos. Ele parece ter feito isso por acaso. Munoz queria visitar a filha e acabou vivenciando a experiência que o resto dos clientes da United e da Continental enfrentam o tempo inteiro. Foi o começo do que ele chama da sua "turnê de aprendizagem".

A paixão e o foco no cliente é um ótimo ponto de partida, mas a liderança *lean* vai além disso. Como a United vai transformar uma companhia aérea mal-operada, com funcionários apáticos, em algo que acerta tudo? Um sorriso no rosto é um bom começo, mas nós queremos chegar ao nosso destino sem atrasos, em assentos confortáveis, e encontrar nossas malas na hora certa.

Munoz disse: "se eu pudesse arranjar umas 5.000 Jennas para trabalhar nisso, acho que conseguiria fazer dar certo". Mas isso não vai acontecer. O que ele precisa é desenvolver muito mais do que 5.000 Jennas. Munoz precisa construir uma cultura de pessoas em todas as partes da companhia que tenham a paixão e o compromisso de Jenna, e as habilidades necessárias para melhorar todos os aspectos das operações e do atendimento ao cliente.

Existe uma maneira diferenciada de pensar no propósito da empresa e na maneira de construir capacidades que separa as empresas excelentes das medíocres em termos de filosofia.

AS LIMITAÇÕES DO PENSAMENTO DE MÁQUINA

> *Desde jovens, somos ensinados a dividir problemas para ser mais fácil lidar com tarefas e assuntos complexos. Porém, isso cria um problema maior (...) nós perdemos a capacidade de enxergar as consequências das nossas ações e a sensação de conexão com o todo.*
>
> —Peter Senge, A *Quinta Disciplina*

O pensamento de máquina é característico das indústrias no início do século XX, quando o dono do capital possuía uma vantagem competitiva insuperável. Se você era dono da fábrica, e dos meios de produção, os trabalhadores e o dinheiro não paravam de chegar. A motivação desses trabalhadores era evidente: eles precisavam de dinheiro. Na verdade, o modo mais direto de motivá-los era pagar por peça: produza mais peças e você ganha mais dinheiro.

No início do século XX, Frederick Taylor, o pai da engenharia industrial, transformou isso em uma filosofia que chamou de "administração científica". Ela tinha as seguintes características:

- ***Design* do trabalho científico.** Os engenheiros estudam cientificamente o trabalho e o dividem em pequenas peças, todas definidas precisamente para serem a melhor maneira absoluta de realizá-lo.
- **Seleção científica.** Os trabalhadores são selecionados cientificamente para terem a capacidade de fazer o trabalho, o que geralmente significa força física (homens) ou destreza (mulheres).
- **Treinamento científico.** Os trabalhadores são ensinados a usar a melhor maneira absoluta de fazer o trabalho.
- **Incentivos científicos.** A remuneração é estruturada de forma a recompensar financeiramente os trabalhadores quando produzem mais unidades de modo a gerar mais lucro para o proprietário.

Frederick Taylor acreditava genuinamente que a administração científica seria o segredo para criar uma grande prosperidade a ser compartilhada entre os trabalhadores e a sociedade. As chaves para essa prosperidade compartilhada seriam, por um lado, engenheiros brilhantes que fariam todo o trabalho de pensar pela empresa, e, por outro, o interesse próprio que geraria o caminho mais eficiente para a única coisa que importava para os trabalhadores e para os proprietários: o dinheiro.

Avancemos para 1986. Eli Goldratt parecia deixar isso ainda mais explícito com o seu *bestseller* de negócios *A Meta.* No romance, Jonah, uma espécie de guru, ensina um empresário a construir um negócio de sucesso. Jonah pergunta várias e várias vezes qual é a meta do negócio. A única resposta aceitável: ganhar dinheiro. A "teoria das restrições" oferecia a única solução necessária para atingir a meta. Encontre e destrua as restrições para ganhar dinheiro. Goldratt criou um negócio baseado no treinamento de "Jonahs", que precisariam executar uma simulação de computador para encontrar as restrições e se tornarem os engenheiros que pensariam pela empresa. Eles estavam levando adiante a tradição da administração científica de Taylor.

Esses e outros métodos orientam ao que os pensadores de sistemas chamam de "pensamento reducionista". A definição mais simples de sistema é a de um conjunto de partes interconectadas. Quando nos focamos em consertar uma parte ou uma conexão ignorando o funcionamento do sistema, estamos reduzindo o problema apenas àquela parte. Isso conduz à subotimização do sistema, o que provoca uma série de outras dificuldades.

Pense, por exemplo, em uma organização na qual Kary trabalhou, onde um problema em um departamento foi "resolvido" pela eliminação de um relatório semanal que parecia gastar muito tempo. As pessoas no departamento acreditavam que haviam analisado a questão por todos os ângulos e envolvido todos que usavam o relatório para determinar a solução; imagine a surpresa que tiveram quando começaram a receber ligações telefônicas e e-mails furiosos de outros departamentos, em áreas distantes da empresa. "O que aconteceu com meu relatório semanal?", eles perguntavam. "Não consigo trabalhar sem ele". Os tomadores de decisão do departamento que solucionaram o problema não pretendiam atrapalhar o trabalho dos outros; eles simplesmente não faziam ideia que as informações contidas no relatório eram usadas de tantos jeitos e por tantos departamentos diferentes. Eles estavam desligados demais para sequer imaginar quem eram os clientes do relatório.

Os pensadores mecanicistas veem organizações humanas complexas como grandes máquinas. Os seres humanos são peças nessas máquinas, sendo elas intercambiáveis. Às vezes, até se escuta as organizações serem descritas assim: "nós funcionamos que nem uma máquina bem afinada". Organizações assim são burocracias perfeitas: cada pessoa se aprimora na sua parte, realizando o trabalho do único e melhor jeito, como determinado por especialistas. Eles também trabalham a melhoria de processos, e são treinados na metodologia definitiva de como melhorar processos. Os especialistas em engenharia industrial, ou *lean six sigma*, acham que sua função é o controle, o que inclui impedir que os outros se metam nos seus processos perfeitamente elaborados.

Hoje se sabe que isso era eficiente, e até eficaz, em uma época com pouca concorrência e mudanças relativamente lentas em tecnologia e no mercado. Empresas como a Ford e a General Motors podiam ser os reis do seu setor se adquirissem os maiores e mais modernos equipamentos e dependessem das economias de escala. As pessoas podiam ser colocadas e tiradas de funções com pouquíssimo treinamento, desde que não pisassem muito feio na bola, e os clientes recebessem um carro bom o suficiente para suas expectativas relativamente baixas.

O modelo funcionou até a "invasão japonesa" da década de 1970, que trouxe para o mercado carros de qualidade e eficiência muito maiores, de empresas como Mazda, Honda e Toyota. Foi um pandemônio: a indústria automobilística começou a estudar o sistema de gestão japonês, originando a revolução da qualidade. Gurus, como o Dr. W. Edwards Deming, pregavam o foco no atendimento ao cliente e no desenvolvimento da capacidade de projetar e integrar a qualidade.

Infelizmente, para as montadoras ocidentais, a conta não fechava. Deming estava falando sobre o pensamento de sistemas, o que não entrava na cabeça dos pensadores de máquina mais fanáticos. Lembro de um amigo mandado pela GM para a NUMMI (a *joint venture* da GM e da Toyota, em 1984), onde deveria aprender e ensinar o Sistema Toyota de Produção, além de ajudar a transformar a GM. Ele voltou para a empresa e tentou ensinar o que aprendera, mas era como "tentar explicar o que é Technicolor para pessoas que nunca viram nada além do preto e branco". Na verdade, é a perspectiva preta-e-branca que cria as viseiras dos pensadores de máquina e faz com que seja tão difícil entender a complexidade dos sistemas.

Infelizmente, o que vemos nas organizações modernas do século XXI é muito pensamento de máquina. A burocracia é a rainha. Karyn batalha há uma década para ensinar o Modelo Toyota em diversas organizações de serviço, mas o progresso é lento, e os obstáculos a serem superados, enormes. Esses obstáculos têm tudo a ver com o pensamento de máquina. Ela explica:

A maioria das organizações com as quais trabalhei nunca falam dos seus clientes em termos de seres vivos. Na folha de pagamentos, chamam de "conta 1234". Nos serviços de recursos humanos, os representantes os chamam de "pedidos" ou "tíquetes". São coisas inanimadas, inumanas. Nos seguros, tendem a se referir a eles simplesmente pelo tipo de transação: novos negócios, renovações, ou endossos e sinistros. Se não processam o trabalho que os clientes precisam a tempo, falam em "itens fora de serviço". Se não nos referimos aos clientes como pessoas, e não pensamos neles assim, se são simplesmente objetos inanimados, peças da "máquina", como vamos tratá-los como pessoas?

Quando faço coaching *e escuto os gerentes dizendo algo como "item fora de serviço", vou até eles e pergunto: "qual é o nome do cliente para o qual o serviço não foi concluído no prazo?". O gerente normalmente fica bastante surpreso, porque sequer havia ocorrido a ele que a situação envolvia uma pessoa de verdade.*

Na minha experiência em organizações de serviço, é raro que o cliente seja visto como parte do sistema, apesar dele geralmente estar interligado ao trabalho de criar o serviço conosco. Isso leva a um foco interno em melhorar coisas que são "preferências pessoais", ou que os prestadores de serviço consideram irritantes sem pensar minimamente no cliente.

A NOVA ERA DAS ORGANIZAÇÕES ENQUANTO SISTEMAS VIVOS

Um especialista acadêmico em cognição social me ajudou a entender as diferenças "Oriente *vs.* Ocidente" no pensamento de máquina em comparação com o de sistemas. *The Geography of Thought* [A Geografia do Pensamento], de Richard Nisbett, resume muitos experimentos que comparam as visões de mundo dos asiáticos e dos ocidentais.[4] A conclusão é que diversos experimentos cognitivos indicam que pessoas de diversos países da Ásia têm uma probabilidade muito maior de enxergar as ligações entre as partes, enquanto os ocidentais tendem muito mais a ver apenas as partes em si.

Por exemplo, um dos orientandos de doutorado de Nisbett queria testar se os asiáticos viam o mundo por uma lente mais ampla, enquanto os americanos tinham uma visão mais limitada. Ele desenvolveu um gráfico em preto e branco simples, representando os peixes no mar.[5] Todas as cenas tinham um "peixe focal", maior, mais brilhante e mais rápido do que os outros. Também havia animais e plantas em movimento rápido, assim como pedras e bolhas. Ele perguntou aos alunos da Universidade de Quioto e da Universidade de Michigan o que estavam vendo. Os participantes japoneses tendiam a começar por uma descrição do ambiente, se parecia um lago ou o oceano. Os americanos tinham uma probabilidade três vezes maior de começar por uma descrição detalhada do peixe focal. Outros estudos testavam a memória. Os japoneses, em comparação com os americanos, tendiam muito mais a lembrar de objetos específicos quando estes eram apresentados no mesmo contexto nos quais foram vistos originalmente. O achado consistente é que os asiáticos viam relações e contextos, enquanto os americanos viam itens isolados, o que sugere que os primeiros eram pensadores de sistemas por natureza.

Nisbett especulou sobre a origem histórica desses diferentes modos de pensar. Platão e Aristóteles foram fundamentais no desenvolvimento da visão de mundo ocidental. Aristóteles, aluno de Platão, enfatizava que o mundo deveria ser definido em categorias fixas e na busca por relações definidas entre essas categorias. No vocabulário moderno da estatística, como ensinado nos programas de seis sigma, $Y = f(X)$. Ou seja, alguma variável independente (Y), como o número de defeitos, pode ser explicada como alguma função de uma ou mais variáveis independentes (X), como a qualidade do treinamento dos funcionários. O raciocínio aqui é, se medirmos corretamente as variáveis e encontrarmos a relação estatística certa, saberemos prever exatamente o que precisamos mudar para obter o nível desejado da variável dependente. Obviamente, especialistas em melhoria de processos com treinamento especial são necessários para executar essa mágica matemática e descobrir o melhor método de todos. Você já não ouviu essa história antes?

Nisbett argumenta que a visão de mundo determinista e mecanicista no Ocidente remonta aos filósofos gregos, no mínimo:

> *Os gregos eram independentes e participavam de debates e discussões na tentativa de descobrir o que as pessoas imaginavam ser a verdade. Eles se consideravam indivíduos com propriedades distintas, com unidades separadas umas das outras na sociedade e no controle dos próprios destinos. A filosofia grega também partia do objeto individual (a pessoa, o átomo, a casa) como a unidade de análise, além de tratar das propriedades do objeto. A princípio, o mundo era simples e conhecível: bastava entender quais seriam os atributos distintivos de um objeto para identificar suas categorias relevantes e aplicar a regra pertinente a estas categorias.*

Os asiáticos, por outro lado, foram influenciados por um conjunto diferente de filósofos, como Confúcio e Buda, e um conjunto diferente de experiências por serem fazendeiros em condições de cultivo complexas. Nisbett resume a visão de mundo contrastante produzida pelas influências culturais diferentes no ambiente asiático:

> *A vida social chinesa era interdependente, e a palavra de ordem era harmonia, não liberdade. (...) Da mesma forma, o objetivo da filosofia era a busca da verdade, não sua descoberta. Ideias que não orientavam ações eram consideradas estéreis. O mundo era complexo, os eventos eram inter-relacionados e os objetos (e as pessoas) estavam conectados.*

Nisbett atribui a tendência asiática ao coletivo, e suas ideias sobre como o mundo opera à ecologia da vida rural, especialmente à rizicultura que é tão importante na China e no Japão. "Os povos agrícolas precisam se dar bem uns com os outros.

Não necessariamente gostar uns dos outros, mas conviver de forma razoavelmente harmoniosa", ele explica. "Isto é especialmente verdade na rizicultura (...) que exige que as pessoas cultivem a terra em conjunto". Ele também observa que os sistemas de irrigação exigem controle centralizado, e que os camponeses da China e do Japão vivam em um mundo complexo de restrições sociais.

A maior pesquisa transnacional já realizada é a do psicólogo social holandês Geert Hofstede, que apoia as observações de Nisbett.[6] Os países asiáticos tendem a ter escores altos em coletivismo e pensamento de longo prazo. Os ocidentais, especialmente os Estados Unidos, têm escores altos em individualismo e pensamento de curto prazo. De fato, os EUA são o único país do mundo no qual o individualismo é a característica cultural mais dominante. Não surpreende que o país comemore a sua independência no dia 4 de julho. A liberdade política e individual é um dos direitos mais fundamentais e inalienáveis, como definido por sua Constituição.

Historicamente, no Japão, os homens colocam as necessidades da coletividade acima dos seus interesses pessoais. A empresa se tornou um coletivo principal, e às vezes superava o tempo dedicado à família. Lembro que os japoneses enviados pela Toyota para ensinarem os americanos estavam arrancando os cabelos para entender a "ideia americana de equilíbrio entre vida pessoal e trabalho". Por que os americanos queriam correr de volta para suas famílias quando ainda havia tanto trabalho importante pela frente?

De acordo com a filosofia confucionista, à medida que crescemos e "nos humanizamos", passamos a nos identificar com coletividades maiores, do eu para a família e os amigos na comunidade até o local de trabalho e, então, a sociedade como um todo. Os líderes da Toyota tinham um compromisso fortíssimo com a ideia de ajudar o Japão a se tornar uma sociedade industrial economicamente forte. Sakichi Toyoda, o fundador da empresa, é considerado o pai da revolução industrial japonesa moderna. A partir dos anos setenta, a Toyota passou a se concentrar em um propósito maior: ser uma empresa global, algo em que tem trabalhado desde então. O primeiro propósito da Toyota sempre é contribuir para a sociedade, mas a sociedade global, não apenas a japonesa. Todos os funcionários são considerados membros da equipe que contribuem para esse ideal.

Em suma, o foco de curto prazo no resultado final das empresas ocidentais, há décadas dominante no cenário mundial, parece se adaptar melhor ao mundo mais simples do século XX, porém está cada vez mais desatualizado no século XXI. O pensamento necessário para prosperar no futuro parece mais característico das visões orientais de sistemas holísticos, trabalho em equipe, adaptação e aprendizagem. O foco de curto prazo nos resultados parece até atrapalhar a nossa capacidade de obter os resultados que desejamos. O foco de mais longo prazo em desenvolver a capacidade de inovar o modo como atendemos os clientes obtém resultados melhores. A diferença é uma questão de filosofia, que se reflete na cultura da organização.

PENSAMENTO DE SISTEMAS PARA ORGANIZAÇÕES DE ALTO DESEMPENHO

O movimento das organizações de alto desempenho evoluiu separadamente da administração *lean*. Ele começou com o conceito dos sistemas sociotécnicos. Esse termo foi cunhado por Eric Trist, Ken Bamforth e Fred Emery, do Tavistock Institute of Human Relations de Londres. Uma das primeiras obras nessa tradição, publicada em 1951, analisava as mudanças tecnológicas que acompanharam a mineração de carvão utilizando o método de extração denominado *longwall* na Inglaterra, e como as mudanças alteraram a estrutura do trabalho.[7] Nesse método de extração, o trabalho era dividido em três turnos. Os pesquisadores observaram que os trabalhadores ficavam isolados nessa "parede" de carvão, trabalhando de forma arregimentada, como se estivessem em uma linha de montagem. Os mineiros executavam uma tarefa bem-definida, que era apenas uma parte do trabalho, e não conseguiam enxergar como ela se conectava com o todo ou com o cliente. Os pesquisadores documentaram as consequências disfuncionais dessa forma de organização de trabalho, incluindo o estresse psicológico e a alienação que levavam a uma redução intencional da produtividade. Os autores comparam esse método ao modo de trabalho tradicional de entrar na mina em pequenas equipes que trabalhavam colaborativamente; segundo eles, o método antigo era um sistema superior da perspectiva sociopsicológica, e as tecnologias modernas deveriam ser projetadas de modo a facilitar os benefícios do trabalho em equipe e da autonomia:

> *Uma organização de trabalho primária desse tipo tem a vantagem de colocar a responsabilidade pela tarefa completa de extração do carvão nos ombros de um pequeno grupo pessoal e presencial, que vivencia todo o ciclo de operações entre seus membros. Todos os participantes da tarefa têm significância total e fechamento dinâmico.*

A teoria dos sistemas sociotécnicos continuou a evoluir com o estudo dos ambientes de trabalho reais. Foram dados passos cada vez mais sofisticados para criar as condições técnicas e sociais necessárias para apoiar equipes que se responsabilizariam por uma unidade intacta de trabalho. Um dos pioneiros nessa área foi a Procter & Gamble, quando a empresa começou a introduzir o "sistema de técnicos" na década de 1970. A P&G produzia uma ampla variedade de produtos para o consumidor, como fraldas e cosméticos, que exigiam processos altamente automatizados. O grande desafio para os seres humanos nesse sistema não era o trabalho manual repetitivo, e sim, a capacidade de controlar todas as perturbações que interrompiam o fluxo de trabalho, como falhas do maquinário. No sistema de técnicos, as equipes de trabalhadores eram responsáveis por uma linha automatizada completa.

David Hanna[8] foi um dos agentes de mudança internos da P&G que introduziu esse novo modo de trabalhar baseado no pensamento de sistemas. Ao introduzi-lo, ele e os colegas puderam diversas vezes transformar as fábricas de pior desempenho da P&G nas melhores em medidas de custo, qualidade, motivação e entrega dentro do prazo. David observou que as empresas mecanicistas têm um ciclo de vida organizacional natural. Elas podem ter começado com um propósito claro e algum produto ou serviço com demanda no mercado, mas com o tempo vão se tornando cada vez mais complexas e burocráticas, perdem seu propósito e começam a se voltar para dentro. Isso leva a cenários ganha-perde, à imitação dos concorrentes e, por fim, à falência ou à reestruturação como um novo negócio. Ele descreve o processo de transformar o pensamento de mecanicista para sistemas vivos como uma maneira de autorrenovação para a organização, que pode usar a aprendizagem organizacional para continuar a buscar e até redefinir seu propósito.

O ponto de partida é fazer com que a equipe de liderança entenda o sistema atual e suas limitações para imaginar um sistema futuro que teria um desempenho muito superior. A Figura 3.1 apresenta um modelo usado para facilitar essas conversas. Ele sempre começa com a análise das partes interessadas. Quem atendemos e qual valor oferecemos a cada uma dessas pessoas? Isso leva à definição da estratégia da empresa para cumprir sua missão e identificar as capacidades necessárias para executar a estratégia. A capacidade interna inclui a cultura e os sistemas organizacionais definidos por estrutura, processos, pessoas e recompensas. Os resultados são definidos como aspiracionais, considerando o nível que precisamos atingir no curto prazo para nos aproximar da satisfação das necessidades das partes interessadas que identificamos. A conclusão de David é a seguinte: "é preciso aderir às leis naturais dos sistemas vivos para conseguir estender continuamente o ciclo de vida da sua organização".

ORGANIZAÇÕES COM PROPÓSITO

Qual é o seu propósito?

Quem teve como mentor um *sensei* (professor) da Toyota logo se cansa da pergunta "qual é o seu propósito?". É fácil ficar preso aos detalhes do trabalho ou de um processo de melhoria e perder de vista a visão geral. Por que você está trabalhando nesse projeto? O que você espera realizar? Por quê? É por isso que as Práticas de Negócios Toyota incluíam definir o estado ideal: isso o força a definir a direção do estado futuro, o que na Toyota é chamado de "norte verdadeiro".

Os pensadores de máquina vivem deixando de lado a visão geral. Pressupõe-se que causa e efeito são simples e lineares: "faço isso porque quero esse resultado naquela métrica", e a métrica quase sempre é financeira. Essa mentalidade míope é a causa fundamental de muitos programas de melhoria fracassados. Tom Johnson, um professor de contabilidade, pensador de sistemas e estudioso do Modelo Toyota, chama o pensamento mecanicista de "dilema enxuto":[9]

Na visão [mecanicista], os resultados financeiros são uma soma linear aditiva de contribuições independentes de diferentes áreas do negócio. Em outras pa-

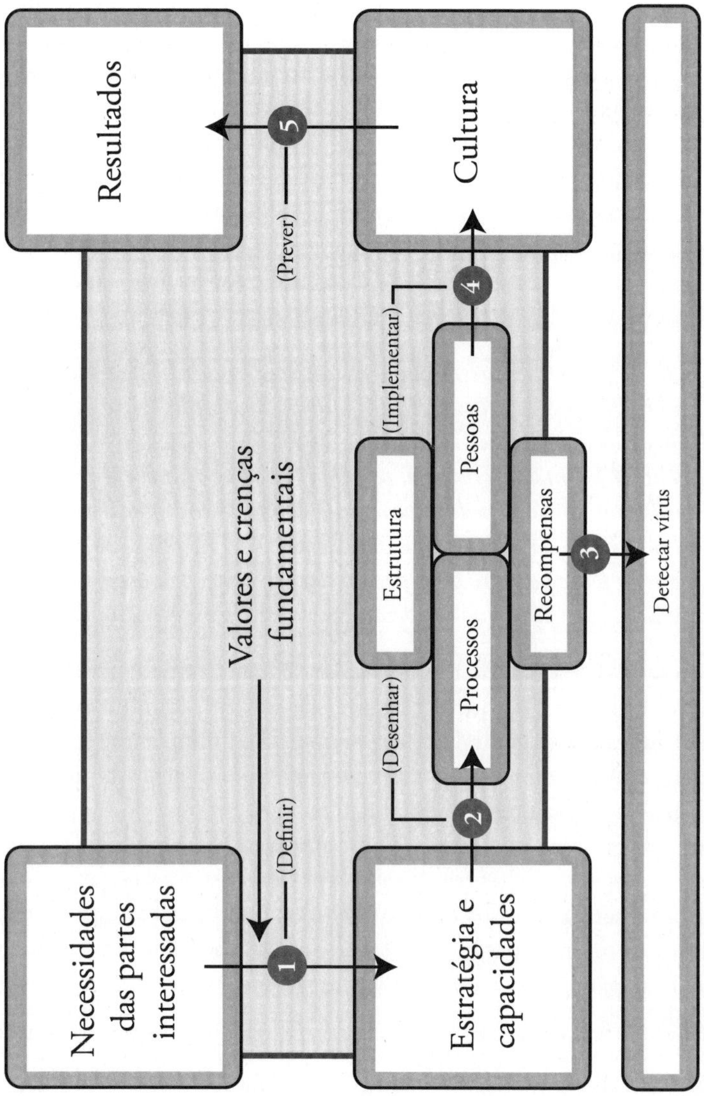

FIGURA 3.1 Modelo dos sistemas organizacionais.

Fonte: David Hanna, *The Organizational Survival Code*, Hanaoka Pub., 2013 *lavras, os gerentes acreditam que reduzir o custo anual de uma operação em US$1 milhão simplesmente exige que eles manipulem áreas do negócio que geram gastos no total de US$1 milhão todos os anos; por exemplo, eles poderiam reduzir a remuneração dos funcionários ou o pagamento dos fornecedores.*

Reduzir as despesas não melhora nada. Tente melhorar sua qualidade de vida com um corte nos gastos. Você pode reduzir um pouco do estresse em tentar cumprir o orçamento, mas nada na sua vida vai mudar para melhor. Cortar algo importante para a sua saúde, como uma consulta anual, pode prejudicar sua vida significativamente a longo prazo. Para melhorar alguma coisa, ela precisa ficar realmente melhor. Especialmente no mundo complexo das organizações de serviço que exigem interação direta com os clientes, isso quase sempre envolve gerar novas ideias e mudar o modo como as pessoas pensam e agem para colocar em prática os novos processos. Assim, Johnson argumenta que ver as organizações como sistemas vivos oferece um propósito completamente diferente e representa o único caminho para a melhoria sustentável:

Contudo, se os gerentes pressupusessem que o desempenho financeiro das operações de negócios é o resultado de um padrão de relações entre uma comunidade de áreas inter-relacionadas (...) sua abordagem às reduções de custo seriam totalmente diferentes. Nesse caso, os gerentes talvez tentassem reduzir os custos com melhorias do sistema de relações que determinam como o negócio consome recursos para atender os requisitos dos clientes. (...) Enxergar as operações atuais através dessa lente permitiria que todos na organização vissem em qual direção ela precisa mudar para que as operações se aproximem dessa visão.

Como seria de esperar de um professor de contabilidade rebelde e pensador de sistemas, Johnson acredita que os sistemas de controle administrativos dominantes são a principal causa da mentalidade mecanicista e limitada que tanto encontramos. Ela faz com que os gerentes "corram mecanicamente atrás de metas financeiras", sem estimular o sistema fundamental de relações.

É uma experiência que Karyn e eu enfrentamos frequentemente quando tentamos assessorar nossos clientes. Mesmo após os guiarmos por exercícios nos quais concluem que seus processos estão quebrados e seu pessoal está desengajado, eles ainda fazem as mesmas perguntas: "qual é o retorno sobre investimento do *lean*? Pode me levar para fazer *benchmarking* com uma organização como a minha que se 'enxugou' para eu ver os resultados?". Nossa vontade é agarrá-los pelos ombros, olhar bem nos olhos deles e berrar: "você acabou de mapear o fluxo de valor, liderou o exercício, viu dez vezes mais perda do que valor agregado, seus clientes estão clamando por mais qualidade e por serviço mais rápido, identificamos uma excelente visão de futuro e, ainda assim, você está me perguntando sobre o ROI?". Evidentemente, gritar com alguém seria contraproducente e levaria a um processo por agressão, não a mudanças de pensamento. Entretanto, ainda precisamos encontrar uma maneira de alterar essa forma de pensar, abandonando o ROI imediato e as reduções de custo no curto prazo, e passando para o investimento na busca de um propósito de longo prazo.

Um propósito é mais do que ganhar dinheiro. Na verdade, empresas com pensamento *lean* avançadas como a Toyota acreditam que o lucro vem de oferecer mais valor para os clientes e para a sociedade, sendo essas empresas mais lucrativas do que suas concorrentes. Todas as décadas, a Toyota reúne sua equipe executiva para desenvolver uma visão global, que é discutida intensamente e refinada até chegar a um consenso. A Visão Global Toyota 2020 afirma que:[10]

> *A Toyota estará na vanguarda do futuro da mobilidade, enriquecendo vidas ao redor do mundo com os modos mais seguros e mais responsáveis de transportar pessoas. Através do nosso compromisso com a qualidade, a inovação constante e o respeito pelo planeta, pretendemos superar expectativas e sermos recompensados com sorrisos. Engajaremos o talento e a paixão de pessoas que acreditam que sempre existe um jeito melhor para atingir nossas metas desafiadoras.*

A Toyota estende sua visão além dos automóveis, falando em "mobilidade". Isso abre o caminho para a evolução da empresa e a entrada em novos mercados. Por exemplo, a Toyota trabalhou bastante em robótica avançada e, a longo prazo, quer se tornar um *player* importante no uso de robôs em lares e instituições públicas. Ela tem robôs que ajudam a tirar e colocar pacientes incapacitados dos seus leitos em hospitais, e robôs que os pacientes podem operar por controle remoto para buscar itens dentro do quarto. Vemos que a Toyota está comprometida em promover a inovação e respeitar o planeta. A recompensa dos clientes é que eles estão felizes com o produto, indicado por um sorriso. A empresa é renomada pela sua precisão e confiabilidade, mas Akio Toyoda insiste em apelar às emoções puras dos clientes. A visão também nos diz que a Toyota fará tudo isso através de pessoas que buscam metas desafiadoras e estão sempre procurando um jeito melhor, que é o espírito do Modelo Toyota.

Declarações de missão que não são um lixo

Em um vídeo de comédia chamado *How to Write a Mission Statement That Doesn't Suck*[11] [Como escrever uma declaração de missão que não é um lixo], Dan Heath ilustra como uma equipe bem-intencionada pode obscurecer uma declaração de missão que parecia razoável. No vídeo, os membros da equipe competem uns com os outros para refinar o texto da declaração de missão de forma a ampliá-la e considerar todas as situações possíveis. Ela se torna tão vaga e sem sentido que seria possível fazer qualquer coisa e ainda cumprir a missão. Heath também oferece duas dicas úteis para escrever uma declaração de missão. Primeiro, use um linguajar concreto, assim o propósito será tão claro que todos poderão se identificar com ele. Segundo, fale do porquê, para que ninguém tenha dúvidas por que deveria se importar com a missão. Como exemplo de declaração bem-feita, Heath cita o famoso credo da Johnson & Johnson: "cremos que nossa primeira responsabilidade é para com os médicos, enfermeiras e pacientes, e para com as mães, pais e todos os demais que usam nossos produtos e serviços".

Compare isso com a declaração de missão da General Electric: "Temos uma paixão incessante por inventar coisas que importam: inovações que constroem, alimentam, movem e ajudam a curar o mundo. Fazemos coisas que pouquíssimos no mundo podem, mas que todos precisam. Essa é uma fonte de orgulho. Para os nossos funcionários e clientes, é o que define a GE". O que é que ela disse? O que faz você sentir que a GE é especial?

Uma empresa, a Strategic Management Insight, criou uma maneira de avaliar declarações de missão, e deu para a missão da GE a nota de 55%. Na maioria das escolas, a empresa seria repetente.[12] Por quê? Pelo lado positivo, a declaração pelo menos nos dá uma vaga ideia dos produtos e serviços da GE e menciona seus funcionários e clientes. Ela enfatiza as inovações e o motivo: "ajudar a curar o mundo". Pelo lado negativo, não está claro o que significa "curar o mundo". A empresa tem orgulho, e supostamente seus clientes também, das grandes inovações que produziu, mas qual é o propósito dessas inovações? Quais são os valores da empresa e como eles servem os clientes?

David Hanna acredita que definir claramente o propósito é o ponto de partida para desenvolver um sistema humano integrado e alinhado.[13] Ele aponta para uma diferença frequente entre o que a declaração de missão diz no papel e o que os clientes e funcionários vivenciam no dia a dia. Todos já tivemos a experiência de visitar um restaurante, hotel e o hospital e passar um tempão esperando, ser tratado com grosseria, frustrar-se com um erro no pedido ou uma informação salva errada no computador e então perceber a declaração de missão em letras garrafais na parede: "Nosso compromisso começa e termina por satisfazer completamente vocês, nossos clientes..." Que piada!

A MISSÃO INSTIGANTE DA SOUTHWEST AIRLINES: O QUE A SOUTHWEST FAZ E O QUE NÃO FAZ

Imagine uma empresa que sabe o que os clientes esperam e escolhe fazer o contrário. "Ridículo!", você diz. Mas foi exatamente isso que transformou a Southwest Airlines em um megassucesso no mundo cheio de altos e baixos das companhias aéreas. Os clientes esperavam lugares marcados, mas na Southwest é por ordem de chegada. Os clientes esperavam refeições de graça, mas encontraram lanches à venda. Os clientes esperavam que suas malas fossem transferidas de uma companhia aérea para a outra, mas a Southwest se recusou a participar do processo. Por que uma empresa cometeria esses absurdos? A resposta é que ela definiu um propósito claro que foi operacionalizado na forma de uma estratégia.

Michael Porter, o guru das estratégias corporativas, define estratégia como uma forma de "realizar atividades de maneira diferente dos rivais". Isso exige "definir a posição da empresa, aceitar trocas e determinar ajustes entre atividades". Mais do que isso, ele argumenta que as empresas que enfocam a eficiência operacional em detrimento da estratégia estão jogando para perder.[14] Elas estão fazendo *benchmarking*, copiando as atividades dos concorrentes e simplesmente canibalizando as margens de lucro umas das outras.

A Southwest é um exemplo de negócio no quadrante da experiência padrão que acerta o que faz. A companhia aérea, propositalmente, não está no ramo do luxo a preços altos como a Four Seasons, que presta um serviço eficiente e confiável sempre com um sorriso. A Southwest é *benchmark* de sucesso no setor, sofrendo seu primeiro prejuízo trimestral em 17 anos em 2008, enquanto seus principais concorrentes sofrem com os altos e baixos do ciclo econômico, incluindo a quase ou total falência. Assim como a Toyota, ela voltou imediatamente a lucrar em 2009. A empresa domina os mercados de voos sem escalas, que é onde costuma trabalhar, e suas ações são normalmente negociadas ao dobro do índice preço/lucro dos concorrentes. Nenhuma companhia aérea americana tem um índice de segurança melhor que a Southwest.

A Southwest Airlines declara o seu propósito de uma forma simples, mas com muita eloquência: "conectar pessoas ao que importa em suas vidas através de viagens aéreas simpáticas, confiáveis e baratas" (confira no box a missão em detalhes e a declaração de comprometimento com os funcionários). Ela investe intensamente na sua cultura de colaboradores simpáticos, famosos por ir a extremos para entreter e agradar

MISSÃO E COMPROMETIMENTO COM OS FUNCIONÁRIOS DA SOUTHWEST AIRLINES

A missão da Southwest Airlines

A missão da Southwest Airlines é a dedicação para fornecer maior qualidade no atendimento ao cliente, produzindo-a com carinho, simpatia, orgulho individual e o espírito da empresa.

Para os nossos funcionários

Estamos comprometidos em oferecer aos nossos Funcionários um ambiente de trabalho estável, com oportunidades iguais de aprendizagem e crescimento pessoal. Incentiva-se a criatividade e a inovação para melhorar a eficácia da Southwest Airlines. Acima de tudo, os funcionários recebem a mesma preocupação, respeito e atitude carinhosa dentro da organização, que espera que demonstrem externamente com todos os clientes da Southwest.

Janeiro de 1988
Obs.: O texto foi escrito em 1988, mas a empresa ainda acredita nele atualmente.

os clientes, como puxar um coro e fazer todos os passageiros do avião cantarem juntos. Aliás, a Southwest combina passagens baratas com alguns dos maiores salários do setor.

Para tanto, é preciso uma rede de atividades interconectadas e inovadoras. Isso inclui focar apenas em rotas de curta distância e sem escalas, em serviços limitados para os passageiros, na alta utilização das aeronaves e equipes de solo e nas torres produtivas e enxutas. Por exemplo, as equipes de torre produtivas conseguem girar rapidamente os aviões na pista e potencializar a utilização da aeronave, o que ajuda a manter os preços baixos das passagens. Elas também permitem decolagens frequentes e confiáveis, e os clientes adoram a combinação de confiabilidade e preços baixos.

A estratégia exige que trocas sejam aceitas, e Michael Porter diz que não é possível ter uma estratégia de sucesso sem definir o que *não* se vai fazer. Muitas empresas definem o que querem realizar, mas seus subtextos dizem que fariam de tudo para lucrar. A Figura 3.2 apresenta um resumo do que a Southwest escolhe fazer e não fazer. A Southwest não usa agentes de viagens, não serve refeições completas, não marca lugares de antemão e não transfere malas para outras companhias aéreas. A empresa usa apenas um modelo de aeronave em todas as suas rotas, o que facilita o *turnaround* (curva de 180° na cabeceira da pista) e permite que nunca faltem peças de reposição caso ocorra um problema de manutenção.

Por sua vez, as atividades que apoiam as escolhas estratégicas da Southwest dependem de funcionários engajados e comprometidos, que sintam-se membros de uma equipe, não mera mão de obra barata. Por exemplo, é preciso dedicação e tra-

FAZ	NÃO FAZ
Custo baixo e fixo	Preços mais altos com variedade
Turnarounds de 20 minutos	Atrasar *turnarounds*
Mais horas no ar	Longos atrasos
Foco em vendas pela Internet	Alto uso de agentes de viagem
Lanches de qualidade à venda	Refeições
Assentos por zona e por ordem de chegada	Assentos marcados
Marcar conexões com outros voos da Southwest	Foco em conexões com outras linhas aéreas
Transferência de bagagem para outros voos	Transferências de bagagem para outras companhias aéreas
Aviões 737	Variedade de aeronaves

FIGURA 3.2 As trocas que a Southwest Airlines aceita para cumprir o seu propósito.

balho em equipe para fazer um *turnaround* rápido e apresentar um sorriso simpático para todos os clientes. Os funcionários da Southwest se inspiram com esse desafio.

Nos seus primeiros anos, a empresa só tinha quatro aviões. Para conseguir se manter na ativa, ela precisava vender um deles; então, a Southwest desafiou sua equipe de solo altamente motivada a fazer o *turnaround* do avião em 10 minutos, quando antes precisava de 45 minutos a uma hora. A equipe não fazia ideia de como conseguiriam, mas com uma série de experimentos, foi possível reduzir o processo de forma confiável a 22 minutos, o suficiente para manter o cronograma de voo com 25% menos aviões.[15] Na prática, a Southwest vive os princípios fundamentais do Modelo Toyota de respeito por pessoas e melhoria contínua.

A Southwest Airlines poderia ter seguido o exemplo dos seus concorrentes gigantes e simplesmente tentado ganhar deles no preço. Ela poderia ter estudado e imitado as melhores práticas. Em vez disso, a Southwest escolheu desenvolver a própria estratégia, que esclareceu qual seria seu propósito especial e seu posicionamento no mercado, incluindo decidir o que ela não faria. Sabendo que essa estratégia seria um processo evolucionário, ela engajou toda a equipe para superar desafios e garantir a própria existência. Ao contratar bem, pagar bem e criar uma cultura de diversão e engajamento, a Southwest transformou todos os funcionários em defensores da empresa e representantes da sua filosofia que enfrentam todos os desafios com garra.

Karyn teve uma experiência recente com a Southwest que ilustra sua abordagem inovadora e o *lean* ao atendimento ao cliente. Estamos todos acostumados a longas filas nos aeroportos, e muitas companhias aéreas diriam que isso é uma falha do aeroporto que elas não podem controlar. Porém, a Southwest não aceita isso e se recusa a simplesmente copiar a concorrência.

> *Cheguei no aeroporto de Midway e estava um caos. Era a segunda-feira após o feriadão de 4 de julho. Eu queria testar o atendimento da Southwest, então decidi despachar a minha mala. Um funcionário da empresa confirmou que eu estava com o meu cartão de embarque e me apontou para uma fila enorme marcada "Bagagem Expressa". Entrei na fila e percebi que havia um número de posição acima de cada posto de atendimento. Me preparei para uma longa espera, mas não foi o que aconteceu. A fila nunca parou de andar e a minha vez chegou em cerca de cinco minutos. Fiquei chocada. No começo da fila, um monitor indicava para qual posto eu deveria me dirigir. Tirei o celular, li o código de barras no cartão de embarque, apertei "Despachar 1 mala" no monitor e o agente simpático da Southwest pegou a minha mala e disse: "oi, Karyn! Você vai adorar o nosso voo para Atlanta hoje. O seu portão é o B7 e o voo está no horário. Posso ajudar com mais alguma coisa, senhorita Karyn?" E era isso! Resolvi tudo em no máximo sete minutos. Nosso voo aterrissou 15 minutos atrasado, mas a virada foi tão rápida que conseguimos decolar no horário e chegar no destino adiantados.*

UM RESUMO DO PENSAMENTO DE MÁQUINA *VERSUS* PENSAMENTO DE SISTEMAS

Colocar a declaração de missão no papel é uma coisa. Transformá-la em uma realidade viva e parte de uma cultura estável é outra totalmente diferente. Isso envolve socializar as pessoas para pensar e agir de acordo com valores fundamentais, uma de cada vez. Vamos revisar a filosofia dos sistemas vivos e ver no que ela difere do pensamento de máquina mais comum (ver Figura 3.3).

As diferenças começam com o propósito percebido pela empresa. Na visão mecanicista, queremos que cada investimento e cada parte da máquina funcione e ofereça um ROI predeterminado. E tem que ser imediatamente, senão não faz sentido investir.

Uma das empresas mais inovadoras do mundo, a 3M, foi praticamente destruída por um CEO mecanicista que decidiu eliminar a maioria das novas ideias nessa incubadora de novos produtos, tentando usar estatísticas para prever quais produtos teriam a maior probabilidade de sucesso. As previsões estavam quase sempre erradas, os novos produtos diminuíram e a empresa entrou em uma espiral da morte. Felizmente, um pensador de sistemas que passara quase toda a carreira na 3M conquistou o controle da empresa. Por ser um pensador de sistemas, ele sabia que o mundo está recheado de incertezas e que é preciso muitas ideias promissoras até encontrar uma que dê certo. Com o tempo, a empresa recuperou a sua competitividade.

A visão mecanicista vê a organização como um conjunto de áreas divisíveis e usa ideias simplistas de como adaptá-las: elimine isso, adquira aquilo, mude a descrição do trabalho etc. É por isso que as organizações gastam milhões de dólares em *softwares* para "dinamizar a organização", apenas para descobrir que a tecnologia não tem muito impacto, ou até mesmo fracassa. É por isso que as organizações gastam

	Pensamento de máquina (Mecanicista)	Pensamento de sistemas vivos (Orgânico)
Propósito	Resultados de curto prazo	Adaptação de longo prazo para prosperar
Visão de mundo	Partes divisíveis	Rede interconectada
Causa e efeito	Simples, linear	Interações complexas
Processos	Coisa estática a melhorar	Dinâmicos, em evolução
Melhorias de processo	Mudança técnica por especialistas	Mudanças sociotécnicas por todos
Pessoas	Máquinas especializadas	Aprendizes criativos
Solução de problemas	Especialistas encontram a solução certa	Aprender pela experimentação (PDCA)
Implantação do *lean*	Especialistas implementam a metodologia	Líderes fazem a cultura evoluir

FIGURA 3.3 Organizações como máquinas *versus* sistemas vivos.

milhões de dólares em consultores para simplificar e reformular processos, apenas para descobrir que, quando eles vão embora, os processos novinhos em folha acabam implodindo.

Ver a organização como uma rede de elementos humanos e tecnológicos inter-relacionados leva a uma visão mais complexa e completa de onde estamos e do que precisa acontecer para melhorarmos o sistema real. Ver a organização dessa perspectiva nos permite entender que o modo "como chegamos lá" (os meios usados para cumprir nosso propósito e nossa missão) é mais importante do que apenas "chegar lá" (os resultados trimestrais de curto prazo na visão mecanicista da organização).

Com o pensamento mecanicista, a causa e o efeito são diretos e lineares. O gerente mecanicista pergunta furioso: "por que isso aconteceu?" O subordinado responde, meio envergonhado: "não temos certeza, senhor. São muitas causas possíveis". Frustrado, o gerente dá uma nova ordem: "não estou pagando para ouvir desculpas, estou pagando para ouvir respostas. Teve um defeito no processamento desta transação. Aconteceu por um motivo. Descubra o que ou quem é o culpado e me diga até o final do dia o que pretende fazer."

Vamos considerar uma situação semelhante sob a liderança de um professor treinado na Toyota. Ritsuo Shingo é filho do famoso Shigeo Shingo, que contribuiu para a criação do Sistema Toyota de Produção. Ritsuo começou por baixo e ascendeu ao nível executivo das fábricas da Toyota em mais de 40 anos de carreira, e se aposentou para começar a ensinar e prestar consultoria. Durante uma de suas oficinas, enquanto guiava representantes por uma fábrica no México, ele percebeu um defeito na montagem em tempo real. Imediatamente, ele começou a observar e questionar o trabalhador e descobriu que a montagem era difícil porque uma das peças não estava de acordo com as especificações. Ele perguntou onde estava o processo que criava o defeito e imediatamente levou a equipe até aquela máquina para, mais uma vez, observar e questionar o operador. Eles descobriram que o material adquirido não estava de acordo com as especificações, o que fez Ritsuo continuar a avançar, seguido pela equipe, até o departamento de compras, onde descobriu qual fornecedor enviara o material e perguntou à equipe do departamento como eles respondiam a um defeito como aquele. Ele estava prestes a entrar no carro e ir até o fornecedor quando o organizador da oficina sugeriu que não havia tempo o suficiente no evento para tanto, e que a tarefa poderia ser deixada para os gerentes.

No vocabulário da Toyota, esse é o método dos "cinco porquês". Shingo insistiu em perguntar o porquê, e isso o levou a entender as causas fundamentais do sistema. Se fosse um gerente de pensamento mecanicista, teria insistido que a culpa era do montador ou do processo de montagem, e a causa fundamental nunca seria trabalhada. Embora possa haver um motivo para restringir o problema à montagem com uma contramedida de curto prazo, os gerentes precisariam dedicar algum tempo a descobrir e trabalhar a causa fundamental. Um pensador de sistemas nunca fica satisfeito com uma medida localizada quando o problema de verdade não foi enfrentado.

Infelizmente, vemos muitos exemplos de pensamento mecanicista e linear de causa e efeito nos processos de organizações de serviço complexas. Apesar dessas organizações quase sempre usarem múltiplos sistemas de informática, terem múltiplas pessoas em funções de trabalho semelhantes (por exemplo, em *call centers*) e criarem a experiência de serviço durante a interação com o cliente, as pessoas não hesitam em afirmar que "sabem" exatamente por que os problemas acontecem e o que fazer para resolvê-los.

Uma organização com a qual Kary trabalhou passou muito tempo tentando descobrir por que alguns clientes não tinham benefícios de seguro de saúde no primeiro dia de trabalho, apesar de completarem toda a papelada muito antes do prazo. O problema não ocorria com muita frequência, mas era sempre um problemão para a pessoa na sala de espera do consultório ou, pior ainda, que precisava ser atendida no pronto-socorro. Para "resolver" o problema, implementou-se um "procedimento operacional padrão", e todos os representantes de atendimento ao cliente foram treinados no que fazer para trabalhar com o serviço de saúde quando recebiam esse tipo de ligação.

Mais tarde, Karyn trabalhou com uma equipe da organização para investigar as causas sistêmicas mais profundas do problema. A equipe descobriu que ocorrera uma mudança quando as informações eram transferidas de um sistema para outro nos computadores. Dependendo de quando as informações do cliente eram inseridas no primeiro sistema, havia uma pequena chance das informações não serem transferidas para o segundo dentro do prazo. Quando o cronograma de transferência de informações foi sincronizado corretamente, o problema foi resolvido e a cobertura do seguro de saúde de todos os clientes começava no dia em que esperavam.

A filosofia fundamental do Planejar-Executar-Verificar-Agir aceita a incerteza. Para nós, o Planejamento é uma hipótese, a Execução é um experimento, a Verificação é uma oportunidade para aprender e a Ação significa decidir o que fazer da próxima vez com aquilo que acabamos de aprender. Assim, estamos aprendendo por meio de experimentos em vez de tentar prever e controlar. Você poderia imaginar que o pensador de sistemas quer mudá-lo todo de uma só vez para preservar a sua integridade. Ironicamente, o pensador de sistemas *lean* acredita que o mundo é complexo demais no nível dos sistemas para desenvolver modelos e fazer mudanças de uma hora para outra. Ele prefere construir o entendimento pelas beiradas, usando pequenos experimentos. Em capítulos posteriores, mostraremos como isso acontece. Neste momento, estamos enfatizando os pressupostos fundamentais que levam os pensadores mecanicistas a achar que os processos são objetos reais que podem ser moldados e formatados com os ajustes de um especialista, enquanto os pensadores de sistemas *lean* consideram que os processos são construtos teóricos que podem ajudar a guiar como as pessoas realmente melhoram o modo como o trabalho é realizado por meio da aprendizagem iterativa.

O DESAFIO DE MUDAR A FILOSOFIA

A filosofia é o alicerce do modelo dos 4Ps. Ela influencia tudo mais que acontece na organização, incluindo como aprender e melhorar. Quando os líderes seniores são pensadores mecanicistas que enfocam principalmente os resultados de curto prazo, eles esperam a implementação de ferramentas mensuráveis com um retorno sobre investimento claro. Infelizmente, isso muitas vezes leva a um "enxugamento da mentalidade corporativa", buscando oportunidades óbvias e fáceis de redução de custos. A empresa que contrata um consultor para isso geralmente consegue poupar de três a cinco vezes o custo do programa. Algumas serão economias isoladas, outras serão supostos benefícios que recorrem anualmente. Os benefícios recorrentes são suspeitos, pois normalmente dependem das pessoas seguirem os procedimentos definidos pelos consultores, além de dependerem que o mundo permaneça estagnado para que os procedimentos operacionais padrões altamente desenvolvidos não precisem mudar. Nenhuma das duas premissas é muito boa.

A abordagem orgânica, por outro lado, exige um investimento inicial considerável no desenvolvimento de pessoas. De fato, esse é o foco principal nas primeiras fases. Um pensador de sistemas explicaria que o *lean* é uma jornada que começa com o desenvolvimento de pessoas:

> *Primeiro investimos em pessoas que realizam projetos localizados, para que possam desenvolver as habilidades necessárias para enfrentar projetos mais amplos e fazer* coaching *com mais pessoas, e confiamos que isso produz um efeito multiplicador com o tempo em termos de satisfação do cliente, aumento da receita e redução de custos. Não podemos oferecer um cálculo exato de qual será o ROI ou quanto tempo vamos demorar para obtê-lo, mas acreditamos firmemente que ele terá um impacto forte e sustentável nas vendas e na redução de custos no longo prazo.*

Para tanto, a liderança sênior precisa entender que a melhoria não é um "programa", mas uma filosofia que interconecta pessoas, processos, sistemas e clientes em um sistema vivo e orgânico.

Gostaríamos de dizer que existe uma poção mágica que transforma pensadores mecanicistas em pensadores de sistemas. Não existe. Mais do que isso, não é possível mudar pessoas usando fatos, lógica, discursos motivacionais ou programas intensivos de treinamento em sala de aula. Não podemos mudar o âmago, o coração, manipulando o cérebro logicamente. Nossos cérebros têm muitos mecanismos de defesa que tentam justificar o modo como pensamos em determinado momento. Uma mudança fundamental no modo de pensar é possível, mas também é difícil e exige tempo e prática, além do *feedback* corretivo constante de um *coach* habilidoso. Isso é exatamente o contrário do que um pensador mecanicista com orientação de curto prazo quer escutar. Não se pode encomendar, comprar ou obter rapidamente uma mudança de filosofia. Isso quer dizer que devemos perder as esperanças?

Quando viajo pelo mundo para palestrar sobre as organizações *lean* de alto desempenho e a filosofia necessária para ser uma delas, a maioria dos participantes tem reações confusas. Por um lado, fica claro que eles desejam ardentemente trabalhar para uma organização como a que estou descrevendo e enxergam a enorme diferença entre onde estão e onde gostariam de chegar. Por outro lado, ficam frustrados ao encontrar uma barreira que parece insuperável. Eles fazem perguntas como:

- **Como comprovar o retorno sobre investimento?** "Tento fazer o que você está falando no meu departamento. Tivemos ótimos resultados na redução do tempo de ciclo e na melhoria da satisfação do cliente, mas não conseguimos comprovar um retorno financeiro claro. Como a Toyota comprova o ROI do Modelo Toyota?"
- **Como podemos mudar a gerência sênior?** "Pessoalmente, eu acredito no que o senhor está dizendo, mas os gerentes seniores da minha empresa claramente não concordam. Como faço para mudar o jeito como eles administram a empresa?"
- **Como mudar líderes seniores acomodados?** "Que conselho você daria para um jovem profissional como eu, que trabalha todos os dias para melhorar o modo como trabalhamos e os resultados que obtemos? Estou nadando contra a maré e os gerentes que estão aqui há décadas parecem satisfeitos com o jeito como as coisas são".
- **Como encontramos o *benchmark* certo para visitar?** "Temos um programa de *lean six sigma* e, como o senhor diz, a alta gerência não o entende e só quer saber dos resultados financeiros. Assim, não temos como investir no desenvolvimento das pessoas e somos forçados a correr atrás do dinheiro. Onde eu poderia levar os meus gestores seniores para conhecer na prática uma organização *lean* de alto desempenho? Nós somos especializados em seguro de responsabilidade civil para empregadores, o que é muito diferente de fabricar carros, então o ideal seria visitar uma organização de serviços como a nossa, não uma indústria".

Vamos considerar cada um destes itens individualmente.

O Modelo Toyota de comprovar o ROI

A essa altura, deve ser evidente que as pessoas dentro da Toyota não tentam provar que vale a pena investir no Modelo Toyota. Elas acreditam. Parece óbvio para elas que fazer a coisa certa pelo cliente e pela sociedade, e desenvolver as pessoas em todos os níveis da organização para inovarem continuamente é o único caminho para a competitividade sustentável. Elas veem o mundo como algo dinâmico, competitivo e desafiador. Se a crise do *recall* de 2008 teve algum efeito, foi o de reforçar essa visão de mundo. A reação de Akio Toyoda foi que a empresa precisava fortalecer o Modelo Toyota, não reconsiderá-lo. Ele declarou que a Toyota redobraria os esforços para fortalecer seus fundamentos, além de garantir que jamais seria acusada mais uma vez de colocar seus clientes em perigo ou de não prestar toda sua atenção às suas preocupações. Uma mudança importante que ele adotou foi o movimento em direção à autonomia regional, com a indicação dos CEOs locais para as grandes regiões do mundo. Por exemplo, Jim Lentz, que passara décadas trabalhando como gerente e então executivo da Toyota Motor Sales, USA, foi colocado no comando da Toyota da América do Norte. Akio Toyoda escolheu executivos locais estabelecidos, que ele acreditava terem o Modelo Toyota no seu DNA, e os encarregou de fortalecer a cultura local para que houvesse uma única Toyota, com os sabores regionais apropriados. Além de se recuperar da crise do pior terremoto na história do Japão e das piores enchentes na Tailândia (onde muitos componentes da empresa são fabricados), a Toyota teve três anos consecutivos de recordes de vendas e de lucro. E não foram só para a Toyota, mas para toda a indústria automobilística.

Mudar o pensamento da gerência sênior

Como mudar o pensamento da gerência sênior é a pergunta mais difícil que me fazem. Ela é difícil porque não tenho uma resposta pronta e na qual acredito. Já lidei com muitos altos executivos com pensamento mecanicista, e sei muito bem que chegaram onde estão não somente por terem excelentes habilidades verbais e políticas, mas também por serem confiantes, impetuosos, convincentes e acreditarem que estão certos. Na minha experiência, por causa da autoconfiança que os fez chegar onde chegaram e o modo como seu sucesso sempre é avaliado (ou seja, pelo resultado financeiro), eles têm dificuldade para enxergar os benefícios da mudança. Eles se concentram nos resultados financeiros há tanto tempo e é tão fácil calcular o lucro (é só somar a receita e subtrair os custos), que tudo que faz o negócio crescer é bom e tudo que reduz os custos é bom. Lembre-se que o pensador mecanicista procura relações diretas de causa e efeito. Adquirir um negócio, adicionar uma nova linha de produtos ou simplesmente vender mais são ações que influenciam diretamente a receita. Eliminar algo ou alguém reduz diretamente o custo. Se consegue "enxugar" o negócio e reduzir os custos, você está falando a língua da maioria dos CEOs. Conceitos abstratos, como investir em pessoas para melhorar o atendimento ao cliente, simplesmente não fazem sentido para eles.

O problema é que são os profissionais sinceros nas camadas médias que querem mudar e ficar animados com o propósito da empresa. Eles são os que estão dispostos a se esforçar para se transformarem e desenvolverem suas equipes, mas são prejudicados e restringidos pela falta de apoio para realizar qualquer melhoria que não tenha uma relação direta e linear com o ROI. Eles se sentem bloqueados, não apoiados, e tudo começa no topo, com a filosofia de mecanicista do CEO focada no curto prazo e nos resultados financeiros. Para qualquer profissional de nível médio preso nessa situação e que deseja alguma orientação, ofereço uma única resposta:

> *Faça o melhor possível para aprender e crescer e torne sua equipe a melhor que existe. O pior que pode acontecer é que o pessoal de baixo desempenho vai ficar ressentido. Contudo, a longo prazo, você vai ganhar, pois está aprendendo e desenvolvendo sua equipe, e colherá os frutos com seu empregador atual ou com o próximo. Enfrentar todo o império e tentar transformar a cultura de uma mul-*

tinacional é jogar para perder. Faça o que pode com as cartas que tem na mão. Primeiro mude a si mesmo, depois encontre maneiras de influenciar os outros positivamente, uma pessoa por vez.

A longo prazo, é possível que uma parte grande o suficiente da organização melhore seu desempenho de formas mensuráveis e atraia o interesse do CEO, ou ao menos de alguém na equipe executiva. Mesmo que isso aconteça, os executivos não são sempre os mesmos; quando os novos entram na organização, eles têm a oportunidade de descobrir os sucessos e fracassos internos da empresa. Temos alguma certeza de que isso vai funcionar? Não, mas temos certeza que você não vai mudar a organização se simplesmente desistir.

Mudar o pensamento do pessoal sênior

No Capítulo 8, sobre o desenvolvimento de pessoas, trabalharemos o conceito chamado "neuroplasticidade". É um jeito mais difícil de dizer que podemos mudar nossos cérebros mesmo depois que envelhecemos, demonstrado cientificamente por meio de tomografias computadorizadas. Os neurônios e os caminhos entre eles não são feitos de pedra; não são fixos nem imutáveis, então podem ser fortalecidos ou enfraquecidos e podem ser criados durante toda nossa vida. Os hábitos são difíceis de mudar, mas ainda são regularmente mudados e substituídos por outros. Fica mais difícil desenvolver novas habilidades e novos hábitos à medida que as pessoas envelhecem mas, com a prática deliberada é, sim, possível mudar.

Se o CEO com pensamento mecanicista pode ter dificuldade com mudanças, por que sugeriríamos que seria mais fácil para qualquer outro trabalhador com bastante tempo de casa? Porque na nossa experiência, as pessoas mais distantes das pressões intensas no topo das empresas são mais abertas a mudanças, especialmente se for possível convencê-las de que existe um jeito melhor, algo que deixará o trabalho mais agradável e vai ajudá-las a atingir seus objetivos. Como são responsáveis por áreas menores e mais definidas da organização, elas muitas vezes enxergam os benefícios diretos da excelência operacional. Os mais velhos podem ter que se esforçar mais para mudarem, mas quando a nova perspectiva de sistemas é combinada com a sabedoria e o conhecimento que vêm com os anos de experiência, o resultado é incrível. Depois que os mais velhos trabalham algum tempo do novo jeito e veem os resultados positivos criados para seus colegas e os clientes, eles quase sempre se atiram de cabeça no novo modo de pensar e trabalhar.

Benchmarking de locais com melhores práticas

Recebo um pedido como esse no mínimo uma vez por mês. Minha reação quase sempre é suspirar, uma mistura de frustração com futilidade. Todos gostamos de fazer turismo e conhecer lugares interessantes. Raramente é algo que muda nossa vida, mas pode ser divertido e dá o que conversar. A motivação por trás da visita de *benchmarking* no *lean six sigma* é conhecer um lugar parecido com o nosso, porém mais avançado para obter ideias e nos inspirar. Vemos como seríamos se trilhássemos a jornada. Podemos ter ideias específicas de práticas que poderíamos ou não implementar. Podemos escutar em primeira mão daqueles que seguiram por esse caminho quais obstáculos nos esperam.

Minha preocupação é que essas visitas inspiram a cópia e reforçam o pensamento mecanicista. Essas saídas de campo refletem o desejo de obter certezas, mas o processo de transformação, na realidade, é repleto de incertezas. Queremos *saber*. Que cara tem a excelência operacional? Como as pessoas conseguiram? O que precisaremos fazer? Quais resultados financeiros devemos esperar? Quais "soluções *lean*" podemos implementar imediatamente? A verdade dos sistemas complexos é que não existe uma maneira melhor do que as outras, uma prática que realmente é melhor em todas as circunstâncias. Na verdade, o que precisamos aprender é a encontrar nosso próprio caminho em como nos tornarmos organizações que pensam e aprendem.

O pensamento mecanicista de curto prazo se autorreforça

Em suma, mudar aqueles que aprenderam a pensar nas suas organizações como máquinas e fazer com que as entendam como sistemas vivos é um desafio enorme. Contudo, isso é essencial se realmente queremos ter excelência em serviços. É preciso pensar no longo prazo. Precisamos estar dispostos a investir nas nossas pessoas e criar uma infraestrutura que levará indiretamente à busca entusiástica pelo atendimento das necessidades dos clientes. Precisamos entender que o lugar onde vemos o problema acontecer não é necessariamente o ponto de onde ele se origina. Precisamos entender que a causalidade é complexa e pode ser circular, não necessariamente unidimensional e linear.

De fato, os processos circulares são uma barreira relevante às mudanças na filosofia. Os círculos viciosos correm soltos, reforçando o pensamento mecanicista no modo como as organizações escolhem melhorar. Os pensadores mecanicistas investem apenas em projetos com um retorno financeiro claro. Isso faz com que os especialistas se responsabilizem por todo o pensamento na implementação das suas soluções. Como eles não têm como entender todos os detalhes do trabalho e como não conseguem fazer com que as pessoas que trabalham no processo aprendam e aceitem as mudanças, os resultados não são sustentáveis. Isso leva os gerentes mecanicistas a criar controles ainda mais estritos e com auditorias mais completas para garantir a conformidade, iniciando mais uma volta nesse círculo autossustentável (ver Figura 3.4).

Compare com o círculo virtuoso de uma abordagem orgânica à melhoria. O ponto de partida é satisfazer os clientes e desenvolver as pessoas de modo que prestem serviços excelentes. É um propósito que une e anima as pessoas. A função principal do líder é orientar e desenvolver aqueles que se engajam no trabalho em

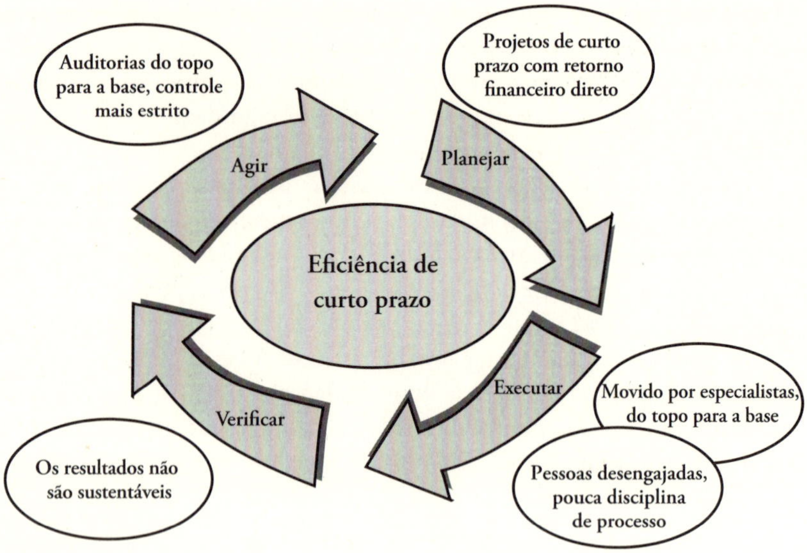

FIGURA 3.4 O círculo vicioso da melhoria mecanicista.

equipe de superar objetivos desafiadores. A longo prazo, nós nos esforçamos continuamente para cultivar nossas habilidades e melhorar nosso serviço, o que leva a mais vendas e resultados financeiros melhores para o negócio. O que se aprende com as melhorias em uma área da empresa é compartilhado com as outras áreas, tornando-nos uma organização de aprendizagem (ver Figura 3.5). O sucesso reforça a filosofia de que estamos construindo um sistema vivo, não implementando ferramentas.

A FILOSOFIA É O ALICERCE

A filosofia é o alicerce da excelência em serviços e dos 3Ps restantes: processo, pessoas e solução de problemas. A seguir, vamos explorar os processos *lean*, primeiro com a leitura de um estudo de caso fictício, mas realista, no Capítulo 4. Depois, exploraremos os processos nos níveis macro e micro nos Capítulos 5 e 6. Uma mensagem fundamental será que devemos pensar nos processos como objetos que mudam e se adaptam, não como estáticos e fixos. Acima de tudo, insistiremos que copiar "melhores práticas de processos *lean*" de outras organizações é uma má ideia. As organizações de serviços são mesmo diferentes, e cada uma delas é especial e precisa seguir seu próprio caminho e adaptar seus próprios processos, sendo guiada por pensadores que trabalham nos processos que estão melhorando.

É apenas quando buscamos a grandeza duradoura que estamos dispostos a fazer investimentos conscientes no longo e árduo processo de construir uma cultura de excelência em serviços. A filosofia é o modo como a organização pensa sobre a visão para o sucesso e como chegará lá. Pensar nas organizações como máquinas a serem

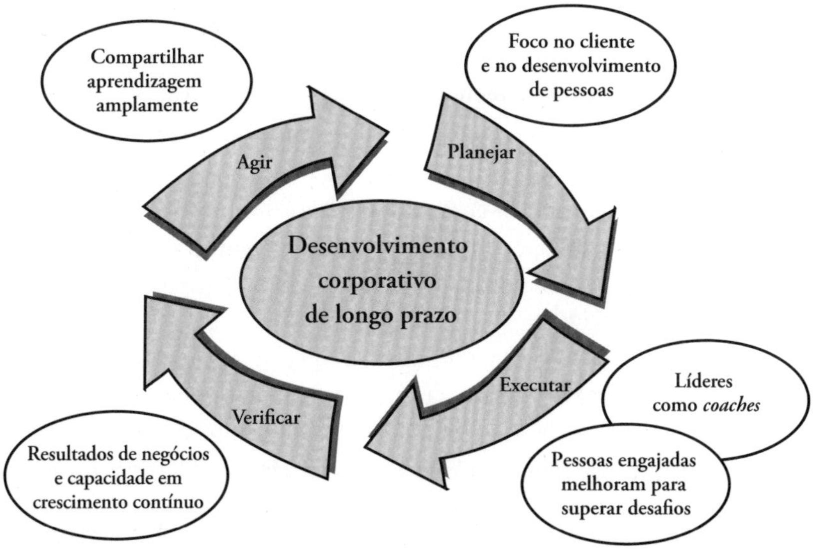

FIGURA 3.5 O círculo virtuoso da melhoria orgânica.

ajustadas e consertadas é necessariamente limitante. Todas as máquinas acabam por estragar e se tornam obsoletas. Além de gerar mais sucesso, é mais livre pensar nas organizações como sistemas vivos que ajustam a si mesmos em resposta ao *feedback* do ambiente, usando-o para aprender, adaptar-se e crescer.

PONTOS PRINCIPAIS
A FILOSOFIA DO PENSAMENTO DE SISTEMAS DE LONGO PRAZO

1. Apesar de ser abstrata, a filosofia é absolutamente fundamental, sendo o alicerce da excelência em serviços no nosso modelo dos 4Ps:
   - A filosofia fornece o propósito e a direção para todos os esforços da organização.
2. O pensamento "mecanicista" vê as organizações humanas como grandes máquinas nas quais as pessoas são peças intercambiáveis e causa e efeito são diretos e lineares:
   - Isso leva a um pensamento reducionista e subotimizador, cujo foco está no conserto de uma parte da organização, em detrimento de um trabalho pensando no todo.
   - As empresas com pensamento mecanicista tendem a ter uma visão de curto prazo que só presta atenção nos resultados (fins).

3. O pensamento "orgânico" vê as organizações humanas como sistemas vivos, nos quais todas as áreas são interdependentes e inter-relacionadas em uma rede de elementos humanos e tecnológicos:
   - Um sistema é um conjunto de partes interconectadas, que tem como objetivo a sobrevivência do organismo como um todo.
   - As empresas com uma filosofia orgânica focam em encontrar maneiras de cumprir seu propósito no longo prazo, criando novos produtos, serviços e processos para se adaptar às mudanças nas necessidades do ambiente e dos clientes (meios).
4. O pensamento de sistemas constrói a capacidade de inovar o modo como atendemos os clientes em toda a organização, além de, com o passar do tempo, apoiar a sobrevivência de longo prazo e as organizações de alto desempenho.
5. As organizações com propósito são alicerçadas por filosofias fortes, que enfocam na oferta de valor superior para os clientes e para a sociedade e pensam além do dinheiro; ganhar dinheiro é o resultado de cumprir o propósito.
   - Um propósito forte, conhecido e compreendido reduz a miopia e não deixa que os membros da organização esqueçam o quadro geral.
6. Mudar a filosofia da sua empresa é um desafio, mas não é impossível.
   - Uma mudança fundamental na filosofia é difícil de realizar e exige tempo e muita prática acompanhada de um *feedback* corretivo constante; ela não é possível com a simples cópia de outras empresas, e isso inclui a Toyota!
   - Mudar de um mecanicismo de curto prazo para um modo orgânico, com propósito e modo de pensar e trabalhar a longo prazo, é essencial para a geração de uma cultura de excelência em serviços.

CAPÍTULO 4

Desenvolvendo processos *lean*: um conto

O gerenciamento convencional de projetos define um planejamento detalhado e tenta mantê-lo de modo a definir o que fazer e quando. (...) Isso quase nunca funciona. As empresas lean *criam uma rede de pequenos ciclos cadenciados, rápidos, pequenos e em operação constante.*

—Allen Ward e Durward Sobek, *Lean Product and Process Development*

COMO CRIAMOS PROCESSOS *LEAN*?

Faça alto valor fluir eficientemente para os clientes e acerte todas as vezes. Existe algo mais simples? Faça isso e terá processos *lean*; seus clientes vão amá-lo e a concorrência vai ficar de cabelo em pé. Obviamente, nada poderia ser menos simples. Parece simples quando visitamos uma fábrica da Toyota e os veículos estão fluindo pela linha, um de cada vez, um veículo novo a cada minuto. Trabalhos de um minuto parecem simples. Contudo, dê um passo para trás e observe o quadro geral: dezenas de milhares de peças fluem através de uma rede complexa de fornecedores e departamentos, com dezenas de milhares de oportunidades para algo dar errado. Fazer tudo funcionar perfeitamente, na hora, todas as vezes, parece demais para qualquer um, mas o que quase ninguém percebe é que a Toyota não está tentando otimizar um fluxo de valor complexo. Ela está é trabalhando para garantir que todos os membros da equipe de produção consigam concluir suas tarefas de 60 segundos perfeitamente; quando alguma coisa dá errado, os líderes de grupo e de equipe reagem imediatamente, interrompendo a produção caso haja alguma ameaça real à segurança ou à qualidade. Milhares de pequenos ciclos PDCA são gerenciados localmente todas as horas, todos os dias e por toda a cadeia de valor.

Não é o caso na maioria das empresas, nas quais a mentalidade mecanicista discutida no Capítulo 3 permeia os esforços de melhoria de processos. Os líderes seniores querem que seus processos sejam consertados para reduzir custos e acabar com as reclamações dos clientes. Para tanto, os processos passam por re-engenharia, restrições são identificadas e protegidas, e a variação é analisada estatisticamente na tentativa de otimizar processos para que "todos trabalhem do mesmo jeito". A maior parte desses esforços começa com uma premissa atraente, mas possuem uma falha terrível: os processos são vistos como objetos reais a serem dobrados, retorcidos, enxugados e moldados de modo a acelerar o fluxo de valor para os clientes, assim como canos são cortados e dobrados para permitir o fluxo de água.

Na realidade, os processos são construtos teóricos, metáforas. Considere o trabalho dos muitos engenheiros que desenham produtos ou aplicativos de *software* na maioria das empresas. Assim como em qualquer trabalho realizado com um planejamentto de projeto tradicional, ele parece estar dividido em estágios distintos, com entregas específicas nos marcos intermediários. Os engenheiros desenvolvem um conceito que testam com o cliente, executam o *design* detalhado, verificam o produto e trabalham com a montagem para dar início à produção. Mas nada do que acontece é tão ordeiro assim quando vemos o que acontece de fato. Muitas pessoas se reúnem, refletem em momentos diversos, anotam ideias e usam computadores, e a gerência verifica o seu progresso em momentos críticos. É um processo confuso e não linear, com ciclos de retrabalho e prazos furados. Ainda assim, um *software* é produzido e testado no mercado. Moldar os padrões de trabalho para garantir um fluxo reconhecível, com verificações regulares em ciclos curtos, *feedback* constante do cliente, melhorias deliberadas, entregas claras e responsabilidade, é mais uma questão de moldar o modo como as pessoas pensam e trabalham do que com a imagem fantasiosa da "otimização do processo".

Quando trabalhamos melhorias com empresas, nunca chegamos com um *kit* de soluções pré-pronto ou um modelo em dez passos para enxugar a organização. Em vez disso, temos uma abordagem genérica à melhoria de processos no alto nível simultânea ao desenvolvimento de pessoas, composta pelos seguintes passos:

1. **Tenha certeza que a liderança sênior leva a sério a necessidade de mudar.** O ponto de partida é, obviamente, a necessidade de mudar. Alguém com autoridade precisa acreditar que há um motivo para mudar. Muitas vezes, dizemos que é preciso ter uma "plataforma abrasante", o que parece ser verdade na maioria das vezes. De tempos em tempos, no entanto, temos a felicidade de encontrar um líder sênior com uma visão positiva de melhorar mesmo quando tudo parece estar indo bem.
2. **Entenda a visão da liderança sênior.** Qual é a estratégia dos líderes seniores para conquistar objetivos de negócios? O que eles valorizam enquanto organização? Qual é a visão deles para o *lean* e como isso se encaixa com seus objetivos e valores? Em geral, isso envolve trabalhar com líderes seniores para que eles reflitam sobre a sua visão para a empresa, seus processos e suas pessoas.
3. **Compreenda a situação.** O que está acontecendo com a empresa, sua cultura e suas prioridades de negócios? Como está o desempenho da empresa? Os valores dos líderes seniores estão mesmo visíveis na prática? Em qual grande desafio

de negócios deveríamos enfocar nossa atenção inicial em termos de melhoria? Como convencer a gerência sênior a aprender com os experimentos que serão conduzidos? Onde deveríamos começar a enfocar e com quais equipes?

4. **Entenda o estado atual.** Em relação ao principal desafio do negócio, qual é o estado atual dos processos de trabalho? Onde está a alavanca para causar um impacto imediato para avançarmos na direção do principal desafio dos negócios? Quem são as principais pessoas que precisam se unir ao trabalho?
5. **Identifique as lacunas e priorize.** Como as maiores lacunas entre o estado atual e o estado futuro desejado podem ser divididas em trabalhos menores e mais acessíveis, a serem distribuídos entre o pessoal para que comecem a trabalhar nas melhorias imediatamente?
6. **Corra atrás do estado futuro usando pequenos ciclos de aprendizagem.** É aqui que se pratica o PDCA, passo a passo, trabalhando em busca do estado futuro; ou seja, planejando uma melhoria (Planejar), testando-a (Executar), observando o que aconteceu (Verificar) e refletindo sobre o que foi aprendido e quais ações adicionais devem ser adotadas (Agir). Esse processo iterativo faz o trabalho avançar em direção ao estado futuro e desenvolve hábitos positivos de melhoria nas pessoas.

Nós organizamos os níveis do processo do Modelo Toyota em um conjunto de três capítulos que podem parecer estar na ordem inversa. Costumamos pensar em aprender princípios, um modelo do jeito certo de fazer alguma coisa para ilustrá-los com exemplos e dicas práticas. Em vez disso, neste capítulo, começamos por como abordar a melhoria de processos, ilustrado por um caso composto. Nos dois capítulos seguintes, usamos esse caso de base para definir os princípios dos macro e microprocessos *lean* nas organizações de serviços. Por macroprocessos, referimo-nos ao quadro geral como aquele que representaríamos em um mapa do fluxo de valor. Os microprocessos são o trabalho diário no nível do departamento ou do grupo, como ilustrado neste capítulo. O caso composto foi desenvolvido por Karyn, com base em seus dez anos de experiência em grandes organizações de serviço. É uma empresa artificial, mas todos os detalhes do que acontece vieram de experiências reais que ela teve. Agora vamos mergulhar no caso da NL (Não *Lean*) Serviços S/A.

Nessa história, uma empresa de transações de crédito está em apuros. Ela não está crescendo, pior que isso, os clientes insatisfeitos estão indo embora. A crise é grande o suficiente para fazer com que Sam McQuinn, um dos vice-presidentes, busque a ajuda de um amigo de confiança, que lhe indica Leslie, sua consultora *lean*. Felizmente para Sam, Leslie é um tipo raro de consultora: ela é alguém que sabe engajar pessoas e incentivar exatamente dos jeitos certos. Enquanto lê a história, observe a forte integração dos processos, das pessoas e da solução de problemas. É uma questão importante, muito distante do senso comum de que os processos são entidades mecânicas que podem ser melhoradas com a simples aplicação da ferramenta *lean* corretamente. Agora, vamos analisar a NL Serviços.

A NECESSIDADE DE MUDANÇA NA NL SERVIÇOS S/A

Um dia na vida da NL Serviços

Era uma típica segunda-feira na NL Serviços S/A, uma empresa americana com 13.000 funcionários em 95 escritórios que processavam transações de crédito para empresas que aceitam pagamentos em crédito. John Edwards, gerente de Processamento de Transações de Crédito da Região Sul, comandava a reunião semanal com a equipe. Seus seis gerentes supervisionavam equipes que processavam transações de crédito. Seguindo a pauta padrão, John foi de slide em slide no PowerPoint, apresentando os dados da semana passada enviados pela matriz.

"Não parece que melhorou nada esta semana", John disse seriamente, usando seu ponteiro laser para destacar uma série de gráficos e tabelas. Nenhuma equipe da Região Sul estava sequer próxima das metas que a matriz definira para crescimento de novos negócios, retenção de clientes, satisfação dos clientes ou lucros. "A matriz não está gostando nada desses números todos. Hoje de manhã tive uma conversa bem desagradável com nosso VP. A perspectiva dele é que 'o número é o número', e ele não quer saber como nós ou nosso pessoal vai atingi-los, mas, caso ele não veja uma melhoria das grandes nas próximas semanas, as consequências vão ser feias. Preciso que cada um de vocês, até o final do dia, elabore um plano para atingir suas metas."

Os seis GPTCs (gerentes de processamento de transações de crédito) olhavam ora para o PowerPoint, ora para John, ora uns para os outros. Alguns cruzavam os braços, tensos, inclinando-se para frente em suas cadeiras. Outros pareciam entediados e resignados. Não era a primeira vez que passavam por isso. Algumas vezes por ano, sempre que os números caíam por algumas semanas consecutivas, eles escutavam o mesmo discurso. Algumas vezes por ano, depois que ofereciam alguns incentivos para seus processadores de transações de crédito, como trazer pizzas ou estabelecer dias em que todos podiam ir trabalhar de calça jeans, além de ameaçar possíveis demissões e outras consequências terríveis, os números cresciam de novo. Eles sabiam que desta vez seria a mesma coisa.

Enquanto isso, no setor de operações, Kathy, uma de 12 processadores de transações de créditos, acabara de desligar o telefone. Eram apenas nove da manhã, mas seus ouvidos já doíam de escutar um cliente furioso reclamar do erro na sua conta... De novo. Após passar 20 minutos no telefone repassando todos os dados com o cliente, Kathy conseguiu corrigir o erro, mas agora precisava da assinatura do seu gerente no formulário de Correção de Cobrança para creditar a conta do cliente e dar o desconto que ela prometera para compensar a incomodação. Kathy tinha a impressão que estava sempre dando descontos. Os processadores de crédito tinham que consertar tantos erros que esse parecia o único jeito de manter os clientes contentes e impedi-los de procurar outro serviço de processamento de crédito.

Enquanto procurava Joe, seu gerente, Kathy lembrou que, como era segunda-feira de manhã, ele estaria nas reuniões de equipe semanais, como sempre. "Os clientes vão ter que esperar", Kathy pensou consigo mesma. "Segunda é sempre assim, e parece que essa semana não vai melhorar. Já tenho uma fila com 5 transações de crédito que parecem ter entrado no sistema durante o final de semana, e um dos sistemas de processamento está fora do ar. Tudo que precisa ser inserido nele vai ter que esperar. Era de se imaginar que processar transações de crédito seria mais fácil. Porém, como elas chegam por e-mail, fax e telefone, e precisamos de quatro sistemas diferentes de processamento que não conversem uns com os outros, além de termos que esperar respostas sobre as transações de tantos departamentos diferentes, não é tão fácil quanto parece. E parar tudo para resolver os problemas de cobrança dos clientes furiosos não ajuda."

Kathy olhou mais uma vez para ver se Joe já estava voltando da reunião, então deixou o formulário de Correção de Cobrança na sua mesa e voltou para seu cubículo. Quando ela se sentou, Linda, a processadora de transações de crédito que ficava ao seu lado, levantou os olhos da pilha de transações que acabara de imprimir e estava prestes a dizer: "tudo bem? Sorria, hoje é segunda! A diversão está só começando!"

"Isso mesmo!", Kathy disse. "Mais uma semana, mas com os mesmos problemas de sempre. Os clientes já estão descontentes e tenho certeza que essa não é a única correção de cobrança que vou processar esta semana. Todas as vezes que inserimos transações que envolvem mais de dez itens de linha, o problema aparece. Já disse isso para o Joe várias vezes, mas ele diz que é coisa da minha cabeça. Desisti de dizer de novo, então, acho que vamos simplesmente consertar os problemas sempre que acontecerem. Bem, eu queria muito conversar mais, mas já estou atrasada. Melhor voltar para o trabalho."

Lá pelas dez e meia da manhã, a reunião semanal de John finalmente terminou. Os GPTCs voltaram para as suas equipes, armados com um plano de incentivos que oferecia um jantar de brinde e um mês inteiro de calças jeans para todos que estivessem dispostos a fazer hora extra nas próximas duas semanas, em uma tentativa para acabar com a fila de transações atrasadas e fazer ligações adicionais para os clientes. O programa era "voluntário", mas os processadores de transações de crédito entendiam que aqueles que não participassem poderiam ser os primeiros a perder o emprego caso houvesse mais uma rodada de demissões. Os GPTCs estavam confiantes que, em algumas semanas, com todo esse foco e trabalho adicionais, os números voltariam a subir e que John (e a matriz) os deixaria em paz... Ao menos até a próxima vez.

Após anunciar o programa para sua equipe, Joe voltou para sua mesa, assinou o formulário de Correção de Cobrança e o devolveu para Kathy, que, por sua vez, ligou de volta para o cliente e deu um desconto adicional por ter que esperar tanto tempo até receber a sua resposta.

Por ora, todos os focos de incêndio estavam apagados.

Reflexão: o estado preocupante da NL Serviços

Obviamente, nem todos os focos de incêndio estavam apagados. John simplesmente não os enxerga, ardendo por toda a organização. Em *O Modelo Toyota: Manual de Aplicação*, falamos sobre o conceito de "remover as nuvens". Quando o estado normal é o caos, fica difícil sequer enxergar os processos. Eles parecem estar escondidos atrás das nuvens. Existem, sim, padrões de trabalho, mas é preciso removê-las para enxergá-los. Vimos que algumas práticas padrões constam em responder a problemas com pequenas propinas para apaziguar os clientes. Vimos também que Kathy passa boa parte do tempo reagindo às reclamações dos clientes, o que a impede de acertar seu trabalho de primeira. Problemas recorrentes, como transações que chegam com mais de 10 linhas, são evitados, não resolvidos. Kathy não se sente apoiada pelo chefe, mas tenta acompanhar sua agenda lotada de sabe-se lá o quê.

Esta é a cultura de correr atrás dos resultados a todo custo e lutar contra os problemas diários. A Figura 4.1 compara a cultura de solução de problemas das organizações tradicionais *versus lean*. Nas organizações tradicionais, a administração especifica soluções e resultados e se importa com o modo como os gerentes de linha de frente as coloca em prática, desde que obtenham resultados. Um ambiente como esse está implorando por uma intervenção *lean*, porém os membros da organização parecem incapazes de enxergar como seria possível escapar dos círculos viciosos ao seu redor. O sistema da Toyota se preocupa mais em desenvolver membros de equipe para que aprendam um bom processo de melhoria. A solução específica é menos importante do que seguir um bom processo.

Buscando ajuda

Sam McQuinn, um dos vice-presidentes de Processamento de Transações de Crédito da NL Serviços, olhou para o relógio de novo. "Seis e meia, já... Como pode?", ele pensou consigo mesmo. "Onde foi parar essa segunda-feira? Sei que não dá para dizer que o tempo voou porque estou me divertindo".

Sistema administrativo	Solução	Como desenvolver uma solução
Toyota	Deixa em aberto	Especificada, guiada, com *coaching*
Tradicional	Dada/dirigida	Deixa em aberto

A Toyota ensina um padrão comum para desenvolver soluções

FIGURA 4.1 Abordagem de melhoria de processos para o sistema administrativo tradicional *versus* o *lean*.

Fonte: Mike Rother

A verdade é que Sam não estava se divertindo. Entre as conversas com a matriz na Costa Leste e os quatro gerentes regionais sob seu comando, Sam não saíra do telefone desde que chegara no escritório às sete da manhã. Nenhuma das conversas fora agradável. Pela terceira semana consecutiva, nenhuma das regiões pelas quais ele era responsável havia atingido suas metas; era a terceira vez que isso acontecia naquele ano; e a matriz estava de olho nele.

"Não sei o que esses gerentes regionais têm de errado", Sam resmungou. "Vivo dizendo para eles que isso não é aceitável, mas parece que eles simplesmente não entendem. Não importa quantas vezes eu deixe bem claro que eles precisam dar um jeito nessa história, a situação melhora um tempo, mas logo tenho que voltar para o telefone para fazer ameaças e encher o saco deles. Não dá para continuar assim, alguma coisa vai ter que mudar."

Sam desligou o computador e olhou para o relógio de novo. Se saísse naquele instante e o trânsito deixasse, ele não se atrasaria para jantar e tomar um drinque com Sarah Stevens, sua amiga e ex-colega. Sam e Sarah trabalharam juntos na NL Serviços por tanto tempo que é melhor nem contar, antes de Sarah aceitar um cargo mais elevado em uma empresa menor que estava entrando no mercado. Sam queria reclamar da vida para Sarah e pedir seus conselhos. Ela saberia exatamente como ele se sentia e, além do mais, ela tinha um tino todo especial para encontrar soluções inusitadas para qualquer problema.

Quando Sam chegou no restaurante, Sarah já estava sentada, lendo o cardápio. Quando Sam sentou, ela levantou os olhos e disse: "deve ter sido uma segunda-feira típica na NL Serviços, você está um caco!"

Sam colocou o celular no bolso para evitar as ligações e e-mails que ele sabia que a matriz não pararia de mandar. "É. Os números regionais pioraram de novo, terceira vez este ano. Entre lidar com a matriz e os gerentes regionais, não descansei um segundo hoje. Quando acho que os gerentes regionais têm tudo sob controle e estão atingindo suas metas, a coisa toda desmorona de novo. Por mais que eu faça promessas ou ameaças, eles não conseguem colocar seu pessoal nos trilhos e atingir as metas. Não sei por que é tão difícil... A gente sabe quais são os números desde o início do ano, afinal. Minha paciência está por um triz."

Sarah franziu ligeiramente o cenho, balançou a cabeça e suspirou. Ela sabia o que Sam estava enfrentando; foi um dos motivos para ter saído da NL Serviços. Ela estava cansada de sentir que levara uma surra todas as vezes que os números da sua região não estavam onde deveriam. "Eu sei como é, Sam. Uma das coisas que mais gosto do meu novo emprego é que não tem essa montanha-russa. Eu não acreditei no começo, mas a consultora que contratamos para nos ajudar está fazendo uma grande diferença. O nome dela é Leslie, ela é uma assessora de gestão *lean*. Você já ouviu falar da gestão *lean* ou administração enxuta, aquela ideia famosa da Toyota, né? Eu achava que essa coisa de *lean* era só para indústrias... Afinal, nem a minha empresa nem a NL Serviços fabricam nada. Mas a gente começou faz um ano e, em geral, não temos mais aquelas segundas-feiras com as quais eu estava acostumada na NL Serviços e que você teve hoje. Se quiser, posso pegar o cartão dela e dizer que talvez você ligue. Mas vou avisando, a Leslie é só uma assessora e facilitadora; quem vai fazer o trabalho difícil é você e seu pessoal. Ela não vai fazer nada por você. A filosofia dela é que você precisa desenvolver a capacidade de melhorar suas próprias pessoas e seus próprios processos."

Reflexão: buscando ajuda

Um velho ditado budista diz que "quando o aluno estiver pronto, o professor vai aparecer". Sam não percebeu que estava pronto para um professor, mas buscou apoio de uma colega em quem confiava. Sarah estivera no mesmo lugar que ele na empresa atual e saiu por causa das crises diárias como as que Sam ainda estava enfrentando. Ela aprendera um jeito melhor no novo emprego. Sarah escutou, simpatizou e fez uma sugestão, sem pressioná-lo e sem nenhum interesse por trás. Como veremos, Sam estava disposto a aceitar o conselho de Sarah porque a hora era certa e ele confiava nela.

ENTENDENDO E ESTIMULANDO A VISÃO DE LIDERANÇA

Leslie conhece Sam e pergunta sobre sua visão

Duas semanas depois, Leslie Harries, a consultora *lean* que Sarah recomendara, estava sentada no escritório de Sam McQuinn, esperando que ele terminasse uma ligação. Olhando para os lados, ela notou o quadro pendurado atrás de Sam: um barco estreito com todos os remos na água. "Interessante", ela pensou consigo.

Após as apresentações e os rodeios básicos de toda conversa, Sam foi direto ao ponto: "não sou de pedir ajuda, e não estou totalmente convencido que esse tal de *lean* vai funcionar aqui na NL Serviços, já que não fabricamos produtos físicos, mas a Sarah Stevens disse que você foi uma mão na roda na empresa dela. Para ser honesto, eu estou desesperado e disposto a ouvir o que você acha que pode fazer por nós. O problema é bem simples, na verdade. Os processadores de transações de crédito não estão fazendo o que deveriam, então não estamos atingindo os números que a matriz define para nós regularmente. Precisamos fazer com que os processadores de transações de créditos, seus gerentes e os gerentes regionais fiquem todos sob controle para podermos fazer esses números subirem para o nível que deveriam e não cair mais. Se Sarah acha que você é a pessoa que vai conseguir isso para a gente, estou disposto a lhe dar uma chance."

Leslie pensou por um instante antes de responder. "Sam, eu fico feliz em saber que Sarah ficou tão feliz com os resultados na empresa a ponto de me recomendar. Lá, a empresa também começou achando que os problemas eram simples e que seriam fáceis de consertar, mas foi preciso trabalhar muito para chegarmos onde estamos hoje. Antes de começarmos a 'consertar' problemas e adotar soluções aqui na NL Serviços, vamos ter que passar algum tempo entendendo o que está acontecendo de verdade no processamento de transações de crédito, e qual é sua visão para a organização. Pode soar estranho, considerando os seus problemas imediatos, mas é importante que sua direção seja clara antes de começarmos a consertar coisas a torto e a direito. Sam, eu sei que você já ouviu isso antes, mas tudo começa com os clientes. O que podemos fazer para melhorar as vidas deles e como estamos nos saindo em comparação com essa visão?"

Leslie pausou por um instante para que Sam pudesse pensar em tudo que ela dissera, depois continuou. "É como aquele quadro atrás da sua mesa, do barco com os remos na água. Quando todos os processadores, gerentes e gerentes regionais trabalham juntos em busca da visão que vocês têm de como produzir valor para o cliente, o barco vai em linha reta na água! Em vez de pensar sobre 'atingir os números', precisamos entender como o processamento de transações de crédito da NL Serviços vai produzir esse valor. Então, Sam, o que é que seus clientes valorizam? Qual é sua visão para produzir esse valor?" Com isso, Leslie colocou as mãos sobre o colo, recostou-se na cadeira e esperou em silêncio pela resposta de Sam.

Sam não disse nada por alguns minutos. Todas as vezes que começava a falar, ele pausava de novo. Leslie parecia diferente dos outros consultores que contratara no passado. Todos queriam causar uma boa primeira impressão e oferecer soluções brilhantes imediatamente, não fazer uma série de perguntas... Perguntas que, era preciso admitir para si mesmo, ele não tinha bem certeza de como responder. Sam refletiu e percebeu que há anos não pensava nos clientes da NL Serviços ou no que eles valorizavam. Ele estava concentrado era em "atingir os números" e tirar a matriz do seu pé. Uma visão de como produzir esse valor? Sam tinha certeza que precisaria de ajuda para resolver essa questão. Mas Sarah recomendara Leslie e a enchera de elogios, e a empresa de Sarah estava se saindo melhor do que quase todo o resto da concorrência, apesar de ser muito nova no mercado. Sam se virou para o quadro na parede e depois de volta para Leslie. "Não tenho certeza de que sei como responder suas perguntas, Leslie, mas se está disposta a trabalhar comigo e achar uma resposta, gostaria de convidá-la para nos ajudar aqui na NL Serviços S/A."

Entendendo a visão de liderança

Apesar dos avisos que Sarah lhe dera, Sam imediatamente quis que Leslie desse soluções. Contudo, ela não caiu na armadilha de Sam em aceitar essa ideia de quais eram os problemas e não ofereceu soluções. Se fizesse isso, estaria violando os mesmos princípios que tentava ensinar para seus clientes. Em vez disso, ela mudou o assunto, perguntando a Sam qual seria sua visão para a organização. Isso o pegou despreparado e o fez pensar. Ele não estava acostumado com consultores que o faziam pensar, e sim com consultores que diziam o que achavam que ele queria ouvir para conquistarem sua conta.

Nesse caso, Sam age como o aprendiz ideal e logo conclui que não dedicou tempo suficiente a estabelecer uma visão para o atendimento ao cliente. Essa breve interação o convence a trabalhar com Leslie. Obviamente, a vida não é sempre tão fácil, e muitos gerentes nessa situação reagiriam e tentariam fazer com que Leslie desse alguma resposta. "Se eu quisesse perguntas, não precisaria de um consultor". Nesses casos, pode ser que o aluno não esteja realmente pronto para o professor. Mas Sam está, e vai começar a desenvolver uma visão. Não será uma visão complexa, e Leslie não está usando um processo estruturado para desenvolver uma visão forte. A essa altura, seria demais para Sam. Ela precisa estar no seu nível, ou seja, começando o processo de reconsiderar seus pressupostos básicos de como ser um líder.

Observe que Sam não estabeleceu imediatamente uma comissão para encontrar o consultor certo com base em uma licitação. Muitas grandes corporações têm uma prática padrão de concorrências e licitações, feita por uma comissão que publica uma solicitação formal. As consultorias de sempre escrevem propostas complicadas que prometem mundos e fundos, quase sempre sem saber informação alguma sobre a empresa e sua situação atual. Elas propõem soluções genéricas para problemas genéricos. À medida que conhecemos Leslie melhor, fica evidente que ela não estaria disposta a participar desse jogo. Ao engajar Leslie desde o começo, seguindo seu instinto, Sam está dando a ela a oportunidade de seguir um processo orgânico de *coaching* com ele, extraindo dele sua visão e entendendo a situação para aprender como seguir em frente, sem chegar no primeiro dia com uma proposta detalhada e várias soluções pré-fabricadas.

ENTENDENDO A SITUAÇÃO

Conhecendo a organização, a cultura e os problemas

Em uma bela manhã ensolarada, com umas poucas nuvens esparsas vagando pelo céu, Leslie Harris estacionou na sede da Região Sul da NL Serviços. Enquanto atravessava o estacionamento, ela refletia sobre como estava feliz em finalmente fazer sua primeira visita às operações da NL Serviços. Foram necessárias várias conversas prolongadas, mas ela e Sam McQuinn finalmente haviam determinado que os clientes da NL Serviços valorizavam ter suas transações de crédito processadas corretamente e dentro das regulamentações de cada estado com relação ao tempo. Esse entendimento foi importante porque a aceitação, o processamento e os relatórios desses tipos de pagamentos estão sujeitos a regulamentações pesadas, impedindo que os clientes fossem forçados a pagar as multas impostas pelos estados por atrasos nos pagamentos e nos relatórios, além de poupá-los de ter que lidar com todo o estresse resultante.

Após se apresentar na recepção, Leslie subiu até o terceiro andar, onde encontrou John Edwards, gerente de Processamento de Transações de Crédito da Região Sul. Ele estava sentado no seu escritório e lia um memorando enquanto a esperava.

"Leslie, prazer em conhecer", John disse, estendendo a mão. "Você deixou o Sam muito impressionado. Ele mandou vários memorandos, este aqui é um deles, aliás, falando como enfocar o que os nossos clientes valorizam e a visão que eles têm para o processamento de transações de crédito para nossa região. 'Todas as transações de crédito do cliente certas e na hora, todas as vezes'. Sam disse que você vai passar algum tempo conosco hoje, observando nossa operação. Tenho certeza que vai ver que está tudo nos conformes."

Leslie sorriu. Ela apertou a mão de John e disse: "John, sei que você não vai acreditar nisso, mas não estou aqui para revisar sua operação e escrever um relatório dizendo o que está ou não está 'nos conformes'. Estou aqui simplesmente para passar algum tempo com o pessoal que processa as transações de crédito para seus clientes e aprender um pouco sobre como fazem seu trabalho todos os dias. O melhor jeito de fazer isso é ficar ao lado deles por um tempo enquanto trabalham. Eu mal posso esperar, aliás, é uma das partes favoritas do meu trabalho!"

John e Leslie desceram até o primeiro andar, onde três equipes de processadores de transações de crédito estavam sentadas. John explicou para Leslie que a função principal dos processadores era atender ligações de clientes corporativos que aceitam cartões de crédito. Os clientes acumulam um conjunto de transações e as enviam por telefone, pela Internet ou pelo correio em notas de cartão de crédito. A maioria das empresas liga para informar as transações ou então as mandam por e-mail. Se o cartão de crédito foi lido eletronicamente, como aconteceria em um posto de gasolina, a agência do cartão de crédito receberia um relatório via e-mail. Infelizmente, os sistemas não se comunicam bem uns com os outros; portanto, mesmo no caso eletrônico, é preciso reinserir as informações nos computadores da NL Serviços. Na maioria dos casos, há menos de 10 transações por cliente ao mesmo tempo. Menos frequentemente, os processadores inserem informações de crédito com mais de 10 transações, que os clientes enviam em uma planilha de Excel por e-mail ou fax. Os processadores passam uma pequena porcentagem do seu tempo corrigindo erros em transações concluídas ou respondendo perguntas sobre cobrança.

"Por onde você quer começar?", John perguntou enquanto ele e Leslie observavam os cubículos enfileirados.

"Seria ótimo se eu pudesse me apresentar para o gerente de uma das equipes", Leslie respondeu.

John levou Leslie até o canto da sala, onde encontraram Joe, um dos GPTCs, que revisava uma planilha na tela do seu laptop. "Joe, esta é a Leslie Harris", John apresentou. "Sei que você viu os memorandos que o Sam enviou do escritório regional. A Leslie vai passar o dia conosco, revisando como processamos as transações de crédito, então eu gostaria que você fizesse todo o possível para ajudá-la."

"Prazer em conhecer, Leslie", Joe respondeu. "Quer puxar uma cadeira? Eu estou só repassando o 'relatório diário', que diz como estamos nos saindo no processamento de transações de crédito. O que está dentro do prazo, o que está atrasado, quantas ligações recebemos ontem, como estamos em relação aos números... Aquela diversão toda... Você vai ter uma boa ideia do que e como fazemos".

Leslie puxou uma cadeira e sentou-se ao lado de Joe. "Obrigado por se oferecer para me explicar o relatório. Tenho certeza que tem bastante dados, mas o que eu gostaria de fazer primeiro é..." Mas antes de Leslie conseguir terminar a sua frase, alguém bateu na parede do cubículo.

Ela e Joe olharam para cima e encontraram Kathy, um dos membros da equipe de Joe, segurando uma folha de papel. Kathy parecia nervosa. Antes de Joe falar qualquer coisa, Kathy disse: "aqui, outro formulário de Correção de Cobrança para você assinar. É para o mesmo cliente que eu tive que dar aquele descontão no mês passado. Ele está tão brabo que quer sair da NL Serviços e assinar com a concorrência. Sempre que a planilha no e-mail dele tem 10 transações de crédito ou mais, acontece um erro. Eu sei que você acha que eu estou imaginando coisas, mas isso vive acontecendo e agora estamos quase perdendo um cliente dos grandes."

"Kathy, pode deixar que eu assino o formulário, depois ligo para o cliente e vejo o que posso fazer", Joe respondeu, um pouco envergonhado. "A propósito, esta é a Leslie, ela está aqui para estudar o processo de processamento de transações de crédito da NL Serviços."

Leslie estendeu a mão para Kathy. "Prazer em conhecer, Kathy. Parece que você identificou um problema no processo de processamento de transações de crédito. Eu adoraria saber mais. Se tiver alguns minutos, Joe e eu podemos ir até sua mesa e ver o que acontece quando você processa transações com 10 ou mais créditos."

Joe e Leslie passaram as próximas duas horas juntos, observando como a equipe de processadores de transações de crédito trabalhava. Sentados lado a lado, eles assistiram a dificuldade que os membros da equipe de Joe tinham para processar transações com mais de 10 créditos. Eles também escutaram como os erros nessas transações deixavam os clientes insatisfeitos. Pior ainda que os problemas de cobrança, vários deles também tinham que lidar com multas dos seus governos estaduais.

Logo antes do almoço, Joe e Leslie voltaram para o cubículo dele. "Joe, você tem alguma ideia de mais ou menos quantos erros estão ocorrendo por causa do problema para processar 10 ou mais transações de crédito de uma só vez?"

"Na verdade, Leslie, muito mais do que você imagina", Joe respondeu, preocupado. "Sei que não é bom para os clientes e é difícil para o meu pessoal, mas simplesmente não tem nada que a gente possa fazer. Se eu mencionar isso na reunião com a gerência, a única coisa que me dizem é 'não quero saber de desculpas, quero números'. Eu não sei mais o que fazer..."

"Joe, não se preocupe", Leslie disse. "Tive uma ideia que acho que vai ajudar Kathy, você e os clientes da NL Serviços também."

Reflexão: conhecendo a organização, a cultura e os problemas

Os subordinados diretos de Sam estão recebendo a notícia de que Sam está entusiasmado com a nova consultora. Ele até desenvolveu uma declaração de visão poderosa, ainda que simples, focada na qualidade do serviço do ponto de vista do cliente. Agora a melhoria está começando a ganhar uma direção.

Leslie não tinha uma pauta definida no seu primeiro dia no *gemba*. Ela foi observar e aguardar as oportunidades certas para entender o que estava acontecendo. No momento que John estava explicando a situação, Kathy apareceu e Leslie enxergou uma oportunidade de ouro para obter uma vitória rápida, resolvendo o problema das 10 linhas. Era evidente que simplesmente sentar-se ao lado de John, assistir ele repassar os relatórios e explicar o que ele considerava ser as questões mais importantes não a ajudaria a formar uma imagem do estado atual. Era preciso ir ao *gemba* e incentivar Joe a ir com ela era uma oportunidade para fazer um pouco de *coaching*.

Reduzir o espaço do problema e montar a equipe

Sam McQuinn estava andando de um lado para o outro no seu escritório. Era o início da tarde de quarta-feira, logo após o almoço (quinze para uma, para ser exato), e ele tinha uma reunião marcada com Leslie para uma da tarde. "Por que diabos ela está demorando tanto?", Sam se perguntava. Ele passara a manhã inteira no telefone de novo, atendendo ligações de vice-presidentes executivos furiosos, do departamento de qualidade da matriz e, o pior de tudo, da auditoria. Depois veio a rodada obrigatória de ligações para todos os gerentes regionais. "O que é que tem de tão difícil em acertar esses números? Especialmente as metas de retenção de clientes. O que eles estão fazendo nas operações que está espantando tantos e tantos clientes?". Sam estava furioso. "E a Leslie, onde está?", ele pensou de novo. "Leslie deve saber como desvendar esse mistério. Ela com certeza já passou tempo o suficiente com os processadores de transações de crédito para descobrir qual é o problema e o que fazer agora, não no ano que vem". Quando Sam estava prestes a pegar o telefone mais uma vez, Leslie entrou pela porta, calma e alegre como sempre.

"Sam, como vai? Que bom encontrar você de novo", Leslie disse. "Aprendi muito sobre seu negócio desde a nossa última reunião e mal posso esperar para compartilhar tudo com você hoje."

"Leslie", Sam disse, "era exatamente isso que eu queria ouvir. Passei a manhã inteira no telefone com a matriz, e parece que os problemas com transações de crédito estão tão ruins que acabamos de perder nosso maior cliente. É um baque para a retenção dos números na Região Sul, e terá um impacto enorme na nossa receita. E para piorar, as multas que o cliente levou do Estado são tão grandes que os departamentos de auditoria e qualidade estão ameaçando passar um pente fino nas minhas operações. Você passou as duas últimas semanas nelas, vendo o que estão fazendo. Imagino que a essa altura você já identificou os problemas e sabe o que fazer para resolvê-los. Estou pronto para escutar as soluções que tem para nós agora mesmo."

Leslie respirou fundo e se inclinou discretamente para a frente. Essa era sempre uma das partes mais difíceis do seu trabalho: ajudar os clientes a entender que ela não iria dar soluções imediatas e que, em vez disso, ajudaria-o a aprender a enxergar quais são e onde estão os obstáculos que causam os problemas enfrentados pelos clientes. "Sam, eu sei como é chato perder um dos seus maiores clientes. E você está certo, eu passei bastante tempo tentando entender o que está acontecendo nas suas operações de processamento de transações de crédito. Aliás, vi alguns dos problemas em primeira mão. O que descobri assistindo os processadores trabalharem é que vários dos processos que eles usam não apoiam sua visão de processar 'todas as transações de crédito do cliente certas e na hora, todas as vezes', especialmente quando se processa mais de 10 transações de crédito de uma vez só para seus maiores clientes. Eu sei que você queria muito que eu tivesse uma 'fórmula mágica' para fazer todos os problemas sumirem, mas a minha experiência é que isso não existe."

"Sei que isso pode não parecer intuitivo, mas creio que o que precisamos mesmo é reunir uma equipe de pessoas que fazem o trabalho, pessoas que entendem de verdade como o trabalho é feito e conhecem os problemas do ponto de vista do cliente para estudar profundamente o problema, identificar os obstáculos que estão causando os problemas para seus clientes e criar aquilo que chamamos de 'contramedidas', ou soluções possíveis, para esses problemas. Depois, nós vamos testar as contramedidas e ver se elas resolvem os problemas."

Leslie pausou por um instante para deixar Sam absorver tudo que ela acabara de falar. "Pense nisso, Sam. Quando você colocou um 'Band-Aid' para tentar 'consertar' os problemas no passado e atingir os números de uma vez, o que aconteceu? Os problemas parecem sumir por um tempo, mas depois voltam. Se queremos resultado diferente, teremos que tentar algo diferente."

Sam olhou para Leslie, pensativo. Não era o que ele estava esperando, mas era preciso admitir que ela estava certa. Ele tentara de tudo, mas os problemas sempre voltavam, e agora pareciam estar piorando. "Leslie, não era isso que eu esperava, mas a situação está tão ruim que estou disposto a tentar qualquer coisa."

Leslie sorriu. "Obrigado, Sam. A primeira coisa que precisamos fazer é montar uma equipe. Precisamos de processadores de transações de crédito, pessoas dos seus departamentos de apoio e alguns gerentes. Vamos precisar de um 'líder' para esse projeto 'piloto'. Quando visitei as operações, passei bastante tempo com Joe, um dos GPTCs. Ele é muito criterioso e acho que seria um ótimo líder. Ele estava disposto a passar tempo com seus processadores de crédito, observando como trabalhavam para ver de onde os problemas estavam vindo. Ele parece aberto a aprender, e é exatamente isso que precisamos. Vou precisar do seu apoio para o pontapé inicial e para convencer John, seu gerente regional, a aprovar o tempo e os recursos."

Sam não disse nada por um minuto. Levantou-se da mesa na qual ele e Leslie estavam reunidos e voltou para sua escrivaninha. "Leslie, vou mandar uma mensagem para o John agora mesmo. Sei que ele não vai querer abrir mão do tempo e dos recursos, especialmente com todo mundo de olho nele neste momento. Mas vamos tentar do seu jeito". Sam digitou por alguns minutos, então fechou seu *laptop* e voltou para a mesa onde Leslie ainda estava, serena como sempre.

"Obrigado, Sam", Leslie respondeu. "Vai ser um novo jeito de pensar e de trabalhar para a NL Serviços, e seu apoio vai ter uma enorme importância. Precisamos resolver os problemas dos seus clientes. Hoje, você ouve os problemas vindos da matriz quando os números estão baixos ou os clientes vão embora, mas eu tenho que perguntar: quando foi a última vez que você foi até as operações e viu o que estava acontecendo com seus próprios olhos?"

"Ir até as operações para ver o que está acontecendo?" pensou por um instante, refletindo que não lembrava quando fora a última vez que ele visitara as operações. "Leslie, vou ser franco com você, eu não vou até as operações há muito tempo. Tempo demais. Acho que, com tantas ligações da matriz, nunca consigo dar uma escapulida", ele riu. "Mas se você acha que é isso que preciso fazer, eu vou. Nada mais deu certo, então vou tentar fazer do seu jeito."

Reflexão: reduzir o espaço do problema e montar a equipe

Nessa reunião, Leslie está cheia de energia depois de ter visitado o *gemba* e encontra Sam no seu estado de pânico costumeiro, buscando soluções para os problemas de hoje. Mais uma vez, Leslie não se deixa abater. Em vez disso, ela aponta para a diferença enorme entre a visão que ele criou e a realidade atual. Ela selecionou a região de John para o primeiro programa-piloto; Leslie sabe que é importante convencê-lo e que precisa de muito apoio de Sam para seguir em frente. A direção é clara. Ela precisa reunir uma equipe para trabalhar nos problemas dos clientes, mas por ser de fora, Leslie não tem como resolver sustentavelmente os problemas da NL Serviços. Ela também continua a fazer *coaching* com Sam, ensinando-o a mudar o modo como pensa e administra. Leslie quer que ele pare de apagar incêndios para atingir os números por controle remoto e visite o *gemba* para entender as preocupações reais dos seus clientes e como elas são trabalhadas pela sua organização. No processo, ela está ensinando Sam a colocar em prática um dos 14 Pontos de W. Edwards Deming:

> *Ponto 2. "Adote a nova filosofia. Estamos em uma nova era econômica. A administração ocidental deve acordar para o desafio, conscientizar-se de suas responsabilidades e assumir a liderança no processo de transformação".*

ENTENDENDO O ESTADO ATUAL

Leslie chegara cedo. O estacionamento do edifício de operações estava quase vazio, mas ela queria tempo o suficiente para se preparar, revisar e garantir que tudo estaria pronto. Em uma parede, ela prendeu uma folha de papel pardo gigante que usaria para criar um diagrama dos passos do processo usado pelos processadores de transações de crédito. Em seguida, ela refletiu sobre a reunião com Sam e pensou: "que sorte a minha!" Sam era muito mais disposto a escutar do que quase todos os líderes seniores que ela já encontrara na carreira. E mais do que ouvir o que ela tinha a dizer, Sam cumprira sua palavra e foi ver as operações por si mesmo.

Como prometera duas semanas atrás, Sam cancelou tudo na sua agenda e passou a manhã nas operações, observando e escutando enquanto os processadores de transações de crédito atendiam ligações e inseriam transações no sistema. Sam ficara obviamente surpreso. "É muito diferente do que eu lembrava", ele disse a Leslie. "Por que os processadores de transações de crédito têm tanta papelada nas suas mesas? Por que estão sempre se levantando e procurando os seus GPTCs? Sempre que se levantam, o telefone toca e eles perdem uma ligação de um dos nossos clientes. E mais importante ainda, onde estão os GPTCs? Parece que eles nunca estão nos seus cubículos."

Leslie ficara contente em ver que Sam prestara atenção e estava fazendo tantas perguntas. "Não sei, Sam", ela respondeu. "O único jeito de descobrir é perguntando".

Sam passou outra hora, talvez mais, falando com os processadores de transações de crédito e o GPTC que finalmente conseguiu encontrar. Leslie via que Sam prestava muita atenção. Quando os processadores de transações de crédito saíram para almoçar, Sam e Leslie se sentaram em uma pequena sala de reuniões. "Leslie, preciso admitir que estou muito surpreso com o que estou vendo e escutando. Sei que os números que recebo da matriz não andam bons, mas sempre que falo deles com os gerentes regionais, eles me enviam planilhas e apresentações de PowerPoint que mostram que tudo está melhorando. Só de passar a manhã aqui, no entanto, estou vendo que a coisa está uma bagunça. Os GPTCs nunca estão por perto, os telefones não param de chamar fora do gancho, e é evidente que os processadores de transações de crédito não acompanham o trabalho e não estão contentes. Se eu fosse um dos clientes, também não estaria. Eu não teria acreditado se não tivesse visto com os meus próprios olhos. Precisamos fazer alguma coisa de uma vez".

Assim, naquela manhã, Leslie se preparava para trabalhar com a equipe formada por três processadores de transações de crédito e três GPTCs que Sam e John, o gerente regional, ajudaram a escolher. Os seis membros da equipe se dirigiram para a sala de reuniões onde Leslie os esperava (ver Figura 4.2).

Os membros de equipe começaram um tanto descrentes. "Afinal de contas, estamos falando para nossos GPTCs há anos sobre esses problemas e ninguém nunca nos escutou antes", disse Kathy, a processadora de transações de crédito que Leslie encontrara em sua visita às operações. Contudo, agora que viam a seriedade com a qual Sam encarava o problema, a situação era diferente.

"Quando foi que tivemos três dias longe do telefone para fazer algo assim?", perguntou Tabitha, uma das processadoras de transações de crédito da equipe. Desta vez, eles estavam ficando animados com a chance de algo positivo aparecer no horizonte. A equipe também incluía Joe, o GPTC de Kathy; Jorge, o GPTC de Tabitha; e Laura, uma GPTC que acompanhava Jimmy, seu processador de transações de crédito.

"Eu confio na Leslie", Joe anunciou para o grupo. "Ela veio até o escritório, observou eu e Kathy trabalhando e, depois que viu o que estava acontecendo, especialmente em relação aos problemas com as transações com mais de 10 linhas, ela deixou Sam todo alvoroçado e fez a coisa começar. Eu acredito sinceramente que

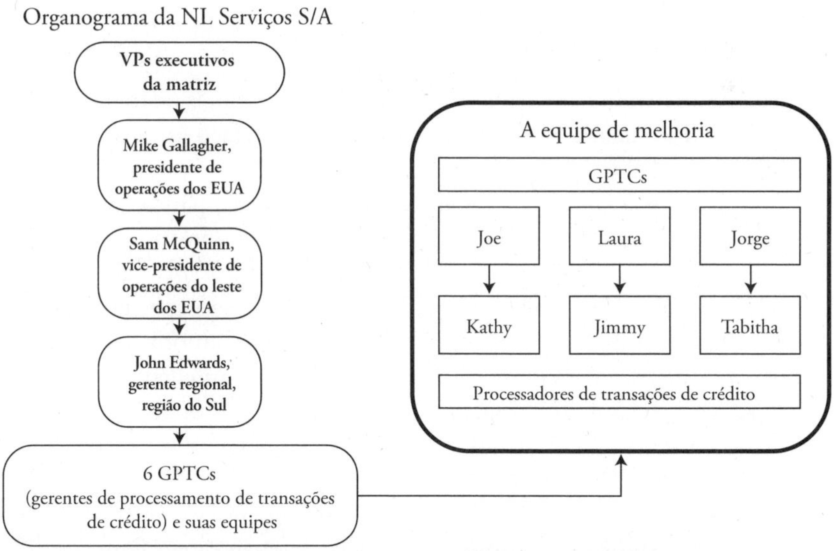

FIGURA 4.2 O organograma da NL Serviços e a equipe de melhoria, composta de representantes de três equipes de processamento de transações de crédito.

ela vai nos ajudar a descobrir como melhorar a situação para nós, e também para os clientes".

Às oito da manhã, os membros da equipe chegaram enquanto Leslie terminava de prender o papel do fluxograma. Eles olhavam ansiosos para Leslie enquanto se acomodavam nas cadeiras e bebericavam seus cafés.

"Bom dia, pessoal! Estou muito animada em trabalhar com vocês hoje. Temos muito pela frente nos próximos dias, mas acho que todos vamos aprender muito e conseguir usar isso para ajudar a nós mesmos e aos nossos clientes. Obrigada por concordarem em participar desta equipe. Sei que é um jeito novo de trabalhar na NL Serviços, e fico muito feliz em ver que vocês estão dispostos a tentar". Leslie pausou para distribuir o modelo que criara para a equipe.

"Antes de explicar o que é esse modelo, tenho uma pergunta rápida para vocês", Leslie continuou. "Quantos de vocês acham que todos os processadores de transações de crédito trabalham todos do mesmo jeito?"

"Com certeza", Tabitha foi a primeira a responder. "Todos nós recebemos o mesmo treinamento e temos POPs para cada tipo de transação de crédito. Todos queremos fazer o melhor possível pelos nossos clientes."

Jimmy e Kathy acenaram vigorosamente com as suas cabeças, concordando com Tabitha. "E todos sentam tão pertinho uns dos outros", Jimmy disse. "Eu escuto o que os outros processadores da minha equipe estão dizendo para seus clientes, e posso garantir que todos estão trabalhando do mesmo jeito."

"GPTCs, o que vocês acham?", Leslie perguntou.

Os três GPTCs se entreolharam constrangidos e olharam para Leslie também. Finalmente, Jorge disse baixinho: "Leslie, vou ser honesto: eu não faço ideia. Imagino que sim: meus membros de equipes são todos gente boa e fazem o que podem para satisfazer nossos clientes todos os dias. Mas entre reuniões, relatórios e e-mails, não tenho tempo para descobrir como os processadores de transações de crédito trabalham. Para falar a verdade, pensando bem, não faço ideia de como minha equipe faz o seu trabalho."

Leslie foi até o lado de Jorge e sorriu para ele, simpática. "Jorge, muito obrigada pela honestidade. É preciso muita coragem para admitir que não sabe. Quando vamos trabalhar, não somos pagos pela incerteza, por 'não saber', mas sim, para ter certeza e saber das coisas, especialmente quando somos supervisores ou gerentes. Porém, na minha experiência, muitas vezes o que supomos saber sobre como trabalhamos e como as coisas acontecem para os nossos clientes não passam disso, de suposições. E como todos sabemos, as suposições erram mais do que acertam. Nesta manhã, vamos embarcar em uma 'missão de exploração'. Vamos ao *gemba*, que é como o pessoal *lean* chama o lugar onde o trabalho realmente acontece, o trabalho que nossos clientes querem e precisam que a gente faça por eles. Vamos registrar o que enxergarmos e escutarmos para descobrir quais são os fatos."

Em seguida, Leslie dedicou alguns minutos para explicar como usar os modelos que havia distribuído. A equipe usaria dois formulários diferentes, um para cada estágio da observação. No primeiro, cada dupla de GPTC e processador de transações de crédito passaria uma hora escutando outro processador atender ligações e mais uma hora observando-o inserir e-mails. Nesse primeiro estágio, eles simplesmente cronometrariam os tempos de ciclo de trabalho. Quanto durava cada caso, do início ao fim? Havia também um espaço no formulário para anotar observações gerais sobre a transação. Além disso, também eles indicariam qual tipo de ligação observaram, caso fizesse diferença nos tempos (ver Figura 4.3). Essas informações seriam usadas para produzir dois gráficos de tempo, mostrando quanto demorara cada ligação e e-mail (um gráfico para cada), e entender a variação do tempo de ciclo por tipo de trabalho e por processador de transações de crédito.

No segundo estágio, eles observariam durante a metade do tempo, mas usariam um formulário mais detalhado, que mostraria os passos seguidos. Uma folha seria preenchida para cada ligação ou e-mail. O GPTC anotaria os passos usados pelo processador de transações de crédito na primeira coluna do lado esquerdo, adicionando comentários ou anotações sobre problemas ou interrupções em cada passo na coluna ao lado. O processador de transações de crédito cronometraria e registraria o tempo de cada passo na coluna à direita. Eles usariam uma única folha por ligação ou e-mail e também gravariam as ligações para que pudessem confirmar os tempos (ver formulário na Figura 4.4). Esse segundo estágio mostraria uma representação

Processo em observação: *Chamadas*		**Formulário de observação do tempo de ciclo**	Observador: Joe/Kathy
Membro da equipe em observação: *Gabby*			Data: 27/9
Tipo de chamada (Por exemplo: transações, cobrança)	**Nº de transações**	**Problemas observados ou informados**	**Tempo total por ligação**
Transação	3		6 min 15 s
Transação	7	Cliente não tinha todas as informações à mão	10 min 35 s
Cobrança	—	Erro na fatura - cliente cobrado a mais	8 min
Transação	2		5 min
Transação	1		3 min 10s
Transação	3	Difícil de ouvir o cliente no celular	8 min
Transação	5		7 min
Correção	2	2 transações inseridas erradas	4 min 45 s
Transação	1		2 min
Transação	8	3 transações inseridas erradas - precisou reinserir	11 min

FIGURA 4.3 Formulário de observação do tempo de ciclo.

Processo em observação: Transações por telefone	Formulário de observação do tempo de cada passo do processo		Observador: Joe/Kathy
Membro da equipe em observação: Gabby			Data: 27/9
	Ligação telefônica		
Nº do Passo	**Descrição do passo**	**Problemas observados ou informados**	**Tempo em cada passo**
1	Atender telefone		00:00:15 / 15s
2	Cumprimentar cliente		00:00:30 / 30s
3	Acessar conta do cliente no sistema	Difícil de ver qual tela abrir	00:01:00 / 25s
4	Verificar data de processamento da transação		00:01:25 / 15s
5	Inserir transações (3 no total)	Difícil de ouvir o cliente 2 transações inseridas erradas/reinseridas	00:01:40 / 3 min / 15s
6	Repetir transações de volta	Precisou voltar para o início e começar com a primeira transação	00:04:55 / 1 min 50s
7	Confirmar nº total de transações		00:06:45 / 30s
8	Dizer ao cliente próxima data do processo	Cliente vai estar de férias Data ajustada	00:07:15 / 15s
9	Agradecer cliente		00:07:30 / 10s
10	Desligar o telefone		00:07:40
	Página 1 de 1	**Tempo total para os passos:**	7 min 25s

FIGURA 4.4 Formulário de observação do tempo de cada passo do processo.

mais detalhada dos passos seguidos, além da sequência e do tempo por passo para diferentes tarefas e processadores de transações de crédito.

Enquanto explicava o processo, Leslie conseguia sentir a mistura de nervosismo e entusiasmo da equipe. Eles nunca fizeram nada parecido com aquela observação, porém, após anos de frustração, algo finalmente estava acontecendo. Depois que terminou, os GPTCs e os processadores de transações de crédito passaram alguns minutos conversando entre si sobre quem observar. Depois de se organizarem e Leslie ter certeza que todos saberiam como usar os formulários, ela dispersou o grupo. "Eu vou passar para ver como estão indo", ela garantiu a todos. "Sei que todos vão fazer um bom trabalho."

"Leslie, isso é muito legal!", Laura exclamou. "Estou me sentindo uma detetive. Mal posso esperar para ver o que a gente descobre!"

Duas horas depois, os membros da equipe se reuniram mais uma vez em torno da mesa da sala de reuniões. Após alguns minutos se organizando e colocando os gráficos de tempo em uma seção do quadro e as folhas de tempo em outra, todos olharam ansiosos para Leslie. "E então, o que vocês acham?", Leslie perguntou. Todos começaram a falar ao mesmo tempo.

"Nunca percebi que os clientes faziam tantas mudanças nas transações de crédito que mandam", Laura disse.

"E que a Kelly, minha colega, não segue os mesmos passos que eu para inserir as transações de crédito", Jimmy completou.

"E sabem aquele problema de 'mais de 10 linhas' que eu tenho?", Kathy interrompeu. "A Erica disse que também tem!"

"Agora que temos todas essas informações, como vamos usá-las?", Tabitha perguntou.

"Agora vocês sabem por que eu estava tão animada hoje de manhã", Leslie riu. "Ir onde as coisas acontecem de verdade nos dá uma visão muito diferente da situação. Fico contente que todos vocês viram e escutaram tanto. O próximo passo é reunir as informações que coletamos e combiná-las para que todos nós possamos 'ver' a história que elas estão contando". Leslie apontou para a parede onde pendurara várias folhas grandes de papel. Em uma página, ela imprimira o título "Gráfico de Tempo de Processo: menos de 10 transações". Em outro, ela escrevera "Gráfico de Tempo de Processo: 10 transações ou mais". Na terceira página, o texto impresso era "Problemas observados". Na próxima meia hora, Leslie trabalhou com os membros da equipe para ajudá-los a criar gráficos, analisar os dados e realizar observações que coletaram para colocar nas folhas grandes. Por fim, eles colocaram um gráfico de tempo para cada um dos processadores de transações de crédito observados. Quando terminaram, o resultado ficou parecido com os gráficos de corridas da Figura 4.5.

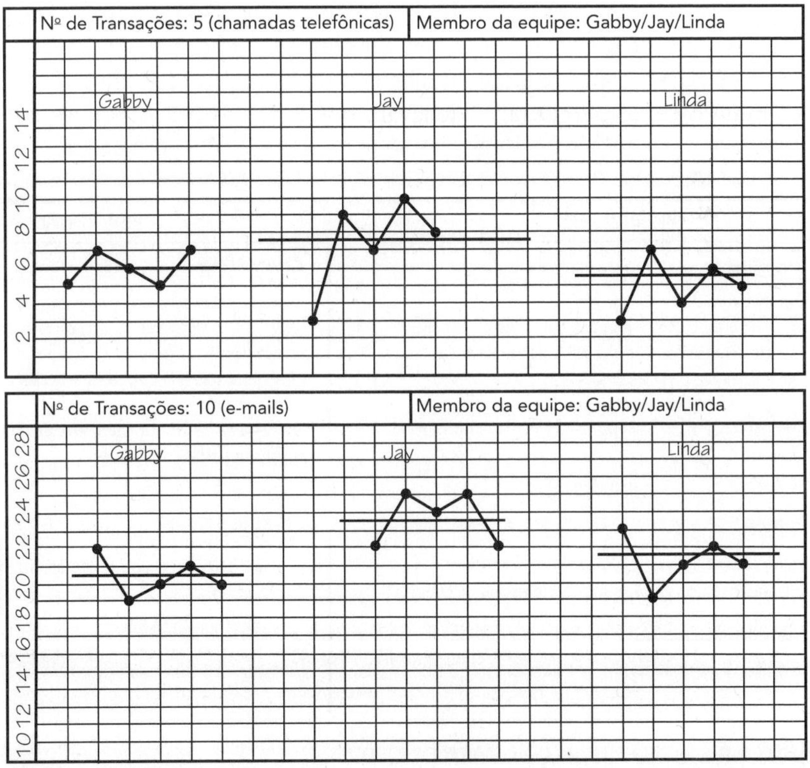

FIGURA 4.5 Gráficos de corridas para menos de 10 e mais de 10 transações.

Sentados ao redor da mesa, os membros de equipe prestavam atenção em Leslie, que os instruiu a passar alguns minutos refletindo sobre o que viram. Olhando para seus rostos, Leslie viu que eles estavam bastante surpresos.

Joe foi o primeiro a falar: "Leslie, olha só a diferença de tempo para processar as transações de crédito. Algumas demoram bem pouquinho, outras demoram bastante."

"E olha como são demoradas as transações com mais de 10 linhas!", Jorge exclamou. "A minha equipe tem vários clientes grandes, eu não sabia que demorava tanto para inserir essas transações."

Kathy, que estava ansiosa pela sua vez de falar, não se conteve: "E olhem só o gráfico dos problemas... As transações com 10 linhas ou mais são obviamente o nosso maior problema. É bem como eu suspeitava!"

Leslie parabenizou os membros do grupo pelas suas excelentes observações, então pendurou outra folha de papel grande, na qual escreveu "Perguntas" (ver Figura 4.6). A seguir, ela descreveu o próximo passo: "esses dados são ótimos, mas agora precisamos analisá-los. Primeiro, quais problemas vocês veem no processo?". O grupo listou os problemas e Leslie os dividiu entre os problemas com ligações e os com e-mails. Pelos próximos 15 minutos, ela guiou a equipe em uma sessão de *brainstorming*, com todos listando perguntas que lhes ocorria quando viam as informações nos gráficos.

Após uma breve pausa, Leslie chamou a atenção de todos. "Pessoal, mais uma coisa que precisamos fazer antes do almoço. Acho que vocês vão gostar". Ela se virou para o papel-pardo no qual escrevera "Passos do Processo" e continuou: "lembram quando perguntei se achavam que todos os processadores de transações de

PROBLEMAS

CHAMADAS

- Clientes com dados faltando
- Difícil de ouvir clientes quando ligam dos seus celulares
- Muitas telas abertas deixa difícil saber se está inserindo dados na tela certa
- Processamento atrasado - prazos estourados
- Precisa voltar e ler cada transação para confirmar exatidão
- Fácil de inserir transações incorretamente

E-MAILS

- Planilha das transações é confusa
  - Transações em várias partes diferentes da planilha
- Várias interrupções enquanto digita
  - Ligações telefônicas
- Outros processadores pedindo ajuda

PERGUNTAS

CHAMADAS

- Por que processadores diferentes precisam de tempos tão diferentes para inserir o mesmo número de transações?
- Por que é tão difícil achar a tela certa de "Inserir conta"?
- Por que se estouram tantos prazos de processamento?

E-MAILS

- Por que as transações de 10 linhas são tão demoradas?
- Não devia demorar menos para inserir dados de uma planilha? (Sem falar com o cliente...)
- Por que tantos erros de inserção??

FIGURA 4.6 Quadro de problemas e perguntas.

crédito usavam os mesmos passos para trabalhar? E todos "supuseram" que sim? Bem, agora vamos descobrir se nossas suposições estavam certas ou erradas. O que vamos fazer a seguir é criar um diagrama que mostra os passos, em sequência, para cada processador de transações de crédito e compará-los."

"Usando as folhas de tempo", Leslie continuou enquanto distribuía bloquinhos de Post-it coloridos para cada membro, "anotem os passos que o processador de transações de crédito que vocês observaram usou para completar a transação. Quando terminarem de anotar os passos, um por Post-it, eu quero que os coloquem em ordem aqui no papel-pardo". Para deixar tudo mais claro, Leslie colocou um Post-it com o nome de cada processador de transações na folha de papel-pardo, assim todos saberiam por onde começar. "Depois que todos colocarem seus Post-its, vamos conseguir enxergar se os passos são os mesmos ou não". Vinte minutos depois, o papel-pardo, repleto de Post-its coloridos, assemelhava-se à Figura 4.7.

Leslie não ficou surpresa com o resultado da equipe, mas sabia que os outros ficariam. Analisando o diagrama dos passos do processo, era óbvio que nenhum processador de transações de crédito trabalhava da mesma forma que os outros. Leslie deu um passo para trás e ficou assistindo a reação da equipe. Após alguns minutos, Joe foi o primeiro a falar. "Eu não teria acreditado se não estivesse assim, bem organizadinho", ele riu. "Leslie, a gente achava que todos trabalhavam exatamente do mesmo jeito, mas agora está óbvio que ninguém trabalha do mesmo jeito que ninguém! Não é à toa que temos tantos problemas e que algumas pessoas demoram mais para fazer o mesmo trabalho. Todas as pessoas que observamos acreditavam que trabalhavam exatamente do jeito que foram treinadas! Nossas premissas hoje de manhã estavam totalmente erradas!"

"Totalmente", Tabitha concordou. "De onde tiramos tanta confiança? E agora que vemos que todos estão trabalhando de jeitos muito diferentes, que pessoas diferentes levam tempos diferentes para processar as transações, e que temos tantos problemas, especialmente com transações que têm mais de 10 linhas, o que vamos fazer?"

"Isso", Leslie respondeu, "é exatamente o que vamos debater... Logo depois do almoço!"

Reflexão: entendendo o estado atual

O estado atual está começando a se revelar, e a equipe está ficando animada, pois estão sendo responsáveis pelo processo de descoberta. Muitas coisas estavam claras para Leslie desde o início, mas ela não revelaria as próprias observações. Para começar, ela não tinha certeza do que observara e queria obter dados e fatos reais. Segundo, ela precisava ensinar os membros da equipe a enxergar o estado dos seus próprios processos. É interessante que eles viviam dentro dessa organização, mas ainda tinham percepções tão equivocadas. Por exemplo, eles pressupunham que todos os

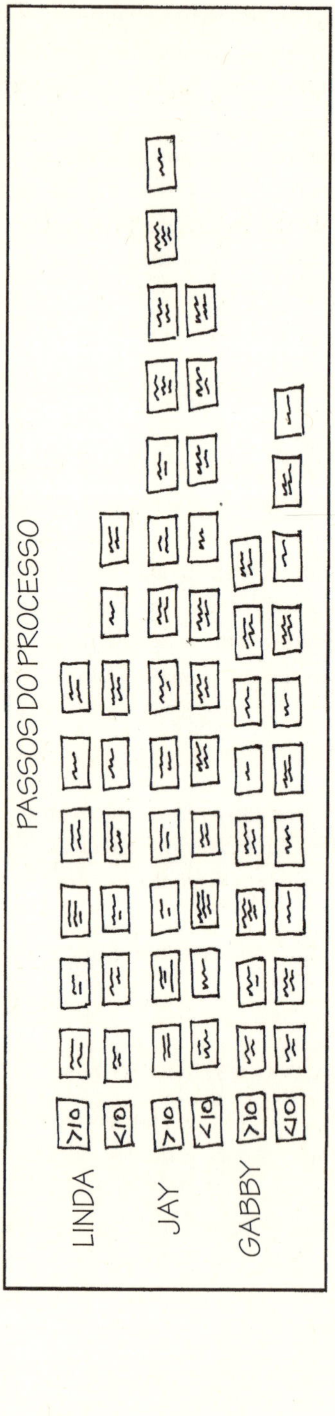

FIGURA 4.7 Diagrama de passos do processo por processador.

processadores de transações de crédito trabalhavam do mesmo modo, seguindo os POPs. Usando uma observação estruturada, imediatamente ficou claro que estavam errados. Leslie fez as perguntas que fez porque queria previsões públicas. A ideia não era fazer eles de bobos, e sim permitir que aprendessem sobre os perigos de fazer suposições e a diferença entre o que imaginavam e a realidade. As pessoas aprendem mais quando estão cientes da diferença entre o que acham que sabem e o que sabem de verdade, não quando estão sempre certas.

IDENTIFICAR LACUNAS E PRIORIZAR

Prioridades do que buscar

Quando todos voltaram do almoço, Leslie ficou contente em ver como os membros da equipe estavam animados com a ideia de continuar o trabalho. Nos primeiros momentos, eles se reuniram ao redor dos gráficos, conversando e apontando partes das imagens. Depois que todos se acomodaram novamente ao redor da mesa, Leslie recomeçou: "pessoal, estou muito orgulhosa do trabalho que vocês fizeram hoje de manhã. Olhando para o diagrama de passos do processo e os outros gráficos, vemos o quanto já aprendemos sobre a ampla variação no modo como as transações de crédito estão sendo processadas e quais são alguns dos problemas. Agora precisamos, enquanto equipe, decidir o que queremos enfrentar para que o processo seja melhor para todo mundo, especialmente para nossos clientes."

"Sim", Tabitha disse, um pouco nervosa. "Eu concordo. Mas como estava dizendo antes do almoço, parece que temos tantos problemas. Como vamos saber por onde começar? Não dá para trabalhar em tudo de uma vez só... Dá?"

"Tabitha", Leslie disse, sorrindo e balançando a cabeça. "Você está certa. Às vezes, quando temos problemas, tentamos fazer muitas coisas diferentes ao mesmo tempo e procuramos várias e várias soluções juntas. Quem aqui já esteve nessa situação?"

"Leslie, tem certeza que você não é funcionária aqui da NL Serviços?", Jorge perguntou. "Sempre que nossos números caem, a matriz grita tanto com a gente que nós, os GPTCs, listamos todos os problemas possíveis e todas as soluções possíveis e tentamos adotar todas elas, o mais rápido possível. A gente atira para tudo quanto é lado e torce para acertar alguma coisa!"

Leslie riu e acenou com a cabeça. "Jorge, prometo que nunca trabalhei na NL Serviços antes, mas, com certeza, já vi exatamente isso que você descreveu em muitos lugares diferentes. Na minha experiência, não dá muito certo: quando tentamos enfrentar muitas coisas ao mesmo tempo, não conseguimos nos concentrar e acaba que não fazemos nada direito. E depois não entendemos por que alguma coisa funcionou ou deixou de funcionar."

Olhando ao redor, Leslie notou que a equipe estava de acordo. "Desta vez, vou sugerir que a gente tente uma coisa diferente. Vamos escolher juntos um problema ou dois e então começar por eles. Sei que identificamos vários problemas, mas alguém consegue pensar em um jeito de escolher por qual começar?"

Kathy, que enquanto Leslie falava passara o tempo todo encarando o diagrama de passos do processo e os gráficos de tempo, virou-se para ela e para a equipe de repente. "Leslie", ela disse, "olhando para os gráficos de tempo, o que se destaca para mim é que as 'Transações com mais de 10 linhas' demoram muito para serem processadas. Nós sabemos que, quando essas transações têm problemas, nossos clientes levam multas estaduais e às vezes ficam tão brabos que trocam de processadora de transações de crédito. Foi isso que aconteceu três semanas atrás com a E-Z Credit, o meu maior cliente. Os erros nas transações com 10 linhas ou mais é um problema horrível para nossos clientes e para a gente". Leslie olhou ao redor e viu que a equipe estava concordando silenciosamente.

Jimmy se levantou da cadeira e foi até o diagrama de passos do processo, onde foi direto ao ponto. "Olhem só isso. Dá para ver que nenhum processador de transações de crédito trabalha do mesmo jeito. Não é por nada que os gráficos de tempo mostram tanta diferença na quantidade de tempo que se leva para processar as transações de crédito. Vocês nem imaginam quantas vezes meus clientes ligam para reclamar que suas transações não estão sendo processadas a tempo. Se todo mundo trabalhasse do mesmo jeito, talvez tudo demorasse menos, e nós conseguiríamos processar as transações de crédito quando os clientes querem."

"Quem sabe não é isso?", Tabitha disse para o grupo, animada. "Nossos gráficos mostram que os dois problemas pelos quais deveríamos começar são as transações que têm 10 linhas ou mais e descobrir como fazer com que todos os processadores de transações de crédito trabalhem do mesmo jeito, para que todas as transações sejam processadas dentro do prazo, sempre! Se pudermos resolver esses dois problemas, nossos clientes ficarão mais felizes, e nós ficaremos mais felizes também!" Jorge, Laura e Joe concordaram com os processadores de transações de crédito. Se pudessem atacar esses dois problemas, com certeza atenderiam menos ligações enfurecidas dos clientes e da matriz também.

"Bom trabalho, pessoal!", Leslie exclamou. "Quando eu olho para todo o trabalho que fizeram hoje de manhã, concordo que acabar com esses problemas seria um grande benefício para seus clientes e colegas. Para mim, é muito útil pensar em termos do que estamos buscando, não quais problemas estamos tentando resolver. Para cada um desses dois problemas, como seria se tivéssemos sucesso?"

Kathy ficou pensativa. "Acho que se colocasse o problema das 10 linhas em termos do que buscar, diria que precisamos de alta precisão e tempos de processamento curtos, seja qual for o número de linhas."

"E quanto ao outro problema", Jimmy completou, "gostaríamos de ter um processo de qualidade e consistente, independente de qual processador de transações de crédito esteja executando o trabalho. Pensando bem, em ambos os casos queremos consistência e qualidade, e esses são dois obstáculos para esses objetivos."

"Gostei!", Leslie exclamou. "Analisando os dados que já temos, no entanto, não tenho certeza se sabemos o suficiente sobre o que realmente está acontecendo nas transações de 10 linhas ou mais. A minha sugestão é passar as próximas horas aprendendo tudo que pudermos sobre como essas transações são processadas. Alguém tem alguma ideia de como fazer isso?"

"Vamos voltar ao *gemba* e observar mais", Kathy sugeriu. "Sei como procurar quais processadores de transações de crédito têm transações com 10 linhas ou mais para processar hoje à tarde. Podíamos pedir para sentar ao lado deles enquanto processam as transações, assim, veremos como fazem e quais os problemas que eles têm."

"E", Jimmy disse, "podíamos prestar bastante atenção em como cada um deles está fazendo o processo: registrar os passos de novo e então mapeá-los para ver se alguém descobriu um jeito de fazer o processo com mais eficiência e menos erros."

"Olha só", Tabitha disse. "A Credit A2Z, um dos meus melhores clientes, sempre manda transações com 10 linhas ou mais. Aposto que se ligássemos para lá, eles não se importariam em nos contar o que estão achando do nosso processamento. Isso também poderia nos ajudar a entender algumas coisas."

Vinte minutos depois, Kathy terminou de distribuir uma lista de todas as transações com 10 linhas ou mais que seriam processadas naquela tarde, enquanto Jimmy e Tabitha conversavam com todos os processadores de transações de crédito que as processariam para informá-los sobre o que a equipe estava fazendo. Com as folhas de tempo em mãos, os membros da equipe partiram para aprender tudo que pudessem. Leslie prometeu que iria buscá-los em duas horas.

Reflexão: identificar lacunas e priorizar

As organizações sofrem muito para decidir por qual problema começar, ou listam uma infinidade de problemas, identificam soluções rapidamente e criam uma lista de ações de quem fará o quê até quando. Ambos estão errados.

No primeiro caso, não é crucial que a equipe identifique o problema ideal para ser trabalhado no início. Se seguirem uma abordagem de experimentação rápida, as equipes poderão testar em pouco tempo seus pressupostos sobre o impacto da resolução de diversos problemas. Há vários modos de priorizá-los rapidamente. Muitas equipes usam uma matriz de 2 × 2 simples, que compara o esforço e o impacto para classificar os problemas pelo custo provável de resolvê-los, além do impacto potencial para o cliente e o negócio. Obviamente, o melhor seria começar por problemas de baixo custo e alto impacto. Contudo, ainda estamos usando pressupostos subjetivos, e somente descobriremos se estamos corretos ou não quando executarmos os experimentos.

Como Leslie aponta, desenvolver longas listas de ação quase sempre é uma má ideia, pois se muitas das "soluções" fossem desenvolvidas e implementadas ao mesmo tempo e ocorresse uma mudança no resultado, seria impossível saber quais estão passando pelo impacto, seja ele positivo ou negativo. Experimentos com apenas uma variável, ou seja, tentar uma coisa de cada vez, são ideais para descobrir se a solução funciona ou não.

BUSCAR O ESTADO FUTURO USANDO PEQUENOS CICLOS DE APRENDIZAGEM

Ciclo PDCA 1: aprofundamento no *gemba*

Naquela tarde, todos estudaram o *gemba* como haviam concordado. Exatamente às 15h, Leslie cumpriu o prometido, buscando a equipe e voltando com ela para a sala de reuniões. Assim que chegaram, antes que Leslie tivesse a chance de acomodá-los, Joe pegou uma folha de papel grande, grudou-a na parede ao lado dos gráficos de tempo preparados pela manhã e escreveu "problemas com transações > 10 linhas". Enquanto os membros da equipe listavam outros problemas que haviam encontrado com a observação dos processadores de transações de crédito, ficou óbvio que a maior parte deles acontecia quando os processadores inseriam as transações de e-mails enviadas pelos clientes. Quando a equipe somou o número de transações com 10 linhas ou mais, nas quais o processador de transações de crédito teve um problema, viu-se que aquelas enviadas por e-mail eram o triplo das outras.

"Interessante", Laura respondeu. "Por que será que isso faz diferença?"

"Eu tenho algumas ideias", Kathy respondeu. "Quando inserimos as transações de crédito que têm mais de 10 linhas, as informações geralmente vêm em um modelo de Excel anexado ao e-mail. Quando abrimos a planilha, ela tem de 20 a 30 colunas, com vários tipos de informações. Não precisamos de quase nada delas, só os números das transações e as datas. Mas para achar esses dados, precisamos ir de um lado para o outro nas colunas e descer de cima para baixo, várias e várias vezes. A gente parece um detetive, sempre procurando o que precisa. Às vezes, a planilha é tão grande que a imprimimos para poder destacar os números das transações e as datas antes de tentar inseri-los no sistema. Seja na tela ou no papel, se você não tomar muito cuidado, é fácil se enganar e escolher o número errado e a coluna errada."

"E aquela catação de milho, botar o número certo na coluna certa, demora muito também", Tabitha observou.

"Eu mesmo já tive esse problema várias vezes", Jimmy acrescentou. "É pior ainda quando você está indo de um lado para o outro no Excel, tentando pegar todos os números das transações, e o telefone toca. Você precisa parar, abrir outra janela, processar as transações de crédito para o cliente no telefone e, então, voltar e tentar entender onde estava na planilha de transações com 10 linhas ou mais. Quando isso acontece, sempre me pergunto se cometi algum erro, por mais que eu verifique a transação antes de enviar os dados."

"Sabe de uma coisa, Jimmy?", Jorge disse. "Lexi, a processadora de transações de crédito que acompanhei, disse exatamente a mesma coisa. Ela disse que as transações por e-mail com 10 linhas ou mais são as piores porque ela sabe que seria interrompida e provavelmente cometeria um erro. Ela disse que fica com dor de barriga sempre que precisa processar uma delas."

"Pensem bem", Kathy completou para encerrar a conversa. "Quando processamos as transações de crédito pelo telefone, o cliente lê o número da transação para nós e a gente repete ele de volta depois que inserimos. Se está errado, a gente conserta na hora. E como já estamos no telefone, não tem ninguém para nos interromper!"

Enquanto a equipe continuava a aumentar a lista de problemas, Leslie pegou outra folha de papel grande e colocou-a na parede, ao lado da folha de Joe. Sob o título "Obstáculos", ela listou seis pontos, como mostra a Figura 4.8.

Depois que terminou de listar os obstáculos, Leslie olhou para o relógio e disse para a equipe: "Uau! É quase quatro e meia. O tempo passou voando, hein? Acho que agora seria uma ótima hora para encerrarmos o trabalho por hoje, mas antes de irmos embora, vamos planejar o trabalho de amanhã. Agora que temos mais informações sobre o problema das transações de crédito de 10 linhas, gostaria de sugerir que a gente se divida em duas equipes. Uma vai tentar descobrir como criar um

PROBLEMAS
- Planilhas difíceis de ler
- Precisa imprimir planilhas para inserir dados
- Difícil achar a transação certa na planilha
- Fácil cometer erros na inserção
- Várias interrupções enquanto tenta digitar corretamente

OBSTÁCULOS
1. Planilhas têm colunas demais
2. Transações não estão localizadas em colunas padrões
3. Olhar para cima e para baixo, da planilha impressa para a tela do computador
4. Ir e voltar entre as telas dos clientes quando interrompido por um cliente que liga para falar das transações
5. Muitas telas dos clientes abertas de uma vez só
6. Muitas folhas de papel nas mesas

FIGURA 4.8 Páginas da lista de problemas de Joe e da lista de obstáculos de Leslie.

processo que todos os processadores de transações de crédito possam seguir, para que demore mais ou menos o mesmo tempo para inserir transações de crédito semelhantes, e a outra vai pensar em como superar alguns dos obstáculos do processo de transações com 10 linhas. O que vocês acham disso?"

Kathy e Joe se entreolharam rapidamente, depois se voltaram para a equipe. "Se ninguém se importar, eu ia adorar trabalhar no problema das 10 linhas com o Joe", Kathy disse. "Eu reclamo disse para ele há tanto tempo, ele deve me achar um disco arranhado. Mas eu só reclamo porque o problema é muito importante para mim. Se eu puder fazer alguma coisa para que clientes como a E-Z Credit fiquem conosco, isso me deixaria muito feliz."

"Com certeza", Laura disse. "Com certeza."

"Ótmo!", Leslie disse. "Então está tudo certo para amanhã. Kathy e Joe vão trabalhar no problema das 10 linhas enquanto Tabitha, Laura, Jimmy e Jorge tentam descobrir como criar um processo que permita que todos os processadores façam um trabalho de alta qualidade para todos os clientes sempre dentro do prazo."

Com isso, a equipe começou a juntar suas coisas para ir embora, conversando entre si. Na porta, Jorge quase esbarrou em Lexi, a processadora de transações de crédito que acompanhara naquela manhã. "Jorge", Lexi disse, "quando você pediu para me acompanhar hoje, fiquei um pouco nervosa no início. Mas quando vi que estava fazendo todas aquelas anotações e como estava interessado, eu comecei a ficar animada. Eu só vim aqui para dizer isso". Lexi então olhou para o lado e viu as folhas presas na parede. "Puxa, vocês trabalharam um montão hoje!"

"Trabalhamos mesmo", Jorge disse. "E não teria sido possível sem sua ajuda, ou sem a ajuda de todos os outros processadores de transações de crédito. Deixa eu mostrar o que a gente aprendeu."

Enquanto observava Jorge explicar os gráficos de tempo e o digrama dos passos do processo para Lexi, Leslie sorriu consigo. "Sempre é melhor ir ao *gemba* e ver tudo com os próprios olhos. Nunca falha". O dia fora ótimo, mas Leslie tinha certeza que os próximos dois seriam melhores ainda.

Reflexão: aprofundamento no *gemba*

Costumamos pensar no PDCA em um nível macro, no qual um plano é desenvolvido para o problema como um todo. Depois nós o implementamos e verificamos o que aconteceu, definindo mais ações. Qualquer esforço para melhorar processos complexos contém muitos ciclos PDCA embutidos. O PDCA não significa necessariamente que vamos "implementar" alguma coisa. Ele pode significar que continuamos a estudar para verificar nossas premissas. Nesse caso, o planejamento é determinar o que estudar (por exemplo, o problema de 10 linhas) e como ele será verificado. Depois, a execução é ir ao *gemba* para realizar o estudo. Por fim, conversamos sobre o que vimos e aprendemos e definimos os próximos passos.

Ciclos PDCA para o problema de 10 linhas

Durante os dois dias seguintes, ambas as equipes ficaram surpresas com o quanto conseguiram avançar com a ajuda de Leslie.

Ao revisar os dados coletados sobre as transações com 10 linhas ou mais e a lista de obstáculos que o grupo criara, Kathy e Joe decidiram se concentrar em duas coisas: encontrar maneiras de reduzir a quantidade de interrupções que os processadores de transações de crédito sofriam enquanto inseriam as transações por e-mail e verificar se há uma maneira de mudar o modelo de Excel que continha os números das transações que precisariam inserir. Eles colocaram duas folhas de papel grandes na parede e fizeram um *brainstorming*. Após cerca de 20 minutos, eles geraram duas listas robustas (ver Figura 4.9). Sentada na mesa da sala de reuniões, Kathy refletiu: "Joe, agora que temos todas essas ideias, não tenho certeza de qual, ou quais, tentar primeiro."

"Também não tenho certeza", Joe concordou. "Quem sabe a gente vê o que a Leslie acha".

Leslie repassou ambas as listas com a equipe. "Excelente trabalho", ela disse, observando as listas. "Estou vendo por que está tão difícil decidir, e também por que vocês estão tentados a tentar tudo de uma vez só. Todas elas são ideias muito boas que podem ajudar. Mas vocês lembram daquilo que conversamos ontem, sobre tentar coisas demais de uma vez só? Quando fazemos isso, não temos como saber quais das coisas que tentamos nos deixaram mais próximos da nossa meta, ou se alguma coisa ajudou. Na minha experiência, escolher uma coisa para mudar, testar e ver o que acontece é um jeito melhor de descobrir o que funciona e o que não funciona."

Reduzir interrupções

1. Desligar os "pop-ups" para notificações de e-mail
2. Colocar telefone no silencioso
3. Cobrir luz de alerta de mensagens de voz no telefone
4. Configurar um novo código "Aux" no telefone para usar enquanto insere transações por e-mail
5. Inserir transações por e-mail no começo da manhã quando há menos ligações
6. Fazer uma placa de "NÃO PERTURBE" para uso dos processadores
7. Criar períodos de "proibido interromper" durante o dia

Melhorar a planilha!

1. Reduzir o número de colunas para que não seja tão larga...
2. Revisar colunas e ver se todas ainda são necessárias
3. Ocultar colunas sem transações necessárias
4. Encontrar uma maneira de ordenar que todas as transações fiquem na mesma coluna
5. Não imprimir a planilha
6. Copiar/colar da planilha para o sistema Como?? Dar um jeito!!

FIGURA 4.9 Páginas com ideias de como melhorar os processos de transações com 10 linhas ou mais.

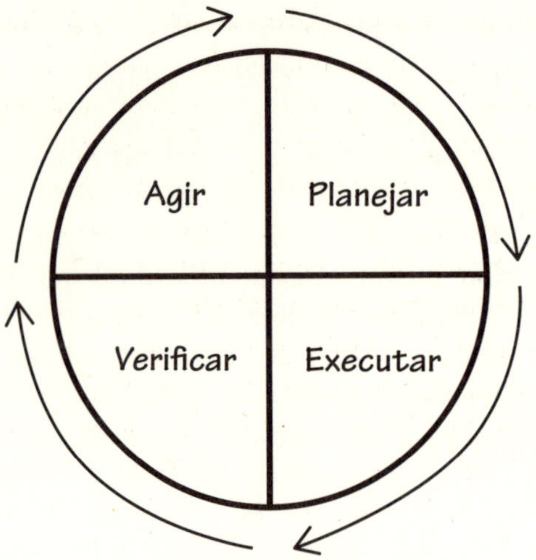

FIGURA 4.10 Ciclo Planejar-Executar-Verificar-Agir.

Leslie explicou para eles o PDCA, o ciclo Planejar-Executar-Verificar-Agir (ver Figura 4.10). "Experimentar ideias com o PDCA não precisa ser demorado", Leslie esclareceu. "É como fazer um experimento no laboratório do colégio. Você escolhe algo que acha que vai melhorar o problema, faz uma *previsão* sobre o que vai acontecer, e testa com um 'experimento de aprendizagem' rápido. Chamamos esse teste de contramedida. Depois de testar sua contramedida, você vê se a previsão estava certa ou não... Aconteceu o que você achou que ia acontecer? Ou ocorreu algo diferente? Trabalhar assim nos impede de fazer todas aquelas 'suposições' que todo mundo adora fazer."

Leslie sorriu e olhou para Joe e Kathy. Kathy olhou para ela, depois para Joe. "Então, se eu entendi direito", Kathy disse, "precisamos escolher uma das nossas ideias, pensar em como testá-las rapidinho e então fazer o que fizemos ontem! Ir ao *gemba* com as nossas folhas de tempo e ver o que acontece quando experimentamos."

"Absolutamente certa", Leslie disse.

"Pelo que você disse, a gente não precisa se prender demais em decidir o que tentar primeiro", Joe disse com um olhar pensativo. "Não sabemos o que vai acontecer com nenhuma delas. Por ora, são só ideias. Até testarmos, não vamos saber qual é a melhor, só podemos adivinhar. Podemos errar ou acertar; o importante é escolher uma, tentar e ver o que acontece, para podermos seguir em frente."

"Absolutamente certo de novo", Leslie disse. "Quantas vezes ficamos paralisados, tentando decidir qual seria a *melhor* coisa a tentar? Como todo mundo tem uma opinião, baseada nas suas preferências pessoais, muitas vezes acaba que nada acontece."

Joe começou a rir. "Leslie, você vive dizendo que nunca trabalhou na NL Serviços antes, mas ainda não sei se acredito em você".

Joe e Kathy decidiram trabalhar nas interrupções primeiro. Jorge perguntou a Lexi, a processadora de transações de crédito que acompanhara no dia anterior, se ela estaria disposta a ajudá-los a tentar algumas coisas. Lexi concordou, entusiasmada. Para cada "contramedida" testada, Joe e Kathy usaram suas folhas de tempo para ver quanto demorava para inserir transações com 10 linhas ou mais. Eles também registraram quantos erros eram cometidos.

Até o almoço, com a ajuda de Lexi, Kathy e Joe executaram três experimentos para testar o que aconteceria se os processadores de transações de crédito desligassem os alertas de *pop-up* dos seus e-mails, colocassem seus telefones no silencioso e prendessem uma placa vermelha de "pare" com o número 10 na lateral do cubículo, informando aos outros processadores que estavam processando uma transação com 10 linhas ou mais.

Quando obtiveram os resultados desses três experimentos, eles descobriram que o tempo necessário para processar uma transação de 10 linhas caiu pela metade, e o número de erros fica em cerca de um quarto da quantia anterior. Joe e Kathy ficaram ansiosos para compartilhar os resultados dos seus "experimentos de aprendizagem" com Leslie. "Bom trabalho, pessoal!", Leslie exclamou. "Parece que vocês identificaram umas contramedidas muito boas".

"Sim", Joe concordou. "Esta tarde, vamos trabalhar em algumas mudanças na planilha do Excel. Dá para ver que o tempo que demora para inserir as transações de 10 linhas diminuiu bastante, mas ainda temos erros demais".

"E cliente nenhum quer erros nas suas transações", Kathy lembrou. "Não vai adiantar nada para os nossos clientes se processarmos tudo dentro do prazo, mas com erros. Eles ainda levariam multas do Estado. Precisamos processar as transações deles no prazo e sem erros! Quando estávamos observando a Lexi, vimos quantos problemas ela tinha por estar usando a planilha impressa. Ela tinha várias ótimas ideias sobre como resolver isso. A gente colocou tudo na lista, vamos trabalhar nelas hoje de tarde".

Joe e Kathy passaram a tarde testando suas ideias e as ideias que Lexi sugeriu. Ao final do dia, trabalhando juntos, eles descobriram um jeito fácil de ordenar as colunas na planilha do Excel para que todos os números das transações de crédito ficassem alinhadas no lado direito da página, uma após a outra. Também descobriram que, como não precisavam mais ficar indo e voltando na planilha, era possível deixar a janela do Excel muito menor, encaixando-a no lado da janela do sistema de transações de crédito (ver Figura 4.11). Com isso, Lexi podia simplesmente recortar as transações de crédito da planilha e colá-las na janela do sistema... E não perderia mais tempo indo e voltando da impressora. "Uau!", Lexi exclamou. "Que alívio não ter mais toda aquela papelada na minha mesa. Não preciso mais me preocupar se estou inserindo dados na planilha de crédito errada".

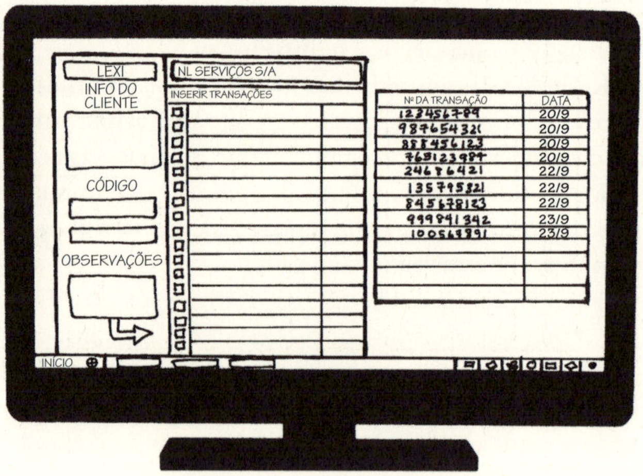

FIGURA 4.11 Tela do computador de Lexi com a janela de processamento de crédito e a planilha lado a lado.

Às quatro da tarde, Joe e Kathy voltaram para a sala de reuniões. Por ter completado todas as suas transações de crédito, Lexi foi com eles. Revisando os gráficos e quadros que criaram para registrar os resultados dos "experimentos de aprendizagem" da tarde, eles descobriram que conseguiram reduzir o número de erros em três quartos e que cortaram, mais uma vez, o tempo necessário para inserir as transações pela metade (ver Figura 4.12).

Lexi, Kathy e Joe estavam entusiasmados. Percebendo a animação, Leslie se aproximou. "Gente", ela disse, abrindo um sorriso, "parece que vocês avançaram bastante. Quero saber tudo, vamos lá."

"Leslie", Kathy disse, "você estava certa. Tentando mudanças pequenas, uma de cada vez, conseguimos descobrir o que funciona de verdade!"

"E", Joe completou, "olha só os resultados! Erros e tempo de processamento, ambos reduzidos em 75%! Nossos clientes vão nos amar!"

"Sim", Lexi concordou, cheia de alegria. "Imagina só como vai ser melhor para a gente também. Não vou mais ter que começar todos os dias morrendo de medo do telefone, dos clientes furiosos com os erros nas transações de crédito com 10 linhas ou mais, nem vou precisar preencher tantos formulários de Correção de Cobrança. Com certeza vai deixar o meu dia bem mais fácil e vai me dar mais tempo para processar as transações de crédito dos outros clientes. E aposto que não ter tanta pressa também vai ajudar a diminuir o número de erros."

"Bom trabalho", Leslie disse. "Vejam só tudo que vocês aprenderam para ajudar os clientes e todo mundo que faz o trabalho também. Lexi, obrigada por ajudar a equipe a experimentar todas essas coisas."

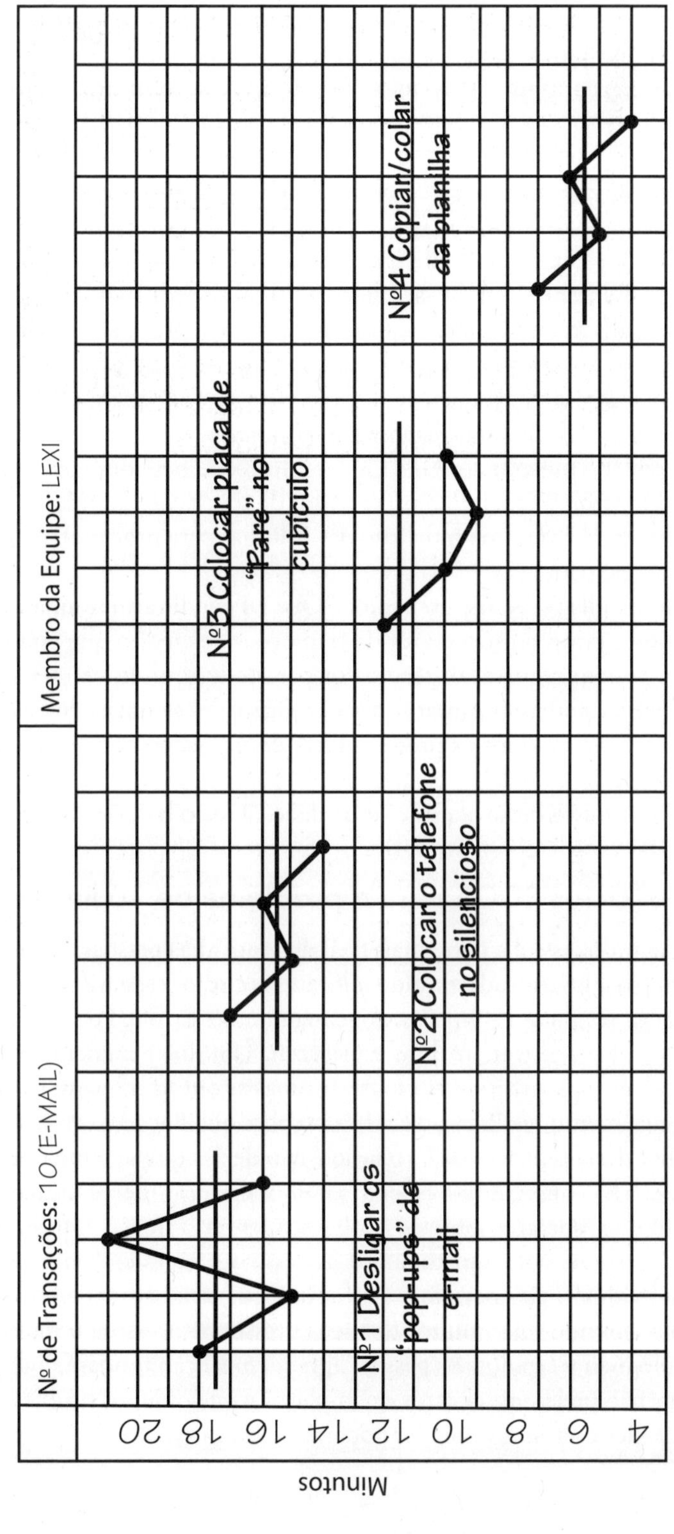

FIGURA 4.12 Gráfico de tempo para cada contramedida.

"Sem problema", Lexi respondeu. "Fiquei feliz em ajudar. Esse problema está com a gente há tanto tempo e todo mundo queria resolvê-lo, só não sabíamos como. Mas eu tenho uma pergunta. Deu certo para mim hoje, muito certo, mas como vamos saber se vai funcionar para os outros processadores de transações de crédito?"

"Ótima pergunta", Leslie respondeu. "Nós não sabemos ainda, mas acho que temos um jeito de descobrir. O que vocês acham, pessoal?"

Joe, Kathy e Lexi se entreolharam e começaram a rir. "Leslie", Joe disse, "precisamos experimentar e ver o que acontece. Que tal se pedirmos para um processador de transações de crédito de cada equipe testar o novo processo amanhã?"

"Sim", Lexi concordou. "Amanhã de manhã, eu posso falar com esses processadores e contar a minha experiência de hoje. Aposto que, quando ouvirem o quanto isso me ajudou, eles vão estar dispostos a tentar".

"E eu poderia mostrar aos GPTCs das outras equipes como usar a folha de tempo", Joe completou. "Quando o processador de transações de crédito da equipe que está nos ajudando tiver uma transação de 10 linhas para processar, o GPTC poderia cronometrar ele para nós."

"Tive uma ideia!", Kathy exclamou. "Que tal pendurarmos uma folha para cada equipe? Assim, tanto o processador de transações de crédito que está nos ajudando e o GPTC podem registrar os resultados para todo mundo ver, tempo e precisão! No final do dia, podemos juntar todas as folhas e ver se nossas previsões acertaram o que aconteceria se todos os processadores de transações de crédito usassem essas contramedidas!"

"Acho que gosto desse plano", Leslie disse. "Gosto bastante."

Reflexão: ciclos PDCA para o problema de 10 linhas

Em certo sentido, essa é a parte mais fácil de motivar as pessoas: fazer alguma coisa, na prática. No PDCA, todo mundo adora a execução, especialmente quando conseguem ver os resultados. O plano exige mais autocontrole. Pode ser chato debater, pensar, observar, registrar, analisar e priorizar. Um dos benefícios do trabalho em equipe é que as pessoas ajudam a motivar umas às outras na parte tediosa do trabalho de planejamento, verificação e reflexão sobre quais ações seguir.

O maior desafio da fase de Execução é não deixar que se tente todas as ideias de uma só vez. Não conseguimos esperar; viramos crianças, devorando o prato principal e tendo que esperar a sobremesa. Queremos ver o que acontece, e tem que ser agora, agora, agora. Mas à medida que as pessoas sentem os benefícios dos experimentos individuais, elas passam a valorizar o que estão aprendendo. Elas também começam a entender que muitos dos seus pressupostos sobre o que vai funcionar estão simplesmente errados. As pessoas aprendem a lição fundamental de que os experimentos não precisam ser caros e complexos e que os jeitos simples de testar nossas ideias podem ser incrivelmente poderosos. Entraremos em muito mais detalhes nos capítulos sobre pessoas e solução de problemas quando falarmos sobre o Toyota *Kata*, um método criado por Mike Rother para desenvolver padrões científicos nas pessoas a fim de atingir seus resultados.

Ciclos PDCA para processos comuns

No final do dia, Laura, Tabitha, Jimmy e Jorge avançaram bastante no trabalho de criar um processo de inserir tipos semelhantes de transações de crédito. Como a maioria das transações com menos de 10 linhas chegavam por telefone, eles decidiram se concentrar nelas primeiro.

A primeira coisa que o grupo fez foi revisar o diagrama de passos do processo criado no dia anterior. "Que interessante", Tabitha observou. "Pelo jeito, a Linda e a Gabby são as que menos demoram para processar as transações, e elas usam o menor número de passos. Será que os passos são os mesmos ou são diferentes? E por quê?"

"Sim, eu também estava me perguntando", Jimmy disse.

"Vai ficar mais fácil de ver se alinharmos os Post-its da Linda e da Gabby um embaixo do outro", Laura sugeriu. Depois que Jorge reorganizou os Post-its, a equipe passou uma hora analisando cuidadosamente cada um dos passos de ambas as processadoras de transações de crédito.

"São quase iguais, mas não exatamente", Tabitha disse. "Mas acho interessante que um dos primeiros passos, tanto da Linda quanto da Gabby, é perguntar para o cliente se é preciso fazer alguma alteração na conta".

"E as duas confirmam o número e o valor total das transações de crédito no final da ligação", Jorge disse. "Não vejo esses passos nos processos de vários outros processadores."

"Será que a Linda e a Gabby não demoram menos para processar as transações de crédito porque não repetem cada transação de volta para o cliente em voz alta?", Tabitha perguntou.

"Também pensei nisso", Jimmy disse. "Mas quando fui treinado, disseram que eu precisava fazer isso para garantir que as transações estavam certas. É assim que sempre faço, pois não quero cometer nenhum erro. Olhando os passos do processo, dá para ver que a maioria dos outros processadores de transações de crédito faz assim também. Talvez a Gabby e a Linda demorem menos porque usam menos passos, mas como vamos saber se o trabalho delas não tem mais erros?"

Jorge sugeriu que a equipe revisasse as folhas de tempo do dia anterior para determinar o nível de precisão de Gabby e Linda. "Tive outra ideia que a gente poderia verificar", Laura disse. "Eu posso gerar um relatório e analisar a precisão nos últimos três meses. Só preciso de alguns minutos para buscar os dados".

Quando Laura voltou com o relatório, Tabitha, Jimmy e Jorge já haviam terminado de revisar as folhas de tempo do dia anterior. Os dados indicavam que as transações processadas por Linda e Gabby realmente tinham um alto nível de precisão. O relatório de Laura confirmou sua precisão durante os últimos três meses, pois Linda e Gabby tinham os menores índices de erro das suas respectivas equipes.

Enquanto os membros da equipe terminavam a conversa, Leslie apareceu para ver como estavam indo. "Leslie, estamos ótimos", Tabitha disse. "Descobrimos algo que parece muito interessante, mas ficamos todos muito surpresos. As duas processadoras de transações de crédito que menos demoram para processar as transações e que têm o menor número de passos no seu processo também são as mais precisas. Ficamos muito surpresos ao ver que, apesar dos seus processos serem parecidos, eles não são exatamente iguais. Essas informações são todas ótimas, mas não temos bem certeza do que fazer agora."

"Ótimas observações, pessoal", Leslie disse, contente. "Parece que vocês aprenderam algo muito importante. Só por que um processo tem muitos passos, com muita verificação, nem sempre quer dizer que ele é o mais preciso. E só porque o processo tem menos passos não significa que ele é menos preciso! É algo muito bom de aprender. Como vocês acham que poderiam descobrir por que Linda e Gabby seguem os passos que fazem?"

"A gente podia simplesmente perguntar!", Jimmy respondeu quase imediatamente.

"Que maravilha", Leslie disse.

"Vou perguntar aos GPTCs delas se a Linda e a Gabby poderiam passar algum tempo analisando o diagrama de passos do processo com a gente", Jorge ofereceu. "Seria muito interessante ouvir o que elas têm a dizer".

Meia hora depois, após revisar os passos do processo com as duas processadoras, a equipe descobriu que as diferenças no modo como processavam transações eram apenas preferências pessoais. "O jeito que eu faço parece mais fácil para mim, só isso", Gabby disse. "Sempre usei esses passos, mas o jeito da Linda também faz sentido".

"Eu diria a mesma coisa", Linda completou. "Sempre fiz do meu jeito, mas o da Gabby também parece bom".

Leslie estava prestando atenção na conversa. "Pessoal, eu tenho uma sugestão. Como agora sabemos que as diferenças entre os passos de processamento da Gabby e da Linda são mínimas, que tal criarmos um conjunto unificado de passos que combinam os dois métodos, mas em um nível mais elevado, que não prende ninguém em um roteiro fixo? E se a Gabby, a Linda e os seus GPTCs não se importarem, quem sabe as duas experimentam esses passos para ver o que acontece hoje de tarde. Gabby, Linda, está bom assim para vocês?"

Trabalhando juntas, Gabby, Linda e a equipe desenharam os passos do processo genérico que iriam experimentar, usando uma folha de ofício (ver Figura 4.13). A pedido de Leslie, Laura fez cópias do resultado e distribuiu uma folha para cada membro da equipe. "Pessoal, hoje à tarde, a Gabby e a Linda vão seguir os passos do processo", Leslie anunciou. "Todo mundo recebeu uma cópia. Laura e Jimmy vão acompanhar Gabby enquanto ela processa transações. Tabitha e Jorge vão ficar com

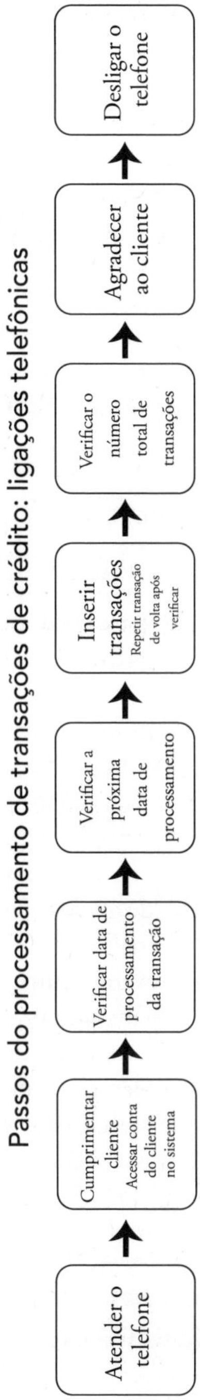
Passos do processamento de transações de crédito: ligações telefônicas
Atender o telefone
Cumprimentar cliente
Acessar conta do cliente no sistema
Verificar data de processamento da transação
Verificar a próxima data de processamento
Inserir transações
Repetir transação de volta após verificar
Verificar o número total de transações
Agradecer ao cliente
Desligar o telefone

FIGURA 4.13 Passos do processo.

a Linda. A Laura e o Jorge vão usar folhas de tempo para cronometrar cada transação, enquanto a Tabitha e o Jimmy vão anotar nas folhas de passos do processo qualquer problema no processo que a Gabby e a Linda estão testando. No final do dia, vamos todos nos reunir de novo e ver o que aconteceu".

Pouco antes das quatro da tarde, Leslie levou todo mundo de volta para a sala de reuniões, incluindo Linda e Gabby. Analisando as folhas de tempo, a equipe viu que com o novo processo combinado, Linda e Gabby demoravam praticamente o mesmo tempo para processar transações semelhantes. A precisão das duas também era igual, atingindo níveis altos e consistentes. Havia apenas algumas observações e perguntas sobre possíveis problemas nas folhas de passos do processo, mas poucas. "E então, pessoal", Leslie disse. "Como foi?"

"No começo foi um pouco esquisito trabalhar diferente do jeito que sempre trabalhei", Linda disse. "Mas no final do dia, eu já estava acostumada".

"Eu também", Gabby concordou. "Nunca teria imaginado. Uma parte do novo jeito foi mais fácil, na verdade. Eu nunca teria essa ideia sozinha, então fico muito contente que pude trabalhar nisso".

"E os tempos e a precisão foram todos muito bons", Laura disse.

"Gabby, Linda, muito obrigada por darem uma chance para essa ideia", Leslie disse. "Eu sei que é difícil mudar o modo como fazemos as coisas. Agora que viram que esse processo parece funcionar para vocês duas, e que o tempo e a precisão estão bons, vocês acham que poderiam ajudar outras pessoas a experimentar esse jeito de processar as transações?"

"Tenho uma ideia", Gabby anunciou depois que a equipe refletiu por alguns minutos. "Que tal fazermos cópias das folhas de passos do processo e distribui-las para os processadores de transações de crédito da minha equipe para eles testarem amanhã? Eu poderia contar sobre a minha experiência e como foi estranho experimentar um processo diferente no começo, mas que depois foi ficando natural. Eu normalmente não gosto de novidades. Se ouvirem a minha história, quem sabe eles não ficam dispostos a tentar também."

"Eu poderia fazer isso com a minha equipe também", Linda disse.

"E o Jorge e a Tabitha poderiam sentar com uma das equipes e registrar os tempos e os problemas no processo, enquanto Jimmy e eu sentamos com a outra equipe", Laura sugeriu. "Assim, poderíamos aprender muito mais, e veríamos se há algum problema e o que as pessoas acham de processar as transações desse jeito."

"Todas ótimas ideias", Leslie disse. "Parece que o plano está pronto."

No dia seguinte, ambas as equipes colocaram seus planos em prática. Leslie passou o dia no *gemba*, verificando o progresso de cada equipe, respondendo perguntas e oferecendo sugestões, orientações e apoio moral sempre que necessário.

No final do dia, analisando os dados que o grupo coletara nas folhas de cada equipe, Kathy e Joe estavam confiantes que as contramedidas adotadas para o problema das transações de 10 linhas estavam funcionando, e os pequenos testes do segundo dia confirmavam isso. O tempo de processamento fora reduzido em 75%, e os erros também caíram 75%. Com a ajuda de Leslie, eles criaram um plano para trabalhar com os GPTCs para iniciar o teste das contramedidas em todas as equipes. Agora, todas tinham uma folha para registrar os dados de tempo e precisão, e os GPTCs verificariam os resultados no final do dia. Kathy e Joe continuariam a trabalhar com os processadores de transações de crédito para testar as novas ideias que aparecessem.

Gabby e Linda passaram os primeiros 15 minutos das suas manhãs explicando os novos passos do processo para suas respectivas equipes. Apoiadas por Tabitha, Jorge, Jimmy e Laura, ambas as equipes passaram o dia testando o novo processo, anotando perguntas e problemas nas folhas de passos. No final do dia, os membros da equipe reuniram várias boas sugestões de como melhorar os passos do processo ainda mais. Eles decidiram que atualizariam a folha de passos do processo e experimentariam as mudanças com as duas equipes durante a próxima quinzena. Depois disso, se todos concordassem, eles expandiriam o teste para o resto dos processadores de transações de crédito, uma equipe de cada vez. Tabitha, Jorge, Jimmy e Laura continuariam a trabalhar nos passos do processo.

No final do dia, a equipe se reuniu de novo para guardar tudo e refletir. Quando Leslie estava prestes a agradecer a todo mundo, ela e a equipe ficaram surpresos em ouvir Sam, parado na porta da sala de reuniões. "Posso entrar?", ele perguntou.

"Claro", Leslie disse, abrindo um sorriso. Quando Sam entrou, acompanhado por John, o gerente de crédito regional, os membros de equipe se entreolharam, preocupados. John só descia do seu escritório no terceiro andar quando algo dava muito errado, e Sam... Bem, além daqueles momentos que passou com a equipe algumas semanas atrás... Sam nunca aparecia nas operações.

"Pessoal", Sam começou a falar enquanto a equipe olhava ao redor, nervosa. "Sei que vocês devem estar todos muito surpresos ao ver John e eu aqui. Mas com toda a comoção e com o meu telefone tocando sem parar nos últimos dois dias, eu simplesmente tive que descer e ver com os meus próprios olhos o que estava acontecendo. Normalmente, a matriz só me liga com más notícias, porém, nos últimos dois dias, John e os GPTCs têm me ligado o tempo inteiro para contar como todo mundo está animado. E caminhando por aqui nos últimos 15 minutos, eu vi e ouvi essa animação toda de verdade. Os processadores de transações de crédito me contaram sobre como vocês trabalharam duro nos últimos dias. Disseram que as mudanças de vocês estão os ajudando a adotar vão fazer uma diferença enorme para os nossos clientes e para nós. John e eu gostaríamos de agradecê-los pessoalmente e dizer que estamos muito orgulhosos de vocês."

"Sam, você nem imagina o quanto eu concordo", Leslie respondeu, sorrindo.

Reflexão: ciclos PDCA para processos comuns

Para os proponentes do *lean*, o "processo comum" significa um trabalho padronizado que é o melhor que sabemos fazer hoje, mas que precisa ser melhorado à medida que vamos aprendendo. Para a maioria das pessoas, o processo comum pode querer dizer que todos somos forçados a fazer tudo do mesmo jeito: "nossa criatividade e individualidade são subjugadas pelo processo corporativo, e agora precisamos agir como robôs". Vamos discutir o trabalho padronizado no Capítulo 6 e argumentar que, se gerenciado corretamente, ele pode liberar em vez de restringir. Temos alguns sinais disto neste capítulo, no modo como a equipe se enche de energia ao fazer o que os engenheiros industriais fazem há um século, mas quase sempre em conflito com os trabalhadores.

Laura, Tabitha, Jimmy e Jorge são parte da equipe, e foram eles, não os engenheiros externos, que coletaram, postaram e analisaram os dados observados, e começaram a fazer perguntas importantes. Eles não tiraram conclusões precipitadas. Em vez disso, foram conscientes e não se apressaram. Eles também não criaram imediatamente seu próprio processo, algo que queriam que todos seguissem. Em vez disso, eles observaram que Gabby e Linda tinham o melhor desempenho e usavam um processo mais simples, que até mesmo contradizia parte do que a matriz ensinava como a "melhor prática". Eles deixaram Gabby e Linda engajadas, acompanhando todo o processo e pedindo sua perspectiva. Depois, fizeram uma coisa brilhante: recrutaram Gabby e Linda para serem suas campeãs, para ajudarem a engajar os outros PTCs de igual para igual. Um processo que poderia ter sido delicado e repleto de conflito foi colaborativo e aumentou ainda mais o engajamento e o sentimento de fazer parte de uma equipe. E os resultados foram imediatos: menos tempo por ligação e clientes mais satisfeitos.

O QUE ACONTECE APÓS OS PRIMEIROS EXPERIMENTOS?

O próximo desafio: usar a animação inicial como trampolim

Leslie estava guardando a última caixa de material no porta-malas quando cruzou com Sam. Ele e John acabaram de sair da reunião e ele também estava indo para casa. "A Sarah estava certa, Leslie", Sam disse. "Ela sabia que você seria a nossa salvação aqui na NL Serviços. Nem sei como agradecer". Leslie pausou por um instante.

"Sam, muito obrigada", ela disse, estendendo a mão para ele. "Mas quem merece sua gratidão são aquelas pessoas com quem você conversou na sala de reuniões. Os processadores de transações de crédito e os GPTCs que participaram da equipe e que trabalham todos os dias. Eles sabem quais são os problemas e têm ótimas ideias de como resolvê-los. Eu só os ajudei a começar a colocar essas ideias em prática. O seu pessoal aqui é ótimo, Sam. Eles se importam com os clientes, mesmo, e querem que a NL Serviços tenha sucesso. Foi um ótimo começo, mas eles não terão como continuar esse trabalho sem sua ajuda. Minha pergunta, Sam, é: o que você vai fazer para ajudá-los a seguir em frente?"

"Leslie", Sam sorriu, "você sempre faz as perguntas certas. Estou louco para ver como você vai ajudar a minha equipe e eu a descobrirmos isso."

Próximos passos: dois caminhos possíveis

"Quem acreditaria?", Sam pensou, desligando o telefone. "Eu que não, se não tivesse acontecido comigo". Era segunda-feira de manhã, quase seis meses desde que Sarah Stevens, sua ex-colega, sugerira que ele procurasse Leslie Harris, e a ligação que recebera da matriz não era um momento de fúria. Eram de parabenização. Mike Gallagher, presidente de operações da América do Norte, não costumava ligar pessoalmente se não fosse para dar notícias horríveis. Mas hoje, para a surpresa de Sam, Mike não ligara para reclamar. Ele queria parabenizar Sam pelas grandes melhorias da Região Sul.

"Sam", Mike dissera, "estava revisando os números hoje e, pelo terceiro mês consecutivo, a Região Sul está liderando em novos negócios, retenção de clientes, satisfação do cliente e lucratividade. Vocês estão a todo o vapor. Estou ligando para dar os parabéns pessoalmente e descobrir o que vocês andam fazendo por aí. Da última vez que conversamos, seis meses atrás, a história era bem diferente. O pessoal por aqui está começando a chamar você de milagreiro. Querem saber qual é o seu 'ingrediente secreto' e como compartilhá-lo com as outras regiões, para elas terem esses resultados também."

Após explicar o trabalho que Leslie e os processadores de transações de crédito e GPTCs estavam realizando, Sam terminou com a seguinte frase: "Mike, no começo, eu também não acreditava que essa coisa toda de gestão *lean* funcionaria em uma organização de serviços como a nossa. Mas temos trabalhado nisso aos poucos e dá para ver o resultado nesses seis meses. Melhor ainda é o que você não vê: o pessoal que faz o trabalho está animado e engajado, tanto os processadores de transações de crédito quanto os GPTCs. Eles aceitaram totalmente a nossa visão de 'todas as transações de crédito do cliente certas e na hora, todas as vezes' e se esforçam constantemente para encontrar uma maneira melhor de garantir que as transações e crédito dos nossos clientes sejam processadas corretamente e na hora, que é exatamente o que os clientes querem. Estou muito orgulhoso do trabalho que estão fazendo. Leslie Harris, a consultora que contratamos para nos ajudar, abriu meus olhos para um novo jeito de trabalhar."

"Bom, Sam", Mike respondeu, "parece que vocês estão indo bem. Que tal você montar um PowerPoint e me mandar? Daí eu o reviso com a equipe executiva e nós vemos o que podemos fazer. Para o final da tarde de quarta-feira, pode ser? E, a propósito, mande os meus parabéns para a equipe também."

A partir daqui, a nossa história poderia seguir um de dois caminhos. A NL Serviços poderia voltar à abordagem mecanicista ou poderia seguir trilhando o caminho *lean* orgânico.

Caminho 1: do orgânico ao mecanicista

Três meses depois, em seu novo escritório na empresa de Sarah Stevens, Sam conversava com Leslie e refletia sobre tudo que acontecera desde aquela ligação de Mike Gallagher. "É engraçado, até criar aquele PowerPoint me deu uma sensação esquisita. Talvez eu já devesse saber o que ia acontecer, mas acho que a minha telepatia é meio fraca. Tudo é óbvio depois que acontece, né?"

Após enviar a apresentação de PowerPoint para a matriz, Sam teve várias reuniões com a equipe executiva. Eles adoraram os resultados; imagine como os acionistas ficariam felizes se a administração pudesse replicar aquilo no resto da empresa e documentasse as melhorias e os resultados. Mas o que a equipe executiva não gostou foi quanto tempo demoraria para o resto da organização alcançar a Região Sul. Pense em quanto ia demorar para o pessoal das outras regiões aprender se precisassem identificar e resolver os problemas eles mesmos...

Em reuniões com grandes consultorias corporativas com as quais trabalharam em outros projetos, a equipe executiva decidira implementar um sistema de gestão *lean* "pré-pronto": em quatro meses, no máximo, o sistema seria implantado em todas as regiões, e todas elas alcançariam o mesmo patamar. Depois que os consultores chegassem, descobrissem quais eram os problemas e produzissem soluções para resolvê-los, o sistema de gestão *lean* cuidaria do resto. A empresa ganharia rios de dinheiro. Mike até pediu a Sam para liderar o projeto. Seria uma promoção: vice-presidente executivo de Estratégia Corporativa *Lean*. Sam seria responsável por garantir que todas as regiões participassem e que os consultores implementassem todas as soluções certas. Assim, todo mundo, em todas as partes da empresa, atingiria as metas quantitativas e...

A oportunidade deixou Sam ansioso: mais dinheiro, uma promoção... Tudo que ele sempre quis. Mas o engraçado é que, agora que a oferta estava na mesa, algo parecia errado. Assim, ele voltou a Sarah para pedir seu conselho. Sarah sugeriu que a alegria que ele tinha no trabalho seria mais importante do que o dinheiro que iria ganhar. Além disso, Sarah o surpreendeu com um cargo executivo na empresa dela. O salário não era alto, mas bastava, e havia opções de ações em uma empresa de crescimento rápido, o que poderia significar mais dinheiro no longo prazo. Sam aceitou, e Sarah estava certa. A alegria era mais importante para ele do que havia percebido. Depois disso, Sam se encontrou com Leslie para contar a notícia.

"Na minha experiência, quase sempre é isso que acontece", Leslie lamentou. "Você nem imagina quantos contratos perdi para essas grandes consultorias que prometem soluções pré-prontas e soluções rápidas. Sempre parece mais fácil enfocar o resultado financeiro e o curto prazo, não a satisfação do cliente ou a maneira de ensinar as pessoas a identificarem problemas e se esforçarem para melhorar continuamente. Mas fico contente em saber que ainda vamos trabalhar juntos, Sam."

"Sim", Sam disse. "Eu também. Ainda bem que tinha uma vaga na empresa da Sarah. Eu com certeza ainda tenho muito a aprender. Falando nisso, vamos para o *gemba* ver como estão as nossas equipes!"

Caminho 2: a estrada menos trilhada

Seis meses depois, sentado em seu escritório, Sam conversava com Leslie e refletia sobre tudo que acontecera desde aquela ligação de Mike Gallagher. "É engraçado, até criar aquele PowerPoint me deu uma sensação esquisita. Pensando bem, acho que já sabia que 'dados' no PowerPoint não contam toda a história do que estávamos tentando fazer na Região Sul; e que Mike Gallagher e sua equipe executiva só entenderiam de verdade se fossem ao *gemba* e vissem tudo com os próprios olhos."

"É", Leslie respondeu. "Ainda bem que você entendeu isso. Não tem muita gente na sua posição que consegue. A maioria teria enviado o PowerPoint, como o chefe pediu. E o mais importante: quase ninguém teria despendido tanto tempo e se esforçado tanto para convencer Mike a vir aqui e observar pessoalmente o que estava acontecendo."

"Sim", Sam concordou com Leslie, gargalhando. "Até eu fiquei surpreso! Mas valeu a pena, absolutamente. Nada disso teria acontecido se eu não tivesse convencido o Mike a nos visitar". Foi preciso fazer muitas ligações e muitas reuniões, pedir, implorar e se recusar a mandar apresentações de PowerPoint ou qualquer outro tipo de relatório, mas Mike Gallagher concordara em fazer uma visita rápida às operações da Região Sul. Ele já tinha uma viagem para a região planejada, e Sam nunca insistira tanto com alguma coisa. Após a frustração inicial com a recusa de Sam em mandar o PowerPoint ter passado, Mike era forçado a admitir que a situação era intrigante.

Depois que Sam, Mike e Leslie passaram a manhã visitando as operações da Região Sul e conversando com os processadores de transações de crédito, os GPTCs e John Edwards, o gerente de crédito regional, Mike ficou tão impressionado com o que viu que pediu aos membros da equipe executiva para também a visitarem. Não havia outra maneira de entender como a operação era diferente de qualquer outra: quadros de gestão à vista registravam os problemas e contramedidas que as equipes estavam trabalhando, posicionados onde todos podiam vê-los. Os GPTCs não passavam quase todo o seu dia em reuniões, e ficavam pelo menos 25% do tempo entre os membros de equipe, coletando dados ou ajudando os processadores de transações de crédito a produzir melhorias no modo como trabalhavam. As mesas dos processadores eram limpas e arrumadas, e não havia nenhum sinal daquela atmosfera caótica e frenética que Mike encontrava em todas as outras unidades operacionais da empresa.

Mike Gallagher visitara algumas outras empresas que estavam implementando os sistemas de gestão *lean* que as grandes consultorias sugeriram, mas nenhum tinha essa cara, nem passava essa sensação. Depois que os membros da equipe executiva visitaram a Região Sul, todos concordaram que, apesar de ser mais demorado do que o plano oferecido pelas grandes consultorias, ninguém poderia negar o que estavam vendo na região de Sam: o esforço para engajar as pessoas do jeito que Leslie estava ensinando e Sam estava apoiando seria o melhor para os clientes e para as equipes. E os resultados eram a prova contínua disso.

"Na minha experiência, não é sempre que isso acontece", Leslie lamentou. "Você nem imagina quantos contratos perdi para essas grandes consultorias que prometem soluções pré-prontas e rápidas. Sempre parece mais fácil enfocar o resultado financeiro e o curto prazo, não a satisfação do cliente ou a maneira de ensinar as pessoas a identificarem problemas e se esforçarem para melhorar continuamente. Ainda bem que não foi assim aqui, Sam."

"Sim", Sam disse. "Eu também, pois com certeza ainda tenho muito a aprender. Falando nisso, vamos para o *gemba* ver como estão as nossas equipes!"

REFLEXÃO SOBRE O DESENVOLVIMENTO DE PROCESSOS *LEAN*

A história da NL Serviços é algo que vivenciamos muitas e muitas vezes. Infelizmente, ela quase sempre passa de um piloto orgânico e vivo para um caso de grandes consultorias implementando ferramentas mecanicisticamente em toda a organização (como ilustrado no Capítulo 6). A liderança sênior muitas vezes não tem a mentalidade necessária para entender os fatos incríveis que estão ocorrendo em suas próprias organizações e o que seria necessário para replicá-los. O que eles precisam replicar é a experiência e a aprendizagem, não as ferramentas e as soluções.

A NL Serviços acaba de dar os primeiros passos em sua jornada *lean*. Os principais objetivos de Leslie no piloto inicial eram:

1. **Desenvolver Sam para ser um campeão executivo.** Sem a participação de Sam, seria impossível fazer a coisa funcionar. No segundo final da história, vimos que ele foi fundamental para convencer Mike Gallagher, o presidente de operações da empresa, a continuar a adotar uma abordagem orgânica e não uma abordagem mecanicista, o que teria sido fatal. Isso significa que Sam seria o campeão ideal com o treinamento ideal dado por Leslie? Não, absolutamente não! Em um mundo ideal, Sam seria presença constante no *gemba*, diariamente, se possível, aprendendo junto com a equipe. Sam teria sujado as mãos e participado do trabalho de observação, medição e análise. Leslie concluiu rapidamente que isso seria improvável e que o melhor jeito de conquistá-lo seria demonstrar do que o *lean* é capaz, em termos de resultados, de processos melhores e de engajamento das pessoas. Observe que Sam se entusiasmou de verdade com o engajamento das pessoas quando finalmente visitou o *gemba*. Como Leslie se

saiu vitoriosa, haveria bastante tempo para continuar a educá-lo. Nos capítulos posteriores sobre o desenvolvimento de pessoas e a implementação de estratégias, falaremos mais sobre como conquistar as pessoas certas. O principal é que desenvolver um campeão executivo é crucial, e a abordagem mais bem-sucedida vai depender desse indivíduo.

2. **Criar um projeto de demonstração (piloto) de sucesso.** Leslie precisava provar que o *lean* se aplica a operações de serviços e, mais do que isso, às operações da NL Serviços. Na nossa experiência, quase todo mundo acredita que sua organização é especial. Isso se aplica à NL Serviços e, infelizmente, até aos departamentos individuais dentro da empresa. "Somos diferentes. Não montamos carros. Não temos operações repetitivas. Precisamos nos comportar de maneira diferente com cada cliente e não temos como estimar tempos ou prever demandas. Só podemos confiar na nossa própria experiência para enfrentar o dia a dia e não precisamos dos conselhos de consultores que não entendem o nosso negócio."

   A única forma de começar a convencer as pessoas a adotarem uma nova visão é dar a elas a oportunidade de vivenciá-la diretamente. Elas precisam ter experiência com o sucesso. Nesse caso, o sucesso vai além dos resultados. Lembre-se que na Figura 4.1, em um sistema de gestão *lean* de verdade, é mais importante *como* as pessoas desenvolvem uma solução, não *qual* a solução específica que desenvolveram. A implantação mecanicista do *lean* significa especificar soluções e fazer auditorias para garantir que as pessoas estão seguindo o roteiro perfeitamente. Na implantação orgânica, queremos que as pessoas experimentem e aprendam com suas experiências, tanto positivas quanto negativas. Contudo, o processo de busca em si é especificado: apresentar um desafio claro, coletar dados e fatos, ir ao *gemba*, trabalhar em equipe, experimentar usando os ciclos PDCA rápidos e tratar as pessoas com respeito. Nada disso é opcional. Um projeto de demonstração bem-sucedido significa engajar as pessoas em um processo de alta qualidade que leva aos resultados desejados.

3. **Começar a educar.** O *lean* é ensinado principalmente no *gemba*. Programas de treinamento em sala de aula bem-feitos podem conscientizar os participantes. Eles podem até ensinar algumas habilidades técnicas, mas para entender mesmo a transformação *lean*, é preciso vivenciá-la em primeira mão no *gemba*. É por isso que Taiichi Ohno sempre realizava o treinamento no *gemba*, usando problemas reais. Com o projeto de demonstração, Leslie educou o pessoal sobre o quê, como e por quê. Ela desenvolveu defensores que poderiam ajudar a persuadir os outros a desenvolver um bom processo, o que levaria a resultados de sucesso, transformando-os em novos defensores e assim sucessivamente. O projeto de demonstração também funciona como uma sala de aula prática. Ao levar outras pessoas para visitarem a área do projeto, com seus trabalhadores

servindo de guia, é possível conscientizar e gerar um determinado nível de entusiasmo pelo *lean*. "Se eles conseguem, por que nós não conseguiríamos também?"

Para onde a NL Serviços vai agora? Não haveria dúvidas sobre o que fazer se ela tivesse contratado uma grande consultoria tradicional. A NL Serviços teria disseminado o *lean* ampla e rapidamente, seguindo uma receita pronta. O que a NL precisa é encontrar o equilíbrio certo entre amplitude e profundidade, e esse equilíbrio será revisado constantemente à medida que a empresa avançar. O motivo para se criar uma visão é ter uma direção geral para a jornada de longo prazo. A jornada é um processo de descoberta, não de implementação de soluções conhecidas.

Com a orientação de Leslie, a NL Serviços cruzou a fronteira e entrou em uma zona de incerteza. Ela precisa aceitar que o pressuposto dominante sobre a única melhor maneira de organizar um processo está limitando seu progresso. A empresa precisa se adaptar e aprender, não a especificar e esperar obediência. O processo de transformação em si é repleto de incertezas. Em vez de uma receita pronta, queremos líderes pensantes que usam ciclos PDCA para aprender. Eles vivem testando alguma coisa, refletindo e tirando a melhor conclusão possível sobre qual deve ser o próximo passo, sempre guiados pela visão do norte verdadeiro.

Então isso significa que não há diretrizes nem pessoas com conhecimento para ajudar a NL Serviços nessa jornada? Nem de perto. Sabe-se muito. Leslie, aliás, conhece muito bem as ferramentas e os princípios do *lean*. Quando sugeriu que a equipe usasse um determinado método para observar e registrar os dados, ele era baseado em ferramentas padronizadas, aplicadas da maneira certa ao problema certo. À medida que a área de demonstração avançava, os membros da equipe estavam começando a aplicar ferramentas como gestão visual, quadros de métricas e trabalho padronizado. Leslie percebeu que ensiná-los um pouco sobre as ferramentas e os métodos necessários para enfrentar um problema seria mais eficiente do que criar aulas sobre os "fundamentos do *lean*".

Neste livro, não vamos ensinar as ferramentas técnicas do *lean*, embora elas sejam poderosíssimas. Elas já foram abordadas em profundidade em diversos outros livros, incluindo *O Modelo Toyota: Manual de Aplicação*. No final deste volume, temos uma bibliografia recomendada. O que vamos oferecer nos próximos capítulos são alguns princípios genéricos para processos *lean*. A ideia é que eles sirvam de guia para entender como é um processo *lean* e por quê. Como veremos, a NL Serviços S/A mal arranhara a superfície de tudo o que é possível.

PONTOS PRINCIPAIS
DESENVOLVENDO PROCESSOS *LEAN*

1. Processos são conceitos teóricos que envolvem a interdependência de muitas pessoas e o modo como o trabalho é realizado, não coisas concretas que podem ser "enxugadas" com uma solução genérica de caixinha.
2. Sugerimos os seis passos a seguir como abordagem de alto nível geral à melhoria de processos e ao desenvolvimento simultâneo de pessoas em qualquer organização:
   - Confirme que a liderança sênior leva a sério a necessidade de mudar.
   - Entenda a visão e a estratégia da liderança sênior para atingir os objetivos de negócios e cumprir o propósito da organização.
   - Compreenda a situação de como é o desempenho atual da empresa em relação à visão da liderança sênior.
   - Entenda o estado atual dos processos de trabalho em relação aos desafios enfrentados pelo negócio.
   - Identifique as lacunas e defina prioridades para que as lacunas maiores possam ser divididas em trabalhos menores e mais acessíveis que podem ser melhorados imediatamente.
   - Corra atrás do estado futuro usando pequenos ciclos de aprendizagem, aplicando o processo iterativo do ciclo Planejar-Executar-Verificar-Agir.
3. Os sistemas administrativos tradicionais especificam soluções e deixam seu desenvolvimento para os membros da equipe, enquanto o sistema administrativo da Toyota especifica *como* desenvolver soluções usando o PDCA e deixa para os membros da equipe o trabalho de criar a solução.
4. Em vez de ordenar os problemas mecanicamente e tentar prever qual seria o impacto interno de resolvê-los, teste contramedidas rápidas para descobrir se resolver o problema tem um impacto significativo para o cliente e para a organização.
5. Use o PDCA para verificar se os pressupostos estão corretos por meio do uso de experimentos rápidos de aprendizagem.
6. Criar um projeto de demonstração bem-sucedido permite que as pessoas aprendam práticas e ferramentas *lean* por meio de experiências reais, e isso é uma maneira poderosa de engajar a liderança sênior, que encontra imediatamente os resultados de negócios e os efeitos positivos para os clientes e funcionários.

CAPÍTULO 5

Princípios de macroprocessos: crie uma cadência de fluxo de alto valor para os clientes

Uma suposição muito aceita no mundo todo é que não haveria problemas na produção ou no serviço se apenas os trabalhadores de produção fizessem o trabalho como foram ensinados. Isso é puro sonho. Os trabalhadores são impedidos pelo sistema, e o sistema pertence à gerência.

—Dr. W. Edwards Deming, guru da qualidade

QUAL É O VALOR DOS PRINCÍPIOS DO PROCESSO *LEAN*?

Princípios não são soluções

Os princípios podem nos ajudar a pensar sobre o que queremos fazer, mas eles não resolvem problemas. O pensamento mecanicista procura "melhores práticas" para imitar. Vemos uma organização excelente fazendo alguma coisa, começamos a fazer o mesmo e nos convencemos que teremos os mesmos resultados que o modelo. Como avisa o Dr. Deming, no entanto: "puro sonho". Não sabemos pelo que a organização-modelo passou para atingir aquele resultado, mas temos certeza quase absoluta que não foi copiar as soluções dos outros.

No pensamento de sistemas, aprendemos além dos nossos limites de conhecimento atuais em busca de novos níveis de desempenho. Não podemos ter certeza de como vamos atingir nossos objetivos, então precisamos aprender, cientificamente, como fazê-lo. No processo científico do PDCA, os princípios nos ajudam principalmente na definição do nosso estado futuro, no desenvolvimento de condições-meta intermediárias e na reflexão sobre possíveis contramedidas a serem testadas na fase Executar. Depois, é preciso confiar na experimentação, na reflexão profunda e na aprendizagem que vêm dos experimentos.

Muitas e muitas vezes, vemos organizações com uma orientação mecanicista adotarem o *lean*, o seis sigma ou alguma combinação deles na forma de um programa. Elas copiam os recursos mais óbvios da Toyota. Como a Toyota tem a casa do STP, a empresa desenvolve seu próprio Sistema Operacional [Nome da Empresa], e este também quase sempre se parece com uma casa. Em geral, ele inclui um pilar de fluxo, um pilar de qualidade intrínseca e um alicerce de processos estáveis, além de uma filosofia administrativa. Adaptamos a casa do STP para os serviços e, enquanto imagem, parece ser um ponto de partida útil (ver Figura 5.1). Os conceitos básicos do fluxo unitário de peças para os clientes, da qualidade intrínseca, da melhoria contínua e dos processos estáveis e repetitivos são realmente poderosos na indústria e nos serviços, servindo de base para os princípios de processo neste capítulo e no próximo.

As imagens positivas são um ponto de partida e, como tais, podem ser poderosas. Contudo, sabemos que a cultura vai muito além dos recursos visíveis. Não faz diferença o que mostra a imagem. O importante é o que as pessoas fazem e como pensam no dia a dia. O que as organizações mecanicistas fazem com essas imagens é algo que a Toyota trabalha ativamente para evitar: elas as transformam em padrões corporativos a serem implementados e fiscalizados com auditorias. Os elementos da casa são divididos em uma lista de mandamentos... E ai de quem não os cumprir.

Prestei consultoria para uma empresa russa gigante que queria ajuda para aprender o STP diretamente com a Toyota. O CEO usou suas conexões políticas, e a Toyota enviou seu melhor especialista no STP para ser consultor durante um ano. O presidente da empresa levou os conselhos do especialista da Toyota muito a sério, tratando-o como seu principal assessor de confiança e fazendo praticamente tudo que ele pedia.

Tive uma longa reunião com o vice-presidente de Melhoria Contínua que ficou perplexo com o especialista no STP. Ele explicou que o cara da Toyota queria que a

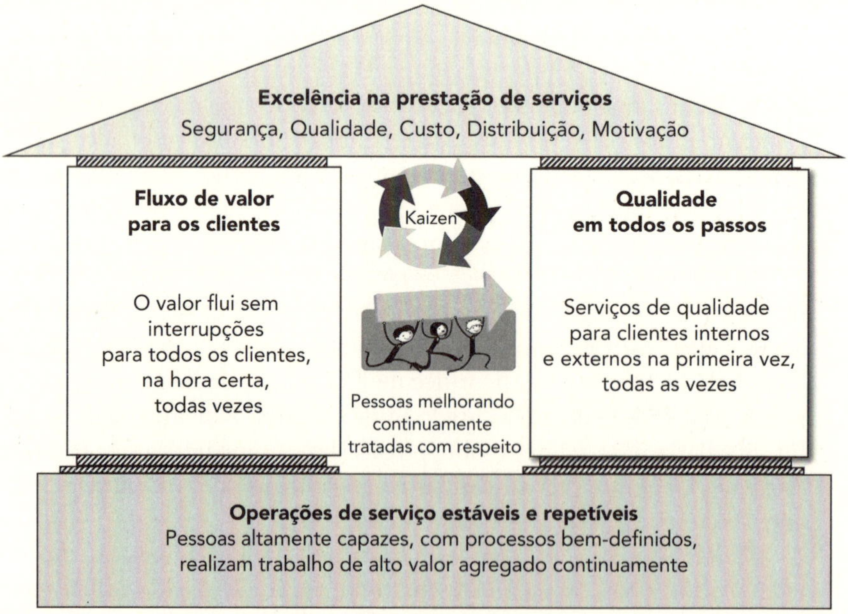
Excelência na prestação de serviços
Segurança, Qualidade, Custo, Distribuição, Motivação
Fluxo de valor para os clientes
O valor flui sem interrupções para todos os clientes, na hora certa, todas vezes
Kaizen
Pessoas melhorando continuamente tratadas com respeito
Qualidade em todos os passos
Serviços de qualidade para clientes internos e externos na primeira vez, todas as vezes
Operações de serviço estáveis e repetíveis
Pessoas altamente capazes, com processos bem-definidos, realizam trabalho de alto valor agregado continuamente

FIGURA 5.1 O sistema operacional da Empresa de Serviços X.

empresa desmantelasse praticamente tudo que já havia sido montado em nome do *lean*. A empresa instalara um sistema complexo de auditoria para garantir que todos os gerentes de fábrica estavam implementando todas as ferramentas *lean*, com prejuízo para a bonificação anual de quem não o fizesse. O *sensei* da Toyota olhou para o sistema de auditoria e disse: "parem com isso, por favor. Os gerentes de fábrica vão obedecer, mas não vão entender". O *sensei* também não gostou nada do mapa do macro fluxo de valor que mostrava todo o processo, desde extrair a matéria-prima do solo até entregar o produto final para o cliente. "Problemas, problemas, por onde você vai começar?", o *sensei* lamentou. Ele parecia desprezar o mapa do macro fluxo. Os executivos da empresa haviam começado a levar o *lean* aos escritórios e queriam disseminá-lo por toda a organização, mas em vez disso, o *sensei* aconselhou contra a transformação em nível organizacional e enfocou apenas um fluxo de valor de uma fábrica.

O VP e eu tivemos uma longa conversa, na qual expliquei por que achava que o *sensei* da Toyota fizera aquilo. Simplesmente implementar as ferramentas não é o mesmo que ter um sistema vivo que melhora continuamente. Também expliquei que o propósito da área modelo em uma fábrica seria ensinar a todos, incluindo ele, como é o STP de verdade. Naquele momento, não havia um único exemplo em toda a empresa do *lean* real na forma de um sistema vivo. Até as pessoas dentro da empresa o conhecerem em primeira mão, elas não conseguiriam entender. O VP ficou muito grato pela minha explicação, muito mais detalhada do que qualquer outra oferecida pelo *sensei* da Toyota, e então me confessou que a empresa secretamente havia mantido o sistema de auditoria para avaliar os gerentes de fábrica.

À medida que trazemos à tona os princípios dos processos *lean*, peço que não pense neles como uma lista de tarefas. Pense que são diretrizes, ou então visões positivas a serem buscadas. Tentamos conscientemente mantê-los em um nível geral, para que se apliquem a qualquer tipo de processo de trabalho. O importante é que cada passo do seu processo de transformação seja guiado por um propósito, não por uma ferramenta.

Mapeamento do fluxo de valor para desenvolver uma visão macro

O mapeamento do fluxo de valor provavelmente é a ferramenta *lean* mais popular de todas. Inventada por um grupo de especialistas da Toyota chamado de Operations Management Consulting Division (OMCD, Divisão de Consultoria de Gerenciamento de Operação), seu propósito era entender o fluxo atual (ou a falta) de materiais e informações. De um ponto de vista bem amplo, como o material flui através da fábrica ou da cadeia de suprimentos e como as informações são usadas para influenciar o fluxo? Depois, vem a pergunta mais importante: como elas *deveriam* fluir para atingirmos os resultados desejados? Originalmente, ele era usado como ferramenta para os mestres instrutores do STP obterem uma imagem imediata do estado atual e gerar um desafio para os alunos, por exemplo, fornecedores que estivessem estudando o STP. Os instrutores tomavam a decisão consciente de não compartilhar os mapas, pois acreditavam que os alunos não entenderiam. Em vez disso, o *sensei* usava o mapeamento para gerar desafios que os instrutores, por sua vez, apresentariam um a um para os alunos, para que estes avançassem, sem saber, em direção ao estado futuro. Mais tarde, quando o mapeamento do fluxo de valor foi popularizado por Mike Rother e John Shook em *Learning to See*,[1] a Toyota passou a chamá-lo de diagrama de fluxo de materiais e informações (DFMI). Desde então, o mapeamento do fluxo de valor ganhou vida própria, e nem sempre para melhor.

Nós usamos o mapeamento do fluxo de valor regularmente em trabalhos de serviços técnicos e não técnicos. É uma ferramenta poderosa. Os membros de equipe aprendem a mapear seu processo atual do ponto de vista do cliente. Muitas vezes, um dos benefícios do mapeamento do fluxo de valor é entender como reduzir o tempo de atravessamento entre o pedido do cliente e o momento em que ele recebe o serviço. A Figura 5.2 mostra um exemplo dos passos de um processo de contas a pagar. Múltiplos passos são executados por múltiplas pessoas, logo, os casos são combinados em lotes antes de serem repassados e trabalhados. O resultado óbvio é que os clientes esperam um tempão para serem pagos. O problema menos óbvio é que os defeitos tendem a ficar ocultos por muito tempo antes do cliente descobri-los, pois o *feedback* demora para ser comunicado. Tendo essa situação em vista, a tentação é implementar imediatamente uma série de "soluções" para eliminar as perdas. Resista! Isso vai limitar sua aprendizagem e seu progresso. Com o mapeamento do fluxo de valor, desenvolve-se uma imagem visual do processo como existe hoje; mas então damos mais um passo e desenvolvemos um estado futuro no qual o valor flui com maior rapidez e maior qualidade para o cliente.

Entre os mais bem informados, o mapeamento do fluxo de valor se tornou uma abordagem popular nos serviços *lean* para entender as perdas e desenvolver uma visão de estado futuro.[2] Quando equipes multifuncionais se reúnem em uma sala de conferências, é normal ver papeizinhos grudados na parede para representar o processo atual. Isso costuma ser realizado no formato de um *workshop* que dura alguns dias. Nossas melhores experiências incluem uma caminhada pelo *gemba*, mesmo que isso signifique falar com o pessoal sentado em suas mesas e pedir que expliquem o que fazem. Rother e Shook alertam que não devemos parar para identificar e corrigir

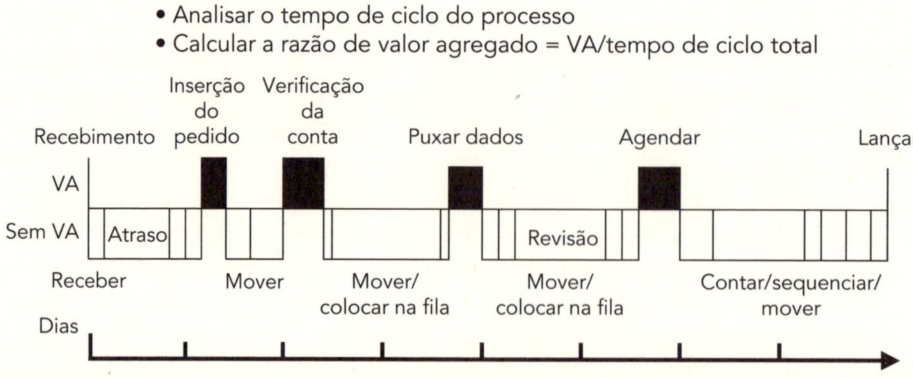

FIGURA 5.2 Retrato do estado atual de um processo de contas a pagar.

perdas no estado atual. A grande força da ferramenta está em fazer com que todos os membros da equipe imaginem, juntos, um estado de futuro melhor. Simplesmente corrigir os problemas no estado atual dificilmente levará a um estado futuro desejável.

Quando meus colegas e eu usamos a ferramenta, não nos envolvemos profundamente com os detalhes técnicos, especialmente quando lidamos com trabalhos de serviço, altamente variáveis. O princípio 80/20 funciona bem para o mapeamento do fluxo de valor: obtém-se 80% dos benefícios com 20% do esforço. Em geral, o que se coloca na parede são passos, tempos aproximados para cada passo (às vezes, faixas de tempo), setas que conectam os passos e algum ícone para representar filas de estoque em processo. É um quadro geral e apenas um rascunho. Já vimos especialistas *lean* em empresas se torturando por causa de dados detalhados, necessários para obter estimativas exatas de tempo com e sem valor agregado e, na nossa opinião, isso quase sempre é um desperdício. Muitos processos de serviço são simplesmente variáveis e complexos demais para tamanha precisão, e esse não é o propósito da ferramenta. A ideia é fazer com que as pessoas enxerguem o fluxo e a perda, e imaginem o que é possível fazer dentro dos seus fluxos de valor. Quando se envolvem na implementação para superar o desafio do estado futuro, essas pessoas podem se aprofundar em um entendimento mais detalhado da condição atual e aprendem muito mais quando começam a experimentar de fato com novas ideias de melhoria.

Normalmente, começamos nossa análise do estado atual pedindo a vários membros de equipe para rascunharem um mapa do processo antes do *workshop*. Os membros de equipe quase sempre primeiro mapeiam o sistema formal, ou seja, como acham que o processo deveria funcionar. Quando uma equipe interfuncional se reúne para o *worshop*, eles se aprofundam no estado atual, adicionando vários Post-its a mais à parede e mais ciclos de *feedback* complexos por causa do retrabalho. Na análise final, é quase engraçado observar a estupidez do processo, recheado de perdas como é. Queremos que os membros da equipe enxerguem o contraste entre o sistema formal teórico e aquilo que acontece de fato. A maioria dos consultores de produção *lean* experientes que conheço encontra muito mais perdas nos serviços do que na indústria.

Na Figura 5.3, mostramos em um *workshop* os resultados do mapeamento, passados a limpo, que realizamos sobre o processo de criar um pedido de compra. Essa forma de mapeamento divide as tarefas em raias, como uma piscina olímpica. No lado esquerdo, ficam as diversas funções ou departamentos. No alto, uma escala de tempo. Os Post-its estão alinhados de maneira que mostrem quem faz o quê e quando. Observe que, dependendo do tipo de pedido de compra, havia três abordagens diferentes. Apesar de não ser possível ler todos os passos nos Post-its, fica evidente à primeira vista que estamos tratando de um processo extremamente complicado para algo que deveria ser uma tarefa simples e direta.

O grupo considerou os princípios do processo *lean* e trabalhou no desenvolvimento de uma abordagem simplificada que também melhoraria a precisão e reduziria a documentação. Os resultados se encontram na Figura 5.4. Durante a conversa, um dos membros perguntou, quase ingenuamente, se era mesmo necessário ter três abordagens diferentes. A reação inicial foi "óbvio que sim, são tipos diferentes de

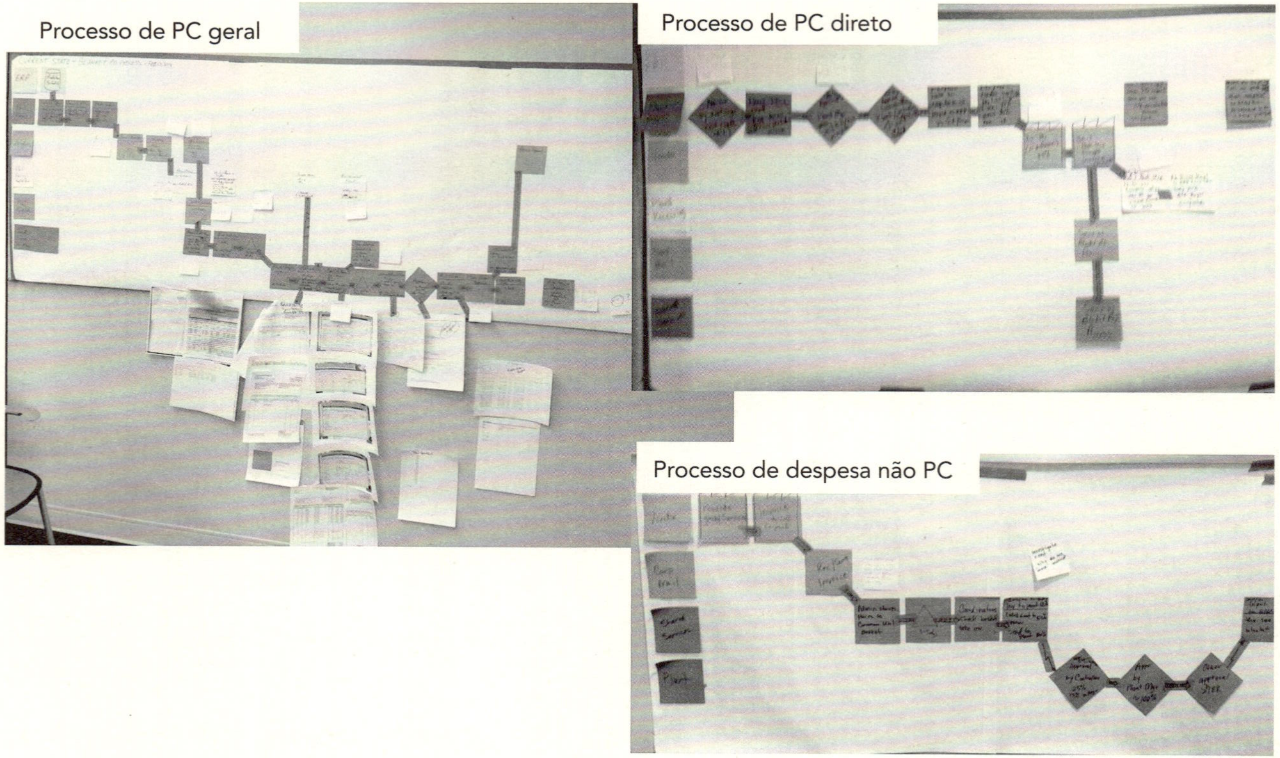

Muitas oportunidades para melhoria do tempo de atravessamento

FIGURA 5.3 Três mapas de estado atual para três tipos diferentes de processamento de pedidos de compra.

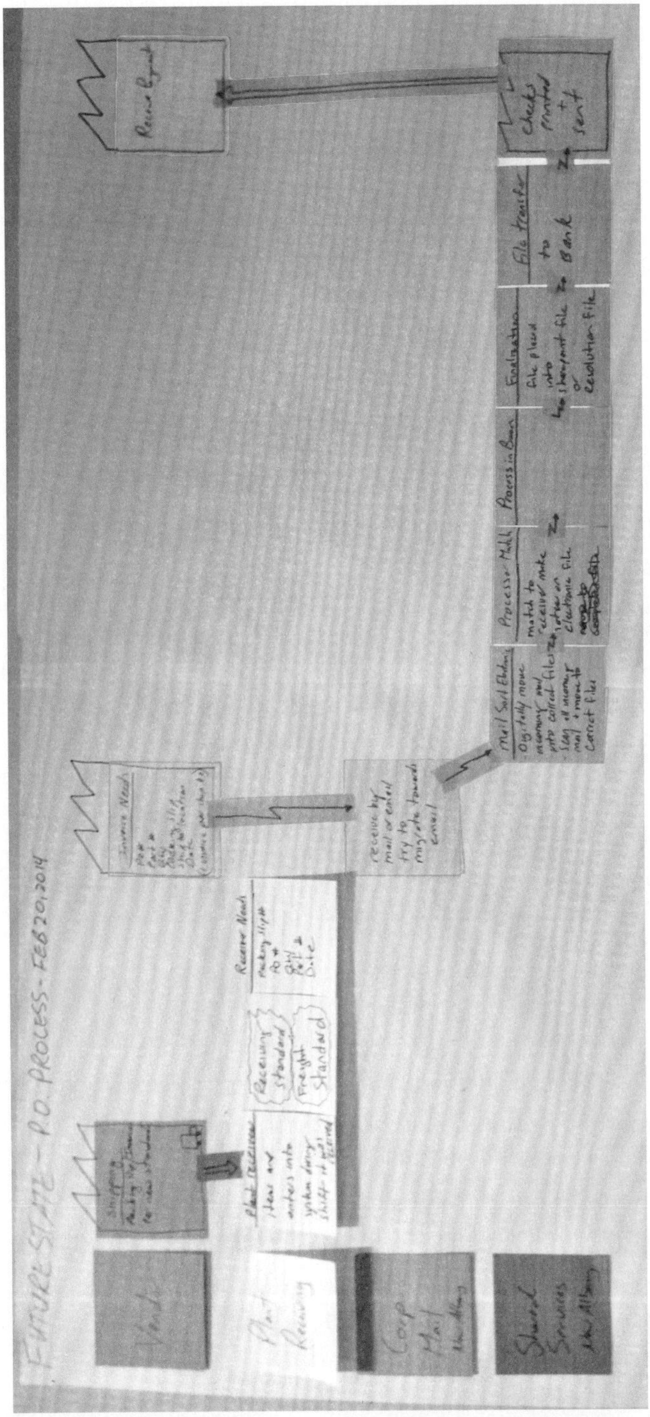

FIGURA 5.4 Mapa do estado futuro para o processamento de pedidos de compra reduzido a um processo para todos os casos.

PC, com requisitos diferentes". À medida que foi se aprofundando no trabalho, a equipe elaborou um único processo padrão para todos os três tipos de PC. O resultado foi um processo muito melhor, incluindo os seguintes destaques:

- Os documentos são digitalizados assim que são recebidos.
- Os documentos atravessam todo o processo em forma eletrônica.
- Apenas os documentos necessários são mantidos em forma eletrônica.
- Os processos de impressão e envio de cheques podem ser terceirizados para um banco (dependendo da relação custo-benefício).
- O processo está claramente definido.
- Métricas de desempenho claramente definidas são postadas visualmente para reuniões diárias.

Após muito trabalho depois do exercício de mapeamento, a equipe conseguiu reduzir o tempo de atravessamento em 50%, o número de passos e relatórios e eliminou a perda de no mínimo 120.000 folhas de papel por ano. Além disso, o grupo finalmente tinha métricas de desempenho claras para avaliar a qualidade e a produtividade.

Os mapas de pedidos de compra não são complexos nem detalhados demais. Na verdade, em comparação com a maioria dos mapas de fluxo de valor, faltam muitas informações neles. A taxa de demanda do cliente (*takt*) não foi calculada. Não há dados, nem mesmo os tempos necessários para cada passo. Alguns dos ícones que são mais comuns no mapeamento do fluxo de valor são utilizados, como os estoques-pulmão. Nesse caso, o processo era tão variável que não parecia valer a pena entrar em tal nível de detalhamento. Em outros casos, incluímos mais dados, especialmente quando o processo de serviço é mais rotineiro e repetitivo. Para essa equipe e para todas com as quais já trabalhamos, o mapeamento do fluxo de valor teve diversos benefícios além dos detalhes técnicos dos mapas:

- As equipes se comunicam melhor entre funções para entender as perspectivas alheias.
- Os membros de equipe ficam chocados com a quantidade de perda, e a terapia de choque acaba com o questionamento sobre a necessidade e aplicabilidade do *lean*.
- Os membros de equipe valorizam mais a perspectiva do cliente e começam a identificar as causas das reclamações deles.
- Os membros de equipe começam a refletir sobre os seus processos de forma intencional e científica, o que inclui medir o desempenho e continuar a melhorar.

Os princípios *lean* informam as condições-meta a serem buscadas

Em *Toyota Kata*, Mike teve uma epifania quando percebeu que certas ferramentas, como o sistema puxado e o trabalho padronizado, não são melhorias de processo a serem implementadas nem fins em si mesmas. Em vez disso, ele disse que elas são "condições-meta" possíveis. Uma condição-meta é um padrão de trabalho que imaginamos que poderia nos aproximar mais um pouco dos objetivos desejados. Vamos pensar em um exemplo no mundo dos esportes. Um resultado desejado no basquete é fazer com que a bola entre na cesta com frequência quando arremessamos lances livres. Poderíamos definir como meta acertar 80% dos arremessos, quando atualmente acertamos 60%. Simplesmente dizer ao arremessador que o objetivo é 80% poderia levar a mais treinos, mas se a sua postura, seu movimento e seu arremesso são ruins, provavelmente essa pessoa tem um limite do quanto vai conseguir acertar.

Um bom técnico observa o arremessador e percebe desde os obstáculos até os resultados do sucesso. O técnico pode filmar o arremessador em ação e assistir o vídeo em câmera lenta ao lado do jogador; dessa forma, ambos podem ver o que está acontecendo. O técnico está tentando entender o processo atual de arremesso que levou ao resultado de acertar ou errar a cesta. Um bom técnico evita inundar o jogador com uma longa lista de itens a melhorar, pois este simplesmente ficaria atônito. Como plantar os pés, como posicionar os braços, como segurar a bola, como mover os braços e o corpo no movimento do arremesso: não dá para pensar em tantas coisas ao mesmo tempo.

Seria mais eficaz sugerir uma coisa para treinar de cada vez. Talvez uma alteração na postura inicial do arremessador. O técnico pode considerar que a postura desejada é a condição-meta que, pela sua experiência, leva a uma maior probabilidade de sucesso. Talvez isso baste para aumentar as cestas em 2%. Tanto o modo de arremessar a bola quanto o resultado esperado representariam a próxima condição-meta. Após praticar o suficiente para atingi-lá, o técnico observaria mais uma vez e produziria outra condição-meta, e assim sucessivamente. Em outras palavras, o técnico está dividindo a tarefa complexa em padrões desejados específicos, que são aprendidos com a prática, um a um, representando metas de resultado. Após cada condição-meta, o técnico decide qual deve ser a próxima com base no que se aprendeu com o último experimento. O melhor técnico segue um processo ligeiramente diferente para cada aluno com base nas circunstâncias específicas deste, apesar de normalmente também confiar em uma série de princípios definidos e em suas próprias ideias sobre o que funciona. Com esse processo iterativo de aprendizagem, o aluno se torna melhor, apesar dos revezes ocasionais. Eles são algumas das melhores oportunidades para o técnico ensinar o aluno, e para o técnico aprender também.

Deming nos ensinou a enfocar o processo, não só os resultados. Identificar condições-meta enfoca os padrões de processo que estamos tentando produzir. Costumamos pensar em ferramentas como o mapeamento do fluxo de valor ou a célula de fluxo unitário de peças como soluções genéricas para um problema. Acreditamos que não estamos obtendo os resultados de melhoria esperados com o nosso sistema de gestão *lean* porque não criamos mapas do fluxo de valor de todos os nossos processos, ou podemos achar que, se tivéssemos uma célula, o fluxo melhoraria automaticamente, a produtividade melhoraria, a produção se tornaria mais consistente e a qualidade aumentaria.

Quando Mike Rother refletiu sobre o mapeamento do fluxo de valor, ele percebeu que o mapa do estado futuro, na verdade, oferece um conjunto de desafios e condições-meta. Cada parte do mapa, como a montagem de uma célula, representa um agrupamento de condições-meta.[3]

Se pensarmos no estabelecimento de uma célula de fluxo unitário de peças como uma condição-meta, isso nos passa uma imagem totalmente diferente daquela que costuma nos ocorrer, que é implementar uma ferramenta. Primeiro, precisamos responder uma pergunta: por quê? Qual é o desafio e por que acreditamos que a célula nos deixará mais perto de superá-lo? Um bom entendimento sobre a condição atual em relação ao desafio nos ajuda a identificar se faz sentido testar essa condição-meta e não outra. Se nossa análise e o tempo passado no *gemba* sugere que vale investir na célula de fluxo unitário de peças, isso seria visto como uma condição-meta. Em uma determinada data no futuro, nosso objetivo seria ter a célula em atividade. O diagrama de Rother (Figura 5.5) ilustra muito bem o conceito de uma condição-meta como algo a ser ilustrado.

O papel dos princípios dos processos

Em suma, não confunda princípios com soluções. Uma abordagem melhor seria pensar neles como diretrizes para estimular o pensamento. Como mostramos na Figura 5.6, os princípios são úteis principalmente na fase Planejar do PDCA.

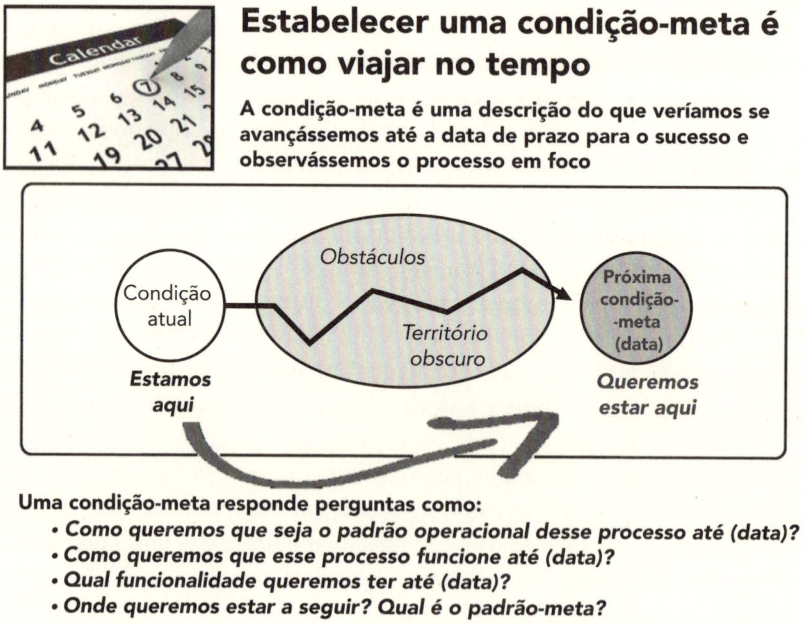

Calendar
Estabelecer uma condição-meta é como viajar no tempo
A condição-meta é uma descrição do que veríamos se avançássemos até a data de prazo para o sucesso e observássemos o processo em foco
Condição atual
Estamos aqui
Obstáculos
Território obscuro
Próxima condição-meta (data)
Queremos estar aqui
Uma condição-meta responde perguntas como:
• Como queremos que seja o padrão operacional desse processo até (data)?
• Como queremos que esse processo funcione até (data)?
• Qual funcionalidade queremos ter até (data)?
• Onde queremos estar a seguir? Qual é o padrão-meta?

FIGURA 5.5 Uma condição-meta é um padrão de trabalho a ser buscado.
Fonte: Mike Rother

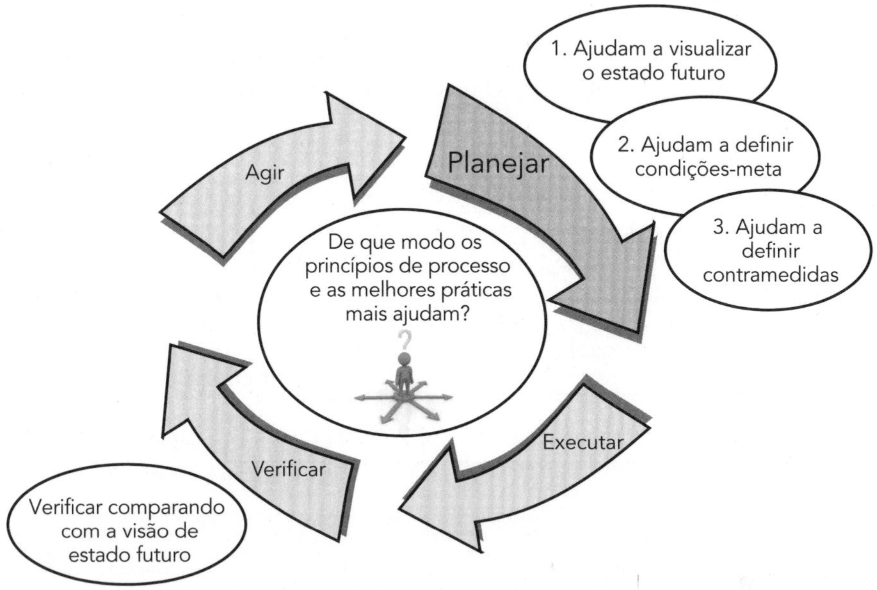

FIGURA 5.6 Os princípios de processo e as melhores práticas são especialmente úteis para identificar desafios, condições-meta e ideias para a experimentação na fase Planejar do PDCA.

Eles podem nos ajudar a visualizar nosso estado futuro e a definir nossas condições-meta. Isso não significa que completamos a frase genérica "nossa condição-meta será (*princípio*)". Uma boa condição-meta precisa ser muito mais específica, mensurável e apropriada para nossa situação.

Os princípios dos processos também podem nos ajudar a identificar possíveis contramedidas. Mais uma vez, os princípios não nos fornecem contramedidas, mas podem provocar reflexões sobre possíveis contramedidas.

Além disso, poderíamos consultar os princípios na fase Verificar para nos ajudar a avaliar como nos saímos na implementação, mas isso também tem seus riscos. Não queremos auditorias *lean* genéricas, e sim verificações específicas apropriadas para as condições-meta e contramedidas específicas que estamos testando.

Identificamos quatro princípios de macroprocessos (ver Figura 5.7) e explicaremos cada um deles usando exemplos. Os princípios foram apresentados originalmente na Figura 2.11, onde todos os 17 estão listados.

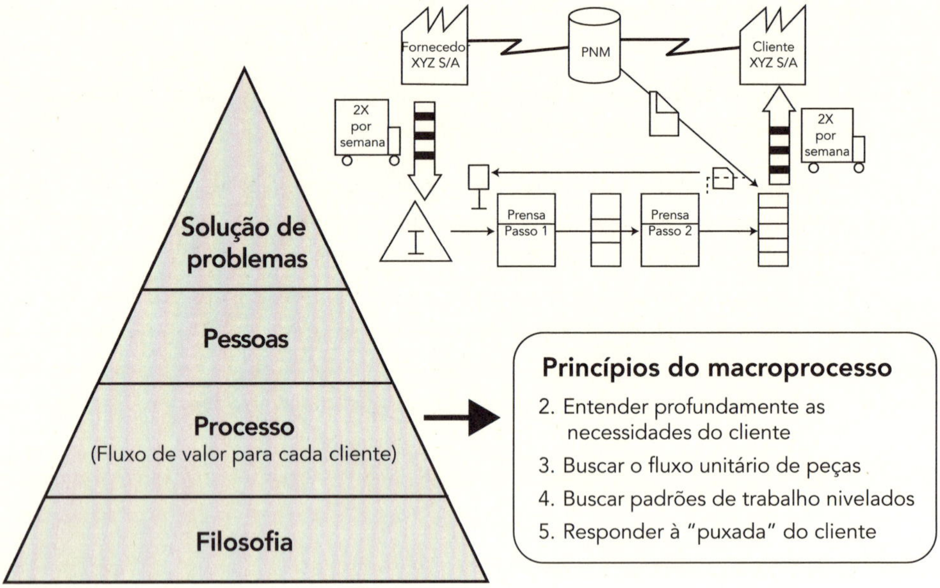

FIGURA 5.7 Princípios do macroprocesso.

PRINCÍPIO 2: ENTENDER PROFUNDAMENTE AS NECESSIDADES DO CLIENTE

Menlo Innovations: criando prazer para os clientes

Quando penso em organizações centradas no cliente, a Menlo Innovations me ocorre imediatamente. Já visitei centenas de organizações de serviços com algum tipo de programa *lean*, mas nenhuma organização se aproxima mais na prática dos princípios do Modelo Toyota do que a Menlo, e a empresa não sabia praticamente nada sobre a Toyota quando desenvolveu seu sistema. Na verdade, Richard Sheridan, um dos seus fundadores, ouviu falar de mim quando estava fazendo uma apresentação sobre a Menlo em uma conferência na Califórnia, e um colega falou com ele sobre *O Modelo Toyota*. Richard ficou entusiasmado e quis me encontrar para, então, descobrir que ambos moramos em Ann Arbor, Michigan. Hoje somos grandes amigos.

A Menlo Innovations, LLC, é uma empresa de *design* e desenvolvimento de *software* customizado com sede em Ann Arbor. Quem visita o site da empresa encontra uma declaração de missão inusitada e bem pessoal:

> *Nossa missão enquanto organização é acabar com o sofrimento humano no mundo relacionado à tecnologia. Para nossos clientes, fazemos isso criando softwares amplamente adotados e usados com prazer pelos seus usuários finais pretendidos. Para tanto, usamos um conjunto especial de práticas, incluindo Antropologia High-Tech, programação combinada (paired programming) e trabalho em um ambiente aberto e colaborativo. Dentro da nossa organização,*

cumprimos essa missão escolhendo conscientemente criar uma cultura alicerçada no Valor da Alegria para os Negócios.

Richard explica que a Menlo enfoca três públicos principais que costumam ser mal atendidos no mundo dos *softwares*:

1. Os patrocinadores de projetos de *software* que tradicionalmente têm pouquíssimas esperanças de conduzir seus projetos até uma conclusão de sucesso antes de exaurir o dinheiro e a paciência dos executivos
2. Os usuários finais do *software* que, muitas e muitas vezes, não têm voz alguma no *design*, mas que, em última análise, precisam conviver com as decisões de pessoas que mal os conhecem
3. As próprias equipes de *software*, que normalmente se esforçam arduamente, fazendo anos de horas-extra, perdendo férias e festas de família, enfrentando relacionamentos problemáticos e expectativas irrealistas, apenas para que muitos dos projetos nos quais trabalham sequer vejam a luz do dia

A Menlo é pequena, mas está crescendo. Em 2016, a empresa já tinha 70 funcionários e estava causando impacto na indústria de desenvolvimento de *software*. Em um dia típico, alguém veria grupos de visitantes de cinco países diferentes; uma empresa Fortune 100 que enviou uma equipe para realizar um workshop de vários dias para conhecer o sistema da Menlo, e diversos clientes nos escritórios, trabalhando com os menlonianos (como eles chamam a si mesmos). A cultura da Menlo tem alguns aspectos particularmente interessantes, como veremos no Capítulo 7. Para uma descrição detalhada dos seus sistemas de engajamento do cliente, desenvolvimento de *software* e desenvolvimento de uma cultura deliberada baseada em colaboração aprendizagem, sugerimos que leia o livro de Richard Sheridan, *Joy, Inc.*

Na Menlo, a experiência do cliente inicia com uma conversa sobre a possibilidade de trabalharem juntos. A discussão inicial pode ser simples e direta se os clientes já estão familiarizados com o jeito diferente como a Menlo aborda o desenvolvimento de software ou um tanto insólita para os clientes que não a conhecem. Como diz Michael Porter, uma estratégia de verdade inclui o que você *não* vai fazer. Os clientes precisam aceitar alguns pontos para a parceria funcionar:

1. Eles devem pagar por uma dupla de Antropólogos High-Tech.
2. Eles devem pagar por duplas de programadores de *software*, que trabalham em rotações semanais.
3. Eles devem ser participantes ativos em um processo de aprendizagem colaborativo, incluindo reuniões semanais para revisar o trabalho concluído nos cinco dias anteriores.
4. Eles devem pagar por um estágio inicial de desenvolvimento dos seus requisitos antes de obterem uma estimativa de preço.

Quem diz não a qualquer uma dessas quatro condições não se torna cliente, e a Menlo até recomenda concorrentes para prestarem o serviço. Intimamente, os menlonianos pensam "vocês vão voltar". Eles não especificam essas condições por serem teimosos ou belicosos, mas porque é o único jeito que conhecem de cumprirem sua missão de produzir uma experiência alegre e feliz para todos.

O processo de desenvolvimento em si inicia com uma dupla de Antropólogos High-Tech que convivem com os usuários para entender suas crenças, valores e padrões de trabalho e garantir que o *software* atenda as necessidades reais, não apenas as professadas. O interessante é que a Menlo descobriu que os melhores nessa função quase nunca têm formação em antropologia ou tecnologia, e sim alguma combinação de empatia e criatividade, além de ser bom observador, saber ouvir e ter a habilidade prática de transformarem aquilo que aprendem em uma visão para o *software*.

O trabalho pode ser criativo, mas os Antropólogos High-Tech têm um processo mais ou menos padronizado que, em termos *lean*, inicia por uma visita ao *gemba* para ver, sem nenhum preconceito, como os usuários fazem seu trabalho e usam o *software* existente para executar a tarefa.

Um dos primeiros desafios para o cliente é identificar um usuário primário, representado visualmente usando um mapa de personagens (ver Figura 5.8). Através das suas investigações, os Antropólogos High-Tech desenvolvem uma imagem de cada personagem e escrevem uma história, um relato fictício de um papel de usuário típico. A tarefa do cliente é identificar um tipo de usuário como personagem principal que será o foco durante o desenvolvimento do *software*. A Menlo aprendeu que enfocar um usuário médio, ou muitos usuários com necessidades diferentes, desorienta o processo e leva a um *software* que não funciona direito para ninguém. Os clientes têm dificuldade para escolher um; no início, estão convencidos de que todos os tipos de usuário são igualmente importantes. Com o tempo, no entanto, eles escolhem um usuário como o primário e mais alguns como secundários e terciários, deixando todos os outros fora da área-meta.

A Menlo desenvolveu um mapa de personagens baseado em uma empresa fictícia chamada Wedding.com, que ajuda os clientes a planejarem seu casamento. Você poderia imaginar que o noivo ou a noiva seriam os personagens primários óbvios, mas os antropólogos e o cliente não decidiram assim. Eles descobriram que a mãe da noiva é a planejadora mais frequente, e costuma ter menos experiência com interfaces web do que o casal. A Menlo criou um perfil composto da "mãe", batizada de Kathleen Tiber. Entre outras características, ela "odeia ter que pedir a ajuda dos filhos por causa de tarefas simples no computador". Seus objetivos são "planejar o casamento do século" e "evitar situações em que as pessoas usam termos que ela não entende". Sem dúvida nenhuma, uma interface do usuário simples e clara é fundamental. O casal fica no círculo secundário, com os pais do noivo representando usuários terciários. Suas necessidades também serão consideradas, mas os recursos que utilizam e que não são valiosos para Kathleen ficarão a alguns cliques de distância da tela principal.

Os antropólogos têm debates intensos em torno de quadros brancos e desenvolvem mapas mentais das características dos usuários e do *software* (ver Figura

FIGURA 5.8 Mapa de personagens da Menlo para a Wedding.com.

FIGURA 5.9 Mapas mentais para ver o todo.

5.9). Eles passam bastante tempo elaborando o propósito e os recursos desejados do *software*. Eles também consideram muitas alternativas com o cliente, o que geralmente inclui listas de prós e contras.

Enquanto esclarecem a imagem dos usuários e dos recursos do *software*, os antropólogos escrevem "cartões de história" detalhados, um para cada recurso. Por exemplo, criar um botão para listar possíveis arranjos florais é um recurso que merece seu próprio cartão de história. Fazer um cronograma é outro recurso que ganharia um cartão.

Esses cartões de história servem de base para selecionar o que deve ser incluído no *software* para produzir valor como determinado pelo cliente. Os cartões também se tornam o método de organização do trabalho dos programadores. Na verdade, um plano de projeto completo é construído com base nesses cartões. Primeiro, várias duplas de programadores estimam o tempo para desenvolver o código-fonte para cada cartão. Depois, os cartões são distribuídos em folhas padrões para somarem 32 horas de trabalho por semana (as outras 8 são alocadas a diversas reuniões, como a revisão do cliente). Isso leva diretamente a uma estimativa de custo baseada em um custo padrão por folha para duplas de programadores. O cliente trabalha com a equipe para decidir o escopo real do projeto, "jogando com os cartões" e descobrindo a soma dos custos. Se o total for maior do que o orçamento, o cliente precisa eliminar alguns recursos, o que pode causar a eliminação de alguns cartões de história ou talvez transferi-los para um orçamento posterior.

Toda semana, o cliente se reúne com os menlonianos que trabalham no projeto. Essas reuniões presenciais normalmente são na Menlo, mas se necessário, podem ser realizadas nos escritórios do cliente, desde que estes não fiquem muito distantes da Menlo. As reuniões virtuais são possíveis em última instância, desde que no mínimo, uma reunião mensal seja presencial. Quando o *software* está em desenvolvimento, o cliente senta ao computador para experimentar os resultados de uma semana de trabalho enquanto os antropólogos e programadores assistem. Os clientes têm os cartões de história e sabem o que o recurso deveria fazer. Eles devem ser capazes de utilizá-lo sem um manual de instruções e se alegrar com o que veem. Caso contrário, a equipe volta ao trabalho. No final da revisão do cliente, este decide que cartões usar na semana seguinte. É o PDCA em sua forma ideal, uma série de ciclos curtos com *feedback* rápido.

Observe que, com este processo, a prática padrão de licitações é praticamente impossível. Em geral, o cliente solicita lances e compara as propostas de diferentes empresas. O pressuposto é que o cliente sabe o que quer, ou que, com um pouco de pesquisa, o terceirizado consiga definir o escopo do trabalho, um plano de projeto e o custo. A Menlo precisa que o cliente pague por um processo colaborativo para descobrir o que ele precisa de verdade, o que vem antes de qualquer processo de licitação. Se o cliente apresentasse esses requisitos para a concorrência, ninguém teria a profundidade de conhecimento necessária para criar um *software* capaz de levar alegria e felicidade para os usuários. A Menlo simplesmente se recusa a participar dos joguinhos de licitação tradicionais.

O resultado desta e de outras partes do sistema da Menlo, abordados em partes posteriores deste livro, é 100% de satisfação do cliente. Muitas vezes, em empresas que usam um processo tradicional de desenvolvimento de *software,* ao final de um grande projeto (algo que demorou um ano ou mais para ser concluído), surgem longas listas de ordem de modificação para corrigir um *software* cheio de problemas (*bugs*) e que não atende as expectativas. Na Menlo, o *software* é desenvolvido junto com o cliente, e todas as semanas se verifica se o cliente está satisfeito com ele ou não. Na última semana do projeto, tudo que precisa ser revisado é a última semana de trabalho. A Menlo tem uma linha direta para os clientes reclamarem, ligada aos alto-falantes da empresa para que todos a escutem tocar. Mas ela nunca toca. Ninguém na Menlo lembra quando foi a última vez que algum cliente ligou para reclamar. Todos os problemas com o *software* são identificados durante a semana, enquanto ele é desenvolvido e revisado.

Zingerman's e os cinco jeitos idiotas de perder um cliente

Na nossa experiência, uma condição mínima para uma empresa excelente é que os clientes estejam em primeiro lugar. Isso não significa que eles são sempre um prazer absoluto, mas sim que os prestadores de serviço precisam sê-lo. Outra das empresas mais focadas no cliente que conhecemos é a Zingerman's, um grupo de pequenas empresas de Ann Arbor, Michigan. A Zingerman's tem várias empresas do setor alimentício, incluindo a *delicatéssen* original, um restaurante chamado Zingerman's Roadhouse, uma fábrica de laticínios, um torrador de café, uma padaria central, uma fazenda e um serviço de encomendas por correspondência, que analisaremos no restante deste livro.

A declaração de missão da Zingerman's é tão emocional quanto a da Menlo, e reflete igualmente a realidade de valores praticados todo os dias: "enriquecer tantas vidas quanto for possível, deixá-lo feliz, fazê-lo sorrir, demonstrar amor e carinho em todas as nossas ações."

Os funcionários de todos os negócios da Zingerman's são treinados e instruídos continuamente através do Zingtrain, a parte do grupo focada em treinamento. Tudo começa com o "Guia Zingerman's do Bom Serviço". Obviamente, ele vem na forma de receitas. Um cartão de receita de três passos diz:

1. *Descubra o que o cliente quer*
2. *Entregue para ele, com entusiasmo e precisão*
3. *Vá além*

Para dramatizar o que não fazer ao lidar com um cliente, o Zingtrain ensina "cinco jeitos idiotas de perder um cliente". Para cada um deles, a Zingerman's tem uma receita ou uma contramedida:[4]

- **Ignore-os.** O Zingtrain observa que há muitos jeitos de se ignorar os seus clientes, mas alguns dos mais populares são não cumprimentá-los quando entram na loja e não olhar nos olhos deles quando estão fisicamente presentes.
  - **Receita: a regra 3/1.** "Quando um cliente está a 3 metros de qualquer funcionário, nós fazemos contato visual e sorrimos. A 1 metro, o cumprimentamos".
- **Invente desculpas.** Explicar para um cliente reclamão como ele causou o problema quando não seguiu as regras.
  - **Receita: cinco passos para lidar com as reclamações dos clientes.** O passo 1 é "reconhecer a reclamação" e o passo 2 é "pedir desculpas sinceras".
- **Não deixe que entrem no seu negócio.** Esse é o meu favorito. Mantenha os clientes no lado de fora, assim eles não vão incomodá-lo! Por exemplo, não atenda o telefone. Na prática, é como bater a porta na cara dele.
  - **Receita: responda todas a ligações imediatamente.** Atenda qualquer telefone antes de ele tocar, no máximo, três vezes. Se uma ligação cair na caixa de mensagens durante o horário comercial, ligue de volta no mesmo dia. Para chamadas fora do horário comercial, ligue no próximo dia útil.
- **Leia as regras.** Quando diz para os clientes como devem agir para fazer uma encomenda ou buscá-la, você está estabelecendo regras para o cliente trabalhar com você.
  - **Receita: evite as palavras "deve" e "precisa".** A equipe está autorizada a "fazer todo o necessário para acertar a situação" e a "quebrar as regras para oferecer ao cliente a experiência genial da Zingerman's."
- **Dificulte para receber o dinheiro.** Os negócios dizem que o negócio deles é ganhar dinheiro, mas criam dificuldades para o cliente na hora do pagamento.

- **Receita: "esforce-se para eliminar todos os sistemas e políticas que deixem mais difícil para o cliente nos dar dinheiro".** Um exemplo é o sistema de confiança para os clientes da padaria que querem café: eles podem colocar o dinheiro diretamente em uma caixa onde ficam postados os preços e as instruções de pagamento.

Outra política é, sempre que atendem um cliente, o colaborador da Zingerman's deve comunicar por suas ações que "você é a melhor parte do meu dia". Essa política vai além de tratar os clientes pagantes dessa forma e abrange o tratamento de todas as pessoas com as quais a equipe entra em contato.

Sabemos alguma coisa sobre as necessidades dos nossos clientes?

Ao trabalhar com muitos tipos diferentes de organizações de serviço, Karyn costuma ficar surpresa com o quanto eles não conhecem seus clientes, mesmo em *call centers*, onde os atendentes falam diretamente com eles todos os dias! Na experiência de Karyn, as organizações não têm informação nenhuma sobre o que seus clientes querem ou precisam. Em vez disso, elas simplesmente fazem *benchmarking* e definem padrões de requisitos dos clientes, como precisão do serviço ou tempo até sua prestação. Quando as organizações atendem ou superam esses *benchmarks* (por exemplo, 80% de satisfação do cliente ou cinco dias para processar uma transação financeira), elas concluem que estão indo bem e que seus clientes estão satisfeitos. Mas estão, mesmo? E o que dizer dos 20% dos clientes que não estão?

Os clientes de serviço insatisfeitos não reclamam; eles nem mesmo preenchem pesquisas de satisfação, apenas param de usar o serviço. À medida que a Internet deixa mais fácil para os clientes de serviço insatisfeitos encontrarem novos fornecedores, é fundamental que as organizações de serviço descubram o que os seus clientes querem e valorizam e comecem a usar essas informações para alimentar os processos que criam esses serviços e experiências para os clientes.

Uma organização na qual Karyn trabalhou teve um problema com uma determinada parte do seu processo de recursos humanos, e ela fez exatamente isso. Os clientes eram os funcionários da empresa. Quando Karyn começou a trabalhar com a organização, as reclamações dos clientes sobre o processo de licenças eram mais numerosas do que todos os outros tipos de reclamação juntos. Onde quer que você fosse na organização, com quem quer que falasse, esse processo específico era considerado problemático. Ao trabalhar com pessoas na equipe responsáveis pelo processamento de licenças, Karyn descobriu que elas não tinham acesso direto às informações sobre os tipos ou volume de reclamações relativas à política de licenças. Os membros da equipe que processavam essas transações se esforçavam ao máximo para melhorar o processo, mas sem ter informações sobre quais eram os erros. Tudo que podiam fazer era tentar adivinhar o que mudar para consertar os problemas dos quais, por acaso, ouviam falar.

Para resolver esse problema, Karyn e a equipe de processamento começaram a trabalhar com a central de atendimento responsável por receber todas as reclamações dos clientes, fossem por telefone ou por e-mail. Todas as vezes que havia uma reclamação relativa às licenças, as informações eram transmitidas eletronicamente para o gerente da equipe, que processava as transações relevantes. Além disso, o gerente contatou pessoalmente todas as pessoas que haviam se licenciado recentemente, a fim de que os membros da equipe pudessem entender os requisitos e as necessidades específicas dos seus clientes com relação ao processo. Uma imagem mais clara começou a surgir: havia uma política de como os clientes (funcionários) recebiam o que ainda lhes era devido quando tiravam uma licença. Eles queriam pagamentos corretos e sem atrasos.

À medida que foram desenvolvendo um entendimento mais claro sobre o que os clientes valorizam, os membros da equipe começaram a procurar os obstáculos no processo que os impediam de criar licenças sem atraso e processar os pagamentos corretamente. O modo como procuraram esses obstáculos foi usar as informações das reclamações dos clientes que recebiam da central de atendimento. Todas as vezes que o gerente recebia um tíquete referente a uma reclamação, ele e o membro de equipe que criara a transação de licença revisavam o processo de criação em busca da causa fundamental. Depois que as causas eram identificadas, a equipe criava e testava algumas contramedidas. Após alguns meses, a equipe ficou tão proficiente no uso das informações que recebia da central de atendimento que o número de reclamações dos clientes caiu a praticamente zero.

Nos serviços, os clientes querem que a gente resolva problemas que, às vezes, nem sabem o que são. Portanto, para agregar valor, é preciso descobrir o que eles são. Sem isso, não estamos prontos para enfocar outros princípios do processo, como o fluxo. O contato direto com os clientes gera benefícios claros. No Capítulo 3, vimos o que aconteceu quando o novo CEO da United embarcou em um voo e descobriu em primeira mão qual é a experiência dos clientes normais. Isolar os executivos das companhias aéreas das experiências normais dos clientes também os isola da oportunidade de entendê-los. Nem sempre é fácil se colocar no lugar do cliente, mas a experiência sempre é um banho de realidade.

PRINCÍPIO 3: BUSCAR O FLUXO UNITÁRIO DE PEÇAS SEM ESPERAS

Valor agregado *versus* espera

Você já ficou desanimado com um dos itens a seguir: coisas empilhadas na sua casa ou escritório, uma longa lista de e-mails por ler na sua caixa de entrada, filas de clientes esperando para serem atendidos, tralha acumulada na garagem, um congelador lotado de comida velha? Nesse caso, o fluxo unitário de peças é para você.

O Dr. Travis Bradberry, coautor de *Inteligência Emocional 2.0*, oferece provavelmente a melhor dica de produtividade do mundo para quem trabalha em serviço:[5] "nunca toque em nada duas vezes". Nunca coloque nada em modo de espera, pois tocar em alguma coisa duas vezes é um enorme desperdício de tempo. Não salve e-mails e não anote recados de telefonemas para lidar com eles depois. Assim que algo chamar sua atenção, aja, delegue ou delete.

A obra de um grupo de acadêmicos nos dá mais um *insight*. Eles estudaram o que acontece quando pessoas mudam de tarefa frequentemente, e a conclusão foi que o efeito sobre a produtividade é devastador. Na verdade, em média, pode-se levar 25% mais tempo quando se troca constantemente entre as tarefas A e B do que quando se conclui A antes de começar B. Como explica David Meyer, líder do estudo: "ser multitarefas vai desacelerá-lo e aumentar a probabilidade de erros. (...) Interrupções e intromissões são má notícia do ponto de vista da nossa capacidade de processar informações."[6]

Karyn vivenciou esse problema em primeira mão quando Brian, seu marido e professor de estudos asiáticos, contou que corrigir trabalhos estava deixando-o exausto. Ele estava lecionando três disciplinas e não tinha um professor assistente para ajudá-lo. Ele multiplicara o tempo que levaria para corrigir um trabalho pela quantidade de trabalhos que teria que corrigir por semana e concluiu que seria impossível completar a tarefa no tempo que tinha para ela. Karyn perguntou se ele gostaria de ajuda para resolver o problema, mas obviamente sua primeira resposta foi: "não. As universidades são diferentes. O que você faz com *lean* seria absolutamente impossível de usar comigo."

Duas semanas depois, totalmente exausto por não estar dormindo direito, Brian decidiu que estava pronto para que Karyn o ajudasse a analisar seu processo de correção atual. Karyn foi ao *gemba* (o escritório doméstico de Brian) para entender a situação atual. O que ela descobriu é que os alunos de Brian enviavam seus trabalhos por e-mail, na forma de anexos. Assim que Brian recebia o e-mail, ele abria o anexo para confirmar que ele chegara no formato correto e o arquivo era legível. Em seguida, Brian respondia ao e-mail para informar o aluno que recebera o documento e seguia para a próxima mensagem. Depois que Brian informava todos os alunos que recebera seus trabalhos, ele voltava para cada mensagem, abrindo ela e o anexo mais uma vez e imprimia o documento para corrigi-lo a mão (o que agrega pouquíssimo valor para os alunos, pois até Brian tem dificuldade para entender a própria letra). Para manter a consistência das notas, Brian primeiro lia o trabalho, depois lia mais outro para fins de comparação, então voltava ao primeiro, alternando constantemente entre eles antes de aplicar a nota de cada um. Após corrigir todos os trabalhos, Brian abria cada e-mail uma terceira vez e respondia para o aluno que o trabalho fora corrigido e estaria disponível no seu escritório. Abrir e fechar cada e-mail três vezes consumia bastante tempo e não agregava nenhum valor para o aluno.

Karyn explicou a Brian o que estava fazendo, e juntos os dois geraram alguns métodos alternativos. Após algumas iterações tentando coisas diferentes para reduzir o número de toques *e* aumentar a legibilidade dos comentários para os alunos, eis como o processo funciona agora: os alunos enviam seus trabalhos *online*, no sistema da Blackboard usado pela escola. Isso garante que eles estão em um formato correto e legível, e Brian não precisa verificar isso; ele também não precisa enviar e-mails para os alunos avisando que recebeu os documentos, pois eles veem *online* que os trabalhos foram postados. Brian digita seus comentários diretamente na cópia eletrônica do trabalho, o que é muito melhor em termos de legibilidade. No programa da disciplina, ele informa aos alunos os prazos para correção dos trabalhos e então, quando eles estão prontos, os alunos simplesmente entram no Blackboard e "puxam" seus trabalhos corrigidos. Brian lê rapidamente uma amostra dos trabalhos *online* para entender um pouco da variação nas abordagens adotadas, corrigindo-os e um a um concluindo cada trabalho antes de passar para o seguinte. Isso tudo reduziu significativamente o tempo de correção, que agora está em um patamar mais fácil de administrar. Brian até consegue dormir de vez em quando.

O que o Dr. Bradberry está sugerindo e o que Brian começou a praticar é buscar o fluxo unitário de peças. Quem observa uma célula de montagem em uma indústria vê um fluxo harmonioso de trabalho de uma estação para a seguinte. O produto está em movimento constante seguindo sempre em frente e recebendo trabalho de valor agregado. Uma interrupção no fluxo é uma perda, incluindo o retrabalho por causa de defeitos, o que torna necessária a presença de zero defeitos. Os equipamentos precisam funcionar perfeitamente o tempo inteiro, de modo que a manutenção preventiva passa a ser essencial. Na Toyota, essa situação costuma ser comparada ao fluxo suave da água. Poças estagnadas são inimigas do fluxo. Uma vez, acompanhei um grupo de *sensei* da Toyota por uma indústria, e o tempo todo eles apontavam para problemas e criticavam: "espera, espera, espera!!!"

Espera é sinônimo de perda. A palavra japonesa *muda* (perda) entrou no léxico do *lean* e, infelizmente, o *lean* é definido como uma guerra contra a perda, a eliminação do *muda*. Como veremos em capítulos posteriores, o *lean* é muito mais do que eliminar as perdas uma a uma, mas entender as perdas no seu sistema ainda é útil. O Sistema Toyota de Produção identifica sete perdas cruciais. Vamos usar exemplos da saúde para ilustrar cada uma delas:

- **Superprodução.** Duplicar fichas, imprimir relatórios clínicos em lotes para serem distribuídos mesmo se não forem necessários.
- **Estoque.** Guardar formulários desnecessários ou itens obsoletos, estocar medicações em excesso em armários, acumular amostras de sangue à espera de hemogramas.
- **Transporte.** Pacientes caminhando ou sendo transportados de um lugar para o outro, ou materiais sendo transferidos de um local do hospital para outro.
- **Defeitos.** Erros de medicação ou cirúrgicos, cobranças e faturas incorretas ou erros nos rótulos de amostras de sangue.

- **Processamento em excesso.** Anotar informações desnecessárias do paciente no momento da baixa, múltiplos formulários com informações redundantes, exigir muita papelada para dar alta para pacientes.
- **Espera.** Pacientes sentados em salas de espera, pendurados no telefone e aguardando equipamentos de departamentos técnicos.
- **Movimento.** Manter materiais e ferramentas em locais distantes do trabalho, procurar informações, mover ou procurar pacientes, equipamentos, medicamentos ou fichas.

Os clientes estão pagando de verdade é pelo trabalho de valor agregado, ou seja, qualquer ação ou pensamento concreto que avança o trabalho em direção a satisfazer as necessidades do cliente. Para uma paciente que chega no hospital com dores no peito, o único valor agregado ocorre quando os testes relevantes são conduzidos, os médicos fazem o exame, o médico ou enfermeiro explica o problema e o seu tratamento e este é realizado. Acompanhe uma paciente desde o instante em que chega no hospital até ela estar de volta no seu carro e é provável que ela passará três horas ou mais em uma visita como essa (mesmo que seja um alarme falso), mas o trabalho de valor agregado provavelmente levará 15 minutos ou menos.

Se conversássemos sobre isso com um administrador hospitalar, ele talvez ficasse nervoso e explicasse que é impossível teletransportar a cliente do seu carro até os diversos lugares onde precisa ser baixada e examinada. Existem dados que o hospital é obrigado por lei a coletar para todos os pacientes se não quiser ser processado ou fechado. O que o administrador estaria descrevendo é o chamado "trabalho sem valor agregado necessário". Ao adicionar a palavra "trabalho" ao termo "sem valor agregado", reconhecemos que verificar a identificação da paciente pela centésima vez representa um trabalho e pode ser necessário no contexto atual, mas ainda não agrega valor para a paciente. Não faz nada pelas dores no peito. Até o trabalho sem valor agregado necessário pode ser acelerado. E se pudéssemos usar uma impressão digital para coletar e confirmar todos os dados pessoais de que precisamos em uma fração de segundo? É o que fazemos com nossos *smartphones*, então por que não fazer o mesmo em um hospital?

O conceito de célula em organizações de serviços

A manufatura celular é o modo usado pela indústria de criar versões reduzidas das linhas de montagem. Enquanto que a linha de montagem de automóveis da Toyota é muito longa, com centenas de estações de trabalho ziguezagueando pela fábrica, as células geralmente são pequenas (5-10 processos) e podem ter forma de U ou L ou serem configuradas na forma de duas séries de máquinas em paralelo. O objetivo é ter o fluxo unitário de peças, mas também ser flexível o suficiente para adicionar ou subtrair pessoas, dependendo da demanda do cliente. Essa demanda é representada na forma de *takt*, o ritmo médio ao qual os clientes compram o produto e diferentes variantes do produto (ver Figura 5.10). Quando a demanda é estável ou o cronograma é nivelado corretamente por um grupo de programação (como discutido na

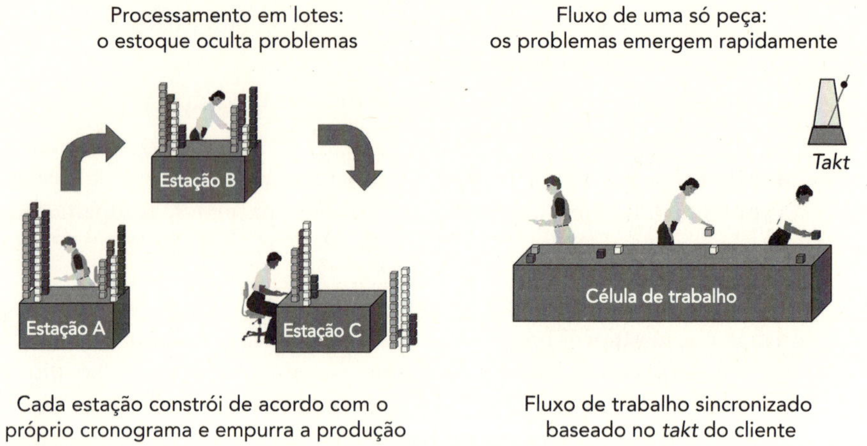
Processamento em lotes:
o estoque oculta problemas
Estação B
Estação A
Estação C
Cada estação constrói de acordo com o
próprio cronograma e empurra a produção
Fluxo de uma só peça:
os problemas emergem rapidamente
Takt
Célula de trabalho
Fluxo de trabalho sincronizado
baseado no takt do cliente

FIGURA 5.10 De ocultar problemas no processamento em lotes a torná-los visíveis com o fluxo unitário de peças.

seção sobre nivelamento neste capítulo), é possível calcular exatamente o número de pessoas, a capacidade da máquina e o estoque em processo.

Tudo isso é muito bom se você tem um número relativamente pequeno de produtos que fluem fisicamente. Nesses casos, calcular o *takt* é viável. Porém como calculamos o *takt* de forma precisa nos processos de serviço, que são altamente variáveis? Em muitos casos, a resposta é que simplesmente não podemos ser tão precisos, e seria perda de tempo tentar. Sacrilégio! Para quem entende o *lean* profundamente, não existe religião, apenas a realidade prática. Para muitos serviços, o fluxo unitário de peças é uma metáfora para ajudar a visualizar uma direção futura, não um modelo exato a ser imitado.

Por exemplo, ajudamos uma empresa de aluguel de automóveis com uma transformação enxuta enfocada nas locadoras e em todas as funções de escritório. Por trás das locadoras que os clientes veem, há um escritório que administra a compra de carros de montadoras e a alocação destes veículos a diferentes locadoras. Francamente, quando começamos a trabalhar com a empresa, ela era um caos, e as lojas pareciam nunca ter os carros certos na hora certa e de acordo com as necessidades dos clientes. Parte da análise do estado atual observou os padrões de comunicação e perda de quem caminhava pelo espaço físico do escritório. Em um dia de trabalho típico, cada funcionário caminhava quase cinco quilômetros. Eles ficavam agrupados por especialidade, e a comunicação era ruim (ver Figura 5.11). Um redesenho completo da área de trabalho para eliminar paredes e criar células de trabalho constituídas de pessoas de diferentes funções que trabalhariam lado a lado reduziu pela metade o tempo de caminhada, melhorou a comunicação e fez com que mais carros estivessem nas locadoras certas (ver Figura 5.12).

Trabalhamos em uma situação semelhante em um estaleiro da Marinha dos EUA onde os funcionários embalavam documentos. Estes documentos precisavam

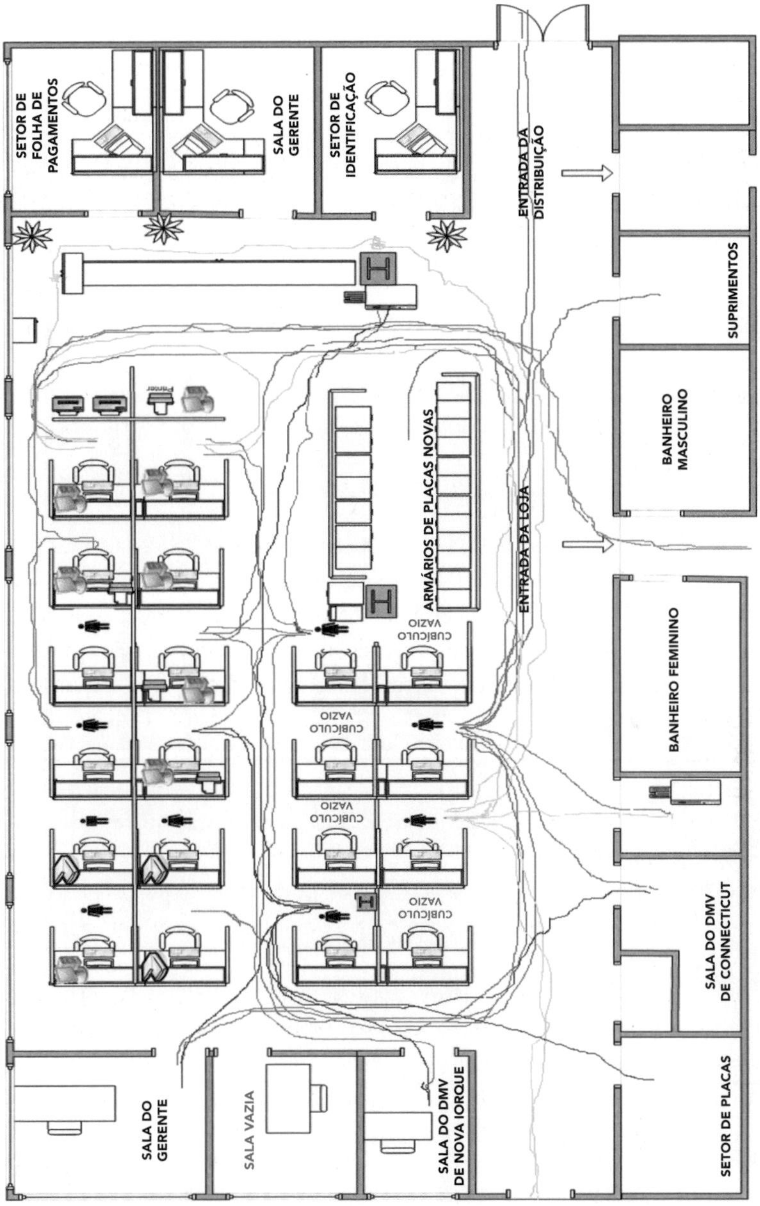

FIGURA 5.11 *Layout* funcional do escritório de automóveis antes do diagrama de espaguete.

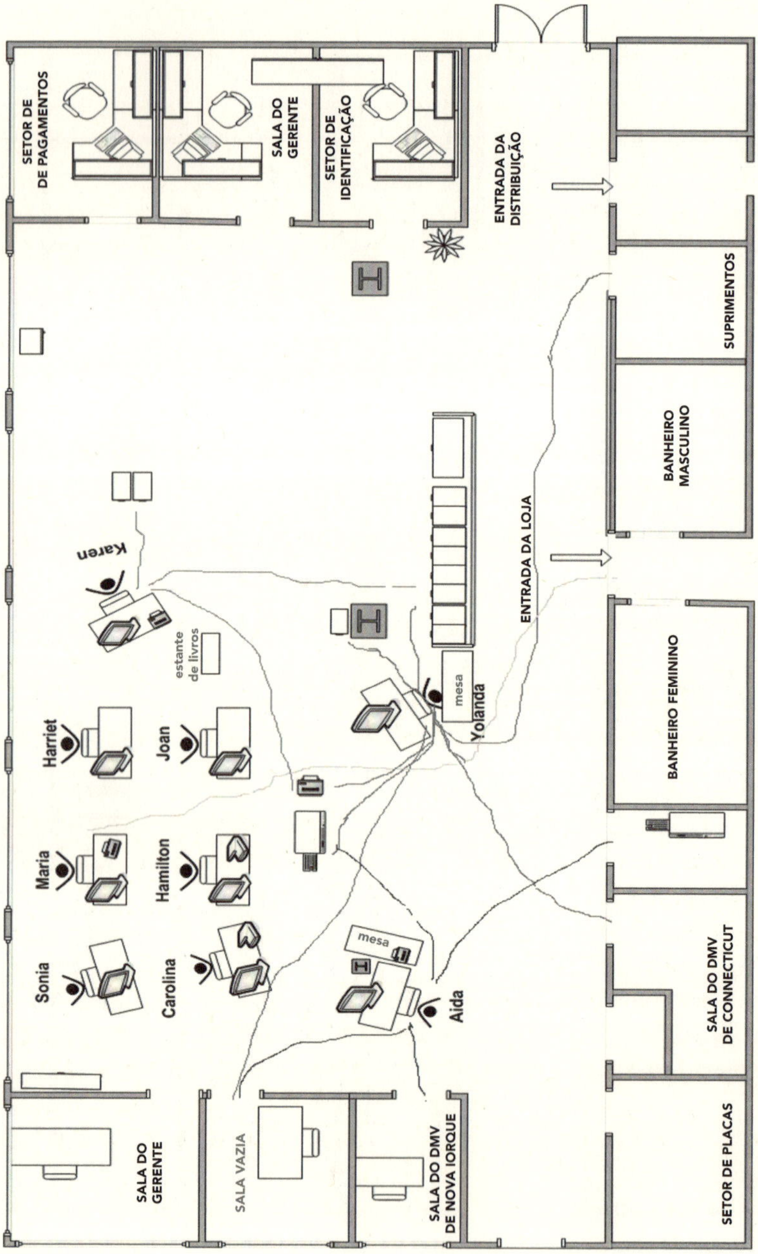

FIGURA 5.12 *Layout* celular do escritório de frota de automóveis após o diagrama de espaguete.

ser preenchidos e guardados em uma pasta para autorizar uma determinada tarefa de conserto ou vistoria de submarinos. Parte da tarefa incluía pesquisar os reparos necessários ou criar desenhos de engenharia. Mapear o estado atual e criar um diagrama de espaguete (Figura 5.13) do processo de embalagem de documentos revelou um grande número de transferências (58), muitas vezes entre departamentos diferentes, além dos documentos viajarem bastante (mais de 9 km).

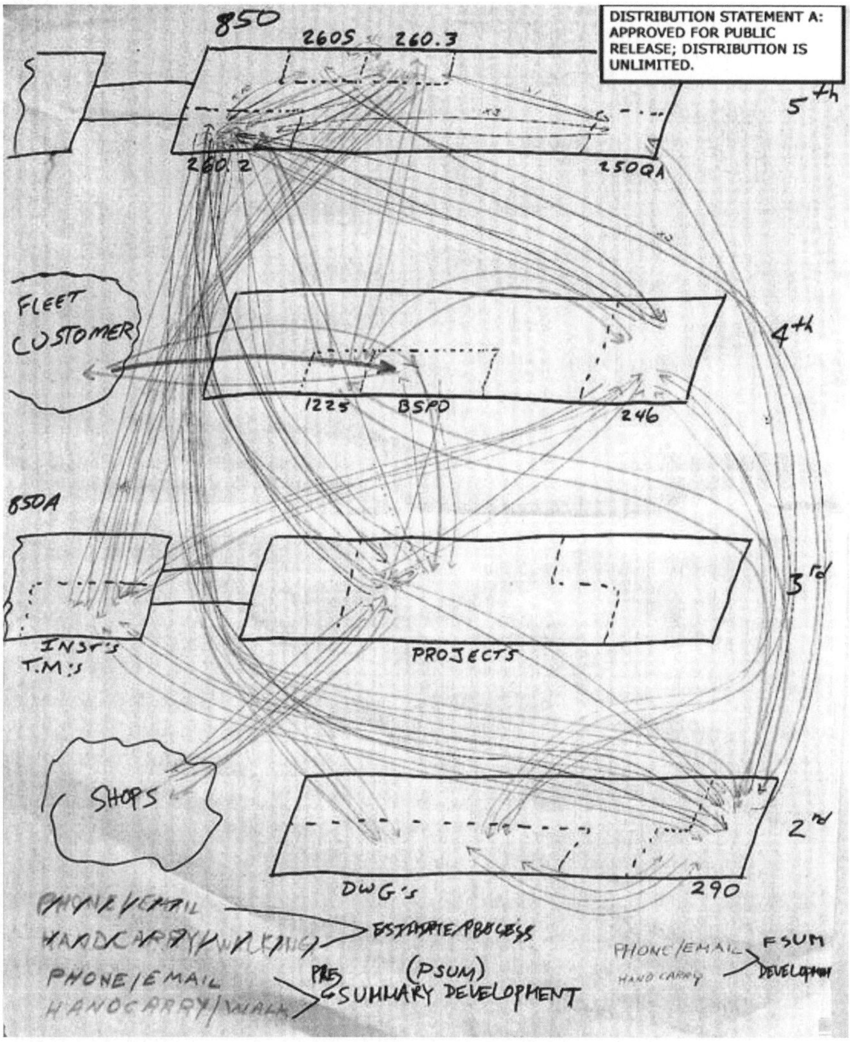

- Documentos percorriam 9.371 m
- 58 transferências
- Comunicações redundantes

FIGURA 5.13 Diagrama de espaguete de movimentação de embalagens de documentos em estaleiro da Marinha dos EUA.

Após alterar a área de trabalho, passando de pessoas distribuídas por três andares de um edifício organizado em departamentos funcionais para células de trabalho para categorias específicas de embalagens, a distância percorrida diminuiu de 55% a 92% (dependendo da natureza da embalagem), os passos do processo diminuíram em dois terços, e as transferências foram reduzidas em 80% (Figura 5.14). O tempo de atravessamento total, desde a formação da embalagem até que o trabalho de conserto real pudesse começar de fato, foi reduzido em 73%. À medida que o novo sistema foi refinado dentro da nova organização física, a qualidade e a produtividade também obtiveram melhorias drásticas. É incrível o que acontece quando pessoas com especialidades diferentes sentam-se lado a lado e trabalham de forma colaborativa.

Isso não significa que mudar o *layout* do escritório para criar células é uma solução *lean* ideal. Mais uma vez, é preciso enfatizar que cada organização deve entender seu próprio estado futuro desejado e encontrar maneiras criativas de atingir os objetivos certos. Gostaríamos de enfatizar que a busca pelo fluxo unitário de peças, tão bem-sucedido na indústria, também pode ser uma forma eficaz de simplificar as comunicações e reduzir o tempo de atravessamento nos escritórios.

Zingerman's Mail Order e o fluxo unitário de peças

Um tipo de organização de serviço que aprendeu essa lição foi a Zingerman's Mail Order. Lançada em 1996, a ZMO recebe e envia "comidas artesanais" de alta qualidade de para todo os Estados Unidos. A equipe central inclui cerca de 70 funcionários, mas ela pode chegar a mais de 400 durante o período de festas (do Dia de Ação de Graças ao Natal), quando vende 50% do seu volume anual. Felizmente para a ZMO, a empresa cresceu rapidamente; infelizmente, isso significou um caos cada vez maior todos os anos, pois era preciso armazenar mais itens, sempre superando rapidamente todas as instalações que a empresa dispunha. Após alguns anos, a ZMO precisava passar mais uma vez pelo processo doloroso de se mudar para um armazém maior, onde poderia armazenar mais itens. Era um processo caro, mas a empresa estava dando lucro e achava que poderia conviver com essa situação.

Em 2004, a ZMO decidiu experimentar o *lean* e pediu a ajuda de Eduardo Lander, um dos meus orientandos de doutorado, que estudava o *lean* em organizações de alta variedade e baixo volume. Eduardo notou imediatamente que a espera estava por todos os lados na ZMO: pilhas gigantes de caixas, matéria-prima espalhada por tudo (incluindo corredores), e nada de fluxo. A ZMO estava trabalhando com muitos lotes. Por exemplo, ela preparava todas as encomendas de queijo em bandejas no começo do dia, que, por sua vez, eram montadas em pilhas de vários metros de altura e guardadas em algum canto. Os membros de equipe pareciam passar mais tempo caminhando atrás dos itens do que preparando os pedidos dos clientes. Eduardo explica:[7]

> *No início do dia, cada processo de suporte trabalhava para preparar o produto indicado nas folhas de final do dia. A linha só começava a funcionar quando todos esses processos terminavam seu trabalho de preparação, e todos os produtos*

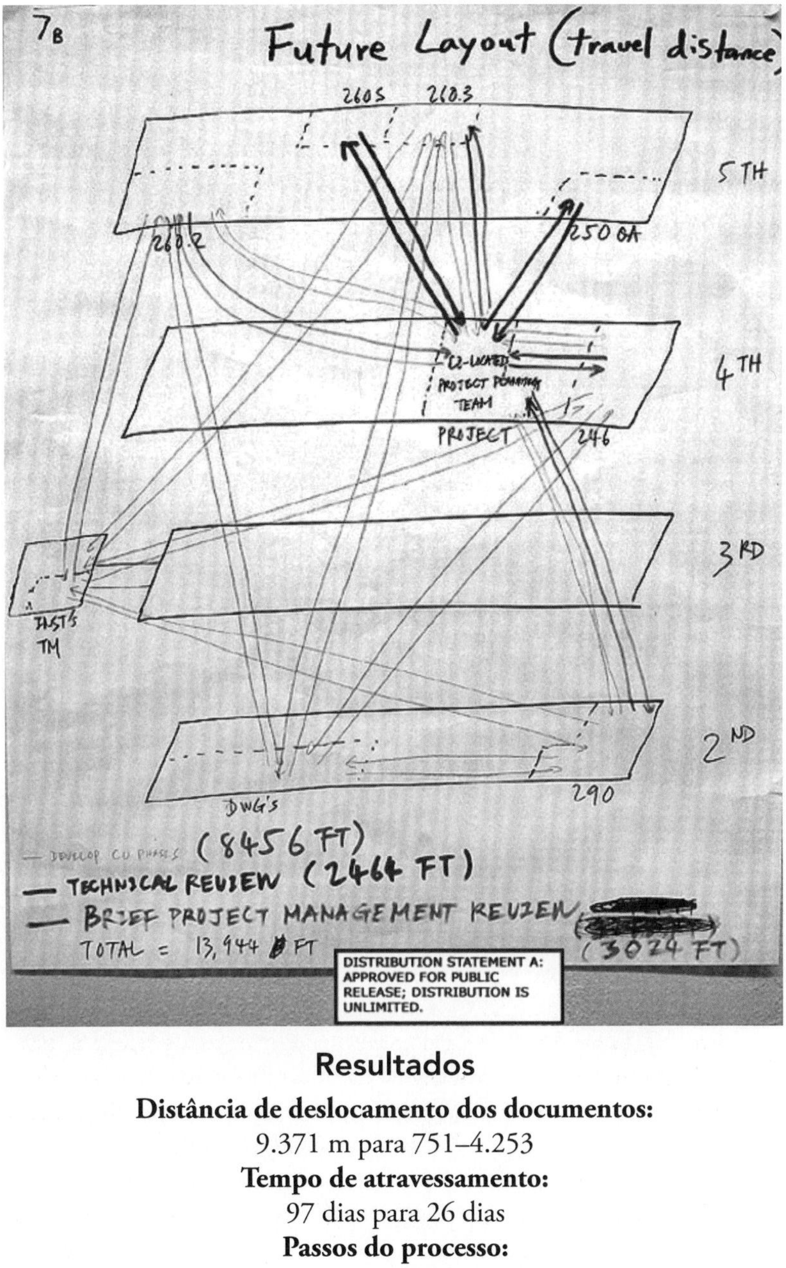

Resultados

Distância de deslocamento dos documentos:

9.371 m para 751–4.253

Tempo de atravessamento:

97 dias para 26 dias

Passos do processo:

70 para 23

Esperas:

58 para 10

FIGURA 5.14 Diagrama de espaguete de movimentação de embalagens de documentos em estaleiro da Marinha dos EUA após a reorganização do espaço físico.

estavam disponíveis para coleta. Nesse momento, o emitente do pedido colocava as folhas em cubas, as quais eram colocadas em um transportador tão rapidamente quanto a linha as levava. Se o emitente via que uma estação não estava muito ativa, ele reorganizava os pedidos e aumentava a carga de trabalho daquela pessoa. Outra opção era transferir pessoas de áreas de baixa carga para áreas de alta carga, na tentativa de acelerar a linha. A menos que se tomasse muito cuidado, a combinação dessas duas práticas criava acúmulos de pedidos que agravavam os desbalanceamentos e amplificavam ainda mais exatamente o problema que o emitente do pedido estava tentando resolver.

A primeira recomendação de Eduardo foi criar um fluxo mínimo usando um sistema de esteiras. No início da linha, os funcionários selecionavam os itens dos pedidos do cliente (ver Figura 5.15) e os colocavam em caixas. Fluindo sobre as esteiras, os itens passam por vários passos de verificação e empacotamento, e os pedidos fechados fluem diretamente para o caminhão, sendo carregado para expedição. Para

A

B

FIGURA 5.15 Fluxo através da Zingerman's Mail Order.

A. Coletar produtos em uma linha de fluxo

B. Embalar pedidos e transferir caixas diretamente para um caminhão da UPS o crédito da liderança sênior, eles trabalharam com Eduardo e assumiram o risco de desenvolver e utilizar a linha em fluxo logo antes da alta temporada de Natal começar. O sistema foi um pouco grosseiro, mas também representou uma melhoria significativa. Em seguida, Eduardo disse que a empresa precisaria acabar com os lotes. Em vez disso, os pães e queijos seriam cortados e os laticínios seriam preparados pedido por pedido. Foi difícil, mas o impacto positivo não demorou a vir. A ordem começou a aparecer no que antes era caos. Os pedidos dos clientes eram montados com mais rapidez, em sequência e com menor taxa de erros. Os corredores foram esvaziados e o espaço livre aumentou.

A ZMO continuou nesse caminho por quase uma década, e hoje o fluxo é limpo e harmônico. Um *takt* diário (os minutos de um dia divididos pela demanda esperada dos clientes para cada dia) é calculado, determinando o número de segundos disponível para coletar um pedido e colocá-lo em um recipiente. Isso dá o ritmo da operação. O interessante é que o número e o tamanho dos pedidos varia todos os dias e durante cada dia. Sob essas condições, é fácil atirar as mãos para o céu e dizer que seria impossível calcular o *takt*. Em vez disso, a ZMO desenvolveu cinco níveis de *takt* padrões, medidos em segundos, todos múltiplos de 8 (8 segundos, 16 segundos, 32 segundos etc.). Um quadro de lotação padrão foi estabelecido para cada *takt*. Todos os dias, o *takt* é determinado com base nos pedidos reais e nos previstos. No início da linha, na zona de coleta, um sistema de computador programa as ordens dos clientes e imprime a lista de coleta para cada cliente de acordo com o *takt*. Esse *takt* não é preciso, pois os pedidos vão aumentando durante o dia, à medida que os clientes ligam. Se o número de pedidos é menor do que o esperado, os funcionários vão embora mais cedo. Se os pedidos aumentam, eles trabalham até mais tarde. Durante todo o dia de trabalho, os líderes de grupo têm alguma liberdade para alterar o *takt* quando veem a necessidade.

Observe que, no quadro de *takt* na Figura 5.16, há espaços para se anotar o *takt* planejado, o previsto e o real, além de uma coluna para o porquê. O *takt* previsto é aquele que se espera com base em tendências gerais. O *takt* planejado é aquele estabelecido para o dia com base no que foi inserido no sistema com relação a pedidos reais e ao acumulado até a manhã. O *takt* real representa os ajustes realizados pelos gerentes durante o dia. Dar visibilidade a essas diferenças é uma parte importante do sistema de aprendizagem contínua. As diferenças entre o que é esperado e o que ocorre de fato têm muitas causas possíveis; à medida que esses desvios em relação às expectativas são trabalhados, o sistema se torna cada vez mais estável.

Um dos benefícios mais marcantes para a ZMO é que ela está nas mesmas instalações há quase uma década. A empresa teve grandes aumentos em satisfação do cliente e rentabilidade. No curto prazo, quando as mudanças foram introduzidas, o custo da mão de obra em relação à porcentagem das vendas caiu em 38%, as caixas por hora de trabalho aumentaram 47%, as entregas com defeito diminuíram 18% e o custo dos erros foi reduzido em 29%. Desnecessário dizer que, mais de uma década depois, os donos estão profundamente comprometidos com o *lean*.

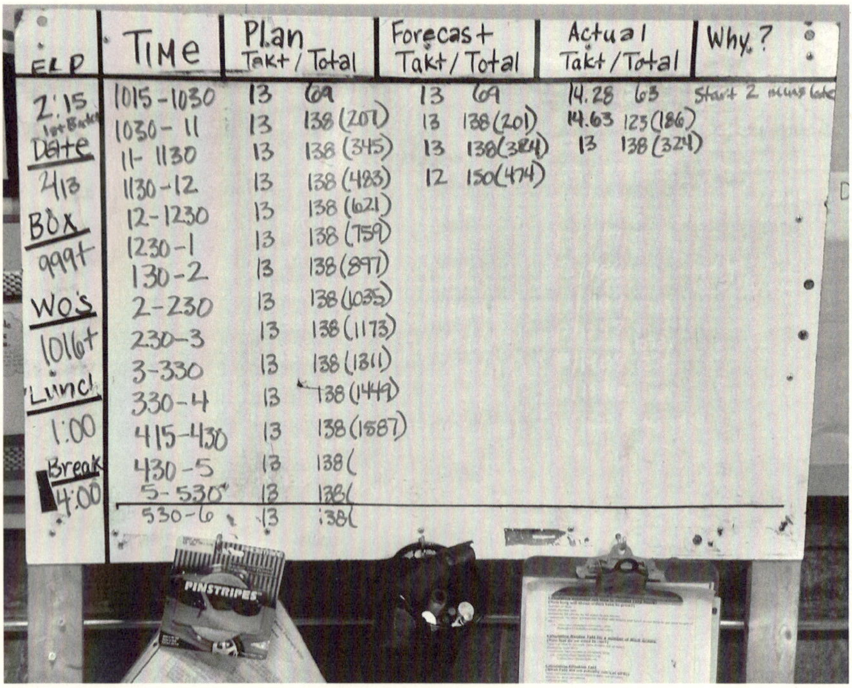

FIGURA 5.16 *Takt* real *versus* o planejado e o previsto na ZMO.

A busca do fluxo unitário de peças no processamento da folha de pagamento

E o que fazer com as organizações de serviço que não têm um “produto”, algo que veem andar pela linha, como acontece na ZMO? E se a sua organização processa transações bancárias ou responde a dúvidas dos clientes? Quando trabalha com organizações de serviços desse tipo, Karyn muitas vezes tem conversas nas quais as pessoas conseguem explicar o conceito do fluxo na teoria, mas não sabem responder ao seguinte pedido: “explique como o fluxo seria em um dos seus processos”. Mesmo que não seja fácil imaginar o seu “produto” se movendo em uma linha, ainda é possível criar um fluxo. O segredo está em encontrar os pontos em que estão ocorrendo esperas e formação de lotes.

Uma dessas organizações, uma terceirizada de recursos humanos e processamento de folhas de pagamento com a qual Karyn trabalhou, tinha um problema que ocorria quando os clientes ligavam para reclamar de cobranças de entrega aparentemente incorretas nas suas contas. As contas dos clientes pareciam incluir cobranças para folhas extras, que não foram solicitadas. Quando os representantes de atendimento ao cliente que recebiam a chamada pesquisaram a situação, eles descobriram que os serviços de processamento e entrega adicionais que os clientes encomendaram ocorreram dois ou três meses antes, sem serem incluídos nas suas contas durante todo esse período.

Como você deve imaginar, as cobranças extras que apareciam nas suas contas e que não sabiam explicar não deixavam os clientes nada satisfeitos, e os representantes de atendimento ao cliente que recebiam essas ligações passavam um bom tempo pesquisando, corrigindo contas e reembolsando os clientes pelas cobranças. A empresa também estava infeliz, pois não recebia receita alguma pelo processamento e entrega adicionais que os clientes solicitaram meses antes. Para resolver o problema, criou-se uma equipe composta de representantes de atendimento ao cliente, processadores de contas a receber e entregadores. A primeira coisa que a equipe fez foi ir ao *gemba* para estudar o processo e entender profundamente qual era o estado atual.

O que a equipe descobriu foi o seguinte:

1. Quando um cliente ligava para pedir uma folha de pagamento extra durante um ciclo de cobrança, o representante de atendimento ao cliente criava um formulário de cobrança de papel referente à tarifa de processamento e à entrega adicionais.
2. O representante de atendimento ao cliente saía da sua estação de trabalho e descia até o porão, na área de processamento, onde entregava o formulário de cobrança de papel para o coordenador de entregas. A seguir, o coordenador de entregas organizava o processamento e entrega da folha de pagamentos adicional.
3. Depois que o coordenador de entregas organizava o processamento e a entrega, ele colocava a fatura em uma pilha para inserir em uma planilha do Excel "quando tivesse tempo".
4. Como o coordenador de entregas estava muito ocupado organizando as entregas, ele só tinha tempo para inserir os formulários de fatura na planilha uma vez por mês.
5. Depois que o coordenador de entregas inseria todas as cobranças do lote de formulários acumulado durante o mês, ele imprimia uma cópia da planilha de Excel e levava-a de volta para departamento de contas a receber no andar de cima.
6. Os processadores de contas a receber inseriam as cobranças do relatório de Excel na conta de cada cliente; infelizmente, no entanto, isso às vezes demorava dois meses em relação a quando o cliente solicitara o processamento e entrega da folha de pagamentos adicional.

   A equipe também descobriu que não havia como colocar uma observação no sistema para imprimir a data original da transação na conta para que o cliente soubesse quando a folha de pagamentos adicional foi processada. Todas as cobranças da folha de pagamentos adicional e da entrega pareciam ser do mês corrente, independentemente de serem processadas naquele mês ou não. Como os clientes não tinham como saber que a cobrança era referente a meses anteriores (e, a essa altura, quase nenhum sequer lembrava dessas transações), eles ligavam para o representante de atendimento ao cliente para reclamar.

Quando os membros da equipe examinaram o processo e entenderam profundamente o estado atual, eles perceberam que o que antes parecia ser um problema de cobrança era, na verdade, um problema de fluxo: lotes de formulários de cobrança estavam se acumulando, à espera de serem inseridos em uma planilha; depois, os mesmos lotes de ajustes de cobrança precisavam ser inseridos nas contas dos clientes. Espera, espera, espera.

Após chegar à conclusão de que o problema não era de cobrança, mas de fluxo, a equipe trabalhou em conjunto para criar contramedidas que eliminariam a formação de lotes e a espera. Com a ajuda do departamento de TI, ela desenvolveu o seguinte processo, a ser usado quando os clientes encomendam serviços adicionais de processamento e entrega de folhas de pagamento:

1. O representante que atendia a ligação do cliente para processar e entregar uma folha de pagamento adicional inseria as informações em um formulário do SharePoint (criado com a ajuda do departamento de TI) ainda durante a ligação. O formulário calculava as tarifas de processamento e entrega automaticamente e, na mesma ligação, o representante de atendimento ao cliente informava o valor total que apareceria na próxima cobrança.
2. Depois que o cliente aprovava o preço dos serviços de processamento e entrega, o representante imediatamente enviava o formulário, que, por sua vez, era encaminhado diretamente para o departamento de processamento para que a folha de pagamentos adicional fosse criada. Ao mesmo tempo, um e-mail com assunto padrão era gerado para o coordenador de entregas, que poderia organizar a entrega. Além disso, assim que o formulário era enviado, as informações sobre cobranças de processamento e entregas eram inseridas automaticamente em um banco de dados do Access.
3. No final de cada dia, um processador de contas a receber abria o banco de dados do Access, puxava as informações referentes às cobranças de processamento e entrega adicionais do dia e as inseria na conta do cliente. A tarefa era executada no mesmo dia que o processamento e a entrega adicionais eram realizados.

Nada de lotes. Nada de espera. As informações fluíam diretamente do representante de atendimento ao cliente para todos os setores que precisavam delas. As cobranças eram inseridas no mesmo dia que ocorriam, e como os clientes já estavam cientes e aprovaram todas elas, ninguém tinha dificuldade em reconhecer a cobrança na sua conta. Nada de ligações furiosas para os representantes de atendimento ao cliente. Além disso, como os representantes não precisavam mais sair das suas mesas e levar os formulários de cobrança de papel fisicamente até o porão, eles estavam presentes para processar as transações de RH e folha de pagamento de outros clientes. Depois que desligavam o telefone e terminavam de processar a folha de pagamentos adicional que o cliente precisava, eles estavam imediatamente disponíveis para atender outra ligação.

O princípio do fluxo se aplica a ambientes não industriais? Claro! Seja qual for o tipo de organização de serviços em que trabalhamos, nossa meta deve ser o fluxo contínuo e harmônico do trabalho, sem espera, completando uma tarefa antes de passar para a seguinte. Pode ser um processo acadêmico, como corrigir trabalhos, um ambiente de escritório transacional ou uma operação altamente variável, como montar pedidos de alimentos. Em todos eles, é possível usar o princípio de processo do fluxo como catalisador para encontrar soluções especiais e enfrentar os problemas especiais de cada organização.

PRINCÍPIO 4: BUSCAR PADRÕES DE TRABALHO NIVELADOS OU SEJA COMO A TARTARUGA

Anteriormente, discutimos a ideia equivocada de que o *lean* trata apenas da eliminação das perdas. Em um sentido amplo, estamos em busca do fluxo de valor para os clientes; por causa dessa busca, vamos identificar obstáculos que são perdas e encontrar maneiras de superá-los. Contudo, o estado futuro desejado deve incluir mais do que o que fazemos hoje, mas com menos perdas. Também precisamos trabalhar para atingir um estado mais nivelado. Na Figura 5.17, mostramos a necessidade de superar os obstáculos do *muda* (perda), *mura* (desnivelamento) e *muri* (sobrecarga), os chamados três Ms. Em outras palavras, o fluxo harmônico é sinônimo de baixa variabilidade. Gostaríamos de chegar a um processo estável e contínuo, como a tartaruga da fábula, não um processo rápido e desequilibrado como a lebre. Isso é

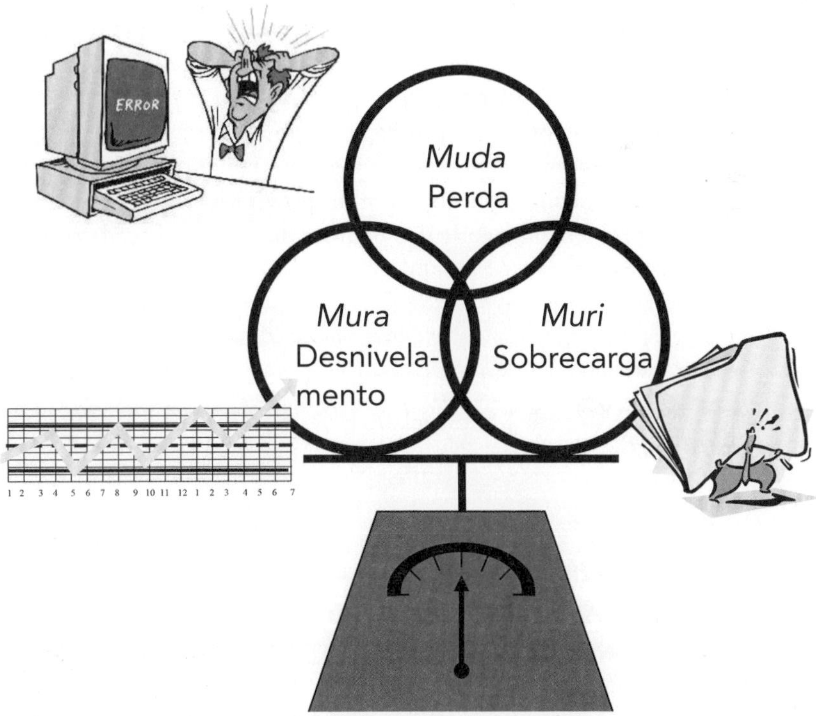

FIGURA 5.17 Elimine perdas, desnivelamento e sobrecarga.
Fonte: Jeffrey Liker, *O Modelo Toyota*.

bom para os clientes, e nossos membros de equipe não ficam mais sobrecarregados. Os três Ms estão inter-relacionados. O desnivelamento (ou parar e recomeçar) leva a perdas no recomeço. Ele também significa que temos uma carga de trabalho leve em alguns momentos e ficamos sobrecarregados em outros. Perdas como defeitos e superprodução levam a desnivelamento e sobrecarga.

Nivelamento da produção na Toyota

A Toyota se esforça muito para ter um fluxo nivelado. Na indústria, isso significa um cronograma de produção nivelado. Os clientes encomendam veículos em uma sequência e momentos mais ou menos aleatórios. Não seria possível pedir que os clientes encomendassem um veículo por minuto, em uma sequência que seria conveniente para construí-los. Contudo, se a demanda média é de um Camry por minuto, seria ideal que os pedidos chegassem a esse ritmo. A Toyota produz múltiplos modelos na mesma linha de produção; um exemplo é o Camry com motor à gasolina na mesma linha que o Camry com motor híbrido. O motor híbrido exige peças adicionais e demora mais para construir. Produzir exatamente de acordo com os pedidos criaria desnivelamento, o que significaria muitos híbridos programados em sequência, sobrecarregando a linha de montagem. Assim, a Toyota não constrói na sequência da demanda real dos clientes. O controle de produção recebe os pedidos e harmoniza a produção para que os departamentos de manufatura e montagem atendam os pedidos em intervalos iguais e em um *mix* nivelado: por exemplo, três Camrys a gasolina seguidos por um híbrido, e assim por diante, a uma velocidade de um carro por minuto (ver Figura 5.18).

Obviamente, o controle de produção só pode nivelar dentro dos limites de pedidos reais dos clientes, que podem ser majoritariamente de um tipo de veículo em um dia, seguido por um tipo diferente no próximo. O controle de produção que lida com esse problema depende dos padrões de compra de cada país. No Japão, os

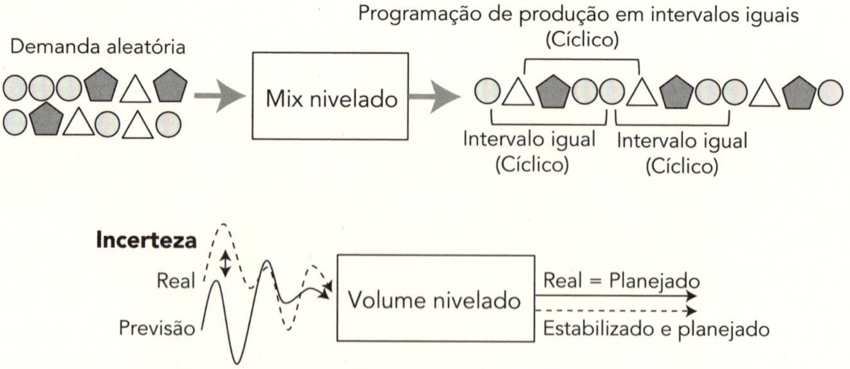

FIGURA 5.18 O controle de produção nivela a programação.

Fonte: Hiroshi Ozawa and Jeffrey Liker, "Balancing sales needs with supply chain needs: Production control as the arbiter," *Int. J. Lean Enterprise Research*, Vol. 1, No. 4, 2015.

clientes quase sempre sabem com bastante antecedência quando devem vender seus carros para evitarem os grandes impostos sobre veículos mais antigos. Como precisam se planejar, eles encomendam seus veículos meses antes de precisarem deles, o que permite que a Toyota nivele seu cronograma de produção. Dessa forma, o controle de produção pode programar o trabalho durante esses meses para se adaptar ao modo como os departamentos de produção em si pretendem montá-los.

Para ter uma programação nivelada, o controle de produção nivela a programação de vendas, as operações e as demandas sobre a cadeia de suprimentos (ver Figura 5.19). Nos Estados Unidos, o controle de produção dividiu o país em regiões, com escritórios de vendas regionais. Os escritórios regionais fornecem seus pedidos com base nas solicitações de concessionárias e previsões, e o controle de produção aloca o número e o *mix* de veículos para cada região. Em seguida, os escritórios regionais da Toyota alocam os veículos para as concessionárias, permitindo que o controle de produção aloque com base nos limites de produção e da cadeia de suprimentos, equilibrando os interesses dessas três áreas. Como as concessionárias guardam veículos nos seus estacionamentos, isso gera um estoque-pulmão, fazendo com que as fábricas não precisem produzir exatamente o que os clientes querem, na ordem em que compram. Ao nivelar a programação na última parada de produção na montadora da Toyota, a empresa também está nivelando a produção para os fornecedores, causando um impacto positivo ainda maior.

O resultado é que a concessionária específica pode ter o veículo ideal para o cliente. Quando isso acontece, ela tem diversas opções: (1) negociar com o cliente o preço de um veículo que é quase o que ele quer, (2) entrar no sistema e analisar o estoque de outras concessionárias e negociar uma troca do veículo parecido com aquele que tem exatamente as opções que o cliente deseja, e (3) encomendar o veí-

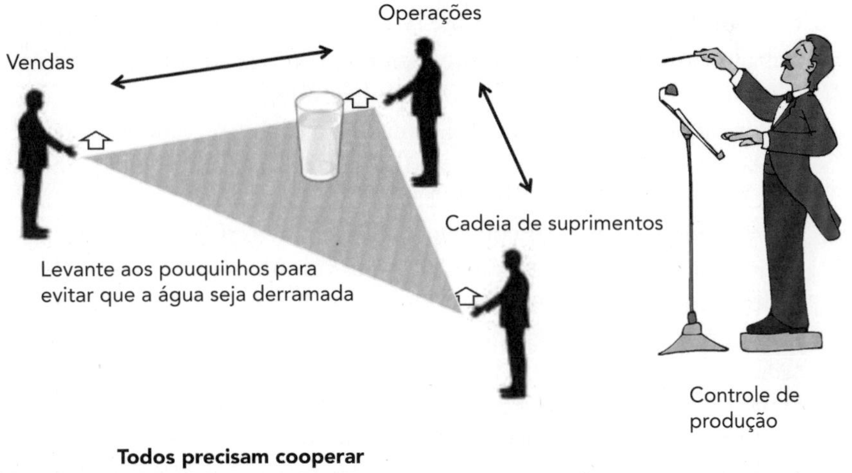

FIGURA 5.19 O controle de produção nivela a programação de vendas, operações e cadeia de suprimentos.

Adaptado de: Hiroshi Ozawa and Jeffrey Liker, "Balancing sales needs with supply chain needs: Production control as the arbiter," *Int. J. Lean Enterprise Research*, Vol. 1, No. 4, 2015.

culo exato da Toyota. A Toyota tem a capacidade de alterar a programação da fábrica poucos dias antes da produção. As alternativas são que o cliente pode receber algo parecido na hora, esperar de um a três dias pela troca ou encomendar um veículo com especificações exatas para ser entregue em algumas semanas. Nos Estados Unidos, a maioria dos veículos são comprados do estacionamento da concessionária; cerca de 25-30% são trocados com outras concessionárias, e cerca de 5-10% são montados com base no pedido específico do cliente. A grande maioria dos clientes simplesmente não está interessado em esperar pelo veículo montado especialmente para eles.

Você deve estar pensando que não tem a capacidade da Toyota de alterar o cronograma ou o serviço específico que seus clientes pedem. "Nós só fornecemos com base em pedidos reais de clientes, que são incertos." Esse é o caso na ZMO e, como vimos, ela ajusta o *takt* todos os dias e até mesmo durante o dia. Assim, pelo menos durante o dia, o trabalho é nivelado. O ponto de nivelamento ocorre quando os itens dos clientes são coletados e colocados nas caixas. Um sistema de computador recebe pedidos reais e os nivela da melhor maneira possível; dessa forma, os coletores não precisam ficar caminhando por todos os lados selecionando os itens. Eles coletam de uma zona e depois passam para outra em uma sequência estável. Dependendo dos pedidos reais, isso nem sempre é possível, mas o sistema ainda tenta nivelar o trabalho dentro do possível, o que reduz significativamente o tempo gasto com caminhadas e melhora a produtividade. Antes da ZMO conhecer o *lean*, ela sequer tentava nivelar a programação, e sofria com perdas e sobrecargas maiores.

Nivelamento do trabalho de desenvolvimento de *software* na Menlo

O pessoal da Menlo Innovations também faz o que pode para nivelar a carga de trabalho, apesar de estarem aprendendo e não poderem ter certeza de quanto vai demorar para definir o código de um determinado recurso. Como discutimos, os antropólogos *high-tech* criam um cartão de história para cada recurso. Depois, várias duplas de programadores conversam sobre o recurso e estimam quanto vai demorar para produzi-la em intervalos de 1, 2, 4, 8 e 16 horas. Eles não tentam ser precisos até o último minuto; eles combinam suas estimativas em um único número, que é colocado no cartão de história. Os cartões são colocados em folhas de programação na forma de dias de trabalho completos, e as estimativas de custo são determinadas pelo número de horas estimadas. Depois, o cliente decide quais "cartas jogar" a cada semana. O cliente é cobrado apenas pelo tempo real consumido, que pode ser maior ou menor do que as estimativas.

Os cartões da semana são expostos em quadros de autorização de trabalho (ver Figura 5.20). Os nomes das diversas duplas de programadores são anotados em cartões no alto do quadro, enquanto os dias da semana são colocados na lateral. Os programadores selecionam um cartão para trabalhar, programam, testam para fins de qualidade e fixam bolinhas coloridas nos cartões para indicar o seu *status*; amarelo

A inovação não precisa ser caótica

Quadro de autorização de trabalho: a programação de trabalho visual diária. Simplicidade e clareza!

Tempo real *versus* planejado até a finalização de cada cartão
Pontos amarelos, laranjas, verdes e vermelhos

FIGURA 5.20 Programar de acordo com um cartão de história para determinar o ritmo do aprendizado.

significa que estão trabalhando nele, laranja que completaram a programação e estão esperando um inspetor da qualidade verificá-lo, verde significa que a qualidade foi aprovada e vermelho significa que estão atrasados e com problemas. O gerente de programação enxerga rapidamente como todas as equipes estão se saindo em relação ao planejamento e os cartões mostram que as equipes estão trabalhando continuamente em busca dos objetivos. Atrasos não são punidos. É esperado que as estimativas de tempo sejam apenas aproximações, muitas vezes equivocadas, mas, em média, elas chegam bem perto do tempo real. Todos aprendem com as diferenças entre o planejado e o real, e as estimativas tendem a melhorar com a experiência.

A Menlo também tem um fluxo de trabalho mais nivelado porque os programadores recebem um *feedback* rápido e podem integrar a qualidade ao trabalho. Os inspetores de qualidade aprovam cada cartão de história quando este é programado. Os clientes revisam o *software* todas as semanas. A programação em dupla permite que cada colega verifique o trabalho do parceiro durante o processo. No desenvolvimento de *software* tradicional, essas verificações ocorrem em marcos, que podem ter meses de distância entre si; os programadores trabalham a um ritmo confortável durante meses, às vezes distraídos por outras demandas, e de repente precisam acelerar e correr contra o relógio para acabar tudo a tempo para o marco de revisão. Todos já ouvimos histórias de programadores que viram a madrugada para finalizar seu *software*. A qualidade do trabalho é prejudicada, e eles são pessoalmente prejudicados com todo esse estresse. Os programadores da Menlo têm sempre algum nível de estresse, mas é um bom estresse, o trabalho de quem trabalha devagar e sempre, sabendo que os outros se importam com o resultado o suficiente para revisá-lo continuamente.

Os funcionários da Menlo trabalham devagar e sempre como a tartaruga, e sua produtividade é enorme. Os clientes muitas vezes ficam preocupados quando descobrem que precisarão pagar por uma dupla de programadores para cada tarefa. A maioria dos programadores trabalha sozinho, nos seus próprios computadores. As comparações sugerem que, apesar da Menlo insistir que o seu pessoal trabalhe em duplas, a empresa é muitas vezes mais produtiva do que a concorrência não *lean*. O estímulo de trabalhar com outra pessoa mantém ambos os programadores focados, conseguindo trabalhar lenta e continuamente enquanto os programadores individuais têm surtos de energia e fazem pausas. Os funcionários da Menlo vão para casa após oito horas, e não trabalham nos finais de semana, o que os mantém cheios de energia. A Menlo fala sobre a alegria de completar tarefas uma a uma e voltar para casa no horário.

Nivelamento do trabalho de *call center* na ZMO

Na experiência de Karyn, as centrais de serviço em contato direto com os clientes têm dificuldade para imaginar como seria possível nivelar suas cargas de trabalho. Ligações, e-mails e faxes chegam da maneira inusitada e precisam ser atendidos imediatamente. "Não temos como prever quantos clientes vãos nos ligar hoje, é absolutamente impossível", os prestadores de serviço lamentam. Karyn também escuta:

"quando o pessoal na Costa Oeste acorda, recebemos um pico de ligações entre as onze da manhã e uma da tarde, todos os dias". Ela já ouviu equipes de operações reclamarem que "é impossível saber quando e quantos pedidos vamos conseguir vender este mês, então não temos como planejar", mas depois os mesmos grupos reclamam que "como as vendas têm quotas mensais e prazos durante a última semana do mês, sempre temos pedidos de menos no começo do mês e uma montanha no final". Um ponto de partida importante é estudar o estado real para descobrir onde estão os padrões. É comum encontrar alguns altos e baixos que nós mesmo criamos.

Existem duas formas de lidar com variações radicais na demanda: reduzir a variabilidade dos pedidos dos clientes ou encontrar uma maneira de ajustar a equipe à carga de trabalho altamente variável. Reduzir a variabilidade pode exigir mudanças nos planos de incentivos de vendas. Por exemplo, uma análise da relação custo-benefício poderia mostrar que, assim como a Toyota, as perturbações na produção causadas pelas bonificações de vendas no final do mês não compensam os ganhos, ou que pode ser necessário mudar o modo como os recursos são agendados para lidar com a demanda desequilibrada. No caso dos picos de ligações entre 11 da manhã e 1 da tarde todos os dias, estudos adicionais mostraram que o horário de almoço de todos os representantes de atendimento ocorriam exatamente na mesma hora. Após experimentar com horários de almoço alternativos, os tempos de espera diminuíram, a satisfação dos clientes aumentou e os representantes de atendimento ao cliente passaram a se sentir muito menos sobrecarregados.

O *call center* da Zingerman's Mail Order descobriu uma maneira criativa de flexibilizar os recursos para lidar com as ligações de vendas altamente variáveis. Os membros da equipe assistiram das arquibancadas a transformação *lean* incrível no armazém, e decidiram experimentar seus próprios conceitos *lean*.

Durante todo o ano, as ligações têm altos e baixos de um dia para o outro e entre os momentos de cada dia. Com a política da Zingerman's querendo que todas sejam "a melhor parte do meu dia", os funcionários nunca desestimulam os clientes e nunca tentam apressar as ligações. Quando estudou a demanda, a empresa descobriu que havia alguns períodos mais ocupados bem claros durante o dia, mas que eles não permitiriam que a equipe fosse para o escritório nesses horários e voltasse para casa. Assim, a ZMO decidiu que a resposta seria flexibilizar os recursos com base no volume de ligações.

Normalmente, os membros de equipe se sentavam em frente ao computador e esperavam as ligações chegarem. Alguns estavam ocupados, outros estavam esperando, e era quase aleatório quem atenderia o telefone a cada ligação. A equipe vira os processos padronizados e sistemáticos no armazém e decidiu experimentar com uma "cadeira quente". Quando os representantes do *call center* estão na "cadeira quente", tudo que fazem é atender ligações de clientes. Eles ficam totalmente dedicados a atender as ligações, e sua atenção não se desvia disso. Seu fluxo também não é interrompido, pois não tentam fazer outros trabalhos ao mesmo tempo. Quando chegam mais ligações do que essa pessoa consegue atender, uma segunda "cadei-

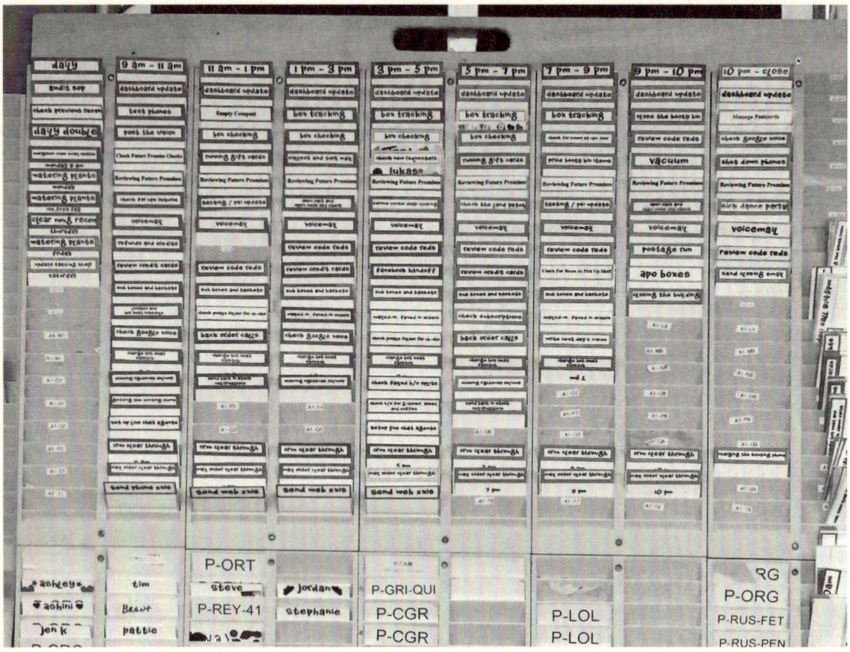

FIGURA 5.21 Quadro de trabalhos secundários do *call center* da ZMO.

ra quente" é aberta, e assim sucessivamente. Os representantes de atendimento ao cliente se alternam nessa função em turnos de duas horas.

Enquanto os representantes se dedicam exclusivamente a essa função, os outros ficam livres para saírem das suas estações de trabalho e realizar tarefas secundárias no escritório, como resolver pedidos via Internet, ouvir mensagens de voz, emitir créditos e reembolsos e até regar as plantas e tirar o lixo. Para garantir que todas as tarefas sejam concluídas, os representantes do *call center* usam um quadro para deixar o trabalho auxiliar "visível" todos os dias, colocando todas as tarefas no quadro por ordem de horário (ver Figura 5.21).

Cada cartão em um espaço do quadro representa uma tarefa. Os cartões são vermelhos em um lado e verdes no outro. As tarefas que ainda não foram concluídas estão em vermelho. Quando os representantes saem da "cadeira quente", eles selecionam o próximo cartão vermelho e partem para o trabalho. Quando concluem a tarefa, eles viram o cartão para o lado verde e o colocam de volta no espaço vazio; isso permite que os representantes do *call center* enxerguem se as tarefas estão mesmo sendo concluídas dentro dos períodos planejados. Se o horário já passou e um cartão ainda está em vermelho, os membros da equipe enxergam isso facilmente e sabem que devem priorizar a tarefa. Eles também podem estudar por que o processo de planejamento deu errado e melhorar o modo como vão planejar no futuro.

Foi importante desenvolver o sistema durante o período mais calmo para que a equipe pudesse lidar com o caos do final de ano. Quando o Natal se aproximou, o sistema estava bem ajustado, e era possível ensinar o trabalho padronizado para o pessoal temporário. Além disso, com o forte aumento de volume, a "cadeira quente" vira uma "célula quente", ou seja, um grupo de representantes.

As organizações de serviço muitas vezes acham que o nivelamento seria impossível, pois elas não têm como simplesmente imitar o que a Toyota faz; porém, como mostram os exemplos acima, é possível ficar *mais* nivelado com um pouco de criatividade. O nivelamento não é algo a se implementar com uma solução, mas um desafio a ser superado passo a passo no longo prazo. Sempre haverá variabilidade, mas há muitos jeitos de reduzi-la: realizar planejamentos melhores, usar processos padronizados, influenciar os pedidos dos clientes, ter estoques-pulmão, acertar o trabalho na primeira vez, encontrar maneiras de designar pessoas às interações com clientes, deixar as tarefas secundárias para os membros de equipe disponíveis e assim por diante. Todas as organizações precisam experimentar e tentar se aproximar o quanto puderem de um fluxo estável e nivelado para os clientes. As organizações de serviço, com seus próprios conjuntos de clientes e circunstâncias, precisam entender profundamente as causas da sua variabilidade específica e trabalhar para reduzi-la no longo prazo.

PRINCÍPIO 5: RESPONDER À "PUXADA" DO CLIENTE

Obviamente, um fluxo fabuloso não é útil se uma quantidade muito grande do produto errado for produzida. Pense em um rio suave que transborda e acaba inundando a cidade. Nesse caso, precisamos de uma represa para protegê-la. As represas são estoques-pulmão, uma parte frequente de um sistema puxado.

Nosso cotidiano tem muitos exemplos simples de puxada. Vamos a um café e pedimos exatamente o que queremos, e o atendente prepara o pedido na hora. Em outros casos, mantemos algum estoque que vamos reabastecendo à medida que ele é usado. Por exemplo, abrimos a geladeira, vemos quanto leite ainda temos e decidimos se é preciso comprar mais. Podemos ter uma política geral, ou até uma específica: quando só temos um litro de leite, compramos até mais dois, dependendo dos nossos planos para os próximos três dias. Em termos *lean*, estamos usando nossa geladeira como supermercado.

O conceito da Toyota de supermercado (o local onde armazenamos o estoque e o reabastecemos com base no uso) foi inspirado pelos supermercados de verdade. Nenhum supermercado que se preste encomenda produtos continuamente para as suas gôndolas, independentemente de eles estarem saindo ou não. O funcionário observa o espaço definido para um produto, vê quanto o cliente tira e preenche o espaço vazio com produtos novos.

Vamos considerar alguns conceitos básicos para usar nossa geladeira como supermercado:

1. Um cliente (a família) e um fornecedor (a loja)
2. Local definido para armazenar o estoque (espaço específico nas prateleiras)

3. Gatilho para reabastecimento (ex.: só um litro sobrando)
4. O tamanho do lote a ser trazido (ex.: dois litros de leite)

Como vemos por esse exemplo, se avaliarmos incorretamente sua utilização ou não reabastecermos de acordo com o plano, podemos acabar com leite demais, que precisa ir fora quando fica velho; podemos também acabar com leite de menos e um café da manhã sem graça. Em outras palavras, até um sistema puxado bem-pensado não resolve automaticamente todos os nossos problemas, e depende da disciplina e bom senso dos seres humanos.

Um exemplo ainda mais simples é a minha puxada de sal para abrandamento da água. O sal vem em sacos de 20 kg, que eu arrasto para casa periodicamente. Eu despejo o sal no abrandador (*water softener*) e fecho a tampa. O único jeito de saber quanto sal sobrou é remover a tampa e espiar. De tempos em tempos, eu esqueço de verificar o nível, e minha esposa nota que a água está com um gosto estranho. Eu vou olhar e descubro que o sal acabou. Como não quero que ele fique vazio até arranjar mais, deixo um saco no local designado e só o uso quando o abrandador está vazio ou quase vazio. É o meu estoque de segurança. O espaço no chão com o último saco de sal é um *kanban*, um sinal que me diz que, quando uso o último saco está na hora de ir até a loja e trazer outro para casa.

Na ZMO, pequenos estoques-pulmão estão distribuídos por todo o prédio. Antes do *lean*, havia montanhas de estoque, armazenados onde quer que houvesse espaço. Hoje, tudo é controlado conscientemente usando *kanban*. Os coletores usam listas impressas para completar os pedidos dos clientes usando itens das estantes de fluxo. Quando pegam o produto de um novo recipiente, os primeiros coletores tiram o *kanban*, um tíquete que descreve o alimento e especificam o tamanho da sacola, a quantidade mantida nela, o endereço dentro do armazém e o endereço na estante de fluxo. Os endereços são como CEPs: os funcionários devem preencher uma sacolinha na sua próxima rota de manuseio de materiais até o armazém. É como uma lista de compras feita pelo cliente. O estoque de produtos secos fica armazenado em locais específicos dentro do armazém. Os coletores levam recipientes cheios de produtos até a linha de coleta, carregando estantes com sistema abastecido pela gravidade pelos fundos. Os produtos escorregam até os coletores, e o ciclo continua. O processo está diagramado na Figura 5.22. As fotos das estantes com rótulos e *kanban* se encontram na Figura 5.23.

Um tipo de sistema puxado também pode ser usado para controlar o fluxo de aprendizado. Um exemplo vem do departamento de análise de engenharia de uma empresa com a qual trabalhamos. Nele, os analistas usavam um sistema de informática sofisticado para determinar os estresses e tensões nas peças de um sistema de escapamento de automóveis. Os clientes faziam pedidos e os engenheiros determinavam quem faria a análise. No passado, era um sistema empurrado. Os clientes empurravam o trabalho, e a tendência dos engenheiros era começar assim que possível. Normalmente, havia 20 ou mais projetos em diversos estágios de análise sob os cuidados de três engenheiros. Quando um cliente ligava para reclamar que seu

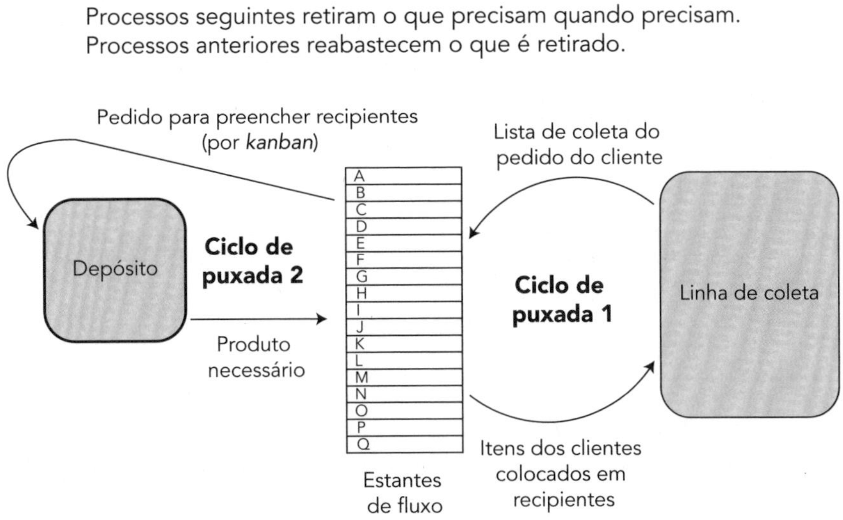

FIGURA 5.22 Sistema puxado na linha da ZMO para coleta de pedidos dos clientes.

pedido estava demorando demais, o *status* do seu projeto sequer era claro. Os engenheiros tentavam acelerar esse trabalho, atrasando os outros. Todos se preocupavam porque era esperado que a carga de trabalho aumentaria, mas não havia dinheiro no orçamento para contratar mais engenheiros. O objetivo do projeto *lean* era eliminar perda o suficiente para que os engenheiros atuais pudessem lidar com uma carga de trabalho 25% maior.

FIGURA 5.23 Estantes de fluxo da ZMO para a linha de coleta e *kanban* (reabastecimento pelos fundos).

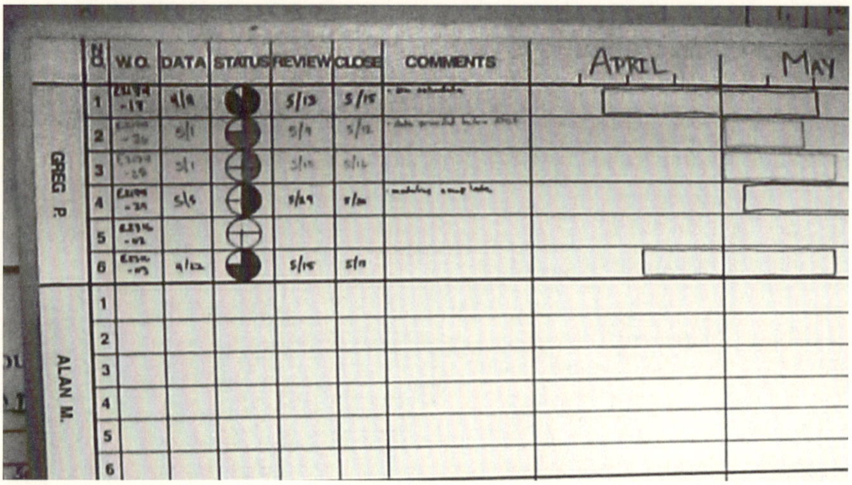

FIGURA 5.24 Quadro de *status* do trabalho para análise de engenharia.

A solução foi fazer com que o *status* dos projetos ficasse visível e limitar o número de projetos que os engenheiros teriam em processo simultaneamente. Foi determinado que 12 projetos ativos era o máximo que o grupo conseguiria trabalhar. Um quadro de *status* do trabalho mostrava os projetos ativos designados para cada engenheiro e as datas esperadas de início e finalização (ver Figura 5.24). Nenhum projeto novo começaria até um dos 12 projetos ativos estar concluído. Imagine que os 12 projetos são o número de espaços vazios no supermercado: quando um espaço fica vago, este é um sinal puxado para começar mais um projeto. Os engenheiros também registravam no quadro a porcentagem concluída em um gráfico de pizza. Outras mudanças foram adotadas para apoiar o novo sistema, como desenvolver e padronizar o trabalho de análise para tornar o tempo total mais previsível. O resultado foi que os engenheiros conseguiram realizar os 25% adicionais, a empresa não precisou contratar mais um engenheiro e o índice de finalização dentro do prazo subiu de uma média de 80% para quase 100%. Ironicamente, os engenheiros estavam começando alguns projetos mais tarde, mas concluíndo-os mais cedo.

USE O PDCA PARA MELHORAR PROCESSOS E ALCANÇAR OS RESULTADOS DESEJADOS

"Precisamos trabalhar nos nossos processos, não nos seus resultados", alertou o Dr. Deming. Suspeitamos que, como sugere a citação que abre este capítulo, ele ficava frustrado por estar sempre observando pessoas tentando cumprir as metas da gerência ao mesmo tempo que tentava superar processos mal-desenvolvidos; ou, pior ainda, sem processo formal algum. Se o seu gerente pede que você seja 10% mais produtivo, e você não tem o conhecimento ou as ferramentas para melhorar o modo como trabalha, a única alternativa é trabalhar mais rápido e se esforçar mais. A pressa pode levar a mais defeitos. Se o seu gerente diz que deve reduzir os defeitos em 10% e você não tem a capacidade de realizar um processo de qualidade, você toma mais cuidado, talvez desacelerando o trabalho ou estabelecendo mais níveis de verificação, e fica mais difícil atingir a meta de produtividade.

Karyn já participou de muitas reuniões matinais em diversas organizações em que o líder da equipe estava frustrado. Apesar das métricas parecerem estar melhorando para o tipo de tarefa que o gerente pedira que a equipe trabalhasse, as dos outros processos estavam diminuindo. Como os membros da equipe estavam concentrados apenas em cumprir o objetivo de cada métrica, eles simplesmente se esforçavam mais, trabalhavam por mais tempo ou aceleravam tudo, sem alterar o processo, isto é, o modo como o trabalho é realizado.

Todo mundo que conheço que já trabalhou com um *sensei* japonês já ficou frustrado em algum momento quando ouviu uma pergunta aparentemente simplérrima do professor: "por quê?" "Nós montamos um sistema puxado lindo", eu escuto dessas pessoas. "Tudo está categorizado por cor e ficou bem claro qual é o próximo passo do trabalho, mas nosso *sensei* perguntou 'qual é o propósito?' É *lean* básico. Como o *sensei* não sabe o porquê?"

A preocupação do *sensei* é que pode haver uma confusão entre meios e fins. Sistemas puxados são meios, mas montar um sistema puxado pode facilmente se transformar em um fim em si mesmo: "devemos adotar sistemas puxados em toda a organização". Logo, o grupo *lean* está implementando sem pensar coisas que pode chamar de sistema puxado, acreditando que essa é a solução para todos os males. "A nossa organização responde às necessidades reais dos clientes; nós apenas empurramos nossos serviços para o próximo processo, estejam eles prontos ou não, e os sufocamos com papelada. Se fosse possível que todos simplesmente respondessem às necessidades reais dos clientes, conseguiríamos resolver metade das reclamações dos clientes e melhoraríamos nossa produtividade."

Pode ser verdade que há muitos sistemas "empurrados" nas organizações, e que sistemas puxados bem-planejados oferecem diversas oportunidades de melhoria. No entanto, a organização sabe mesmo se isso vai levá-la aonde quer chegar? Por trás desse discurso frustrado estão escondidas algumas premissas:

- A puxada em todos os lugares leva a uma redução de 50% das reclamações dos clientes.
- A puxada em todos os lugares leva a uma maior produtividade.
- Menos reclamações dos clientes e maior produtividade são os principais objetivos em todos os lugares.
- A puxada é a melhor solução genérica para problemas genéricos em todos os lugares.

Melhoria contínua não significa aplicar soluções genéricas a problemas genéricos, e sim encontrar maneiras específicas de levar todas as áres do sistema na direção de objetivos claramente estabelecidos. É raro saber exatamente como a nova ferramenta vai funcionar até a experimentarmos. Assim, é preciso experimentar e aprender.

PONTOS PRINCIPAIS
PRINCÍPIOS DO MACROPROCESSO

1. Princípios dos processos não são soluções. Eles nos ajudam a pensar sobre o que podemos realizar e por quê; contudo, eles não resolvem problemas.
2. Nos processos de serviço, uma abordagem generalizada ao mapeamento do fluxo de valor pode ser útil para ajudar a enxergar o estado atual do processo da perspectiva do cliente e desenvolver a "macrovisão" geral de qual será o nosso próximo ponto de chegada. Contudo:
   - O mapeamento do fluxo de valor não é uma solução para um problema, mas uma ferramenta para nos ajudar a ver.
   - Muitos processos de serviço são altamente variáveis, e pode não ser útil nem necessário desenvolver detalhes ao nível do *takt time* ou do estoque entre os passos, comum em muitos mapas de estado atual industriais.
   - O verdadeiro poder do mapeamento do fluxo de valor está no desenvolvimento de metas a serem atingidas passo a passo através do PDCA.
3. Os princípios *lean* podem informar as condições-meta que deveríamos buscar e nos ajudar a identificar possíveis contramedidas.
4. Determine o que o valor significa da perspectiva dos seus clientes:
   - Todos os esforços de melhoria começam com um entendimento profundo das necessidades dos clientes específicos da sua organização e do valor que precisam que você agregue para eles.
   - Os clientes não sabem o que precisam; portanto, vá ao *gemba* do seu cliente e veja o que eles fazem de fato e o que precisam.
5. Para buscar o fluxo unitário de peças sem esperas, identifique e elimine obstáculos que impedem o trabalho de fluir de um passo que agrega valor para o seguinte:

- Os clientes só estão pagando pelo trabalho de valor agregado, que definimos como qualquer ideia ou ação concreta que faz o trabalho avançar em direção à satisfação da necessidade do cliente.
- Todas as organizações de serviço e seus clientes são especiais; portanto, seja criativo na busca de maneiras de fazer o valor fluir para os clientes. Conceitos *lean* como células e *takt* podem ser aplicáveis, mas também podem não ser.
- Procure locais onde o trabalho está esperando e descubra maneiras de eliminar essa espera.

6. Nivele os padrões de trabalho para produzir processos estáveis e contínuos com baixa variabilidade.
   - Desnivelamento (ou parar e recomeçar) leva a perdas no reinício, e também significa que a carga de trabalho é leve demais em alguns momentos e causa sobrecarga em outros.
   - Os prestadores de serviço muitas vezes acreditam que é impossível nivelar a carga de trabalho; contudo, o nivelamento é possível com o uso de maneiras criativas de reduzir a variabilidade dos pedidos dos clientes ou por outros modos de ajustar os níveis de pessoal.
7. Responda à "puxada" do cliente com a implantação de supermercados e o uso de gestão visual onde isso faz sentido.
8. Use o PDCA para aprender como aplicar os princípios de processo criativamente, utilizando maneiras que façam sentido para satisfazer seus clientes e atinjam suas metas de negócios.
9. Lembre-se que não existem soluções genéricas para problemas genéricos. Os princípios dos processo não são soluções, apenas maneiras de guiar nosso pensamento para responder a desafios específicos que encontramos em nossa organização de serviço.

CAPÍTULO 6

Princípios do microprocesso: tornar os padrões visíveis para promover a melhoria contínua

Transforme seu local de trabalho em uma vitrine que qualquer um entenda à primeira vista. Em termos de qualidade, isso significa deixar os defeitos imediatamente evidentes. Em termos de quantidade, significa que o progresso ou o atraso, medido em relação ao planejamento, fica imediatamente óbvio. Quando isso é feito, os problemas podem ser descobertos imediatamente, e todos podem iniciar planos de melhoria.

—Taiichi Ohno, fundador do Sistema Toyota de Produção

PRINCÍPIOS DO MICROPROCESSO

Os macroprocessos definem a estrutura na qual os microprocessos se inserem. Imagine que as organizações são quebra-cabeças complexos, com milhares de peças. Geralmente, começamos a montá-los pelas bordas externas. Depois, selecionamos objetos grandes e bem distintos, como os rostos de pessoas, e os montamos. Por fim, enfrentamos o trabalho duro de encaixar todas aquelas peças detalhadas que são difíceis de diferenciar à primeira vista, como o céu. Os microprocessos são como as peças detalhadas no centro do quebra-cabeças (ver Figura 6.1). A macroestrutura é mais fácil, mas os detalhes tediosos são o que dão vida ao quebra-cabeças, e também o que mais exige esforço e disciplina.

No *lean*, a estrutura do nível macro é o movimento geral de materiais, pessoas e informações pelos fluxos de valor, aquilo que desenharíamos no seu mapeamento. Normalmente, os macroprocessos são o resultado de decisões da arquitetura e estrutura. Como vamos organizar nossa cadeia de suprimentos? Como vamos dispor equipamentos e escritórios? Como programar o fluxo geral de trabalho na organização? Para o nível micro, mergulhamos em uma única caixa de processo. Os macroprocessos estabelecem a estrutura para o trabalho diário. O trabalho diário segue um ritmo de atividade, e é aí que a excelência em serviços acontece... Ou não.

O que deveríamos encontrar no nível diário são pessoas altamente desenvolvidas e apaixonadas por atender os clientes, melhorando continuamente o modo como

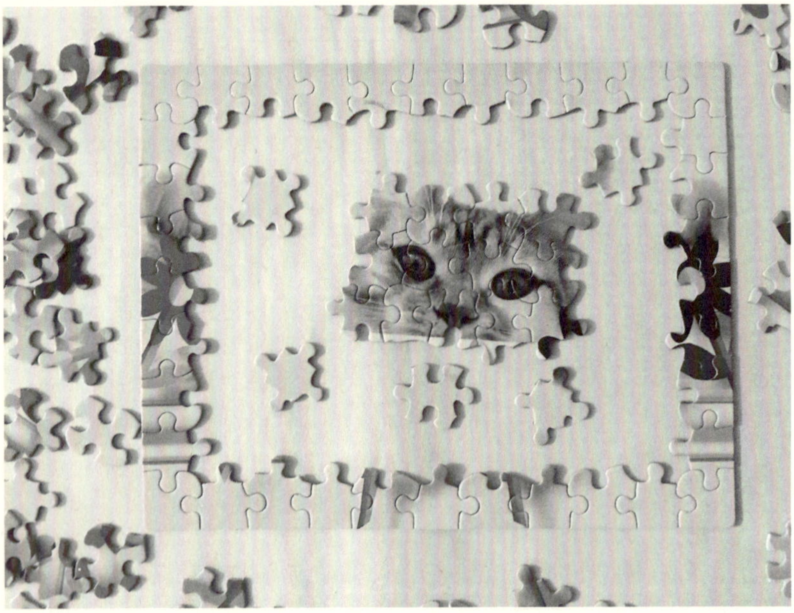

FIGURA 6.1 Os macroprocessos enquadram os microprocessos detalhados.

trabalham com base no que aprendem todos os dias. Para tanto, é preciso integrar completamente processos, pessoas e solução de problemas. A imagem que temos de como o processo deveria funcionar (o padrão) estrutura a excelência e destaca o próximo obstáculo a ser superado para nos aproximarmos de um processo ideal.

Neste capítulo, vamos falar sobre padronização, visualizar desvios em relação ao padrão, integrar a qualidade em todos os passos e usar a tecnologia para permitir que as pessoas executem e melhorem seu trabalho (ver Figura 6.2).

A ideia de calhamaços de padrões e procedimentos pode fazer você pensar em um processo burocrático e altamente regimentado, o contrário da equipe capacitada que trabalha criativamente para resolver problemas. Contudo, vamos argumentar que a burocracia foi mal compreendida e mal aplicada, e que, se usados corretamente, os processos padronizados são o alicerce da melhoria contínua. É difícil de aceitar, exatamente porque os padrões muitas vezes são usados de forma incorreta.

PRINCÍPIO 6: ESTABILIZAR E ADAPTAR CONTINUAMENTE OS PADRÕES DE TRABALHO

O nivelamento foi descrito como um dos conceitos *lean* mais incompreendidos nas organizações de serviços. Os padrões são os conceitos *lean* mais utilizados pelas pessoas que acham que o entendem. Parece incrivelmente fácil criar regras e procedimentos, ao mesmo tempo que parece difícil fazer com que sejam cumpridos e, pior ainda, integrá-los a uma cultura de aprendizagem.

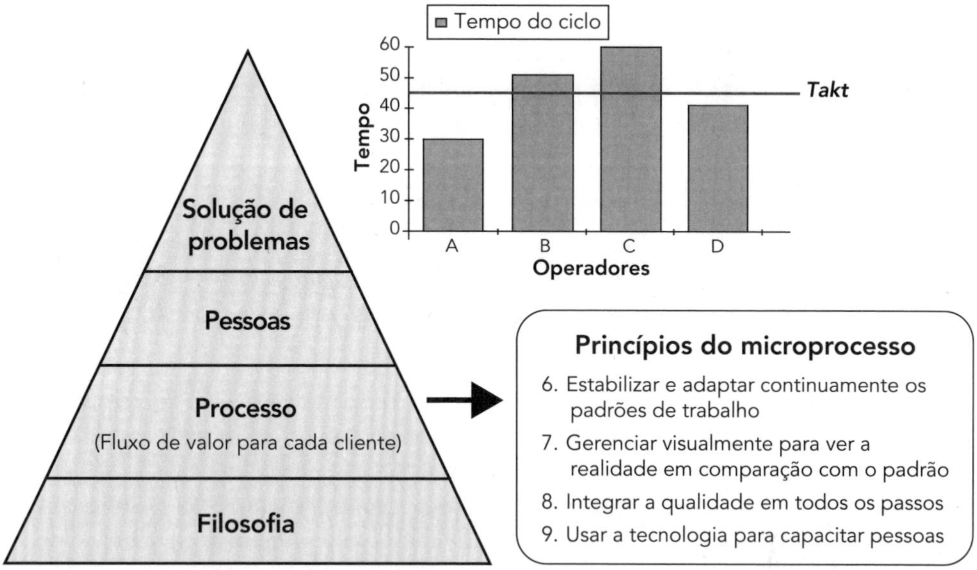

FIGURA 6.2 Princípios do microprocesso.

Por um lado, os padrões criam ordem, e a maioria de nós concorda que sem eles teríamos apenas anarquia. As pessoas gostariam do mundo se não tivéssemos regras de trânsito, leis de propriedade ou regulamentações de segurança? As regras são o alicerce da civilização.

Por outro lado, pense em "burocracia" e o que vem à mente é papelada, filas extensas, formulários complicados; em termos *lean*, "perda". Temos criticado as organizações mecanicistas porque elas não se adaptam ao mundo em que vivemos, no qual as mudanças são rápidas e constantes. Porém, não achamos que as regras são a causa dessa espera. Na verdade, o modo como as regras são usadas é um sintoma de como as organizações mecanicistas pensam.

Burocracia coerciva *versus* habilitadora

Meu colega Paul Adler criou uma revolução na teoria organizacional quando sugeriu que a burocracia não é, necessariamente, limitadora. Ele não era apaixonado pela Toyota, mas por ser professor em Stanford, ele trabalhava e morava perto da NUMMI, a joint venture da Toyota com a GM. Intrigado com tudo que se escrevia sobre a fábrica, Adler decidiu fazer uma visita, o que levou a estudos intensos. Ele esperava que a melhoria contínua em ação fosse motivada por equipes capacitadas em uma organização altamente orgânica. O que ele encontrou de verdade foi uma surpresa. As regras, ou "padrões", no vernáculo da Toyota, pareciam intermináveis. Elas estavam evidentes em todos os lados: placas, luzes, trabalhos padronizados postados no local, quadros de métricas, sinais indicando funções críticas para a qualidade, procedimentos de segurança visíveis. Contudo, uma análise mais profunda confirmou o que ele lera sobre a melhoria contínua. Os grupos de trabalho, mesmo um único funcionário, eram habilitados a informar à gerência sobre desvios em relação ao padrão e sugerir melhorias. Procedimentos que normalmente estariam sob a tutela da engenharia eram de responsabilidade do grupo de trabalho. Ele concluiu:[1]

> *O que o experimento da NUMMI demonstra é que a hierarquia e a padronização, com todas as suas vantagens conhecidas para a eficiência, não precisam se basear na lógica da coerção. Em vez disso, podem se basear na lógica da aprendizagem, que motiva os trabalhadores e aproveita tudo que podem contribuir para a melhoria contínua.*

Adler traçou uma diferença fundamental entre as burocracias coercivas e as burocracias habilitadoras. As primeiras são aquilo que estamos acostumados a ver e que associamos com todos os estereótipos negativos sobre a ineficiência do governo. Em uma burocracia habilitadora, as regras, os procedimentos e os padrões apoiam os grupos de trabalho para que suas atividades sejam seguras, eficientes e de alta qualidade. Depois que são definidos, os padrões devem ser seguidos, pois são o melhor que temos hoje. Mas como Henry Ford defendeu em *Hoje e Amanhã*, seu clássico de 1926:

> *A padronização de hoje (...) é o alicerce necessário sobre o qual se baseará a melhoria de amanhã. Se pensar na "padronização" como o melhor que sabe hoje, mas que deve ser melhorado amanhã, você chega em algum lugar. Mas se você acha que as normas são restrições, então o progresso pára.*

Como veremos, a burocracia habilitadora é empoderadora e essencial para a excelência em serviços. Mas, antes, vamos analisar um exemplo dos horrores da burocracia coerciva.

A burocracia coerciva em ação no correio dos EUA

Para quem está interessado em ver a burocracia coerciva na prática, o correio dos EUA tem exemplos que deixariam qualquer um de cabelo em pé. Tenho um bom amigo, Fred (pseudônimo), que trabalha de carteiro desde 1997. Ele adora caminhar ao ar livre e gosta de estacionar sua caminhonete do correio e caminhar pela vizinhança. Ele rejeitou oportunidades de ser promovido a gerente para poder continuar o trabalho ao ar livre que tanto gosta. Fred nunca foi muito político e não tinha opiniões fortes sobre o sindicato dos carteiros da cidade, a Associação Nacional de Carteiros. Contudo, após inúmeras frustrações com a gerência, ele se envolveu com o sindicato, foi eleito representante e acabou se tornando vice-presidente da filial municipal. Uma das coisas que mais o irrita é o modo como o correio dos EUA lida com o trabalho padronizado.

O Correio errou feio com a introdução do trabalho padronizado na década de setenta, no chamado Plano Kokomo, nome que veio da cidadezinha no Indiana onde foi testado. Para tentar desenvolver um jeito simples e rápido de criar trabalhos padronizados para funções com tempos padrões, em 1974, o Correio cronometrou tarefas rotineiras realizadas pelos carteiros, como alcançar um pacote e colocá-lo na caixa de correio. Com base nesses tempos, a organização moldou os trabalhos a partir do pressuposto que a soma das tarefas individuais refletiria corretamente os tempos do trabalho. Chamados de padrões de tempo predeterminados, o correio poderia usar esses valores para definir rotas diárias e avaliar o desempenho dos carteiros com referência aos tempos padrões.

Logo, ficou evidente para o sindicato que esses tempos estavam longe de serem reflexões precisas da realidade, e o sindicato conseguiu rechaçar o sistema. Havia muitas variações nas rotas reais para prever quanto que elas deveriam demorar usando os tempos padrões. Por exemplo, primeiro as cartas para residências são ordenadas por máquinas, e a numeração das casas é simples, com poucos erros. Em uma rota comercial, também temos ruas e números, mas como são muitas salas diferentes, a correspondência se embaralha na sequência de entrega, e o carteiro precisa ficar procurando os itens certos. Para quem estuda a situação real, é óbvio que seria necessário tempo adicional para essas entregas comerciais, mas os tempos padrões não refletiam essa necessidade. Questões como essas geram milhares de variações, fazendo com que os tempos padrões não passem de suposições e adivinhações, quando muito. Em 1976, o correio propôs que os padrões fossem usados em todo o país, o que quase provocou uma greve nacional. O experimento foi abandonado.

A experiência pessoal de Fred com o trabalho padronizado ocorreu em uma tentativa posterior, em 2004, quando um supervisor decidiu alterar a sequência de entrega da sua rota. Existe um processo oficial de ajuste de rotas, no qual um representante da gerência acompanha o carteiro durante o dia e registra dados em um gráfico padrão de ponto a ponto. O supervisor direto de Fred o acompanhou e o observou em segredo, e decidiu que poderia deixar a rota dele "mais eficiente". As mudanças foram feitas sem a contribuição de Fred, e no primeiro dia da nova rota, ficou evidente para ele que a proposta do seu supervisor iria demorar de 15 a 20 minutos a mais.

Vamos considerar uma parte da ideia de melhoria do supervisor, provavelmente a pior parte. Antes da mudança, a sequência especificada de Ferd para uma parte da rota era estacionar, depois caminhar sequencialmente em um lado da rua, fazendo as entregas para cada casa (por exemplo, os números pares 2, 4, 6), então fechar o círculo, passando pelas casas ímpares 1, 3, 5, e por fim voltar à caminhonete. Nessa área específica, uma casa ficava cerca de 75 m das outras. Assim, Fred completava o círculo, entrava na caminhonete para dirigir até essa casa e entregava a correspondência (ver Figura 6.3). O supervisor alterou a sequência da caminhada

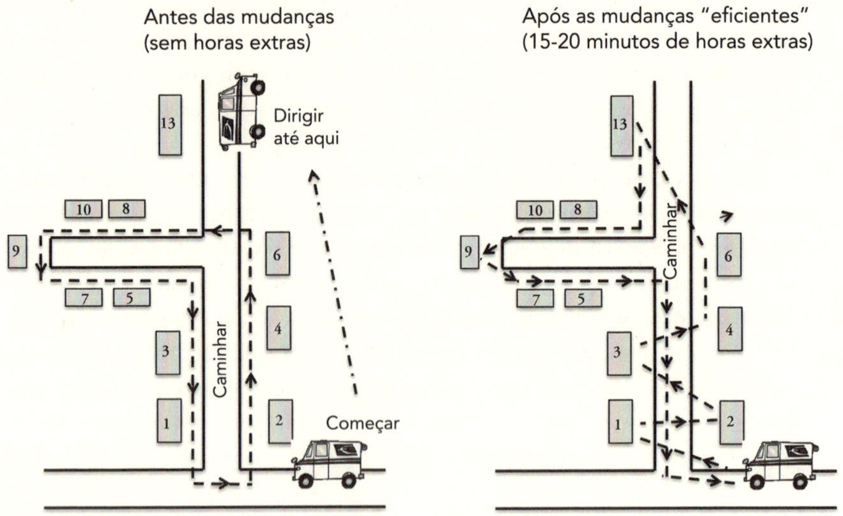

FIGURA 6.3 Exemplo de antes e depois do padrão de entrega de correspondência imposta por um supervisor em uma burocracia coerciva.

para que Fred fizesse ziguezague entre as casas na ordem numérica exata: 1, 2, 3 etc. Para Fred, o propósito aqui só poderia ser eliminar a necessidade de voltar ao veículo para fazer a entrega isolada. Quando observamos o diagrama dos padrões de movimento, fica imediatamente óbvio que o padrão original é mais eficiente do que o novo, que envolvia um ziguezague desnecessário, toda a caminhada até a casa isolada e passar de novo pelas casas que já foram atendidas. Da perspectiva da gestão *lean*, o supervisor pegara um processo bastante eficiente e inserira uma série de perdas de movimento.

Como Fred esperava, as mudanças ineficientes do supervisor aumentaram o seu dia em 15-20 minutos, o que levou a horas extras por um ano. Fred gostava do dinheiro a mais que estava ganhando, mas não achava que isso gerava qualquer benefício para o correio ou para os clientes, que acabariam pagando mais pela sua correspondência para financiar o custo adicional das más decisões. Fred decidiu fazer a coisa certa e reclamar para o chefe, explicando que isso aumentava o tempo de trabalho, mas o supervisor se manteve firme. Ele parecia mais decidido do que nunca a desenvolver uma rota eficiente. Foram incidentes como esse que levaram Fred a se envolver com o sindicato e lutar contra os comportamentos irresponsáveis da gerência que prejudicavam os trabalhadores, os clientes e o correio em si.

Após um ano de horas extras, a região recebeu um novo responsável (*postmaster*), e este decidiu passar o dia caminhando com Fred, algo extremamente incomum na burocracia coerciva do correio dos EUA. Quando se aproximavam das mudanças na rota do ziguezague, Fred disse para o responsável: "no começo, eu estava preocupado que teria que passar o dia com você, mas depois percebi que seria uma ótima oportunidade para mostrar o que um dos seus supervisores fez". Assim que começou a ziguezaguear, o diretor perguntou por que ele estava fazendo aquilo. "Vai ter que perguntar para o supervisor, foi ele que fez essa mudança", Fred respondeu. O supervisor não durou muito depois disso.

É preciso observar que as burocracias nem sempre são potentes o suficiente para serem coercivas. Lembro de quando trabalhava como estagiário de educação cooperativa no departamento de qualidade de uma empresa que construía usinas nucleares. O que fazíamos era escrever procedimentos, milhares e milhares deles, mais anexos. Supostamente, isso orientaria o projeto e a construção de usinas nucleares, mas nosso cliente de verdade era a Comissão de Regulamentação Nuclear. Queríamos ser aprovados nas auditorias da comissão. Suspeito que eles eram os únicos a lerem de fato as milhares de páginas de procedimentos labirínticos, cheios de seções e subseções e citações. Eu nunca fui a uma usina nuclear, nunca visitei o *gemba*, mas escrevi procedimentos excelentes. Provavelmente, seria mais correto chamar isso de "burocracia de papel", não de "burocracia coerciva". Duvido que muita gente tenha sido coagida por esses manuais de procedimento. O mais preocupante é que, para quem fazia o trabalho de verdade, eles eram praticamente invisíveis.

Padrões em burocracias habilitadoras

Sempre pregamos para as organizações sobre o poder de usar padrões de forma habilitadora, mas os gestores muitas vezes resistem: "você quer dizer que os padrões virarão sugestões, e pessoas sem treinamento profissional vão poder mudá-los como bem entenderem?" Uma das causas fundamentais dessa preocupação é um entendimento equivocado sobre o que queremos dizer por "padrão".

Em *O Modelo Toyota: Manual de Aplicação*, separamos diferentes tipos de padrões em uma estrutura de casa, mostrada na Figura 6.4. Como vemos, alguns padrões são definidos fora da organização que os adota, incluindo as normas de segurança e ambientais definidas pelo governo. Elas não podem ser alteradas, pois são parte da legislação. Além disso, são transformadas em especificações padronizadas por especialistas internos, como os departamentos de segurança ou de engenharia da empresa. Mais uma vez, as especificações não podem ser alteradas, a menos que as mudanças sejam aprovadas. O que transforma esses padrões em prática é o trabalho padronizado, que certamente deve ser alterado para que possa ser melhorado.

Não só a aprendizagem organizacional pode coexistir com os padrões, como ela depende dos métodos padronizados. Quando não há padrões, as pessoas têm liberdade para trabalharem como querem. Se inventam um jeito que acham que é melhor, elas podem usá-lo individualmente, enquanto os outros podem ignorar a "melhoria". Aprender significa tentar algo novo e estudar a ideia, e se o método for melhor, quem realiza esse trabalho passa a seguir o novo método até outro melhor

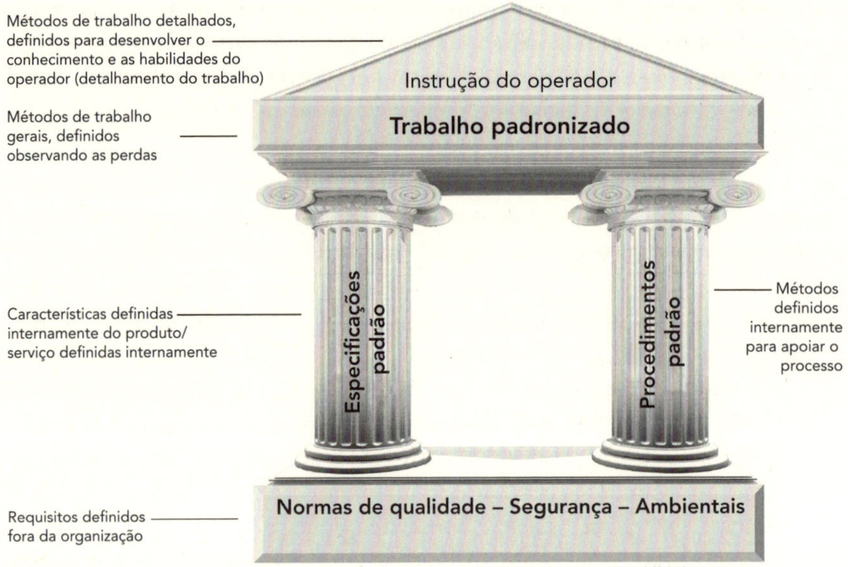

FIGURA 6.4 Relação e propósito dos padrões.
Fonte: Jeff Liker e David Meier, *O Modelo Toyota: Manual de Aplicação.*

ser identificado. Em uma anarquia em que todos estamos "empoderados" para fazer nosso próprio trabalho, os indivíduos podem aprender, embora isso raramente leve à aprendizagem organizacional.

Robert Cole escreveu um excelente ensaio defendendo que a vantagem japonesa na década de 1980 se deve à sua capacidade de aprendizagem organizacional, enquanto nós, no Ocidente, éramos melhores na aprendizagem individual.[2] Ele descreve a aprendizagem organizacional como o processo de transformar a aprendizagem individual em rotinas organizacionais, ou seja, normas que estão acima dos indivíduos.

> *O processo pelo qual transmitimos as rotinas organizacionais e fazemos elas evoluírem é a aprendizagem organizacional. Podemos, é claro, aprender coisas boas e ruins. No entanto, queremos definir a aprendizagem organizacional em termos de identificar e criar rotinas de trabalho de melhores práticas, padronizar essas práticas e difundi-las (ou seja, realizá-las) por toda a organização para, então, renovar o processo.*

Para entender melhor os padrões coercivos em comparação com os habilitadores, vamos voltar à NL Serviços S/A. Da última vez que vimos a empresa, ela estava em uma encruzilhada: continuar a trabalhar organicamente com Leslie, enfocando a satisfação do cliente e ensinar as pessoas a identificarem problemas e buscarem a melhoria contínua, ou contratar uma grande consultoria para acelerar a transformação *lean* e agradar os acionistas que querem um retorno rápido sobre o seu investimento. Como afirmamos no Capítulo 4, os casos abaixo misturam as experiências que Karyn encontrou diversas vezes em muitas organizações de serviços diferentes. Em uma forma ou outra, todas essas coisas realmente aconteceram, apesar dos nomes terem sido alterados para proteger indivíduos que, apesar de bem intencionados, estavam mal informados.

NL Serviços e a burocracia coerciva: um padrão é algo a ser "aderido"...

Infelizmente para a NL Serviços, Sam McQuinn, o vice-presidente que defendeu o projeto-piloto *lean* dentro da empresa, decidiu aceitar um cargo de executivo sênior na empresa em que Sarah Stevens, sua ex-colega, estava trabalhando. A organização era menor, mas ele se sentia vivo lá. Na NL Serviços, a responsabilidade pela implementação global do *lean* foi passada para Mike Gallagher, que assumira o cargo de vice-presidente executivo de Estratégia Corporativa *Lean*. Mike era brilhante e adorava a NL Serviços, mas não sabia nada sobre *lean* além dos poucos livros que consultara. Ele visitara algumas das pessoas com as quais Sam trabalhara no teste piloto e se impressionara com seu entusiasmo e suas conquistas. Porém, se continuasse a disseminar o *lean* usando a abordagem de realizar amplos testes piloto, acabaria se aposentando antes do *lean* conquistar algum resultado na empresa como um todo. Ele precisava da ajuda de especialistas de verdade.

Após um processo de licitação, a NL Serviços decidiu contratar a Lean Mechanics, Inc., uma grande consultoria especializada em implementar sistemas de administração *lean* em organizações de serviço. A Lean Mechanics parecia ter um histórico positivo de implantações rápidas e baratas, e prometia que seu sistema *lean* estaria funcionando a todo vapor e por toda a NL Serviços em menos de seis meses.

Após um período inicial de investigação no qual um enorme contingente de especialistas em *lean* credenciados da consultoria invadiram os escritórios da NL Serviços, todos munidos de cronômetros, foi diagnosticado que, na NL, assim como em muitas outras organizações de serviços, o maior problema era a falta de um trabalho padronizado funcional. Todo processador de transações de crédito trabalhava de um jeito diferente, o que, de acordo com Ray Kensignton, profissional da Lean Mechanics com certificado de Master Lean Expert escolhido para liderar o trabalho na NL Serviços, resultava em enormes perdas de produtividade. Ray prometeu a Mike que implementar o trabalho padronizado para todos os processos de transações de crédito geraria um aumento de produtividade de pelo menos 20% em toda a organização. Quando todos os processadores de crédito trabalhassem da mesma forma eficiente, seria fácil dividir o trabalho entre diferentes áreas da organização, e a necessidade de treinamentos regionais especializados diminuiria drasticamente. Além da maior eficiência, a Lean Mechanics prometia que seria possível eliminar empregos, o que economizaria ainda mais recursos.

Criar um trabalho padronizado seria um processo simples e indolor. Ray Kensington e sua equipe de especialistas em *lean* cronometrariam os processadores de

Nome do processo:	Função/Pessoa:	
Descrição de passo do processo de alto nível	Tempo para executar passo	Melhor prática e/ou relação com outras funções
1.		
2.		
3.		
4.		
Criado por:	Data:	Versão:

FIGURA 6.5 Modelo de trabalho padronizado usado pela Lean Mechanics.

transações de crédito em um escritório para estimar quanto tempo perdido poderia ser eliminado usando o trabalho padronizado. Em seguida, eles determinariam como seria o processo mais eficiente possível. Depois que os passos fossem compilados e a cronometragem estivesse completa, o trabalho padronizado em si seria criado por consultores juniores, e os processadores de crédito seriam treinados em toda a empresa, passando por auditorias para garantir sua conformidade com os novos métodos (Figura 6.5). Ray explicou a Mike que não seria necessário se preocupar com os processadores de transações de crédito se recusarem a seguir procedimentos rígidos que reduziriam sua criatividade, pois o trabalho padronizado não era nada tão detalhado ou específico, e sim apenas um esquema em alto nível dos passos e das entregas entre funções.

Para garantir que todos os processadores de crédito adotariam e adeririam ao trabalho padronizado, um processador por equipe seria designado como líder de trabalho padronizado (LTP). Além de realizar auditorias regulares para garantir que os membros da equipe não estão desviando do padrão, os LTPs se reuniriam quinzenalmente para conversar sobre as mudanças no trabalho padronizado identificadas por qualquer uma das equipes. Se todos os LTPs concordassem com a mudança, o escritório implementaria a alteração do trabalho padronizado, e os LTPs adicionariam mais auditorias para garantir a "adesão" às novas mudanças.

A Lean Mechanics também sugeriu que fosse criado um processo de implantação de melhores práticas em toda a NL Serviços, para que as mudanças no trabalho padronizado realizadas em uma área da empresa fossem compartilhadas e alavancadas mais facilmente em outras áreas. Ter o processo de implantação de melhores práticas também aumentaria a produtividade, pois impediria que as regiões perdessem tempo trabalhando em alterações no trabalho padronizado que já haviam sido realizadas em outras áreas. O processo de implantação de melhores práticas facilitaria e aceleraria a adoção dessas mudanças e garantiria que a produtividade não parasse de crescer.

Ray garantiu a Mike que o processo de implantação de melhores práticas também seria fácil de implementar: todos os escritórios designariam dois dos seus LTPs de equipe como LTPs Nível 2, que, por sua vez, participariam de reuniões regionais mensais. Todo trimestre, um dos LTPs Nível 2 se prepararia e participaria de uma reunião nacional dos LTPs Nível 3. As mudanças aprovadas na reunião se difundiriam rapidamente para as funções semelhantes em todo o país.

Mike Gallagher estava um pouco preocupado com a possibilidade de que, entre realizar as auditorias do trabalho padronizado e participar de reuniões, os LTPs fossem tirados do processamento de transações de crédito e do atendimento dos clientes por boa parte do mês. Contudo, Ray lembrou Mike que os ganhos de produtividade decorrentes de todos os processadores de transações de crédito trabalharem da mesma forma eficiente e padronizada superaria os efeitos negativos para os colegas e clientes dos LTPs. Na verdade, com os ganhos de produtividade do trabalho padronizado, seria possível reduzir o quadro de lotação, a principal fonte das reduções de custo prometida.

Se Mike ainda tinha alguma reserva a respeito da fiscalização do uso do trabalho padronizado na organização, Ray explicou o processo semestral de Revisões de Auditoria *Lean*: duas vezes ao ano, uma equipe composta de especialistas da Lean Mechanics e do departamento de auditoria da NL Serviços visitariam cada escritório para realizar uma Revisão de Auditoria *Lean*, ou RAL (ver Figura 6.6). A equipe da RAL daria notas referentes à adoção de diversas ferramentas *lean*, incluindo o trabalho padronizado; se os processadores de transações de crédito não estiverem "aderindo" ao seu trabalho padronizado, eles e o LTP da equipe receberiam um alerta por escrito, com o resultado da RAL agregado às suas avaliações de desempenho anuais. Com todos esses níveis de verificação, seria impossível para os processadores de transações de crédito conseguirem, ou mesmo quererem, desviar do seu trabalho padronizado.

Seis meses depois, como prometido, a Lean Mechanics criou o trabalho padronizado para todas as tarefas principais do processo de transações de crédito e montou o processo de implantação de melhores práticas. No final do ano, todas as regiões já haviam realizado duas Revisões de Auditoria *Lean*. Quando Mike Gallagher revisou a apresentação de PowerPoint com os resultados da RAL, as planilhas listavam as mudanças realizadas no trabalho padronizado (em geral, mudar uma palavra aqui e outra ali) e os números de produtividade. Mas a conta não fechava. O que não fechava era o aumento de produtividade que Ray Kensington e a Lean Mechanics haviam previsto. Mesmo após fazer os cálculos pela terceira vez, Mike era forçado a admitir que, por mais que tentasse, o ganho de produtividade de 20% simplesmente não se materializou: quando analisava os números frios da empresa, era óbvio que a maioria dos escritórios não conquistou aumentos de produtividade, e alguns até sofreram perdas. Pior ainda, quando conversou com os gerentes regionais, os GPTCs e até os próprios processadores de transações de crédito (quando tinha tempo para não ficar lendo relatórios de RALs e saía de trás da tela do computador), Mike escutou uma série de questionamentos preocupantes sobre o trabalho padronizado e o processo de implantação de melhores práticas:

- Os processadores de transações de crédito ainda estavam trabalhando como bem entendiam, mas como não queriam ser xingados ou receber notas negativas, eles seguiam o trabalho padronizado durante as RALs quando estavam sendo vigiados pelo líder de trabalho padronizado da equipe.

  Revisão de Auditoria Lean (RAL)

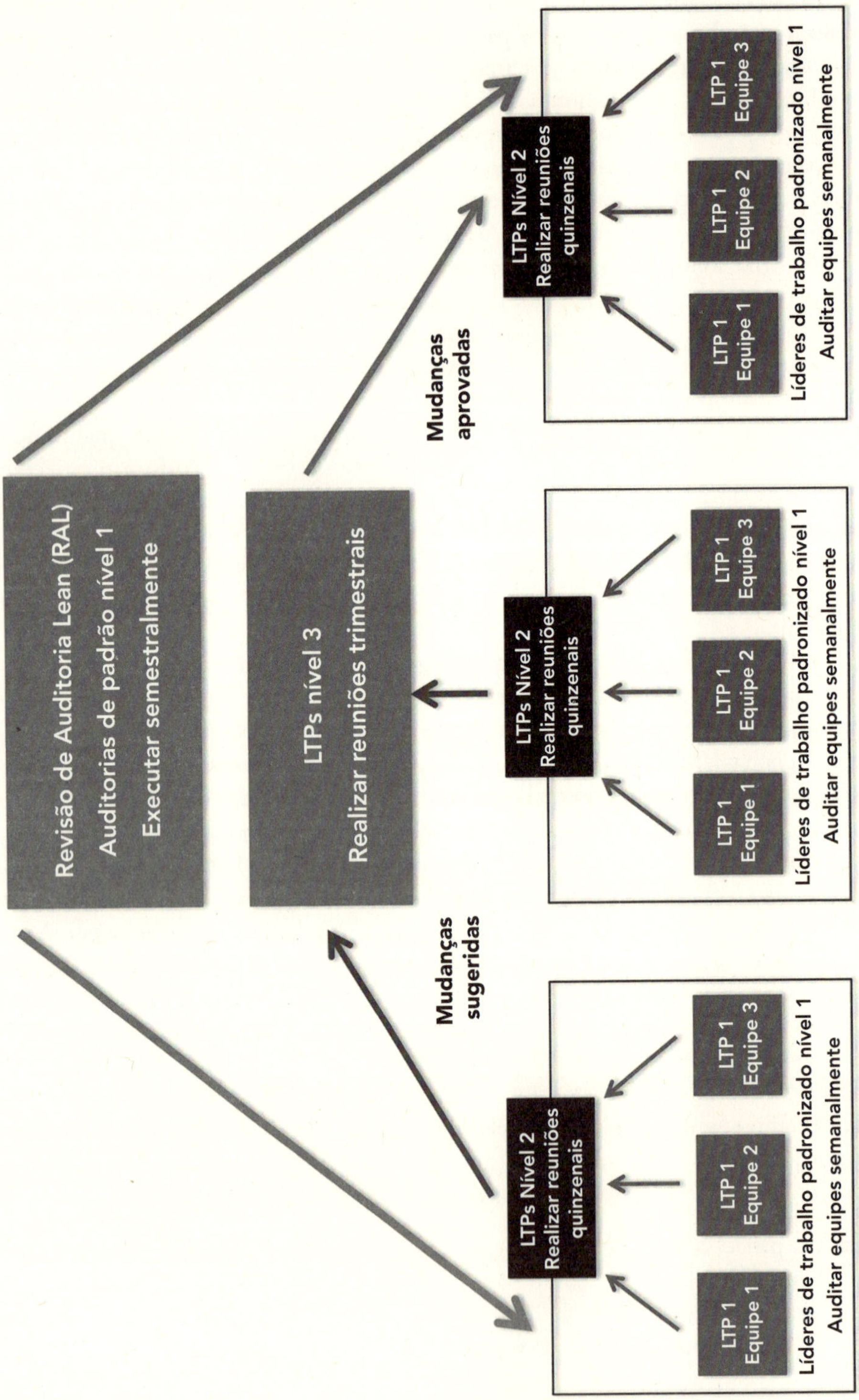

FIGURA 6.6 O processo de auditoria do trabalho padronizado da NL Serviços. É complicado assim mesmo!

- O trabalho padronizado recebera pouquíssimas melhorias. Os líderes de trabalho padronizado reclamavam que, como a maioria das alterações que recebiam eram simplesmente a preferência pessoal de quem as sugerira, era impossível convencer os outros a concordarem. Demorava demais para as mudanças passarem pelo processo de implantação de melhores práticas, e quase todo mundo relutava em sequer apresentar sua sugestão.
- Os clientes estavam reclamando que ficou mais difícil do que nunca encontrar o processador de transações de crédito da sua conta, caso essa pessoa fosse um líder de trabalho padronizado. O número de auditorias de equipe e a quantidade de tempo que o LTP passava em reuniões o mantinha afastado da sua mesa e dos seus clientes por horas a fio.
- Como a NL Serviços demitiu 20% dos seus processadores de transações de crédito na expectativa de obter os ganhos de produtividade prometidos pela Lean Mechanics, as estatísticas indicavam que a precisão e os tempos de entrega caíram em nível nacional. O mesmo valia para os resultados da Pesquisa de Envolvimento dos Funcionários daquele ano, pois os processadores remanescentes tinham dificuldade para fazer a mesma quantidade de trabalho, usando os mesmos processos, mas com 20% menos ajuda...

"Parecia tão bom no papel", Mike Gallagher pensou consigo. "Quando apresentaram sua proposta, o pessoal da Lean Mechanics parecia saber exatamente o que estavam fazendo. Se ao menos eu pudesse perguntar a eles o que deu errado". Mas o contrato da Lean Mechanics terminara no ano passado e, depois que parou de receber, seus especialistas em *lean* desapareceram e passaram para o próximo projeto, em um dos concorrentes da NL Serviços.

Agora reserve um minuto para refletir sobre a experiência rica e orgânica da equipe da NL Serviços que descrevemos no Capítulo 4, sobre gente como Kathy e Joe. Imagine o que eles sofreram quando a Lean Mechanics apareceu para desenvolver e impor um trabalho padronizado superficial. "Que piada. Eles têm alguma ideia do que estão fazendo? E por que os LTPs são responsáveis pelas mudanças quando nunca encontraram um trabalho padronizado de verdade na vida?"

Serviço 4U e a burocracia habilitadora: padrões apoiam o modo como aprendemos a melhorar...

Enquanto isso, na Serviço 4U, a empresa de Sarah Stevens onde Sam McQuinn assumira o cargo de vice-presidente executivo de Excelência em Serviços três meses atrás, a equipe também estava aprendendo sobre padrões. Uma das coisas que Sam mais gostava na Serviço 4U era o foco em encontrar maneiras especiais de satisfazer os clientes. Logo antes de Sam chegar, a empresa adicionou uma nova oferta de depósito direto eletrônico. Os representantes de vendas da Serviço 4U foram proativos em formar parcerias com os clientes e descobrir quais novos tipos de serviço os ajudariam a administrar seus negócios facilmente. Depois que os representantes de vendas apresentaram o *feedback* de que os depósitos diretos seriam um diferencial importante, o desenvolvimento de novos produtos fez sua parte, e o departamento de TI criou uma melhoria no sistema.

Todos os processadores de transações de crédito da Serviço 4U foram treinados nas novas capacidades de depósito direto do sistema de transações e estavam processando transferências desse tipo há cerca de quatro meses. Todos esperavam elogios efusivos dos clientes sobre a nova oferta, mas a realidade foi um banho de água fria. Mesmo após dois níveis de verificação, algo entre 30 e 50% dos depósitos diretos não eram aprovados pela auditoria regulatória por diversos motivos, incluindo formulários incorretos, documentação bancária ausente e assinaturas dos clientes esquecidas. O cliente precisava enviar novas informações e, após um período de espera, o depósito precisava ser configurado mais uma vez. Além disso, ocasionalmente, os números de roteamento (*bank routting*) ou de conta dos bancos eram inseridos incorretamente, o que fazia com que o dinheiro fosse depositado nas contas erradas. Isso não deixava os clientes nada felizes. O mesmo vale para o fato dos clientes terem que mandar todos os seus documentos referentes a depósitos diretos dois dias antes da data de processamento da transação. O que eles queriam mesmo era enviar a papelada no momento em que a transação seria processada e ter seu depósito direto ativado imediatamente. Foi aí que Sam entrou. Como VP de Excelência em Serviços, era responsabilidade sua garantir que os processos fundamentais da Serviço 4U apoiavam a conquista da excelência em serviços.

Um aspecto que Sam gostava muito em seu novo cargo era a oportunidade de trabalhar regularmente com Leslie Harries, a assessora de administração *lean* que o auxiliara na NL Serviços. Ao contrário da NL, que enfocava resultados de curto prazo e dividendos trimestrais para seus acionistas, a Serviço 4U se dedicava a prestar o melhor serviço possível para os seus clientes a longo prazo. Sam sabia que Leslie seria capaz de ajudar a empresa a investigar e resolver o problema dos depósitos diretos.

Depois que Sam explicou o problema a Leslie e mostrou os dados que a empresa coletara no processo de auditoria diária e mensal dos depósitos diretos, Leslie sugeriu, como sempre faz, que os dois fossem juntos ao *gemba* para descobrir os fatos por trás dos dados e ver o que poderiam aprender com as pessoas que realmente inseriam os depósitos diretos no sistema de processamento de transações. Nas reuniões com cada uma das seis equipes de processamento de transações, Sam e Leslie ouviram sempre a mesma coisa dos supervisores e dos processadores de transações: todos os processadores usavam um método diferente para inserir o depósito direto no sistema. Alguns inseriam os números de roteamento e de conta antes e depois verificavam os dados nos documentos, enquanto outros faziam o contrário. Os processadores de transações tinham seus próprios jeitos de explicar o que era necessário e seus próprios modos de obter a documentação dos clientes.

Após visitar todas as equipes, Leslie e Sam pararam para conversar com Susan Jensen, a gerente de processamento de transações do escritório. Ela explicou que, logo que os clientes começaram a reclamar, os supervisores seguiram os ensinamentos de Leslie (que se transformaram em hábito dentro da empresa), e sentaram-se ao lado dos processadores para ver o que descobriam. O que encontraram foi exatamente aquilo que Sam e Leslie estavam ouvindo em sua visita ao *gemba*. Não havia dois processadores que trabalhavam do mesmo jeito, e não faltavam oportunidades para cometer erros. "O problema parece ser que os métodos usados pelos diversos processadores possibilitam erros que causam inconveniências para os clientes", Susan disse. "Não estamos nem perto da excelência em serviços. Precisamos entender como esses erros ocorrem e trabalhar com os processadores para desenvolver um método melhor e, por fim, padronizá-lo como a linha de base para as melhorias."

Durante os próximos dias, Leslie ajudou Susan e os supervisores a montar estudos de tempo, iguais àqueles que Sam lembrava da NL Serviços. Depois que coletaram os dados, os supervisores viram que dois processadores tinham níveis excelentes de precisão (seus depósitos diretos raramente apareciam na lista de Falhas de Auditoria) e que usavam o menor número de passos com os menores tempos repetidos para o processo. Quando Leslie, Sam e os supervisores analisaram os passos que esses processadores seguiam, eles descobriram que a primeira coisa que fazia era verificar se a documentação que o cliente enviara estava correta. Após determinar que ela estava correta, os processadores a digitalizavam no sistema WebDocs para disponibilizá-la imediatamente para os auditores. Apenas após completar esses passos, o processador inseria os números de roteamento e de conta no sistema de processamento de transações. Todos os supervisores concordaram que seguir esse processo parecia ser a melhor maneira de garantir a precisão e a eficiência.

Trabalhando com os dois processadores e seus supervisores, Leslie ajudou a equipe a criar um documento de trabalho padronizado contendo uma explicação simples e uma representação ilustrada do processo "Verificar-Digitalizar-Inserir", como foi batizado. A cada passo, os processadores enxergavam facilmente se o que tinham na sua tela correspondia à imagem no documento. Certamente os processadores não teriam dificuldade para diferenciar entre "bom" e "não bom". Depois de montarem a primeira versão do documento de trabalho padronizado, os dois processadores de transações os levaram para as suas equipes e ensinaram os colegas como usá-lo no processo Verificar-Digitalizar-Inserir. Cada processador recebeu uma cópia do documento para pendurar em suas mesas, no lado dos seus monitores.

No começo, os membros da equipe estavam um pouco céticos, mas com a ajuda do processador de transações que criara o processo e dos seus supervisores, seguir o documento Verificar-Digitalizar-Inserir logo se tornou rotina. No início de cada dia, o supervisor da equipe consultava a lista de Falhas de Auditoria e, quando havia uma falha, tentava entender o que acontecera. Após algumas mudanças em partes do processo e do documento do Verificar-Digitalizar-Inserir, as falhas de auditoria foram praticamente eliminadas para as equipes que usavam nosso processo, com os depósitos diretos inseridos em menos da metade do tempo original. Os processadores de transações das duas equipes-piloto ficaram super-animados... E os processadores das outras quatro equipes também. Eles ficaram tão animados que imploraram para os membros das equipes-piloto que os ensinassem a usar o processo Verificar-Digitalizar-Inserir, além do trabalho padronizado. Todos queriam poder processar o trabalho de um jeito que desse aos clientes os resultados de alta qualidade que esperavam.

Dois meses depois, durante sua sessão de *coaching* regular, Sam e Leslie revisaram os resultados das Falhas de Auditoria de depósitos diretos. Os dois viam que as falhas haviam praticamente desaparecido. Conversando com as equipes no *gemba*, tanto os supervisores quanto os processadores não hesitavam em contar como os clientes estavam felizes com a facilidade do processamento de depósitos diretos. Susan Jensen os interpelou no corredor e contou que, trabalhando juntos, processadores de transações e supervisores também começaram a criar trabalhos padronizados para outros processos. Ainda, ela os lembrou que aquele era o melhor modo de trabalhar que se conhecia no momento e que estavam atrás de jeitos melhores!

Receitas padrões na Zingerman's Mail Order

Os padrões e o trabalho padronizado são especialmente importantes na ZMO. Como a organização se expande de 70 para 400 pessoas no corre-corre de Natal, a equipe sabe que vai ficar repleta de novatos por várias semanas. Antes de ter um sistema estabelecido, era uma época de caos. Agora, há um sistema claro a ser seguido em todos os níveis de detalhamento. O trabalho padronizado é o único jeito de garantir que as pessoas sejam treinadas corretamente e que haja algum nível de consistência na qualidade e nos prazos.

A comunidade Zingerman's de negócios do ramo alimentício não tem nenhum problema com o conceito de trabalho padronizado. Os funcionários as chamam de receitas. Há uma receita para tudo na ZMO, desde como reunir os itens de um pedido das prateleiras a como colocá-los nas caixas e atender o telefone. Os padrões para tarefas manuais simples e repetitivas, como coletar itens, são mais detalhadas do que aqueles referentes às tarefas mais customizadas, como atender o telefone.

Na Figura 6.7, mostramos a página 1 (de 2) de uma folha de trabalho padronizado da ZMO (nesse caso, para o trabalho inicial de coletar itens e colocá-los em um recipiente). Para as tarefas detalhadas e altamente repetitivas de uma linha de montagem da Toyota, a folha de trabalho padronizado inclui o tempo em segundos para cada passo, e uma folha de instruções de trabalho separada para fins de treinamento que inclui subpassos mais detalhados, além dos seus pontos principais e motivos.[3] Na ZMO, as tarefas têm variabilidade o suficiente de forma que a empresa decidiu usar passos em um nível mais alto, além de pontos principais em uma ou duas folhas, sem tempos específicos. Observe que são apenas frases informativas simples, como a primeira: "leia na ordem de serviço o local do item a ser coletado". O ponto principal apresenta detalhes de como completar o passo; nesse caso, onde

Processo: coleta		
Data de criação: 11/11/2009		**Criado por:** Shalette Mays
Data de revisão: 31/3/2016		**Revisado por:** Kelly Nugent
Nº da Seq	**Passos operacionais**	**Pontos principais**
1	Leia na ordem de serviço o local do item a ser coletado.	Os locais estão listados como... Estante – Prateleira, Abertura. Exemplo: E3-B1
2	Encoste o dedo no rótulo de localização e leve a mão até o item na localização.	Locais **multi-corredores** são marcados com rótulos rosas; pegue das caixas abertas primeiro.
3	Colete o número de itens no campo quantidade da ordem de serviço.	Para quantidades maiores do que 1, o local do item será vermelho e o número de itens estará em uma caixa vermelha.
4	Coloque os itens na bacia com cuidado, reorganizando-os quando necessário.	**Carnes congeladas** vão no saco plástico com fechamento (até 5 carnes diversas por saco). **Coletas grandes de bolinhos de chocolate (15-50 bolinhos)**, usar sacos plásticos com fechamento
5	Marque os itens coletados individualmente na ordem de serviço entre os campos local e quantidade. ou Escreva o número de itens coletados para múltiplas quantidades.	Exemplo: 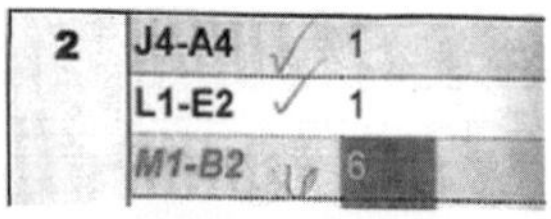
	Instruções especiais	**Pontos Principais**
A	***Kanban* anexado ao item ou à caixa de papelão vazia...** • Remova o *Kanban* do item ou caixa • Coloque o *Kanban* na caixa de correio mais próxima da área • Lance a caixa vazia sob a linha de coleta	Caixas de papelão vazias devem ser removidas da prateleira assim que seu último item for coletado. Para itens em pilhas, como cestos de vime vazios ou caixas de madeira, deixe um *Kanban* anexado ao último item no fundo.
B	**Sacola (Tote) plástica de mercearia seca vazia...** • Remova a sacola da prateleira quando coletar o último item • Remova o *Kanban* de movimentação e coloque na caixa de correio vermelha • Empilhe as sacolas vazias sob a ponte do ponto médio	Sacolas de mercearia seca vazias podem ser colocadas no início da linha de coleta até serem trazidas para baixo e acumuladas sob a ponte do ponto médio. Várias pessoas diferentes podem ser necessárias até que a sacola volte para a posição inferior da linha de coleta.
C	**Sacolas plásticas vazias nas áreas de preparação...** • Remova a sacola da prateleira quando coletar o último item • Deslize a sacola pela estante de devolução da área de preparação na mesma direção em que estava na sua prateleira (*Kanban* de costas para você)	Sacolas de caixas térmicas, pão, pastelaria, queijo! *Kanbans* ficam com as sacolas plásticas nessas áreas! Pense que a sacola como um todo é o seu *Kanban*! **Caixas térmicas "I"**... As sacolas são ordenadas por cor em torno do *Kanban* na fila correspondente da estante de devolução.
D	**Coleta de lit (literatura)...** • Colete pacotes de lit com folha de papel colorido nas costas • Devolva os *Kanbans* de caixas de lit vazias e caixas vazias para a estante de lit	**Estante B4**... *Kanbans* vão na Caixa de Correio "PRD" na Liberação do Pedido (entregar para pessoa executando Liberação do Pedido), caixas de lit vazias vão no alto da estante. **Estante N6**... *Kanbans* vão na calha da caixa de correio vermelha, caixas de lit vazias vão nas aberturas de devolução na parte inferior da estante.
E	**Coleta por código do produto (estante D5 e I1 - B1)...**	A maioria dos itens em D5 tem um adesivo de código do produto neles para facilitar a correspondência, mas se não tiverem...

FIGURA 6.7 Folha de trabalho padronizado para coleta de pedidos na Zingerman's Mail Order.

encontrar quais informações. "Os locais estão listados como... Estante – Prateleira, Abertura. Exemplo: E3-B1". O ponto principal no passo 5 ilustra como marcar os itens à medida que os coleta, incluindo um exemplo visual.

Embora pegar itens de uma prateleira e colocá-los em um recipiente possa parecer óbvio, ao ler todo o trabalho padronizado, você fica surpreso com a complexidade envolvida em uma tarefa aparentemente tão simples. Isso se deve, em parte, aos sistemas *lean*. Há padrões claros para onde cada item está localizado, com endereços distintos e identificação para gestão à vista. Considere as "Instruções especiais" para tarefas não recorrentes. Há um sistema de *kanban* para reabastecer itens que precisa ser compreendido. Há um padrão para o que fazer com sacolas vazias e um para lidar com sacolas vazias de mercearia seca. Em muitos armazéns, tudo que saberíamos fazer é procurar o item da lista de coleta e buscá-lo, talvez usando alguma tecnologia de código de barras. À medida que a ZMO foi desenvolvendo os padrões visuais, os erros de coleta foram reduzidos drasticamente, ao mesmo tempo que havia mais o que ensinar nas "receitas". Com a transformação *lean*, o trabalho padronizado se torna mais detalhado e passa a ser necessário ter alta qualidade no treinamento dos membros de equipe. Há quem diga que o *lean* não funciona com trabalhadores temporários, mas a verdade é que ele se torna ainda mais fundamental.

Processos de vendas padronizados em uma rede de varejo

A Inversiones La Paz possui duas das maiores redes de varejo de Honduras: uma de vendas e consertos de motocicletas e outra de lojas de produtos eletrônicos Jetstereo. O conselho executivo procurou ajuda para levar o *lean* a todos os seus processos, incluindo armazéns, montagem de motocicletas, conserto de motocicletas e eletroeletrônicos, até funções de escritório, como cobrança. Um dos passos mais críticos na cadeia de valor está nas vendas, e os executivos no conselho não entendiam como o *lean* poderia se aplicar a um processo de indivíduos vendendo para um conjunto variado de clientes.

Os executivos encontraram uma consultoria que instruía vendedores na arte da venda, incluindo interpretação de papéis, e os gerentes de loja eram muito rigorosos no processo de garantir que todos os vendedores recebessem o treinamento. Contudo, em um dia normal, os vendedores ficavam rondando pela loja, procurando clientes para ajudarem. Como recebiam por comissão, os vendedores tinham uma atitude um pouco territorial, sempre querendo obter seu quinhão dos clientes e ficando com eles até o ponto de venda. Eles também tendiam a escolher os clientes a dedo, tentando identificar quais tinham maior probabilidade de comprar alguma coisa e deixando os outros esperando sozinhos.

Florencio Munoz, um dos meus colegas, começou a trabalhar com o vice-presidente de vendas e seu primeiro passo foi, obviamente, ir ao *gemba* para entender a situação atual. Como sempre, o VP de vendas teve uma revelação com a visita, apesar de trabalhar na empresa há mais de dez anos. A condição atual era a seguinte:

- Um grande número de clientes que aparecia na loja não era atendido pelos vendedores, o que levava a clientes insatisfeitos e vendas perdidas.
- Cargas de trabalho desniveladas (número médio de clientes atendido por vendedor por hora) levavam a resultados de venda variáveis entre os funcionários, que não poderiam ser atribuídos diretamente ao nível de habilidade ou de esforço.
- Nem todos os vendedores que foram trabalhar naquele dia estavam disponíveis durante o horário de pico.

- O gerente da loja não conseguiu identificar rapidamente quais atividades os membros da equipe estavam realizando em dado momento.

Com a ajuda de Florencio, o vice-presidente de vendas e sua equipe concluíram que a causa fundamental era o fato de não haver um sistema para planejar ou visualizar quais vendedores estavam disponíveis, quais tarefas eles estavam realizando, e se todos os clientes estavam sendo atendidos pela equipe ou não. A primeira ideia que você poderia ter aqui seria alguma espécie de sistema de vigilância com câmeras e computadores, mas Florencio orientou a equipe de melhoria para desenvolver um sistema visual manual.

Primeiro foi preciso visualizar o que eles gostariam que estivesse acontecendo (a condição-meta) para planejar como isso funcionaria, incluindo quadros que representariam o que estava acontecendo e qual era o padrão em cada momento. O que eles inventaram foi uma representação visual das atividades de um vendedor de hora em hora (Figura 6.8). À primeira vista, o quadro mostrava qual gerente de vendas estava na loja e qual não estava, quais atividades de treinamento estavam agendadas (pois a equipe recebia bastante treinamento) e quem estava alocado a qual "posto de trabalho" dentro da loja.

Cada posto de trabalho era uma posição diferente na loja com suas próprias tarefas claramente definidas, estabelecendo um sistema de rotação para aqueles que estavam no chão da loja (Figura 6.9). Os gerentes queriam deixar claro quem estava trabalhando em qual tarefa e identificar qual membro de equipe era o "primeiro na

Quadro apresenta informações sobre as atividades realizadas por cada vendedor. É apenas durante o horário de pico que todos os vendedores estão atendendo clientes.

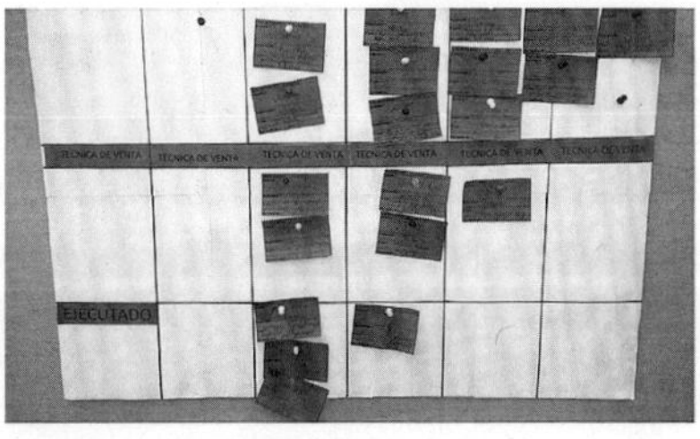

Quadro de atividades de treinamento matinais.

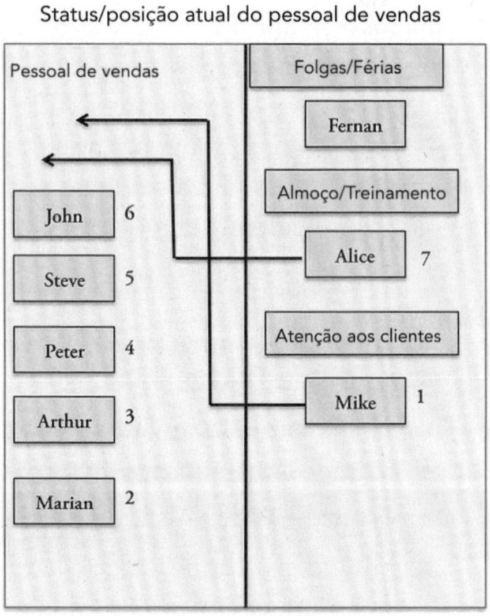

FIGURA 6.8 Gestão visual das atividades dos vendedores.

Um único vendedor atende imediatamente qualquer cliente que entra na loja, enquanto o resto passa para a próxima posição. Quem não está atendendo um cliente realiza outras atividades, como cotações, seguimento com clientes etc.

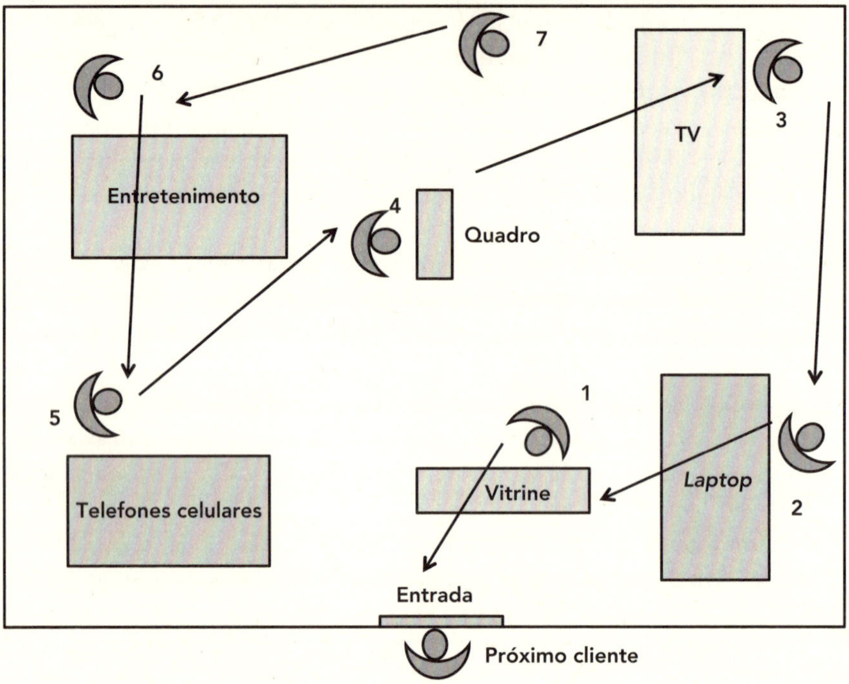

FIGURA 6.9 Quadro de rotação padrão para vendedores.

fila" para atender o próximo cliente que entrasse na loja. O quadro também precisava comunicar um estado de emergência quando o número de clientes dentro da loja fosse maior do que o número de vendedores, de modo que fosse possível tomar contramedidas para evitar que os clientes saíssem da loja sem serem atendidos.

Pode parecer um tanto simples, mas foi a primeira vez que os vendedores pensavam e refletiam sobre um sistema, qualquer que fosse, para dividir as tarefas entre si e, com certeza, foi a primeira vez que o resultado podia ser visualizado. O sistema foi disseminado entre todas as lojas da Jetstereo, e os resultados foram incríveis:

- As vendas por loja aumentaram.
- O tempo de espera dos clientes foi reduzido de uma média de 2 minutos para menos de 10 segundos.
- Mais clientes foram atendidos por hora, pois todos os vendedores eram disponibilizados nos horários de pico; o tempo de espera foi reduzido.
- As medidas de satisfação do cliente melhoraram.
- Entender os horários de pico com o uso de sinais visuais de "emergências" levou a um agendamento melhor da equipe e das atividades que não fossem de vendas.

- A coordenação dos deveres administrativos melhorou.
- O nivelamento das oportunidades criou resultados comparáveis entre os membros da equipe de vendas, o que levou a *coaching* e treinamentos mais focados e eficazes.
- A prática de "escolher clientes a dedo" foi eliminada.

Usando auditorias para manter o trabalho padronizado vivo

Em poucas palavras: se a gerência leva o trabalho padronizado a sério, quem faz o trabalho provavelmente o levará a sério também, inclusive se o gerente for um líder de verdade. Levá-lo a sério significa auditar o trabalho padronizado, o que pode ter um estilo coercivo ou habilitador com consequências radicalmente diferentes.

As auditorias normalmente estão associadas a burocracias coercivas, como vimos no caso da NL Serviços. O especialista em eficiência chega com um cronômetro e um caderno (ou *laptop*), e observa as pessoas executando um processo, sempre atendo às ineficiências ou violações de regras. Em seguida, o auditor escreve um relatório que documenta as violações, deixando muita gente em apuros com seus chefes. Isso pode acontecer (e acontece mesmo), e o medo das auditorias muitas vezes é justificado. Em uma cultura que sustenta uma burocracia coerciva, é normal que as auditorias se transformem em ferramentas de avaliação e distribuição de recompensas e punições. Isso se aplica tanto às auditorias *lean*, que conferem se as ferramentas "apropriadas" do *lean* e do Seis Sigma estão em uso, quanto às auditorias de trabalho padronizado. Infelizmente, culturas coercivas como essas tendem a não mudar com rapidez ou facilidade.

Contudo, como Paul Adler observou na NUMMI, os padrões e as auditorias de padrões podem ser parte de um contexto cultural totalmente diferente, no qual os membros de equipe se sentem apoiados pelos gestores. A NUMMI foi a burocracia habilitadora documentada original. Como era sua auditoria de trabalho padronizado? Por acaso, visitei a NUMMI no ano que a organização introduziu um sistema mais visível de auditoria do trabalho padronizado, algo que a Toyota chama de *quadro de kamishibai*. O termo significa "teatro de papel" ou "quadro de história". No Japão, é comum que crianças pequenas tenham um livro composto de uma série de fichas. Os pais leem as fichas uma a uma, colocando-as de volta no fundo da pilha para, depois de lerem, poderem começar pelo próximo cartão na vez seguinte.

A Figura 6.10 mostra um quadro na NUMMI que foi projetado para treinar um líder de grupo que supervisionaria um determinado número de processos. Para cada um dos 15 processos de linha de montagem no quadro, em cada turno, o líder de grupo audita um membro de equipe realizando o trabalho. O líder responde uma série de perguntas com resposta de sim ou não impressas nos cartões. Por exemplo: "O membro de equipe seguiu a sequência especificada?" e "o membro de equipe realizou o trabalho no tempo prescrito?". Os cartões de auditoria concluídos são colocados nos espaços da direita, e se a resposta para qualquer uma das perguntas for "não", o líder de grupo coloca o cartão com o lado de trás, que é cinza, para

Quadro de Kamishibai (Quadro de história)

Como funciona:

- O líder de grupo verifica um processo por dia
  - Os cartões contêm perguntas
  - Anotam-se as discrepâncias/contramedidas
  - Coloca-se o cartão na vaga da próxima linha
  - Vira-se o cartão com o lado cinza para fora em caso de discrepância
- O gerente assistente faz verificações diárias
  - Seleciona-se um cartão aleatoriamente
  - Obtém-se a folha de trabalho padronizado
  - Realiza-se auditoria junto com o líder de grupo

A NUMMI tinha mais de 90 quadros como esse distribuídos pela fábrica

FIGURA 6.10 Quadro de história da auditoria de trabalho padronizado na NUMMI.

fora, escrevendo o problema na folha de acompanhamento de problemas. Quando os problemas são trabalhados, o líder de grupo anota as ações corretivas no cartão e o vira para a frente, com o lado branco à vista. Em cada turno, o gerente do líder de grupo vai até a linha e seleciona um cartão auditado para realizar uma segunda auditoria e oferecer *feedback* para o líder de grupo.

Seria de imaginar que o motivo para esse quadro de auditoria é que a fábrica descobriu que os trabalhadores não estavam seguindo o trabalho padronizado corretamente. Mas não foi o caso; o problema era que os líderes de grupo não dominavam as habilidades fundamentais necessárias para realizar seu trabalho. Havia um alto nível de rotatividade, o que levava a líderes de grupo sem experiência, sendo que o plano anual incluía o compromisso de treinar líderes de grupo nos fundamentos do STP. Os quadros eram parte desse treinamento; eles também tinham o benefício de fortalecer o uso do trabalho padronizado. Além disso, isso forçava os gerentes a ir ao *gemba* e entender melhor o trabalho enquanto aprendiam a fazer sessões de *coaching* com os líderes de grupo. Assim, em uma burocracia coerciva, o trabalho padronizado é uma ferramenta colaborativa que apoia a qualidade e a consistência do trabalho, além da melhoria contínua e do *coaching* de sucesso.

PRINCÍPIO 7: GERENCIAR VISUALMENTE PARA VER A REALIDADE EM COMPARAÇÃO COM O PADRÃO

Em um certo sentido, a gestão visual é simples depois que determinamos os padrões, mas em outros, é uma das partes mais criativas da administração *lean*. Neste livro, vimos muitos exemplos de gestão à vista, como nos casos da Menlo Innovations e a ZMO. O quadro de autorização de trabalho da Menlo (Figura 5.20 no capítulo anterior) é um ótimo exemplo. Não é um trabalho padronizado, mas cria uma estrutura para as atividades diárias. Os cartões de história instruem o programador sobre quais recursos o cliente quer e cujo pagamento ele autorizou. Os pontinhos vermelhos, amarelos, laranjas e verdes deixam evidente para o gerente de projeto qual é a situação de cada recurso. A Menlo não está simplesmente representando suas informações nos cartões; ela está usando o sistema diariamente para organizar o trabalho. Pergunte a um menloniano por que eles se dão ao trabalho de criar sistemas de papel no escritório, considerando que desenvolvedores de software quase sempre odeiam papel. Eles falam sobre os benefícios da manipulação táctil do papel e de como ele apoia o trabalho em equipe para fins de comunicação, planejamento e acompanhamento do progresso.

Nossos cérebros são programados de nascença para valorizarmos as informações visuais. Nós lembramos e aprendemos mais com menos esforço mental. Na regra nº 10 de *Aumente o Poder do seu Cérebro*,[4] o neurocientista John Medina escreve: "Regra nº 10: a visão se sobrepõe aos outros sentidos. Escute uma informação e, três dias depois você lembrará de 10%. Adicione uma imagem e lembrará de 65%."

Considere a tabela de dados da Figura 6.11. Ela deixa claro qual é o padrão? E o gráfico ao lado dela? Qual deles você prefere? A verdadeira gestão visual mostra imediatamente onde há uma condição fora do padrão, com os membros da equipe treinados em como devem reagir. No Capítulo 5, descobrimos que, na ZMO, os funcionários trabalham de acordo com um *takt* e um tempo médio para executar uma tarefa; porém, a realidade é que ambos são variáveis. A demanda esperada dos clientes não corresponde à demanda real durante o dia, e os tempos de coleta variam com quais itens específicos são coletados. Em organizações de serviço, há relativamente poucos casos em que o tempo por cliente pode ser exatamente planejado. Assim, é fundamental identificar os desvios em relação às nossas expectativas e especificar como devemos reagir.

Este?

1	2487	7	3425
2	2134	8	3750
3	2756	9	2945
4	3100	10	3260
5	2950	11	3175
6	3550	12	3525

... ou Este?

FIGURA 6.11 Por que gostamos de coisas visuais.

Um uso inteligente da gestão visual na ZMO apoia algo que a empresa chama de "ajude o vizinho". Na linha de coleta, colocam-se bandeiras ao longo da esteira (ver Figura 6.12). Cada lado da bandeira tem instruções como "Puxe UM LOTE de potes do estoque". Isso indica que os membros de equipe devem seguir o fluxo unitário de peças, e não pegar múltiplos potes de uma vez só. As bandeiras também têm outra função: se uma pessoa mais à frente na esteira está demorando mais para fazer a coleta do que alguém mais atrás, uma área entre as duas bandeiras começará a acumular potes. Quando há três potes preenchendo a zona intermediária, esse é um

FIGURA 6.12 Linha de coleta na ZMO com "ajude o vizinho".

sinal para a pessoa a montante ir ajudar o colega a jusante a alcançar o ritmo dos outros. Não há valor nenhum em continuar a encher os potes a montante quando os potes a jusante estão se acumulando sobre a esteira. Como vemos na foto da Figura 6.12, há dois potes na zona intermediária, e o coletor acaba de completar um deles, que está colocando sobre a esteira. Se ele tivesse demorado mais alguns segundos, haveria três potes, o que sinalizaria para a pessoa logo antes para vir ajudá-lo. Essa zona intermediária também é um mecanismo de nivelamento da carga de trabalho entre os colaboradores.

Algumas tarefas não são adaptadas facilmente ao trabalho padronizado. Por exemplo, as pessoas que colocam os itens encomendados pelos clientes nas caixas para expedição precisam usar seu próprio bom senso. Cada cliente pode encomendar uma combinação diferente de itens, e a ZMO não tem como calcular precisamente qual deve ser o volume exato da caixa. Assim, os empacotadores são treinados para visualizarem como os itens serão organizados e qual deve ser o tamanho da caixa. Contudo, a ZMO desenvolveu um guia de trabalho visual que permite que os trabalhadores escolham melhor. Com base em uma estimativa aproximada pelo computador dos itens a serem embalados e do volume que ocuparão, o computador sugere um tamanho de caixa categorizado por cor. Um quadro mostra as diferentes opções de caixa, organizadas com rótulos coloridos em cada unidade (ver Figura 6.13). Essa informação visual apoia a decisão do membro da equipe.

FIGURA 6.13 Guia visual de tamanho das caixas na ZMO.

Outra ferramenta visual da ZMO pretende deixar o processo "à prova de erros". Muitas caixas de presente padrões têm o mesmo conjunto de itens encomendados todos os dias. Para as caixas populares com itens padrões, como o modelo "fim de semana", a ZMO cria uma estação única para montá-las. A empresa também desenvolveu um modelo com os espaços demarcados e recortados para cada um dos itens. Antes de carregar a caixa, o montador posiciona cada item no modelo e, quando cada espaço está preenchido, ele sabe que tem exatamente o que precisa para a caixa (ver Figura 6.14).

Quando as informações visuais são expostas e podem ser consultadas com calma (por exemplo, em um quadro), o resultado é o que chamamos de "gestão visual" (*visual display*). Parece algo bom de se ter, mas não é algo essencial para realizar o trabalho, e por isso, muitas vezes não é mantido corretamente. Quando as informações visuais são usadas como parte essencial do trabalho diário para sinalizar a relação entre padrão e realidade, o que temos é a "gestão visual".

Visualizando a gestão diária em uma empresa de motores de aeronaves

Sempre fico animado em ver a gestão visual de verdade, em que as informações são usadas a sério. Tive a oportunidade de visitar a MTU, uma empresa alemã que constrói e conserta motores de aeronaves. A empresa tem uma grande fábrica em Munique, que visitei com um sócio da Staufen, a consultoria que a apoia. Passamos algum tempo na MTU com um membro do conselho administrativo, o vice-presidente sênior (VPS) de operações. A Staufen ensina aos executivos a maneira correta de usar a gestão visual como ferramenta para *coaching* de líderes.

As instalações da MTU em Munique têm mais de 150 centros de informações no chão de fábrica, que são áreas de reunião visual destinadas a reuniões rápidas. Há quadros brancos que apresentam diversas métricas, metas de custo, qualidade, entrega, estoque, segurança e motivação. Também há indicadores de recursos humanos, como absenteísmo. Todos os dias, realizam-se reuniões curtas (10-15 minutos), focadas principalmente no que aconteceu no dia anterior e no que o grupo pode fazer para melhorar hoje e amanhã. O VPS comanda a reunião de toda a fábrica, sendo que há reuniões para todos os níveis, inclusive o de líder de grupo.

No início, o pessoal da Staufen fazia o *coaching*; porém, eles posteriormente treinaram *coaches* internos (líderes seniores e membros da gerência média) para desempenhar a função em tempo integral e oferecer *coaching* diário. *Coaching* significa ouvir, observar e dar *feedback*. O *lean* não era novidade dentro da empresa, que já tinha vários anos de experiência no uso de praticamente todas as ferramentas de melhoria que você consegue imaginar. A empresa finalmente se convenceu que o segredo para uma vantagem competitiva sustentável seria a liderança, e se comprometeu em desenvolver líderes *lean* em todos os níveis.

O vice-presidente sênior trabalhando com o diretor de *lean* iniciou uma área-piloto por cerca de seis meses e escolheu usar esse tempo e outros recursos para convencer outros gestores a se juntarem ao esforço. Na verdade, antes de implantar

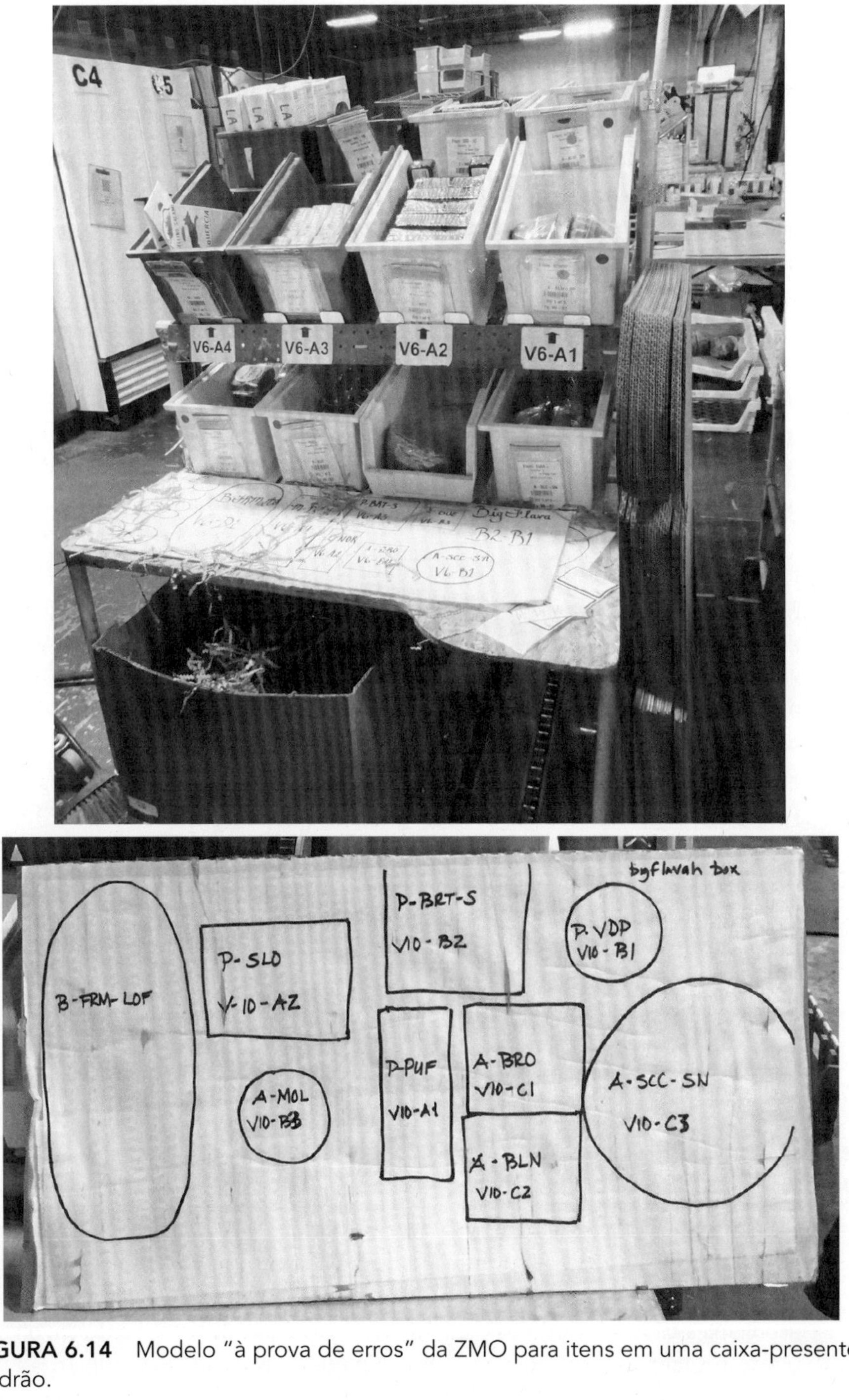

FIGURA 6.14 Modelo "à prova de erros" da ZMO para itens em uma caixa-presente padrão.

os centros de informações em toda a operação, ele passou mais de um ano realizando reuniões regulares e levando gestores para observar a área-piloto em primeira mão. O resultado foi que 100% dos gestores aceitaram a ideia.

O VPS se comprometeu em passar a primeira metade de cada dia no *gemba*. Ele simplesmente se recusa a agendar qualquer coisa antes do almoço. Também explicou que seu estilo de *coaching* costumava ser mais diretivo, com mais ordens. Mesmo assim, ele levava seus *coaches* a sério e aprendeu a fazer perguntas e desafiar os líderes a crescerem. Ele admite que foi difícil deixar de dar ordens e pedir para seus interlocutores pensarem por si mesmos, mas seu progresso foi incrível.

Os resultados incluíram ganhos impressionantes em termos de qualidade, produtividade e reduções de estoque. A motivação e a segurança atingiram patamares inéditos na história da empresa. Contudo, há também elementos menos concretos, que mostram que uma cultura de engajamento está se formando. Por exemplo, o negócio tende a ser cíclico, com períodos de lentidão seguidos por um alto volume de trabalho. Em algum ponto da semana, normalmente fica claro que será necessário fazer hora extra e trabalhar no fim de semana para cumprir os prazos. No passado, o gerente pediria dez voluntários, e todo mundo olharia para os lados ou para baixo. Hoje, a representação visual deixa evidente para todos que o trabalho extra será necessário, e os membros de equipe resolvem a questão antes mesmo da gerência precisar perguntar. Quando visitei em novembro de 2015, havia previsão de neve para o fim de semana, com condições ideais para esquiar, e ainda assim, a empresa já tinha voluntários para as horas extras.

O sistema de gestão diária começou na fábrica, mas a empresa também estava realizando reuniões diárias em centros de informações para operações de serviços, como compras e logística. O desenvolvimento de produtos se comprometera em monitorar o sistema com reuniões diárias. A empresa desenvolvera um novo motor revolucionário e fechara cinco anos de vendas antes mesmo de poder construir o primeiro motor de produção. Seu plano de negócios era de expandir as vendas em 20% com uma redução de 10% na mão de obra, usando o desgaste para lidar com o excesso de pessoal. Ninguém duvidava que a cultura crescente de melhoria contínua levaria ao sucesso.

PRINCÍPIO 8: INTEGRAR A QUALIDADE EM TODOS OS PASSOS

A Toyota se tornou famosa pela sua política de interromper a linha de produção quando ocorre um problema de qualidade. O chamado sistema "*andon*" começou com um problema prático, quando Sakichi Toyoda estava trabalhando no desenvolvimento de um tear totalmente automático. À medida que os teares eram automatizados, os seres humanos não precisavam fazer mais do que carregar o fio e descarregar o tecido. Contudo, ainda era preciso ficar junto às máquinas, vigiando-as caso algum fio se partisse, pois o resultado teria um defeito no tecido. Toyoda tinha uma política bastante rigorosa de não desperdiçar o tempo de ninguém e acreditava que este era um caso em que a pessoa estava subserviente à máquina, quando a máquina é que deveria estar servindo à pessoa. Como Eiji Toyoda, presidente da Toyota, explicaria mais tarde: "a vida de uma pessoa é um acúmulo de tempo: uma única hora equivale à vida de uma pessoa. Os funcionários oferecem horas de vida preciosas para a empresa; portanto, devemos usá-las com eficácia. Caso contrário, estamos desperdiçando suas vidas."

Para liberar a pessoa, Sakichi Toyoda desenvolveu um método mecânico de interromper a linha que fazia com que o tear se desligasse sozinho quando um único fio se rompia. Porém, com vários teares barulhentos operando ao mesmo tempo, podia ser difícil notar que um tear havia parado. Assim, Sakichi introduziu o *andon*, uma bandeirinha de metal que saltava quando o tear se desligava sozinho. Na prática, era um grito de "Socorro!"

Hoje, o *andon* nas linhas de montagem é um sistema mais complexo de luzes e sensores: quando o trabalhador na linha puxa uma corda, a luz que identifica sua estação de trabalho se acende e pede ajuda. O líder de equipe tem segundos para ir até a estação para ver o que está acontecendo e tem o direito de puxar a corda de novo para cancelar a interrupção da linha. Se o carro passa para o próximo posto de trabalho sem que o líder de equipe puxe a corda uma segunda vez, a linha é interrompida de fato.

Andon significa literalmente uma luz, uma forma de controle visual, como um semáforo (ver Figura 6.15). Todas as luzes ficam verdes quando não há nada de errado. A luz do Processo 3 está amarela, o que significa que a corda *andon* foi puxada e há alguma anormalidade, mas a linha ainda está em movimento. Quando o carro entra na área do próximo processo, a luz 3 fica vermelha, o que significa que a linha parou. Na Toyota (e em quase todo o mundo), o padrão é: verde, avance; vermelho, pare; e amarelo, algo entre os dois.

1 2 3 4 5 6
Onde está o problema? Vamos contê-lo! Depois aprendemos com ele.

- Exponha todos os problemas
- Contenha primeiro!
- Depois, siga o PDCA para melhorar e aprender
- Conserte os problemas um por um

FIGURA 6.15 O *andon* exige resposta rápida.

Interromper a linha para qualquer condição fora do padrão é uma atitude um tanto drástica. Em uma conversa com gerentes e trabalhadores da Toyota sobre sua primeira experiência puxando a corda, eles contam que estavam relutantes e nervosos, com muitos sintomas de estresse grave. Anunciar para o mundo que há um problema não costuma ser uma ação bem recebida, mas a Toyota construiu uma cultura que honra aqueles que encontram problemas. "Um problema é um tesouro enterrado", eles dizem.

Ter um sistema complexo de luzes e sensores não é a questão principal. O mais importante é construir uma cultura de pessoas que avisam seus líderes imediatamente sobre todos os problemas que percebem e estabelecer uma cultura de apoio para que pessoas treinadas possam reagir imediatamente para conter e resolver o problema. Se o problema não está contido dentro de um processo, uma parte da linha pára e ele é escalado para o líder do grupo. Se um pequeno estoque de carros levado ao próximo grupo de trabalho termina, o gerente se envolve. Todos têm um papel a desempenhar para apoiar a produção quando há uma anormalidade. Essa cultura foi construída aos poucos com muito cuidado na Toyota, e foi recentemente introduzida nos laboratórios do Henry Ford Health System.

Melhoria de qualidade no Henry Ford Health System Diagnostic Labs

É impossível ter um hospital sem um laboratório para analisar amostras de sangue e tecido. Todos os médicos que trabalham em casos graves dependem dos resultados de testes laboratoriais. Infelizmente, os testes não são algo no qual se pensa muito. São como o oxigênio; enquanto estão disponíveis, o que os olhos não veem, o coração não sente. Mas quando não funcionam é uma crise, especialmente quando amostras de pacientes são misturadas e alguém faz um diagnóstico errado.

Dr. Richard Zarbo, presidente do conselho e vice-presidente de patologia e medicina laboratorial do Henry Ford Health System, decidiu dar um basta. Ele não estava contente com a qualidade ou a eficiência do seu laboratório, além de não estar satisfeito com seu próprio estilo de liderança, apesar de décadas em experiência administrativa. Mais do que isso, ele sentia que estava desonrando a memória do Dr. W. Edwards Deming, que o influenciara anos antes na questão de integrar a qualidade. As mudanças precisavam começar imediatamente.[5] Dr. Zarbo participou de um curso sobre administração *lean* e ficou viciado. O *lean* parecia ser uma versão prática da filosofia pregada por Deming. Ele foi trabalhar no seu laboratório imediatamente, primeiro tentando liderar tudo ele mesmo, do topo para a base, e depois, aprendendo a envolver os líderes em todos os níveis. Foi uma grande transformação pessoal e profissional para o ele, e os resultados foram espetaculares. O laboratório passou a ser reconhecido como *benchmark* global de administração *lean* na prática.

Em 2015, os laboratórios do Henry Ford Health System geraram receita de 600 milhões de dólares e empregaram 750 das 23.000 pessoas que trabalhavam na organização atendendo seis hospitais para casos agudos e 30 clínicas médicas. Vidas literalmente dependem do sistema de laboratórios. Grande parte desses resultados se deve à sua qualidade de classe mundial. O laboratório em Detroit, no sudeste do estado do Michigan, tem crescido continuamente. Hoje, ele é responsável pelos testes para a maior parte do estado, estendendo seus serviços para clínicas e outros provedores de saúde além do Henry Ford Health System. Sua qualidade é o resultado de toda uma década desenvolvendo uma cultura de pessoas que buscam a perfeição e construindo sistemas para detectar e eliminar defeitos.

Com mais de 11 milhões de testes laboratoriais por ano, o laboratório dependia da análise de dados para identificar problemas comuns a serem atacados. Um novo sistema de gerenciamento de defeitos se baseou inicialmente na detecção humana de falhas de conformidade. Com o tempo, este foi completado por dados de desvios de espécimes do Sunquest, o sistema de informações laboratoriais do Henry Ford Health System. O sistema coleta dados em tempo real à medida que os testes são realizados e marca os defeitos no instante em que são descobertos. É como uma versão automatizada do sistema *andon* da Toyota.

Zarbo decidiu obter a melhor certificação de qualidade para laboratórios, a ISO 15189. O sistema de gerenciamento de desvios era uma obrigatoriedade e um desafio para receber a acreditação de qualidade ISO, mas Zarbo achava que o sistema já era muito bom. Contudo, ao trabalhar na certificação e na montagem do sistema Sunquest, ele descobriu que não era tão bom quanto originalmente imaginava. A equipe começou a registrar defeitos usando 36 tipos genéricos selecionados de um menu. Zarbo e os membros do seu grupo logo concluíram que o menu genérico não funcionava e que seria preciso usar classificações mais específicas. A categoria "outros" estava se agigantando. Eles analisaram as classes de defeito mais frequentes e quais eram seus pontos de origem; por exemplo, de um grupo de provedores, como a hematologia, ou dos seus próprios processos. O grupo acabaria por desenvolver 125 tipos.

Eles estavam preparados para implantar o sistema de gerenciamento de desvios e começaram pelo departamento de anatomia patológica, mas ele não foi muito bem recebido. Muitos códigos de classificação de defeitos eram estranhos para os patologistas, que não ficavam à vontade com o sistema. Após uma década de administração *lean*, a cultura do laboratório estava aberta para as contribuições de todos, e o Dr. Zarbo não iria impor um sistema excessivamente complexo aos patologistas. Ele aprendera do jeito mais difícil sobre os prejuízos que uma burocracia coerciva desse tipo poderia causar.

Para adaptar o sistema para os patologistas, Zarbo e os membros do seu grupo decidiram entrevistar esses profissionais para identificar os defeitos mais frequentes. Eles desenvolveram uma lista dos 30 defeitos mais comuns, por ordem de gravidade. Em última análise, o número foi reduzido a sete dos tipos mais graves e frequentes. Os anatomistas patológicos queriam uma cópia impressa da lista de defeitos para que pudessem documentar de onde achavam que cada defeito estava vindo. Em resposta, o grupo de Zarbo produziu um formulário de uma página.

Quando viram o resultado, eles disseram que ainda era complicado demais e que só haviam precisado de meia página no passado. Assim, o grupo de qualidade reduziu as categorias ainda mais e chegou a meia página, mais parecida com a lista original, mas com categorias diferentes, baseadas em todos os dados coletados pelo novo sistema. O objetivo não era criar o sistema mais abrangente e completo possível, e sim desenvolver a versão mais simples que seria útil, além de usá-la para melhorias reais. E ela foi usada mesmo, com os defeitos diminuindo pouco a pouco, todos os dias e todos os meses.

O Henry Ford Health System estava sob forte pressão para reduzir os custos com base em metas anuais genéricas de redução de custos, mas o "programa *lean*" do Dr. Zarbo se concentra principalmente em reduzir o tempo que demora para os médicos receberem os resultados e na sua qualidade. Contudo, por que ele se importa tanto com qualidade? De acordo com Zarbo:

> *Por ser o diretor do laboratório, se somos processados, eu sou pessoalmente responsável. O alvará está no meu nome. Com mais de 11 milhões de testes por ano, precisamos de um sistema de qualidade para mostrar que não somos perfeitos, mas que avançamos todos os dias. Queremos ser o melhor laboratório do nosso tipo. Sei de um caso em que um cirurgião removeu o seio errado de uma paciente por causa de um erro laboratorial. Eles ainda estão sendo processados. Eu nunca passei por isso. Se formos processados, tenho dados concretos para mostrar o que estamos fazendo. Nosso índice de precisão interno é de 99,73%, e praticamente nenhum dos defeitos chega até o cliente. Não existe outro laboratório que possa dizer o mesmo. Outras pessoas dizem que têm excelentes laboratórios. Nós dizemos isso com dados. E nós aprendemos que alta qualidade significa uma maior produtividade.*

Após dez anos desse foco intenso em qualidade, pouquíssimos defeitos se originam nos laboratórios. Noventa por cento dos 0,27% vêm dos fornecedores, aqueles que coletam as amostras de sangue e tecido (0,18%). Todavia, Dr. Zarbo é o responsável, e pouco a pouco ele e sua equipe têm colaborado com os fornecedores para padronizar seus processos e eliminar defeitos. Os defeitos podem incluir rótulos errados nas amostras, sangue insuficiente para conduzir o teste, contaminação da amostra, entre outros.

Na Figura 6.16, vemos os tipos de defeito que os laboratórios tiveram em 2014, usando as categorias de defeito criadas pelos membros do grupo de qualidade. Eles brincam que esses 11 tipos representam a "Seleção dos desvios". Nove dos onze são "pré-analíticos", o que significa que se originam fora dos laboratórios de Zarbo, nas clínicas e hospitais que coletam as amostras (ex.: teste errado solicitado, amostras coaguladas e quantidade insuficiente). Estes representam quase todos os defeitos. A primeira resposta da equipe a esses dados foi exatamente o que Dr. Zarbo não queria ouvir: "o problema não é nosso."

Zarbo e seu chefe de qualidade montaram um processo para trabalhar com fornecedores e resolver os problemas identificados nos dados. Em um exemplo de trabalho com um dos laboratórios subsidiários, o centro médico de Fairlane, eles

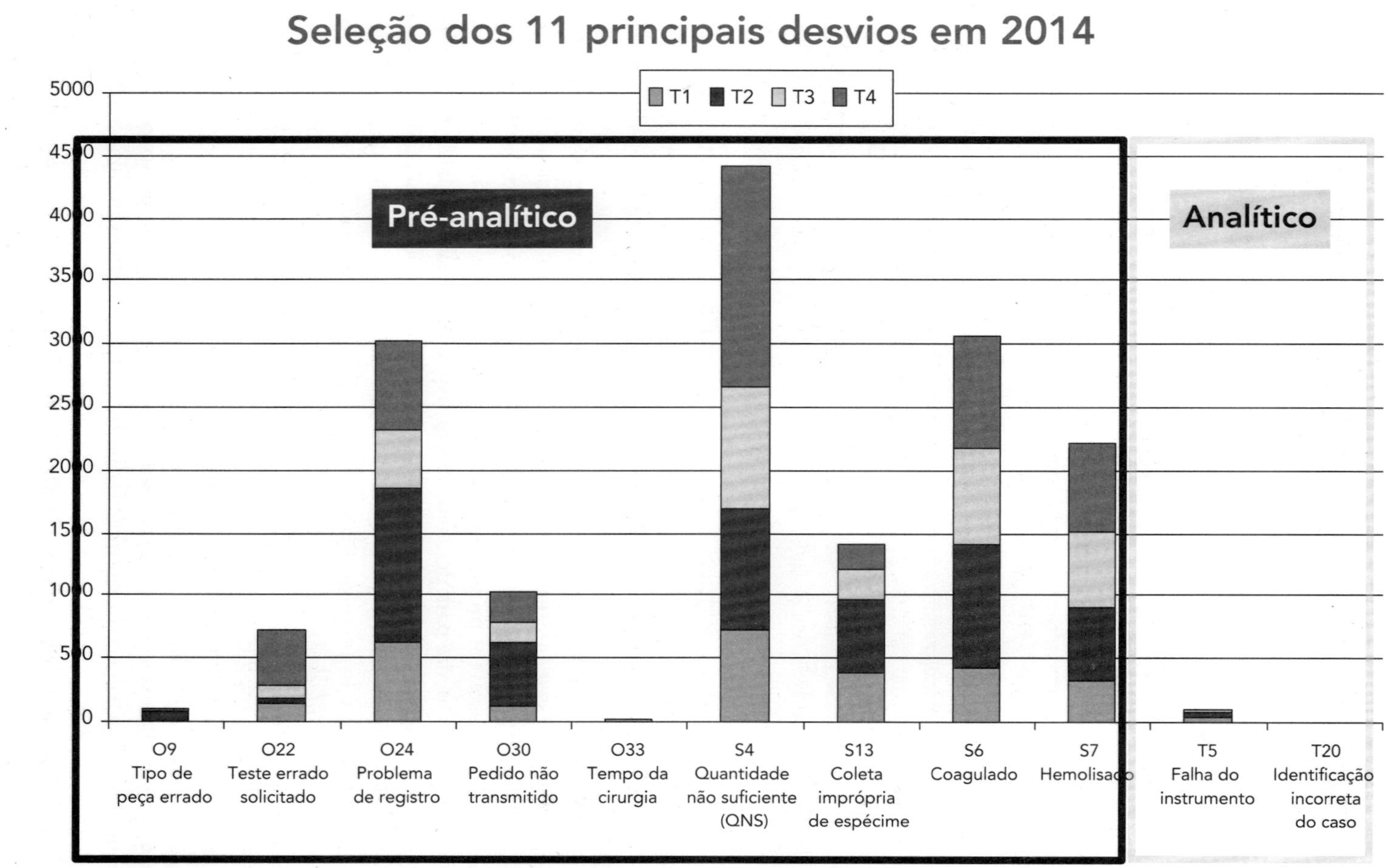

Os defeitos de qualidade críticos mais frequentes em cada uma das categorias principais (solicitação, espécime, teste, relatório) do ciclo de testes

FIGURA 6.16 Resumo dos defeitos de qualidade por fonte nos laboratórios do Henry Ford Health System.

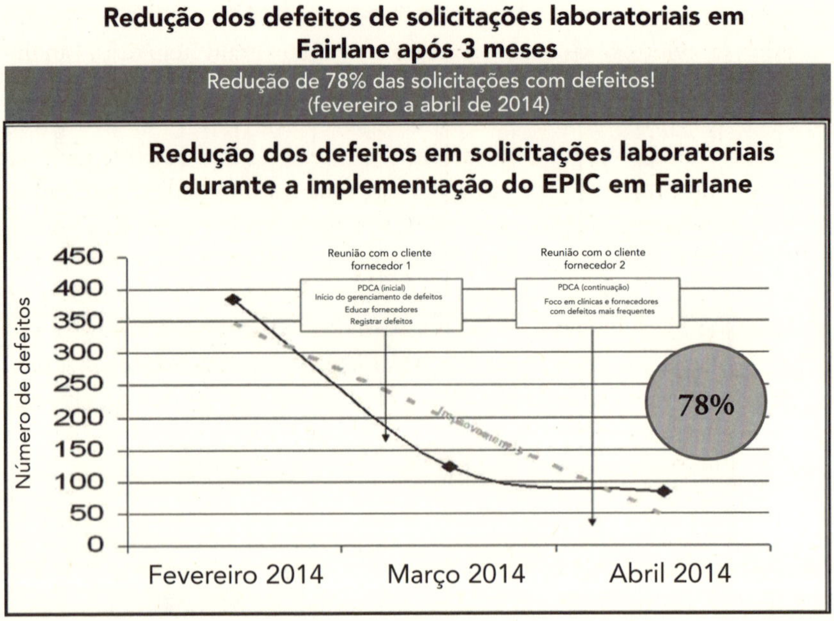

FIGURA 6.17 Melhorias de qualidade no Henry Ford Health System com um fornecedor do laboratório.

conseguiram reduzir os defeitos de solicitação em 78% em três meses, após categorizarem corretamente, darem visibilidade aos dados de defeitos de qualidade e trabalharem com o *coaching* da equipe de Zarbo (ver Figura 6.17). Em um ano, os defeitos pré-analíticos de pedidos foram reduzidos em 99%!

Mesmo com esse sucesso, eles continuaram a trabalhar na melhoria dos seus próprios processos internos. Dr. Zarbo tinha experiência o suficiente com a melhoria contínua para saber que não são os sistemas automatizados de detecção de defeitos que resolvem problemas, e sim as pessoas. Assim, a equipe de Zarbo trabalhou intensamente para desenvolver um sistema de melhoria diária no nível do grupo de trabalho. Ele percebeu como um sistema de gestão diária podia funcionar quando visitou os laboratórios da sua fornecedora de equipamentos, que fazem parte da Danaher Corporation. Ela é uma das pioneiras do *lean*, sendo discutida no livro *A Mentalidade Enxuta nas Empresas*. Zarbo negociou com a empresa para que seus instrutores ajudassem os laboratórios a montar um sistema de gestão diária em 2013. Tudo começou com um dia de treinamento para todos os gestores, falando como montar um quadro de gestão visual e realizar reuniões diárias com grupos de trabalho. Em seguida, os líderes de Zarbo descobriram como adaptar os recursos da gestão visual ao seu próprio sistema. É um sistema integrado de ações corretivas, que alimenta a solução de problemas diários e o trabalho mais profundo de solução de problemas, focado em casos mais complexos, tudo no mesmo quadro. Hoje, todos os departamentos têm seus quadros de métricas para QTEPS (qualidade, pontualidade, estoque, produtividade e segurança) e realiza reuniões diárias. No início, como os gerentes não sabiam como o sistema seria recebido, então eles realizaram um teste piloto. Dois meses depois, as atividades eram frenéticas. Em um ano, havia centenas de melhorias de processo. Com o tempo, os colaboradores passaram a enfrentar problemas maiores e mais complexos.

A primeira reação a um defeito é consertá-lo rapidamente para que o médico possa obter resultados precisos, ou seja, uma reação imediata que contém o problema. Depois vem a ação corretiva, que significa voltar atrás, descobrir a causa fundamental e melhorar o processo. Os laboratórios usam um processo A3 (um lado de uma folha de papel tamanho A3) para trabalhar na ação corretiva (discutido no Capítulo 9). A Figura 6.18 resume os diversos processos para melhorar o trabalho. Todos os meses, Zarbo e um pequeno júri selecionam uma equipe para apresentar seu melhor projeto de melhoria em uma reunião de "compartilhar os ganhos" com todos os funcionários e gestores, o que dissemina as aprendizagens e reconhece a contribuição das equipes.

Tenho certeza que qualquer departamento de qualidade, em qualquer empresa, reconheceria os elementos fundamentais do sistema de qualidade do Henry Ford Health System. "Temos um sistema de qualidade há décadas, e vemos melhorias regulares na redução de defeitos". Eu acredito nisso, mas não sei quantas organizações realmente têm a prevenção de defeitos como parte integral das suas culturas. Na experiência de Zarbo, a maioria dos laboratórios trabalha na solução rápida e depois segue com a sua vida. A ação preventiva significa alterar o processo para que o de-

FIGURA 6.18 O processo de melhoria nos laboratórios do Henry Ford Health System.

feito nunca aconteça de novo. E aqui entra o *lean*: descobrir a causa fundamental e alterar o processo. "Somos um dos poucos laboratórios que sempre se concentra em mudar o processo", Zarbo observa. "Ninguém nos supera em qualidade, ninguém. Com a nossa cultura, sabemos inovar. Aceitamos qualquer desafio. Vamos reduzir os custos e vamos crescer com base na qualidade."

Integrando a qualidade no *software* da Menlo Innovations

Algo que não fica tão visível em uma visita à Menlo Innovations é o uso religioso de uma melhor prática, raramente praticada por outras organizações, chamada "teste de unidades". Para cada "unidade" de código (em geral, uma única função), o programador de *software* constrói um teste que pode revelar códigos com problemas. Em certo sentido, você está programando duas vezes: primeiro, o código original, e segundo, o código para testar se o primeiro está "adaptado à função". Um benefício adicional de criar o teste é que isso força o programador a refletir profundamente sobre insumos, produtos e condições de erro e, consequentemente, sobre o comportamento desejado da unidade. Na parede, próximo aos quadros de autorização de trabalho, vê-se um quadro que registra cada um dos testes de unidades criados e executados, o que pode chegar a centenas de milhares para um projeto mais complexo. O resultado é um *software* com qualidade integrada que quase nunca falha.

O teste de unidades também libera o grupo de "defensores da qualidade" da Menlo de ter que perder seu tempo em busca de defeitos. Para que um pontinho laranja fique verde, o defensor da qualidade vem e verifica o *software*. Ele trabalha próximo aos antropólogos técnicos e analisa se o *software* atende os requisitos do cliente e se é fácil de usar. Na verdade, alguns defensores da qualidade costumavam ser antropólogos técnicos e não são treinados em desenvolvimento de *software*.

Depois que o defensor da qualidade aprova o resultado, a equipe recebe *feedback* rápido quando assiste o cliente tentar usar o *software* nas revisões semanais. Aquele que falha por causa de problemas no código, ou por não satisfazer o cliente, não vai além desses testes rigorosos. Como observamos anteriormente neste livro, há anos que a empresa entrega produtos de *software* sem receber reclamações dos clientes. Como parte da busca da alegria, a Menlo quer que todas as falhas e preocupações dos clientes sejam detectadas e resolvidas enquanto o *software* está em desenvolvimento. Obviamente, isso exige algum dinheiro adiantado, mas como observou o guru da qualidade, David Crosby: "qualidade é Grátis".[6] O que ele estava dizendo é que os investimentos iniciais se pagam múltiplas vezes porque há muito menos retrabalho e os clientes sofrem muito menos.

Richard Sheridan conta uma história engraçada sobre o projeto mais bem-sucedido da empresa para programar um analisador de sangue portátil muito complexo. A Accuri Cytometers contratou a Menlo Innovations para projetar e construir o *software* incluso em todas as suas unidades. Sheridan descreve como Leo, responsável por atendimento ao cliente na Menlo, embalou cuidadosamente a unidade e mandou-a para a Accuri, ansioso para descobrir se ela deixaria o cliente contente ou não. Ele pretendia dar instruções de uso detalhadas assim que a unidade chegasse. Quando não ouviu notícias dos seus contatos na Accuri, Leo começou a ficar desesperado para saber o que estava acontecendo. Finalmente, após um dia inteiro de agonia, ele ligou para o cliente na segunda de manhã. "Ah, sim, recebemos a caixa ontem de manhã", foi a resposta sorridente. "Nós só abrimos e começamos a usar direto. Estamos fazendo ciência com ela há dois dias. É ótima!"

Os clientes que escolhem trabalhar com a Menlo estão dispostos a pagar por antropólogos técnicos em uma fase inicial prolongada de análise dos requisitos do cliente, além de estarem dispostos a custear duplas de programadores e a dedicar seu tempo a revisões semanais. Nada disso é barato, mas o resultado final é um *software* de menor custo, pois evitam-se os altos custos de retrabalho incorridos nos processos de desenvolvimento tradicionais. Richard chama isso de "menor custo a um maior preço", o que significa que alguns preços são maiores, mas em grande parte, devido à qualidade integrada, o custo total do *software* é muito menor.

PRINCÍPIO 9: USAR A TECNOLOGIA PARA CAPACITAR PESSOAS

Muitas organizações de serviços dependem totalmente da tecnologia da informação. Como vimos nos laboratórios do Henry Ford Health System, ela pode ser uma fonte de dados críticos para integrar a qualidade. Contudo, muitas vezes ela se torna uma barreira à excelência em serviços, não algo que a torna possível.

Assim como a burocracia, a tecnologia pode ser usada de forma coerciva ou implementada de modos que nos capacitam a trabalhar melhor. Nada alimenta o pensamento mecanicista mais do que a tecnologia. Somos bombardeados por ela na mídia. As empresas de *software* pipocam no mundo inteiro, prometendo que suas "soluções" vão nos salvar da pobreza, da doença e da peste. Se não bastasse a Internet, agora temos a Internet das coisas, adicionando sensores e circuitos para que tudo possa ser controlado por computadores. A impressão que tenho é que viramos o Mario, vivendo em um grande *vídeo game*.

O *lean* é muito mais ligado à realidade. "vá ao *gemba*!" é o grito de guerra dos praticantes do *lean*. O *gemba* é a realidade, não a tela do computador. Com a Menlo Innovations, vimos que os antropólogos técnicos vão ao *gemba* e descobrem necessidades dos usuários que podem ser surpreendentes para o cliente, e até para os próprios usuários. Os antropólogos técnicos não estão sendo dramáticos quando explicam que sua missão é "acabar com o sofrimento humano no mundo relacionado à tecnologia". Richard Sheridan, o fundador da empresa, ama tecnologia, e acredita que é um crime contra a humanidade apanhar uma criação humana tão bela e torná-la feia e difícil de usar.

O que na tecnologia atrai os pensadores mecanicistas e por que eles aceitariam tecnologias difíceis de usar e de manter? Acredito que isso é consequência da mentalidade de usar tecnologia para substituir as pessoas. O modo como se costuma justificar o custo da tecnologia é pela redução da mão de obra. Quando esse é o objetivo, paramos de pensar criativamente como a tecnologia pode melhorar a qualidade do serviço e a funcionalidade e só conseguimos enxergar maneiras de colocar a tecnologia para dentro e pessoas para fora o mais rápido possível.

Na minha experiência, um dos dez principais motivos para os programas *lean* falharem é a série de problemas causada pela instalação de sistemas de *software* de integração organizacional, como o *SAP*. Não há nada necessariamente danoso nesses sistemas que impeça o *lean*, mas quando trabalhamos com empresas que estão ganhando força na sua aprendizagem, nossas reuniões e eventos são geralmente cancelados porque "estamos com problemas na implementação do SAP, e a minha equipe está em alerta 24 horas para ajudar na instalação". Depois que o SAP entra em uma organização, assim como um vírus, seus defensores querem usá-lo para tudo. Ele programa operações que se beneficiariam mais de sistemas puxados visuais, além de oferecer um *software* de "gerenciamento do fluxo de trabalho", que impõe uma estrutura artificial à execução de projetos. Uma vez, trabalhei com os líderes de uma organização de desenvolvimento de produtos que queriam comprar materiais para protótipos em pequenos lotes, mas o protocolo do SAP não permitia que isso fosse feito. Foi preciso encontrar uma maneira de enganar o sistema. Esse problema não é exclusivo do SAP; é uma doença de tentar fazer os processos se adaptarem à tecnologia.

Karyn já trabalhou com muitas organizações nas quais "os sistemas de informática usam as pessoas e as pessoas não usam os sistemas de informática". Muitas vezes ela ouviu representantes de serviço dizerem aos clientes: "desculpa, não podemos fazer isso. Nosso sistema não deixa". Ela já participou de muitas reuniões matinais em que os problemas "do sistema" foram os únicos a serem discutidos. Hoje em dia, parece que muita gente acredita que os únicos tipos de problemas que existem nos serviços são os problemas de computador, e se ao menos esses sistemas fossem melhores, mais novos, mais rápidos e mais integrados, todos os problemas no serviço seriam resolvidos imediatamente. No entanto, isso é apenas mais um exemplo de pensamento mecanicista. Em uma cultura *lean* orgânica, reconhecemos que nossos sistemas de informática nunca são perfeitos e precisam ser melhorados continuamente à medida que aprendemos com a experiência de trabalhar com eles. Um documento que o cliente recebe atrasado, uma passagem de avião ou um quarto de hotel reservado incorretamente não é necessariamente resultado de um erro do computador. Se pressupormos que é, estamos ignorando a oportunidade de desenvolver as habilidades de solução de problemas do nosso pessoal (falaremos mais sobre isso nos Capítulos 8 e 9, sobre desenvolvimento de pessoas e solução de problemas).

Fiasco tecnológico em um sistema de saúde

Brock Husby, um dos meus orientandos de doutorado, passou anos trabalhando como consultor *lean* na área da saúde enquanto era meu aluno. Um contrato, que acabou sendo parte da sua dissertação, envolvia ajudar um sistema de abrangência estadual a se recuperar de um processo ruim para justificar e instalar um sistema de lavanderia centralizado e automatizado.[7]

Na Toyota, a abordagem predominante à tecnologia é utilizar tecnologias comprovadamente confiáveis, aplicadas a processos bem-definidos e compreendidos. A empresa prefere testar a solução mais simples (geralmente um teste piloto) antes de implantar tecnologias mais avançadas. A Toyota muitas vezes adia a implantação de novas tecnologias até as instalações estarem prontas, o que significa que seus processos já são *lean* e estão sob controle. O teste piloto invariavelmente revela problemas que os criadores da tecnologia não identificaram no design original. Os processos passam por uma sintonia fina, e a tecnologia é adaptada para apoiar o processo.

O sistema hospitalar que pediu a ajuda de Brock havia feito o contrário. Ele tinha lavanderias distribuídas por todo o sistema de saúde que, embora funcionassem razoavelmente bem, os processos para utilizá-las eram mal-definidos e tinham padronização zero. Um executivo encomendou uma análise financeira, que mostrou a organização economizando milhões de dólares todos os anos se tivesse uma única lavanderia centralizada que atendesse o sistema em todo o estado. Ao usar tecnologias de ponta, seria possível minimizar a mão de obra.

No total, 10 milhões de dólares foram investidos em instalações de alta tecnologia. Desde o início das operações da lavanderia, no entanto, a escassez de toalhas e aventais cirúrgicos ameaçava fechar as salas de cirurgia do hospital principal (o motor financeiro do sistema), e os gerentes de processamento externo e de distribuição interna da lavanderia não se comunicavam devido à animosidade e as brigas causadas pelo mau desempenho do sistema.

Havia uma solicitação diária fixa para a lavanderia, que não possuia um sistema para reagir às variações na demanda além de acelerar pedidos ou roubar de outros departamentos. O diretor de operações do hospital recebia 44 ligações por dia de chefes de departamento furiosos, e a maioria dos funcionários do hospital estava frustrada com o novo processo, querendo voltar para o sistema antigo.

O investimento de 10 milhões de dólares (falha de negócios), o mau desempenho (falha técnica) e os baixos níveis de satisfação dos clientes (falha social) levaram ao pedido de ajuda. As pessoas na organização de saúde acharam que o pensamento *lean* poderia salvar suas peles. Brock mergulhou de cabeça no *gemba*, observando e entrevistando pessoas por várias semanas, e trabalhando com uma equipe para mapear o estado atual do processo e ela, sozinha, elaborar uma visão de estado futuro compartilhada e um plano de ação correspondente. A equipe era composta dos gerentes interno e externo da lavanderia, membros da equipe da linha de frente, membros da equipe técnica da lavanderia industrial, motoristas de caminhão e diversos clientes internos. Brock pode ter facilitado o processo de solução de problemas, mas foram os membros da equipe que desenvolveram, implementaram e refinaram o processo.

À medida que o projeto avançou, a capacidade dos membros da equipe aumentou quando eles começaram a se familiarizar com a abordagem e a enfocar as métricas do processo (que não estavam disponíveis no início do projeto). Obviamente, tratava-se de uma "plataforma excitante", e após concluir 147 dos 150 itens de ação, o processo funcionava sem trepidações, o que significa que não faltavam itens, e o diretor de operações não recebia ligações. A equipe também reduziu a carga de trabalho por carrinho e melhorou outras medidas de eficiência. Os membros da equipe de linha de frente, que nunca foram envolvidos na criação dos seus processos, desenvolveram um sistema de reabastecimento por *kanban* visual (um sistema puxado) a fim de ajustar as solicitações para que correspondessem ao uso real. Estabeleceram-se medidas de processo fundamentais, usadas ativamente para um esforço contínuo de solução de problemas. Os gerentes interno e externo da lavanderia, que no começo nem se falavam, agora tinham um bom relacionamento e se comunicavam múltiplas vezes por dia para coordenar dinamicamente o fluxo da lavanderia.

As melhorias não foram tecnicamente complexas. Um exemplo de melhoria foi transferir o lugar em que as roupas de cama sujas eram armazenadas temporariamente do terceiro andar para o porão. Antes dessa alteração, a equipe da lavanderia precisava usar um elevador muito ocupado, com capacidade apenas para dois carrinhos, e ir até o terceiro andar, o que aumentava o número de viagens e resultava em um tempo de espera significativo em frente à porta do elevador. Com a roupa suja guardada no porão, um elevador de carga de grande porte no setor de entregas podia ser utilizado (o que também reduzia significativamente a distância a ser percorrida para chegar ao elevador), com capacidade para seis ou mais carrinhos e apenas a um andar do depósito no porão. O efeito foi significativo e imediato na nova métrica de tempo médio por carrinho.

Infelizmente, ter uma ideia abstrata sobre os benefícios de uma nova tecnologia, construir um caso de negócio e implantá-la sem entender profundamente a realidade são casos extremamente comuns. Há muita incerteza quando introduzimos uma nova tecnologia complexa, mas os provedores de tecnologia muitas vezes agem como se a implementação fosse um processo de rotina. Brock sugere um processo em seis passos para a introdução bem-sucedida de uma nova tecnologia, o que envolve aprender passo a passo através do ciclo PDCA:

Passo 1. Definir claramente o problema ou a necessidade.

Passo 2. Avaliar cuidadosamente o processo e melhorá-lo tanto quanto for possível antes de buscar uma nova tecnologia.

Passo 3. Considerar as habilidades necessárias e desenvolver um plano para treinar e envolver as pessoas afetadas pela introdução da tecnologia.

Passo 4. Introduzir a tecnologia primeiramente em um teste piloto, a fim de aprender e resolver os problemas (*bugs*) e entender o processo de introdução.

Passo 5. Introduzir a tecnologia em outros locais, passo a passo, com os gestores locais assumindo a propriedade e a liderança do processo.

Passo 6. Por meio do uso de um sistema de gestão diário eficaz, esperar que os responsáveis façam o trabalho de continuar a melhorar a tecnologia e o processo.

Automação nos Laboratórios do Henry Ford Health System

Hoje em dia, um exame laboratorial automatizado é a imagem do Paraíso. Quando o Dr. Zarbo começou sua jornada *lean* em 2004, ele e sua equipe fizeram um estudo de *benchmarking* em um laboratório conhecido nacionalmente pela sua mão de obra eficiente. Eles conversaram sobre o que viram. Todos gostaram da eficiência dos equipamentos automatizados trabalhando sozinhos, lado a lado, mas concordaram que não era a cultura que imaginavam para o Henry Ford Health System. Era tudo muito estéril e mecanicista. As pessoas eram apêndices das máquinas e não pensavam nem inovavam ativamente.

Quando deram seus primeiros passos na jornada *lean*, Zarbo e sua equipe refletiram mais uma vez onde poderiam recorrer à automação. Antes da transformação *lean* nos laboratórios, a meta era processar as amostras de sangue e entregar os resultados em até 60 minutos para o pronto-socorro. Após um ano nessa jornada, Zarbo elevou a meta para 45 minutos, e em 2015 seus laboratórios conseguiam completar 90% do que era solicitado em até 30 minutos. Isso ocorreu após milhares de mudanças nos processos. Alguns foram automatizados, mas quase tudo que fizeram foi desmontar os laboratórios e reorganizá-los em células manuais com fluxos limpos. Eles nunca nunca foram totalmente automatizados. Ao simplificar os processos, os seres humanos podiam realizar muitas ações eficientes para que as amostras fossem preparadas em sequência para as células de trabalho e o sistema de manuseio de materiais, o que permitia a entrega dos resultados completos para os médicos. Os técnicos dos laboratórios conseguiam ser mais rápidos do que o processamento automatizado; de fato, as linhas automatizadas, que na época se baseavam em processamento em lotes, teriam atrasado a equipe.

Com o passar dos anos, a automação melhorou e os laboratórios estavam no processo de adotar linhas automatizadas em 2015, trabalhando com a Beckman Coulter, uma subsidiária da Danaher que selecionara os laboratórios como modelo de integração entre cultura *lean* e automação. Zarbo explica:

> *É uma autoestrada com múltiplas linhas e cruzamentos, e os códigos de barra nos mostram como mudar de pista e obter resultados mais rápidos. Hoje, ela é mais rápida do que nós, mas ainda precisamos levar tudo até a linha. Temos uma reunião semanal às 10:30, em que conversamos com o pessoal do fabricante. Desenhamos a fase anterior à linha para reduzir o tempo até a mesma e a fase posterior à linha para acelerar os resultados para nossos clientes. Os monitores de computador têm* andon *em tempo real integrados. A Beckman Coulter está nos usando como modelo global para seus outros clientes.*

As pessoas conseguem obter melhorias em uma linha automatizada, mas são limitadas pelos 90% dos problemas que chegam a ela no processo de fornecimento. É por isso que a Danaher selecionou o Henry Ford Health System como centro de excelência. Ela queria mostrar como a melhoria contínua pode simplificar o processo e extrair o máximo da automação, desde a coleta da amostra inicial até a entrega dos resultados para o paciente. Como Zarbo explica novamente:

> *Não quero largar uma máquina automática no meio do laboratório e deixar ela rodando. Quero criar estações de trabalho que apoiam pessoas. Precisamos de sistemas de liderança e gestão diferentes para um sistema automatizado, no qual não temos como enxergar o processo? Passamos os últimos oito meses preparando o pessoal. Precisamos que os administradores entendam tudo relacionado ao laboratório.*

Melhoria contínua da automação na usinagem e forjaria da Toyota

Encerrarei nosso debate sobre automação usando um exemplo incrível da Toyota. É um exemplo da indústria, ainda que não a imagem tradicional do carro em construção na linha de montagem. A fábrica de Honsha, na cidade de Toyota, fica logo ao lado da sede da empresa e produz peças forjadas e usinadas para os motores e caixas de câmbio de diversos veículos. A automação é quase total. A empresa tem sorte de ter Mitsuru Kawai, um executivo técnico sênior, como o administrador da fábrica. Na Toyota, esse cargo fica reservado para os melhores entre os melhores do Sistema Toyota de Produção, e em 2015 Kawai foi promovido a membro do conselho administrativo da empresa. Ele estudou com Ohno e desenvolveu em si tanto a paixão pela melhoria contínua quanto a obrigação de ensinar. No Ensino Médio, Kawai estudou na Escola Técnica Toyota, e começou como membro de equipe na empresa. Quando o entrevistei, ele já estava há 50 anos na Toyota, 40 dos quais na fábrica de Honsha.

Os elementos básicos do STP já estavam estabelecidos quando Kawai chegou na fábrica, mas sua função ia além de administrar uma instalação funcional. Sua meta era melhorar a eficiência da mão de obra de produção em 2% em relação ao mês anterior, todos os meses. Isso continuou durante toda sua carreira.

Uma abordagem óbvia para essa melhoria incessante seria a automação, mas ela representava um desafio especial para Kawai. Ele aprendera as habilidades do STP através do trabalho manual, da visualização, da explicitação do conhecimento, do trabalho padronizado e da automação inteligente simples. O pessoal mais jovem da fábrica só conhecia a automação. "Não quero trabalhadores e engenheiros que acham que só precisam apertar um botão e a peça sairá do outro lado", Kawai disse. "Eles ainda precisam entender profundamente o processo para que possam melhorá-lo."

Para ensinar o STP nessa fábrica automatizada, Kawai inventou uma série de lições. Em uma delas, realizada semanalmente, a "reunião com a minha máquina", os alunos desenham com lápis e papel cada passo do processo dentro das máquinas, registrando cada movimento, incluindo cada vez que o metal é cortado. Ele acredita que isso leva a um entendimento mais profundo do processo e à identificação de oportunidades de melhoria. Um foco importante foi a redução de defeitos. Quando os alunos começaram a desenhar, havia 2.004 defeitos por ano; um ano depois, o número fora reduzido a quase zero.

Outra lição é interromper a automação e fazer com que os trabalhadores altamente habilidosos executem os processos manualmente. Trabalhar manualmente leva às ideias de *kaizen* quando a máquina é reconstruída. Dessa forma, eles conseguiram reduzir o comprimento da linha pela metade, sempre em busca do fluxo unitário de peças. Quando a Grande Recessão aconteceu, a Toyota percebeu que boa parte da automação era inflexível, pois fabricava apenas um conjunto especializado de peças, e que deixava seus custos fixos altos. A empresa usou a abordagem "diminua e faça crescer": o foco foi criar uma linha de múltiplos produtos, simplificando a automação, encurtando a linha e flexibilizando o processo para ajustar-se à demanda. Observe que, apesar dos equipamentos serem vendidos por fornecedores que tinham seus próprios especialistas, Kawai liderava funcionários de linha e engenheiros no projeto de redesenhar os equipamentos para eliminar perdas no processo.

Uma excelente oportunidade pedagógica ficou conhecida pelo nome de "linha STP básica". É uma velha célula de montagem implantada originalmente no Brasil 75 anos antes. Essas células simples foram criadas para montar caixas de câmbio por meio do trabalho manual e da automação inteligente simples. Na década de 1950, os volumes no Brasil eram pequenos, e decidiu-se fechar as instalações de forjaria e montagem. Ohno simplesmente se recusou a aceitar que a fábrica não pudesse ser rentável produzindo pequenos volumes e com alta variedade e foi pessoalmente ao Brasil para ensinar os trabalhadores locais. Quando os volumes brasileiros aumentaram no século XXI, a empresa decidiu eliminar as antigas células manuais.

Kawai enxergou nisso a oportunidade de implantar uma linha manual simples para fins de treinamento. Ele fez com que todos os equipamentos fossem enviados para cidade de Toyota, no Japão, e começou a trabalhar com a sua equipe para praticar *kaizen* na célula. A equipe da fábrica de Honsha começou o *kaizen* imediatamente e conseguiu reduzir em 50% o espaço ocupado pela linha *lean*. A equipe diminuiu o número de pessoas necessárias para montar a caixa de câmbio de dez para uma, que executa um ciclo contínuo em torno da célula a cada seis minutos. A linha de montagem é programada usando uma caixa visual com cartões, nivelando o cronograma diário por volume e *mix* todos os dias.

Um dos desafios que Kawai passou a seus alunos que trabalhavam nessa linha STP básica era fazer tudo que pudessem sem eletricidade. Com a grande variedade de caixas de câmbio que passam pela linha, há muitas peças que precisam ser coletadas. Nessas situações, é normal usar sistemas de iluminação eletrônica para impedir que a peça errada seja escolhida. Vemos frequentemente as luzes se acendendo junto à peça certa e uma cortina de luz que sinaliza a coleta da peça errada. Os alunos de Kawai precisavam elaborar uma forma manual simples de fazer o mesmo. Al-

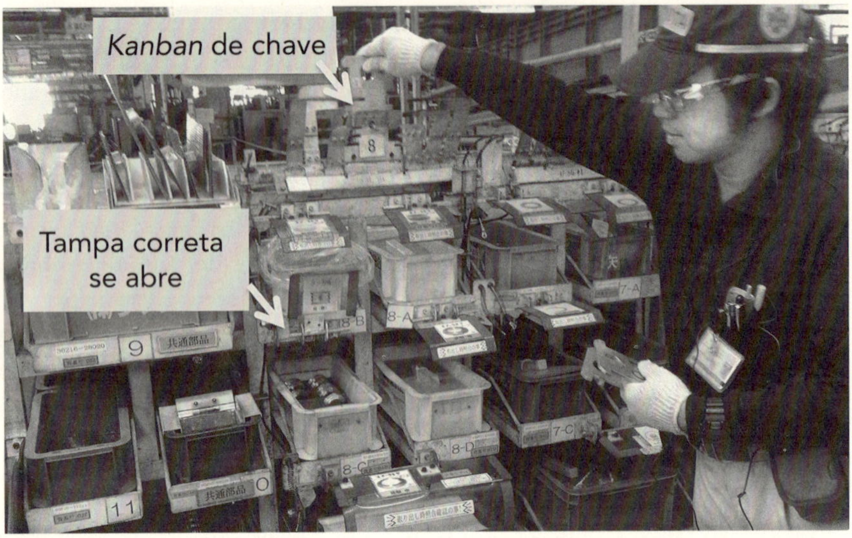

FIGURA 6.19 *Kanban* de chave manual abre apenas a tampa da peça correta a ser coletada.

guém inventou um "*kanban* de chave" (Figura 6.19). O *kanban* de chave colorido metálico tem uma configuração especial e funciona literalmente como uma chave, abrindo apenas a tampa do recipiente que contém a peça específica que precisa ser coletada a seguir. Cada *kanban* de chave abre uma tampa diferente.

Nunca vi esse nível de dedicação ao treinamento profundo da equipe em nenhum outro lugar. Geralmente, a atitude é que os especialistas criam o equipamento, a manutenção ajuda a instalar e consertar, e os operadores são supervisionados na sua utilização. Kawai, para atingir sua meta de 2% ao mês, precisava que as pessoas no chão de fábrica praticassem *kaizen* diário. Para tanto, ele precisou ensiná-los os fundamentos do STP e pedir que se responsabilizassem pela eliminação de perdas em um sistema de automação complexa. Mitsuru Kawai tem uma perspectiva simples: "o material deve fluir através das máquinas enquanto muda de forma à velocidade da demanda do cliente (*takt*). Todo o resto é perda."

TECNOLOGIA *SELF-SERVICE* PARA OS CLIENTES NÃO É SEMPRE EXCELÊNCIA EM SERVIÇOS

Por Karyn Ross

Nas noites de terça-feira, eu e Brian, meu marido, gostamos de jantar em uma rede de restaurantes bem popular, pois eles têm uma franquia no outro lado da rua onde vamos buscar nosso cachorro da creche canina. Em uma visita, quando chegamos lá, havia um computador de mesa Ziosk instalado.

O garçom disse que poderíamos usá-lo para pedir drinks e aperitivos, pagar, jogar vídeo game, etc., e que ele anotaria nosso pedido do prato principal. Olhei para ele horrorizada. "E se eu não quiser fazer isso?", perguntei. "Parte do motivo para eu ir a um restaurante é interagir com o garçom. O componente de serviço é importante para mim". "Bem", o garçom respondeu, "nesse caso, eu posso anotar o seu pedido". Com isso, ele pegou o terminal da mesa e foi digitando à medida que pedíamos, prestando atenção na tela do computador e não em nós.

Perguntei a ele por que a rede de restaurantes decidira instalar terminais nas mesas (que não combinam nada com o ambiente... Parecem coisas que se veria em um bar esportivo). Ele disse que a rede experimentara várias coisas diferentes para resolver o problema de os garçons não levarem a conta rápido o suficiente para os clientes durante o horário de almoço, e decidira usar computadores de mesa como solução permanente. Para resolver um problema de serviço em uma parte do processo, a rede fizera uma escolha tecnológica totalizante.

Algumas semanas depois, fomos ao restaurante de novo. Garçom diferente. Eu já estava encarando a máquina quando sentamos. O garçom chegou, pegou a máquina e perguntou: "alguém já explicou nosso computador de mesa Ziosk para você?" (A essa altura, Brian obviamente já estava horrorizado, preocupado com a minha resposta!). "Nós não usamos as máquinas Ziosk", respondi. "Eu vou a restaurantes para ter uma experiência pessoal, e isso inclui a experiência de serviço quando peço minha comida para o garçom e pago ele no final". "Vamos tirá-lo da mesa, então", o garçom disse. Parece que não estamos sozinhos em não gostar dessa experiência.

O *self-service* com computadores está se tornando cada vez mais comum. Muitos tipos de empresas de serviços criaram bibliotecas de material de referência *self-service* que os clientes podem acessar online. Em geral, a intenção é "reduzir" o número de chamadas para a central de atendimento, sob a máscara de dar ao cliente acesso a todo o material sempre que ele quiser. O resultado é a criação de uma barreira entre o cliente e um prestador de serviços humano. É o oposto do *call center* da Zingerman's Mail Order, que está tentando descobrir mais informações sobre o cliente e prestar o melhor atendimento possível. Minhas habilidades tecnológicas não são fracas; pelo contrário, eu me entendo muito bem com a tecnologia. Contudo, enquanto cliente, por que eu iria querer gastar meu tempo valioso procurando alguma coisa que posso acabar não entendendo e ter que pedir uma explicação após atravessar vários níveis de tecnologia que tentam me convencer a não pedir a ajuda de um ser humano? Antes de tentar implementar qualquer tipo de tecnologia, as empresas de serviços precisam perguntar para si mesmas: "como essa tecnologia apoia e afeta a experiência de serviço dos nossos clientes e como ela conecta nosso cliente à nossa empresa e a seu propósito?"

PONTOS PRINCIPAIS
PRINCÍPIOS DO MICROPROCESSO

1. Os macroprocessos definem a estrutura para os microprocessos, que podem ser descritos como a perspectiva no nível do processo ou como o ritmo diário de processos, pessoas e solução de problemas é integrado para produzir a excelência em serviços diariamente.
2. Os padrões são vistos de formas muito diferentes em organizações com burocracias coercivas ou habilitadoras (de aprendizagem):
   - Nas burocracias coercivas, padrões são vistos como regras estáticas, imutáveis, ou POPs a serem seguidos mecanicamente; as auditorias usam recompensas ou punições para forçar a conformidade.
   - Em burocracias habilitadoras, os padrões são o melhor jeito que se conhece hoje de fazer o trabalho e oferecem a estrutura e a base para a melhoria contínua, além da aprendizagem organizacional à medida que as pessoas que realizam o trabalho procuram ativamente modos melhores de fazê-lo.
3. A gestão visual nos permite enxergar facilmente se o que está acontecendo de verdade está de acordo com o padrão, que representa o que deveria estar acontecendo:
   - Usar sistemas de papel simples para a gestão visual nos permite aprender mais facilmente, com menos esforço mental em nossos esforços de comunicação, planejamento e acompanhamento do progresso.
   - Quando as condições fora do padrão são imediatamente visíveis, as pessoas podem reagir com rapidez e facilidade.
   - Procedimentos de trabalho visuais ajudam e podem ser úteis nos casos em que as tarefas são variáveis demais para o trabalho padronizado mais convencional.
4. Integrar a qualidade em todos os passos significa criar uma cultura na qual as pessoas consigam identificar problemas e reagir rapidamente para contê-los e resolvê-los antes que se propaguem:
   - As pessoas precisam saber e serem capazes de enxergar facilmente se o que está acontecendo atende o padrão (o que deveria estar acontecendo) ou não (um problema).
   - Encontrar maneiras de identificar e resolver problemas em um fluxo unitário de peças em uma estação de trabalho é uma parte fundamental da excelência em serviços.
5. Use a tecnologia para capacitar pessoas:
   - Apesar dos processos de serviços muitas vezes serem altamente dependentes de computadores, são as pessoas que usam os sistemas de informática, e não vice-versa; os computadores precisam apoiar o trabalho que as pessoas fazem para atenderem os clientes de forma precisa e dentro do prazo.

- Nem todos os problemas em processos de serviço acontecem por causa de erros do computador; pressupor que sim limita nosso pensamento e nossas ações para desenvolver as capacidades de solução de problemas do nosso pessoal.
- Antes de adotar qualquer tipo de nova tecnologia, incluindo bibliotecas digitais ou aplicativos de *self-service*, descubra se a tecnologia apoia a experiência de serviço do cliente e os deixa conectados ao propósito da sua empresa.

CAPÍTULO 7

Princípios de pessoas no nível macro: o contexto para pessoas excepcionais prestarem serviços excepcionais

A organização é um processo, não uma estrutura. Simultaneamente, o processo de organizar envolve: desenvolver relações a partir de um senso de propósito compartilhado, trocar e criar informações, aprender constantemente, prestar atenção aos resultados, coadaptar, coevoluir, desenvolver sabedoria a partir do conhecimento adquirido, manter um propósito claro, prestar atenção às mudanças vindas de todas as direções. (...) São essas aptidões que dão a qualquer organização seu verdadeiro vigor e que sustentam a auto-organização.

—Margaret J. Wheatley, autora de *Liderança para Tempos de Incerteza*

O PAPEL DO DESIGN ORGANIZACIONAL

Parece que eu não conversei sobre design organizacional em *O Modelo Toyota*. É interessante, já que lecionei design e teoria organizacional por mais de 30 anos na Universidade do Michigan. Talvez seja porque, historicamente, o organograma não é algo enfatizado na Toyota. Uma vez, um engenheiro de desenvolvimento de produtos da Toyota me deu o seu cartão e riu: "está em japonês, desculpa. Diz meu nome e 'engenheiro'". A função dele era dar de tudo para superar os desafios que enfrentasse, o que variava com o tempo e com as necessidades que apareciam pelo caminho. Trabalhar nos chamados "espaços brancos", isto é, os espaços entre as caixas do organograma, é algo mais valorizado dentro da Toyota do que ser muito bom dentro da sua caixinha.

Logo, boa parte do esforço na Toyota está em definir metas desafiadoras para conquistar objetivos de negócios revolucionários, mas igualmente importante é desenvolver pessoas para viverem o Modelo Toyota de pensar e agir. Ele é muito fluido e ocorre dentro de uma estrutura organizacional flexível, no espírito do que Margaret Wheatley chama de "processo de organizar". A Toyota está mais interessada em "batalhar para achar nosso próprio caminho" até o próximo grande desafio do que em executar planos e políticas dentro de uma estrutura rigidamente definida. Por outro lado, sob Akio Toyoda, o design organizacional se tornou mais importante para a empresa. Em poucos anos, ele liderou diversas reorganizações, incluindo as realizadas por região para criar mais autossuficiência, com a indicação de CEOs locais (no passado, um executivo japonês sempre comandava cada região). Em 2016, a Toyota se reorganizou mais uma vez, desta vez por família de produtos, para se tornar mais ágil e reagir rapidamente às mudanças no seu ambiente.

Neste livro, decidimos falar sobre os princípios de pessoas do nível macro porque acreditamos que eles podem ser importantes para a transformação *lean*. Em certo sentido, talvez eles sejam mais importantes nos serviços, nos quais não há limites físicos claros para a fabricação de objetos. O nível macro cria um contexto no qual os membros "encontram os seus métodos". Resumimos o nível macro por três princípios gerais (ver Figura 7.1):

- Organizar para nivelar o conhecimento profundo e o foco no cliente.
- Desenvolver uma cultura deliberada.
- Integrar parceiros externos.

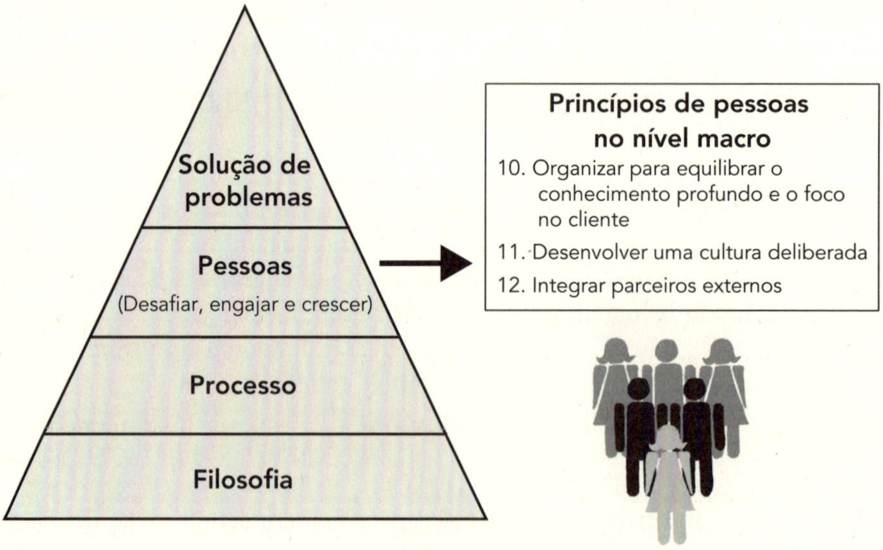
Solução de problemas
Pessoas
(Desafiar, engajar e crescer)
Processo
Filosofia
Princípios de pessoas no nível macro
10. Organizar para equilibrar o conhecimento profundo e o foco no cliente
11. Desenvolver uma cultura deliberada
12. Integrar parceiros externos

FIGURA 7.1 Princípios de pessoas no nível macro.

PRINCÍPIO 10: ORGANIZAR PARA NIVELAR O CONHECIMENTO PROFUNDO E O FOCO NO CLIENTE

O desafio do *design* organizacional

Era a minha primeira reunião com um novo cliente. O COO puxou um organograma para me familiarizar com a estrutura da organização, soltou um grunhido e pegou uma caneta. Frustrado, ele começou a riscar o quadro, desenhando mais linhas e caixas, riscando nomes aqui e adicionando outros acolá. "Está meio desatualizada, mas ainda dá uma visão geral da nossa organização", ele explicou, quase se desculpando. Eu não tinha certeza se devia lembrar que a organização não conseguia nem cuidar do seu organograma ou se ficava aliviado em saber que ele não era importante o suficiente para se manter atualizado.

Hoje, a estrutura organizacional é quase uma piada, popularizada por quadrinhos como *Dilbert*. Uma frase infame, supostamente de Gaius Petronius Arbit em 210 a.C. (mas publicada por um jornalista americano na *Harper's Magazine* em 1957), ainda é muito repetida, provocando sorrisos e acenos de quem a encontra. Ela acerta em cheio:

> *Treinamos muito, mas parecia que sempre que estávamos começando a nos formar em times, éramos reorganizados. Mais tarde, eu aprenderia que tendemos a enfrentar as novas situações com uma reorganização, e que ela pode ser um método maravilhoso para criar a ilusão de progresso quando na verdade produz apenas confusão, ineficiências e desmoralização.*

Existe um sentimento geral de ambivalência (ou até hostilidade) quando se trata do famoso organograma. Muitos de nós já passaram por reorganizações que parecem não fazer sentido e só criam medo e frustração, enquanto seus arquitetos acreditam piamente que estão revolucionando a empresa para focar nas coisas certas. Margaret Wheatley quer que entendamos que "a organização é um processo", mas o organograma nos apresenta uma estrutura estática. Ele é um mapa aproximado das relações hierárquicas e de quem trabalha com quem. Um mapa é algo que dá nomes e posições. Temos alguma ideia do lugar, mas não sabemos quase nada sobre a metrópole que fica nesse lado, o vilarejo que fica naquele, ou a experiência de quem estaciona perto daquela ribanceira. O organograma pode não ter vida própria, mas ele ainda nos diz um pouco como a organização enxerga a si mesma e, como bem sabemos, uma imagem vale mais do que mil palavras.

O que podemos mesmo aprender com o organograma é a perspectiva dos líderes sobre o que estão tentando realizar com uma determinada forma de se organizar: o seu propósito. O que ele nos diz sobre as relações hierárquicas: quem avalia o desempenho de quem? Quem tem autoridade formal? O que ele nos diz sobre padrões de comunicação, como "seguir a cadeia de comando"? Ou ele representa uma cadeia de processos que agrega valor ao cliente? Às vezes, na Toyota, o organograma é virado de cabeça para baixo, com os trabalhadores que agregam valor no alto, sugerindo que aqueles mais próximos do cliente ficam no alto e são atendidos pelos líderes cuja única influência no cliente é através dos trabalhadores que agregam valor.

Tipos comuns de design organizacional

Organização funcional. Enquanto Frederick Taylor trabalhava no desenvolvimento da administração científica no nível micro dos trabalhadores individuais, algumas pessoas desenvolviam esforços semelhantes para encontrar uma abordagem científica ao design organizacional em nível macro. Um dos líderes desse campo foi Henri Fayol, que começou sua carreira como engenheiro de minas e se tornou diretor de uma grande mineradora. Também se tornou acadêmico após a aposentadoria e escreveu sobre o que aprendera como executivo.[1] Fayol encarava o trabalho como um cientista e desenvolveu 14 princípios da administração (parece familiar?). Assim como Taylor, ele buscava a melhor maneira de organizar, que fosse superior a todas as outras, e acabou encontrando-a nos princípios tradicionais de comando e controle, como:

- **Unidade de comando.** Os subordinados recebem ordens de apenas um chefe.
- **Autoridade.** Poder para dar ordens e receber obediência.
- **Divisão do trabalho.** Organizar por especialidade.

Dependendo da situação, Fayol ainda permitia alguma flexibilidade na aplicação dos princípios. Ainda assim, o design organizacional produzido pelos seus princípios foi a organização funcional de comando e controle, cujo uso ainda é presente na maioria das grandes organizações.

A organização funcional reúne as pessoas pelas suas supostas especialidades: todos os contadores sob um contador chefe, todos os arquitetos sob um arquiteto executivo e assim por diante. A ideia é acumular conhecimento especializado e exercer controle. Os contadores compartilham práticas e aprendem uns com os outros. O chefe dos contadores sabe o que cada um deles deveria fazer e como estão se saindo. Em um ambiente de comando e controle, a segunda pessoa no comando tende a ser mais importante, sabendo o suficiente para controlar as pessoas que estão sob o seu comando.

O problema é que os departamentos se transformam em castelinhos, cercados por uma fossa, guerreando por recursos e tentando se defender dos outros grupos funcionais (ver Figura 7.2). As pessoas enfocam a escalada da estrutura funcional, e muitas vezes, nesse tipo de estrutura organizacional, o pobre cliente acaba em segundo plano. A relação entre os departamentos gera desperdícios terríveis e, quase sempre, as prioridades das diversas funções entram em conflito.

Organização direcionada ao cliente. Para se tornarem focadas no cliente, as organizações muitas vezes deixam de ser funcionais e passam a ser orientadas por produ-

FIGURA 7.2 Os departamentos são como castelos.

tos. Para tanto, elas definem grupos de produtos ou serviços, criando cargos de vice-presidente ou diretor que podem ter responsabilidade pelos resultados financeiros. As organizações podem dividir as bases de clientes entre escritórios comerciais *versus* domésticos, regiões ou tamanho. Existem inúmeros jeitos de dividir e subdividir a clientela. O importante é que todas as funções especializadas necessárias para uma base de clientes estejam alinhadas e voltadas para o atendimento do mesmo. Ao mesmo tempo, as organizações podem ser organizadas em vários empreendimentos menores, administrados como pequenas empresas e comandadas por líderes responsáveis apenas por elas que pensam e agem como CEOs.[2] Uma interpretação dessa organização seria pensar nisso como organizar-se em torno de fluxos de valor.

Organização matricial. A organização direcionada ao cliente (ou organizada por fluxos de valor) parece ser a estrutura ideal, mas nós conhecemos casos em que ela limita o desenvolvimento de pessoas. Pense na Chrysler antes de ser adquirida pela Daimler. A Chrysler realizou grandes melhorias no apelo dos seus veículos ao transformar o desenvolvimento de produtos, que antes era uma organização puramente funcional, em uma organização de produtos que a empresa chamou de "equipes de plataforma". A empresa foi reorganizada em torno de um conjunto de plataformas: carros grandes, carros pequenos, caminhonetes, minivans e jipes. Ela construiu um centro de P&D novíssimo em Auburn Hills, no estado do Michigan, organizado de forma que centenas de engenheiros, representando todos os grupos funcionais, pudessem se acomodar no mesmo andar do edifício para desenvolver veículos para uma plataforma comum. Inclusive, a Chrysler designou analistas financeiros e representantes de compras para as equipes (hierarquias informais ou "por linha pontilhada"). Ela literalmente apagou a organização funcional e a substituiu por equipes de plataforma direcionados ao cliente, o que levou a uma forte aceleração da demanda pelos veículos da empresa e das vendas. Infelizmente, com o passar do tempo, a Chrysler percebeu que estava perdendo profundidade funcional: os engenheiros de motor não estavam aprendendo uns com os outros, os engenheiros de carroceria também e assim por diante. A empresa recorreu a "clubes de tecnologia" para que os grupos funcionais pudessem comparar melhores práticas, mas estes raramente se reuniam, e a ideia não funcionou. As pessoas se focavam no seu trabalho fundamental e nas pessoas a quem respondiam. Somente cerca de uma década depois, a empresa começou a evoluir em direção a uma organização matricial.

A Toyota usa organizações matriciais há décadas. No desenvolvimento de produtos, os grupos funcionais (como a engenharia de carrocerias e a engenharia de chassis) trabalham sob um gerente geral dentro da sua especialização técnica. Ele é responsável por desenvolver engenheiros com habilidades técnicas profundas, distribuindo projetos e avaliando desempenhos. Os engenheiros trabalham em projetos de desenvolvimento e respondem ao engenheiro-chefe do veículo (por exemplo, o Camry). O engenheiro-chefe é o CEO do programa do veículo e basicamente aluga o tempo dos engenheiros como se eles fossem terceirizados. Apesar do engenheiro-chefe também trabalhar no desenvolvimento dos engenheiros, ele não quer ser distraído por questões de administração de pessoas. Essa estrutura hierárquica funciona extremamente bem em grande parte devido ao respeito mútuo entre o engenheiro-chefe e o gerente geral da função. O engenheiro-chefe confia no gerente geral para trazer engenheiros altamente desenvolvidos, enquanto o gerente geral vê no engenheiro-chefe o seu cliente mais importante. Dessa forma, as organizações matriciais parecem reunir o melhor de dois mundos, e são muito comuns em toda a Toyota.[3]

Em *A Cultura Toyota*, descrevemos como o departamento de recursos humanos das operações de manufatura da Toyota em Georgetown, Kentucky, enfrentaram uma grande crise quando diversas supervisoras foram vítimas de assédio sexual. Isso levou a uma reflexão profunda, e a administração concluiu que o RH não tinha construído relações de confiança com os membros de equipe no chão de fábrica. Um resultado foi mover os profissionais de RH para o chão de fábrica e torná-los responsáveis por uma região geográfica da fábrica. Antes disso, os profissionais de RH tinham relações hierárquicas formais com o RH e informais com a produção. Agora seria o contrário: a relação hierárquica primária seria com os gerentes gerais na fábrica, pois assim poderiam se concentrar em construir relacionamentos em uma parte específica das instalações. A mudança fez uma diferença enorme para reconstruir a confiança e desenvolver uma conexão forte entre o pessoal dos recursos humanos e sua missão fundamental, que é desenvolver pessoas. Como toda reorganização, no entanto, não foram corrigidos os problemas de recursos humanos para todo o sempre. Por exemplo, posteriormente, quando Gary Convis se tornou presidente dessa fábrica, ele identificou um ponto fraco no desenvolvimento de recursos humanos, pois muitos profissionais-chave foram recrutados por outras empresas. Foi preciso criar mais um grande esforço de desenvolvimento de líderes, o que incluiu trazer gente de fora.[4]

As organizações matriciais "parecem" beneficiar a todos, mas a realidade é que elas são difíceis de se administrar. Agora, em vez de terem um chefe, os membros de equipe têm dois ou mais, o que pode trazer confusão e direções conflitantes, a menos que os chefes (1) comuniquem-se de forma eficaz, (2) estejam alinhados na busca de objetivos em comum e (3) respeitem uns aos outros. A Toyota se esforça para desenvolver esses tipos de relacionamento para que o sistema funcione, porém muitas outras organizações que não dedicam tanto tempo a desenvolver pessoas têm grandes dificuldades para administrar esse tipo de estrutura.

Organização em rede. Essa é uma das formas mais novas de organização, e lembra uma anarquia pouco estruturada. Empodere as pessoas, deixe o propósito da organização claro e permita que todos vão e voltem por conta própria com quem precisam trabalhar. Remova os obstáculos à boa comunicação. Não pressuponha que existe um melhor modo de se organizar em um determinado dia.

Parece utópico, em princípio, mas já vimos esse método se transformar em caos. Uma empresa que faz esse sistema funcionar é a Menlo Innovations, como veremos posteriormente neste capítulo. Richard Sheridan, CEO da Menlo, formalmente o "diretor de narrativa" da empresa, gosta de dizer que, quando formaram a empresa, ele e os seus sócios esqueceram de criar um organograma e escolher pessoas para serem chefes. Eles dizem que não há chefes, apenas pessoas que trabalham para os clientes.

Na Menlo, temos evidências de uma organização em rede de alto desempenho. Por exemplo, os programadores com uma ampla variedade de experiências formam duplas para escrever o código, e as duplas mudam todas as semanas. Convocar uma reunião é uma simples questão de levantar a voz no salão onde todos trabalham e gritar "Ei, Menlo!" A resposta é todos gritando de volta: "ei, Jeff (ou o seu nome)!" E agora você está onde precisa para dizer o que quer dizer ou perguntar o que quer perguntar.

Por outro lado, a Menlo tem estruturas muito claras, e não são poucas. O trabalho em dupla não é uma escolha de pessoas que vagam pelo escritório, mas um requisito formal para se programar. As duplas são alocadas semanalmente por um gerente e não são selecionadas pelos próprios participantes. Richard Sheridan pode ter o título que quiser, mas ele e seus dois sócios são altos executivos, tanto formal quanto espiritualmente. Ainda assim, a Menlo funciona como uma *software house* altamente focada no cliente e produtiva, produzindo *software* customizados quase sem hierarquias evidentes e com funções e responsabilidades claramente definidas que não aparecem nos organogramas.

A estrutura organizacional importa, mas ainda acreditamos que o modo como as pessoas pensam sobre seus clientes, seu trabalho e seus relacionamentos com os outros, além do modo que pensam sobre o propósito da organização e seu lugar nela, é muito mais importante do que onde estão posicionados na organização. O que importa é focar intensamente em entender as mudanças nas necessidades dos clientes e se esforçar para alinhar todas as pessoas na organização de maneira que permitam atender os clientes e cumprir o propósito organizacional. Dessa maneira, mantém-se o equilíbrio entre o foco no cliente e o conhecimento profundo por toda a organização.

DESIGN ORGANIZACIONAL E ORGANIZAÇÕES DE ALTO DESEMPENHO

Na década de 1980, eu ajudei a facilitar "oficinas de sistemas abertos" com gerentes seniores. O trabalho começava pela identificação das principais mudanças ambientais que afetariam a organização, seguindo pela definição do propósito da organização e pelo entendimento de como as pessoas, as tecnologias e os sistemas organizacionais se encaixavam, o que levava à visualização de um futuro desejado. Essas oficinas conseguiam fazer com que as pessoas refletissem como desenhar sua organização interna para corresponder ao propósito e ao ambiente da organização. O foco era principalmente o sistema humano, e a solução quase sempre era desenvolver equipes autossuficientes, com todas as funções necessárias para realizar o trabalho. Por exemplo, se um grupo industrial precisava de operadores, supervisores, especialistas em qualidade, engenheiros de produção e manutenção para funcionar, tentava-se alocar todas essas funções à equipe. Infelizmente, havia uma lacuna entre a reflexão e a ação, e as equipes muitas vezes não tinham as habilidades de liderança necessárias para atingir altos níveis de eficiência e eficácia.

Esforços mais recentes tentaram combinar a visão macro da teoria dos sistemas abertos com a visão micro do pensamento *lean*, incorporando conceitos como trabalho padronizado, *andon*, gestão visual e solução de problemas em equipes autossuficientes.[5] Algumas empresas que seguem a abordagem das organizações de alto desempenho adotaram o *kata* de melhoria e de *coaching*, que detalharemos nos Capítulos 8 e 9, e o processo diário de desenvolvimento de pessoas ajuda a vitalizar o conceito de equipe autossuficiente.

A Elisa se reorganiza em torno de fluxos de valor

A Elisa é uma prestadora de serviços de telecomunicações e uma das líderes em excelência em serviços na Finlândia.[6] A empresa tem grupos funcionais que apoiam diferentes serviços: TV a cabo e Internet, telefonia móvel e venda de dispositivos. Os clientes esperam que seu serviço funcione quando querem e sempre que querem. Se há uma falha, eles querem o conserto à velocidade da luz. A Elisa precisa de tecnologias e pessoas ótimas, que saibam manter e melhorar a tecnologia, e também de representantes de atendimento ao cliente que possam orientar esses clientes de forma clara e eficiente através de diversos processos técnicos. A empresa trabalha principalmente na categoria de distribuição de bens produzidos em massa (Internet, telefonia, TV a cabo, *hardware*).

A Elisa passou por uma grande transformação quando percebeu que muitas áreas da empresa não estavam funcionando e que os níveis de satisfação do cliente eram horríveis. A administração usou todos os princípios sobre os quais conversamos neste livro para aumentar o nível de qualidade do serviço, usando a Toyota como modelo. As pessoas na empresa se esforçaram para melhorar a infraestrutura tecnológica, isto é, os tipos de sistemas físicos que se assemelham mais à indústria. Elas também trabalharam intensamente nos serviços direcionados aos clientes, melhorando significativamente em todos os indicadores-chave de desempenho. Por exemplo, ela teve nota 4 de 5 em uma medida de capacitação e reduziu o número de interrupções da rede em 30% ainda durante o processo de expansão e, em 2014, Elisa foi escolhida a melhor organização de vendas B2B da Finlândia pela Central Finlandesa da Qualidade. Os lucros vêm aumentando continuamente todos os anos, mas não foram os lucros que motivaram a transformação, e sim a satisfação dos clientes e a filosofia de envolver os colaboradores em uma jornada em busca da excelência.

A Elisa teve a sorte de ter um CEO visionário, comprometido com os valores da organização de alto desempenho e apaixonado pelas ideias de excelência em serviços para o cliente e de desenvolvimento de pessoas. Em 2009, Petri Selkäinaho, vice-presidente de desenvolvimento de negócios, assumiu a liderança da transformação da Elisa em busca da excelência de negócios, usando a Toyota como modelo. Petri começou a trabalhar com a equipe de liderança sênior para ensinar conceitos *lean* e métodos de solução de problemas. Foi o primeiro passo da transformação *lean*. Em 2010, a transformação da Elisa foi ampliada para incluir o ensino de métodos de solução de problemas para todos os gerentes. Mais tarde, esse treinamento foi disponibilizado e recomendado para todo o pessoal, e a Elisa desenvolveu métodos de facilitação, por exemplo, para "aprender com os erros" e "aprender com o sucesso".

Posteriormente, Petri recomendou que a empresa buscasse ajuda para identificar seus processos de negócios fundamentais, o que levou à contratação de Kai Laamanen, que tinha experiência em facilitar o redesign em nível macro para criar organizações de alto desempenho. Kai se concentrou no nível mais amplo, usando a abordagem das organizações de alto desempenho – OADs. Ele ajudou a Elisa a ir além da organização funcional e a identificar os principais processos de negócios focados no cliente, também chamados de fluxos de valor. Cada fluxo de valor foi designado para um executivo responsável, o que levou Kai a comandar oficinas com os executivos, para que estes definissem em mais detalhes seu processo fundamental. Em seguida, Petri realizou oficinas de melhoria para atingir metas de satisfação do cliente, da qualidade e da eficiência. Os executivos aprenderam o processo PDCA: investigar a condição atual de cada processo de negócios fundamental, definir metas, identificar ações de melhoria, liderar a implementação dessas ações, verificar os resultados e refletir sobre o que se aprendeu.

Foram os executivos da Elisa que lideraram ativamente o processo de melhoria; eles não delegaram ou terceirizaram o trabalho. Por exemplo, a equipe de serviços para consumidores descobriu que os erros de cobrança eram a principal reclamação dos clientes. A equipe usou dados e solução de problemas para eliminar esses erros, o que levou a um aumento rápido dos índices de satisfação.

A combinação de mudanças organizacionais em nível macro e o desenvolvimento local de pessoas para serem solucionadores de problemas se revelou uma combinação vitoriosa. A satisfação dos clientes aumentou continuamente, garantindo à empresa um prêmio nacional na Finlândia. Para mim, ficou claro que a abordagem ampla de design organizacional da OAD, com a liderança certa, pode complementar a abordagem *lean* de desenvolver pessoas para continuamente melhorar processos.

PRINCÍPIO 11: DESENVOLVER UMA CULTURA DELIBERADA

O papel da cultura nacional

Vamos começar com uma verdade básica. A cultura é uma coisa para lá de complexa. Cultura se refere a valores, crenças e regras de comportamento que são *compartilhados*. Para ter uma ideia da complexidade, tente fazer duas pessoas pensarem do mesmo jeito e, então, multiplique por 10, 40, 10.000. Há muito mais diversidade intelectual em qualquer coletividade do que gostaríamos de aceitar. Para piorar ainda mais a situação, as pessoas estão sempre indo e vindo, e algumas das que ficam têm a audácia de mudar de ideia com o tempo. Em certo sentido, a cultura é um conceito teórico que não se adapta aos caprichos do mundo real.

Por outro lado, a cultura parece ser um construto poderosíssimo. Em linhas gerais, quando analisamos as tendências centrais, vemos grandes diferenças entre regiões, nações e organizações dentro de cada país. Quem passa algum tempo em outros países logo percebe diferenças gigantescas. Um dos estudos mais abrangentes a quantificar culturas nacionais foi liderado pelo sociólogo Geert Hofstede e desenvolvido durante décadas de trabalho. Ele identificou seis dimensões que diferenciam as culturas nacionais, e em seu *website*, você pode selecionar entre diversos países, ler uma descrição do país e analisar as comparações para ver como cada um se inclui nessas dimensões.

Vamos nos concentrar em três das dimensões culturais gerais de Hofstede que parecem especialmente relevantes para o *lean*: individualismo/coletivismo, orientação de longo *versus* curto prazo, e aversão à incerteza *versus* aceitação de riscos. Uma das preocupações que ouvimos constantemente nas empresas que pensam em adotar alguma versão do *lean* é a possibilidade de haver algo especificamente japonês e oriental na cultura de melhoria contínua que seria impossível de transplantar para o Ocidente. Vamos comparar o Japão com os Estados Unidos, um dos países mais ocidentais de todos (ver Figura 7.3).

O Japão, assim como outros países asiáticos, tem um índice de coletivismo relativamente alto. Os Estados Unidos, por outro lado, é um dos países mais individualistas do mundo. O grande valor americano de direitos individuais e de liberdade do controle por organizações (ou governos) torna a cultura do Modelo Toyota difícil de imitar. Trabalhar em equipe, identificar-se com o propósito da organização e seguir o trabalho padronizado são tarefas difíceis. No início da década de 1980, quando

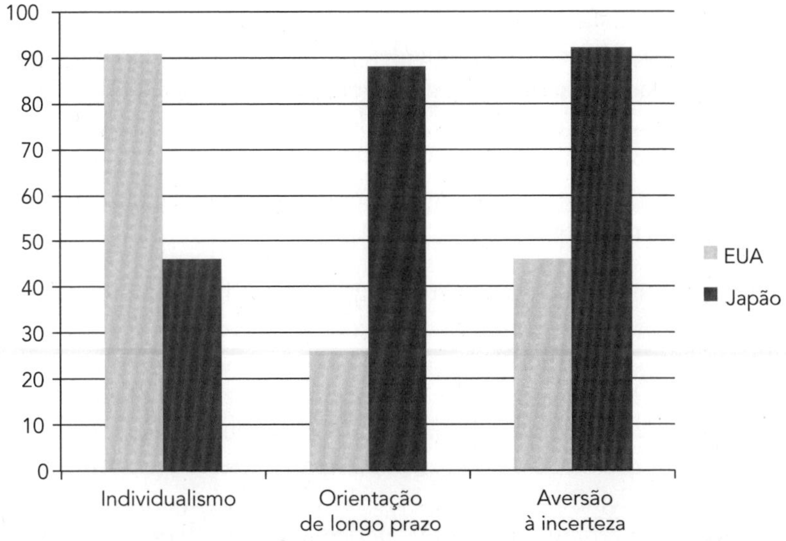

FIGURA 7.3 Comparação entre as culturas nacionais dos Estados Unidos e do Japão.
Fonte: http://geert-hofstede.com/countries.html

as montadoras americanas estavam estudando as japonesas, ouvíamos comentários maldosos como "não queremos ser um exército de robôs obedientes iguais aos japoneses". Eles vestiam todos o mesmo uniforme, exercitavam-se do mesmo jeito e ao mesmo tempo e ouviam e cantavam o hino da empresa. Eles agiam como um coletivo, algo totalmente alienígena para os trabalhadores americanos (mas não tão diferente assim para os menlonianos).

Nós descrevemos o pensamento de longo prazo como o alicerce do Modelo Toyota. Ter uma ideia concreta do propósito, com foco em realizar algo de boa qualidade para os clientes e a sociedade, depende do pensamento de longo prazo. O mesmo vale para desenvolver pessoas pacientemente: os Estados Unidos são relativamente fracos nessa dimensão, enquanto o Japão é fortíssimo.

As tendências individualistas da cultura americana são complementadas pela tolerância da incerteza. Combinados, o individualismo e a aceitação do risco podem ser um motivo para o sucesso do empreendedorismo americano. Em muitos sentidos, tornar-se um empreendedor, ficar milionário e trabalhar do próprio jeito, sem um chefe, é o sonho americano.

Por outro lado, os japoneses são avessos à incerteza, o que pode explicar por que tantas pessoas têm empregos para a vida toda em grandes empresas com as quais têm forte identificação. O Japão é um país repleto de incertezas, um pequeno arquipélago com poucos recursos naturais atacado regularmente por ameaças ambientais, incluindo terremotos e tsunamis. Os japoneses precisam lutar para manter o balanço do comércio internacional, que depende da criação de produtos inovadores de alta qualidade. Conquistar um mínimo de controle sobre o ambiente é uma questão de sobrevivência. Um dos lemas dentro da Toyota é "defendemos nosso próprio castelo", o que significa que as pessoas na empresa agem como se a empresa fosse autossuficiente e precisasse aprender a navegar por um terreno conturbado, conquistando todo o controle possível sobre o próprio destino. Usando ação coletiva, a Toyota superou inúmeras ameaças do ambiente e, apesar de todos os obstáculos, tornou-se uma das maiores empresas do mundo.

O papel da cultura organizacional

Diz-se que as organizações têm suas próprias culturas como parte independente da cultura nacional. A cultura da Toyota se reflete no modelo da casa do Modelo Toyota 2001. O propósito é contribuir para a sociedade e os consumidores, o que, por sua vez, leva a receitas que vão sustentar o bem-estar econômico da empresa. Os funcionários da Toyota valorizam o respeito por pessoas e a melhoria contínua, e acreditam que esse é o único caminho para o crescimento sustentável. Eles acreditam que o desafio, o *kaizen*, o ato ver por si mesmo, o trabalho em equipe e o respeito são diferentes modos que podemos desenvolver pessoas para que possam superar todos os desafios lançados por um mundo complexo e, às vezes, hostil.

Esses valores e crenças no Japão são apoiados pela cultura coletivista, o pensamento de longo prazo e o controle de tudo que for possível controlar com o intuito de evitar incertezas. Como a Toyota considera a cultura a fonte da sua vantagem competitiva, a empresa se dedica a construir a sua própria onde quer que se instale. Aceitar que sua cultura era exclusivamente japonesa e não poderia ser estabelecida em outros países teria significado desistir, e consequentemente, a Toyota não teria se tornado uma empresa global. Assim, a empresa aceitou o desafio de desenvolver o Modelo Toyota em todo o mundo.

Em quase todos os aspectos, a empresa teve sucesso. Como? Com esforço, experimentos, aprendizagem e, acima de tudo, perseverança. Um ponto de aprendizagem essencial ocorreu na NUMMI, a *joint venture* entre a Toyota e a General Motors na Califórnia. A Toyota a estabeleceu com o propósito de aprender a aplicar a sua cultura com americanos. Se fosse possível fazer isso nos Estados Unidos, seria possível em qualquer lugar do mundo.

A empresa não se descuidou da cultura. Pelo contrário, ela investiu muito na NUMMI para aprender com o projeto. As pessoas na Toyota escolheram a dedo gerentes americanos que pareciam se adaptar à cultura da Toyota e os socializou intensamente, primeiro no Japão e depois na NUMMI, enviando um coordenador japonês para cada executivo e cada gerente e instrutores japoneses para os líderes de grupo e de equipe. Os mentores ofereciam *coaching* diário, e os coordenadores japoneses ligavam para a matriz no Japão todas as noites para informar o que haviam aprendido. Eles não tentaram transferir todos os aspectos da cultura original japonesa; alguns deles foram adaptados à cultura local. Quando encontravam resistência, eles refletiam, tentavam entender a causa e experimentavam com diversas contramedidas. Lembre-se: estamos falando de anos de mentoreamento individual para todos os líderes!

Um líder sênior japonês explicou que o seu maior desafio foi implantar uma cultura de conversar abertamente sobre problemas. No início, ele fazia o que estava acostumado a fazer no Japão, que era perguntar "qual é o problema?" a todos com quem fazia *coaching*. Os americanos respondiam na defensiva, ou até com hostilidade. "Está dizendo que eu tenho um problema?" Ele explicava: "Todos temos problemas, é enfrentando-os que melhoramos". Não adiantava nada. Após uma reflexão profunda e com a ajuda de líderes americanos, os mentores japoneses concluíram que precisavam dizer duas ou três coisas positivas antes de mencionar um problema que seria visto como negativo. A tática funcionou por um tempo e gerou confiança o suficiente para se discutir problemas abertamente.

A persistência da Toyota deu certo: a NUMMI se tornou uma das melhores fábricas automotivas da América do Norte, com indicadores-chave de desempenho comparáveis aos das instalações japonesas da Toyota. A Toyota usou o que aprendeu para lançar sua própria fábrica em Georgetown, no Kentucky. Todas as fábricas, os escritórios de vendas e os centros técnicos foram instalados com um foco forte no desenvolvimento da cultura do Modelo Toyota. Contudo, o sucesso não foi 100%. Alguns americanos entendiam, outros não. O desenvolvimento da cultura Toyota teve mais sucesso na indústria e no desenvolvimento de produtos, mas ainda assim havia um estilo claramente Toyota em todas as partes da empresa. As experiências da Toyota confirmam a hipótese de que, com aprendizagem e esforços persistentes, é possível sustentar a cultura organizacional globalmente. A melhor forma de aprendizagem é o trabalho direto e individual com um *coach*. O treinamento em sala de aula simplesmente não funciona para desenvolver o comportamento diário apropriado.

Construa uma cultura deliberada e encontre pessoas que se encaixam nela

Uma das principais questões no mundo técnico é descobrir se é melhor contratar uma pessoa competente que possa ser desenvolvida para se encaixar na cultura, ou encontrar a estrela individual mais talentosa, mesmo que sua personalidade seja contrária à cultura. A estrela quase sempre tem credenciais melhores: universidade de prestígio, notas altas, sempre destinada ao sucesso. Na nossa experiência, muitas empresas escolhem a estrela e os colocam em diversos departamentos diferentes, em sequência, a caminho de um cargo administrativo. De acordo com um artigo da *Harvard Business Review* sobre o desenvolvimento criativo, as estrelas podem ser até seis vezes mais produtivas que os outros.[7] Então por que não pagar o triplo ou o quádruplo para contratá-los?

Você não ficaria surpreso em descobrir que a Toyota evita as estrelas, ou pelo menos as pessoas que se imaginam ser estrelas. Ela quer alto desempenho, porém seu sistema foi projetado para desenvolver as pessoas para serem excepcionais no que fazem, apesar de algumas serem, é claro, mais excepcionais do que as outras. A Toyota sempre trabalha para proteger seu sistema de promoção e desenvolvimento de recursos humanos e evitar profissionais individualistas. Ela quer pessoas que sabem trabalhar em equipe, que possam ser ensinadas e estejam ansiosas para sujar as mãos e aprender na prática. Por exemplo, a empresa rejeita regularmente engenheiros das grandes universidades, com egos enormes e grandes ambições de carreira, preferindo quem estudou em escolas de engenharia menores, mas que são obviamente apaixonado por automóveis. A pergunta favorita de um vice-presidente nas entrevistas era a seguinte: "se você pudesse comprar qualquer carro, qual seria? Por quê?" Alguém que se anima falando sobre o carro dos sonhos da sua infância e se imagina comprando e reconstruindo pessoalmente um modelo antigo ganhava muitos pontos com esse executivo.

A Menlo também é obcecada pela sua cultura de "menlonianos" e se recusa até a realizar entrevistas individuais. Currículos não são muito importantes, eles mostram apenas que você está vivo e se saiu bem em cursos acadêmicos. Richard Sheridan gosta de dizer que "uma entrevista é duas pessoas mentindo uma para a outra". É mais difícil fingir que você é algo que não é quando está em uma situação de trabalho real, especialmente quando há algum nível de estresse. Assim, a Menlo entrevista grupos de candidatos simultaneamente e distribui uma série de tarefas cronometradas. Como a Menlo espera que todos sempre trabalhem em dupla, os exercícios também são realizados em duplas. A pessoa que tira o lápis da mão do parceiro ou domina a dupla tende a não ser convidado de volta. Quem é convidado a voltar passa o dia fazendo trabalho remunerado em dupla com um menloniano, e quem sobrevive a isso recebe várias semanas de salário e forma duplas com várias pessoas diferentes. Todos que trabalharam com a pessoa têm conversas intensas sobre cada funcionário em potencial, e as decisões finais são tomadas por uma forma de consenso.

Algo que deixa os menlonianos apavorados são as "torres de conhecimento". Uma torre de conhecimento ocorre quando um programador de *software* brilhante é a única pessoa que sabe como um determinado *software* funciona. Você mima esse profissional, contrata guarda-costas para protegê-lo 24 horas por dia, compra uma apólice do Lloyd's de Londres para ela e sua frio cada vez que ela tosse. O projeto desmorona totalmente sem esse programador. A Menlo não quer depender de nenhum indivíduo específico. Nela, o que importa é o trabalho em equipe. É só entrar nos escritórios da empresa e olhar para os lados; fica evidente que o trabalho em equipe está no ar (ver Figura 7.4).

O que você está vendo são duplas trabalhando juntas que adoram isso (ver Figura 7.5). Elas estão compartilhando seu conhecimento. Richard fala algumas regras básicas de convivência: seja simpático com os vizinhos; ajude-os quando puder. Competir para superar os colegas é inaceitável. Na verdade, durante aquilo que a Menlo chama de "processo de seleção extremo", os entrevistados são informados que sua avaliação dependerá do quanto ajudam o seu parceiro (concorrente) a causar uma boa impressão. Há uma rotação semanal da equipe. Obviamente, quem tem muita experiência tende a alternar sua posição dentro do mesmo projeto, e uma pessoa que conhece a última versão do Java pode formar dupla com alguém que tem pouca experiência com essa linguagem de programação. Ensine uns aos outros. Aprendam juntos. Evitem as torres de conhecimento.

FIGURA 7.4 Quem entra sente e enxerga o trabalho em equipe.

FIGURA 7.5 Trabalhar em dupla multiplica a criatividade, a detecção de erros e a alegria.

Trabalhar em dupla é uma experiência eufórica, e há muita alegria e felicidade no sucesso. Quem termina um cartão de história (*story card*) sente que fez alguma coisa; receber um pontinho verde dos inspetores da qualidade dá até um tremelico, mas receber o cliente todas as semanas e vê-lo usar seu programa perfeitamente, ou então oferecer *feedback* útil, isso não tem preço. Por outro lado, para algumas pessoas, o trabalho em dupla é seu pior pesadelo. Elas preferem trabalhar sozinhas. Tudo bem, elas podem escolher quase todas as outras empresas de TI do mundo, só não a Menlo. Já vimos empresas com culturas individualistas tentarem adotar a programação em dupla, e dificilmente funciona.

Uma das maneiras como a cultura da Menlo atende os valores comuns dos programadores de *software* é a abordagem usada para reuniões. Como as reuniões podem nos distrair da alegria de se concluir um trabalho, a Menlo as realiza em curta duração. Todos os dias há uma reunião geral com toda a equipe, mas não estamos falando de pessoas se espremendo em uma sala de conferências, brigando pelas cadeiras boas, tomando seu café e comendo sua rosquinha. É uma reunião de pé, em um círculo enorme, com 70 pessoas no comando (ver Figura 7.6). Duas pessoas se apresentam de cada vez, cada uma das quais segurando um dos chifres do famoso elmo viking que Richard e Carol, sua esposa, trouxeram de uma viagem para a Noruega. É um símbolo de colaboração e diversão. Quem segura o capacete tem a palavra e faz a sua apresentação. O elmo faz a volta no círculo. Todo mundo tem a oportunidade de falar, sempre em dupla. Os outros colaboram quando têm algo a oferecer. E a reunião é curta e termina na hora, geralmente de 12 a 15 minutos após começar. Quem visita a Menlo descobre que comprar vários elmos vikings não significa que você conseguirá reproduzir a cultura da Menlo, que mora no íntimo dos corações e das mentes dos menlonianos.

A cultura da Toyota é japonesa e opressora? É injusto por parte da Menlo esperar que todos os membros se conformem com sua cultura aparentemente tão solta, mas que na realidade é acumulada de códigos de conduta e expectativas estritas? Rich Sheridan diz que ele e seus sócios criaram uma "cultura deliberada". Eles tinham uma visão e trabalharam continuamente em busca dessa visão. Quase por definição, uma cultura deliberada parece opressora para quem não se encaixa

FIGURA 7.6 Reunião geral da empresa: o elmo *viking* é a ponta do *iceberg* da cultura compartilhada.

nela. Quem não pertence, mas escorrega pelas frestas dos filtros de seleção, acaba se sentindo alienado, reclama bastante... E vai embora. Quando isso acontece, a cultura está funcionando como deveria. Se quer excelência em serviços, você não pode prejudicar uma cultura deliberada que está trabalhando para cumprir seu propósito apenas para acomodar a visão pessoal de cada um sobre qual cultura eles desejam. Encontre as pessoas que se encaixam e, então, socialize-os na cultura.

Obviamente, nem todas as organizações têm o luxo de usar contratações para se renovarem. O que fazer quando já tem funcionários arraigados, mas que não se encaixam na cultura que a organização decidiu que deseja adotar? É preciso socializá-los na nova cultura e desenvolvê-los, o que é o tema do próximo capítulo. O que você vai perceber é que algumas pessoas se desenvolvem mais rapidamente e vão mais longe do que as outras. São elas que você deveria promover. A seleção não termina com o contrato de emprego; ela continua à medida que algumas pessoas são desenvolvidas e promovidas, e outras não.

PRINCÍPIO 12: INTEGRAR PARCEIROS EXTERNOS

Enquanto sistemas abertos, todas as organizações devem trabalhar continuamente com organizações externas, incluindo clientes, fornecedores, entidades governamentais, parceiros em *joint ventures* e inúmeras outras. A Toyota é famosa pela sua rede unida de fornecedores, que trabalha em um sistema *just-in-time*. Contudo, a empresa trata todos os principais atores ambientais como parceiros importantes para o sucesso do negócio. Em *O Modelo Toyota*, escrevi sobre a relação da empresa com um advogado que reaprendeu a praticar direito com base no modo como a Toyota trabalhou com ele e o ensinou. Foi uma revolução. Ele aprendeu a estudar os detalhes do caso em um nível muito além do que aprendera na faculdade de direito, questionando todas as suas premissas e sendo colaborativo até com seus adversários hostis no tribunal. A excelência em serviços depende do desempenho de todas as pessoas ligadas à empresa fazerem sua parte em um alto nível de excelência, adaptando-se aos processos e até à cultura da empresa.

O modelo de parceria com fornecedores da Toyota

Os *keiretsu* japoneses, isto é, uma rede fechada de negócios que opera sob uma empresa maior, está recebendo bastante atenção na imprensa popular e na literatura sobre administração. Existe um certo fascínio por grupos de empresas que trabalham juntas, vendem ações umas para as outras, reúnem-se regularmente para traçar estratégias e trabalham em parte exclusivamente umas com as outras. Para alguns autores, tudo isso soa como um clube fechado que trama maneiras de atacar a concorrência.

Com o tempo, os *keiretsu* formais foram desativados pela legislação antitruste, reduzindo-os à propriedade cruzada. Contudo, as redes de empresas que trabalham juntas ou atuam sob um grupo maior, como a Mitsubishi Heavy Industries e o

Toyota Group, continuam a existir. "Truste" parece um termo estranho para o grupo Toyota, que é um grupo de empresas diferentes (design e montagem de veículos, fabricação de componentes, *trading company*, financeira) e não uma fusão de concorrentes.

A Ford, a Chrysler e a General Motors têm grandes grupos internos de componentes que elas transformaram em empresas independentes quando os benefícios de comprar de fornecedores externos competidores entre si ficaram evidentes. A Ford deu origem à Visteon, a General Motors e à Delphi. Em certo sentido, elas estavam seguindo o modelo japonês de ter um pequeno número de fornecedores externos que competem pelo negócio. Entretanto, as empresas americanas não sabiam formar parcerias, e esses grupos de componentes internos sofriam com custos altos e não possuiam as habilidades necessárias para competir. Ambas as empresas independentes passaram por um processo de recuperação judicial. Isso abriu a concorrência, o que reduziu custos e pressionou os fornecedores de componentes para melhorar a qualidade e o serviço. Porém, foi a pressão intensa da organização-cliente, não sua colaboração, que levou às reduções de custos e à melhoria da qualidade.

Décadas atrás, a Toyota retirou seu departamento de eletrônicos e o realocou à Denso, que se tornara a segunda maior fornecedora de componentes do mundo ao vender para muitas empresas além da Toyota. Ainda assim, a Toyota manteve uma relação próxima com ela, incluindo sua propriedade parcial e os executivos que saem da Toyota para ajudar a comandar a Denso. Por que manter esse laço com um parceiro de longa data? São muitos motivos diferentes, mas um deles é a visão de um empreendimento integrado com culturas compatíveis.

A Denso lutou pela sua independência para expandir seus negócios com clientes além da Toyota. Apesar disso, a cultura das duas empresas se tornou semelhante com o tempo. Ambas acreditam no respeito por pessoas e na melhoria contínua, além de investirem pesado em sistemas *lean* para a indústria. Ambas são obcecadas por usar produtos inovadores para superar novos desafios. A Denso, assim como todos os fornecedores que produzem componentes para os veículos da Toyota, tem muitos "engenheiros convidados" que passam anos no setor de P&D da Toyota, trabalhando lado a lado com engenheiros da montadora. Obviamente, isso é útil para saber quais componentes a Toyota vai querer nos seus veículos futuros, mas também leva a níveis excelentes de comunicação e coordenação entre a Toyota e seus fornecedores. Todos estão construindo uma cultura compatível.

A Toyota e seus fornecedores diretos são integrados de muitas maneiras diferentes.[8] Existem associações de fornecedores que realizam reuniões regulares, com temas anuais de tópicos para enfocar na melhoria e comitês para trabalhar em projetos especiais. A função de compras é muito mais do que negociar o preço. Os departamentos de compras têm muitos indivíduos com experiência no STP e em qualidade, que ensinam os fornecedores e levam as ideias de volta para a Toyota. Como os fornecedores de primeiro nível entregam seus produtos no sistema *just-in-time*, com pouquíssimo estoque, qualquer problema que colocasse a produção em risco se tornaria imediatamente visível e levaria a debates intensos sobre o motivo dele ter ocorrido.

É muito difícil se tornar fornecedor da Toyota. A política geral da empresa é ter dois ou três fornecedores para uma categoria de produto por região (por exemplo, assentos nos Estados Unidos), e estes estão envolvidos em uma concorrência ferrenha. Se a Toyota tem isso, não há espaço para fornecedores adicionais, e quando ela entra em uma nova região, ou quando novos itens precisam ser adquiridos devido às inovações tecnológicas, a empresa primeiramente firma contratos pequenos com um fornecedor. Com o passar dos anos, se o fornecedor demonstrar ser confiável, ele vai ganhando mais contratos até se tornar parte do empreendimento geral da Toyota. Depois disso, é difícil ser demitido. Contudo, ele ainda precisa competir e melhorar intensamente a qualidade, o custo e a entrega. Se não melhorar, ele pode perder parte do negócio para fornecedores concorrentes até dar sinais de melhoria. Para quem se torna parte da cadeia de suprimentos e tem bom desempenho, o negócio é estável e lucrativo. Essas organizações se tornam parceiras e acompanham a Toyota nos seus altos e baixos, lembrando que os baixos da Toyota não são tão baixos quanto os das outras indústrias. Com o tempo, a experiência e as orientações da Toyota permitem que aprendam cada vez mais o respeito por pessoas e a melhoria contínua.

O *call center* da Toyota e seus parceiros foram essenciais na crise do *recall*

A crise do *recall* de 2009-10 foi um baque para a autoimagem da Toyota como uma montadora altamente confiável que sempre coloca o cliente em primeiro lugar. Detalhamos o que aconteceu em *A Crise da Toyota*, e houve mais especulação do que fatos sobre os problemas eletrônicos que teriam causado a aceleração súbita inesperada. Na verdade, o National Institute of Highway Safety contratou a NASA, que fez todo o possível para causar falhas nos veículos da Toyota, bombardeando-os com interferência eletromagnética, e concluiu que não havia nenhuma evidência de que o fenômeno era real. Praticamente todos os casos de veículos que saíam de controle para os quais havia dados reais mostravam que a fonte do problema fora a aplicação errônea dos pedais. Em outras palavras, o motorista havia pisado no acelerador quando pretendia frear. Ainda assim, a mídia fez um escarcéu e a reputação da Toyota foi questionada como nunca. Para a empresa, foi uma crise enorme, e ela quer ter certeza que a dor causada continuará a motivar seu aprendizado.

Um fato invisível para quem está de fora é que a primeira linha de defesa quando uma empresa como a Toyota é acusada de problemas de segurança possivelmente letais é responder às preocupações de clientes ansiosos que ligam para o SAC da empresa. Quando foi anunciado que a Toyota pararia de vender veículos por causa de problemas com os pedais, o volume de ligações pulou de 3.000 para 96.000 por dia. A equipe do *call center* tinha que lidar com clientes ansiosos que não sabiam se seria seguro continuar a dirigir seus veículos.

Como descreveu Nancy Fein, vice-presidente de relacionamento com o cliente, naquela época, dizer que a situação foi difícil de administrar não chega aos pés da realidade:[9]

> *Foi um momento muito difícil com os nossos clientes, pois eles tiveram períodos em que não confiavam em nós, achavam que estávamos mentindo para eles ou que estávamos tentando passar uma imagem falsa de nós mesmos. Por trabalharmos no relacionamento com o cliente, tínhamos um papel difícil de não só cuidar dos problemas dos clientes individuais com seus veículos, mas também de reconstruir a confiança que os clientes têm em nós. Precisávamos consertar os problemas dos nossos clientes e ajudá-los a ter fé e confiar na Toyota do mesmo modo que nós confiamos.*

Em comparação com diversas outras organizações, a Toyota tinha uma grande vantagem para enfrentar essa crise. Muitos anos antes, ela decidiu investir no seu próprio *call center* em vez de terceirizá-lo para países de baixa renda. A seleção cuidadosa e o treinamento intenso dos representantes de atendimento ao cliente (RACs) fez uma diferença enorme. Os funcionários do *call center* da Toyota Motor Sales foram escolhidos especificamente pela sua habilidade de construir relacionamento com clientes pelo telefone. Era um emprego de nível inicial na empresa, mas que não era fácil de se obter. Os indivíduos com habilidades básicas precisavam passar por um curso de treinamento de quatro semanas, seguido de 6 a 18 meses de supervisão intensa antes de "ganharem seu diploma" de RACs plenos.

Todos os RACs da Toyota têm autoridade para tomar decisões sobre como resolver os problemas dos clientes. Além de estarem conectados diretamente com as centrais de serviço das concessionárias, os RACs que trabalharam na crise do *recall* também podiam aprovar imediatamente despesas como guinchar um veículo até a concessionária, reembolsar o cliente pelo aluguel de um carro ou arranjar o empréstimo de um veículo de uma concessionária e estender a garantia para abranger outros problemas que o cliente poderia estar enfrentando. Depois que o cliente fala com um RAC, tenta-se sempre repassá-lo para o mesmo RAC nas ligações subsequentes. Para cada cinco RACs, um supervisor monitora ligações específicas, realiza *coaching* com os RACs e pode autorizar soluções mais caras.

Outra característica praticamente exclusiva do *call center* da TMS foi o uso de círculos de controle da qualidade, mesmo durante o auge da crise. Todos os supervisores de *call center* tinham um círculo de controle da qualidade composto por 8-10 RACs, que se reuniam uma vez por semana para conversar sobre problemas, soluções e melhores práticas. Esses círculos eram liderados por RACs mais graduados, como forma de ganhar experiência na liderança de círculos de controle da qualidade e de continuar a fortalecer as habilidades e o treinamento do pessoal externo.

Uma segunda vantagem crítica que a Toyota teve foi a promoção de parcerias íntimas com terceirizados de confiança, a quem a Toyota desenvolvia quase como se fossem funcionários internos. Com o passar dos anos, Fein construíra relacionamentos duradouros com três agências de contratação de equipes de *call center*, e essas organizações tinham profissionais treinados à disposição. No final da primeira semana, todas as três estavam fornecendo profissionais suplementares para o *call center* da Toyota. Essa equipe suplementar já tinha treinamento na função de representantes de atendimento ao cliente, mas todos ainda passaram por três dias de treinamento específico para prepará-los para a situação durante a crise do *recall*, quando as ligações muitas vezes eram muito emotivas. Além disso, o pessoal externo da agência foi parcialmente integrado nos processos da Toyota. Os líderes de grupo escutavam ligações aleatórias para orientar os terceirizados, assim como faziam com os funcionários tradicionais. Os terceirizados, por sua vez, foram até convidados para participar dos círculos de controle da qualidade para ajudar a resolver as questões que surgiam e desenvolver suas habilidades de solução de problemas.

Para garantir o mais alto nível de qualidade de atendimento, no entanto, a TMS ainda fez com que os RACs das agências externas lidassem principalmente com questões informacionais (por exemplo, quando um cliente ligava com o seu número de identificação do veículo para confirmar que o automóvel era ou não parte do *recall*). Se um cliente tinha perguntas mais graves, ou acreditava ter sofrido um caso de aceleração súbita ou "pedal grudento", as agências externas podiam transferir a ligação para o *call center* da TMS imediatamente, para que os RACs mais experientes da Toyota trabalhassem com o cliente.

Uma medida da eficácia desse grupo foi a satisfação dos clientes. Para a surpresa da Toyota, a satisfação dos clientes cujos veículos participaram do *recall* era maior do que a dos clientes cujos veículos não foram afetados. Aparentemente, a atenção adicional recebida desses RACs habilidosos, além das concessionárias extremamente compreensivas, que fizeram de tudo para resolver suas preocupações, aumentou os índices de satisfação.

Os riscos da terceirização de serviços

Hoje em dia, é moda terceirizar serviços, reuni-los em "recursos compartilhados" centralizados e contratar alguém de fora para executá-los. Terceiriza-se recursos humanos, TI, *call centers* e tudo mais que leva a um menor custo por tarefa. É uma economia de curto prazo que, com certeza, é muito atraente. Muitas vezes, os novos CEOs de organizações de serviços usam a terceirização como estratégia para fazer a empresa se recuperar. Porém, isso tem um risco!

Ao contrário da Toyota, que analisa cuidadosamente oportunidades e experimentos em pequena escala de modo a desenvolver gradualmente os fornecedores para atingirem os padrões da empresa, a maioria das organizações de serviços trata a terceirização como se estivesse em um leilão. Quem vai dar o menor lance? Vimos o que aconteceu no Capítulo 6 quando um sistema de saúde centralizou os serviços de lavanderia em um sistema altamente automatizado. Era um sistema impressionante e chamativo, mas simplesmente não conseguia lavar roupa o suficiente para manter os hospitais funcionando.

Por mais que precisemos investir em pessoas e processos dentro da empresa, é necessário fazer um esforço semelhante fora dela. O processo de melhoria é fragmentado; o mesmo pensamento e os mesmos sistemas são necessários em todos os níveis, dentro e fora da organização. Conhecemos empresas que levaram anos para desenvolver suas próprias culturas *lean*, mas esperam que os fornecedores se transformem radicalmente com um punhado de oficinas *lean* de uma semana de duração. É simplesmente impossível.

É por isso que a Toyota primeiro desenvolve a sua própria competência interna e depois terceiriza gradualmente até ser capaz de construir capacidades externas altamente confiáveis, das quais pode depender como se o fornecedor estivesse integrado na sua cultura. Por exemplo, vimos como a Toyota investiu no seu próprio *call center* interno, formou parcerias e desenvolveu serviços externos para expandir a capacidade nos períodos de pico.

Isso não quer dizer que a Toyota investe pesado no desenvolvimento de todos os fornecedores de porcas, parafusos ou luvas de segurança. Antes de terceirizar para uma empresa com uma proposta relativamente baixa e um histórico de qualidade aceitável, pense no seguinte: você está lidando com um *commodity*, algo no qual um prestador de serviço de qualidade é igual a todos os outros, e sua localização não importa? Quais são os requisitos de coordenação? Quanta customização será necessária? Pense na tipologia de serviços do Capítulo 1 (Figura 1.9). Em geral, os fornecedores de serviços padronizados tendem a oferecer *commodities*, que podem ser terceirizados a distância, em comparação com os fornecedores de serviços customizados, que precisam ser muito bem integrados na cultura da sua empresa. Os *call centers* externos usados pela Toyota ofereciam algo entre a experiência padrão e a personalizada. Em geral, a Toyota repassava para eles os clientes com perguntas padrões, apesar da crise ter aumentado a necessidade de ser delicado com todos os clientes.

Integrando os clientes na cultura da Menlo

A Menlo é um sistema aberto de verdade. Por exemplo, a empresa recebe centenas de grupos de visitantes todos os anos, o que envolve milhares de pessoas. Os clientes são presença constante, trabalhando no planejamento do projeto ou assistindo apresentações. Aulas são ministradas para ensinar o sistema da Menlo para outras empresas. Até bebês e cachorros são bem-vindos. A interação humana é visível por todos os lados, a todo momento. A Toyota também compartilha abertamente seu sistema por meio de visitas diárias a determinadas fábricas. "O que a Toyota ganha ao compartilhar abertamente o que faz?", pergunta-se. Essa pergunta tem muitas respostas, mas uma está acima de todas. Abrir-se às visitas externas e à investigação crítica pode fortalecer sua cultura.

Como observamos anteriormente, o cargo oficial de Richard Sheridan é "diretor de narrativa". Pode parecer uma piada, mas ele está falando sério. Sua maior contribuição para a empresa é contar histórias. Externamente, seus livros e apresentações ajudam a vender o trabalho em TI e o treinamento de negócios realizado pela Menlo. Porém, o que a Menlo está vendendo é a sua cultura, e as histórias são parte da alma da cultura. Elas nos ajudam a criar uma identidade coletiva. Escutar nossas histórias sendo contadas e recontadas para pessoas de fora ajuda a reforçar nossa cultura. Um fluxo constante de visitas nos motiva a sustentá-la, o que inclui manter os modelos visíveis e atualizados. Na Menlo, a abertura para o exterior rejuvenesce a cultura, que é seu maior ativo, e rejuvenesce os clientes que descobrem a felicidade de pertencer à comunidade.

Para os clientes, ser integrado no processo e na cultura da Menlo é inevitável. Eles são parte da equipe da Menlo desde a seleção dos personagens-usuários primário e secundário, descrita no Capítulo 5, até a seleção dos cartões de história pelos quais estão dispostos a pagar todas as semanas, além das apresentações semanais de revisão do *software* produzido. Os clientes costumam ser membros da equipe de TI do cliente e vêm de culturas mais tradicionais. Eles não usam o linguajar informal da Menlo, como as apresentações feitas em estilo escolar; não tomam decisões críticas de qualidade usando pontinhos coloridos; não prendem imagens em quadros de cortiça para selecionar seus usuários mais importantes. A Menlo é um ambiente divertido e cheio de energia, e muitos clientes não querem ir embora. Um gerente de TI que não pode levar seu cachorro para o trabalho devido às preocupações legítimas com higiene em um ambiente controlado pediu para levá-lo para a Menlo, e a resposta foi "óbvio que sim". Ele vai para as reuniões na Menlo de calça jeans. Na Menlo, ele relaxa, mas ainda trabalha com energia. Às vezes, pergunta se pode ficar no escritório e fazer seu trabalho na Menlo depois que a reunião termina. Durante parte do tempo, ele pertence à cultura da Menlo.

A apresentação semanal é fundamental tanto para obter *feedback* rápido quanto para envolver os clientes com a cultura. Toda semana, o cliente vai até a Menlo, recebe os cartões de história programados naquela semana e opera o sistema com os recursos recém-programados (ver Figura 7.7). O cliente está no controle. Ele não recebe uma tonelada de manuais de instrução. Se o *software* não é intuitivo, ele precisa melhorar. Na teoria de sistemas, aprendemos que a velocidade do *feedback* é essencial

FIGURA 7.7 Apresentação para o cliente.

para os ciclos de autocorreção. O PDCA depende do *feedback* rápido e de respostas igualmente rápidas a ele. O *software* é programado semanalmente, testes são criados para verificar o *software* tecnicamente (e garantir que ele faça o que deveria fazer) e os inspetores de qualidade confirmam que o *software* cumpre o entendimento do que o cliente quer. Porém, o cliente é a verificação final. Na última semana de um projeto de três anos, a única coisa sendo verificada é a última semana de trabalho. Assim, não é surpreendente que o cliente receba o *software* final e comece a usá-lo para trabalhos reais no dia em que chega, sem nenhum problema. As reclamações dos clientes são uma relíquia do passado, algo que acontecia em vidas passadas.

Uma maneira ainda mais direta que a Menlo usa para integrar seus clientes no negócio é a participação societária. Quando firma um contrato com um novo cliente, a Menlo se oferece para aceitar metade da conta em ações do cliente. Ela acredita que, se a empresa está realmente comprometida com a ideia de ajudar os clientes, e que o *software* vai beneficiá-los, ela deveria apostar de verdade nos clientes.

Um dos esforços pioneiros nesse sentido, que acabou gerando resultados financeiros impressionantes, foi aceitar ações da *start-up* que estava desenvolvendo o citômetro de fluxo Accuri. A citometria de fluxo é usada para analisar células em ambientes clínicos e de pesquisa no estudo do câncer, AIDS, leucemia e diversas doenças imunológicas. Jen Baird e Colin Rich eram dois empreendedores de Ann Arbor e tinham uma ideia. Eles haviam licenciado a tecnologia através do Escritório de Transferência Tecnológica da Universidade de Michigan, com a intenção de revolucionar o mundo da citometria de fluxo com um citômetro de fluxo pessoal barato, fácil de usar e muito compacto. Produtos desse tipo estavam no mercado havia 30 anos, mas os que existiam eram itens grandes, caríssimos, difíceis de usar e manusear, e pesadelos na hora de fazer sua manutenção.

Uma coisa que o pessoal da Menlo aprendeu logo no princípio foi que era preciso ensinar seus processos para os clientes. No início do projeto, pediu-se à Accuri que participassem de um dia de aulas sobre o processo da Menlo, a fim de que a equipe do cliente soubesse o que esperar e qual seria seu papel no sucesso do projeto. Nesse caso, o trabalho seria mais um projeto de desenvolvimento conjunto do que uma tarefa de *software* potencialmente independente, pois o *hardware* e o *software* estavam sendo desenvolvidos em paralelo.

A Menlo ensinou à Accuri sobre os diversos modos de falha dos projetos de desenvolvimento, e não só de *software*, além de ensinar como o processo da Menlo evitava essas falhas. Entrevistei Richard Sheridan sobre essa experiência e ele explicou os modos de falha e as contramedidas da Menlo:

1. *Os projetos saem dos trilhos e ninguém percebe até ser tarde demais. Uma solução foi o uso de apresentações semanais, em que Jen e sua equipe experimentavam o* software *emergente para observar em primeira mão o progresso concreto. Isso embasava os relatórios de progresso na realidade, ao contrário dos diagramas de Gantt, que são relatórios de* status *e estatísticas de porcentagem de finalização impossíveis de verificar em um projeto de* software.

2. *A falha quase sempre ocorre porque os orçamentos não são controlados e o dinheiro acaba quando o projeto está "80% completo" e não pode ser usado. Nossa abordagem iterativa e incremental significa que sempre temos um* software *funcional, que poderia ser usado, se necessário, mesmo que nem todos os recursos estejam presentes.*
3. *Muitas vezes, os projetos tecnicamente são bem-sucedidos, mas acabam não sendo utilizados pelo público-alvo e, consequentemente, não atingem os níveis de adoção necessários para que o negócio seja rentável. Ensinamos a Jen e sua equipe sobre a nossa abordagem de Antropologia High-Tech para realizar o design da experiência do usuário. Pedimos que eles nos apresentassem a usuários finais reais, que já usavam os citômetros de fluxo existentes fabricados pela concorrência. Nossos Antropólogos estudaram esses usuários nos seus ambientes de trabalho nativos a fim de entender suas dificuldades e eliminá-las da experiência do usuário. Nosso objetivo era produzir um* software *que não precisaria de manuais do usuário, treinamento em sala de aula ou arquivos de ajuda e que pudesse ser usado imediatamente pelo usuário final típico.*
4. *Um modo de falha bem comum dos produtos de* software *é o excesso de ambição nos objetivos, o desejo de ser "todas as coisas para todas as pessoas". É algo que combatemos com o uso de personagens e mapas de personagens, que priorizam os tipos de usuário para que tenhamos exatamente UM tipo principal de usuário que estamos tentando atender melhor do que todos os outros. Eles escolheram um assistente de pós-graduação inexperiente, que atualmente não tem permissão para usar os citômetros de fluxo existentes porque as taxas de erro são altas demais, então apenas os diretores de laboratório usam os produtos atuais no mercado. A escolha pode parecer estranha à primeira vista, mas há 10 assistentes de pós-graduação para cada diretor de laboratório. Portanto, se tivéssemos sucesso com esse público, o mercado-alvo seria dez vezes maior. Foi uma decisão corajosa.*
5. *Mesmo que tudo dê certo, a qualidade do* software *pode decair e o produto fracassar por não ser confiável. Isso quase sempre se manifesta nos estágios finais do esforço de desenvolvimento, quando o tempo e o orçamento estão se esgotando e as equipes sobrecarregadas pisam no acelerador e começam a fazer excesso de hora-extra, incluindo finais de semana, madrugadas e férias atrasadas ou canceladas. Muitos e muitos problemas (*bugs*) surgem nessa fase por causa do cansaço e, muitas vezes, é impossível superar essa avalanche de problemas de qualidade depois que o produto é lançado, pois a primeira impressão pode levar um novo produto ao fracasso caso crie erros ou cause* crashes *constantes. Ensinamos à equipe administrativa da Accuri a nossa abordagem de programação em dupla e a nossa regra rígida de não trabalhar mais de 40 horas por semana, além da nossa pratica de teste de unidades automatizado e o efeito positivo consequente que tudo isso teria no produto final.*

Um último problema emergiu quase imediatamente. A fase um do projeto (como definida por Jen, líder do projeto) teria custo estimado de 600 mil dólares, e ela só tinha 300 mil para gastar na equipe de software. *Por mais que Jen e sua equipe gostassem de nós, a realidade é que eles não tinham dinheiro para nos pagar. Sugeri que reduzíssemos o preço em dinheiro em 50% e recebêssemos o resto em participação acionária. Jen ficou chocada com um fornecedor externo que estava disposto a fazer uma aposta tão grande em uma* start-up. *Confirmei para ela mais uma vez nosso modelo relacional e disse que, se não estivéssemos dispostos a apostar no resultado, nem aceitaríamos o projeto. O negócio foi fechado e o trabalho começou. Durante os quase três anos e meio de desenvolvimento do produto, continuamos a trocar dinheiro por ações, assim como fizemos naquele primeiro projeto. Também fechamos um acordo para trocar dinheiro no presente por* royalties *no futuro, depois que o produto fosse ao mercado. Apostamos muito no projeto.*

A primeira unidade ficou pronta após 3,5 anos, e funcionou perfeitamente desde o princípio. O primeiro cliente pôde ligá-la e começar a usar sem um manual do usuário, um arquivo de ajuda ou uma aula de treinamento, tal e qual a Menlo previra. Os pedidos começaram a chegar. Três anos após a primeira unidade ficar pronta, a Accuri incorporara quase 30% do mercado mundial de citometria de fluxo, e a empresa foi comprada por uma das suas maiores rivais por 205 milhões de dólares. A Menlo ganhou milhões, os fundadores da Accuri enriqueceram e todos ficaram felizes, especialmente os usuários, que agora tinham um citômetro de fluxo que adoravam usar.

COMEÇAR PELO MACRODESIGN OU CONSTRUIR A CULTURA DE PESSOA EM PESSOA?

É uma pergunta difícil de responder em termos genéricos, pois é organizacionalmente específica. O novo CEO, contratado de fora para fazer com que a empresa dê a volta por cima, normalmente passa boa parte do tempo com um pequeno grupo, reformulando a estrutura organizacional e imaginando a nova cultura, que, não por acaso, costuma ser parecida com a cultura de onde eles vieram. Eles se debruçam sobre organogramas. "Somos organizados por região, mas deveríamos ser organizados por grupos de produtos, com responsabilidade pelo resultado financeiro." "A organização por produtos não tem agilidade, precisamos refocar com quatro grupos principais, não doze, e integrar funções financeiras mais fortes." "A organização esvaziou o escritório da matriz, virou uma anarquia geral. Precisamos fortalecê-la e fazer com que todos trabalhem por uma só empresa." Se o *design* organizacional é A, o novo CEO adota B ou C.

A cultura é ainda mais amorfa. "Entrevistei dezenas de pessoas e conclui que nossa cultura está quebrada". "Cultura não é uma questão de 'eu', é uma questão de 'nós'". "Temos uma cultura de 'esse não é o meu trabalho'. Precisamos de uma cultura de 'responsabilidade'".

Esses CEOs podem estar corretos em dizer que é preciso realinhar prioridades ou fortalecer os valores compartilhados, mas como eles vão fazer isso? Em organizações de comando e controle, o CEO está, metaforicamente, apertando botões e puxando alavancas para controlar o lucro, aumentar as vendas e reduzir os custos. Como o CEO pode criar pontos de ação para gerar resultados? Desenvolver novas ofertas de serviço, modelos de negócios, promoções, publicidade? Eliminar as áreas com baixo desempenho, tanto os serviços quanto as pessoas associadas a eles? Se diferentes grupos de pessoas, em diferentes áreas da organização, são responsáveis por oferecer serviços semelhantes, organizar serviços compartilhados em uma única unidade pode permitir que o quadro de lotação seja reduzido, consolidado ou terceirizado. Alguém que está no comando de cada unidade de serviço acaba com a "batata quente" dos resultados, que ele passa para seus subordinados, que repassam para seus subordinados até termos uma cultura de "responsabilidade". O lema oficial da nova cultura passa a ser "produza resultados ou sofra as consequências".

Compare isso com o que o CEO da Elisa fez. Na Elisa, ele perguntou: "como vamos criar unidades fundamentais direcionadas para o cliente nas quais poderemos afetar ao máximo sua satisfação?". Era evidente que ele estava interessado em responsabilidade, mas em ser responsável perante o cliente. Encontrar alguém no comando que possa ser o primeiro a aprender como resolver os problemas dos clientes, um de cada vez. Eliminar aqueles erros de cobrança nojentos que causam tanto mal-estar. Resolver as indisponibilidades de serviço rapidamente e descobrir a causa fundamental para que elas não se repitam. A satisfação dos clientes deu um salto na Elisa, mas a história não terminou por aí: ela mal começara. Após mais de cinco anos desenvolvendo pessoas no nível local e definindo processos fundamentais para que os fluxos de valor se concentrassem na satisfação do cliente de ponta a ponta, o pessoal da Elisa se voltou para a melhoria contínua. Todos os dias em 2014–2015, eles trabalharam nos valores fundamentais da empresa. O objetivo era desenvolver um retrato da cultura pretendida. Ranta-aho Merja, vice-presidente executivo de recursos humanos e líder desse esforço, explica:

> *Envolvemos todo o nosso pessoal em um diálogo sobre o que sentíamos que era importante para nós. Integramos nossos princípios de excelência aos nossos valores fundamentais, que agora continham cinco valores distintos, cada um dos quais explicados por três comportamentos que queremos cultivar e desenvolver. Aprendemos que a única maneira de atingir a excelência é construir conscientemente uma cultura que apoia a paixão pelo cliente, a melhoria e a aprendizagem contínuas e o respeito mútuo.*

Enquanto isso, Petri se concentrou em criar sistemas de gestão diária para que pequenos grupos de supervisores de linha de frente e suas equipes resolvessem problemas todos os dias. Em seguida, Petri foi encarregado das vendas, para levar o sistema de gestão diária à sua organização, no que foi bem-sucedido. O contexto do nível macro preparou o cenário para o trabalho árduo de construir uma cultura de melhoria contínua.

Na nossa experiência, é fácil implantar rapidamente uma cultura baseada em resultados rápidos, medo e recompensas generosas para alguns poucos, mas ela não possui profundidade além dos escritórios dos executivos e alguns poucos níveis da alta gerência. Uma cultura de excelência em serviços demora para se construir e exige vigilância constante para se sustentar, mas esse é o único caminho para a verdadeira grandeza.

PONTOS PRINCIPAIS
PRINCÍPIOS DE PESSOAS NO NÍVEL MACRO

1. O *design* organizacional é particularmente importante nos serviços, pois, ao contrário da indústria, não temos os limites claros da fabricação de objetos.
   - Os processos de pessoas de nível macro criam um contexto para elas entenderem qual é o seu lugar na organização e "encontrarem seu próprio caminho".
2. É preciso organizar-se de modo a equilibrar o conhecimento profundo e o foco no cliente, pois permite que a empresa seja flexível e se adapte às suas novas necessidades dos clientes:
   - Os tipos comuns de *design* organizacional incluem a organização funcional, direcionada ao cliente, matricial e em rede.
   - Com o tempo, o *design* organizacional pode (e deve) mudar com base em mudanças no ambiente (incluindo nos mercados) e em um entendimento cada vez mais profundo das necessidades dos clientes e do negócio.
3. A cultura é extremamente complexa, e a cultura de cada organização evolui com o tempo; ela pode simplesmente "acontecer" ou pode ser cultivada *intencionalmente* para que todos entendam suas nuances e saibam como agir de acordo, seja qual for sua função:
   - Criar uma cultura deliberada significa contratar conscientemente: tome cuidado ao entrevistar e filtrar candidatos de acordo com sua adaptação à cultura da empresa durante o processo de contratação.
   - Garanta que o processo de contratação em si reflita a cultura da organização.
   - Criar uma cultura deliberada significa garantir que todos os principais aspectos da cultura e as expectativas sejam entendidos e praticados em todas as funções.
4. Trabalhe conscientemente para integrar os parceiros externos (fornecedores e clientes) na cultura da sua organização, pois os produtos e serviços dos fornecedores acabam por atingir e afetar seus clientes, enquanto os clientes devem gerar *feedback* constante sobre as suas necessidades.
5. Construir uma cultura deliberada de excelência em serviços exige tempo, esforço e um entendimento profundo sobre as necessidades dos seus clientes e o propósito da sua organização.

CAPÍTULO 8

Princípios de pessoas no nível micro: desenvolver pessoas para se tornarem mestres da sua arte

Eles [os professores itinerantes] são inúteis, senhor. Eles nos ensinam fatos, não o entendimento. É como querer ensinar sobre as florestas mostrando um serrote para as pessoas. Eu quero uma escola de verdade, senhor, que ensine a ler e a escrever e, acima de tudo, a pensar, senhor, para que as pessoas possam descobrir no que elas são boas, porque alguém que faz o que gosta é sempre um ponto positivo para qualquer país, e muita gente só descobre quando é tarde demais.

—Tiffany Aching (bruxa da cidade), defendendo a fundação de uma nova escola para o Duque, em *I Shall Wear Midnight*, de Terry Pratchett

DESENVOLVER PESSOAS COMO PRINCÍPIOS ORGANIZACIONAL

As limitações das abordagens de *design* organizacional à mudança

A abordagem da organização de alto desempenho é humanística e levou a resultados impressionantes, mas, mesmo assim, algo está faltando. Os pressupostos iniciais, de que um bom *design*, isto é, um plano de sistema sociotécnico complexo pode ser executado fielmente apenas se a administração o apoiar parecem ser falhos. Nessa abordagem, quase toda a atividade de *design* organizacional é realizada em *workshops* de vários dias, liderados por consultores externos ou internos, com gerentes seniores que são "educados" e desenvolvem um plano no papel que tentam implementar em toda a organização.

A consultoria finlandesa Innotiimi começou a aprender sobre a administração *lean* e enxergou como ela poderia complementar os conceitos mais amplos de *design* de organizações de alto desempenho – OADs. Na sua revista *Change*, a empresa pinta um retrato do que acontece quando as características gerais de *design* de OADs são combinadas com métodos de mudança rápida baseados em experimentação científica:[1]

Lembre-se de uma situação (na sua vida pessoal ou profissional) na qual coisas incríveis aconteceram, situações em que resultados brilhantes, praticamente impossíveis, foram conquistados, em que a energia positiva era alta e as pessoas sentiam algo fluindo entre elas. O que aconteceu? Normalmente, a descrição que se escuta é mais ou menos assim: "tínhamos uma meta clara e desafiadora com a qual estávamos todos comprometidos. Sentíamos confiança na equipe e todos usamos nosso próprio bom senso em busca do sucesso. Era fácil achar a pessoa certa para cada tarefa, sem joguinhos de poder. Os processos corriam sem problemas e sem burocracia. O foco estava em planos curtos, execução, reflexão breve, adoção fácil e repetição. E no final, tínhamos orgulho do nosso sucesso e não éramos mais os mesmos do começo. Nossa cultura, o modo como fazemos as coisas, mudara".

Apesar desse *insight* profundo, entretanto, a Innotiimi continuou com seu foco centrado na abordagem dos *workshops*. A empresa adicionou uma "série de três meses de *workshops* chamada Resultados Rápidos para implementar as mudanças" aos projetos de nível macro. Parece ser uma inovação útil para os *workshops* de *design* teórico, mas ainda está longe do período prolongado de prática diária que precisamos para mudar comportamentos e mentalidades. Como a empresa descreve o processo para um projeto:[2]

O primeiro workshop *foi organizado para a equipe administrativa. Nessa reunião de um dia, decidiu-se a redução de custos diretos de 3%, a estrutura organizacional principal do processo e as funções administrativas para o projeto em si. A seguir, realizaram-se míni* workshops *funcionais com os principais indivíduos de cada função: conversas de três a quatro horas sobre a interpretação das metas para cada área funcional e a preparação de um mapa de processo. (...) Em um segundo* workshop *de meio dia com a gerência, os potenciais identificados pelas subequipes, que analisaram suas próprias estruturas de custo, foram resumidos, e algumas pessoas foram escolhidas para as equipes de Resultados Rápidos. Posteriormente, realizaram-se* workshops *práticos quinzenais. (...) A iniciativa deu origem a uma mudança cultural. (...) O local na Hungria atingiu uma economia de 3,3% em custos de produção diretos.*

Em outras palavras, os gerentes seniores desenvolveram um plano de redução de custos e identificou as economias em uma equipe multifuncional. Não duvidamos que uma equipe de gerentes com bons facilitadores é capaz de identificar economias de custo, mas isso fica longe de uma intervenção capaz de provocar mudanças culturais profundas. Ainda assim, o planejamento no nível macro da OAD pode criar uma estrutura para as mudanças em nível micro que, muitas vezes, estão ausentes nas abordagens *lean*, que têm o problema oposto de ficarem presas na melhoria de processos específicos, perdendo de vista o quadro organizacional como um todo. Nossa intenção não é criticar essa consultoria, pela qual temos um respeito profundo. Contudo, os surtos de decisões rápidas em reuniões simplesmente não é como a mudança cultural acontece. Bem que gostaríamos que ela fosse uma simples questão de criar planos no papel durante *workshops* e implementá-los.

Na nossa opinião, essa mitologia comum é um obstáculo para muitas organizações. Algo está faltando, e acreditamos que esse algo é o desenvolvimento das habilidades e da mentalidade necessárias para a melhoria contínua, que enfoca a aprendizagem contínua, e não em implementar rapidamente planos conceituais bem-definidos usando *workshops* intensos.

No Capítulo 7, vimos que a Elisa obteve um valor enorme com o trabalho de Kai Laamanen, consultor da Innotiimi. Todavia, Petri Selkäinaho, vice-presidente da Elisa, enfocou o seu trabalho especificamente em uma determinada tarefa: facilitar uma equipe executiva que identificava processos de negócios fundamentais focados no cliente. Posteriormente, Petri e a equipe da Elisa assumiram a facilitação da melhoria, o ensino da solução de problemas, o estabelecimento de sistemas de gestão diária e a liderança durante o longo e árduo processo de mudar a cultura. Seis anos depois, Petri diria que eles mal arranharam a superfície.

Nossos três princípios de pessoas no nível micro se concentram em desenvolver pessoas que recebem *coaching* de líderes que têm as habilidades e a mentalidade necessárias para a melhoria (ver Figura 8.1):

- Desenvolver habilidades e mentalidade pela prática de *kata*
- Desenvolver líderes como *coaches* de equipes em desenvolvimento contínuo
- Equilibrar recompensas extrínsecas e intrínsecas

Desde os primeiros momentos, as organizações que levam a transformação *lean* a sério precisam que os líderes tenham habilidades e mentalidades científicas para comandar o processo. Como veremos, mudar o modo como pensamos e agimos é um desafio enorme. Podemos aprender os conceitos em sessões de treinamento e

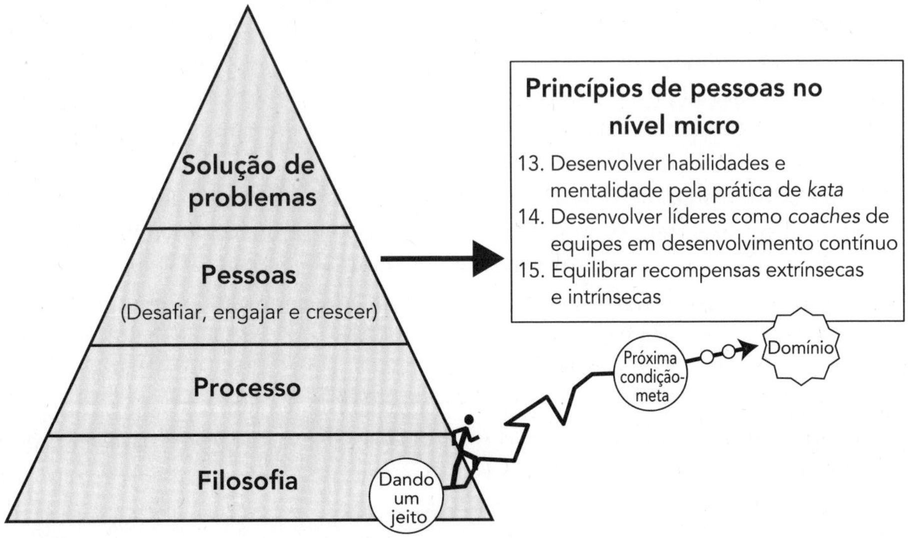
Solução de problemas
Pessoas
(Desafiar, engajar e crescer)
Processo
Filosofia
Dando um jeito
Próxima condição-meta
Domínio
Princípios de pessoas no nível micro
13. Desenvolver habilidades e mentalidade pela prática de *kata*
14. Desenvolver líderes como *coaches* de equipes em desenvolvimento contínuo
15. Equilibrar recompensas extrínsecas e intrínsecas

FIGURA 8.1 Princípios de pessoas no nível micro.

oficinas, mas para mudar profundamente o modo como agimos e pensamos é preciso ações e experiências constantes e, geralmente, a orientação de um *coach* também. Uma abordagem relativamente nova ao desenvolvimento de líderes, introduzida no livro *Toyota Kata*, é desenvolver a mentalidade científica de uma forma poderosa. Vamos considerar como a empresa fictícia Serviço 4U percebeu que líderes não comprometidos, que não tinham as habilidades necessárias, estavam atrasando o processo de transformação.

A Serviço 4U aprende a desenvolver líderes usando o *kata* de melhoria e o *kata* de *coaching*

Sam McQuinn e Sarah Stevens acabaram de almoçar no escritório de Sarah. Sam mal podia acreditar que quase um ano se passara desde que ele pedira demissão da NL Serviços. "O que dizem sobre o tempo voar quando se envelhece deve ser verdade!", disse, balançando a cabeça e recostando-se na cadeira. "O calendário diz que um ano todo se passou, mas parece que cheguei aqui faz só um minuto!"

"É porque trabalhamos e avançamos tanto!", Sarah riu. "Na NL Serviços, mesmo quando dedicávamos muito tempo e esforço a alguma coisa, parece que sempre terminávamos exatamente no mesmo lugar... No ponto de partida!" Sam riu também. Sarah estava certa. Na NL Serviços, por mais horas-extras que fizesse e "iniciativas" que implementasse, a empresa parecia nunca fazer progresso algum.

"Excelente observação", Sam disse, amassando o último guardanapo do seu sanduíche. "O que me lembra a pauta da nossa reunião de hoje. O quanto nós realmente progredimos este ano na Serviço 4U?" Sarah e Sam passaram boa parte da tarde revisando as metas e os resultados de diferentes regiões: satisfação do cliente, retenção de clientes, crescimento de novos clientes e produtividade. Eles ficaram contentes em ver que muitas áreas da empresa avançaram consideravelmente. Porém, ao revisar os gráficos de cada unidade de negócios, eles perceberam que algumas estrelas haviam superado as expectativas, uma boa parcela das unidades mal atingira suas metas e alguns retardatários pareciam estar ficando cada vez mais para atrasados.

"Interessante", Sarah disse, reorganizando e realinhando alguns dos gráficos sobre a mesa. "A Divisão Noroeste está em chamas, enquanto o Sudeste e o Sudoeste estão avançando bem. Já a Divisão Nordeste parece estar ficando para trás. Por que será?"

Sam observou os gráficos em silêncio por alguns momentos. "Espere aí", ele disse para Sarah enquanto procurava alguma coisa no seu computador, e então abriu o organograma da empresa. "Olha só, acabo de completar minha revisão anual dos presidentes regionais. Doug Barns, o presidente regional da Noroeste, falou sem parar sobre todo o trabalho *lean* que está acontecendo nas suas regiões. E eu sei que 'sabe' mesmo o que está acontecendo, os fatos, não só dados dos relatórios, e está sempre nos escritórios regionais... Ele vai ao *gemba* para ver tudo com os próprios olhos. Até participou de visitas de vendas com os gerentes e representantes de vendas."

"Sim", Sarah concordou. "É verdade! Eu aprovo os relatórios de despesas de Doug, e quando perguntei a ele sobre todas as viagens que fizera, ele respondeu que era um preço pequeno a pagar, considerando tudo que aprendera e como conseguira ajudar seus gerentes e supervisores a se desenvolverem e a desenvolver seu pessoal."

Sam balançou a cabeça, concordando em silêncio, e continuou. "Infelizmente, o mesmo não vale para a Nordeste. Maria Canson, a presidente regional dessa grande divisão, não parece estar ativamente envolvida nos esforços *lean*. Quando perguntei a ela como estava monitorando o progresso da sua região e ensinando seus líderes a usar os princípios *lean*, ela sabia me dar alguns exemplos de projetos *lean* que encontrara em relatórios, mas não me deu a impressão de ter o mesmo comprometimento, entusiasmo ou investimento pessoal que vi no Doug."

Sarah refletiu por um minuto antes de responder. "Acho que você está no caminho certo. Eu notei a mesma coisa. Quando pergunto como a equipe dela está se saindo, ela me dá as respostas certas, mas quase sempre completa com algo do tipo 'essa história de *lean* é mais difícil do que parece, eu tenho saudade de quando simplesmente dizíamos o que fazer e as pessoas faziam'. Não sei se ela está se concentrando de verdade em desenvolver a capacidade do seu pessoal. Se não está, talvez este seja um dos motivos para sua região não estar avançando no mesmo ritmo que as regiões do Doug".

"Concordo", Sam disse. "Pensando bem, acho que passei mais tempo com Doug e os líderes dele porque ele pede mais a ajuda da minha equipe de melhoria contínua. Não dediquei o mesmo tempo à Maria e sua região."

Sam e Sarah ficaram em silêncio por alguns minutos. No geral, eles estavam contentes com os resultados da empresa e animados em ver que a cultura administrativa parecia estar avançando na direção do foco de longo prazo no desenvolvimento de pessoas, mas também era evidente que, na maior parte da empresa, isto é, nas regiões em que os líderes estavam apenas brincando de *lean* e ainda dependiam do seu histórico de comando e controle tradicional, o progresso estava distante daquele visto na única região que tinha um líder apaixonado pela ideia, alguém que estava aprendendo a liderar com a mistura certa de entender os processos *lean* e saber como motivar pessoas em busca de um objetivo em comum.

"Sam, acho que, se vamos continuar a progredir, e se não queremos acabar iguais à NL Serviços no final das contas, precisamos trabalhar mais nessa coisa da liderança. Ainda temos quase todos os líderes que tínhamos no começo, e com certeza não temos nenhuma estratégia para promover ou escolher líderes novos. Parece que estamos concentrando nossos esforços em ajudar o líder que já 'pegou' o *lean* e estamos prestando menos atenção em quem ainda não conseguiu. Na minha opinião, se vamos mesmo ser uma cultura de melhoria contínua, precisamos criar um plano para desenvolver nossos líderes, que, por sua vez, vão desenvolver seus gerentes e supervisores. Bem que eu queria saber como fazer isso, mas não faço a mínima ideia."

"Olha, Sarah, não vou dizer que eu sei a resposta", Sam respondeu. "Mas aposto que conheço quem sabe!"

Duas semanas depois, Sam e Sarah realizaram uma *conference call* com Leslie Harris, a consultora *lean* em quem haviam aprendido a confiar profundamente. Leslie ouviu a história dos dois com atenção. "Excelentes observações e aprendizado", ela aplaudiu e parabenizou Sam e Sarah. "O que vocês estão notando é um problema bastante comum e, como descobriram, a menos que tenham os líderes certos e que eles estejam aprendendo e ensinando outros, o resultado vai ser o desenvolvimento desnivelado que está acontecendo hoje, com algumas áreas desabrochando e outras estagnando. Eu gostaria de apresentar para vocês meu colega Dennis Garrett, que está muito envolvido em um movimento recente no mundo *lean* de uma prática chamada Toyota *Kata*. O Toyota *Kata* é uma abordagem para desenvolver pessoas que combina com o modo como os adultos aprendem. Dennis é um grande 'nerd de *kata*' e acho que ele vai ser a pessoa certa para ajudar no desenvolvimento de lideranças na Serviço 4U e dar aos líderes as ferramentas de que precisam para mudar em vez de simplesmente esperar que eles descubram a resposta sozinhos."

PRINCÍPIO 13: DESENVOLVER HABILIDADES E MENTALIDADE PELA PRÁTICA DE *KATA*

A pesquisa por trás do Toyota *Kata*

Mike Rother foi meu aluno no mestrado e trabalhou comigo na Universidade de Michigan, mas nossas carreiras divergiram. Eu estava escrevendo livros, ministrando palestras e desenvolvendo a base conceitual do Modelo Toyota enquanto ele estava no chão de fábrica, aprendendo na prática. Ambos enfrentamos o desafio de tentar fazer com que os gerentes fossem menos orientados pelas ferramentas *lean* e dessem mais foco ao desenvolvimento de pessoas, mas de jeitos diferentes. Eu escrevi sobre os conceitos usando exemplos de caso. Mike estava tentando desenvolver uma contramedida prática, e o que ele criou foi o Toyota *Kata*. Antes de nos aprofundar no Toyota *Kata*, vamos considerar os problemas que ele tentava resolver.

O que Mike observou foi uma série de pontos fracos na transformação *lean*:

1. **Implantação irrefletida de ferramentas.** As pessoas implantavam ferramentas para eliminar perdas sem entender de verdade o motivo para usá-las. Elas estavam "usando por usar" as ferramentas.
2. **Ausência de direção clara.** Não havia uma direção clara para a eliminação de perdas, apenas uma série de ações aleatórias, o que fez com que as atividades, muitas vezes frenéticas, não produzissem resultados de negócios significativos na sua totalidade.
3. **Falta de método científico.** Todos os profissionais *lean* aprendiam o PDCA, mas poucos tinham um entendimento profundo do método científico por trás

dele; assim, havia muito esforço sem desenvolver o planejamento, a verificação e a aprendizagem.

4. **Liderança e responsabilidade sem clareza.** As equipes de melhorias agiam aqui e ali, mas nem sempre era evidente quem seria responsável por quais metas e quais áreas de melhoria.
5. **Melhorias parciais e inconstantes.** Havia surtos de atividades de melhoria, seguidos pelo trabalho como sempre ocorrera, especialmente em empresas que usavam eventos de *kaizen* como o principal mecanismo de implantação.

Esses surtos de atividade para implementar as ferramentas geravam alguns resultados positivos. A situação melhorava em alguns aspectos: fluxo melhorado, menos estoque, padrões de trabalho mais organizados, qualidade maior, aumentos de produtividade e entregas no prazo. E as pessoas se engajavam profundamente... Às vezes. Contudo, o processo sempre tinha solavancos, e quase todas as grandes ideias produzidas nesses surtos de atividade levavam a mudanças que acabavam por decair. Mesmo quando as "melhorias" levavam a mudanças de longo prazo no fluxo de trabalho, havia pouca adaptação às mudanças nas condições reais, e com o tempo, as melhorias ficavam descompassadas e perdiam sua eficácia. Além disso, os gestores não estavam mudando o modo como pensavam, nem agiam para apoiar os novos sistemas. O *lean* era só mais um programa de melhoria a ser trabalhado ate o próximo programa aparecer.

A causa fundamental: o modo como nossos cérebros funcionam

Mike concluiu que, na maioria dos casos, pessoas bem-intencionadas estavam fazendo o que acreditavam ser o certo para a empresa com base nos hábitos e mentalidades existentes. Ele mergulhou em pesquisas sobre neurociência e psicologia cognitiva. Não era uma coisa da Toyota, mas sim uma questão do modo como seres humanos trabalham e aprendem. Mike descobriu que a parte do nosso cérebro que o córtex pré-frontal não tem como acessar, isto é, o inconsciente, é muito mais importante para o modo como operamos diariamente do que muita gente acredita. Estima-se que 70-80% do que fazemos vêm de hábitos profundamente arraigados, que temos dificuldade para mudar ou que sequer tentamos mudar.

A necessidade de ter hábitos ou rotinas evoluiu do instinto de sobrevivência na pré-história. Quem caça animais letais não tem o luxo do tempo para refletir e raciocinar quando está cara a cara com uma fera que gostaria de transformar na sua próxima refeição. Era preciso ler a situação e reagir: ver o animal, prever onde ele estaria quando a lança caísse e atirar a lança. Quem fazia isso bem sobrevivia e tinha filhos; quem era contemplativo morria, levando seus genes consigo. No mundo moderno, ainda é preciso saber ler a situação e reagir, por exemplo, no trânsito. Esse instinto também é muito útil para sobreviver ao cotidiano: levantar, tomar banho, se vestir, ir a uma reunião, tomar café, executar as rotinas do trabalho diário e assim por diante.

Tudo o que nosso cérebro armazena como uma rotina não exige o uso da região mais valiosa, que mais consome energia e que centraliza o raciocínio consciente: o córtex pré-frontal. É nele que pensamos sobre o que fazemos e dizemos, que refletimos sobre o que aconteceu e tentamos aprender com isso. Também é nele que tentamos controlar a parte inconsciente e rebelde do cérebro, quase sempre sem sucesso. Em linhas gerais, estima-se que o cérebro ocupa cerca de 2% do volume do nosso corpo, mas consome cerca de 20% da nossa energia. O grande glutão de energia é o córtex pré-frontal, enquanto o resto do cérebro segue em piloto automático. Na verdade, há quem defenda que o que nos liberou para desenvolver a parte humana do cérebro, ou seja, a parte que raciocina, foi o momento que passamos a caminhar eretos sobre duas pernas, e não quatro patas, pois reduziu a energia gasta em movimentos e permitiu que nosso cérebro evoluísse. Em outras apalavras, os indivíduos com córtices pré-frontais desenvolvidos (os glutões de energia) podiam usar sua inteligência para sobreviver e se reproduzir.[3]

É uma explicação horrivelmente simplista, mas nos proporciona uma ideia geral. Os neurocientistas atualmente sabem muito mais como o cérebro funciona, graças às descobertas surgindo todos os dias. Quando estamos aprendendo algo novo, precisamos forjar novas conexões (sinapses) entre os neurônios individuais. São essas conexões que nos permitem lembrar das coisas. São elas que armazenam nossas memórias e servem de base para as rotinas semiautomáticas que executamos. Tarefas complexas exigem redes mais densas de conexões entre os neurônios, e expandir essas redes é um processo muito trabalhoso, que depende principalmente de repetições. Como Mike Rother conclui na sua pesquisa:[4]

- O cérebro aprende a preferir tudo o que enfocamos repetidamente.
- À medida que a repetição reforça essas informações, elas se fixam no cérebro e solidificam nossos pensamentos e ações. Elas se tornam parte de quem somos. Pense nisso da próxima vez que ficar brabo com algo ou alguém.
- Devido a esses caminhos preferenciais no cérebro, somos levados a usá-los cada vez mais, deixando-os cada vez mais fortes. É como caminhar por uma trilha na neve. Tente, por exemplo, escovar os dentes com a mão esquerda se for destro.
- Nós podemos alterar nossa mentalidade! Uma maneira de reprogramar o cérebro é praticar intencionalmente um novo padrão. Dessa forma, os caminhos existentes vão se enfraquecendo e sendo substituídos por novos comportamentos e redes neurais.
- Ser otimista é importante. Para desenvolver novos hábitos e a autoeficácia usando a prática, o aprendiz deve vivenciar o sucesso e as emoções positivas, como aquelas produzidas pela dopamina, que provém de suas vivências.

Quem aprendeu a tocar um instrumento musical (no meu caso, o violão clássico) sabe como é trabalhoso construir essas redes neurais. Quando comecei a aprender minha primeira composição mais difícil, a experiência foi dolorosa. Vinte minutos de treino e eu estava exausto, mas meu professor me ensinou cuidadosamente como eu deveria praticar.

1. Divida a composição musical geral em seções menores, chamadas de frases.
2. Aprenda a tocar uma frase de cada vez, a começar pelos compassos individuais.
3. Toque um único compasso diversas vezes até acertá-lo cinco vezes seguidas; depois, passe para o próximo compasso e toque os compassos juntos; passe para o terceiro compasso e toque os compassos juntos, continuando a expandir a sequência até completar a frase. Depois, avance para a próxima frase.
4. Toque lentamente, depois mais lentamente, e depois tão lento que fica difícil reconhecer que está tocando uma música. Executar lenta e corretamente funciona melhor do que fazer correndo e cometer erros. Nosso cérebro constrói o padrão igualmente bem quando trabalhamos lentamente e não tem dificuldades para acelerá-lo quando as sinapses se desenvolvem. O cérebro também aprende os erros cometidos quando vamos rápido e acaba produzindo reproduz esses "maus hábitos".
5. As sessões de prática devem ser curtas e frequentes. Três sessões de 20 minutos com intervalos entre si são mais eficazes do que uma sessão contínua de 60 minutos. A primeira parte da sessão de prática, quando tenho mais energia, deve ser concentrada em aprender algo novo, com a segunda parte dedicada a tocar composições que já aprendi para mantê-las fixas no meu cérebro e apreciá-las.
6. Quando as notas e o ritmo de cada seção estão dominados, chegou a hora de reuni-las e começar a enfocar a expressão.
7. Receba *feedback* corretivo do professor sempre que possível (no meu caso, uma vez por semana).

Para falar a verdade, o que eu quero fazer é tocar as composições que já sei tocar. É agradável, e meu cérebro parece estar se recompensando com doses de dopamina. Contudo, o que eu gostaria de fazer é continuar a aprender, o que é difícil e doloroso. Entregar-se a apenas tocar, em vez de aprender, significaria estagnação. Eu não cresceria enquanto violonista. Meu professor me lembra todos os anos: "comece com uma seção na qual está tendo dificuldade e a pratique várias vezes, bem lentamente, do jeito que eu ensinei."

Kata para praticar em busca do domínio: exemplo de fabricação de espadas

Kata são rotinas de prática que nos permitem construir hábitos eficazes. Quanto mais eu pratico uma composição musical corretamente, mais fácil se torna acessar a memória do que aprendi e executá-la com pouco gasto de energia. A coisa fica divertida, e isso me libera para me concentrar na expressão da música. Contudo, eu preciso saber o que e como praticar para desenvolver essas rotinas valiosas. Preciso também saber qual a sensação de tocar do jeito certo, qual som escutar, o que não poderia fazer corretamente sem a contribuição do meu professor.

O termo japonês *kata* é usado cotidianamente nas artes marciais, que evoluíram através da relação mestre-aprendiz. Quem viu o filme *Karatê Kid: A Hora da Verdade* lembra da cena em que o Sr. Myagi manda Daniel, seu aluno, limpar seu carro por horas a fio. Encerar com a direita, encerar com a esquerda.[5] Ele também manda lixar o chão com um movimento repetitivo parecido. Ele manda Daniel pintar uma cerca com um movimento repetitivo. O menino não consegue imaginar porque está fazendo aquele trabalho braçal o dia inteiro, todos os dias. Exausto e frustrado, ele finalmente confronta Myagi, que pede que ele repita os movimentos usados para lixar o piso de madeira, encerar o carro e pintar a cerca. Myagi começa uma luta de mentira e manda Daniel lixar o chão, encerar o carro e depois pintar a cerca! Daniel usa exatamente os mesmos movimentos para se defender dos ataques de Myagi. Uma lâmpada se acende sobre a sua cabeça. Ele está usando rotinas de prática para dominar padrões. Aparentemente, elas não tinham nenhuma relação com as habilidades desejadas, mas, na verdade, representavam habilidades fundamentais para aprender karatê.

Um "karatê kid" que decidiu se submeter a esse processo na vida real é Pierre Nadeau, um ferreiro franco-canadense que aprendeu a fabricar espadas no Japão, estudando com um mestre-forjador.[6] Após cinco anos de estudo intenso, aprendendo com os ensinamentos do mestre, ele ainda se sentia um aprendiz. Anos depois, Pierre não deixa ninguém dizer que se tornou um mestre. Ele sabe o quanto ainda tem para aprender.

Pierre começou a jornada com um resultado desejado. Ele amava as espadas feitas a mão pelos mestres e queria aprender a fabricar esse produto lindo. Assim, decidiu desde o princípio que faria tudo que fosse necessário para desenvolver essa habilidade. Ele estava ciente dos rituais nas fases iniciais de se aprender com um mestre, inclusive dos trabalhos braçais que pareciam não fazer sentido, mas estava decidido a fazer tudo que lhe fosse pedido com energia e entusiasmo.

Pierre descobriu que, muitas vezes, enfatizamos demais a aprendizagem de conceitos com nossas mentes. Pense em todas aquelas aulas e *workshops* que "explicam os conceitos e mudam as ideias" que tantas empresas usam para começar suas transformações *lean*. Pierre aprendeu que subestimamos o quanto nossas mentes aprendem com o que os nossos corpos fazem. No início, o mestre se recusava a responder as perguntas de Pierre, pois seria um desperdício de tempo e poderia dar ao aluno a impressão de que ouvir uma explicação seria o mesmo que desenvolver uma habilidade. Pierre explica:

> *O primeiro aspecto da aprendizagem tradicional no Japão (e, percebi mais tarde, no resto do mundo, em se tratando de artes manuais) é que é preciso aprender com o corpo, e não com a cabeça.* Narau yori narero. *Não entenda intelectualmente; assimile com o corpo todo. No início, muitas perguntas ficavam*

sem resposta (literalmente, pois eu fazia uma pergunta e meu mestre seguia trabalhando, como se você nem estivesse lá). A ideia é que, mesmo que ele explicasse tudo em detalhes, como você não teve a experiência, nada faria sentido e daria a falsa sensação de que você havia entendido. O entendimento é considerado até perigoso, pois fecha sua mente e impede a experiência de corpo inteiro de fazer a coisa sem nenhum conhecimento prévio. Mesmo que receba a receita exata, a pessoa que tem apenas um entendimento intelectual não seria capaz de replicar o mesmo prato. Porém, um chefe de cozinha experiente seria capaz de adivinhar o que fazer sem sequer ler a receita.

Pierre também explica algo que, admito, deixou-me um pouco envergonhado, já que sou conhecido como especialista no Modelo Toyota:

Se você tenta pegar o conhecimento (o de verdade, aprendido com o corpo) e colocá-lo no papel ou em uma caixa, como acontece na maioria dos sistemas escolares hoje em dia, e tentar passar esse conhecimento adiante (ou seja, ensiná-lo), você estará perdendo a essência e as sutilezas importantes que dão utilidade para esse conhecimento.

Minha maior conquista profissional foi exatamente encaixotar o Modelo Toyota. "Só agora você nos diz isso!", já ouço os meus leitores reclamarem. Pierre continua:

É por isso que as artes marciais (e muitas outras práticas) são aprendidas com kata, *a repetição real do movimento, não a explicação dele. Durante o* kata, *o modelo de comportamento (o sensei) observa e corrige, refinando sua prática até seu* kata *estar perfeito.*

Quando estava escrevendo *O Modelo Toyota de Liderança Lean*, fiquei muito animado quando descobri a ideia de *shu-ha-ri*, as três fases de se dominar uma habilidade. Pierre a descreve como uma construção ocidental artificial, quase nunca usada no Japão, e que seria errado interpretá-la como um processo linear. A ideia é que, na fase *shu*, você está copiando o modelo de comportamento, sem questionar. Você está imitando um padrão específico. Após praticar o suficiente, na fase *ha*, a atividade se torna natural, como andar de bicicleta. Você não precisa pensar sobre os elementos básicos, que se tornam rotinas enraizadas na memória de longo prazo. Na fase *ri*, você começa a inovar, criando novas maneiras de fazer as coisas. Pierre concorda que é preciso começar em algum ponto da fase *shu*, mas depois você pode alternar entre as fases *ha* e *shu*, ou mesmo a fase *ri*, e voltar periodicamente à fase *shu* para revisar a técnica básica.

A fase *shu* é onde entra o conceito de *kata*, as rotinas de prática básicas. Ele diz que, em certo nível, isso é uma construção ocidental, uma tentativa de interpretar o Japão, mas ele ainda gosta da ideia. Esta é a sua explicação:

Eu adoro a expressão "finja até sentir". Se não concorda ou não entende algo, você ainda pode fazê-lo, basta aceitar fazer. Em algum momento, a ação pode se tornar natural e você pode até ser o primeiro a dizer que é a melhor maneira de fazê-lo. É por isso que aprender com o corpo e aprender com a mente são muito diferentes. Quando aprende-se com o corpo, você tem todo um conjunto de sentidos e emoções que entra em jogo, o que não acontece quando aprende-se com a mente. (...) A ideia do kata *é muito interessante porque, em vez de tentar convencer alguém a adotar práticas gerenciais ou de trabalho, você pede que finja um pouco ou simplesmente aja, sem questionar, ou talvez sem concordar. Mas a pessoa acaba assimilando e fazendo naturalmente. (...) Ela assimila as práticas da melhoria contínua em suas rotinas e atingem a meta sem nenhum esforço específico. Passa a ser natural para ela.*

Pierre deixou uma coisa bem clara quando me explicou sua experiência. Para começar sua imersão no processo de aprender a fabricar espadas, ele precisava ter um alto nível de confiança no mestre. Logo no início, ele precisou provar para o mestre que valeria a pena ensiná-lo. No Oeste, quase sempre a situação parece ser o contrário: o professor precisa convencer os alunos que vale a pena aprender com ele. É por isso que Pierre vê uma vantagem na cultura japonesa para o tipo de modelo mentor aprendiz que estamos analisando. "Confie no seu mentor e na sua comunidade. As pessoas confiam nos mais velhos por toda a vida. A cultura das artes manuais está viva em todo o Japão."

Ciclo de desenvolvimento de habilidades

Hoje, a noção de 10.000 horas de prática intencional para se dominar uma habilidade é praticamente um clichê. Ninguém sabe se são mesmo 10.000 horas, ou metade disso, ou o triplo. Só podemos ter certeza de que é preciso praticar muito. Contudo a palavra-chave aqui é "intencional". Meu filho, músico profissional, lembra-me regularmente para não "tocar os meus erros". Ele me escuta praticando e eu continuo a tocar mesmo quando cometo um erro, pois gosto de tocar. Ele acha que eu deveria estar me esforçando para aprender, não brincando. Nossa conversa é mais ou menos assim:

JESSE: Oi, pai. O que você está fazendo?

EU: Estudando violão.

JESSE: Ah, legal. O que você está tentando aprender?

EU: Estou praticando uma nova composição, algo que estou trabalhando com meu professor.

JESSE: E no que você está trabalhando?

EU: Em melhorar nessa composição.

JESSE: Se continuar tocando os seus erros, você acha que vai melhorar?

É só usar sua imaginação para saber o quanto eu me divirto com essa conversa. Eu quero voltar a "praticar", mas praticar não é o mesmo que tocar ou jogar, tanto na música quanto no esporte ou qualquer outra área. Tocar é executar o que já aprendeu, correta ou incorretamente. Praticar intencionalmente significa que você sabe o que está tentando aprender, como seria um bom desempenho (melhor ainda se for excelente) e onde estão os desvios em relação a esse bom desempenho.

É aí que entra meu professor. Seu *feedback* corretivo me ajuda a entender como estou me saindo em comparação com um desempenho excelente. Eu não sou bom em gerar *feedback* para mim mesmo, e em geral nem sei se estou indo bem ou não se ele não me explicar.

O processo de desenvolver novos hábitos e habilidades pode ser pensado como um ciclo, ou uma espiral, aprofundando cada vez mais suas habilidades e seu entendimento. Simplificando um pouco, o ciclo pode ser dividido em quatro passos (ver Figura 8.2):

1. ***Kata* inicial.** Para aprender uma nova habilidade, é útil ter um *kata* de principiante, isto é, algo a ser praticado para desenvolver o padrão no seu cérebro.
2. **Prática.** Depois, você repete a prática do *kata* de maneira ideal pelo menos uma vez ao dia, em pequenas doses, trabalhando para construir a estrutura sináptica complexa e transformá-lo em rotina.
3. ***Coaching*.** Um *coach* experiente ajuda muito a gerar *feedback* corretivo para que você fixe no cérebro uma boa maneira de executar a rotina em vez de ficar praticando os erros.

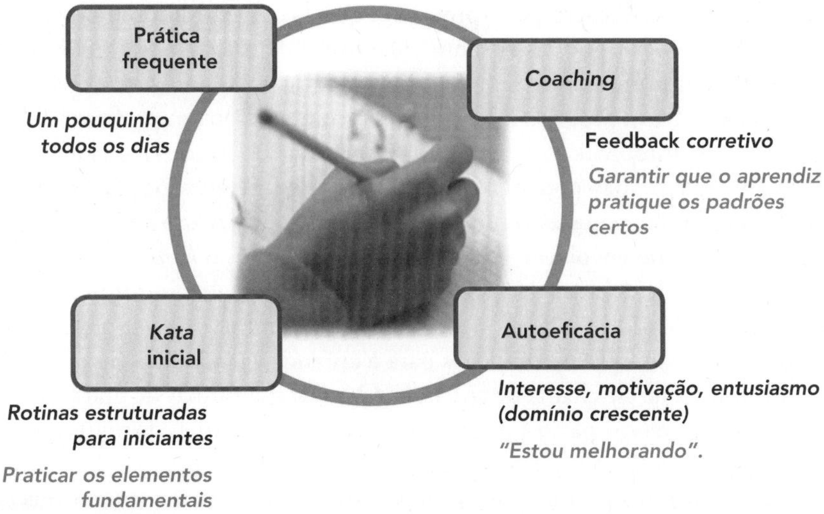

FIGURA 8.2 Ciclos de desenvolvimento de habilidades.
Fonte: Mike Rother

4. **Autoeficácia.** Provavelmente não vamos nos sujeitar a sessões de prática sofridas sem obter alguma forma de recompensa. A melhor recompensa é a intrínseca, aquela que acontece dentro do nosso cérebro. Isso causa a sensação de autoeficácia: eu consigo, eu posso fazer a diferença. Ela é uma experiência emocional que você tem quando aprende com o corpo, e não apenas com a mente. Ela pode provocar sensações incríveis quando seu cérebro o recompensa por um trabalho bem feito.

No centro do ciclo de desenvolvimento de habilidades (mostrado na Figura 8.2) está a mão de uma pessoa aprendendo a escrever. Esse ato está relacionado a um exercício simples, algo que você pode fazer agora mesmo. Assine o seu nome cinco vezes, cronometrando do primeiro ao último instante. Como foi? Agora use sua *outra* mão e assine o seu nome cinco vezes, cronometrando também. Como foi agora? Se você é como eu, tem caminhos neurais altamente desenvolvidos para a mão dominante e caminhos fraquíssimos para a outra. Para a mão não dominante, o processo provavelmente demora mais, a caligrafia é pior e a experiência é estranha e frustrante. Agora, imagine que você pratica intencionalmente com a mão não dominante todos os dias durante algumas semanas. Aposto que a sensação vai ser mais natural, o tempo vai diminuir e a qualidade vai aumentar.

O modelo do *kata* de melhoria

Em muitos aspectos, aprender uma abordagem científica à melhoria contínua é semelhante a aprender a escrever com a mão não dominante. Não é algo natural, mas o hábito pode ser desenvolvido com muita prática intencional. Não é esperado que muitas pessoas passem pelas provações que Pierre enfrentou, mas ainda podemos aprender lições importantes com ele. Como diz Pierre, é impossível desenvolver habilidades profundas com livros, e o processo de aprendizagem não pode ser encaixotado. É um processo fluido e dinâmico que exige um professor habilidoso. No mesmo espírito, Mike Rother queria criar recursos eficazes para ajudar aqueles que não querem ou não podem passar cinco anos estudando aos pés de um mestre.

Rother chama esses recursos de "*kata* iniciais". À medida que os aprendizes e os *coaches* se desenvolvem, eles naturalmente tornam o *kata* mais complexo. O *kata* inicial vem de décadas de aprendizagem e *coaching* de prática profunda por parte de Mike, além de cinco anos de pesquisa para refinar o *kata* por tentativa e erro. Mike observou que as condições para a aprendizagem eficaz envolvem um *coach* e um aluno, que ele chama de aprendiz. O *coach* usa rotinas de prática (ou *kata*) para ensinar o aprendiz passo a passo. Sem um *coach* ou rotinas de prática, o aluno tende a regredir e voltar aos maus hábitos.

O que Mike produziu se encaixa bem com o pensamento por trás do Modelo Toyota. Assim como a Toyota, o *kata* de melhoria e o *kata* de *coaching* se concentram em usar experiências reais de melhoria de processos para desenvolver pessoas, ou seja, aprender na prática ao lado de um *coach*. Assim como a Toyota e a experiência de Pierre, a maneira mais eficaz de desenvolver uma mentalidade (nesse caso, uma abordagem científica à melhoria) é usando a prática deliberada. Assim como a Toyota, o objetivo final é o respeito por pessoas e a melhoria contínua, incluindo melhorar a nós mesmos. Os dois tipos de *kata* vão além em desenvolver rotinas de prática explícitas para que possamos desenvolver sistematicamente as habilidades e a mentalidade juntas. Analisaremos essa abordagem em mais detalhes no Capítulo 9. Aqui, vamos introduzir o modelo.

O *kata* de melhoria tem quatro passos de alto nível (ver Figura 8.3). Juntos, eles compõem um metapadrão. Em outras palavras, o *kata* pode ser aplicado a qualquer tipo de objetivo de melhoria, desde metas de negócios, como qualidade, tempo de ciclo, segurança e redução de custos, a metas pessoais, como perder peso ou parar de fumar. O *kata* é um processo científico de alto nível que não se importa com o conteúdo específico do problema. Ele pode ser aplicado a qualquer desafio ou objetivo, mas seguir o padrão básico é de suma importância. Vamos considerar cada passo com um exemplo simples de tentar perder peso.

1. **Entender a direção ou desafio (Plano).** É o primeiro passo do planejamento. Em *Alice no País das Maravilhas*, de Lewis Carroll, o Gato de Cheshire e Alice têm a seguinte conversa:

   "Você poderia me dizer, por favor, qual caminho eu devo seguir a partir daqui?", Alice perguntou.

   > *"Isso depende muito de para onde você quer ir", disse o Gato.*
   > *"Eu não me importo muito para onde...", disse Alice.*
   > *"Então não importa qual caminho você segue", disse o Gato.*

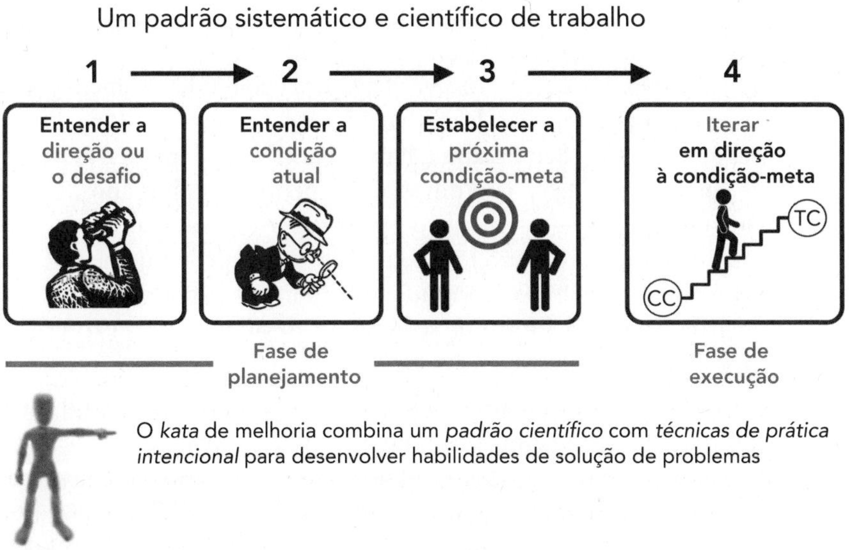

FIGURA 8.3 Os quatro passos do modelo de *kata* de melhoria.
Fonte: Mike Rother

"... desde que eu chegue a algum lugar", Alice acrescentou como explicação.

"Oh, você certamente chegará" disse o Gato, "contanto que você caminhe o suficiente".

Muitos praticantes *lean* parecem estar seguindo o mesmo roteiro:

"Você poderia me dizer, por favor, qual perda devo perseguir antes?", o praticante lean *perguntou.*

"Isso depende muito de para onde você quer ir", disse o Gato.

"Eu não me importo muito para onde...", disse o praticante lean.

"Então não importa qual perda você persegue", disse o Gato.

"... desde que eu chegue a algum lugar", o praticante lean *acrescentou como explicação.*

"Oh, você certamente chegará" disse o Gato, "contanto que você persiga perdas o suficiente".

Para ir além de "eliminar perdas" aleatoriamente, precisamos decidir aonde queremos chegar. Foi o que discutimos no Capítulo 3, quando falamos sobre organizações com propósito. Perguntar "qual é o seu propósito?" leva a uma resposta geral e abstrata. É o que chamaríamos de visão. Uma estratégia, como a da Southwest Airlines, deixa a visão mais concreta; porém, motivar grupos de pessoas em busca de ações coletivas exige um enunciado do desafio, que precisa ser inspirador, concreto e mensurável (ou, no mínimo, observável).

Imagine que você tem um amigo, Fred, que quer perder peso. Fred pede sua ajuda. No passado, quando tentou perder peso, ele teve pouco sucesso, e ganhou de volta imediatamente todo o peso que perdeu. Você descobriu o *kata* no trabalho e decide praticá-lo, usando o conceito para ajudar Fred com esse objetivo. Você será o *coach*, e Fred será o aprendiz. Primeiro, você pergunta qual é o seu objetivo. Fred tem 55 anos de idade, 1,80 m de altura e está pesando 113 kg. Seu desafio é baixar para 91 kg e manter-se nesse peso. Ele decide que quer fazer isso durante um período de dois anos. O mundo está cheio de programas de perda de peso super-rápida, mas Fred quer produzir uma mudança sustentável no seu estilo de vida e leu que isso é mais provável quando os hábitos são mudados durante um período prolongado. Você enfatiza para Fred a força de se definir o desafio em uma expressão simples e motivacional; ele escolhe "22 em 2".

2. **Entender a condição atual (Planejar).** Se queremos melhorar na direção de um objetivo desafiador, precisamos entender nosso ponto de partida. Não podemos simplesmente medir onde estamos em relação à métrica do desafio? "Queremos dobrar as vendas, que hoje são de US$ 100 milhões. Pronto, estabelecemos o estado atual". A informação é útil, mas não basta. Ainda falta saber

qual é o processo que está produzindo o resultado atual. É por isso que falamos em "condição" atual, não em "resultado" atual.

O conceito de condição *versus* resultado tende a ser mais difícil de se entender no *kata* de melhoria. Estamos muito acostumados ao pensamento orientado por resultados. "O que preciso fazer para ter uma boa avaliação de desempenho? Entregue uma meta que eu corro atrás dela". Em certo sentido, correr atrás de uma meta não é melhor do que perseguir perdas. O que vou tentar mudar se estiver desesperado por atingir a meta? Geralmente ataco os alvos mais fáceis, usando métodos nos quais já sou bom. "Se deu certo para mim no passado, vai dar certo para mim no futuro."

Infelizmente, o que funcionou no passado para alguma outra condição pode não funcionar para a sua condição atual, e essa correria em busca de resultados acaba com a criatividade. Assim, no *kata* de melhoria, pedimos que o aprendiz descreva a condição atual. Onde estou em comparação com o resultado desejado? Qual é o meu padrão operacional atual?

Entender o padrão operacional atual era o objetivo da famosa invenção de Taiichi Ohno, o chamado círculo de Ohno. Ele simplesmente desenhava um círculo no chão de fábrica e pedia que o aprendiz se posicionasse nele e olhasse ao redor. Cerca de uma hora depois, ele voltava para perguntar o que o aprendiz vira. Ele descrevia e Ohno respondia "continue olhando, por favor". Ele repetia isso durante todo o dia. Ao final do dia, se você tivesse se saído bem, ele dizia: "você está cansado. Vá para casa". Os alunos com menos sorte eram convidados a voltar para o círculo no dia seguinte.

O que Ohno estava ensinando era o poder da observação de verdade, com uma "mente limpa". Ele queria que o aprendiz se desfizesse de todas as premissas e enxergasse a realidade em detalhes. Ele sabia que era uma experiência rara, pois quase todos nós vivemos correndo de um lado para o outro, sem ver de fato. Enquanto observa, o aprendiz entende os padrões operacionais dos diversos agentes e dos equipamentos, e enxerga padrões onde, à primeira vista, parecia estar vendo apenas eventos aleatórios.

Voltando à Fred, ele está louco para adotar um novo estilo de vida, mas você é o *coach* e tenta refreá-lo um pouco. Sabemos que ele pesa 113 kg, mas ainda há o que aprender. Para estabelecer sua condição atual, você pede que ele complete um diário do que come durante uma semana. Ele descobre que está consumindo, em média, pouco mais de 3.000 calorias por dia. Alimentos com alto teor de carboidratos, frutas, legumes, carne e peixe têm pesos mais ou menos iguais nessa dieta. Além disso, Fred gosta de comer uma porção de sorvete *diet* antes de ir dormir. Ele quase nunca pratica exercícios físicos e o seu emprego é sedentário.

Entender a condição atual nos embasa na realidade do momento. Começamos a entender as condições operacionais que talvez precisemos mudar para enfrentar o desafio. Nesse ponto, começam a nos ocorrer muitas "soluções", mas o *kata* de melhoria tem mais um passo crítico antes que possamos sair eliminando perdas e implementando ideias.

3. **Estabelecer a próxima condição-meta e definir obstáculos (Planejar).** Ainda estamos no modo de planejamento e precisamos de uma série de metas de curto prazo entre nós e o desafio. O desafio nos mostra a direção, mas há muitos obstáculos entre nós e ele, e ainda estamos desbravando um território virgem. Achar que vamos saltar de onde estamos diretamente para o desafio sugere um nível pouco realista de certeza nas nossas soluções.

Algo de incomum sobre as condições-meta é que não vamos transformá-las em um mapa detalhado que mostra exatamente como chegar ao nosso destino. Na verdade, vamos começar com apenas uma, a primeira condição-meta. Quando a atingirmos, reavaliaremos onde estamos, aonde vamos, e identificaremos a segunda condição-meta, e assim sucessivamente.

Precisamos definir uma próxima condição-meta de curto prazo que possamos enxergar claramente de onde estamos e escolher um prazo para atingi-la. As palavras-chave são "próxima", "condição" e "prazo". Não basta dizer que o desafio é aumentar em 50% o índice de satisfação do cliente e que minha primeira condição-meta é uma melhoria de 5%. É como dizer para Fred, que quer perder 22 kg, que ele deveria começar com 2 kg no mês que vem. Certo, mas como? "Coma menos e faça mais exercícios", você responde. Ele provavelmente vai responder: "acho que isso eu já sabia, mas ainda não sei como".

Imagine que você é o *coach* de *kata* de Fred e ele é seu aprendiz. Em vez de oferecer conselhos genéricos inúteis, você pede que ele defina a primeira condição-meta. Ela deve incluir um resultado desejado (como perder 1,5 kg), mas também incluir a mudança no padrão de vida desejado (a condição) até algum prazo específico. Em linhas gerais, os novatos devem ter prazos mais curtos do que aqueles com alguma experiência no pensamento científico. Quanto mais os aprendizes dominam o *kata*, mas disciplinados eles são em experimentar sistematicamente com essa condição-meta em mente. Para um novato, três meses faz tanto sentido quanto três anos. Assim, sugerimos que a condição-meta use um prazo de dois a três meses.

Fred define como sua primeira condição-meta perder 1,5 kg em três semanas. Na posição de *coach*, você pergunta o que ele espera fazer de diferente em relação a seus padrões de alimentação ou exercícios físicos nas três semanas. Você sugere que ele se imagine viajando no tempo, chegando três semanas no futuro e descrevendo o que vê nos seus hábitos alimentares ou de exercício que teriam ajudado a perda desse peso. Deve ser uma condição que ele observa, assim como aconteceu na análise da condição atual, mas chegando no futuro. Fred reflete e projeta que, em três semanas, ele dormirá sem fazer um lanche antes e comerá 20% menos carboidratos por dia. Agora ele tem uma condição-meta:

- **Resultado-meta:** 1,5 kg
- **Meta de processo diário:** sem lanches antes de dormir e 20% menos carboidratos
- **Prazo:** 21 dias

Fortes evidências de pesquisas do campo da psicologia indicam que Fred melhorou significativamente sua chance de atingir seu objetivo ao definir uma condição-meta de curto prazo. Em geral, estabelecer uma meta diferencia entre metas de resultado e metas de processo. A psicologia esportiva define que "as metas de processo são o resultado que você gostaria de atingir e os processos que precisará seguir constantemente para atingi-lo".[7] As metas de resultado devem representar objetivos claros e mensuráveis a serem buscados, mas as metas de processo apresentam um padrão desejado no qual você pode começar a trabalhar imediatamente.

Entretanto, isso também não basta. É preciso mais um passo antes da execução. Nós identificamos obstáculos para essa primeira condição-meta. O que precisaremos superar para produzir o padrão desejado? Nesse caso, Fred reflete e desenvolve a seguinte lista de obstáculos:

- Conhece poucos pratos com baixo teor de carboidratos
- Pouca força de vontade perto da hora de dormir
- Alimentos com alto teor de carboidratos muito disponíveis
- Pizza semanal com os amigos

Fred finalmente completou a fase de planejamento inicial e está pronto para começar a execução. Durante as sessões de *coaching* com ele, você pediu que Fred documentasse seu plano em um quadro de história para registrar os passos do *kata* de melhoria (ver Figura 8.4).

4. **Replicar em direção à condição-meta (Ciclos de Aprendizagem PDCA).** Agora, Fred finalmente vai fazer alguma coisa. Ele está animado. Vocês dois se encontram como *coach* e aprendiz, e você explica que a primeira coisa que ele vai fazer é planejar um experimento. "Argh!", Fred grita. "Achei que a gente tinha acabado com o planejamento". Você, o *coach*, explica: "Acabamos com o planejamento de onde queremos chegar nas próximas três semanas, mas não acabamos com o PDCA. Ainda precisamos refletir sobre cada experimento, tentá-los rapidamente, verificar os resultados e pensar sobre o que aprendemos. O PDCA vai ser nosso padrão para a execução, mas agora estamos em fase de PDCA rápido. Planejar o primeiro experimento envolve escolher um obstáculo e testar ideias de como superá-lo, uma por uma". Fred hesita um pouco, mas concorda em participar. Ele escolhe "Pouca força de vontade perto da hora de dormir". Seu primeiro experimento é eliminar o sorvete do congelador.

Processo em foco: perda de peso de Fred	**Desafio:** 22 em 2	
Condição-meta	**Condição real agora**	**Registro de ciclos PDCA**
Prazo: 21 dias Resultado-meta: 135 kg Meta de processo diário: sem lanches antes de dormir 20% menos carboidratos	113 kg 3.000 calorias diárias Pirâmide Alimentar: 1/3 carboidratos 1/3 carne ou peixe 1/3 vegetais + sorvete antes de dormir	Etapa e data: tirar sorvete de casa, começar hoje à noite Expectativa: eliminar o lanche noturno Resultado: comeu outro lanche Aprendizado: ainda tem o hábito **Bloco dos obstáculos** • Conhece poucos pratos com baixo teor de carboidratos ➡ Pouca força de vontade perto da hora de dormir • Alimentos com alto teor de carboidratos muito disponíveis • Pizza semanal com os amigos

FIGURA 8.4 Quadro de história do aprendiz de Fred.

Você, o *coach*, responde: "ótimo começo, Fred! Agora explique o que você espera que aconteça quando tentar isso". Fred diz que espera pular o lanchinho antes de ir para a cama. "Ótimo", você responde. "Quando você pode fazer esse experimento? E quando podemos conversar sobre o resultado?" Fred diz que seria bom executar o experimento por duas noites, e diz para se encontrarem daqui a dois dias. "Mal posso esperar pelos resultados do seu experimento", você responde. "Dois dias, então".

Dois dias depois, você pergunta a Fred como está indo. Parado junto ao quadro de história do aprendiz, você pede para lembrá-lo sobre a primeira condição-meta. Depois, você pergunta qual é a condição real e em qual obstáculo ele escolheu trabalhar. Ele lê a primeira condição-meta, descreve a condição atual e lembra você sobre o experimento que escolheu realizar e o que esperava que acontecesse. Agora você faz a pergunta tão aguardada: "e o que aconteceu de verdade?" Fred parece decepcionado. Sem o sorvete, cansado e com fome antes de dormir, ele comeu os doces e salgadinhos que tinha guardado, o que só aumentou o número de calorias consumidas. "O primeiro experimento fracassou", ele explica, obviamente decepcionado. Você, o *coach*, responde que nenhum experimento é um fracasso quando aprendemos com ele. "O que você aprendeu, Fred?" Ele responde que aprendeu que não acabou com o hábito de fazer um lanche pouco saudável antes de dormir, ele simplesmente tirou uma das opções de lanche. "Ótimo aprendizado, Fred!!!", você exclama. "Agora, podemos planejar nosso segundo PDCA partindo do que aprendemos com o primeiro."

O que estamos desenvolvendo é um novo padrão, isto é, um novo hábito de aprendizagem repetitiva. Estamos aprendendo a experimentar e, para cada experimento, nós definimos explicitamente as expectativas, testamos uma coisa de cada vez, definimos os resultados do experimento e refletimos sobre o que aprendemos. O aprendizado de verdade acontece quando comparamos as expectativas com a realidade, pois nos força a confrontar o fato de que há muito que não sabemos até experimentarmos na prática. Nosso medo da incerteza vai desmoronando, e nosso conforto com experimentos que fracassam vai se fortalecendo. Na nossa experiência, o processo de tentativa e erro consciente supera os obstáculos, aproximando-nos dos nossos objetivos de maneiras sustentáveis.

O que Mike Rother concluiu após anos de estudo sobre a Toyota (e de praticar o que aprendera) é que há limitações em reverenciar o modelo da Toyota e o "*sensei*" que aprendeu com a Toyota de algum jeito. Como ele me explicou em uma comunicação pessoal (março de 2016):

> *Em retrospecto (e estamos apenas conjecturando), parece que a comunidade* Lean *sempre praticou uma mentalidade de "certeza", usando a Toyota como uma organização mítica onde tudo que reluz é ouro. Foram nossas duas viagens ao Japão que me ajudaram a ir além dessa imagem mental tão atraente, mas completamente falsa. Como foi saudável descobrir que a Toyota também tem suas batalhas e suas bagunças. A empresa só os enfrenta de um jeito um pouco diferente. Creio que há um risco de perpetuar a mentalidade de "gurus" na comunidade, o que, mais uma vez, faz com que os seguidores acreditem que existe uma resposta certa e que os gurus e a Toyota sabem qual ela é. É um sentimento reconfortante, quase religioso para as pessoas, e provavelmente gera uma sensação também reconfortante de "eu sou demais" entre os gurus. Vemos essa sensação refletida no comportamento e nas palavras de muitos especialistas em* Lean *mundo afora.*

PRINCÍPIO 14: DESENVOLVER LÍDERES COMO *COACHES* DE EQUIPES EM DESENVOLVIMENTO CONTÍNUO

Nos meus seminários, costumo fazer a seguinte pergunta: "quais são as características de um grande *coach*?" A maioria de nós tem experiência direta com um *coach* que admiramos, ou conhecemos um técnico famoso de uma equipe esportiva. Os grupos não têm dificuldade alguma em gerar listas maravilhosas, incluindo características como:

- Apaixonado pela visão de sucesso
- Segue um processo disciplinado
- Comunicador claro
- Motiva os jogadores
- Escuta os jogadores
- Entende os detalhes do jogo

- Paciente
- Firme
- Justo

Depois eu peço ao grupo para pensar sobre grandes *coaches* entre os gestores das suas organizações. Silêncio. Nas nossas cabeças, gestão é algo diferente de *coaching*. Mas o que fazem os grandes *coaches*, afinal? Tentam fazer com que seu pessoal dê o melhor de si e desenvolvem a equipe. Não é isso que queremos que os nossos gerentes façam? Isso não é importante para a administração no século XXI?

Assim como a cultura, a boa liderança é um tópico complexa. Nós a reconhecemos quando a encontramos. Organizações diferentes têm ideias diferentes de como seria o líder ideal. A maioria se esforça para identificar perfis de personalidade para selecionar seu ideal. Entretanto, os grandes líderes nascem assim ou são desenvolvidos? Se perguntar para um executivo da Toyota, essa pessoa provavelmente vai responder que acontecem os dois.

A Toyota se esforça significativamente para selecionar indivíduos com alto potencial, mas ela reconhece que é um processo que nem sempre dá certo. Como a Toyota contrata pessoas por longos períodos, muitas vezes toda sua carreira até a aposentadoria, ela pode ser paciente e ver como uma pessoa evolui. A empresa usa as mesmas habilidades de observação profunda de processos para observar pessoas em situações de trabalho reais. Algumas estão à altura do desafio, vivem os valores do Modelo Toyota passo a passo e são promovidas. Outras produzem resultados, mas os alcançam porque contornam as pessoas em vez de desenvolvê-las, e não são promovidas a cargos de liderança mais elevados. Os melhores não avançam naturalmente com o tempo, mas os gerentes atuam como *coaches* para cultivá-los e criar metas desafiadoras, fazendo com que as pessoas aprendam e se desenvolvam. Quem se desenvolve melhor e com mais rapidez, e mostra habilidades reais de liderança no *gemba* vai mais longe e em menos tempo.

Não existe uma definição padrão de boa liderança na Toyota, mas pessoas a reconhecem quando a encontram. Como discutimos no Capítulo 2, o treinamento nas Práticas de Negócios Toyota é uma maneira de identificar aqueles que têm potencial para cargos de liderança mais elevados. É o *kata* de melhoria da Toyota. Depois, espera-se que os líderes orientem outros na realização de um projeto de PNT usando o Desenvolvimento no Trabalho. É o *kata* de *coaching* da Toyota.

Kata para aprender a fazer *coaching*

O *kata* de *coaching* que Mike Rother desenvolveu é um paralelo exato do *kata* de melhoria (ver Figura 8.5). Em um mundo ideal, os *coaches* se reúnem com os aprendizes em frente ao quadro de história todos os dias e fazem perguntas sobre onde estão e o que fizeram desde o dia de ontem. O que os *coaches* perguntam depende de onde estão no *kata* de melhoria. No início, fala-se do desafio e, em seguida, passa-se para o estado atual, as condições-meta, os obstáculos e os ciclos PDCA.

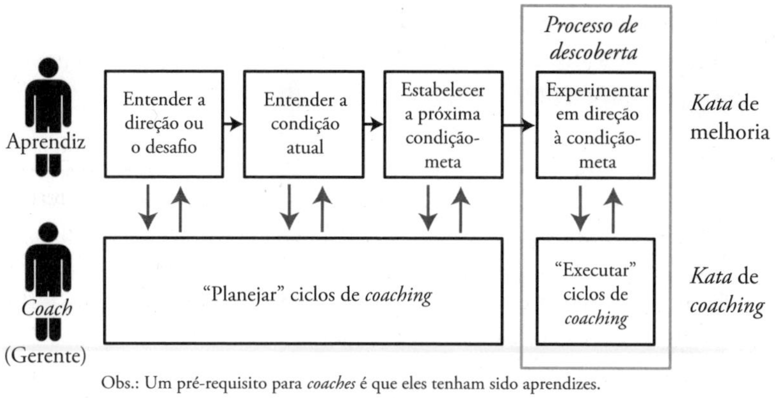

FIGURA 8.5 O *kata* de *coaching* reflete o *kata* de melhoria.
Fonte: Mike Rother

Na realidade, como o desafio é dado ao grupo pela administração, os aprendizes não precisam de *coaching* nesse aspecto. É muito trabalhoso orientar os aprendizes pela análise da condição atual, e os modos de falha são inúmeros. Os aprendizes coletam e analisam dados de resultado até não poderem mais, e não passam tempo o suficiente no *gemba*, observando os fatos. Os aprendizes não desenvolvem bons gráficos de mapeamento (observações e ciclos cronometrados para identificar padrões e tempos de trabalho). Eles têm dificuldade para descobrir qual a taxa de demanda do cliente (ou *takt*). O tipo de processo no qual estão trabalhando não é simples e repetitivo, então não fica claro como aplicar as ferramentas básicas do *kata* (ver Capítulo 9 sobre a análise da condição atual). Em algum ponto, o *coach* precisa orientar e aproveitar a oportunidade para treinar o aprendiz em alguns aspectos, como coletar e analisar dados. Definir a condição-meta é um desafio ainda maior, como veremos no próximo capítulo. Não faltam oportunidades pedagógicas, e é preciso inúmeros ciclos de prática até o aluno aprender de verdade.

Após a fase de planejamento inicial (desafio, condição atual, condição-meta, obstáculos), passamos para a execução usando ciclos PDCA, fazendo surgir uma rotina de *coaching*. Essa parte repetitiva do *kata* de *coaching* é simples e estruturada. O chamado cartão de cinco questões apresenta um roteiro para quem recém começou a aprender o *kata* de *coaching* (ver Figura 8.6). Logo no início, o *coach* deve seguir o roteiro palavra por palavra, como em qualquer *kata*. Simplesmente fazer as perguntas. Por ora, o aluno pode não ter uma boa resposta, e colocá-lo no caminho certo pode exigir que você faça mais perguntas para esclarecer a questão, como ilustramos abaixo. O *coach* está tentando entender o que o aprendiz espera que aconteça no último passo:

COACH: O que você esperava?

APRENDIZ: Nós esperávamos melhoria.

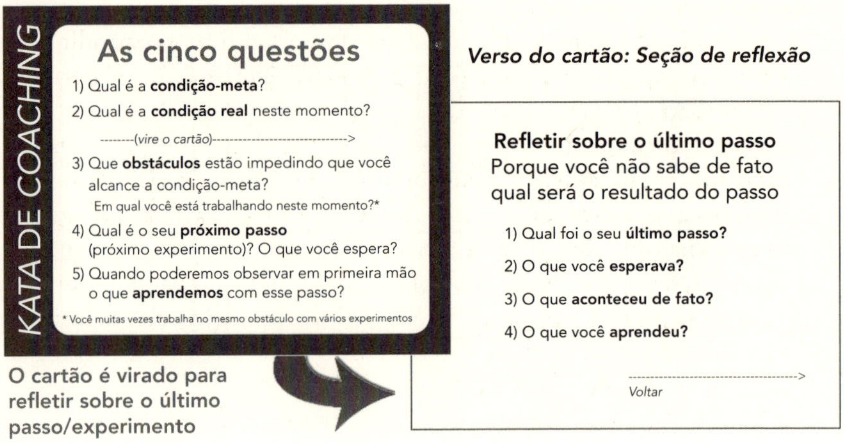

KATA DE COACHING
As cinco questões
1) Qual é a condição-meta?
2) Qual é a condição real neste momento?
--------(vire o cartão)------------------------------->
3) Que obstáculos estão impedindo que você alcance a condição-meta?
Em qual você está trabalhando neste momento?*
4) Qual é o seu próximo passo (próximo experimento)? O que você espera?
5) Quando poderemos observar em primeira mão o que aprendemos com esse passo?
* Você muitas vezes trabalha no mesmo obstáculo com vários experimentos
Verso do cartão: Seção de reflexão
Refletir sobre o último passo
Porque você não sabe de fato qual será o resultado do passo
1) Qual foi o seu último passo?
2) O que você esperava?
3) O que aconteceu de fato?
4) O que você aprendeu?
-------------------------------------->
Voltar
O cartão é virado para refletir sobre o último passo/experimento

FIGURA 8.6 O cartão de questões é o trabalho padronizado pelo coach.
Fonte: Mike Rother

COACH: Muito bem. Pode ser mais específico sobre o que e quanto você esperava melhorar?

APRENDIZ: Esperávamos uma queda de 3% nas ligações não atendidas de clientes.

Em alguns casos, o aprendiz se desvia do *kata*, e o *coach* precisa levá-lo de volta para o caminho certo. Nesses casos, quase sempre o melhor a fazer é explicar o que está faltando em termos simples e pedir ao aprendiz para refletir sobre o problema até o dia seguinte.

COACH: Em qual obstáculo você está trabalhando neste momento?

APRENDIZ: Não estamos trabalhando em nenhum obstáculo específico. Se resolvermos esse problema, vamos superar uma série de obstáculos.

COACH: No *kata* de melhoria, os experimentos devem ser contra um obstáculo. Você poderia se reunir com sua equipe e pensar mais um pouco sobre isso para voltarmos ao assunto amanhã?

Você deve estar se perguntando: só isso? Simplesmente fazer as perguntas no cartão, mais algumas perguntas na sequência, e me torno um *coach* genial? Obviamente não. Este é o nível inicial. Você está aprendendo a ser *coach* e está seguindo o *kata* passo a passo. À medida que o *coach* avança, ele aprende a desenvolver perguntas que vão além do cartão, além de novas abordagens ao *feedback* corretivo.

O *kata* de *coaching* é necessariamente um pouco menos estruturado do que o *kata* de melhoria. As situações são tão variadas que seria impossível levar todas (ou mesmo uma grande porcentagem delas) em conta. Assim, o novo *coach* parte dos fatos mais básicos e resumidos. Algumas empresas desenvolveram cartões mais completos, incluindo observações e perguntas de esclarecimento, o que é ótimo!

Quando começa sua jornada, você segue o *kata* exatamente como ele é. À medida que sua aprendizagem amadurece, você deve modificar e expandir a técnica para melhorá-la, mas nunca abandonar o padrão fundamental de melhoria.

É importante entender a diferença entre perguntas de esclarecimento e perguntas completamente novas e não planejadas. O que estamos tentando ensinar com o *kata* é um padrão de melhoria usando o método científico. É importante manter os aprendizes focados no padrão do *kata* de melhoria; caso contrário, ele não se torna um hábito. Se os *coaches* começam a improvisar perguntas na hora, as questões tendem a distanciar o aprendiz e o *coach* do padrão. Em geral, quando os *coaches* se sentem livres para criar as próprias questões, elas se tornam diretrizes: "essa condição-meta é difícil o suficiente?" "Você considerou essa outra solução?" "Mas qual a verdadeira causa fundamental?"

Nesses casos, os *coaches* provavelmente foram treinados em outras metodologias de soluções de problemas e começam a impôr suas próprias ideias aos aprendizes na metodologia conhecida. Isso distrai os aprendizes, pois os faz adotar um modo passivo. "sim, chefe", eles começam a pensar. "Certo, chefe. Se queria do seu jeito, por que fingir que está fazendo *coaching*?"

A estrutura de grupos de trabalho da Toyota: níveis de liderança, não supervisores

A Toyota acredita firmemente na força dos grupos de trabalho. Contudo, ao contrário do movimento da organização de alto desempenho, ela não acredita em equipes autodirigidas ou autossuficientes, mas na liderança. Quando um grupo de trabalho não está funcionando corretamente, os gestores da Toyota quase sempre procuram a fonte do problema em um ponto fraco do líder de grupo. A contramedida adotada é desenvolver esses líderes.

A Toyota considera que seus gerentes são líderes que desenvolvem membros de equipe e outros líderes. Espera-se que o gerente dos líderes de grupo também seja seu *coach*. A função principal dos gerentes é fazer *coaching*. A amplitude de controle ideal de um grupo de trabalho foi determinada com base nessa função de *coaching*. Um supervisor que trabalha principalmente verificando a conformidade e lidando com aqueles que desobedecem as regras poderia gerenciar 30 ou mais pessoas, mas um líder só consegue fazer *coaching* com cerca de cinco pessoas de cada vez, o que passou a ser o objetivo da estrutura de grupos de trabalho da Toyota. Obviamente, isso leva a uma estrutura com mais níveis, em um momento que a grande moda nas empresas atuais é tornar a estrutura mais plana. O conceito de equipes autodirigidas é atraente quando isso significa eliminar um nível gerencial e economizar dinheiro. Como a Toyota acredita em líderes que desenvolvem pessoas, a empresa está disposta a pagar o custo extra necessário para manter essa estrutura administrativa que parece não ser nada enxuta.

A primeira vez que vi um organograma de estrutura de grupos de trabalho da Toyota foi com Bill Constantino, um dos primeiros líderes de grupo na fábrica da

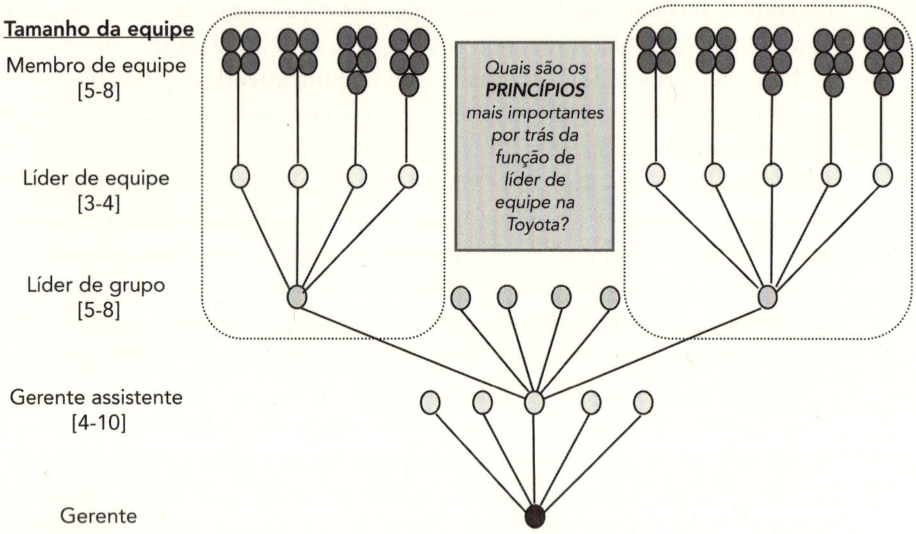

FIGURA 8.7 Estrutura organizacional típica de uma linha de montagem de acabamento na Toyota.

Fonte: Bill Costantino, W3 Consulting

Toyota em Geoergetown, no Kentucky. Ele o desenhou de cabeça para baixo, se fôssemos seguir o padrão tradicional, com os trabalhadores de produção (chamados de "membros da equipe") no alto e a alta gerência na base (ver Figura 8.7). Foi assim que seus instrutores japoneses ensinaram. A imagem representa uma versão da liderança servidora, na qual os líderes praticam *coaching* e desenvolvimento de pessoas para servir aqueles que estão liderando. Era assim que ele via seu papel na Toyota.

Costuma-se dizer que, na Toyota, o líder de grupo é como o CEO de uma pequena empresa. Isso significa que o líder de grupo é responsável por tudo o que acontece no grupo, incluindo a segurança, a disciplina, os resultados de negócios e o desenvolvimento de recursos humanos. Nada é "implementado" na sua área sem a liderança do líder de grupo. Um engenheiro que tenta implantar uma nova tecnologia não pode simplesmente chegar e começar a trabalhar; ele precisa informar o líder de grupo, agendar suas visitas e atender o grupo de trabalho. Em última análise, são os membros do grupo de trabalho que serão responsáveis pela operação e manutenção de todos os novos equipamentos; logo, são eles que precisam liderar sua introdução.

O tamanho do grupo de trabalho é de 25-30 pessoas, então mais líderes são necessários para se aproximar da razão ideal de 1 líder para cada 5 pessoas. Para tanto, a empresa criou uma função assistente, chamada de "líder de equipe". Os líderes de equipe são trabalhadores de produção com uma capacidade de liderança natural que é cultivada pelo líder de grupo. O líder de grupo enxerga seu potencial e o encoraja a assistir às aulas de treinamento para se tornar líder de equipe. Além disso, o líder de grupo também encontra oportunidades para colocar esse membro de equipe em posições de liderança, como liderar a comissão de segurança ou comandar um círculo de controle da qualidade, que se reúne semanalmente por alguns meses na tentativa de resolver um problema de qualidade significativo. Todos os dias de trabalho oferecem uma oportunidade de treinamento na prática para os futuros líderes de equipe.

Embora os líderes de grupo tenham autoridade formal para disciplinar os membros de equipe, os líderes de equipe não a têm. Normalmente, os líderes de equipe apoiam um número específico de pessoas em diversas funções, geralmente de cinco a oito. Elas já desempenharam todas essas funções, e podem realizá-las se, por exemplo, um membro da equipe estiver doente e precisar faltar ao trabalho. Eles chegam à área de trabalho mais cedo para garantir que tudo está onde deveria e está funcionando corretamente. Eles apoiam o membro de equipe que puxa a corda de *andon*, coletam dados para atividades de melhoria, substituem os membros de equipe que precisam fazer um intervalo e fazem hora-extra para limpar a área e prepará-la para o próximo turno. Em uma situação ideal, dois dos líderes de equipe estão trabalhando na produção em cada dia, enquanto dois ficam fora da linha, trabalhando em uma função de suporte para o turno.

Esse modelo é basicamente padrão na manufatura da Toyota, com variações dele usadas em todas as funções. Isso significa que ele deve ser copiado? Absolutamente não! A Toyota não o copia exatamente em outras áreas da manufatura, como a estamparia ou a injeção plástica, pois são processos com uso intensivo de equipamentos, e suas funções e responsabilidades são um pouco diferentes. O que a empresa insiste é que os princípios sejam seguidos.

Bill Constantino também explicou que alguns pressupostos operacionais são executados pelo grupo de trabalho (ver Figura 8.8). Na manufatura, a Toyota pressupõe que todos os veículos agendados para serem montados em um turno serão realmente montados. Como a Toyota incentiva os membros de equipe a puxarem a corda de *andon* sempre que veem uma anormalidade, quase sempre é necessário fazer alguma hora-extra para cumprir a programação. Não há um pessoal extra es-

- **Suporte de linha para completar 100% da programação diária**
- 100% da equipe presente nas operações; substituição imediata dos ausentes
- Apoio aos processos: 100 verificações por segundo/hora/dia/semana
- Manutenção de rotina, ajustes de máquinas
- Treinamento de membros de equipe/ treinamento cruzado
- Melhoria contínua
  - Tempo para conduzir experimentos
  - Tempo para mentoreamento com líder de grupo

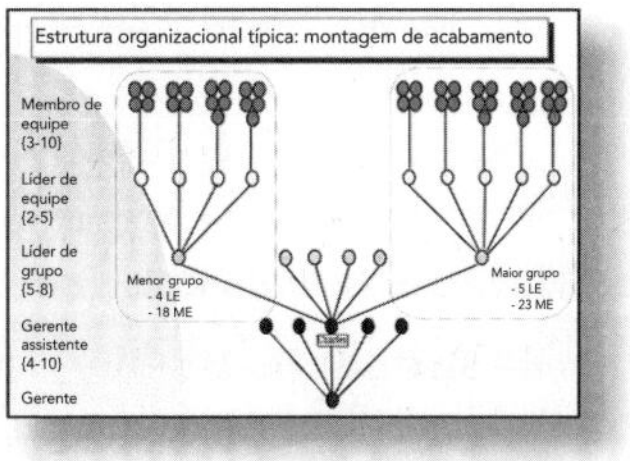

FIGURA 8.8 Princípios por trás da estrutura de grupos de trabalho da Toyota.
Fonte: Bill Costantino, W3 Consulting

perando para preencher a linha caso um membro da equipe se ausente por qualquer motivo; os líderes de equipe atuam como recursos flexíveis para o quadro de lotação e executam verificações regulares e padronizadas dos processos, incluindo verificações de trabalho padronizado, de ferramenta e de produção. Eles também realizam a manutenção preventiva de rotina das ferramentas e dos equipamentos, além de treinarem os membros de equipe para que estes saibam realizar funções o suficiente para alternar suas posições durante o turno. O líder de grupo e os líderes de equipe facilitam a melhoria contínua e desenvolvem as habilidades de melhoria dos membros da equipe.

Os grupos de trabalho precisam ser desenvolvidos, não implantados

Quando as pessoas na General Motors tentaram implementar grupos de trabalho como aqueles que viram na NUMMI, sua joint venture com a Toyota, eles copiaram tudo às cegas.[8] A GM copiou a estrutura, mas ignorou a função crítica do desenvolvimento da liderança. Quando realizou um estudo interno para entender como os líderes de equipe usavam seu tempo, a GM descobriu que eles focavam em assistência aos trabalhadores (ex.: para que eles pudessem ir no banheiro), em inspeções de qualidade e em consertos. Quando não havia problemas imediatos ou incêndios a serem apagados, eles se dirigiam à uma salinha nos fundos da fábrica para descansar. Na verdade, os líderes de equipe só faziam algo que pudesse ser considerado trabalho 52% do tempo, enquanto os líderes de equipe da NUMMI apoiavam ativamente os trabalhadores da linha de montagem e passavam 90% do tempo trabalhando no chão de fábrica. Essas são algumas das coisas que os líderes de equipe da NUMMI estavam fazendo ativamente:

- 21% do tempo era gasto substituindo trabalhadores ausentes ou de férias. Os líderes de equipe da GM faziam isso 1,5% do tempo.
- 10% do tempo era dedicado para garantir o fluxo contínuo das peças para a linha. Os líderes de equipe da GM faziam isso 3% do tempo.
- 7% do tempo era gasto comunicando ativamente informações relacionadas ao trabalho, algo praticamente ausente na GM.
- 5% do tempo era dedicado a observar a equipe trabalhando para antecipar problemas. Isso nunca acontecia na GM.

Uma vez, comecei a assessorar uma grande multinacional quando a empresa introduziu a sua versão do *lean*. O vice-presidente responsável tomara cuidado para fazer *benchmarking* com os melhores exemplos de *lean*. Ele me disse que estava montando as “receitas” (palavra dele) para o sistema de produção da empresa. Com mais de 90 instalações de produção ao redor do mundo, ele acreditava que um dos segredos para o sucesso seria um conjunto de receitas organizadas em torno dos meus princípios do Modelo Toyota. Era tudo muito lisonjeiro, mas preocupante.

"Os grupos de trabalho são o que todas as histórias de sucesso têm em comum", ele voltou exclamando de uma viagem, muito animado. "Elas são todas construídas em torno de grupos de trabalho, com líderes de grupo e líderes de equipe responsáveis pelo trabalho padronizado, pela gestão à vista, pela resposta ao *andon* e pela melhoria contínua. Precisamos de uma receita para grupos de trabalho". A essa altura, a empresa tinha supervisores com amplitudes de controle de 30-40 pessoas e gerentes tradicionais no estilo comando e controle. Ele explicou que já havia se reunido com o RH em todos os países nos quais a empresa operava a fim de desenvolver descrições legais das funções e das escalas salariais para os líderes de grupo e os líderes de equipe, e queria que todas as fábricas da empresa no mundo começassem a "implementar grupos de trabalho" até o final do ano.

Neste momento, deve estar evidente que ele queria usar uma abordagem mecanicista para implantar algo inerentemente orgânico. Meu *andon* mental estava berrando "pare, pare, pare! Não vai dar certo!" Refletindo sobre isso, percebi que a receita não deveria ocupar funções com corpos, mas sim desenvolver a liderança. Essa transformação pessoal não pode vir de uma ordem; é algo que deve ser desenvolvido e que exige tempo e paciência. A visão dessa empresa sobre como implantar o *lean* não tinha nenhum dos dois.

Como esperado, as equipes foram "implantadas". Também foram implantados quadros visuais padrões muito bem desenhados, que serviam de ponto de encontro para reuniões diárias e eram usados para monitorar as sugestões de melhoria. Lembro de estar visitando uma fábrica quando um trabalhador de produção perguntou educadamente se poderia me fazer uma pergunta. "Dr. Liker", ele disse, puxando-me para o lado. "Eu entendo a ideia por trás dessas equipes, mas elas não estão funcionando. Os líderes de grupo e os líderes de equipe não sabem liderar, as reuniões matinais são uma piada e as pessoas fazem sugestões ruins só para os gerentes pararem de incomodar. É assim mesmo que as equipes devem ser?" Eu fiquei constrangido, pois acreditava que ele estava certo e que a abordagem de implementação era fundamentalmente equivocada, mas não podia dizer isso. Desculpando-me, expliquei que a alta gerência estava se esforçando e que haveria complicações enquanto ainda estivessem aprendendo.

Compare essa situação com a abordagem de desenvolvimento da liderança usada no lançamento de um armazém de peças de manutenção, descrita no Capítulo 16 de *O Modelo Toyota*. A liderança sênior refletiu sobre o que aprendera ao lançar um armazém semelhante e concluiu que fora prematura na seleção dos líderes de grupo e de equipe, distribuindo responsabilidades demais cedo demais. Eles desenvolveram maus hábitos, e a organização demorara anos para voltar atrás e retreiná-los. "Tivemos a chance de acertar a cultura no novo armazém", o diretor do novo armazém explicou. Ele sabia que haveria um período inicial para acertar o processo, mas se a empresa não desenvolvesse corretamente os líderes, seria preciso enfrentar anos de retrabalho.

Ele deu um passo mais radical dentro da Toyota, abrindo o armazém sem líderes de equipe. Os grupos de trabalho começaram com líderes de grupo, mas estes agiam de forma mais orientativa, como supervisores. Os líderes de grupo receberam treinamento intenso nos princípios do Sistema Toyota de Produção, sendo responsabilizados pela sua aplicação. A liderança era situacional e, com o amadurecimento da cultura, ela evoluiu para se tornar mais participativa e menos orientativa. À medida que os grupos de trabalho se desenvolviam até um determinado nível de proficiência, e possíveis líderes de equipe emergiam, a gerência considerava permitir que os líderes de grupo escolhessem líderes de equipe no momento em que cada grupo estivesse pronto para isso. Escolher líderes de equipe era algo a ser conquistado, não um direito inerente. O processo demorou vários anos até todos os líderes de grupo terem líderes de equipe, e foram anos de desenvolvimento intenso.

Aplicando os princípios da estrutura de grupos de trabalho da Toyota: o exemplo do asilo

Bill Constantino atuou como *coach* em um asilo que abrigava pacientes terminais, começando pelos executivos encarregados. Eles fizeram grandes avanços nas fases iniciais, porém perceberam suas limitações. Eles tinham uma missão admirável denominada "Aqui pela vida" e um pessoal muito dedicado em todos os níveis. Contudo, os gerentes passavam o dia inteiro apagando incêndios e não criavam melhorias. Cada *coach* conseguia desenvolver cinco aprendizes do *kata* por vezes, e isso já era considerado muito. Desenvolver *coaches* demoraria ainda mais, talvez anos para trabalhar todos os níveis da gerência. A equipe de liderança precisava de um modelo mais eficiente, e essa necessidade os levou a refletir sobre a estrutura organizacional.

Tradicionalmente, o asilo ficava organizado entre 13 e 32 enfermeiras que respondiam a um supervisor. Bill descreveu aos executivos o sistema de líderes de grupo e de equipe da Toyota e os seus princípios fundamentais. Ele enfatizou que seria preciso enfatizar os princípios sem copiar a estrutura da Toyota. Para sua felicidade, a equipe executiva queria abordar o problema da estrutura organizacional na forma de uma série de experimentos de *kata*. Eles queriam identificar uma direção, entender a condição atual, definir uma primeira condição-meta e fazer experimentos.

A Figura 8.9 mostra a condição inicial. A equipe de melhoria descobriu que os diretores de enfermagem e enfermeiras-chefes já se sentiam sobrecarregados com suas cargas de trabalho. Eles estavam sempre correndo atrás de problemas, e sentiam que nunca tinham tempo o suficiente. Ficou evidente que agregar atividades de melhoria e *coaching* às suas responsabilidades pregressas não seria uma boa solução. Se o asilo usasse um modelo de líderes de equipe semelhante ao da Toyota, com uma razão mais próxima de um líder para cada cinco membros de equipe, os gerentes teriam tempo para desenvolverem proficiência em liderar melhorias e ensinar os outros a liderar melhorias.

O asilo decidiu se concentrar no maior grupo, com a maior amplitude de controle, que respondia à diretora de cuidados em domicílio (ver Figura 8.10). Kristin, a diretora, tinha 25 subordinados diretos, incluindo Amy, uma gerente de cuidados em domicílio que, por sua vez, tinha 13 subordinados diretos. Ambas estavam sobrecarregadas com suas responsabilidades diárias e focadas em se coordenar com

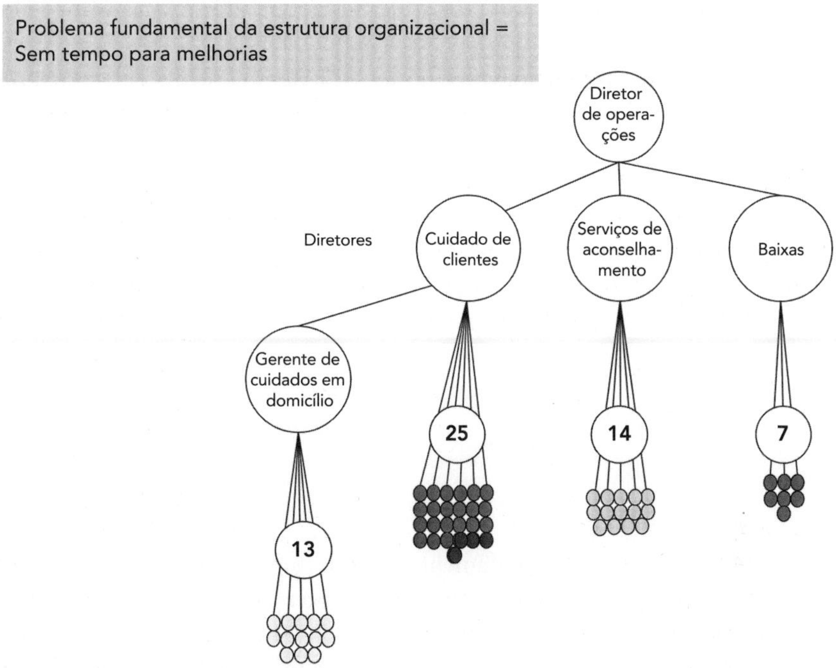

FIGURA 8.9 Condição atual da organização de cuidados em domicílio do asilo.

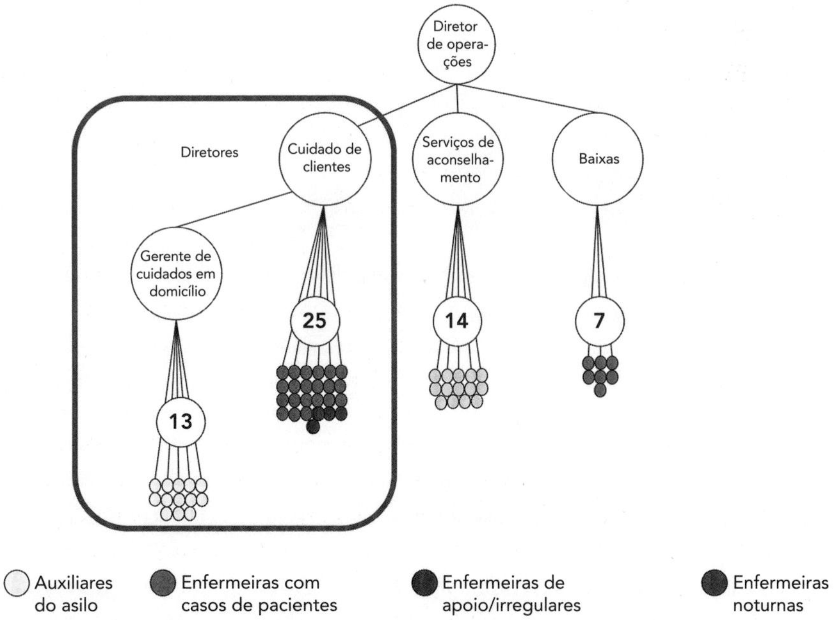

FIGURA 8.10 *Kata* piloto para a organização do asilo.

outras partes da organização, além de buscarem administrar principalmente por exceção.

A equipe do asilo desenvolveu uma série de novos conceitos organizacionais, e sempre buscando a colaboração de um grupo amplo de pessoas sobre seus pontos fortes e possíveis limitações. O primeiro conceito a ser testado era praticamente idêntico ao modelo da Toyota, com um líder de equipe para cada quatro membros de equipe. A ideia foi considerada promissora, mas pouco prática, pois seria necessário aumentar significativamente o quadro de lotação; portanto, já havia uma escassez de clínicos disponíveis, e o custo, obviamente, é sempre um problema. O segundo conceito tinha grupos maiores com um misto de enfermeiras e auxiliares, e incluía um líder sênior para ajudar o líder de equipe. Cada líder de equipe tinha de seis a oito enfermeiras e de seis a oito auxiliares do asilo. Cada equipe tinha também pelo menos uma enfermeira sênior, com um número de casos menor, que apoiaria o líder de equipe. Como primeira condição-meta, as enfermeiras escolheram um terceiro conceito, semelhante ao segundo, mas sem a enfermeira sênior na posição de apoio (ver Figura 8.11).

A equipe refletiu profundamente sobre as responsabilidades da função de líder de equipe. O líder não estaria apoiando uma operação repetitiva, situada em um único local, como acontece com o líder de equipe da Toyota. Os clínicos ficavam dispersos, geralmente visitando os pacientes em casa, e o número de casos variava todos os dias. Para identificar as responsabilidades dos líderes de equipe, eles tomaram algumas ideias emprestadas da Toyota, mas adaptaram o conceito à sua própria situação:

Condição-meta aproximada - 28/01/2015 (acertado no Jetsons com Kristin, Connie e Sophia)

Membros de equipe de enfermagem (6-8)

Equipe de enfermagem noturna

Líder de equipe (enfermeira) (2)

Responsabilidades do líder de equipe:
- Preparar o dia para o sucesso
- Encerrar o dia para o sucesso (entrega para equipe noturna)
- Prestar suporte telefônico para os clínicos na linha de frente (todas as disciplinas)
- Completar requisitos de registros médicos eletrônicos
- Manter quadro de qualidade da equipe
- Informar equipe de liderança sobre desempenho/problemas
- Completar um projeto de melhoria contínua por trimestre
- Completar deveres administrativos específicos

Diretora de cuidado de clientes

Kristin retém os deveres de supervisão para todas as enfermeiras e auxiliares de asilo (34)
Planejamento estratégico
Melhoria contínua

○ Auxiliares do asilo   ● Enfermeiras com casos de pacientes   ● Enfermeiras de apoio/irregulares   ● Enfermeiras noturnas

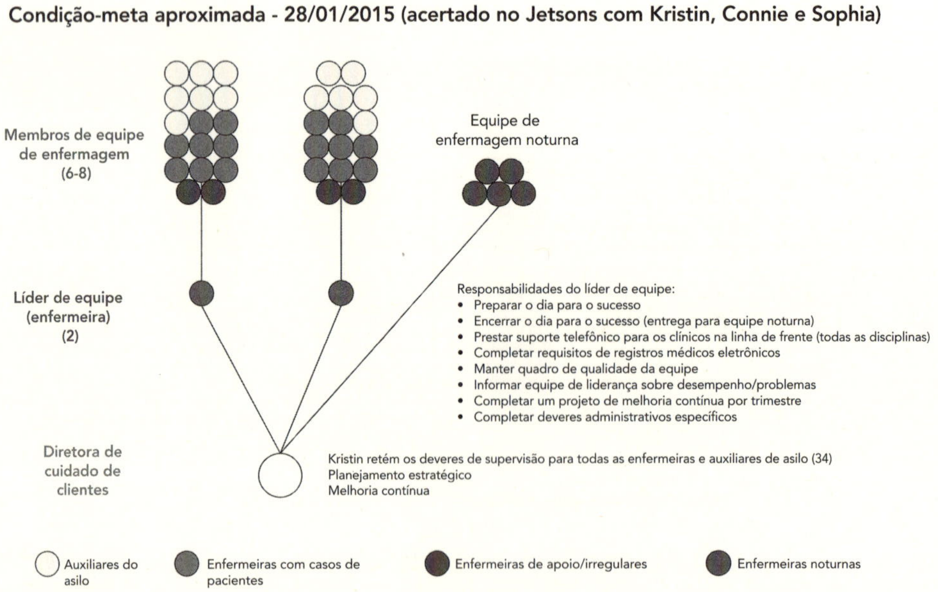

FIGURA 8.11 O terceiro conceito foi escolhido como condição-meta para o asilo.

- Preparar o dia para o sucesso
- Encerrar o dia para o sucesso (entrega para equipe noturna)
- Prestar suporte telefônico para os clínicos na linha de frente
- Completar requisitos de registros médicos eletrônicos
- Manter quadro de qualidade da equipe
- Informar equipe de liderança sobre desempenho/problemas
- Realizar um projeto de melhoria contínua por trimestre
- Realizar deveres administrativos específicos

Um quarto conceito organizacional foi adotado em abril de 2016 (Figura 8.12). Nesse momento, eles decidiram chamar os "líderes de equipe" de enfermeiras-chefes. Na verdade, a posição combinava com o que a Toyota chama de líder de equipe e líder de grupo. A amplitude de controle era menor do que a do líder de grupo da Toyota, mas maior do que a de um líder de equipe. Eles estimaram que o número ideal de subordinados diretos para esse cargo administrativo seria de 10 para 13, e estavam perto dessa relação, com 9 para 14. Observe que a preocupação sobre a capacidade de preencher os cargos de liderança era justificada. Um dos três cargos continuava vago, com uma série de outros cargos em aberto, pois a rotatividade era alta. Observe também que Kristin foi "promovida" de diretora para gerente. Ela descobriu que gostava muito de praticar o *kata* e estar próxima das linhas de frente, e não gostava de muitos dos deveres administrativos de ser diretora. A rotatividade

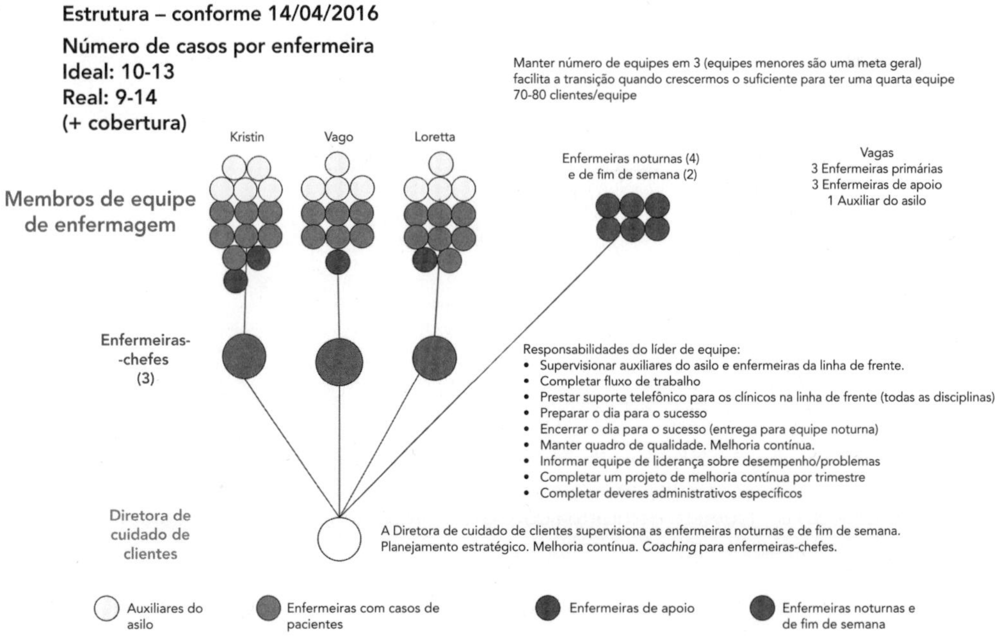

FIGURA 8.12 Quarto conceito.

significava que quem precisava ocupar a vaga tinha que ter muito treinamento em *kata*, mas Kristin estava sempre disponível e era um dos *coaches* de *kata* mais experientes da organização.

Os resultados em duas áreas mais do que justificaram todos os recursos destinados a aprender o *kata* de melhoria e o *kata* de *coaching*, sendo o primeiro na preparação para mortes. Diversas atividades de preparação são necessárias, incluindo preencher documentos, organizar o funeral e contatar todas as pessoas certas. Os clínicos ficavam sobrecarregados com seu trabalho diário e quase nunca realizavam essa preparação, como vemos na Figura 8.13. Usando o *kata* de melhoria, de experimento em experimento, foi possível aumentar a porcentagem de pacientes com preparação adequada de 20% para 80%, que era a meta.

Uma aplicação de *kata* para melhorias que acertou em cheio nos resultados financeiros foi o uso de medicamentos genéricos em vez daqueles de "fora da farmacopeia", que não são reembolsados pelos programas de saúde Medicare e Medicade do governo americano. Os gráficos na Figura 8.14 mostram que esses custos foram bastante reduzidos, especialmente em relação aos medicamentos para demência e estatinas (medicamentos para controle de lipídios).

Em última análise, o asilo conseguiu desenvolver uma função de líder de equipe, que, por sua vez, conseguiu romper o círculo vicioso de diretores de enfermagem e gerentes de cuidados em domicílio que passavam o dia inteiro apagando incêndios. O *coaching* de verdade começou a emergir. O segredo desse sucesso foi refletir profundamente sobre diversas novas estruturas organizacionais e ver a estrutura selecionada como uma condição-meta, isto é, é algo a ser buscado dinamicamente e não uma estrutura estática a ser copiada e implementada. Muitos experimentos

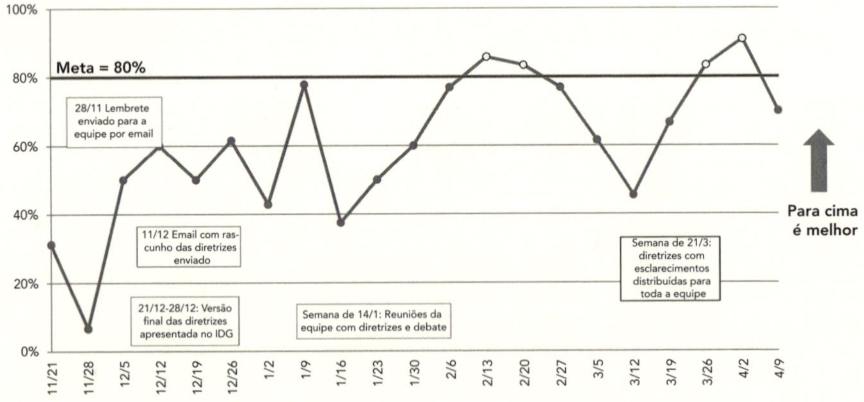

FIGURA 8.13 Número de mortes que foram precedidas de um Protocolo de Comunicação Padronizada.

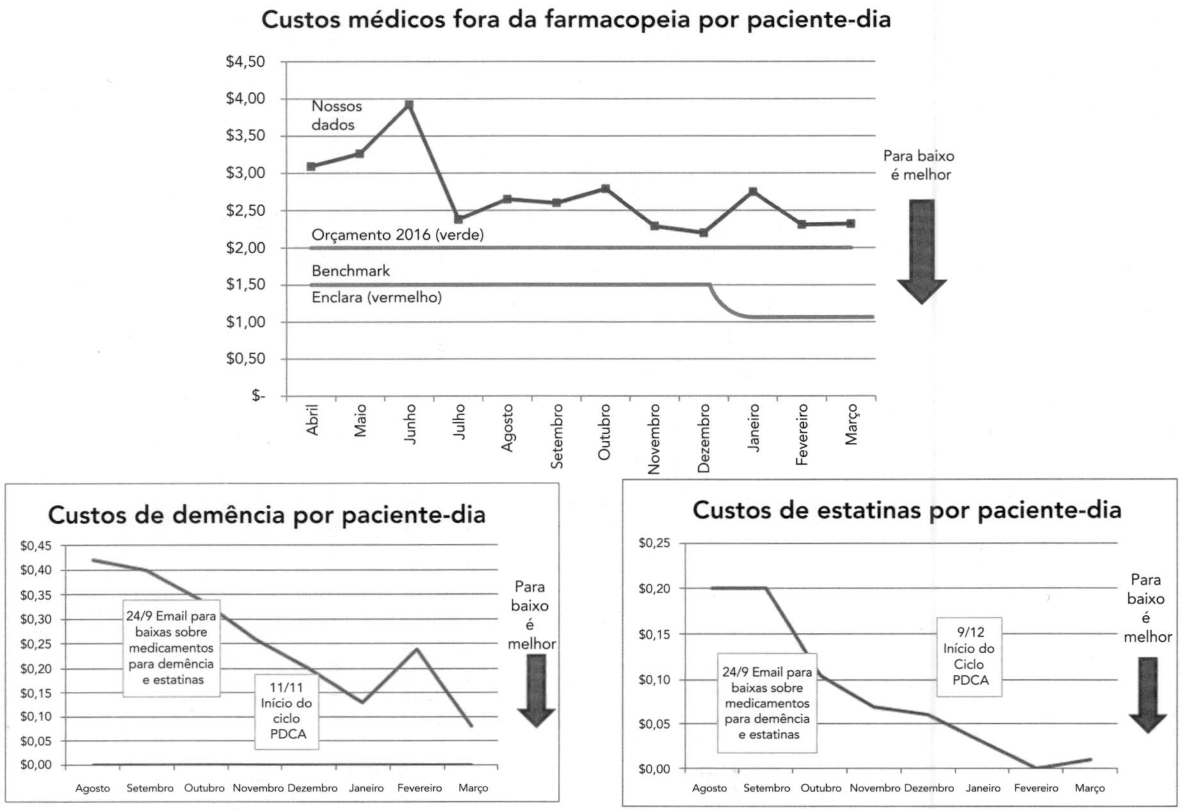

FIGURA 8.14 Redução em custos de medicamentos fora da farmacopeia.

foram conduzidos muitos ajustes foram realizados à medida que o asilo aprendeu a desenvolver os líderes nas suas novas funções. Essa abordagem orgânica baseada em um processo de aprendizagem científico foi demorada e trabalhosa, mas deu certo.

PRINCÍPIO 15: EQUILIBRAR RECOMPENSAS EXTRÍNSECAS E INTRÍNSECAS

As pessoas não são máquinas

Um ditado famoso diz que "você colhe o que planta". Isso sugere que obterá os resultados certos se cultivar as coisas certas. A ideia é reconfortante, mas está longe da verdade.

O pressuposto mais simples e eficiente sobre o que motiva as pessoas é que somos uma espécie de computador programado para maximizar nossa utilidade esperada. Essa é a premissa por trás da maioria dos modelos econômicos, e ela parece ter algum grau de preditividade, pelo menos no nível macro. Fazemos o cálculo nas nossas cabeças, descobrimos os custos e benefícios de cada alternativa e escolhemos o caminho com o melhor resultado. Assim, as pessoas são consideradas agentes racionais, o que significa que aquilo que as motiva é fácil de quantificar. Como os economistas trabalham com dinheiro, e como o dinheiro pode ser contado, pressupõe-se que quase tudo que nos motiva pode ser convertido para unidades monetárias. Essa era a premissa original de Frederick Taylor e da administração científica, e ao se unir com os métodos de trabalho mais eficientes que os especialistas criavam, Taylor conseguiu motivar as pessoas para aumentarem drasticamente sua produtividade.

A ideia de que colhemos o que plantamos e recompensamos está profundamente enraizada na psique de quase todos os gestores ao redor do mundo. Ela é particularmente arraigada nos países ocidentais que têm culturas altamente individualistas, nas quais o indivíduo pergunta: "o que eu ganho com isso?" Muitos consultores e livros de negócios nos ensinam a responder essa questão, descrevendo-a como o segredo para desvendar a motivação. A Toyota, por outro lado, esforça-se para nunca contratar pessoas que fazem essa pergunta. Parece que a empresa está violando mais um princípio fundamental do pensamento da administração.

Respostas condicionadas e hábitos são motivadores poderosos

Dr. Deming, nosso adorado sensei, disse um tanto irônico: "pessoas com metas e empregos que dependem de atingi-las provavelmente vão conseguir atingi-las, mesmo que a empresa seja destruída no processo". Deming sempre pregava contra metas numéricas, avaliações de desempenho anuais e pagamento por peça. Mas o que há de errado em incentivos? Como a administração vai motivar as pessoas se não usar remuneração variável?

O campo da psicologia chamado de modificação comportamental nos ensina muito sobre a remuneração variável. Um dos eventos fundamentais nessa área foi o famoso experimento de Pavlov com cães. Pavlov estudava o processo fisiológico da digestão quando observou um fenômeno curioso. Ele percebeu que, durante o experimento, os cães começavam a salivar na presença do técnico que normalmente os alimentava, mesmo quando não havia comida. Pavlov explicou que isso representava uma "resposta condicionada"; os cães eram alimentados por técnicos e seus cérebros aprenderam a associar o técnico com a comida, além da "salivação antecipatória" ocorrer mesmo na ausência de comida.

Essa descoberta importante sugeria que a recompensa não precisa ser dada todas as vezes para um comportamento desejado. Em vez disso, depois de condicionados a esperar a recompensa, vamos nos comportar da maneira desejada na expectativa de recebê-la. Pode-se dizer que formamos um hábito; com o tempo, o elo desaparece se a recompensa nunca é dada, claro. Os psicólogos experimentaram com diversas tabelas de estímulo e resposta para entender as condições sob as quais os diferentes padrões de recompensa têm a maior probabilidade de criar e sustentar os comportamentos desejados. Simplificando a ideia, o padrão é recompensar todas as instâncias do comportamento no início do processo de reforço, o mais próximo possível do momento em que o comportamento ocorreu, e começar a recompensar aleatoriamente essas instâncias de modo a sustentar o comportamento.

Isso facilita a vida dos gerentes. Identifique uma recompensa com a qual o trabalhador se importa, faça com que dependa dos comportamentos desejados e use o padrão de reforços corretamente. As pessoas, assim como os cães, farão o que você quiser sem perceberem que estão sendo manipuladas.

A ideia tem alguns problemas. Uma das barreiras mais importantes para a transformação *lean* é exatamente esse tipo de sistema de reforço. Conheço diversos casos de empresas que tinham um longo histórico de sistemas de pagamento por peça. A estrutura parecia vir diretamente de Frederick Taylor, com as pessoas recebendo proporcionalmente ao número de peças que produziam, o que as motivava a querer produzir mais peças. Contudo, com os sistemas *lean* de verdade, não estamos interessados apenas em produzir muitas peças, mas também em produzir as peças certas na quantidade, na hora e com a qualidade certa. A superprodução é uma perda fundamental, mas tente dizer isso para alguém que recebe por peça produzida. "Quando o estoque-pulmão estiver cheio, pare de produzir, por favor, e reduziremos o seu salário". Rá! Boa sorte!

Essas mesmas empresas estavam tentando introduzir a ergonomia para reduzir as lesões por trauma repetitivo. Os trabalhadores estavam recebendo a ordem de mudar o modo como trabalhavam para preservar suas mãos, pulsos e costas. Todavia, pelo menos no começo, as novas regras ergonômicas os desaceleravam. Mais uma vez, boa sorte! Além disso, essas empresas haviam descoberto o poder dos grupos de trabalho e queriam que os trabalhadores formassem equipes nas quais alternariam de função. Recompense os indivíduos pela sua própria produção e peça para trabalharem em equipe realizando trabalhos diferentes (e talvez até reduzindo sua produção individual), e você está criando mais uma receita de frustração e rebelião. Conheço alguns casos em que os sindicatos ameaçaram entrar em greve quando o *lean* foi introduzido por empresas com sistemas de pagamento por peça. Após a resistência do sindicato, todas essas empresas voltaram à estaca zero e, após anos de esforço, finalmente conseguiram eliminar esse sistema de pagamento. Foi preciso re-estabelecer o salário básico em um patamar mais elevado para que ninguém perdesse dinheiro no novo sistema, mas as empresas determinaram que os benefícios para o desempenho geral do sistema valiam (e muito) o custo adicional. Agora o *lean* finalmente poderia ter uma chance!

Os hábitos criados com a ajuda de recompensas variáveis são reais e podem servir de base para os comportamentos desejados para a melhoria contínua. *O Poder do Hábito*[9] é uma leitura fácil, que resume a modificação comportamental a três elementos: a deixa, a rotina e a recompensa. Precisamos de uma "deixa" identificável que ative uma rotina ou hábito que, por sua vez, seja reforçada com uma recompensa. A recompensa pode ser extrínseca ou intrínseca, mas precisa criar uma sensação boa nos nossos cérebros.

Os hábitos são desenvolvidos por meio de repetições, como no caso do cão de Pavlov. Eles se transformam em respostas condicionadas, de modo que a recompensa real se torna menos necessária com o passar do tempo. Scott Adams, criador da tirinha *Dilbert*, conta o que fez para se exercitar todos os dias.[10] Uma deixa para ele é simplesmente calçar seus tênis de corrida. Quando coloca os tênis, seu cérebro parece estar dizendo "melhor ir para a academia, então". O segredo para desenvolver o hábito é simples: repetição. Quanto mais repetição, mais forte é a ligação entre a deixa e a rotina. Em algum momento, o exercício simplesmente se torna algo bom para seu cérebro, e não se exercitar dá a sensação de que algo está faltando.

Quase todos os princípios do Capítulo 6 dependem de formar o tipo certo de hábito entre os nossos funcionários. O sistema *andon* é um exemplo: a luz se acende e funciona como uma deixa, o líder de equipe chega e executa a rotina apropriada para responder ao *andon*. Como discutimos no Capítulo 6, as empresas muitas vezes imitam o *andon* usando algum sinal sonoro ou visual quando surge a necessidade de ajuda. No entanto, ninguém aparece para ajudar ou o gerente fica furioso por causa da interrupção. Muitos dos meus colaboradores da Toyota têm a experiência oposta; eles ganharam tapinhas nas costas, elogios ou até aplausos quando puxaram o *andon* pela primeira vez. Era como um rito de passagem. Nos primeiros momentos do *andon*, é importante ter uma resposta rápida e praticar o reforço positivo até que ele se transforme em hábito (ver Figura 8.15).

Da mesma forma, quando analisamos as engrenagens do trabalho padronizado, como os sistemas puxados, a gestão visual, as áreas de reuniões diárias e todos os

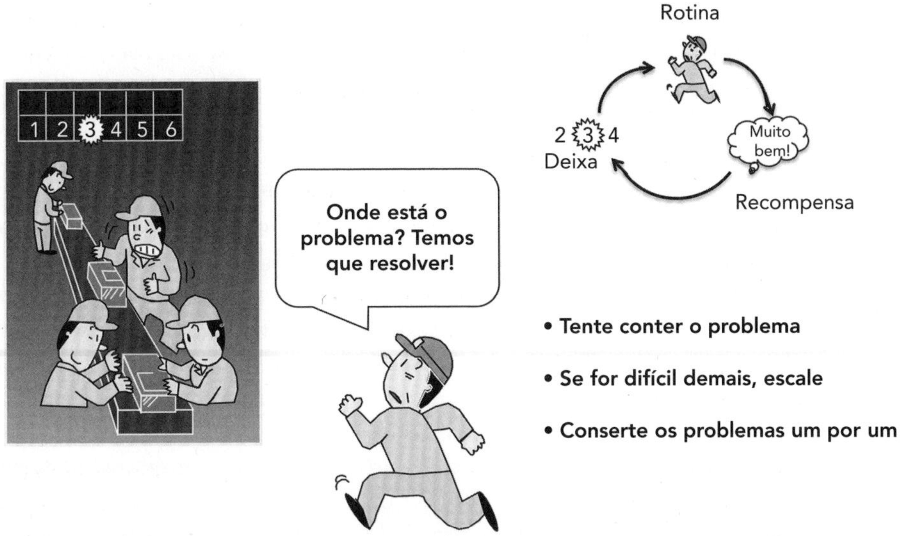

FIGURA 8.15 *Andon* e formação de hábitos.

outros processos *lean*, fica evidente que elas dependem de pessoas que precisam fazer a coisa certa e do jeito certo. O *lean* não tem sistemas 100% automatizados capazes de operar independentemente da intervenção humana apropriada. Até sua automação em si exige uma manutenção disciplinada, que depende das pessoas responderem às deixas certas, com as rotinas certas no momento certo.

A forma mais básica de modificação comportamental é aquela na qual eu demonstro o comportamento A, que leva ao resultado desejado B, e recebo a recompensa C. Ela funciona quando há uma relação simples e direta. No início da revolução industrial, o ambiente de trabalho era simples: fabrique vários calçados, despeje minério de ferro na máquina ou monte vários Ford Model Ts, e os produtos venderão e a empresa lucrará. É por isso que o sistema de pagamento por peça funcionava tão bem: produza muitas peças por pessoa e a vida do dono da empresa será uma maravilha.

O mundo dos serviços ainda tem exemplos de relações de causa e efeito relativamente simples. O serviço de táxis da Uber é um bom exemplo. "Dirija o próprio carro e seja seu próprio chefe", diz a Uber. Com relativamente pouca fiscalização e filtragem, os motoristas são recrutados para dirigirem seus próprios veículos e transportar clientes determinados por transações via Internet. Os motoristas não são gerenciados e doutrinados na cultura da Uber, e sim avaliados diretamente pelos clientes, que precisam de um *smartphone* para usarem o serviço. Os motoristas não veem imediatamente a classificação do passageiro, de modo a proteger o anonimato dos clientes. Eles e os clientes veem as classificações agregadas e os comentários de outros clientes, e você pode rejeitar um motorista se notar que a nota dele no serviço é baixa. Em alguns locais, a Uber pode até exigir que motoristas com notas baixas paguem por um processo de treinamento caro para continuarem a ganhar a vida com a empresa. Os motoristas da Uber reclamam que não sabem quem deu uma nota baixa ou por que isso aconteceu, o que torna esse modelo de negócios bem arriscado. Por exemplo, há o risco de um indivíduo violento dirigir para a Uber. Na vasta maioria dos casos, entretanto, esse serviço confiável e de baixo custo satisfaz os clientes o suficiente para que continuem a usá-lo.

O motivo para esse sistema de modificação comportamental relativamente fraco funcionar na Uber é a relação direta entre o que os motoristas fazem e as notas que recebem. Eles precisam buscar os clientes rapidamente, levá-los ao seu destino com segurança, tratá-los com respeito e manter um veículo agradável. Se fazem isso, eles tendem a ganhar cinco estrelas. Se violam qualquer uma dessas expectativas básicas, eles recebem menos de cinco estrelas, o que prejudica sua capacidade de atender mais clientes. Desde que não se espere mais do que isso do motorista, até mesmo um sistema de reforço fraco consegue funcionar.

No mundo moderno, temos trabalhos muito mais complexos, inclusive na indústria, e precisamos de mais comportamentos situacionais, ou seja, os comportamentos certos sob as condições certas. Tentar estabelecer recompensas e punições para tudo que queremos que o funcionário faça, sob toda e qualquer condição, acaba sendo impossível. Seria preciso um sistema de inteligência artificial para decidir se o funcionário merece um prêmio ou uma punição em cada caso.

Compare a Uber com a empresa de transporte pessoal que Karyn tem assessorado, a National Taxi Limo (NTL). A NTL tem um aplicativo de celular como o do Uber, em que os clientes podem usar para reservar viagens, localizar seu motorista e pagar pelo serviço, porém a semelhança termina por aí. A NTL se concentra em cumprir seu propósito de longo prazo de ajudar taxistas independentes a expandirem seus negócio, além de se desenvolverem enquanto empresários e pessoas por meio da prestação de um serviço pessoal e simpático, uma viagem de táxi de cada vez. A NTL é seletiva na formação da sua rede de motoristas, e a empresa está desenvolvendo a si mesmo e seus motoristas em busca da visão de "todas as corridas. Na hora. Todas as vezes. Trabalhando juntos". Conheceremos melhor a história da NTL no Capítulo 10.

As pessoas reagem a recompensas extrínsecas, mas podem se tornar inovadoras com recompensas intrínsecas

Um dos achados mais consistentes e contraintuitivos da psicologia é o fato de que que as recompensas extrínsecas podem prejudicar alguns tipos de desempenho. Um conjunto de experimentos que demonstrou os limites das recompensas extrínsecas é o problema da vela, desenvolvido originalmente por Karl Duncker e publicado postumamente em 1945.[11] Nesse experimento inteligente, os participantes recebem uma vela, uma caixa de tachinhas e alguns fósforos, com a missão de prender a vela na parede. Eles são cronometrados para ver quanto tempo vão demorar para conseguirem.

Eram dois experimentos, um no qual as tachinhas eram dadas em uma caixa, e outro no qual as tachinhas eram dadas fora da caixa (ver Figura 8.16). Em ambos, os membros de um grupo experimental eram informados que ganhariam dinheiro

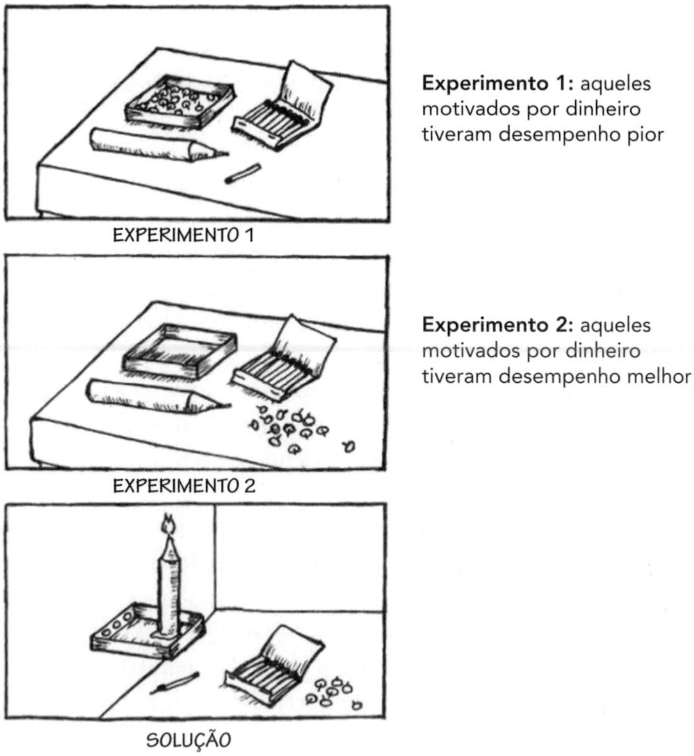
Experimento 1: aqueles motivados por dinheiro tiveram desempenho pior
EXPERIMENTO 1
Experimento 2: aqueles motivados por dinheiro tiveram desempenho melhor
EXPERIMENTO 2
SOLUÇÃO

FIGURA 8.16 Experimentos com velas com recompensas extrínsecas e intrínsecas.
Fonte: Duncker, Karl (1945). *On Problem Solving*. Psychological Monographs 58. American Psychological Association.

se tivessem sucesso (recompensas extrínsecas), enquanto pedia-se aos membros do grupo controle que dessem o melhor de si para promover o entendimento sobre a solução de problemas (recompensas intrínsecas).

Os modelos dos seres humanos como maximizadores de utilidade previam que os indivíduos que poderiam ganhar dinheiro seriam mais motivados e, consequentemente, completariam cada tarefa mais rapidamente. Contudo, aqueles que não receberam qualquer oferta de dinheiro realizaram o experimento 1 em significativamente menos tempo. Observe que, nesse experimento, temos uma caixa de tachinhas e um fósforo para prender a vela na parede. As primeiras tentativas costumam ser de tentar encontrar uma maneira de derreter a cera da vela ou usar as tachinhas para prendê-la na parede. Elas não dão certo. A solução correta é esvaziar a caixa e usar as tachinhas para prender a caixa na parede, derreter a base da vela e fixá-la à caixa. O problema com os membros do grupo experimental motivado por dinheiro é que estavam se apressando, então eles se concentravam nas soluções óbvias. Ducker chamou isso de “fixação funcional”; os participantes viam cada objeto com uma função fixa (por exemplo, a caixa guarda as tachinhas), e o foco na recompensa não os deixava enxergar usos alternativos.

No experimento 2, por outro lado, com as tachinhas removidas da caixa, todas as pessoas em ambos os grupos viam que a caixa era só uma caixa, não um recipiente para as tachinhas. Nesse experimento, quem recebeu a oferta de dinheiro demorou bem menos do que quem estava realizando a tarefa pelo bem da ciência. A conclusão: *o dinheiro motiva, sim, mas pode limitar nossa criatividade.*

Muitos estudos recentes sugerem que, quando as pessoas são motivadas por algo que consideram inerentemente gratificante (ou seja, por recompensas intrínsecas), elas são mais criativas e continuam a trabalhar na tarefa mesmo quando lhe oferecem a oportunidade de fazer um intervalo. Aqueles motivados por dinheiro usam abordagens que já conhecem bem para tentar obter o resultado rapidamente, e não hesitam em fazer uma pausa quando podem. Se o dinheiro nos motiva, isso também significa que nós paramos sem essa remuneração contingente, mesmo quando fazemos algo que gostamos. É como se disséssemos para nós mesmos: "estou ganhando para fazer isso e devo estar fazendo pelo dinheiro; logo, não vou fazer nada sem ser pago."

Se considerarmos o caso da Uber, os taxistas estão fazendo algo que já sabem fazer, e o que se mede (as notas dos clientes) está diretamente relacionado com seu desempenho. Quem faz o trabalho ganha a recompensa de mais clientes. Contudo, a National Taxi Limo quer mais dos seus motoristas. Ela quer que os motoristas se sintam parte da NTL e compartilhem da sua visão e dos seus valores, além de contribuírem para a melhoria. Isso exige um comprometimento mais profundo e pensamentos criativos sobre maneiras de melhorar. Essa é a visão da melhoria contínua de serviços. Não podemos depender de incentivos e punições para convencer as pessoas a investirem suas almas na empresa e encontrar maneiras melhores de atender os clientes.

Recompense holisticamente e dê visibilidade ao trabalho

Responsabilidade, responsabilidade, responsabilidade! "Reorganizamo-nos sob presidentes regionais para que as pessoas certas, nos cargos certos, sejam responsáveis". "Estamos construindo uma nova cultura de responsabilidade para obter os resultados de negócios mais importantes". "Costumávamos ter só centros de custos, mas agora temos centros de lucro, e os líderes serão avaliados pela lucratividade". O subtexto: "Estamos colocando pessoas ambiciosas e competitivas no comando, e ao medir seus desempenhos, elas ficarão ricas ou serão demitidas com base nos resultados!"

Já vimos isso funcionar em ambientes nos quais a liderança sênior se acomodou. O novo CEO aparece, reorganiza tudo para que as unidades de negócios tenham responsabilidade no seu lucro, simplifica os indicadores-chave de desempenho e desenvolve planos de negócios agressivos. O lucro aumenta alguns meses depois. A liderança sênior deve acreditar que não há tempo para mudar a cultura da organização se não incentivar os altos executivos a adotar reestruturações e demissões em massa para cortar custos e entrar em novos mercados para aumentar as receitas, além de pressionar seus subordinados diretos para melhorarem o desempenho ou sofrerem as consequências. Uma cultura acomodada de pessoas que fazem o que sabem fazer, trabalhando tranquilamente, transforma-se em uma cultura de medo e constrangimento. Os indicadores deixam os resultados visíveis, tornando-se possível aplicar não somente as recompensas, mas também as punições apropriadas. O que falta nessa equação é um esforço sério para entender o cliente e dar visibilidade ao modo como as pessoas trabalham. O engajamento é substituído por um novo motivador: o medo. O desenvolvimento de pessoas significa produzir ou ir embora.

A Toyota também acredita em responsabilidade e transparência, mas com uma diferença. A empresa quer que as pessoas sejam responsáveis por destacar problemas no sistema e participar da melhoria de processos para aprimorar a experiência do cliente. Gary Convis, ex-executivo da Toyota, adora dizer que "só duas coisas fazem alguém ser demitido na Toyota: não aparecer para trabalhar e não usar o *andon* para chamar a atenção para problemas". Ele estava fazendo uma piada, mas não é mentira que uma das piores transgressões dentro da empresa é esconder problemas, pois isso solapa todo o sistema de respeito por pessoas e pela melhoria contínua.

O desempenho mais visível que já vi em uma montadora da Toyota foi um quadro mostrando o número de defeitos de qualidade produzidos por cada membro da equipe de certo grupo. Foi na fábrica em Georgetown, no Kentucky, e os membros da equipe se alternavam entre quatro funções por turno. O diagrama tinha círculos para cada membro, mostrando onde havia defeitos por pessoa e por função. Se uma função tinha um índice relativamente alto de defeitos que, por sua vez, ocorriam apenas quando uma pessoa específica a desempenhava, o círculo era vermelho, e o gráfico ficava postado em um quadro de problemas de qualidade à vista de todos.

Qual é o propósito de um quadro como esse? Em um ambiente de comando e controle, é evidente: identificar as pessoas com mau desempenho e pressioná-los a melhorar ou serem punidos. Nessa fábrica, a intenção era revelar problemas. Se todos que ocupavam uma função sofriam igualmente com o problema, era evidente que o problema estava no sistema, não na pessoa. Se o problema ocorria quando uma pessoa fazia o trabalho, ainda se pressupunha que o problema estava no sistema. Mesmo que o problema fosse como a pessoa executava o trabalho, a situação levantava perguntas como: "por que essa pessoa foi colocada nessa função se não foi treinada corretamente?" "Há algum ponto fraco no sistema de treinamento?" "Haveria como alterar o trabalho para que todos possam fazê-lo com alta qualidade? Por exemplo, daria para criar um aparelho à prova de erros?" Identificar problemas e resolver problemas começa com o pressuposto de que o problema está no sistema, e este, por sua vez, está sob o controle da gerência.

O pressuposto por trás do sistema da Toyota é que as pessoas confiam na gerência para não usar os sistemas de gestão visual contra elas. Mesmo quando um documento destaca alguém por nome, o objetivo não é encontrar o culpado, e sim, melhorar o valor para o cliente. É uma distinção sutil quando a reputação e autoconfiança da pessoa estão em jogo. Ela depende muito do sistema de recompensas, no qual as punições são inclusas.

O sistema de pagamento por peça, tão nocivo para empresas que tentam se transformar em um sistema *lean* e focado no cliente, é ainda mais aterrador quando divulgamos publicamente o desempenho de cada indivíduo. Nesse caso, ter um círculo vermelho ao redor do seu nome pode significar que você não vai ganhar o bônus por desempenho, o que é um jeito de ser punido. Nessa situação, os trabalhadores fazem de tudo para esconder problemas que poderiam levar à uma nota ruim.

Um sistema baseado em abertura, isto é, em revelar problemas seja qual for a causa para que todos possamos melhorar, tende a acompanhar sistemas transparentes que recompensam os membros de equipe pelo desempenho geral. Um tipo de sistema de recompensas transparente é a contabilidade de livros aberto praticada pela Zingerman's. Os valores que entram no balanço contábil, normalmente restritos a contadores, tributaristas e proprietários, são compartilhados com todos abertamente.

Todos os negócios da Zingerman's têm o orgulho de colocar os números mais importantes em quadros brancos, onde todos podem consultá-los no modo que foram organizados por "Relatório Operacional de Departamento" (ROD). Assim como todos os outros negócios da Zingerman's, a Zingerman's Mail Order realiza reuniões gerais todos os meses para discutir questões financeiras. A empresa apresenta as vendas em comparação com o planejamento, os custos de mão de obra e de material, a margem bruta, o lucro operacional líquido e todos os elementos das demonstrações

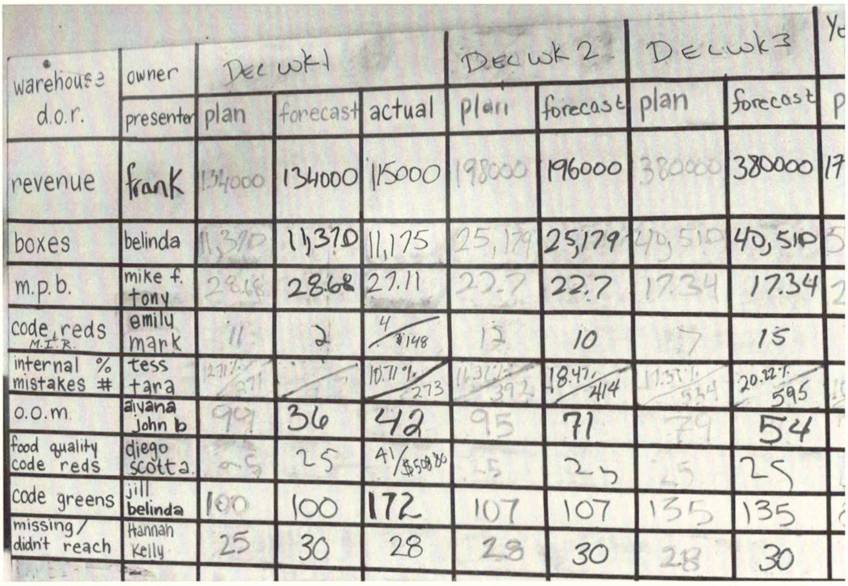

FIGURA 8.17 Métricas semanais para o desempenho do armazém da Zingerman's Mail Order em dezembro.

contábeis e do balanço. Os funcionários permanentes são treinados para entender o que esses números significam, uma aula de Introdução à Contabilidade.

Todos os departamentos fazem revisões semanais dos seus próprios RODs, reunindo todos os membros de equipe. O ROD de um departamento se concentra em cinco ou seis métricas principais, sendo que cada departamento escolhe as métricas que considera mais importantes. A Figura 18.7 mostra o quadro de métricas semanais do armazém da Zingerman's Mail Order. Nele, vemos os números previstos, os planejados e os reais para a receita em dólares, além de outros números, como caixas expedidas, minutos por caixa e indicadores de qualidade. Observe que cada linha do quadro tem o nome da pessoa responsável. Essas pessoas não são responsáveis pelos resultados, mas por apresentar o indicador na reunião. Como muitas pessoas apresentam os resultados, o envolvimento é mais amplo.

Os departamentos também possuem painéis de controle em tempo real, que ficam postados em monitores de tela plana. A Figura 8.18 apresenta o painel de controle do *call center*, mostrando os indicadores-chave de desempenho que a ZMO decidiu enfocar. Vemos três indicadores, comparando o planejado e o realizado. Os indicadores começam com reservas em milhares de dólares, que é a venda para entregas futuras. Quando o quadro foi preenchido, no início da manhã, a empresa já havia vendido US$1.000, quando a meta do dia era de US$22.000. O tamanho médio dos pedidos em dólares no momento era de US$118, enquanto a meta era de US$90. Uma medida interessante é a de energia pessoal, que usa uma escala de 1 a 10 para autoavaliações de como os membros de equipe estão se sentindo. A barra no alto da imagem reflete a capacidade de atender ligações em comparação com o vo-

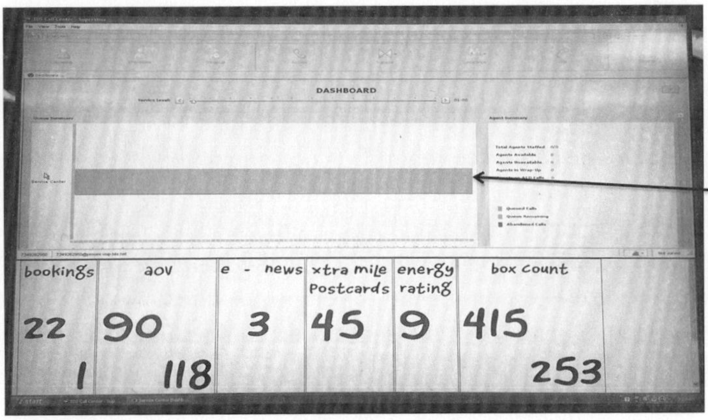

A barra mostra o número de chamadas ativas em comparação com os recursos. 100% significa que todos estão ativos e os recursos estão totalmente disponíveis.

LEGENDA: (Azul na parte superior é meta, preto na inferior é real)
bookings: reservas de vendas futuras (em US$1000)
aov: tamanho médio dos pedidos em dólares
e-news: novos pedidos de assinatura da newsletter
xtra mile postcards: um agradecimento escrito à mão ou mensagem pessoal para um cliente
energy rating: 3 autoavaliações de energia pessoal (física, emocional e vibracional) em uma escala de 1 a 10
box count: pedidos expedidos no mesmo dia

FIGURA 8.18 Painel de controle em tempo real do *call center* da Zingerman's Mail Order.

lume de chamadas. Ela estava em 100% nesse momento, o que significa que todos os atendentes estavam disponíveis e não havia nenhum cliente na linha. Se metade da equipe estivesse ocupada com chamadas, a barra leria 50%.

O painel de controle é o conjunto mais imediato de indicadores, aqueles nos quais a equipe se concentra durante todo o dia. Uma experiência comum é que, nos dias em que a meta de vendas não é atingida, os atendentes se esforçam mais no telefone para vender itens adicionais. Você poderia imaginar que os atendentes recebem alguma bonificação com base nessas vendas, mas não é verdade. Na cultura da Zingerman's, toda pessoa com quem você fala é "a melhor parte do meu dia". Você dá a cada cliente sua atenção total e exclusiva, por todo o tempo que foi necessário. Se você fosse pago por venda, seu incentivo seria encerrar a chamada assim que a venda fosse finalizada e tentar fechar a próxima venda.

Na Zingerman's, as pessoas sentem uma ligação direta com a empresa e seus clientes que é reforçada pelo sistema de remuneração holístico da empresa. Quem é contratado como funcionário permanente da Zingerman's Mail Order recebe, desde o primeiro dia, o seguro de saúde e o odontológico, além de uma conta de despesas médicas flexíveis e um plano 401(k). O funcionário também entra no plano de participação nos lucros, no qual uma porcentagem deles é dividida entre os funcionários. Mais recentemente, a Zingerman's criou o Zingshare, em que funcionários podem comprar uma ação (e apenas uma) das ações do capital fechado da Zingerman's pelo valor de mil dólares, que pode ser descontado da folha de pagamento (quem sai da empresa tem a garantia de receber os mil dólares de volta). Esse dinheiro é usado pela família Zingerman's de empresas para financiar *start-ups*.

Outra característica incomum da Zingerman's é a meta clara de lucros operacionais. Todos os negócios da família se comprometem com a *holding* em terem lucro operacional líquido de 5,25%. Além de todo o lucro dessa meta ser reinvestido no negócio e nas pessoas, todos os negócios individuais realizam uma reunião administrativa de dois dias para montar uma lista de desejos do que fazer com o lucro extra, o que pode incluir investir em uma reforma do edifício, comprar equipamentos ou investir nos membros de equipe com bonificações, aumentos de salário e viagens.

As recompensas intrínsecas de se trabalhar na Zingerman's não vêm das tarefas diárias, que podem ser repetitivas e tediosas, e sim da conexão com a cultura e os clientes. Se conversar com os funcionários que trabalham no armazém o ano inteiro, você vai descobrir que eles vieram de muitos empregos diferentes, alguns dos quais podem parecer desafios maiores. Um membro da equipe do armazém trabalhava consertando robôs e, posteriormente, em vendas. Ele odiava esses lugares, mas ele adora o armazém da ZMO, apesar de parecer apenas um trabalho braçal e repetitivo. Ele gosta de saber que escutam suas ideias e que ele ajuda a moldar a empresa, e também valoriza o fato de continuar a aprender e a crescer. Ele adora o treinamento dado pela empresa e a chance de aprender novas oportunidades com os *kata* de melhoria e de *coaching*. Além disso, passa o ano inteiro se preparando para ser capitão na alta temporada, período em que precisa ensinar e apoiar os trabalhadores temporários.

Função de trabalho \ Cultura de trabalho	Individualista	Coletivista
Execução de rotinas	Remuneração individual por desempenho	Motivação intrínseca e bonificações pelo desempenho do grupo e da empresa
Inovação	Recompensar estrelas	Motivação intrínseca e recompensas holísticas

FIGURA 8.19 Uso de motivadores extrínsecos e intrínsecos.

A mensagem é que todos os funcionários, em todos os níveis, são membros valiosos da cultura da Zingerman's. Nenhum funcionário permanente é mão de obra barata. Todos são integrados à cultura. Informalmente, eles até se intitulam "zingernautas". Obviamente, os trabalhadores temporários contratados no final do ano não são funcionários permanentes e não têm direito a todos esses benefícios. Eles são bem tratados, é claro. Por exemplo, eles recebem uma refeição gratuita, preparada por um grande chefe de cozinha, todos os dias em que trabalham na ZMO.

A Figura 8.19 é uma tabela 2 × 2 que resume o papel dos diferentes tipos de sistemas de recompensas intrínsecas e extrínsecas. Nós argumentamos que os melhores tipos de recompensa dependem da cultura que você está tentando criar. Uma dimensão diferencia a cultura centrada no indivíduo da cultura coletivista, enquanto a outra distingue as recompensas pela execução rotineira de tarefas claramente definidas da recompensa pela inovação.

Como observado, as recompensas extrínsecas no nível do indivíduo funcionam melhor quando as tarefas são limitadas à execução rotineira do que já sabemos fazer. Isso se encaixa com uma cultura individualista. Para a equipe de linha de frente dessas organizações, funciona bem fazer com que a remuneração dependa de indicadores de desempenho específicos. Se queremos inovação de verdade em uma cultura individualista, é preciso identificar as estrelas, isto é, os gênios criativos, e pagá-los muito bem. Nesse caso, é improvável que o pagamento por peça dê certo, e é preciso usar recompensas mais amplas, como os altos salários e as opções das ações.

Por outro lado, vimos que esse sistema de recompensas extrínsecas pode ser até contraproducente quando queremos que as pessoas ajam em conjunto, ou seja, que trabalham integradas à cultura coletivista que caracteriza os sistemas *lean*. Na Toyota, espera-se que, mesmo os membros da equipe que realizam trabalhos repetitivos simples, em ciclos de um minuto, contribuam para o grupo e pensem criativamente em modos melhores de trabalhar.

Anteriormente neste livro, mencionamos que a Toyota tenta não contratar pessoas preocupadas demais com as próprias conquistas e recompensas. A empresa se dedica a construir uma cultura coletivista. Empresas como a Menlo e a Zingerman's também enfocam na construção consciente dessa cultura. Essas organizações se concentram muito mais em tornar o trabalho intrinsecamente gratificante, usando sistemas de recompensas holísticas ligados ao desempenho do negócio como um todo. Espera-se que até os funcionários da linha de frente contribuam para a melhoria contínua, e pagá-los por peça limitaria a contribuição da sua criatividade.

O VERDADEIRO SENTIDO DO RESPEITO PELAS PESSOAS

O respeito por pessoas e a melhoria contínua são os dois pilares do Modelo Toyota. Eles são totalmente integrados. O respeito por pessoas significa não apenas ser bonzinho e simpático, mas também investir em pessoas e no seu desenvolvimento para que sejam parceiras do negócio. Em *A Cultura Toyota*, fazemos uma analogia entre o mapeamento do fluxo de valor de processos e de pessoas. No fluxo de valor de pessoas, o valor é agregado sempre que a pessoa aprende algo de novo, e a perda ocorre quando a pessoa simplesmente executa o que já sabe.

Todo bom professor sabe que aprender pode doer. O processo envolve todos os elementos que apresentamos no "ciclo de desenvolvimento de habilidades", incluindo as rotinas de prática estruturadas (ou *kata*), a prática frequente, e *coaching* para gerar *feedback* corretivo e a sensação de autoeficácia. Executar tarefas rotineiras sempre é mais fácil do que aprender novas habilidades. Não há nada de necessariamente divertido em ser incentivado por um *coach* a analisar criticamente a condição atual e se esforçar para produzir uma nova condição-meta. Um *coach* que faz com que nos esforcemos fisicamente além do nosso nível de conforto atual não está brincando. Você usa seus músculos de maneiras que eles não estão acostumados, e a resposta é um sinal de dor. Quando esforçamos nossas mentes, a resposta do cérebro também é a dor, e só superaremos essa dor se acreditarmos firmemente que estamos nos esforçando para realizar uma visão maior, isto é, algo que importa para nós e seja um propósito e um conjunto de objetivos nos quais acreditamos.

Michael Ballé se esforça para responder a pergunta "o que significa respeito por pessoas, na prática?" Em seu romance de negócios entitulado *Lead with Respect*, ele usa uma história semifictícia para ilustrar um modelo[12] e escolhe sete elementos: *ir ver*, *desafiar*, *escutar*, *ensinar*, *apoiar*, *trabalhar em equipe* e *aprender*. Essa é outra maneira de definir aquilo que chamamos de liderança *lean*. No livro, ele defende que é uma maneira radicalmente diferente de administrar que, para a maioria das pessoas, exige uma transformação pessoal guiada por um *coach*.

Nos livros de Mike Rother, descobrimos uma metodologia passo a passo para desenvolver esses tipos de líderes usando um *kata* de melhoria e um *kata* de *coaching*. Aprender esse método exige todos os sete elementos do líder de Michael Ballé, além de nos dar oportunidades para realizar o *coaching* diário: planejar, executar e aprender com o *feedback* corretivo, várias e várias vezes. É a melhoria contínua de nós mesmos.

Nossa conclusão é que o respeito por pessoas é um processo contínuo em busca de uma visão. Assim como os processos *lean*, ele não é algo a ser implementado, mas sim uma aspiração. Ele nos dá o norte verdadeiro que nunca vamos conseguir alcançar perfeitamente. Só podemos fazer o possível para melhorar e aprender com os nossos sucessos e fracassos. Precisamos nos manter abertos ao *feedback* crítico, outro elemento naturalmente doloroso. Não é fácil trabalhar em uma organização dedicada ao respeito por pessoas que está em busca da excelência em serviços para o cliente. Fácil não é a mesma coisa que respeito. Respeito significa comprometer-se com a parceria de aprendizagem, a colaboração e o trabalho em equipe para superar o próximo desafio, de modo que todos se beneficiem e realizem um propósito que consideramos importante.

PONTOS PRINCIPAIS
DESENVOLVER PESSOAS PARA SE TORNAREM MESTRES DA SUA ARTE

1. Mudar a cultura de uma organização não é simplesmente uma questão de fazer um *workshop* para criar planos no papel e implementá-los rigorosamente da maneira que foram concebidos. Para mudar a cultura, as habilidades e a mentalidade da melhoria contínua precisam ser desenvolvidas no longo prazo por meio do aprendizado contínuo, de preferência com a orientação de um *coach*.
2. A mentalidade e as habilidades científicas fundamentais são desenvolvidas por meio do *kata*.
   - Conceitos e teorias podem ser apresentadas em sessões de treinamento, mas a aprendizagem real e as mudanças no modo como pensamos e agimos só acontecem com ações e experiências frequentes.
   - Aprender algo por meio da prática repetida e com a ajuda de um *coach* cria novas conexões (sinapses) em nossos cérebros que, com o tempo, transformam-se em hábitos.
   - *Kata* são rotinas de prática usadas para desenvolver hábitos eficazes e podem ser aplicados em muitas áreas da vida, incluindo a melhoria contínua nas organizações.
   - Ter um *coach* experiente que oferece *feedback* corretivo ajuda o aprendiz a se manter no caminho certo e praticar hábitos corretos.

3. O *kata* de melhoria consiste em quatro passos de alto nível que, quando repetidos diversas vezes, criam uma rotina para a melhoria e a aprendizagem contínuas:
   - **Entender a direção ou o desafio.** É necessário um enunciado do desafio que seja específico e instigante para motivar grupos de pessoas a realizarem uma ação coletiva.
   - **Entender a condição atual.** É preciso ter um entendimento profundo sobre o processo que produz o resultado atual, não apenas sobre o resultado em si.
   - **Estabelecer a próxima condição-meta.** Defina uma série de metas de curto prazo, uma a uma, a fim de avançar em direção ao desafio.
   - **Replicar em direção à condição-meta.** Para aprender, tente uma coisa de cada vez e compare as expectativas com a realidade.
4. Desenvolva líderes como *coaches* de equipes em desenvolvimento contínuo:
   - As organizações que levam a sério sua transformação *lean* precisam de líderes com mentalidades científicas e habilidades necessárias para liderar sua transformação, além de guiar as equipes na busca do desenvolvimento contínuo.
   - Usar o *kata* de *coaching* regularmente permite que os gerentes desenvolvam as suas habilidades de *coaching* e cumpram sua função primária de desenvolver as habilidades e mentalidades da equipe para produzir melhorias.
   - A liderança e a estrutura da equipe precisam ser desenvolvidas de acordo com as necessidades específicas de cada organização.
5. Equilibre as recompensas extrínsecas e intrínsecas:
   - Hábitos criados com a ajuda de recompensas intrínsecas e extrínsecas podem servir de alicerce para os comportamentos desejados para a melhoria contínua.
   - Recompensas extrínsecas funcionam para motivar e reforçar comportamentos habituais específicos.
   - Recompensas intrínsecas incentivam a criatividade e a aprendizagem de novas habilidades.
   - Esforce-se para encontrar o equilíbrio certo entre as recompensas extrínsecas e intrínsecas que motivem as pessoas na sua organização para se responsabilizarem por destacar os problemas do sistema e melhorar processos que aprimoram a experiência do cliente.
6. O respeito por pessoas significa investir totalmente no seu aprendizado e desenvolvimento, usando *coaching* frequentemente com rotinas de prática estruturadas (*kata*) e *feedback* corretivo, afim de fortalecer sua autoeficácia e transformar as pessoas em parceiros absolutos em busca do propósito da sua organização.

CAPÍTULO 9

Princípios da solução de problemas: use experimentos na luta por uma direção clara

Uma área na qual acho que somos especialmente diferentes é no fracasso. Creio que somos o melhor lugar do mundo para fracassar (temos bastante experiência nisso!), e o fracasso e a invenção são gêmeos inseparáveis. Para inventar, é preciso experimentar, e se você sabe de antemão que vai funcionar, então não é um experimento.

—Jeff Bezos, fundador da Amazon

A SOLUÇÃO DE PROBLEMAS COMO CIÊNCIA

As Práticas de Negócios Toyota (Capítulo 2) são o método de solução de problemas da Toyota. Quando alguém diz "eu resolvo problemas", o que eles quase sempre querem dizer é que apagam incêndios e que consertam o que estragaram. Não é disso que estamos falando aqui. Na Toyota, há vários entendimentos comuns sobre solução de problemas. Primeiro, não existe problema sem um padrão. O padrão pode ser uma política, uma especificação de engenharia ou uma meta ambiciosa, e ele pode vir de dentro ou de fora da organização. O estado atual é comparado com o padrão, e a diferença entre eles é o problema. O foco da solução de problemas está em tentar eliminar a diferença entre a condição real e o padrão, o que vai muito além de consertar o que quebrou.

Segundo, um problema não é uma oportunidade. Ele é um "problema" porque há uma lacuna que precisa ser fechada. Na Toyota, fechar lacunas não é uma oportunidade legal, mas uma obrigação.

Terceiro, a solução de problemas deve ser uma busca focada na direção da meta. Quem estudou com um mestre instrutor da Toyota logo se cansa das suas perguntas incessantes: "qual é o propósito?" e "por que se focar nisso e não naquilo?" "Há uma perda e queremos eliminá-la" nunca é motivo suficiente. É preciso que haja uma necessidade clara definida em última análise como uma meta mensurável ou observável.

Contudo, as Práticas de Negócios Toyota são mais do que um método de solução de problemas; são uma abordagem ao desenvolvimento de pessoas que refletem profundamente sobre seus objetivos e como atingi-los. É um método de ensino para desenvolver um modo de pensar, isto é, um padrão. O modo de pensar é exercitado até que o aluno o transforme em hábito, algo ao qual recorra automaticamente para enfrentar qualquer problema, seja ele grande ou pequeno.

Se seguirmos um método padrão que se torna um hábito, não precisamos refletir profundamente, o que conserva energia. Quando buscamos uma meta ambiciosa, precisamos descobrir não apenas novas informações, mas também maneiras de inovar, o que é muito cansativo para nosso córtex pré-frontal. Porém, se recorrermos a uma rotina fixa para realizar a melhoria, algo que já praticamos muitas vezes, o ônus para o cérebro é menor. Ainda precisamos navegar por um território incerto, sem termos de aprender uma abordagem à navegação ao mesmo tempo.

Nossas vidas no trabalho e em casa são cheias de rotinas (ver Figura 9.1). Quando realizamos tarefas usando um método padrão que já praticamos antes, estamos usando uma rotina de execução: vestir-se, dirigir, fazer as contas, ler e-mails, a lista continua. Daniel Kahneman, vencedor do Prêmio Nobel, chama isso de pensamento rápido; é como se estivéssemos em piloto automático. Você já teve a experiência de chegar no escritório e não lembrar nada sobre a viagem de carro até lá? É o pensamento rápido, quase em segundo plano, pois você percorreu uma rota conhecida. O cérebro adora, pois conserva energia mental para sua sobrevivência.

O trabalho mental de buscar um novo padrão exige bastante atividade no córtex pré-frontal, o que Daniel Kahneman chama de "pensamento lento", que é intenso e profundo. Como enfatizamos diversas vezes, o pensamento lento é doloroso e gasta muita energia mental, então tendemos a evitá-lo sempre que possível. Kahneman chama isso de "lei do menor esforço mental". Infelizmente, por consequência, tentamos usar o pensamento rápido até quando o lento seria mais apropriado, e é por isso que precisamos nos esforçar para desenvolver os hábitos do pensamento científico.

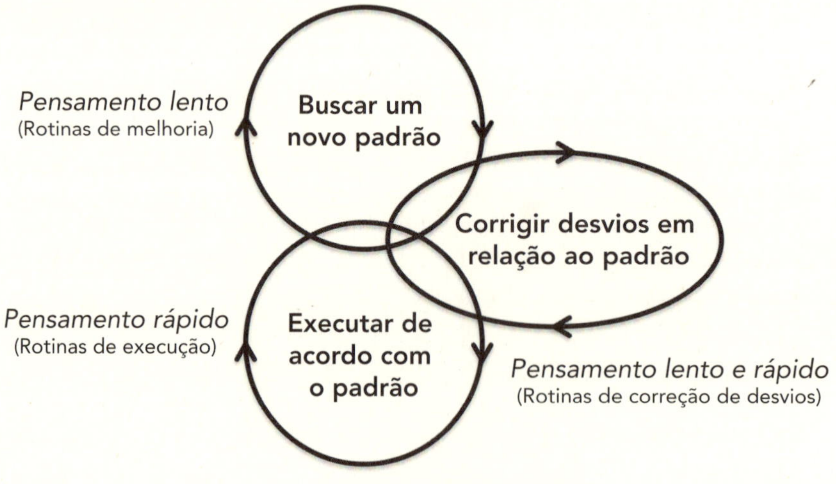

FIGURA 9.1 Padrões e rotinas de solução de problemas.
Ver Daniel Kahneman, *Thinking, Fast and Slow*, 2011.

Corrigir desvios em relação a um método padrão que já praticamos no passado fica no meio do caminho entre os dois. Mais uma vez, recorremos aos nossos hábitos. Por exemplo, um gerente pode achar que há uma solução fácil para todos os casos de quedas na produção, na qualidade ou na segurança, e começa a correr para implementar a solução conhecida. Por outro lado, o gerente que aprendeu um processo mais deliberado de melhoria enxerga o problema como mais uma diferença entre padrão e realidade, o que aciona sua rotina de melhoria. Assim, estamos sempre usando rotinas para executar trabalhos com os quais estamos familiarizados ou para enfrentar um objetivo desafiador que exige um modo inovador de pensar. Problemas difíceis precisam de rotinas de "pensamento lento", profundo e intenso, enquanto problemas que já sabemos como resolver podem se aproveitar de rotinas existentes, ou seja, do "pensamento rápido".[1]

É preciso alertar que corrigir desvios em relação ao padrão é muito diferente de correr atrás de um novo nível de desempenho. Russell Ackoff, um dos grandes pensadores de sistemas, esclarece muito bem essa diferença:[2]

> *Um defeito é algo que está errado. (...) Quando se livra de algo que não quer, você não está necessariamente ganhando o que quer. Então, encontrar deficiências e se livrar delas não é um jeito de melhorar o desempenho do sistema.*

O que é o pensamento científico?

Sempre tive um pouco de pensamento lento dentro de mim, e é por isso que fiz doutorado e quis ser professor universitário. Fazer doutorado em sociologia na Universidade de Massachusetts no final da década de 1970 me colocou no centro de debates sobre a natureza das ciências sociais, um processo de pensamento lentíssimo. A sociologia, isto é, o estudo de pessoas em grupos e sistemas sociais, é provavelmente a ciência mais complexa de todas, com muitas variáveis interagindo. Peter Rossi, meu orientador, era conhecido por ser um dos líderes da sociologia quantitativa, sendo seu foco a sociologia aplicada para comunicar políticas públicas. Assim como o pessoal da Toyota, ele gostava de administrar por fatos, o que para ele significava principalmente grandes conjuntos de dados. Ele acreditava que o teste final da eficácia de uma política era um grande experimento social que comparasse um grupo tratamento com um grupo controle; por exemplo, experimentar com diversas formas de seguro-desemprego.

Diversos outros docentes de sociologia eram inimigos ferrenhos da abordagem de Rossi. Eles acreditavam que havia limites fortes em nossa capacidade de entender fenômenos sociais por meio de análises estatísticas. Várias grupos diferentes praticavam pesquisas sociais qualitativas, ou seja, eles observavam e guardavam anotações meticulosas, buscando construir uma teoria do zero. O alerta de Ohno de que seria necessário se posicionar em um ponto fixo e observar tudo sem preconcepções seria muito bem recebido entre esses professores. Como esse livro deve estar deixando claro, eu tenho aprendido a valorizar cada vez mais os pesquisadores qualitativos, e gostaria de ter passado mais tempo aprendendo com eles quando era aluno de pós-graduação.

Uma visão prática do pensamento científico

Karyn me enviou um artigo de Robin Wall Kimmerer sobre a natureza da ciência que abriu meus olhos sobre o assunto. Kimmerer é uma cientista nativa americana cuja tese de doutorado possui o musgo como tema de estudo, e seu primeiro livro se chama *Gathering Moss*.[3] Em comparação com a sociologia, aplicar o método científico tradicional para estudar musgos não poderia ser mais simples, certo? Pois parece que estudar vegetação é muito mais complicado do que eu imaginava.

O pai de Kimmerer foi retirado de uma reserva indígena no estado de Nova Iorque e enviado para uma escola criada para assimilar crianças nativas americanas. Com o tempo, sua família resistiu a essa tendência, esforçando-se para recuperar os laços tribais, incluindo se aproximar da natureza. Robin Wall Kimmerer recebeu uma educação excelente em escolas tradicionais americanas. Além disso, ela fez doutorado em botânica e descreve sua jornada de aprendizagem como um círculo. Ela amava plantas quando era criança, admirando-as e vivendo entre elas; depois, conformou-se com a visão científica tradicional de estudar vegetações à distância e retornou para a aprendizagem através dos sentidos, em uma conexão espiritual com a natureza. Hoje, ela passa boa parte do tempo entre as plantas, observando-as com o mesmo assombro da infância.

Kimmerer escreve sobre "dois modos de saber".[4] Um é o método científico tradicional de isolar amostras em laboratório, estudar o mundo como um objeto e tentar produzir generalizações. O outro é uma abordagem observacional, como aquela usada por pesquisadores sociais qualitativos, baseada em interagir com a forma de vida sendo estudada e compartilhar conhecimentos com ela. Kimmerer explica de um jeito mais profundo e pessoal:

> *A ciência ocidental separa explicitamente o observador do observado. É a regra número um: distancie-se do experimento. (...) Na forma tradicional de aprender, em vez de conduzir um experimento totalmente controlado, você interage com o ser em questão, com essa planta, com aquele riacho. Você também observa o que acontece com tudo ao seu redor. A ideia é prestar atenção no mundo vivo, como se fosse a teia de uma aranha: quando você encosta em uma parte, a teia toda responde. A ciência experimental de teste de hipóteses só presta atenção no ponto em que você encostou.*

Sua observação direta e paciente da natureza levou a muitos achados surpreendentes, sendo um deles o fato de que "as plantas certamente se comunicam, principalmente pela troca de sinais químicos. Elas informam umas às outras de ataques de insetos e patógenos, por exemplo, o que permite que preparem suas defesas".

As observações diretas da natureza também têm valor prático para a própria preservação da vida. Por exemplo, os pescadores de salmão não duram muito tempo se não aprendem os hábitos de acasalamento e de migração dos salmões, além das condições ambientais específicas, como a presença de mosquitos, o modo como estes afetam os cardumes e sua localização em um determinado momento.

Vemos paralelos entre o modo como Kimmerer passou a aprender sobre plantas e como Pierre Nadeau aprendeu a fabricar espadas. Os professores de Kimmerer foram os vegetais. Pierre aprendeu com um mestre-forjador, mas as lições mais importantes foram aquelas aprendidas pelo seu corpo no processo de trabalhar com o metal.

Kimmerrer e Nadeau não estavam aprendendo uma ciência, mas uma visão prática da mesma. Seu objetivo era aprender e compreender profundamente, não sair cutucando, chacoalhando, dividindo e compartimentalizando o objeto de estudo para testar generalizações.

Administração *lean* e pensamento científico

A alma da administração *lean* é o pensamento científico. James Womack e Daniel Jones não chamaram seu famoso livro de *A Mentalidade Enxuta nas Empresas*[5] por nada. Poderia ter sido *Processos Enxutos*, *Implementação Enxuta*, ou *Implantação Enxuta*, mas eles escolheram *Mentalidade Enxuta*. No livro, eles contam a história de como praticamente foi preciso implorar para que um *sensei* japonês fosse para os EUA ensinar o Sistema Toyota de Produção. Ele foi convidado para assessorar uma divisão da Danaher Corporation que fabricava freios. No início, o *sensei* se recusou a ir; depois, visitou a fábrica e voltou imediatamente ao Japão. Ele disse que os americanos tinham "cabeça de concreto" e que nunca entenderiam a ideia de "enxuto".

Após o presidente da empresa viajar até o Japão para pressionar o *sensei*, ele concordou em voltar aos EUA e alertou que, se alguém questionasse qualquer coisa que ele dissesse ou desobedecesse, ele pegaria o primeiro avião de volta para o Japão. As pessoas na Danaher fizeram tudo que ele pediu, e ele continuou a ensiná-los. O *sensei* era brutal. Por exemplo, ele pegou uma motosserra e demoliu as prateleiras de estoque; em seguida, mandou os alunos colocarem todo o estoque no chão e passarem todo o fim de semana descobrindo do que poderiam se livrar e como poderiam organizar o resto para que pudessem continuar a produção na segunda-feira. A Danaher chama essas situações dramáticas de "teatro *kaizen*", algo que ainda pratica internamente. A ideia do teatro é abrir as pessoas para um novo jeito de pensar em vez de aceitar as coisas como são.

O modelo de negócios da Danaher é comprar empresas de baixo desempenho e usar o Sistema de Negócios Danaher para elevar seu nível de desempenho e rentabilidade. Funciona. A Danaher é uma empresa rentável que cresce todos os anos. Em 1994, ela tinha vendas totais de US$1,29 bilhão, porém, em 2014, esse número chegou a US$19,9 bilhão. O que os líderes da Danaher aprenderam foi um novo modo de pensar, algo que depois usaram diversas vezes para melhorar o desempenho das empresas que adquiriram.

Taichi Ohno nos esclarece um pouco o pensamento profundo que está no centro do Modelo Toyota: "o estilo da Toyota não é criar resultados com o trabalho árduo. Ele consiste em um sistema que diz que não há limites para a criatividade das pessoas. Ninguém vai para a Toyota para 'trabalhar'; as pessoas vão para 'pensar'".

Desde o princípio, o Sistema Toyota de Produção sempre foi comparado com o método científico. Hajime Ohba, um dos melhores alunos de Taichi Ohno, explica o seguinte: "o STP se baseia no pensamento científico. Como eu vou responder a *este* problema? Não é uma caixa de ferramentas. É preciso estar disposto a começar pequeno e aprender por tentativa e erro."

Ao assistir Ohba trabalhar, você vê que, embora um projeto com um novo cliente que quer aprender o STP sempre comece com um grande desafio, o trabalho em si se concentra posteriormente em uma área muito pequena. Se o cliente tenta começar pela implementação de um mapa do fluxo de valor do estado futuro, pede-se que ele trabalhe primeiramente em uma área, sem gastar dinheiro. "Vamos começar pequeno e aprender por tentativa e erro". O motivo é que o aprendiz não tem como adivinhar corretamente todos os problemas que existem, além das contramedidas apropriadas que estariam envolvidas em uma grande transformação de tudo que apareceria no mapa do fluxo de valor do estado futuro. A empresa cliente precisa descobrir o valor da aprendizagem por tentativa e erro e aprender que sabe muito menos do que acha que sabe.

Ohba é como o mestre-forjador de Nadeau, que se recusava a responder perguntas quando achava que isso incentivaria o aluno a pensar que sabia antes de aprender de fato com o corpo. Ohba se recusava a mostrar o mapa do fluxo de valor para os alunos nas empresas, pois isso os deixaria confusos. "Eles não vão entender", ele dizia. Pior ainda, eles poderiam achar que entendem.

A visão do pensamento científico por trás do *kata*

Se o *lean* baseia-se no pensamento científico, e nossos cérebros nos castigam quando tentamos pensar lenta e profundamente, o que fazer? Praticar. Mike Rother descreve o *kata* de melhoria como "um processo de prática deliberada para desenvolver um pensamento mais científico em grupos de pessoas que trabalham juntas".[6] Ele não está interessado em transformar pessoas em cientistas com o propósito de desenvolver teorias universais; o que ele quer é desenvolver o pensamento científico prático para melhorar em busca de uma visão clara do que precisamos fazer para sermos bem-sucedidos. O pensamento científico prático é uma *habilidade de vida.*

O padrão do *kata* de melhoria foi projetado para enfrentar os pontos fracos mais comuns na maneira como os adultos respondem a problemas. Isso inclui observar apenas superficialmente e preencher lacunas em nosso entendimento com o uso de pressupostos sem sequer perceber o que está acontecendo. Ele também inclui pular de cabeça no modo de eliminação de perdas sem antes entender claramente nossa direção, além de incluir a implementação de "soluções" sem antes tentar prever o que vai acontecer, para que possamos comparar a previsão com o que ocorre de fato e refletir sobre o que aprendemos.

No início do livro, introduzimos o modelo dos 4Ps, sendo que o quarto P é a solução de problemas. Por esse termo, não estamos falando de apagar incêndios ou reagir a todos os problemas que percebemos. Para nós, a solução de problemas é um processo consciente de aprender durante a busca de visão claramente definida (ver Figura 9.2). Em última análise, é um processo de aprendizagem contínua nos níveis do indivíduo, do grupo e da organização.

A ideia de mapear o PDCA sobre o processo comum de experimentação científica é algo que tomamos emprestado de Rother. Na análise final, o Planejar leva a uma previsão, também chamada de hipótese. A hipótese é a contramedida que acredita-

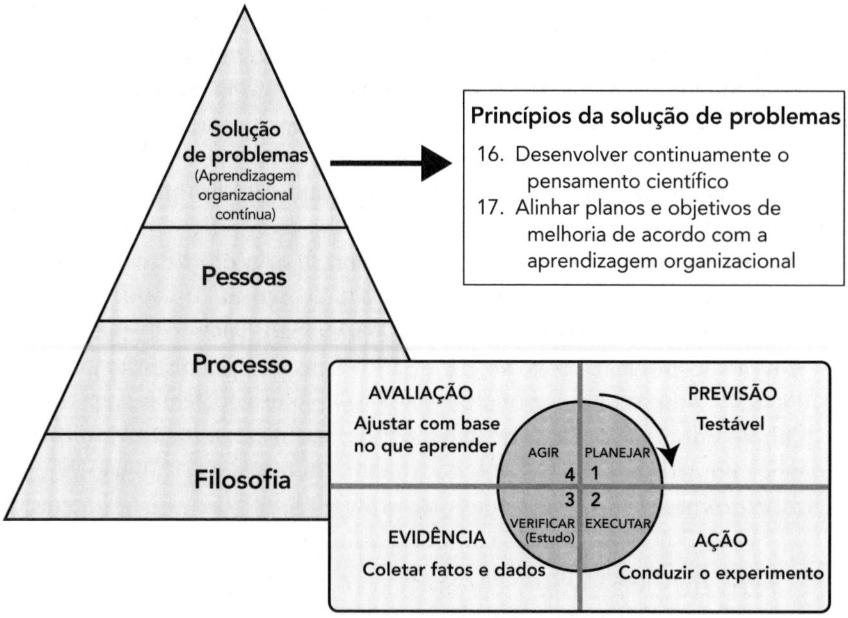

FIGURA 9.2 Princípios da solução de problemas.

mos que nos aproximará do desafio, e é assim denominada porque não pressupomos saber que ela vai funcionar. Nesse momento, ela é uma teoria a ser testada. Executar significa que conduzimos os experimentos. Vamos tentar e ver o que aprendemos. Como diz Jeff Bezos, não é um experimento se você já sabe o que vai acontecer. Se sabe mesmo, então é melhor simplesmente fazer. Verificar (ou Estudar, se o processo é PDSA) ocorre quando coletamos os dados e os fatos para avaliar o que aconteceu. Finalmente, chegamos no estágio Agir, no qual avaliamos o que aprendemos, o que nos preparará para planejar nosso próximo experimento e dará início a um novo ciclo.

O ponto de partida é "desenvolver continuamente o pensamento científico" em sua forma prática. Vamos considerar a abordagem da Toyota no trabalho de desenvolver o pensamento científico e relacioná-la com o *kata* de melhoria e o *kata* de *coaching*. À medida que as habilidades e a mentalidade do pensamento científico amadurecem, a organização está mais habilitada a "alinhar planos e objetivos de melhoria de acordo com a aprendizagem organizacional".

PRINCÍPIO 16: DESENVOLVER CONTINUAMENTE O PENSAMENTO CIENTÍFICO

Gerenciar para aprender através do verdadeiro *coaching* A3

John Shook foi o primeiro estrangeiro a ocupar um cargo na gerência da Toyota Motor Company. Shook sabia falar e escrever em japonês, e foi contratado em

1983, quando a Toyota estava se preparando para lançar a NUMMI. Na época, o STP não estava bem documentado, e John precisou reunir o conhecimento necessário para desenvolver materiais de treinamento e ensinar os americanos contratados para a NUMMI. Nessa situação especial, ele foi ensinado e orientado por muitos dos melhores indivíduos na Toyota, além de ser exposto em primeira mão à cultura única da Toyota, incluindo o papel dos relatórios A3 (literalmente um relatório em uma página de uma folha A3). Seu primeiro chefe enfatizou que ele precisaria aprender a "usar a organização" se quisesse realizar qualquer coisa de verdade, e o A3 foi uma ferramenta para ajudá-lo a usar a organização.

Existem diversos tipos de relatório A3, desde a história altamente estruturada de solução de problemas até o formato pouco específico das histórias informacionais.[7] A Figura 9.3 mostra um modelo de A3 de solução de problemas que veio da Toyota. É curioso que, após a caixa Executar, uma só caixa inclui os passos Verificar e Agir, o que deixa pouquíssimo espaço para documentar os resultados. A imagem representa um formato comum de A3 de solução de problemas, embora existam muitas variações.

Um A3 bem construído comporta uma quantidade enorme de informações. Na verdade, o plano de projeto da NUMMI foi um A3 aprovado pelos vice-presidentes, que depois foi repassado para os chefes de departamento, cuja tarefa foi desenvolver seus próprios A3s detalhando como apoiariam o plano. Cada passo envolveu um processo consciente e exaustivo de discussão, debate e revisão constante; uma única pessoa era responsável por cada A3, incluindo coletar e usar as contribuições das

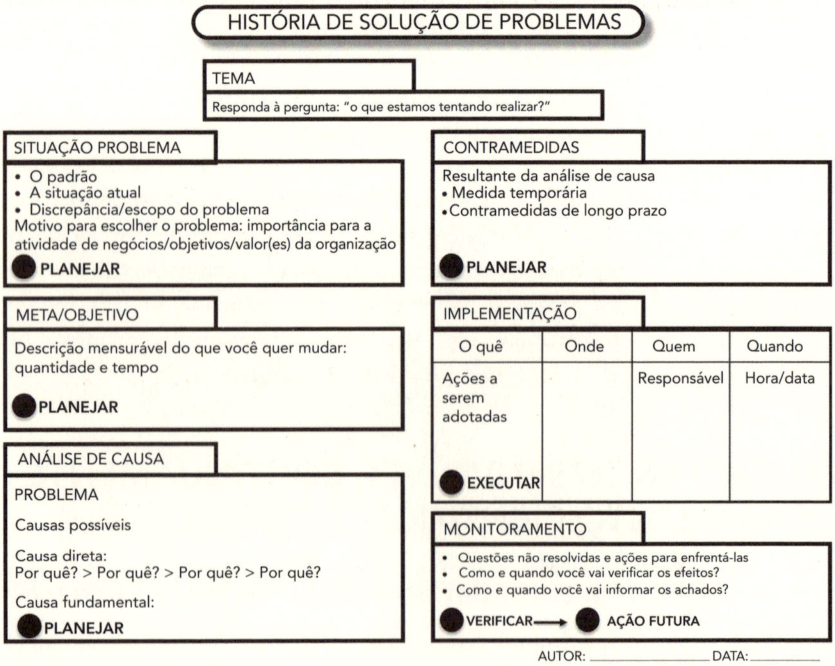

FIGURA 9.3 A3 de solução de problemas.

pessoas apropriadas. Esse processo de buscar informações e ideias de muitas pessoas diferentes se chama *Nemawashi*, e geralmente é efetuado individualmente. A "história A3" evolui por meio de investigação e síntese. O A3 é um documento vivo a ser usado em diálogo com outras pessoas e seu poder está na comunicação rápida.

O A3 final é um retrato do processo geral de planejamento ou de solução de um problema, mas ele não nos diz nada sobre o processo de aprendizagem que o produziu. Para entender melhor a história como um todo, seria preciso observar as múltiplas versões que foram rasgadas, descartadas e revisadas, além de acompanhar a evolução do pensamento, das conversas e dos experimentos do autor.

O relatório A3 se transformou em uma ferramenta da moda usada pelos praticantes do *lean* fora da Toyota. Afinal, a empresa é o *benchmark* e usa o A3, então as empresas A3 deveriam usar o *lean*. John tinha calafrios quando via o modo como ele estava sendo usado pelos "estrangeiros". Ele passara por muitos anos de treinamento e de prática em como definir um problema, observar profundamente o processo real, fazer perguntas e conduzir *nemawashi*, respondendo às perguntas e aos desafios constantes dos seus diversos *coaches*. Era sempre intenso e exaustivo, com muito pensamento lento. O A3 pode ser uma ferramenta poderosa para resumir o pensamento em um determinado instante e continuar a trabalhar na organização, desde que seja usado no contexto de *coaching* e envolva um mentor experiente. Escrever um A3 não transforma ninguém em um líder ou pensador excelente (ver Figura 9.4), assim como ganhar um *laptop* não transforma ninguém em um grande escritor.

Os padrões de pensamento e comportamento na Toyota estão contidos nos *coaches* experientes, não no formato de ferramenta A3

FIGURA 9.4 Aprender o pensamento A3 exige um *coach* experiente; o formato de ferramenta A3 não é o suficiente.
Fonte: Mike Rother

John Shook escreveu *Managing to Learn*[8] (Gerenciar para Aprender) com a intenção de corrigir muitos dos equívocos sobre o papel do A3. Como John escreve no livro:

Conheci o processo A3 de gerenciar para aprender em primeira mão durante o meu trabalho na cidade de Toyota. (...) Meus colegas e eu criávamos A3s quase todos os dias. Fazíamos piadas e chorávamos, pois era normal reescrever os A3s dez vezes ou mais. Escrevíamos e revisávamos, rasgávamos e começávamos de novo, e debatíamos e xingávamos, sempre para esclarecer nosso próprio pensamento, aprender, informar e ensinar os outros, além de implantar as lições aprendidas, definir as decisões e refletir sobre o que estava acontecendo.

Managing to Learn conta a história de Desi Porter, um jovem gerente escolhido para melhorar a documentação japonesa para uma grande expansão da fábrica. Da última vez que isso foi feito, diversos problemas de tradução causaram atrasos significativos no projeto. Seu chefe pediu que ele desenvolvesse um A3 para o planejamento preliminar de como enfrentariam o problema da documentação. Ele tinha alguma experiência com A3s de solução de problemas simples, mas essa missão seria muito mais complexa.

Porter correu para desenvolver um A3 que seria aprovado rapidamente e impressionaria o chefe, pois assim poderia mergulhar diretamente na implementação. Ele usou as poucas informações que já tinha para "escrever o relatório", o que deu origem a uma odisseia que Porter jamais poderia ter imaginado. Ken Sanderson, seu chefe, questionou tudo incessantemente e levou Porter ao *gemba* para aprender e questionar suas ideias sobre os mínimos detalhes do projeto. Sanderson estava ensinando a Porter o pensamento A3 para que ele aprendesse como "usar a organização" e não simplesmente escrevesse um relatório.

O processo de aprendizagem começou quando Desi procurou Ken Sanderson para apresentar orgulhosamente o que ele imaginava ser o A3 completo. Ken se concentrou nos objetivos e metas, que eram simplificar e padronizar o processo, além de reduzir os custos em 10%. Ken perguntou por que Desi presumia que seria preciso padronizar o processo. Isso seria mesmo um objetivo principal ou apenas uma contramedida que estava sendo pressuposta? E como Desi decidira que o objetivo principal seria reduzir os custos? Como ele chegara à meta de 10%? A qualidade do trabalho de tradução parecia ser prioridade.

As perguntas deixaram Desi Porter estupefato. Obviamente, ele achava que entendia o problema e tinha boas ideias sobre como resolvê-lo. Nas suas pesquisas, ele descobrira que a empresa utilizara vários fornecedores no último projeto com níveis variáveis de custo e desempenho, concluindo que seria apenas razoável adotar um processo de seleção mais rigoroso para consertar a situação. A réplica de Ken para as respostas defensivas de Desi não foi nada gentil:

Isso é muito vago, muito geral. Você sabe como o processo funciona de verdade? Sabe me dizer o que está causando os problemas e os atrasos? O que está fazendo o orçamento estourar de verdade?

O questionamento intenso levou Desi Porter a estudar cuidadosamente o processo no *gemba*, onde descobriu que a maioria das suas preconcepções estava equivocada. Com isso, ele repensou e reescreveu, recebendo mais e mais perguntas de Ken. Não era simplesmente uma questão de selecionar fornecedores de modo a reduzir custos. Muitos dos problemas de tradução se originavam no sistema de TI, e o problema maior era a qualidade da tradução, pois o custo dos atrasos era muitas vezes maior do que a economia que poderia ser gerada por um serviço de tradução mais barato. O A3 em nada se parece com a versão original. Nesse processo de se aprofundar cada vez mais e se forçar a pensar e repensar, Desi Porter cresceu gigantescamente enquanto gerente e enquanto pensador. Ele nunca mais será ingênuo e achará que sabe tudo quando confrontado com um novo problema.

Desi estava começando uma transformação pessoal no seu jeito de pensar, mas sequer teria dado o primeiro passo se o chefe tivesse simplesmente aceitado o A3 inicial ou feito pequenas modificações. Foram o *feedback* consciente e os desafios de Ken que forçaram Desi a voltar atrás e questionar suas premissas e sua abordagem inúmeras vezes. Ken tinha uma ideia geral do processo A3 que queria que Desi aprendesse. Questionar nosso próprio pensamento é algo raro e difícil. Desi precisava de Ken para orientá-lo. Mais do que isso, ele precisa de *coaching* constante. Sem ele, o seu pensamento científico incipiente vai se atrofiar.

A verdadeira Leslie faz *coaching* A3 em uma empresa de folha de pagamento

A verdadeira Leslie, que serve de modelo para a assessora *lean* da NL Serviços e que foi a primeira mentora *lean* de Karyn, elaborou uma abordagem para o desenvolvimento de líderes usando o A3 de maneira fiel ao espírito do Modelo Toyota. O seu objetivo é mudar a forma de pensar e não simplesmente produzir resultados de negócios isolados, pois ela não pressupõe que pode ensinar as pessoas em sala de aula e transformá-las em especialistas. Aqui, vamos contar como ela usou *coaching* de liderança com A3 para ajudar uma região de uma empresa de folha de pagamento a ir do último ao primeiro lugar dentro da organização em diversos indicadores-chave de desempenho... E, então, testemunhar seu retrocesso.

Todos os meses, a matriz da empresa de folha de pagamentos enviava um relatório do desempenho geral por filial. Diversos KPIs eram combinados em um único número para criar essa lista, com as filiais com maior desempenho no alto da lista, e as mais fracas, no fim.

A região no fim da lista, onde Leslie trabalhou, tinha cerca de 500 pessoas. O líder sênior era o gerente regional, responsável por dez filiais, cada uma com um gerente de filial e um gerente de serviço, totalizando dez gerentes de filial e dez de serviço na região. Cada filial também tinha cerca de dez supervisores de satisfação do cliente (totalizando, aproximadamente, 100 na região).

Como o gerente regional tivera um cargo diferente e trabalhara lado a lado com Leslie no passado, ele já tinha experiência com *lean* nas suas operações. Quando foi promovido a gerente regional, ele quis incorporar o que já havia aprendido e continuar a aprender, além de desenvolver os líderes que respondiam a ele em cada uma das filiais.

O desafio seria aumentar as notas na sua região, que estava em último lugar nos KPIs que mediam o desempenho de negócios (incluindo satisfação do cliente) em todo o país. O gerente regional reuniu os gerentes de filial e de serviço, e Leslie fez um seminário de um dia sobre aprendizagem *lean*. Eles usaram uma simulação de avião com Lego e praticaram criar A3s a partir do exercício.

No final do dia de aprendizagem *lean*, o gerente regional pediu que cada um dos gerentes de filial e de serviço voltasse às suas respectivas filiais e criasse A3s enfocando os KPIs com as piores notas. O gerente de filial e o de serviço seriam responsáveis pelos seus próprios A3s, recebendo *coaching* de Leslie e do gerente regional. O desafio, que seria um desafio formidável, seria passar do último para o primeiro lugar até o fim do ano fiscal.

A Figura 9.5 mostra o A3 de uma filial para um dos dois KPIs nos quais tinha o pior desempenho: a resolução em uma chamada. A resolução em uma chamada era medida por três subindicadores:

1. **Porcentagem trabalhável.** Porcentagem do tempo durante o dia em que os representantes de serviço estavam disponíveis para atender chamadas dos clientes ou estavam falando com eles.
2. **Porcentagem abandonada.** Porcentagem de clientes que desligam o telefone sem que a ligação seja atendida ou sem deixarem um recado.
3. **Velocidade de resposta.** Tempo entre o telefone tocar a primeira vez e o representante de serviço atendê-lo.

Leslie realizou reuniões semanais para fazer *coaching* com o gerente regional. Nas suas sessões, os dois revisavam os A3s dos gerentes de filial e de serviço que ele usaria nas suas reuniões individuais com os gerentes durante a semana.

Cada gerente de filial e de serviço tinha uma reunião individual quinzenal com o gerente regional, na qual este revisava o A3 e fazia *coaching* para trabalhar no documento e no resto dos KPIs. Durante o primeiro trimestre, Leslie participava dessas reuniões para avaliar e orientar o gerente regional sobre seu próprio *coaching*. À medida que o gerente regional foi se tornando um *coach* melhor e mais experiente, Leslie foi participando com menos frequência das reuniões.

Durante as sessões de *coaching* semanais de Leslie com o gerente regional, ela fazia algumas perguntas, como "como você sabe isso?" e "como você vai descobrir?" enquanto o ensinava sobre as perguntas que deveria fazer para os gerentes de filial e gerentes de serviço. O gerente regional, nas suas reuniões individuais com os subordinados, recebia *coaching* de Leslie para fazer perguntas sobre processos e resultados para o A3, como "os resultados foram o que você esperava? O que você aprendeu?"

Resolução em uma chamada

Data	21/11	Proprietário:	MS

Histórico

Os clientes da filial desejam resolução em uma chamada para perguntas e pedidos de ajuda.

Condições atuais

A capacidade atual de prestar esse nível de serviço em toda a região é inconsistente, como demonstram os limites fornecidos abaixo.

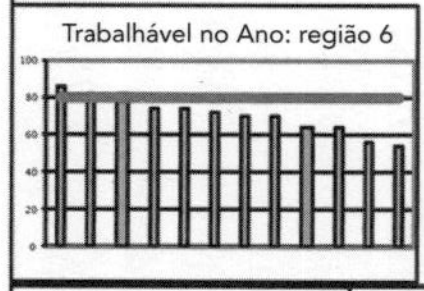

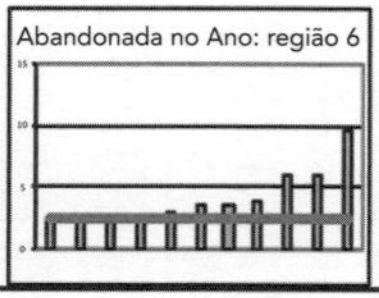

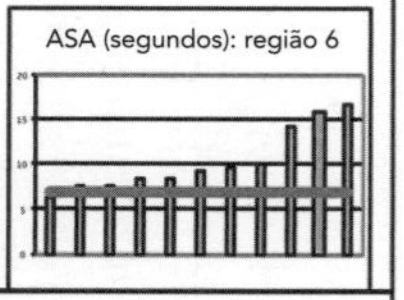

Meta/Objetivo(s)

Até o fim do ano fiscal, melhorar o desempenho geral da Região Oeste para:

Trabalhável: 80%
Abandonada: 2,5%
Velocidade de resposta: 7 segundos

Análise

1. Falta de conscientização/treinamento CSS em ferramentas para registrar tendências de volume de ligações e inspecionar atividades telefônicas de especialistas	25%
2. Falta de trabalho padronizado CSS em toda a região para gerenciar atividade telefônica	25%
3. Falta de trabalho padronizado de especialistas em toda a região para procedimentos de *login/logout*	25%
4. Distribuição inadequada de pessoal durante o dia em relação ao volume de ligações recebidas	25%

Contramedida(s) propostas

1. Criar e treinar CSS em como registrar tendências de ligações telefônicas e monitorar atividades telefônicas de especialistas em relação ao volume.
2. Criar/implementar trabalho padronizado CSS em toda a região para gerenciar atividade telefônica.
3. Criar/implementar trabalho padronizado de especialistas em toda a região para procedimentos de *login/logout.*
4. Nivelar a distribuição de pessoal durante o dia em relação ao volume de ligações recebidas.

Plano

1. E-mail enviado para equipes de CSS da região (através do Gerente de Filial) detalhando o procedimento padrão a ser usado por todos os especialistas para fazer *login* e *logout* das suas filas de atendimento telefônico.	Amy	11/18
2. Realizar Treinamento em ferramentas de supervisão do sistema telefônico (CMS) para equipes de CSS da Região via Webex. Comunicar trabalho padronizado (expectativas) para CSS seguir e monitorar por 2 meses.	Jason	12/1
3. Realizar Webex de seguimento de CSS em fevereiro para trabalhar necessidades de treinamento adicional em ferramentas CMS, além de discutir achados adicionais após dois meses de aplicação.	Jason	2/17
4. Gerentes de filial criam contramedidas específicas das suas filiais a fim de trabalhar causas fundamentais especiais das diferenças entre o desempenho real e as metas estabelecidas acima.	Martin	2/1

Monitoramento

Trabalhar com Jimmy semanalmente para estabelecer alguns tópicos de alto nível para melhorias de produtividade nas filiais.	Amy	Início 16/02

FIGURA 9.5 A3 de resolução em uma chamada para um gerente de filial.

Essas perguntas se concentravam principalmente nos KPIs, no avanço em relação a eles e se os gerentes estavam dando seguimento. Perguntamos à Leslie se os autores dos A3s faziam experimentos como o *kata* de melhoria sugeriria. Leslie explicou que não estava ensinando o *kata* de melhoria, mas que orientava os aprendizes para desenvolverem contramedidas que se baseavam umas nas outras. Quando uma contramedida era implantada, o KPI era afetado (ou não). Depois que os aprendizes viam o que acontecera, o *coaching* girava em torno de criar a próxima contramedida, com base em entender o que acontecera com a anterior. Leslie não usava exatamente a palavra "experimento", mas ainda recorreria ao termo "ciclo PDCA". Ela também ensinou as pessoas a usarem a palavra "contramedida", não "solução", pois o processo era iterativo e experimental.

Os gerentes de filial e de serviço individuais eram responsáveis por desenvolverem seu pessoal. Para tanto, eles montariam equipes e fariam *coaching* com os membros de equipe ao mesmo tempo que trabalhavam nos seus A3s. O gerente regional faria *coaching* nesse aspecto do trabalho durante as sessões quinzenais, enquanto os gerentes de filial e de serviço estivessem nas fases iniciais da própria aprendizagem. Embora não fosse possível transformá-los em *coaches* excelentes da noite para o dia, aqueles que levavam o trabalho a sério estavam aprendendo rapidamente.

Finalmente, o gerente regional realizava ligações de monitoramento semanais para conferir a situação dos KPIs. No final de cada mês, após os resultados dos KPIs regionais serem disponibilizados, os gerentes de filial e de serviço seriam responsáveis pela atualização do *status* dos seus A3s (vermelho, amarelo ou verde, dependendo das metas nos indicadores) antes da ligação.

Aproximadamente quatro meses depois que o trabalho começara, o gerente regional reuniu os gerentes de filial e de serviço para mais um dia de aprendizagem *lean*, novamente sob o comando de Leslie, porém, desta vez, os participantes incluíam os cerca de 100 supervisores de atendimento ao cliente. O grupo refez a simulação com lego, e muitos dos supervisores de atendimento já trabalharam nos A3s com seus respectivos gerentes de filial e de serviço, então já tinham experiência prática. Agora, eles aprenderiam a "teoria" por trás da ideia, e esperava-se que eles adotassem o pensamento e começassem a trabalhar em A3s nos seus níveis e a ensinar aos membros de equipe da linha de frente.

Seis meses depois, a região ficou animada ao descobrir que todo esse esforço compensara: a região foi do último lugar para o primeiro no geral. Como ela não estava em primeiro lugar em todos os indicadores, a região continuou a criar A3s para aqueles cujas metas ainda não haviam sido alcançadas. Até que...

O gerente regional foi transferido para outra área. Infelizmente, o novo gerente regional que assumiu a liderança da região não tinha o mesmo interesse em *lean* e não continuou o processo A3 e o *coaching*. Logo...

Durante os próximos seis meses, sem alguém para fazer *coaching* contínuo com os gerentes, os velhos hábitos foram voltando, os gerentes de filial e de serviço foram parando de usar o processo A3 e...

A região voltou ao seu lugar original... O último.

O que isso nos ensina? Seria fácil se precipitar e tirar várias conclusões diferentes:

1. O uso de A3 para *coaching* e aprendizagem não funciona. Afinal, seu uso não foi sustentável.
2. A ideia toda de criar uma cultura de melhoria contínua não é possível na maioria das organizações, pois depende da posição frágil de líderes específicos.

Eu gostaria de sugerir algumas conclusões diferentes:

1. **É frágil, a menos que...** Parece justo concluir que, se construir uma cultura de aprendizagem depende das pessoas liderarem de uma determinada maneira, a cultura será inerentemente frágil, a menos que consigamos desenvolver uma massa crítica de pessoas que aprendam profundamente o modo de pensar a ponto de sobreviver a mudanças de liderança.
2. **Demora...**Seis meses certamente não é muito tempo para mudar hábitos de pensamento e alterar o estilo de liderança de 100 pessoas. Como não houve tempo o suficiente para formar uma nova cultura, a coisa toda desmoronou rapidamente quando o líder foi embora.
3. **Os resultados se materializaram...**Enquanto experimento para testar a eficácia de desenvolver pessoas usando um processo A3 com *coaching* forte, o resultado foi impressionante. Quando realizamos uma intervenção experimental, queremos ver se há uma forte mudança no grupo de tratamento após o trabalho em comparação com o grupo de controle que não sofre a intervenção. Nesse caso, o grupo de tratamento foi do último ao primeiro lugar em uma grande empresa em comparação com os grupos de controle das outras regiões. Foi um resultado convincente, e o fato de que o desempenho do grupo de tratamento piorou com o fim do *coaching* da liderança também demonstra a eficácia do processo de *coaching* e aprendizagem. Sem ele, o desempenho superior desaparece.

Leslie estava trabalhando com as oportunidades que lhe foram apresentadas, e elas foram oportunidades excepcionais. É raro começar com um líder sênior tão engajado e esclarecido, alguém que abra espaço para *coaching* intensivo durante um período de seis meses. Contudo, nem isso foi suficiente para criar uma mudança autossustentável na cultura da organização. Na verdade, poderíamos argumentar que mudanças culturais autossustentáveis não existem, e o que existe de verdade são apenas líderes apaixonados que reforçam e reconstroem a cultura continuamente.

Gerenciar para ensinar: nós temos os *coaches*?

Nem todo o ensino do A3 na vida real é como o *coaching* intensivo que John Shook recebeu ou que Leslie oferecia. Karyn trabalhou com muitas organizações e encontrou em primeira mão as limitações de se tratar o A3 como um exercício de treinamento de sala de aula. Ela explica:

> Muitas das organizações de serviços com as quais trabalhei têm "grupos de treinamento em *lean*" que criam cursos e materiais de "treinamento" para os agentes de mudança *lean* internos. Como *Managing to Learn* é uma história tão poderosa, ela é muito usada como base para os cursos de treinamento em A3 que esses grupos montam. Como assisti diversas dessas aulas em várias organizações, muitas vezes fico surpresa em como o processo rigoroso de desenvolvimento de pessoas descrito em *Managing to Learn* se perde na tradução. Em geral, essas aulas são realizadas dessa forma:
>
> Antes da aula, pede-se que todos os participantes "escolham um problema para levar para a turma", qualquer problema que quiserem. Porém, em *Managing to Learn*, Desi Porter obviamente não escolhe qual problema vai trabalhar; quem define isso para ele é Ken Sanderson.
>
> Quando a aula começa, normalmente descubro que o "*coaching*" da sessão vai ser apenas "entre duas pessoas". As pessoas que assistem à aula, e que absolutamente não têm conhecimento ou habilidade superior à de qualquer um dos seus colegas, praticarão *coaching* umas com as outras, em grupo. À medida que a turma vai repassando mecanicamente todas as seções do A3, os alunos se alternam no papel de "*coach*" para ajudar uns aos outros com seus problemas. Infelizmente, como eles não têm experiência profunda com *coaching* e não entendem as condições de negócios dos problemas, o resultado quase sempre é um desastre... E como não seria?
>
> Para piorar ainda mais a situação, essas aulas quase sempre são realizadas em centrais de treinamento para onde os participantes precisam viajar. Como eles conseguirão trabalhar nos seus A3s se não podem ir ao *gemba* e ver a situação por si? O resultado é a reunião dos participantes em torno de uma mesa na sala de aula, onde debatem seus "pressupostos", o que só serve para reforçar esse comportamento.
>
> No final da aula, o instrutor diz para os alunos "terminarem o A3" quando chegarem em casa. Obviamente, quase nunca há a expectativa de que eles receberão mais *coaching* do seu gerente ou de qualquer membro do grupo de treinamento em *lean*, pois isso ocuparia muito o tempo dos envolvidos.
>
> Quando os alunos estão saindo, eu os escuto dizer coisas como "agora que temos um entendimento muito melhor do pensamento A3, então vamos poder usar os A3s para resolver problemas".
>
> Os A3s não resolvem problemas...

Para sermos justos, Karyn não está dizendo que os instrutores não souberam organizar a turma ou ministrar as aulas. Os alunos as valorizaram porque foram bem ministradas. Contudo, sentar-se em uma sala de reunião, trabalhar com dados falsos, receber *coaching* de outros principiantes e tentar aplicar o que você aprendeu sem *coaching* é muito diferente da experiência que John Shook teve no Japão... É como a noite e o dia. Infelizmente, a experiência de Karyn é bem típica. Apresentamos as ferramentas às pessoas e, por algum motivo, esperamos que a ferramenta em si vá transformá-las em grandes resolvedores de problemas.

O A3 é uma ferramenta da Toyota que a empresa usa no contexto do *coaching* corretivo dado por um mentor experiente. Quando o A3 é usado em outras organizações sem esse *coaching* excelente, é improvável que ele desenvolva formas sistemáticas e científicas de ação e pensamento. O *kata* de melhoria e o *kata* de *coaching* criam a estrutura para elevar os novatos a um patamar básico de competência.

O *kata* de melhoria e o *kata* de *coaching* nos serviços: o exemplo de vendas da Dunning Toyota

A Dunning Toyota é uma empresa familiar integrada à comunidade de Ann Arbor há mais de 40 anos. Você poderia imaginar que ela segue todos os princípios do Sistema Toyota de Produção e do Modelo Toyota, mas, por ser um negócio independente, ela só começou a aprender esses elementos com a Toyota recentemente, através de um projeto-piloto para desenvolver manutenção expressa com a criação de *boxes* de conserto dedicados com alta rotatividade para serviços de rotina, como trocas de óleo e de pneus. A empresa já tinha valores fortes de apoiar os clientes e respeitar pessoas, mas isso não levava a gerentes e membros de equipe treinados em melhoria contínua.

Em 2014, a Dunning Toyota concordou em ser um dos anfitriões de um grupo de alunos do meu curso de pós-graduação sobre pensamento *lean*. Os alunos nessa turma, acompanhados dos gerentes da Dunning Toyota, praticaram *kata* de melhoria e de *coaching*. A Dunning participou mais uma vez em 2015 e outra em 2016, expandindo o número de projetos e o de gerentes treinados. Um dos projetos de 2016 se concentrava no processo de vendas,[9] e como todos sabemos, as vendas não são um processo de rotina que varia com cada cliente. Contudo, ela ainda é um processo que pode ser melhorado com resultados impressionantes. Vamos repassar os passos do *kata* de melhoria usando o exemplo do processo de vendas.

1. **Direção.** O desafio da Dunning era ser "o número 1 no Michigan", e a visão era conquistar o primeiro lugar no Michigan em venda de veículos novos em até três anos. Obviamente, seria um desafio grande demais para o grupo de alunos em um semestre, mas eu sempre aconselho as empresas a selecionarem um desafio importante e começar a aprender o *kata* de melhoria focado em uma parte do fluxo de valor com seu próprio desafio. A Dunning tinha experiência com *kata*, mas não em vendas. Ela considerou os fluxos de valor gerais dos diversos clientes que compravam automóveis e decidiu enfocar naquele que costuma ser o primeiro estágio em uma venda: a ligação para a concessionária. O desafio para esse processo passou a ser "fazer todas as ligações terem valor".
2. **Condição atual.** Essa acabou sendo uma parte muito maior do projeto de melhoria do que poderíamos ter imaginado. Lowell Dunning, o gerente de vendas que liderava a atividade, exclamou: "achei que íamos tirar a análise do estado

atual de letra, mas quanto mais analisávamos, mais percebíamos que não tínhamos nenhuma ideia de qual era a condição do processo!"

A concessionária tinha dados do novo software de CRM (*customer relations management*, ou gestão de relacionamento com o cliente, em português) e se orgulhava muito do sistema relativamente novo que adquirira. Contudo, logo descobriu que, em termos de informação, entra lixo e sai lixo. Havia problemas graves com a qualidade dos dados relacionados a questões absolutamente básicas, como a ausência de uma definição comum dos conceitos. Por exemplo, o negócio estava interessado em transformar "ligações novas" em vendas, mas não havia uma definição comum do que seria uma ligação nova. Se um marido liga depois que sua esposa comprou um veículo, isso é uma ligação nova ou uma indicação?

Quando o processo foi documentado, ficou evidente que havia uma grande quantidade de repasses entre as pessoas, todas as quais inseriam dados no sistema de CRM. A recepcionista atendia a ligação, inseria alguns dados e passava o cliente para um vendedor, que, por sua vez, inseria mais alguns dados e repassava o cliente para um gerente de vendas, e depois o cliente podia ligar de volta para qualquer uma dessas pessoas. O resultado é que as informações muitas vezes eram inconsistentes ou ausentes, pois uma das partes achava que a outra tinha cuidado da questão.

Para o foco em "fazer todas as ligações terem valor", a equipe de gestão de vendas precisava de medidas precisas do processo, o que envolveria fazer com que todos os participantes usassem uma abordagem consistente para a inserção de dados. A equipe de gestão escolheu duas métricas para "fazer todas as ligações terem valor" e precisou estabelecer uma base precisa para fins de comparação. A equipe de gestão, com o apoio dos meus alunos, dedicou bastante tempo às medidas da condição atual. O que eles descobriram foi o seguinte:

- **Novas ligações para horários agendados.** 16–22 de março: de 39 ligações novas, 24 horários foram agendados (61%).
- **Horários agendados para visitas reais.** 23–29 de março: de 30 horários agendados por telefone, 14 levaram a visitas (47%).

3. **Primeira condição-meta.** O processo de fazer todas as ligações terem valor foi dividido em dois estágios: converter as ligações em horários agendados e converter os horários agendados em visitas. A primeira condição-meta, que deveria ser atingida em uma semana, é a seguinte: converter 70% das ligações em horários agendados para visitar a concessionária baseando-se em um processo comum e em termos claramente definidos, e fazer com que os dados inseridos no CRM sejam corretos.

   Obstáculos à primeira condição-meta:

   - Definições diferentes de termos principais
   - Diferenças em como as pessoas são treinadas
   - Clientes que não se comprometem com um horário específico

4. **Experimentos.** A Figura 9.6 resume os ciclos PDCA para a primeira condição-meta. O primeiro obstáculo enfrentado pela equipe foi "as diferenças em

Condição-meta 1: atingir 70% de conversão de novas ligações em horários agendados, com definições dos termos principais, dos processos comuns e dos dados corretos no sistema de CRM

REGISTRO DE CICLOS PDCA (Cada linha = um experimento)

Obstáculo 1: diferenças em como as pessoas são treinadas		**Processo:** converter ligações em horários agendados	
		Aprendiz:	***Coach*:**
Data, etapa e métrica	**O que você espera?**	**O que aconteceu**	**O que aprendemos**
Criar documento de treinamento em menos de 1 semana	Documento de treinamento esclareceria processo e definições	Criou documento de uma página e vendedores usaram	Um documento de uma página pode ser fácil de criar e bastante útil
Obstáculo 2: clientes que não se comprometem com um horário específico			
Ensinar a agendar horários simbólicos no sistema de CRM com um bilhete	Aumentar horários agendados para quem não tem horário específico	Horários agendados aumentaram de 61% para 71%	Mesmo um bilhetinho pode ajudar. É mais fácil mudar o sistema do que os clientes

(Entre as colunas: **Fazer um ciclo de *coaching*** / **Conduzir o experimento**)

FIGURA 9.6 Os experimentos do processo de vendas da Dunning Toyota para atingir a primeira condição-meta.

como as pessoas são treinadas". O gerente de vendas concordou em montar uma página simples com a definição dos termos mais importantes e das especificações de como inserir dados no sistema de CRM. Ele se reuniu com cada um dos usuários do sistema e repassou todas as informações da folha. Não apenas funcionou como também demorou apenas uma semana. Todos consultavam a folha quando recebiam uma ligação e concluíram que ela era simples de seguir e uma referência útil.

O segundo obstáculo trabalhado foi "os clientes que não se comprometem com um horário específico". Ah, esses clientes! Sempre atrapalhando tudo! A equipe analisou o problema e percebeu que a questão era o sistema de CRM. O sistema exigia que o usuário agendasse um horário específico; sem isso, ele não registrava um horário agendado, bagunçando as métricas de porcentagens de ligações convertidas em horários agendados. A equipe aprendeu a contornar o sistema e treinou os usuários para agendarem horários simbólicos quando o cliente não queria se comprometer com um horário específico. Isso aumentou imediatamente os horários marcados de 61% para 71%, atingindo a primeira condição-meta. Mais do que isso, a equipe percebeu que não ganhava nada ao culpar o cliente, e seria mais produtivo encontrar maneiras de melhorar o sistema que o apoia. A equipe estava animada. Dois experimentos, dois sucessos!

5. **Segunda condição-meta.** Em uma semana: converter 70% dos horários agendados em visitas reais à concessionária, com todas as visitas registradas corretamente no sistema de CRM.

   Obstáculos à segunda condição-meta:

   - Vendedores tinham apenas 30 minutos a partir do horário agendado para clicar no botão, senão o sistema de CRM registrava-a como perdida.
   - Não havia maneira confiável de confirmar a visita com o cliente na manhã do dia agendado (75% das ligações caíam na caixa de mensagens).

6. **Experimentos.** A Figura 9.7 resume os ciclos PDCA para a segunda condição-meta. A equipe primeiro enfrentou o obstáculo de que "os vendedores tinham apenas 30 minutos a partir do horário agendado para clicar no botão, senão o sistema de CRM registrava-a como perdida". Em outras palavras, se o usuário não apertava um botão em até 30 minutos, o sistema registrava que o cliente não comparecera. Na realidade, alguns clientes chegam atrasados, depois da janela de 30 minutos. Uma correçao simples seria aumentar a tolerância para 90 minutos. Implementar a correção seria difícil, no entanto, pois ninguém na Dunning jamais mexera nas configurações do sistema desse jeito antes. Felizmente, meus alunos descobriram como. A mudança teve um efeito imediato, aumentando as visitas registradas de 47% para 54%. As pessoas da Dunning perceberam que nem toda automação é produtiva e que precisavam controlar o sistema e não se deixar controlar por ele.

Condição-meta 2: atingir 70% de conversão de horários agendados em visitas à concessionárias, com todas as visitas registradas corretamente no sistema de CRM

REGISTRO DE CICLOS PDCA (Cada linha = um experimento)

Obstáculo 1: registro como não comparecimento 30 minutos após horário agendado

Processo: Converter horários agendados em visitas

Aprendiz:

Coach:

Data, etapa e métrica	O que você espera?	Fazer um ciclo de *coaching* / Conduzir o experimento	O que aconteceu	O que aprendemos
3. Alterar configuração do sistema de CRM para tolerar 90 minutos após horário agendado	Dados mais precisos mostrariam um aumento nas visitas em relação ao número de horários agendados		Visitas registradas aumentaram de 47% para 54%	A automação do sistema pode criar problemas se não se encaixar no processo
Obstáculo 2: Não havia maneira confiável de confirmar a visita com o cliente na manhã do dia agendado				
4. Alerta do sistema com 48 horas de antecedência, perguntar o método de contato preferido do cliente	Dados mais precisos mostrariam um aumento nas visitas em relação ao número de horários agendados		Horários agendados aumentaram de 54% para 63% e clientes valorizavam a consideração	A customização é fundamental no setor de serviços

FIGURA 9.7 Os experimentos do processo de vendas da Dunning Toyota para atingir a segunda condição-meta.

O segundo experimento trabalhou o obstáculo que "não havia maneira confiável de confirmar a visita com o cliente na manhã do dia agendado". O sistema avisava a recepcionista na manhã do dia agendado para lembrá-la que um cliente estaria a caminho. Ela, por sua vez, ligava para o cliente para lembrá-lo, mas quase sempre o recado caía na caixa de mensagens. Era tarde demais para tentar de novo. Mais uma vez, uma mudança simples no sistema resolveu o problema. O sistema foi configurado para lembrar a recepcionista com 48 horas de antecedência, e a equipe também passou a perguntar aos clientes como prefeririam ser contatados: por telefone, SMS ou e-mail? Isso aumentou o índice de clientes que compareciam à loja de 54% para 63%, e alguns clientes comentaram que a Dunning era muito eficiente e que gostavam da gentileza da equipe em perguntar seu método de comunicação preferido.

Resultados e reflexão da Dunning Toyota

À medida que o processo de melhoria foi avançando, houve um aumento constante no número de ligações convertidas em horários agendados, visitas e, em última análise, vendas. Houve um aumento de 27% nas ligações convertidas em horários agendados e incríveis 90% em horários agendados resultando em visitas à concessionária.

Obviamente, as vendas são o que mais importa. Em fevereiro de 2016, 12% das novas ligações eram convertidas em vendas. Em março, a taxa de conversão subira para 16%, e em abril, respeitáveis 22% das novas ligações resultavam em vendas.

O aprendizado também foi significativo. A Dunning Toyota aprendeu o valor da melhoria contínua que começa com um entendimento da condição atual. Quando o sistema de CRM foi instalado, Lowell Dunning estava animado com o que ele faria pelo negócio e pressupôs que o processo de inserir dados e usá-los com sucesso estava indo muito bem. Ao analisarem melhor a condição atual, Lowell e sua equipe descobriram que os dois sentimentos estavam equivocados. O processo não estava bem desenvolvido, pois variava de indivíduo para indivíduo. Além disso, a má qualidade dos dados significava que o sistema de CRM era menos eficaz do que se imaginava. Esse novo entendimento levou imediatamente a experimentos que melhoraram drasticamente tanto a integridade dos dados quanto o objetivo do sistema, que era levar clientes ao *showroom* e aumentar as vendas. Entre as lições dos experimentos, temos:

1 Entender a condição atual usando métricas úteis e confiáveis é fundamental para orientar as melhorias.

2. A tecnologia pode apoiar as pessoas e um bom processo, mas apenas se for utilizada corretamente.

3. Tecnologias prontas precisam de melhoria contínua para que sua eficácia seja maximizada.

4. Quando o problema parece ser o cliente, é preciso analisar minuciosamente os sistemas e os processos internos em busca de oportunidades de melhoria.

5. Fazer experimentos em que se muda um fator de cada vez leva a um entendimento profundo de como melhorar o processo.

Uma observação astuta dos meus alunos sobre o que aprenderam tomava emprestada uma frase do grande pedagogo John Dewey: "não aprendemos com a experiência. Aprendemos refletindo sobre a experiência". Eles também aprenderam bastante sobre o *lean* em vendas. Eles aprenderam que aplicar soluções *lean* genéricas às vendas seria um grande desperdício de trabalho e que, em vez disso, seria preciso trabalhar sistematicamente em um desafio, fazendo experimentos em cada passo. Eles evitaram conscientemente definir uma meta que envolvesse melhorar como os vendedores vendiam, pois, primeiramente, o treinamento dos vendedores já era muito bom, e esse não parecia ser o gargalo. Segundo, seria um projeto muito difícil para quem estava apenas começando a aprender o *kata* de melhoria. Com essas definições, eles se concentraram nos sistemas e processos que apoiavam os vendedores.

Os alunos também aprenderam mais sobre o papel do consultor. Eles apoiaram o *coaching* da equipe central, liderada pelo executivo de vendas sênior, mas a propriedade e as ideias vieram da equipe da Dunning. Isso levou a equipe da Dunning a aprender significativamente e a um processo de aprendizagem que continuou além do projeto dos alunos. Entre outros benefícios, os vendedores envolvidos e a recepcionista gostaram de se envolver e de usar seus cérebros para melhorar o processo de vendas. A recepcionista ficou maravilhada com o envolvimento, pois normalmente "ninguém presta atenção na recepcionista". Com as diversas experiências da Dunning com os projetos dos meus alunos, a empresa agora faz com que todos os gerentes comandem atividades de melhoria usando os *kata*.

Uma decepção para os alunos foi a facilidade com qual cada experimento atingiu o objetivo pretendido e, por fim, as condições-meta. Eles fizeram referência a um diagrama de Rother, que mostra três zonas de metas: certeza aparente, zona de aprendizagem e zona de perigo (ver Figura 9.8). O projeto da Dunning foi quase todo na

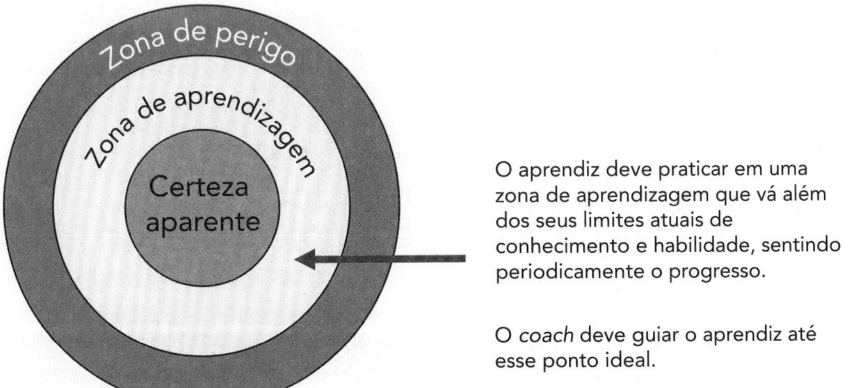
Zona de perigo
Zona de aprendizagem
Certeza aparente
O aprendiz deve praticar em uma zona de aprendizagem que vá além dos seus limites atuais de conhecimento e habilidade, sentindo periodicamente o progresso.
O *coach* deve guiar o aprendiz até esse ponto ideal.

FIGURA 9.8 Três zonas de desafio para o aprendiz.
Fonte: Mike Rother

zona de certeza aparente. Ele não é um desafio forte o suficiente para fazer os aprendizes irem além do seu limite de conhecimento atual, e a falta de desafio limita o entusiasmo e a aprendizagem. Essa é a responsabilidade do *coach*, e nesse caso, eu não fiz *coaching* o suficiente com os novos aprendizes para tirá-los da sua zona de conforto.

O padrão do *kata* de melhoria e o que cada passo pretende ensinar

Um lema do *kata* de melhoria seria "praticar o padrão é tudo". Esse *kata* foi criado para ensinar uma meta-habilidade, que se torna um padrão habitual de como pensamos e agimos. Aqui, temos uma explicação útil de uma meta-habilidade:[10]

> *Uma meta-habilidade é uma semente de conhecimento pragmático que se aplica a uma ampla variedade de circunstâncias, incluindo aquelas que você nunca vivenciou diretamente. Como as meta-habilidades são portáteis entre muitos ambientes, elas são extremamente valiosas. (...)*

A meta-habilidade ensinada pela prática das rotinas do *kata* de melhoria é um padrão de abordagem científica do modo como navegamos obstáculos na direção de um desafio. Isso se aplica à busca de praticamente qualquer desafio. Vimos, por exemplo, como ela foi usada para melhorar o processo de vendas na Dunning. Geralmente escutamos que o *lean* não se aplica a uma situação porque o trabalho não é composto de tarefas manuais repetitivas, mas não ouvimos isso depois que as pessoas começam a praticar os *kata* de melhoria. Elas se concentram em melhorar seu processo, não em tentar imitar um processo muito diferente dos demais. À medida que o padrão de melhoria começa a se tornar um hábito, ele muda o modo de pensar das pessoas e faz com que adotem uma nova maneira de buscar qualquer objetivo.

Considere a experiência revolucionária de Tyson Ortiz e sua esposa quando descobriram que seu filho recém-nascido sofria de uma síndrome raríssima e tinha apenas metade do coração. Tyson estava aprendendo o *kata* de melhoria no trabalho e começou quase naturalmente a usar o padrão para salvar a vida do filho. Tyson e sua esposa foram bem-sucedidos; seu filho sobreviveu e recebeu um transplante de coração aos três anos de idade, como lemos a seguir.

COMO SEGUIMOS O PADRÃO DO *KATA* DE MELHORIA PARA SALVAR A VIDA DO NOSSO FILHO

Por Tyson Ortiz

Eu e Sarah, minha esposa, ficamos arrasados ao descobrir que nosso filho Michael nasceria com um problema cardíaco tão grave que metade das crianças afetadas não sobrevivia até o jardim de infância. Michael tinha uma forma especialmente grave da síndrome, com a ausência total das cavidades esquerdas do coração. O melhor caso, fomos informados, é que ele precisaria de três cirurgias cardíacas no primeiro ano de vida para sobreviver com esse coração com apenas um ventrículo. Foram semanas surreais para mim e Sarah; estávamos totalmente descrentes, sem fazer nenhuma ideia de como enfrentar o futuro.

Felizmente, essa descoberta aconteceu quando minha carreira estava em transição e eu estava começando a praticar o *Lean*. Especificamente, meu trabalho envolveria aprender o Toyota *Kata* com meu gerente, um pensador científico excepcional. Sarah e eu concluímos imediatamente que não poderíamos ser passivos e pressupor que o sistema de saúde ofereceria os melhores cuidados possíveis para nosso filho. Precisaríamos ser proativos para melhorar as chances da sua qualidade de vida. Enquanto aprendia sobre o Toyota Kata, comecei naturalmente a usar o método científico, trabalhando com Sarah no esforço monumental de administrar os cuidados de saúde do menino.

Hoje (maio de 2016), Michael, nosso filho, tem três anos. Ele é feliz, ativo e muito esperto, um tesouro para nossa família. Entre cinco cirurgias cardíacas e mais de uma dúzia de procedimentos, totalizando vários meses de hospitalização com muito esforço diário, Sarah e eu buscamos ativamente administrar os cuidados que ele recebia. A grande virada foi em dezembro passado. Parecíamos ter adivinhado corretamente (apesar das dúvidas dos especialistas) dos benefícios de um transplante de coração, que mudou totalmente nossas vidas. Continuamos a ter dificuldades com a alimentação e algumas anomalias, mas a situação geral mudou drasticamente com o novo coração (que continua a funcionar muito bem). Michael tem uma energia que nunca acaba e se parece com todos os meninos super-ativos de três anos.

Não teríamos conseguido sem usar o método científico. Nosso desafio era claro: fazer com que Michael pudesse ter uma infância normal, seguida de uma vida longa e saudável. Estudamos todas as decisões, sejam quais fossem as recomendações dos médicos, analisando profundamente a condição atual de Michael no momento, as alternativas que o conhecimento médico nos oferecia até então e executando uma série de experimentos para cada uma das nossas condições-meta. Nós não pensávamos exatamente nesses termos, mas foi o que fizemos.

Por exemplo, um dos principais obstáculos na vida de Michael tem sido uma intolerância alimentar persistente, o que limitou seu ganho de peso, apesar dele ter começado a vida com um tubo de alimentação. O seu ganho de peso começou a decair com cerca de três meses de idade, com uma cirurgia cardíaca planejada para três meses no futuro. A equipe médica recomendou diversos protocolos padrões, incluindo um medicamento perigoso e uma cirurgia drástica. Após longas discussões, descobrimos que essas soluções se baseavam em pressupostos questionáveis. Nós seguramos um pouco os membros da equipe médica que estavam se precipitando, e colaboramos com eles para experimentar abordagens alternativas. Com esforços diários e trabalho em equipe, modificamos repetitivamente o regime alimentar de Michael para testar, sempre com segurança, os fatores que suspeitávamos estar por trás da intolerância. Dessa forma, descobrimos maneiras de ajudá-lo a ganhar peso. A segunda cirurgia foi um sucesso e a recuperação foi rápida, apesar de ser realizada um mês inteiro antes do planejado.

Um ano depois, quando o ganho de peso se estabilizou, a equipe médica recomendou uma cirurgia para fazer a transição do tubo nasogástrico implantado originalmente para um tubo de gastrostomia mais permanente. Contudo, mais uma vez, os pressupostos fundamentais pareciam problemáticos, e em vez de criar uma dependência permanente do tubo, discutimos a possibilidade de tentar antes uma transição para a alimentação via oral. A equipe concordava que esse seria o resultado ideal, mas expressaram dúvidas de que seria possível. Com a mentalidade do *kata* de melhoria, nós persistimos e, apesar de relutarem, os médicos concordaram em nos deixar tentar. Após várias semanas difíceis, com Sarah fazendo um esforço intenso todos os dias, incluindo testar inúmeras pequenas mudanças que pareciam ter potencial, Michael não usava mais o tubo e estava ganhando peso com a alimentação por via oral duas vezes mais rápido do que jamais ganhara com a alimentação por tubo. Um benefício inesperado desse esforço é que o desenvolvimento de Michael deu um salto. Em pouquíssimo tempo, um bebê relativamente imóvel se transformou em um menino que andava, falava e aprontava confusões.

A intimidade de trabalhar lado a lado com Michael para administrar os seus cuidados criou uma consciência situacional que muitas vezes vai além daquela entre seus médicos. A segunda cirurgia ocorreu um mês antes do planejado por causa de diversas mudanças qualitativas e quantitativas que percebemos em casa, praticamente invisíveis para seu cardiologista, apesar das consultas semanais. Um ano depois, começamos a notar mudanças preocupantes e pedimos ajuda à equipe médica para entendê-las. Após várias semanas de insistirmos que havia um problema, finalmente descobriu-se uma anomalia, apenas para ser praticamente ignorada. Continuamos a ficar preocupados com a piora, que praticamente não causava reação entre os médicos, e insistimos em obter um entendimento melhor. Quatro meses depois que começamos a perceber as mudanças, descobriu-se uma complicação inesperada e potencialmente grave que explicava nossas observações.

Em resposta, a equipe médica montou um plano cirúrgico, mas a essa altura nós já havíamos desenvolvido um modelo mental relativamente sofisticado da fisiologia de Michael e um entendimento da sua condição que nos levou a questionar a recomendação. Nós achávamos que a cirurgia proposta provavelmente não daria certo, e que, mesmo que fosse bem-sucedida, implicaria em riscos inaceitáveis no futuro. Procuramos a opinião de dois dos maiores centros cirúrgicos do país, que confirmaram nossas suspeitas, e um dos centros ofereceu um plano cirúrgico que parecia mais promissor.

Nosso plano de saúde se recusou a aprovar o tratamento que preferíamos, pois fora recomendado por um centro de saúde não contratado que ficava no outro lado do país. Qualquer outro caminho à vista para obter esse tratamento nos obrigaria a aceitar algumas consequências indesejadas gravíssimas. Ainda assim, inspirados pelos nossos sucessos anteriores, Sarah e eu passamos o próximo mês trabalhando freneticamente para explorar possibilidades, resistindo à tentação de aceitar um plano inferior. Literalmente um dia antes do nosso voo para o outro lado do país, surgiu uma descoberta crucial, revelando um caminho que estava oculto e permitindo que a seguradora pagasse pela nossa escolha de tratamento. O plano cirúrgico era muito superior à proposta dos médicos originais e fez com que Michael desse a volta por cima.

Pessoalmente, trabalhar com Sarah e Michael foi a coisa mais gratificante de toda a minha vida. Após 15 meses de ser pai em tempo integral para salvar a vida de Michael, comecei um novo emprego como *Lean Champion* em uma fabricante de dispositivos médicos que produz aparelhos de assistência ventricular para tratar corações doentes. Não é irônico?

É preciso reconhecer que o padrão fundamental do *kata* de melhoria tem alguns pressupostos sobre os elementos e a sequência de um processo de melhoria bem-sucedido. Ele está tentando ensinar bons hábitos e, durante o processo, define o que são bons hábitos. A Figura 9.9 mostra outra representação do padrão desse *kata*, mostrando nossa experiência de que os passos são considerados lógicos e intuitivos. Vamos repassar cada passo e descrever o que pretendem ensinar (resumido na Figura 9.10):

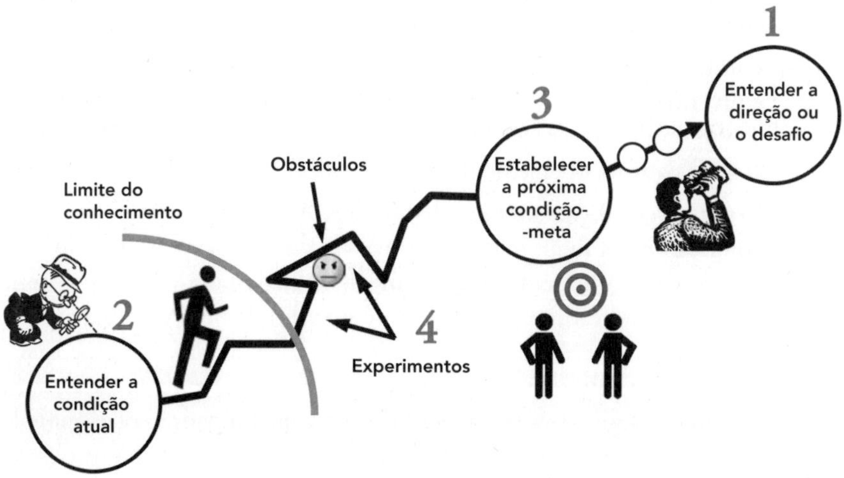

FIGURA 9.9 Outra visão do padrão do *kata* de melhoria.
Fonte: Mike Rother

Passo do *kata*	Quais são as habilidades desenvolvidas pelo aprendiz?
Direção/desafio	• Entender os esforços de melhoria como parte de um todo maior
Condição atual	• Usar sistematicamente dados e observação direta para entender os padrões operacionais atuais
Condições-meta	• Definir um objetivo intermediário por vez em busca de um desafio maior • Imaginar um padrão operacional futuro que deve levar aos resultados desejados • Desenvolver medidas de processos e de resultados
Obstáculos	• Entender os limites da nossa capacidade de "encontrar a causa fundamental"
Experimentos (PDCA)	• Ver cada passo como um experimento • Comparar as expectativas registradas com a realidade • Entender os limites dos pressupostos • Usar como base para cada experimento o que se aprendeu com o anterior • Internalizar o valor do aprendizado no *gemba*

FIGURA 9.10 Habilidades fundamentais ensinadas no *kata* de melhoria.

1. **Direção/desafio.** De que modo as minhas atividades de melhoria contribuem para um objetivo maior que importa para a organização? Como sei em quais problemas prestar atenção, e quais têm menor prioridade? Discutimos a estratégia e o propósito no Capítulo 3 como parte da filosofia da organização. Esclarecer o propósito da organização e definir uma estratégia clara e distinta são habilidades críticas que precisam ser aprendidas. Criar enunciados do desafio que nos motivam e ajudam a realizar nosso propósito, além de serem consistentes com nossa estratégia, é outra habilidade fundamental a ser desenvolvida. Podemos imaginar um desafio usando a frase "não seria legal se...?" Que diferença faria? O que você poderia oferecer ao seu cliente que o diferenciaria dos concorrentes pelos próximos anos?
2. **Condição atual.** Fazer mágica com os dados não basta. Ohno nos alerta que é preciso ir ao *gemba* e observar profundamente, sem preconceitos. O que está acontecendo de verdade? Quanto mais profunda a observação, mais claros ficam os padrões operacionais (ou as rotinas) atuais.
3. **Próxima condição-meta e obstáculos.** A palavra-chave é "próxima". Não é a condição-meta final, mas a próxima, no curto prazo, a caminho do desafio do longo prazo. Quase ninguém tem dificuldade para enunciar o resultado que deseja nos indicadores-chave de desempenho. Poucos sabem definir um padrão operacional que eles acham que ajudará a alcançá-lo. Imagine que você entra em uma máquina do tempo, viaja até uma determinada data no futuro (por exemplo, daqui a três semanas) e descreve qual o padrão operacional e os resultados que espera encontrar. Depois, pergunte-se quais são os obstáculos entre onde está e onde gostaria de chegar.

4. **Experimentos.** É aqui que as etapas de Planejar-Executar-Verificar-Agir realizam seu potencial, com uma série de ciclos rápidos de aprendizagem. A parte divertida é o pensamento rápido, imaginando possíveis contramedidas e mergulhando de cabeça. A parte de pensamento lento é enunciar explicitamente o que você espera que aconteça antes de conduzir o experimento e, depois dele, refletir sobre o que aconteceu e o que você aprendeu. Na nossa experiência, é difícil pensar lentamente sem uma boa dose de *coaching*.

Comparação entre os modelos de melhoria fundamental do A3 e do *kata* de melhoria

Managing to Learn nos ensina que a função pretendida do A3 era ser um documento vivo, escrito e reescrito muitas vezes enquanto o aluno recebe *coaching*. O modelo fundamental da melhoria na Toyota é bastante semelhante ao *kata* de melhoria, o que não surpreende, já que esse kata foi baseado, em parte, no que Rother observou entre os melhores *coaches* da Toyota.

Por outro lado, se assumirmos a perspectiva de um novato que está aprendendo a inovar e analisarmos a história de solução de problemas do A3, é possível inferir algumas diferenças no padrão em comparação com o *kata* de melhoria. A Figura 9.11 resume as semelhanças e as diferenças.

1. **Direção/desafio.** O A3 começa com o contexto ou o histórico que pode estar na forma de um enunciado do desafio, mas não é uma parte tão explícita da metodologia quanto é no *kata* de melhoria.
2. **Condição atual.**Em geral, nos relatórios A3, a condição atual é expressa na forma de linhas de base para os KPIs, que podem ou não incluir métricas de resultado e de processo. O pouco espaço do A3, aliado ao desejo de usar gráficos, leva à marcação de poucas métricas. O quadro de história do *kata* de melhoria, por outro lado, inclui uma coluna para a análise da condição atual e pede explicitamente ao aprendiz que procure métricas de resultados e padrões operacionais.
3. **Próxima condição-meta e obstáculos.** O A3 pede os resultados desejados gerais do projeto, mas não enfatiza a definição de uma série de "condições-meta" individuais que incluam métricas de resultado e padrões operacionais desejados. Ele também não sugere explicitamente uma abordagem repetitiva à identificação da próxima condição-meta, seguida pela próxima, depois mais uma, e assim sucessivamente.

   Um pressuposto fundamental do pensamento A3 é a importância de encontrar a causa fundamental. Pergunte "por quê" muitas vezes e siga escavando até chegar à raiz do problema. O *kata* de melhoria parte do pressuposto, quase uma blasfêmia, de que não seria realista ou necessário encontrar uma única causa fundamental. Em vez disso, ele pede que imaginemos "obstáculos" e usemos experimentos para superá-los, um de cada vez. À medida que experimenta, você descobre quais obstáculos são mais importantes e precisam ser superados primeiro.

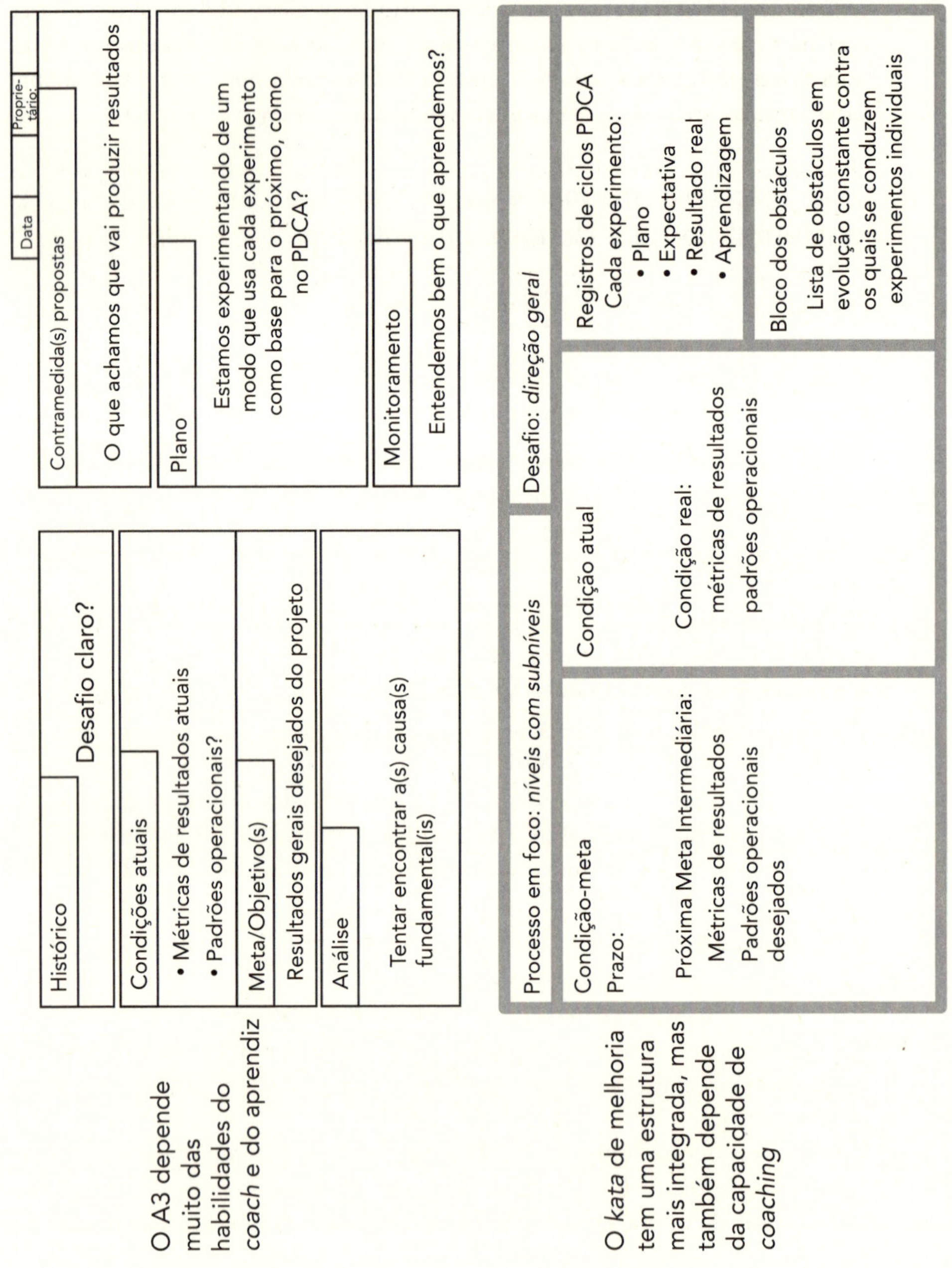
O A3 depende muito das habilidades do *coach* e do aprendiz
Histórico
Desafio claro?
Condições atuais
• Métricas de resultados atuais
• Padrões operacionais?
Meta/Objetivo(s)
Resultados gerais desejados do projeto
Análise
Tentar encontrar a(s) causa(s) fundamental(is)
Data
Proprie-tário:
Contramedida(s) propostas
O que achamos que vai produzir resultados
Plano
Estamos experimentando de um modo que usa cada experimento como base para o próximo, como no PDCA?
Monitoramento
Entendemos bem o que aprendemos?
O *kata* de melhoria tem uma estrutura mais integrada, mas também depende da capacidade de *coaching*
Processo em foco: *níveis com subníveis*
Desafio: *direção geral*
Condição-meta
Prazo:
Próxima Meta Intermediária:
Métricas de resultados
Padrões operacionais desejados
Condição atual
Condição real:
métricas de resultados
padrões operacionais
Registros de ciclos PDCA
Cada experimento:
• Plano
• Expectativa
• Resultado real
• Aprendizagem
Bloco dos obstáculos
Lista de obstáculos em evolução constante contra os quais se conduzem experimentos individuais

FIGURA 9.11 Processo de melhoria fundamental do A3 em comparação com o *kata* de melhoria.

4. **Experimentos.** O A3 não trata explicitamente da aprendizagem repetitiva por meio de uma série de experimentos. O aprendiz parece ser encorajado a identificar todas as contramedidas e a programar sua implementação, o que o *kata* de melhoria evita explicitamente. Não há um padrão de ciclos PDCA, com previsões e reflexão para cada ciclo no A3. Os ciclos PDCA do *kata* de melhoria, por outro lado, determinam explicitamente a condução de um experimento por vez, sempre registrando os resultados esperados, os resultados reais e o que foi aprendido.

Uma maneira de pensar sobre o *kata* de melhoria é voltar ao seu propósito, ou seja, criar rotinas de prática iniciais para desenvolver hábitos positivos de aprendizagem da melhoria para superar um desafio. Na fase de aprendizagem, é importante documentar todos os passos para que os aprendizes tenham clareza do processo enquanto recebem *coaching*. O quadro de história do *kata* faz isso muito bem.

O A3 é uma maneira de documentar algo em uma página de papel para resumir o processo de raciocínio lógico. Um bom A3 conta uma história, seja ela uma solução de problemas, uma proposta ou uma apresentação da situação de um projeto. Pense no A3 como uma foto, isto é, um retrato do processo de melhoria em um determinado momento ou um resumo no seu final, um veículo de comunicação útil que representa o todo. O quadro de história do *kata* é uma maneira de documentar cada passo do padrão de aprendizagem à medida que o projeto avança, além de criar um fórum para o *coach* manter o aluno focado no padrão correto (ver Figura 9.12).

O A3, por ser usado para treinar pessoas na Toyota, e o *kata* de melhoria e de *coaching* têm o mesmo propósito: desenvolver habilidades de pensamento científico (esclarecer o objetivo, conduzir experimentos, esforçar-se com base em fatos e dados).

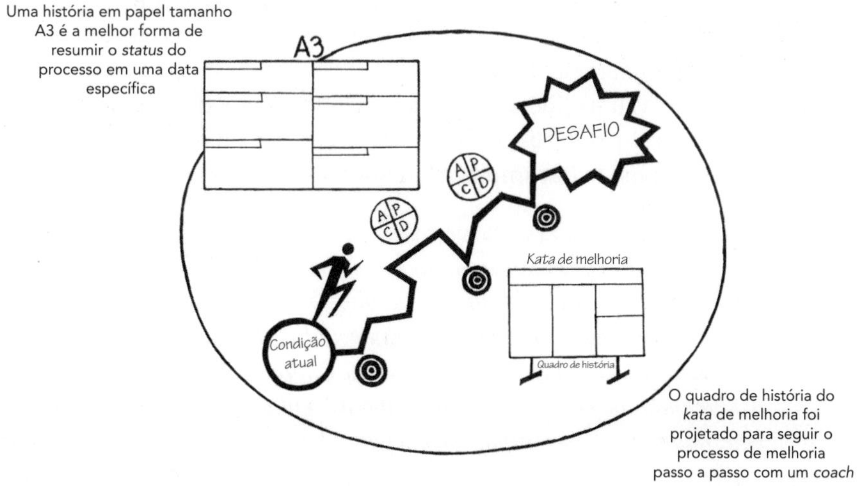

FIGURA 9.12 O A3 documenta o processo como um todo, enquanto o quadro de história do *kata* de melhoria documenta cada passo do processo.

O A3 *por si* está mais para um resumo do processo de solução de problemas. Se usado corretamente, o aprendiz passa por ele acompanhado de *coaching* e, em seguida, de prática em todos os passos. Na Toyota, o *coaching* é menos estruturado do que o *kata*, além de não ser necessariamente diário. Não há um protocolo de *coaching* formal ou de práticas diárias. É o *coach* que determina a frequência e a abordagem, o que significa que o A3 exige um nível mais elevado de *coaching*.

O *kata* de melhoria e o de coaching tornam esse processo mais explícito, ensinável e transferível, especialmente para os aprendizes novatos. O propósito dos dois tipos de *kata* é sistematizar a prática, assim como no esporte ou na música, que é mais implícita na forte cultura de melhoria da Toyota. Praticar as rotinas dos dois *kata* ensina uma forma básica de pensamento que torna o A3 tão eficaz na Toyota.

Criando sua própria abordagem

A abordagem do *kata* de melhoria é ótima para os principiantes, mas à medida que amadurece, você desenvolve sua própria abordagem à melhoria que ainda mantém o padrão de alto nível. Isso é o que importa na abordagem do *kata* de melhoria. Mike Rother até chama as rotinas de prática do *kata* de melhoria de "*kata* inicial". Um grupo de *coaches* experientes usou os elementos do *kata*, mas desenvolveu sua própria abordagem para ensinar clínicas médicas em Michigan a melhorar seus processos.

A Blue Cross Blue Shield, em Michigan, financiou um grupo chamado Lean Collaborative Process Initiative (*lean* CPI), sediado na Universidade de Michigan, para ajudar clínicas médicas a aumentarem seu foco em saúde preventiva. O reembolso por serviços de saúde, especialmente dos programas governamentais americanos Medicare e Medicaid, está cada vez mais ligado às medidas da qualidade dos serviços. Uma dessas medidas é fazer com que o pagamento integral dependa de exames regulares para detectar doenças graves em seus estágios iniciais. As clínicas médicas muitas vezes não são muito boas nisso e acabam recebendo um forte incentivo para aprenderem a melhorar.

Whitney Walters lidera o centro na Universidade de Michigan. Ela descreve o desafio que essas pequenas organizações enfrentam, pois não são equipes grandes o suficiente para medições amplas e completas:

> *As metas aumentam constantemente, e os processos precisam melhorar o tempo inteiro. Tantas coisas são medidas que a organização clínica está começando a ter dificuldades para administrar tudo. Os médicos estão acostumados a depender de medidas de resultado fornecidas pelo Estado, que normalmente demoram sessenta dias. Você não recebe nada imediatamente que diz se o processo está melhorando ou não. Se estou trabalhando em colonoscopias no meu escritório hoje, quando o dia termina, como sei qual foi meu desempenho? Eles olham para a agenda no final do dia, destacam os pacientes com mais de 50 e pensam: nós pedimos uma colonoscopia? Marcamos para eles? Eles fizeram o exame?*

O grupo de Whitney teve a sorte de receber seis meses de financiamento apenas para desenvolver e monitorar a abordagem. A evolução geral foi começar com um processo complexo e rigoroso e simplificá-lo várias e várias vezes à medida que era praticado e aprendido. Por exemplo, os membros do grupo começaram com uma abordagem na qual já foram treinados: o mapeamento do fluxo de valor. Eles passaram muito tempo acompanhando o paciente (ou o teste, em alguns casos) através do fluxo de valor do estado atual, desenvolvendo o mapa do estado futuro desejado. Whitney explica que:

> *Quando começamos, seguíamos tudo à risca. O que descobrimos é que eles só precisavam entender o básico do que estava acontecendo e o que cada função faz. Agora, nós deixamos eles escolherem um tipo de paciente. Então, para uma das equipes, analisamos as consultas com pacientes saudáveis, de modo que alguém venha para fazer um* check-up. *É bem solto e flexível. Eles não precisam de medidas exatas. São amplitudes. Por exemplo, quanto tempo o paciente demora para se registrar? De 30 segundos a 5 minutos. Dedicamos um bom tempo para sermos extremamente específicos com essas coisas e descobrimos que isso não estava gerando nenhum retorno.*

O grupo de Whitney desenvolveu uma abordagem semelhante ao método A3 usado por Leslie, mas os membros do grupo colocaram as informações em quadros brancos. Eles descobriram que, por mais que simplificassem um passo, era preciso simplificá-lo ainda mais para serem usados por gerentes e enfermeiras que não tinham experiência alguma com a documentação de processos e com medições.

O processo começou com o mapeamento de alto nível para enxergar o estado atual e desenvolver uma visão do estado futuro, ou seja, a direção. Depois, a equipe de melhoria dividiu o problema em uma série de objetivos e começou a medir a condição atual, usando gráficos de execução e medindo resultados, processos e diagramas de causa e efeito, além de usar formas simples da análise de Pareto da frequência relativa das diferentes causas. Eles falavam conscientemente sobre metas, não sobre condições-meta, pois os gerentes e enfermeiras ficavam confusos com o novo conceito. No início, eles tiveram dificuldade para que a equipe ficasse à vontade com os experimentos. Ao adicionarem o registro dos ciclos PDCA e o *kata* de *coaching*, era quase impossível segurá-los para que experimentassem apenas uma mudança de cada vez. Deu certo, especialmente o uso de experimentos, e a criatividade e a energia dos gerentes e da equipe médica deram um salto. Os experimentos decolaram e a porcentagem de pessoas que recebia o exame aumentou continuamente.

O maior cliente era uma empresa que reunia diversas clínicas médicas, o Bronson Healthcare Group, com mais de 7.800 funcionários. O cliente trabalhara com *lean* no passado e tinha um quadro de KPIs padrão, além de usar quadros de gestão diária por toda a parte, mas com pouquíssimo *coaching*. Contudo, isso não cumpriu os objetivos da empresa. Quando as pessoas do Bronson trabalharam com a organização de Whitney, o engajamento e os resultados deram um salto enorme, e Bronson substituiu os quadros padrões com a abordagem do *kata*.

O modelo geral da UM é uma série de três ciclos de aprendizagem, cada um com 16 semanas de duração e treinamento inicial, seguidos de sessões de *coaching* Planejar-Executar-Estudar-Agir e reuniões mensais de aprendizagem compartilhada. No início, parecia demais para Bronson, mas após a primeira das três ondas de aprendizagem, os resultados foram tão convincentes e o entusiasmo tão forte que a liderança sênior pediu para receber o treinamento. A Dr. Elizabeth Warner liderou o trabalho dentro do Bronson, e ela explica o que aconteceu:

> *Relativamente no início da segunda onda de sessões de treinamento, um dos diretores disse: "não tenho certeza de qual seria a melhor forma de apoiar esse trabalho. De que tipo de treinamento eu preciso?" Isso levou à criação de todo um novo currículo, desenvolvido com a Universidade de Michigan e testado como treinamento de líderes* lean. *O projeto foi monitorado por seis líderes, incluindo o COO do Bronson Methodist Hospital, o vice-presidente de desenvolvimento de clínicos, o diretor médico de apoio à melhoria contínua, o diretor do sistema de apoio à melhoria contínua e o diretor de sistema do centro de aprendizagem. O impacto desse treinamento foi imenso, pois deu aos aprendizes a oportunidade de praticar humildade, autodescoberta e vontade pessoal de mudar.*

A experiência não apenas mudou a visão da Dra. Warner sobre abordagens de melhoria, como também mostrou as oportunidades no sistema de saúde norte-americano:

> *Enquanto médica, ser capaz de analisar um processo por meio de um processo para realmente enxergar a experiência do paciente foi uma lição de humildade. Ver a confusão criada pelos nossos processos atuais, as estratégias complexas (gambiarras) que havíamos criados, geralmente para processos centrados no provedor, e os sistemas e os processos de legado que nunca foram questionados antes desse contexto porque "é assim que a gente faz", foi uma mina de ouro em termos de oportunidades de melhoria. Isso reforçou meu comprometimento com essa metodologia para o resto da minha vida. O sistema de saúde americano é muito problemático, e eu acredito que o pensamento* lean *e os princípios que constroem e promovem comportamentos positivos nos ajudarão a reconstruí-lo.*

O papel do *coaching* na melhoria

Uma vez, ministrei uma palestra e me perguntaram qual era a importância do *coaching* para o bom desenvolvimento das habilidades de solução de problemas. Respondi que uma porcentagem minúscula das pessoas consegue aprender as habilidades básicas apenas com um livro, sejam elas tocar um instrumento musical, assar bolos e pães ou fazer pequenos consertos domésticos. Para mais de 95% da humanidade, é preciso que alguém nos ensine na prática e faça *feedback* corretivo. Sem isso, ficamos sem energia e paramos de aprender, ou insistimos em praticar a coisa errada e desenvolvemos maus hábitos. É simples assim.

Os papéis de *coaching* e de aprendiz não são explícitos no pensamento A3, apesar dessa claramente ser a intenção. O A3 não tem um *kata* de *coaching* explícito, apesar da Toyota se esforçar para trabalhar isso internamente usando o Desenvolvimento no Trabalho.

O que vemos constantemente fora da Toyota é que o A3 é apresentando em um curso, o que faz com que os alunos fiquem por conta própria, quase sem *coaching*. Isso leva mesmo ao desenvolvimento de pessoas? Não na nossa experiência.

Sem *coaching* de alta qualidade, qualquer método se transforma em uma ferramenta mal afiada, aplicada de qualquer jeito. Provavelmente a melhor situação seria mentoreamento individual com a melhor pessoa da área, como aprender a fabricar espadas com um mestre ou ser ensinado por Ohno no chão de fábrica. Os melhores *coaches* ajustam seus métodos para cada aluno e cada situação. Com *coaches* novatos ou intermediários, uma abordagem estruturada, como o *kata*, tem um papel importante. No entanto, esses *kata* simples não compensam impaciência, falta de persistência, *coaching* desinteressado para cumprir ordens corporativos etc. O mau *coaching* ou a falta dele não levam à aprendizagem e ao desenvolvimento de habilidades.

PRINCÍPIO 17: ALINHAR PLANOS E OBJETIVOS DE MELHORIA DE ACORDO COM A APRENDIZAGEM ORGANIZACIONAL

Aprendemos muito sobre como fazer *coaching* na área da melhoria contínua. Esta é uma habilidade e uma mentalidade de estar sempre buscando algo melhor, não aleatoriamente, e sim com uma direção clara orientando a busca.

Uma busca de sucesso segue um metapadrão definido. Quando a direção é clara, abrimos nossas mentes para a realidade da nossa condição atual. Em seguida, não ficamos planejando interminavelmente para descobrir a melhor solução possível, e não traçamos um mapa detalhado para chegar até ela. Definimos uma condição-meta de curto prazo, incluindo como desejamos que sejam os padrões operacionais e quais resultados queremos até uma determinada data no curto prazo. Neste momento, pensamos sobre os obstáculos que vão estar no nosso caminho. Finalmente, começamos a testar contramedidas para superá-los e alcançar nossa próxima condição-meta. Quando a atingimos, refletimos sobre o que aprendemos e onde estamos agora antes de definir a próxima condição-meta.

Pense em escalar uma montanha íngreme. O projeto como um todo parece inalcançável. Contudo, prendemos a próxima estaca um pouco mais acima, esforçamo-nos para subir até lá. Depois, refletimos sobre o que aprendemos em relação à montanha, olhamos para os próximos obstáculos, tentamos imaginar o que fazer e, logo, como superá-los. Seria absolutamente impossível saber de antemão todos os obstáculos que vamos enfrentar; é preciso encará-los um a um. Em algum momento, chegamos ao cume, e então começamos a procurar mais uma montanha para escalarmos.

Agora que entendemos as habilidades que nos ajudam a correr atrás de um desafio, podemos perguntar: "como identificamos o desafio?" Na verdade, ele será diferente para pessoas diferentes em departamentos e cargos diferentes. Logo, precisamos de desafios concêntricos, que vão dos mais altos níveis da organização até todos os seus componentes. Essa é a função do que, em japonês, chamamos de *hoshin kanri*, e que no Ocidente costuma ser chamado de gerenciamento pelas diretrizes.

Hoshin kanri na Toyota

O *hoshin kanri* foi testado pela primeira vez na Toyota em 1961 como parte de um programa de gestão da qualidade total. O presidente Eiji Toyoda identificou a necessidade de modernizar as práticas administrativas da Toyota, a fim de que a fabricante de automóveis japonesa se transformasse em uma empresa global. Ele identificou duas necessidades específicas:

- A necessidade da alta gerência de esclarecer as metas (especialmente a qualidade) e aumentar o engajamento dos funcionários
- Um sistema de gestão que promovesse cooperação interfuncional

Um desafio para mobilizar a organização foi vencer o cobiçado Prêmio Deming de qualidade em três anos. Em 1965, a Toyota conquistou o Prêmio Deming. Em 1972, após uma década de melhoria contínua, o *hoshin kanri* era considerado maduro dentro da Toyota, transformou-se em uma prática anual padrão adotada mundialmente em toda a empresa.

A Toyota trabalha com um ano fiscal que começa em 1º de abril e termina em 31 de março. No início de janeiro, o presidente da empresa faz um discurso importante, refletindo sobre o ano que passou e descrevendo a visão do conselho administrativo para o ano seguinte. Ele anuncia de três a cinco desafios de alto nível para o próximo ano, o que causa um frenesi de atividades, com os desafios relativamente abstratos se espalhando pela organização e se transformando em planos mais concretos em cada nível.

Por exemplo, pergunta-se aos vice-presidentes executivos globais de cada função (ex.: vendas) o que os desafios significam para sua organização. Como apoiarão os objetivos do presidente? Qual é a condição atual? Eles têm debates intensos, alimentados por dados, com seus subordinados diretos, que, por sua vez, reúnem-se com seus próprios subordinados diretos. Dessa forma, pelo menos três níveis da organização estão sempre envolvidos. Quando os vice-presidentes executivos se comprometeram com suas metas e fizeram uma primeira análise de como tentar atingi-las, o processo é ampliado para o próximo nível: o dos líderes da função em cada região do mundo. Isso continua até chegar ao grupo de trabalho.

Alguns desses objetivos podem ser trabalhados dentro de uma única função de maneira vertical, enquanto outros precisam de liderança horizontal entre múltiplas funções (ver Figura 9.13). Para o trabalho interfuncional, o líder de uma função é escolhido para ficar no comando. Aprender a liderar horizontalmente é considerado o nível mais elevado de habilidade de liderança na Toyota. O líder não pode recorrer

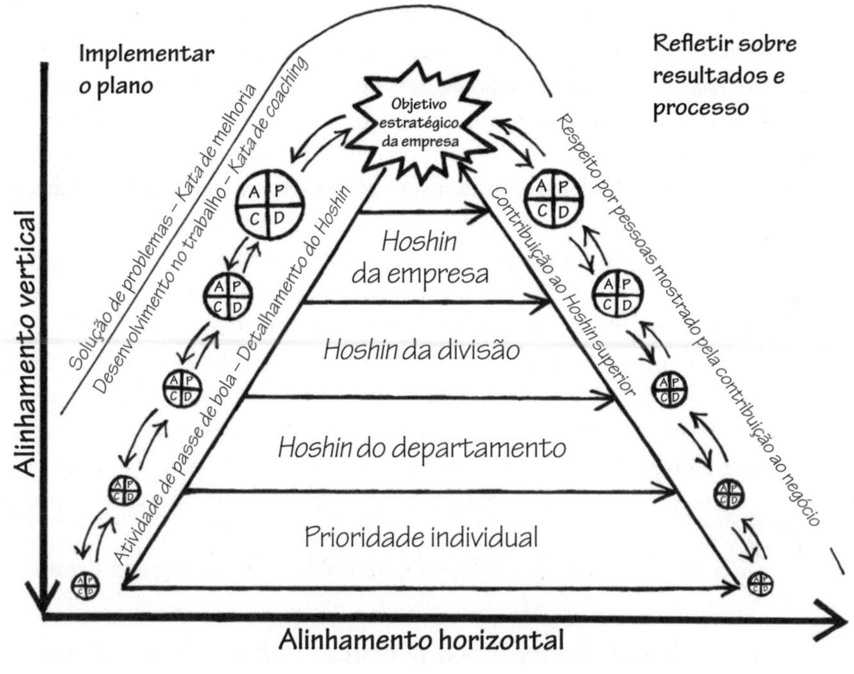

FIGURA 9.13 O *hoshin kanri* é um processo de aprendizagem de cima para baixo e de baixo para cima.

à autoridade de comando e controle para aumentar a energia da equipe e orientá-la em direção ao desafio. É preciso exercer liderança de verdade! De fato, quando analisamos o desenvolvimento dos líderes da Toyota, vemos que eles começam a trabalhar em uma especialidade e a aprendê-la profundamente; depois, recebem responsabilidade por liderança para aquela função, na qual têm autoridade formal; e, por fim, estendem-se para responsabilidades por liderança horizontal. Tudo isso acontece sob os olhos vigilantes de *coaches*.

A Toyota identifica duas habilidades que estão no centro do processo de *hoshin kanri*: a solução de problemas e o Desenvolvimento no Trabalho. Já falamos sobre o modo como a Toyota ensina ambos, e traçamos um paralelo com o uso de *kata* de melhoria e *coaching* para desenvolver habilidades fundamentais. A Toyota vê o sistema de *hoshin kanri* como mais uma maneira de desenvolver essas habilidades. Para superar desafios cada vez mais difíceis à medida que a pessoa é promovida na organização, é necessário um domínio cada vez maior da solução de problemas e do Desenvolvimento no Trabalho.

Passe de bola no desenvolvimento do plano inicial

Muitas empresas entenderam o recado: *hoshin kanri* é mais do que gerenciamento do topo para a base de metas para KPIs. É preciso haver um diálogo entre chefes e subordinados sobre os objetivos do ano. O "passe de bola", ou *catchball* (literalmente passar uma bola de um para o outro), é muito usado no processo de planejamento para que as metas sejam aceitas por todos os níveis da gerência. Ele costuma ser considerado uma espécie de sessão de negociação, embora seja uma parte mínima do processo de *coaching* e *feedback*. Todos os passos do *hoshin kanri* têm dois objetivos: (1) obter resultados alinhados às necessidades da empresa e (2) desenvolver pessoas. O processo de passe de bola é parte do desenvolvimento de pessoas. Ele começa na fase de planejamento, que leva a desafios alinhados. Depois, ele continua pelo menos com a mesma intensidade durante o processo de execução contínuo que se segue ao PDCA.

O que acontece se tentamos introduzir o método do *hoshin kanri* em organizações cujos gerentes recorrem principalmente à autoridade formal e não têm habilidades de pensamento científico? A resposta é a mesma de quando perguntamos o que acontece com o relatório A3: não funciona como na Toyota. As metas são disseminadas pela cadeia de comando na forma de ordens, e os gerentes precisam atingi-las ou sofrer as consequências. Mesmo que os gerentes participem da definição das metas em um processo de passe de bola, eles basicamente estão ajudando a amarrar a corda que pode ser usada para enforcá-los. Atingir as metas é muito diferente de usar a melhoria contínua para aprender sistematicamente e superar um desafio.

A matriz X no Henry Ford Medical Labs

Sob o comando do Dr. Richard Zarbo, os setores de patologia e medicina laboratorial do Henry Ford Health System começaram a usar o *hoshin kanri* cerca de dez anos após começarem sua jornada *lean*. A essa altura, todos os gerentes e supervisores haviam sido instruídos sobre a solução de problemas, usando a técnica inúmeras vezes. Todos os gerentes tinham um sistema estabelecido de gestão diária, com reuniões todos os dias para revisar o *status* dos indicadores-chave de desempenho.

A matriz X está para o *hoshin kanri* como o A3 está para a solução de problemas. Ambos são representações visuais simples em uma única página. Eles são ferramentas poderosas, mas também podem ser veículos para informações superficiais. Para os laboratórios do Henry Ford Health System, baseados em anos de desenvolvimento de uma cultura de melhoria, a matriz X veio a ser uma ferramenta poderosa (ver Figura 9.14), permitindo que concentrassem seus esforços de melhoria em uma direção estratégica comum.

Richard Zarbo e sua equipe executiva passaram semanas se reunindo para debater e elaborar sua estratégia e seu primeiro plano anual para o negócio. O ambiente de saúde está passando por um período conturbado, e tentar navegar essa situação está deixando os gerentes estressados. Cuidados de qualidade: uma expectativa básica! Segurança do paciente: obrigatória! Redução de custos: pressão contínua! A redução de custos é o maior desafio para os laboratórios devido à sua dedicação ao desenvolvimento de uma cultura de melhoria contínua.

Um alicerce do pacto firmado com os funcionários era que o Dr. Zarbo lutaria com unhas e dentes para proteger seus empregos. Eles seguiriam em frente e trabalhariam intensamente para aprender, melhorar e prosperar juntos. Zarbo cumpriu sua parte

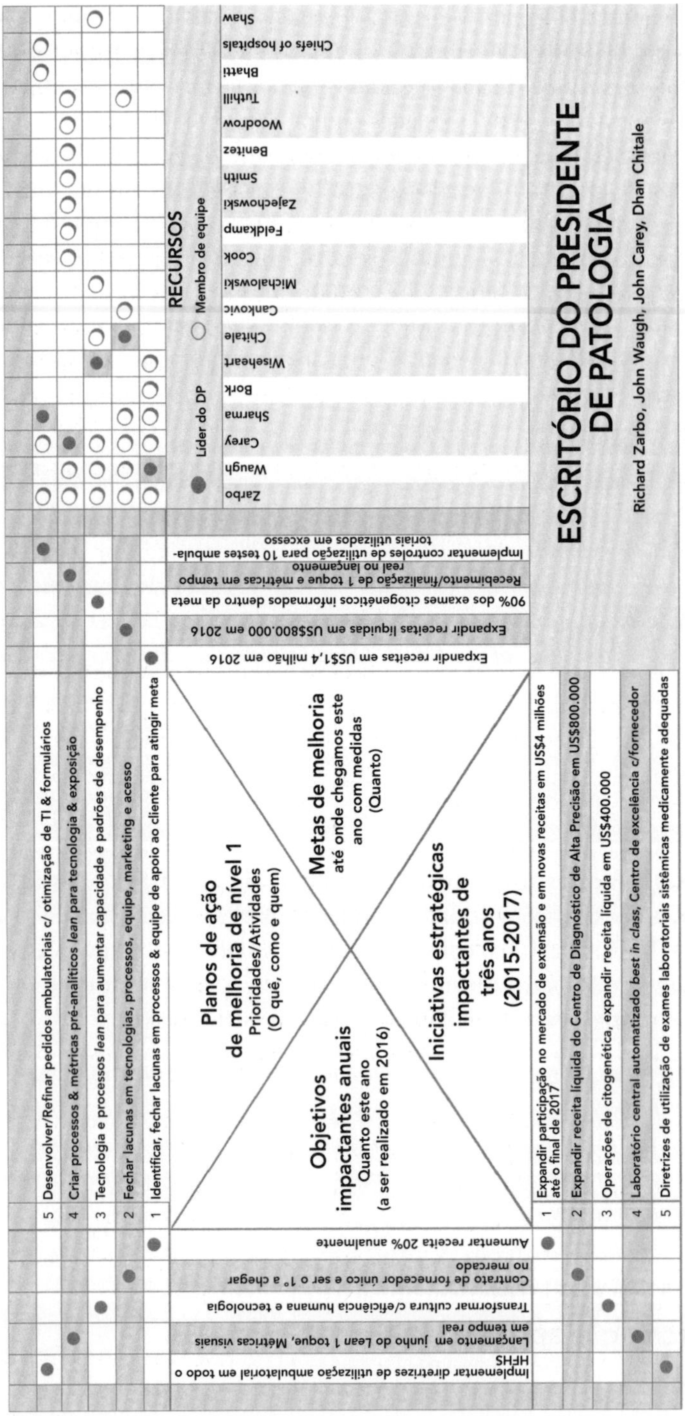

FIGURA 9.14 Matrix X de *hoshin kanri* para a patologia e medicina laboratorial no Henry Ford Health System.

por muitos anos, enquanto outras partes do sistema de saúde encolhiam e demitiam. No entanto, em algum momento ele foi forçado a ceder à pressão. O crescimento e a rentabilidade não pareciam conseguir proteger nenhuma parte da empresa das metas obrigatórias de redução do quadro de lotação. Isso não impediu Zarbo de se concentrar no crescimento e na redução dos custos totais como forma de reduzir as demissões.

A matriz X do Dr. Zarbo enfoca estratégias de crescimento e rentabilidade. Todas as cinco inciativas impactantes de três anos se concentram em fortalecer e expandir o sistema laboratorial. Por exemplo, uma meta é o crescimento de US$400.000 nos exames citogenéticos. A citogenética é um novo campo, focado no número e na estrutura dos cromossomos. Ter cromossomos a mais ou a menos causa diversas doenças crônicas. Uma aplicação é nos exames fetais, a fim de prever defeitos congênitos ou riscos de saúde graves. É uma área com potencial de crescimento. Zarbo explica que:

> *O crescimento em novas áreas de teste não vai nos proteger das metas de redução de custos, mas vai permitir que o papel do laboratório seja melhor reconhecido. Nosso verdadeiro objetivo é o crescimento e nossa primeira meta é expandir o negócio de extensão, além do HFHS, em 30% ao ano. Isso geraria mais um milhão de dólares por ano em renda líquida. Estamos em uma era da medicina personalizada, a chamada medicina de precisão. Esses exames são adaptados ao indivíduo com base no seu DNA. Desenvolvemos um novo negócio, começando com o recrutamento, a tecnologia, a informática, o* marketing *e o plano de negócios. Outro objetivo é expandir o negócio molecular. Estamos negociando para sermos fornecedores exclusivos para a segunda maior seguradora, protegendo 800.000 vidas. Informática molecular para uma grande população. Não estamos pensando pequeno. É uma questão de sobrevivência.*

Em seguida, a matriz X divide os objetivos de três anos em objetivos impactantes de um ano e em ações de alta prioridade (nível 1), identificando os responsáveis. Isso não substitui o esforço contínuo de desenvolver uma cultura de solucionadores de problemas que praticam melhoria contínua. Zarbo vê na melhoria contínua a maneira de atingir esses objetivos maiores e mais complexos:

> *Com a nossa cultura* lean, *colaboramos para dividir esses problemas complexos em problemas menores para que todos possam fazer sua parte. A cultura que nos esforçamos tanto para construir há uma década é o que nos permite ter sucesso. Podemos enfrentar tudo. Qualquer estresse. Só precisamos descobrir como resolver problemas em equipe.*

Usar o *kata* para desenvolver uma cadeia de *coaching* e aprendizagem

A relação *coach*-aprendiz é o que permite que o *hoshin kanri* deixe de ser uma maneira de disseminar metas e se torne uma forma de trabalhar cientificamente em busca de objetivos impactantes. Quando há um diálogo contínuo e as pessoas começam a trabalhar sistematicamente em busca do objetivo usando pequenos ciclos PDCA, é possível avançar em direção ao ideal ao mesmo tempo que realizamos objetivos de negócios e desenvolvemos pessoas.

Um exemplo de caso descreve a cadeia de *coaching* ao usar o *kata* de melhoria.[11] Um exemplo simplificado, como a Engrenagens Acme, levá-nos do alto nível estratégico do negócio até o processo de usinagem individual. No alto nível, os executivos seniores concluem que a empresa precisa aumentar a variedade dos produtos e reduzir o tempo necessário para atender a demanda dos clientes. Isso é comunicado a Nancy, diretora de produção de engrenagens, que desenvolve um mapa do fluxo de valor do estado atual e do estado futuro. O mapa do estado futuro dá a Nancy seu desafio: o que precisa mudar para que a empresa fabrique a variedade necessária e reduza o tempo de atravessamento.

O mapa do estado futuro é dividido em seções e ciclos, e cada gerente de um ciclo recebe um desafio. Isso inclui Steve, o gerente do ciclo de usinagem. Para superar o desafio de estado futuro, Steve precisa que Roger, o supervisor de brochamento, melhore os tempos de ciclo, reduza o tempo ocioso do equipamento e dos tempos de troca. Agora, todos os níveis do fluxo de valor têm desafios alinhados que apoiam o plano de negócios (ver Figura 9.15).

Como a empresa está aprendendo o *kata* de melhoria e o de *coaching*, espera-se que cada nível use os *kata* em busca do seu desafio. Na fase de planejamento do *hoshin kanri*, os gerentes trabalharam para entender o que precisa ser modificado na produção para apoiar o plano de negócios. Isso levou a um melhor entendimento dos processos atuais e no que precisam trabalhar, além de algumas métricas e metas. Não

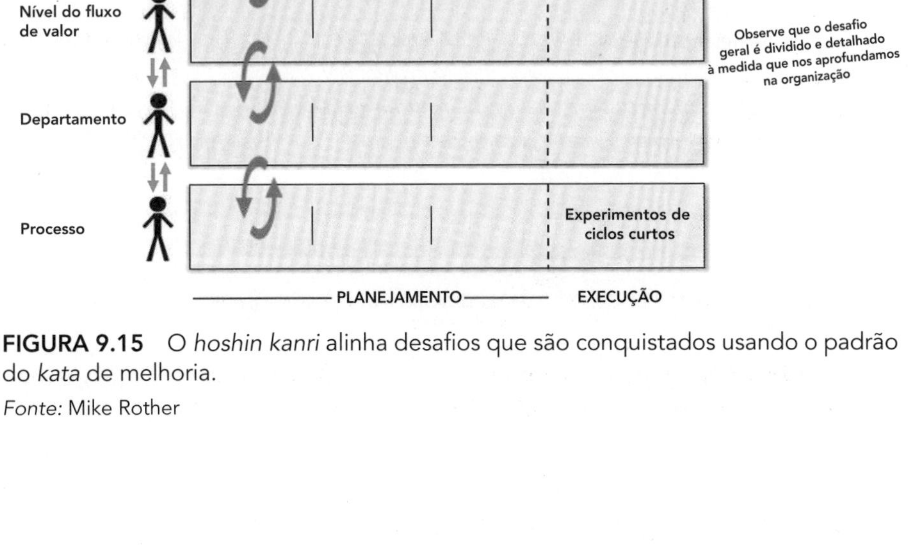

FIGURA 9.15 O *hoshin kanri* alinha desafios que são conquistados usando o padrão do *kata* de melhoria.

Fonte: Mike Rother

é esperado que os gerentes, na fase de planejamento do *hoshin*, inventem soluções e planos de ação, pois violaria os princípios fundamentais do *kata* de melhoria. Agora que possuem os desafios (o quê), eles precisam do modo (como), que é dado pelo *kata* de melhoria: entender a situação atual, estabelecer a primeira condição-meta, repetir em busca da condição-meta e repetir este ciclo até o desafio ser superado.

À medida que o processo de melhoria avança, ele é acompanhado de *coaching* diário. A cadeia de *coaching* significa, literalmente, que todas as pessoas na cadeia de comando são aprendizes que recebem *coaching* e *coaches* que desenvolvem aprendizes. Os participantes estão todos aprendendo o mesmo padrão de melhoria. Os diálogos não param porque eles têm planos de *hoshin*. Pelo contrário, os diálogos se intensificam na fase de melhoria contínua.

As métricas são diferentes em cada nível. O plano de negócios usa termos financeiros, variedade dos produtos e tempos de atravessamento gerais da entrega. O mapa do fluxo de valor se concentra em como produzir a variedade e o tempo de atravessamento dentro desse fluxo de produção. Quando o processo chega em Roger, que supervisiona um processo de usinagem, as metas estão em termos de tempo de ciclo, tempo de utilização dos equipamentos e tempos de troca. Esses desafios e atividades serão alinhados, mas não porque as mesmas coisas são medidas em todos os níveis. Um conjunto padrão de KPIs poderia até prejudicar o progresso em busca do plano de negócios no qual a Acme está trabalhando.

Em *O Modelo Toyota de Liderança Lean*, Gary Convis e eu criamos um modelo de desenvolvimento da liderança (ver Figura 9.16). O modelo foi elaborado a partir do que aprendemos sobre o desenvolvimento do próprio Gary, primeiro como

FIGURA 9.16 Modelo de desenvolvimento da liderança *lean*.
Fonte: Jeffrey Liker e Gary Convis, *O Modelo Toyota de Liderança Lean*.

gerente de fábrica na NUMMI e, depois, executivo sênior da Toyota. Os desafios de Gary foram ficando cada vez mais difíceis, e ele precisa voltar aos elementos básicos, começando pelo autodesenvolvimento. Como ele poderia desenvolver a si mesmo, com a ajuda de um *coach*, para viver os valores fundamentais em um nível ainda mais elevado? O autodesenvolvimento foi escolhido porque a motivação interna tinha que vir dele mesmo. Gary não poderia ser coagido ou persuadido com recompensas extrínsecas para ter a paixão e o comprometimento necessários para aprender a alcançar objetivos cada vez mais difíceis, ao mesmo tempo que trabalhava pacientemente no desenvolvimento de outras pessoas.

Quanto mais Gary desenvolvia a si mesmo, melhor ele se tornava em *coaching* e no desenvolvimento de outros. Quando a alta gerência desenvolve a gerência média, esta também pode desenvolver líderes de grupos de trabalho para que pensem cientificamente nas atividades de *kaizen*. Quando essa cadeia de *coaching* é bem desenvolvida, a gerência pode alinhar seus desafios por meio do *hoshin kanri*. Um elo fraco quebra a cadeia de *coaching*. Observe que é preciso algum desenvolvimento das habilidades de melhoria na cadeia de líderes para alinhar corretamente os objetivos e ações com o *hoshin kanri*.

Obviamente, aqui surge um problema do tipo "o que veio primeiro, o ovo ou a galinha?" É preciso haver uma cadeia de competência para trabalhar do jeito certo para superar desafios, e precisamos de desafios para nos dar uma direção. No entanto, o que vem primeiro: os desafios ou as habilidades? A resposta é que, até certo nível, ambos precisam evoluir paralelamente. Quando os gerentes seniores estão na primeira fase de aprendizagem, é melhor que eles aprendam trabalhando em processos individuais. Existem muitas maneiras de obter seus desafios, recorrendo a planos de negócios que praticamente todas as organizações já têm, ou usando um ponto negativo óbvio para servir de base para o processo. À medida que a organização amadurece no modo em que aprende a melhorar, podemos começar a difundir os desafios nela amplamente. Os desafios podem se tornar mais difíceis e ficar mais interconectados.

Como vamos aprender e implantar melhores práticas à medida que a organização conduz experimentos e aprende a atingir suas metas? Em muitos casos, compartilhar melhores práticas não é uma boa maneira de utilizar o tempo e os recursos disponíveis. Minha melhor prática é a minha contramedida para minha situação específica, que pode ou não ser valiosa para os outros. Cada pessoa responsável por melhorias deve refletir profundamente sobre quais novos conhecimentos devem ser compartilhados e com quem. Muitas vezes, compartilhar diretamente no *gemba* é melhor do que desenvolver bancos de dados gigantes de melhores práticas. Discutiremos essa questão de maneira mais completa no próximo capítulo.

O TRABALHO DIÁRIO COMO SOLUÇÃO DE PROBLEMAS

No *lean*, muitas vezes pensamos na solução de problemas como uma maneira de trabalhar o modo como trabalhamos. Nos serviços, no entanto, a maioria das pessoas soluciona problemas no seu trabalho diário. Pergunte a um médico o que ele faz e a resposta pode muito bem ser que ele resolve os problemas dos pacientes. Os advogados solucionam problemas para seus clientes, assim como os representantes de atendimento.

Essa ideia se cristalizou quando comecei a pensar sobre a Menlo Innovations como uma solucionadora de problemas para os usuários. Cada produto em si é uma inovação, isto é, um *software* customizado que nunca existiu exatamente naquela forma. Richard Sheridan, diretor de narrativa da Menlo, ministrou uma palestra para minha turma de pós-graduação sobre *lean* e quase se desculpou por não ser tão científico quanto poderia na melhoria dos processos da Menlo. Ainda assim, o sistema da Menlo é altamente eficaz e se baseia em inovação.

A lâmpada finalmente se acendeu algumas semanas depois. A Menlo está seguindo o método científico diariamente quando desenvolve um novo *software*. Reenquadrei o processo de desenvolvimento da Menlo nos termos do *kata* de melhoria (ver Figura 9.17). Os antropólogos técnicos da Menlo dedicam muito tempo à fase inicial de desenvolver uma visão para o *software* com base na repetição entre a observação profunda dos usuários e o emprego de técnicas como o mapeamento mental e o desenvolvimento de personagens-usuários. Duplas de antropólogos *high-tech* estão em diálogo constante com os usuários, os clientes e uns com os outros durante a elaboração da visão. Em seguida, eles escrevem um enunciado de visão que mostra a direção para todo o trabalho subsequente.

A observação profunda, na qual atuam como "mosquinhas na parede", os ajuda a entender a situação atual e definir o ponto de partida. Quando finalmente entram nos detalhes de escrever os cartões de história que definem os diferentes recursos do *software*, em certo sentido, eles estão definindo condições-meta para o produ-

FIGURA 9.17 O sistema da Menlo inova em busca de uma visão.

to. Contudo, essas condições-meta não são "implementadas". Em vez disso, elas precisam ser autorizadas pelo cliente, que é quem decide quais cartões executar no planejamento do projeto. Em seguida, os programadores fazem o PDCA de hora em hora, buscando maneiras de atingir as condições-meta representadas por cada cartão de história.

Posteriormente, todas as semanas os clientes revisam o trabalho realizado na semana anterior e decidem em quais cartões trabalhar na semana seguinte, ou seja, quais as próximas condições-meta. Os programadores leem o próximo cartão na parede, o que lhes dá as características desejadas do *software* para a repetição seguinte. Ainda em duplas, eles realizam experimentos para superar obstáculos, trabalhando constantemente para desafiar uns aos outros, considerar alternativas, realizar testes e analisar criticamente o código-fonte até terem algo que acreditam que vai funcionar.

Enquanto os programadores escrevem o código-fonte, a quantidade de *feedback* rápido é incrível. Eles precisam desenvolver teste de unidades para cada unidade do código, de modo a receberem *feedback* imediato e descobrirem se o código faz mesmo o que funcionalmente deveria. Depois, eles recebem *feedback* dos inspetores da qualidade, normalmente no mesmo dia, avaliando se o código-fonte criado vai ou não satisfazer o cliente. Uma vez por semana, eles recebem *feedback* do cliente quando este tenta usar o produto, e eles podem observar o que acontece e escutar o *feedback* do cliente. Os antropólogos técnicos também voltam regularmente para representar os usuários finais.

Ao usar esse processo iterativo de aprendizagem, o *software* é geralmente lançado sem precisar treinar os usuários e sem *bugs*. Os usuários ficam surpresos e muito felizes, pois estão acostumados a ter seus processos bloqueados quando recebem um *software* novo, mas em vez disso, o produto da Menlo capacita seus processos. Com isso, o mundo fica um pouco mais alegre!

É útil pensar no serviço como uma forma de resolver problemas para os clientes. Podemos aplicar o método científico ao nosso trabalho diário de atender os outros. Em outro nível, podemos melhorar o modo como fazemos nosso trabalho. Assim, estamos usando o método científico para trabalhar e melhorar o modo como trabalhamos.

Tudo isso pressupõe que o pensamento científico se torna um hábito. Sabemos que os hábitos positivos precisam ser aprendidos por meio da prática contínua e do reforço, com o acompanhamento de um *coach*. O papel da liderança passa a ser o de fazer *coaching* para que os outros sejam disciplinados no modo como enfrentam os problemas. Os *kata* são rotinas de prática para que possamos adotar uma mentalidade científica e voltar periodicamente aos elementos básicos para preservar essa mentalidade.

PONTOS PRINCIPAIS
USE EXPERIMENTOS NA LUTA POR UMA DIREÇÃO CLARA

1. Problemas são diferenças em comparação com o padrão, o que significa que são desvios em relação ao que deveria estar acontecendo (ex.: uma política, uma especificação de engenharia ou uma meta aspiracional) e podem vir de dentro ou de fora da organização. O foco da solução de problemas é eliminar a diferença entre a condição real e o padrão. A solução de problemas é um processo de aprendizagem contínua nos níveis do indivíduo, do grupo e da organização.
2. O pensamento científico, isto é, a aprendizagem prática através da experimentação consciente, é o método que embasa o pensamento *lean*, como a PNT, o Desenvolvimento no Trabalho e do pensamento A3 sobre como eliminar diferenças em relação ao padrão para melhorar em busca de uma visão clara. O *kata* de melhoria foi desenvolvido para ensinar uma meta-habilidade, ou seja, o padrão de abordar cientificamente a tarefa de navegar por obstáculos em busca de um desafio.
3. Conduzir experimentos para melhorar em busca de uma visão clara envolve sessões de prática conscientes e com rotinas claras, como no *kata* de melhoria, que sejam acompanhadas de um *coach*. Simplesmente usar formulários como o A3 para registrar e documentar os passos do processo de solução de problemas não resolve nenhum problema e não desenvolve as habilidades de pensamento científico de ninguém.
4. O padrão fundamental do *kata* de melhoria define e ensina bons hábitos de prática para o processo de melhoria:
   - **Direção/desafio.** Como as minhas atividades de melhoria contribuem para um objetivo maior que importa para a organização?
   - **Condição atual.** Entenda profundamente os padrões operacionais atuais no *gemba* a partir da observação direta e use os dados para entender melhor o que está acontecendo.
   - **Próxima condição-meta e obstáculos.** Defina o próximo padrão operacional que vai aproximá-lo do desafio, além dos obstáculos que estão entre você e a próxima condição-meta.
   - **Experimentos.** O Planejar-Executar-Verificar-Agir realiza seu potencial com uma série de ciclos rápidos de aprendizagem, na qual são feitas previsões sobre o que se espera que aconteça para cada experimento, sendo os resultados da previsão posteriormente comparados com a hipótese.
5. O A3 e o quadro de história do aprendiz do *kata* de melhoria podem funcionar em conjunto. O quadro de história do aprendiz dá a estrutura para ensinar e registrar o metapadrão do *kata* de melhoria. O A3 é um resumo geral do processo de melhoria e pode ser usado para a comunicação com terceiros.

6. O *hoshin kanri* (gerenciamento pelas diretrizes) é o processo usado pela Toyota para alinhar a melhoria e a aprendizagem em toda a empresa. Ela o usa como sistema para enfrentar desafios em nível organizacional, utilizando o *coaching* em níveis para desenvolver as habilidades de solução de problemas das pessoas em todos os níveis da organização; todos recebem *coaching* de alguém e todos são o *coach* de alguém.
7. Nas organizações de serviços, a maior parte do trabalho diário é a solução de problemas. Os médicos resolvem problemas para os pacientes, os advogados resolvem problemas para os clientes, e os representantes de atendimento respondem perguntas e resolvem problemas para os clientes. Aplicar o pensamento científico permite que os indivíduos em uma organização de serviços melhorem as vidas dos clientes que atendem ao mesmo tempo que melhoram sua própria capacidade de inovar.

CAPÍTULO 10

A longa jornada em direção à organização de aprendizagem focada no cliente

A transformação é um processo, e enfrentamos montanhas de altos e baixos ao longo da vida. É uma jornada de descoberta: há momentos no cume da montanha e momentos nos vales profundos do desespero.

—Rick Warren, teólogo

INTRODUÇÃO

Nós organizamos nossos princípios da excelência em serviços em torno do meu modelo dos 4Ps do Modelo Toyota: filosofia, processo, pessoas e solução de problemas. Descrevemos em detalhes como essas quatro ideias simples funcionam para a excelência em serviços, estruturadas em dezessete princípios. Também ilustramos esses princípios com vários exemplos de caso – reais, fictícios e da indústria, sendo a maioria vinda dos serviços.

Não esperamos que esses princípios se transformem diretamente em uma lista de tarefas ou em um mapa para que você planeje sua transformação durante os próximos cinco anos, pois será contrário aos modelos de melhoria que apresentamos. A melhoria é uma jornada individual e organizacional, que exige o desenvolvimento de habilidades com o passar do tempo. É preciso aprender como avançar, não "implementar" princípios.

Isso cria um paradoxo, pois você quer conselhos. Decidimos que, em vez de listar uma série de dicas de implementação, vamos usar histórias para ilustrar como esses princípios se aplicam em diversas situações, a começar por uma empresa de serviços recém-fundada que Karyn tem tido o prazer de assessorar. Ela está usando todos os princípios deste livro para fazer *coaching* com taxistas que, embora tenham muita experiência no volante, possuem pouquíssima nos negócios. Durante as reuniões semanais, Karyn os orienta à medida que eles trabalham no processo de construir um negócio de táxis excepcional, focado em colaboração e em 100% de satisfação do cliente. A seguir, visitaremos uma última vez nossos casos fictícios da NL Serviços e do Serviço 4U para responder uma pergunta: como engajar e desenvolver líderes de todos os níveis em uma jornada para se tornar uma organização de alto desempenho focada no cliente?

Esses exemplos pintam um retrato do que é possível conquistar quando pessoas sérias se dedicam à excelência, com a ajuda de *coaches* experientes e compreensivos. É difícil concluir que o *lean* não se aplica aos serviços, e seria difícil argumentar que são necessários super-humanos japoneses para seguir esse modelo. São as pessoas comuns, mas que têm visão e persistência extraordinárias, que estão realizando feitos incríveis em todo o mundo ao seguir as orientações simples do Modelo Toyota: o respeito por pessoas e a melhoria contínua. Vamos deixar Karyn nos contar a história da NTL e da sua jornada à luz dos 4Ps e dos 17 princípios.

NATIONAL TAXI LIMO E OS 4Ps

Como viajo bastante, eu vivo andando de táxi. Foi assim que conheci Joe Draheim, um dos proprietários da National Taxi Limo, um novo serviço de transporte pessoal com sede nos arredores de Chicago. Joe tem trinta e poucos anos e, quando o conheci, ele vestia calça jeans e moletom com capuz. O pouco que sabia sobre seu histórico viera de dicas de outros motoristas: "Joe é ótimo, mas parece que ele não quer se esforçar muito. Ele gosta de ficar atirado e nem sempre é confiável."

Um dia, quando Joe foi me buscar no aeroporto de Chicago, ele ficou todo animado me contando sobre o seu novo empreendimento: "estou trabalhando com uns outros caras para começar nossa própria empresa de transporte pessoal. Vai ser difícil, mas temos uma ideia que achamos que vai ser bem diferente. Os taxistas vivem para a corrida e estão sempre preocupados se alguém vai roubá-la. Se os clientes vão com outra empresa, mesmo que só uma vez, eles provavelmente nunca vão voltar, então quem tem o próprio táxi nunca pode tirar o dia de folga. Os motoristas às vezes atendem o telefone enquanto dirigem para não perderem nenhuma ligação de cliente, e isso não é seguro. O que queremos fazer é criar uma rede de 'taxistas parceiros' que trabalham juntos. Vamos ter um aplicativo, assim como o Uber, para os clientes marcarem, acompanharem e pagarem pela corrida no celular, mas vamos combinar isso com um serviço de rádio táxi de verdade, e só vamos trabalhar com taxistas credenciados, que sejam donos dos próprios carros e que tenham seguro comercial. Assim, podemos ajudar pequenos taxistas independentes a apoiarem uns aos outros para se ajudarem e cooperarem de modo a expandirem seus negócios. Também queremos ajudá-los a serem empresários melhores. Hoje, eles estão tão ocupados dirigindo que não têm tempo para trabalharem no seu próprio desenvolvimento para serem empresários melhores."

Enquanto continuávamos a conversa, Joe me contou mais sobre a visão para a nova empresa: "taxista é um ser muito independente, provavelmente é por isso que vira motorista de táxi! Ele não gosta de receber ordens, mas o engraçado é que acha bem fácil dar ordens para os outros, então a comunicação quase sempre é bem ruim. Não queremos que nossa empresa seja assim. Queremos criar uma cultura diferente, onde podemos trabalhar juntos com nossos taxistas parceiros. Assim, podemos cuidar dos nossos clientes e uns dos outros. O problema é que isso tudo parece muito bom na teoria, mas estamos com dificuldade para fazer a coisa deslanchar."

Foi assim que comecei a trabalhar com a National Taxi Limo. Seria possível aplicar os princípios do Modelo Toyota de respeito por pessoas e melhoria contínua em uma empresa de transporte pessoal? Como alguém como Joe, um taxista de 32 anos com um histórico problemático e sem experiência de liderança, seria capaz de desenvolver os outros e a si mesmo? Como funcionariam as ferramentas *lean* típicas? Como adaptar criativamente a gestão visual para taxistas que precisam manter os olhos na estrada enquanto dirigem? Como eu poderia ajudar Joe e seus sócios a usarem o Modelo Toyota para se desenvolverem pessoal e profissionalmente de forma a ajudarem os outros taxistas a melhorarem suas circunstâncias, produzindo excelência em serviços continuamente para garantir a satisfação dos seus clientes? Foi muito útil Joe estar incrivelmente animado com o negócio, e ler *O Modelo Toyota*, que lhe dei de presente, só alimentou ainda mais essa animação.

Filosofia: pensamento de sistemas de longo prazo

Princípio 1. Buscar incessantemente o propósito com base nos valores

Como em todas as jornadas, a da NTL começou com um primeiro passo importantíssimo: definir o propósito da sua existência no mundo. Joe e seus sócios, Todd VanderSchoor e Ken Kaiser, determinaram que seu propósito seria criar um serviço de transporte pessoal que trabalhasse ativamente com os taxistas parceiros para ajudá-los a serem empresários melhores, de modo a expandirem seus negócios oferecendo aos seus clientes o melhor serviço, de maneira pessoal e simpática, a um preço razoável. Não era um enunciado pequeno, mas eles tinham uma direção inicial.

"É tudo muito bonito", Joe disse durante uma reunião comigo e seus sócios. "Mas como vamos fazer isso de verdade? E como garantir que estamos no caminho certo para atingir os nossos objetivos? O aplicativo não está pronto, nem estamos atendendo ainda. Como vamos ter certeza de chegar onde queremos e não se perder pelo caminho? Eu queria ter um mapa que mostrasse onde ir".

"Engraçado você mencionar isso", eu disse, apontando para uma folha branca grande grudada na parede. "O que vamos fazer hoje é criar um modo para todos nós vermos onde a NTL está agora e onde vocês precisam estar no ano que vem, então vocês estarão avançando em direção ao seu propósito. Se não tivéssemos nos dado ao trabalho de identificar o propósito, nem saberíamos em qual direção queremos ir".

"Vamos chamar de 'mapa da NTL'!", Joe exclamou. Após trabalharem juntos por algumas horas, Joe, Ken e Todd traçaram o plano para o primeiro ano de negócios da NTL (ver Figura 10.1). O "mapa" não era um plano de ação detalhado, com datas e missões, e sim um conjunto de marcos a serem buscados de trimestre em trimestre. Cada marco estava anotado em um Post-it. Por exemplo, em um Post-it, lia-se "primeira corrida atendida". Em seguida, Joe e seus sócios tentaram descobrir como superar os obstáculos para transformar isso em realidade. Além de ter uma boa ideia do seu estado atual (ver Figura 10.2), isto é, a situação em que estavam naquele momento, eles também definiram onde queriam estar ao final do primeiro ano (ver Figura 10.3).

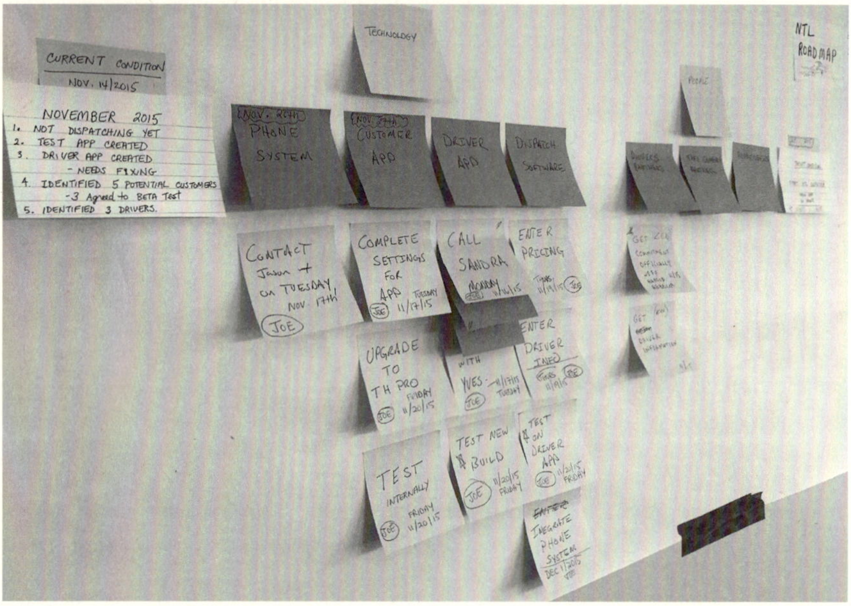

FIGURA 10.1 Mapa da NTL.

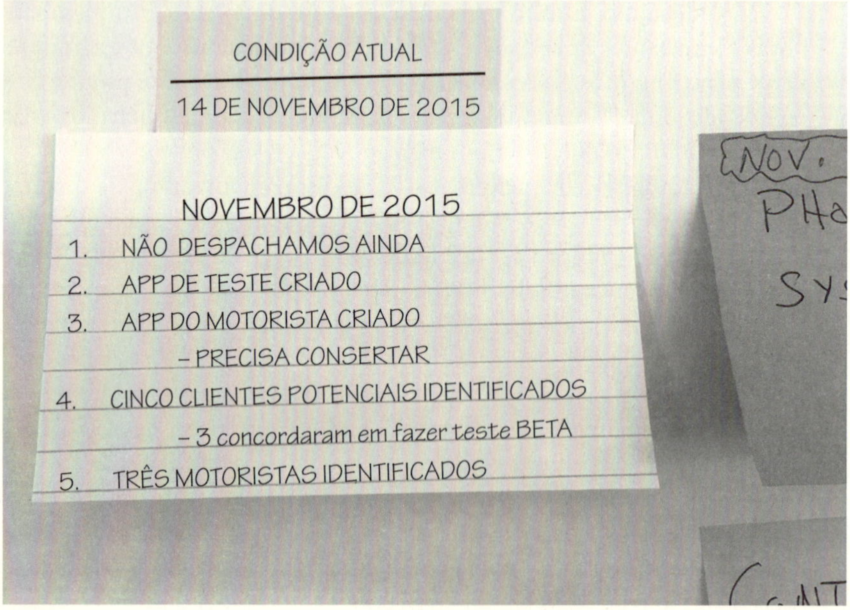

FIGURA 10.2 Mapa da NTL, condição atual.

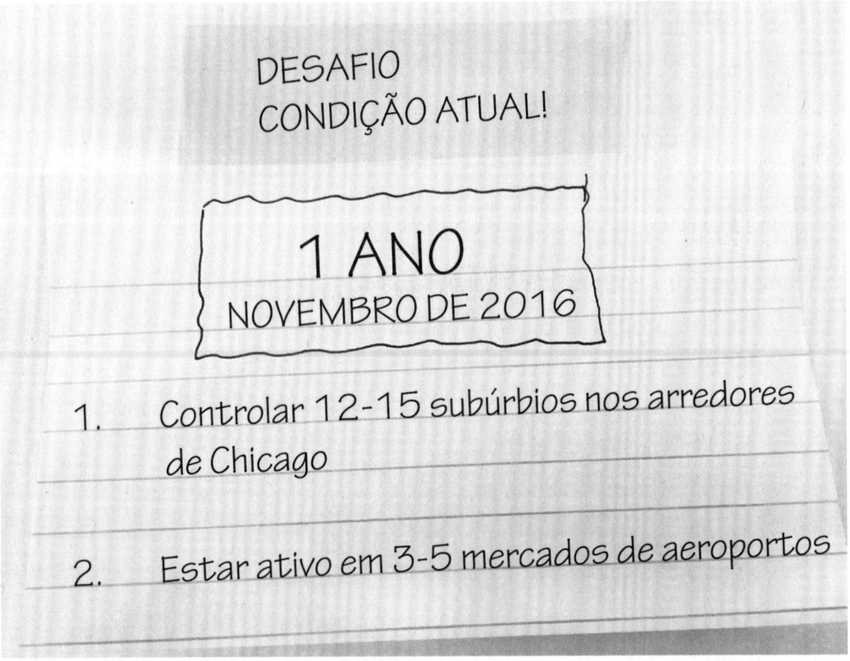

DESAFIO
CONDIÇÃO ATUAL!
1 ANO
NOVEMBRO DE 2016
1. Controlar 12-15 subúrbios nos arredores de Chicago
2. Estar ativo em 3-5 mercados de aeroportos

FIGURA 10.3 Mapa da NTL, condição futura.

Finalmente, eles criaram um enunciado do desafio para refletir como queriam chegar à sua condição futura: "todas as corridas. Na hora. Todas as vezes. Trabalhando juntos". Agora, Joe e seus sócios teriam um parâmetro para avaliar todas as suas ideias, decisões e soluções. Qualquer investimento ou ideia que não os aproximasse do desafio de seu enunciado seria uma distração. No início, Joe estava preocupado com o desafio e não conseguia imaginar como uma empresa de táxis seria capaz de superá-lo. Ele não estava à vontade com a incerteza. Contudo, à medida que conversávamos sobre a importância de ter um desafio à frente, ele começou a se animar com a ideia.

"Mas nunca vamos ser capaz de fazer todas as corridas na hora", Joe lamentava. "Na realidade, isso seria impossível, não? Tanta coisa pode dar errado. Carros estragados, obras na pista... São casos demais para listar."

"Sério?", eu questionei. "Você tem um compromisso bem forte com o cuidado dos taxistas parceiros e dos clientes. Se não busca o passageiro na hora todas as vezes, qual é a consequência? O que acontece com o negócio?"

"Você está certa, não iríamos durar muito", Joe respondeu, e refletiu por um instante. "Pode ser que a gente não saiba como fazer isso agora, mas trabalhando juntos vamos ter que aprender a resolver os problemas que sabemos que vão ocorrer. Simplesmente vamos descobrir como ter 'todas as corridas na hora'. Vamos ter que nos esforçar para alcançar esse objetivo". Agora, Joe e a NTL tinham uma visão de estado futuro desafiadora a ser buscada, pois, como Joe dissera: "Agora você vê. Agora você faz."

Processo: fluxo de valor para cada cliente

Princípio 2. Entender profundamente as necessidades do cliente

Joe e seus sócios trabalharam para diversas empresas de táxi no passado. Como já passaram inúmeras horas com vários clientes, transportando-os para outras empresas, eles partiam de um entendimento profundo sobre as necessidades dos clientes e o que a excelência em serviços significava para eles:

1. Segurança em primeiro lugar: uma corrida segura é sempre o mais importante.
2. Na hora, todas as vezes: os clientes querem ser buscados e chegar ao destino pontualmente.
3. Carros limpos e motoristas simpáticos: uma experiência de prazer dentro do veículo.
4. Preço razoável.

Com esse entendimento, a NTL poderia começar a formar algumas hipóteses sobre realizar essa imagem de excelência em serviços. Por exemplo:

1. Os taxistas não atenderiam o telefone ou enviaram mensagens enquanto um cliente estivesse no automóvel. Nunca.
2. Os taxistas usariam o aplicativo para atualizar seu *status* em tempo real para os clientes e a central com relação a horários de busca e de chegada.
3. Os motoristas vestiriam ternos e prenderiam a camisa dentro da calça.
4. Os veículos seriam lavados, por dentro e por fora, regularmente.

Além de um bom entendimento das necessidades dos clientes e da oportunidade de receber seu *feedback* regularmente, em todas as corridas, sem exceção, Joe e sua equipe também usaram sua experiência no volante para refletir como manter todas as corridas "fluindo" e tentar nivelar sua carga de trabalho.

Princípio 3. Buscar o fluxo unitário de peças

Pense bem. Pode não parecer óbvio à primeira vista, mas os taxistas têm um entendimento inato do trânsito! Eles estão na estrada todos os dias, então tanto o trânsito quanto suas barreiras (que os sócios decidiram chamar de "bloqueios") são uma parte enorme da experiência cotidiana do taxista. Tudo que pára ou desacelera a corrida depois que ela começou é um bloqueio e uma barreira no trânsito. Os taxistas sabem como ele é importante: nem eles nem os clientes querem parar de se mexer depois que o carro arranca! Assim, encontrar modos de manter a corrida avançando, do momento em que os clientes são buscados ao instante em que saem do carro, é de suma importância para a excelência em serviços no mundo dos táxis.

Em geral, eles também sabem que a manhã de segunda-feira e a noite de quinta são os momentos mais movimentados para levar e buscar passageiros no aeroporto, pois é quando a maior parte das pessoas que viajam a trabalho estão indo para o aeroporto ou voltando para casa. Esforçar-se para chegar no horário todas as vezes significaria prestar muita atenção nos padrões das corridas e determinar o número certo de motoristas durante esses horários. Para tanto, os parceiros decidiram controlar os destinos e tempos das corridas de cada dia usando um quadro de gestão visual para identificar padrões e tendências. Eles criaram uma planilha para registrar o tempo de "meta" e o "real" das corridas: que horas deveriam buscar o cliente, quando o buscaram de fato e, se não o buscaram no horário, por quê? Dessa forma, Joe, Ken e Todd começariam a identificar os bloqueios e as barreiras no trânsito. Depois de identificá-los, eles poderiam começar a usar o PDCA para descobrir as causas e identificar possíveis contramedidas, que seriam usadas em experimentos diariamente.

Princípio 4. Buscar padrões de trabalho nivelados

Após um mês acompanhando de perto o que acontecia todos os dias, Joe e seus sócios perceberam que precisavam montar dois sistemas separados com motoristas independentes: um para as corridas locais, outro para corridas de e para o aeroporto. A maioria das corridas para o aeroporto eram agendadas de antemão por clientes fixos, ou seja, pessoas que viajam a negócios e têm horários previsíveis; as corridas locais, por outro lado, tendem a vir de clientes que "erguem o braço" e querem ser buscados na hora: eles estão indo no supermercado ou para a casa de um amigo e querem sair naquele exato momento. Demoraria muito fazer com que os taxistas no aeroporto fossem até os destinos suburbanos locais dentro do horário, e o processo seria difícil e estressante para os motoristas.

Separar os taxistas "do aeroporto" dos taxistas "locais" melhorou significativamente o "fluxo de tráfego", além de reduzir o estresse dos motoristas, pois precisavam correr do aeroporto até a cidade para fazer uma corrida. Joe e a NTL aprenderam que seria possível dar um passo positivo em direção aos padrões de trabalho nivelados, mesmo em um ramo em que a demanda dos clientes é irregular. O fluxo de trabalho ficou muito mais nivelado para os motoristas. A satisfação dos clientes também melhorou. "Ter um conjunto totalmente separado de motoristas e processos não era o que imaginávamos quando começamos, mas o enunciado do desafio de 'todas as corridas. Na hora. Todas as vezes. Trabalhando juntos' nos ajudou muito a pensar em um jeito diferente de como resolver o problema", Joe conta. "Para nós, assim fica muito mais fácil aceitar todas as corridas, e os clientes são buscados na hora em que querem ser buscados."

Princípio 5. Responder à "puxada" do cliente

Assim como entendem muito bem o fluxo unitário de peças, os taxistas também possuem um entendimento inato da puxada do cliente. Na verdade, os clientes "puxam" os serviços 24 horas por dia. "É importante que os nossos clientes consigam nos achar sempre que querem e como bem entenderem", Joe me disse quando começamos a trabalhar juntos. Para tanto, os clientes da NTL podem chamar corridas do aeroporto ou de locais com agendamento prévio no aplicativo (que é o que a maioria das pessoas que viajam a negócios fazem), usando a função de agendamento online no site da NTL (mais usada por clientes que agendam corridas até o aeroporto quando saem de férias), ligando para a NTL por telefone (clientes que querem corridas locais costumam ligar) ou enviando um e-mail diretamente para a empresa (clientes que têm perguntas sobre o horário da corrida ou que têm pedidos especiais). "Garantir que os clientes podem nos encontrar a qualquer hora, usando o método que preferirem, é uma das partes mais importantes da excelência em serviços", Joe explica. "Se não conseguem nos encontrar imediatamente, eles simplesmente ligam para outra empresa e nós perdemos a corrida. Isso é ruim para os nossos clientes, pois não temos a oportunidade de deixá-los maravilhados com o nosso serviço, e é ruim para os negócios também."

Princípio 6. Estabilizar e adaptar continuamente os padrões de trabalho

"Acho que estamos tendo um problema", Ken disse durante a nossa reunião semanal. "Alguns clientes dizem que estão frustrados, pois não andam recebendo as mensagens de texto quando aterrissam, então não sabem se o motorista está no aeroporto disponível para levá-los."

"Também ouvi isso", Joe disse.

"Eu tive essa experiência", completei.

"Você acha que todos estão seguindo o mesmo processo para usar o aplicativo e buscar os clientes no aeroporto?", Joe perguntou. Dez minutos depois, após perguntarem a todos os taxistas parceiros sobre seus processos, ficou evidente que cada um trabalhava à sua maneira. "Precisamos de um modo padrão de usar o aplicativo quando buscamos os clientes para que eles recebam as informações de que precisam", Joe disse. Assim, trabalhando em equipe, os três criaram uma primeira versão do padrão para ser testada (ver Figura 10.4).

"Isso faz total sentido para nós, mas como garantir que todos os nossos motoristas estão cientes do padrão e vão usá-lo?", Todd perguntou. Após alguns minutos de conversa, os sócios decidiram que tentariam a solução mais simples primeiro, experimentando em si mesmos. Eles fariam fotocópias da folha de papel e as levariam consigo no carro. Assim, eles não teriam nada eletrônico que precisariam consultar no telefone e poderiam anotar diretamente na página se algo não estivesse funcionando bem ou se tivessem outra ideia.

"E como está escrito a lápis, em uma folha de papel, é bem fácil mudar quando encontramos um jeito melhor", Ken disse.

"Experimentem esta semana e vejam o que acontece", sugeri. "Na reunião da semana que vem, a gente conversa sobre o que aconteceu."

"E podemos analisar o diário de problemas das corridas do aeroporto e ver se algum cliente não recebeu a mensagem de texto na hora certa", Joe disse. "É uma ótima oportunidade para aprendermos."

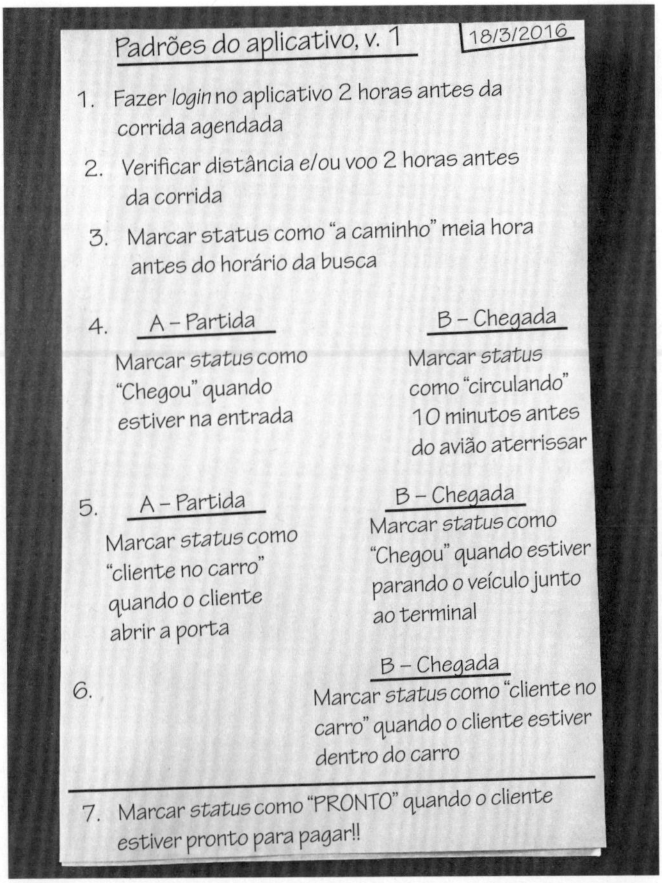

FIGURA 10.4 Aplicativo da NTL usado em corridas de e para o aeroporto, versão 1, trabalho padronizado.

Princípio 7. Gerenciar visualmente para ver a realidade em comparação com o padrão

Quando falamos da gestão visual, Joe é só elogios ao contar como isso ajudou a National Taxi Limo. Como os taxistas passam muito tempo dirigindo, às vezes é difícil arranjar tempo para fazer uma pausa e "enxergar" o quadro geral. Assim como as corridas, o negócio nunca pára de chegar, 24 horas por dia, a 100 km/h! Entretanto, assim como em muitos outros setores de serviços, se eles não veem o que está acontecendo de fato, tudo pode acabar parecendo aleatório, e se isso acontecer, como administrá-lo para que os clientes recebam os serviços de que precisam? Como fazer com que o negócio atinja suas metas?

Os sistemas de gestão visual da NTL ajudam Joe, Todd e Ken a enxergar o que está acontecendo no cotidiano para que possam interpretar e visualizar os problemas em tempo real durante o dia. Joe atualiza as corridas, os motoristas, os tempos de busca e as receitas no quadro branco no escritório ao longo do dia. O uso de cores deixa claro qual é a fonte da corrida: verde é um cliente direto da NTL e azul é uma corrida repassada para a NTL por outra empresa (ver Figura 10.5).

Como a NTL está trabalhando em expandir sua base de clientes, é importante que os parceiros consigam enxergar o quanto estão se aproximando da meta de corridas "geradas pela NLT" diariamente. Se uma corrida é abandonada ou cancelada, ela é marcada em vermelho. Ao lado de cada corrida cancelada ou abandonada, escreve-se um código. Durante as três reuniões diárias, Joe e a equipe revisam rapidamente as corridas abandonadas ou canceladas e garantem que terão contramedidas para impedir que o problema se repita. A equipe está experimentando o uso de três reuniões diárias (lembre-se que a NTL é uma operação 24h), e usa um visto verde ou o X em vermelho ao lado de cada uma, registrando se a reunião aconteceu e se o padrão foi seguido.

"Conseguir enxergar se estamos nos reunindo mesmo nos ajudou muito a melhorar nisso", Joe afirma. "O que descobrimos é que, se não nos reunimos, as corridas não são atendidas ou os passageiros não são buscados na hora, então as reuniões são uma parte *muito* importante do nosso processo. Conseguir ver em quais estamos comparecendo nos ajudou a mudar o que fazemos. Como eu disse antes, 'agora você vê, agora você faz!'"

Além de usar a gestão visual para entender e gerenciar diariamente, Joe, Todd e Ken também a usam na sua reunião dos sócios no final da semana, para verificar se estão avançando nos seus objetivos do mapa (ver Figura 10.6). Todas as sema-

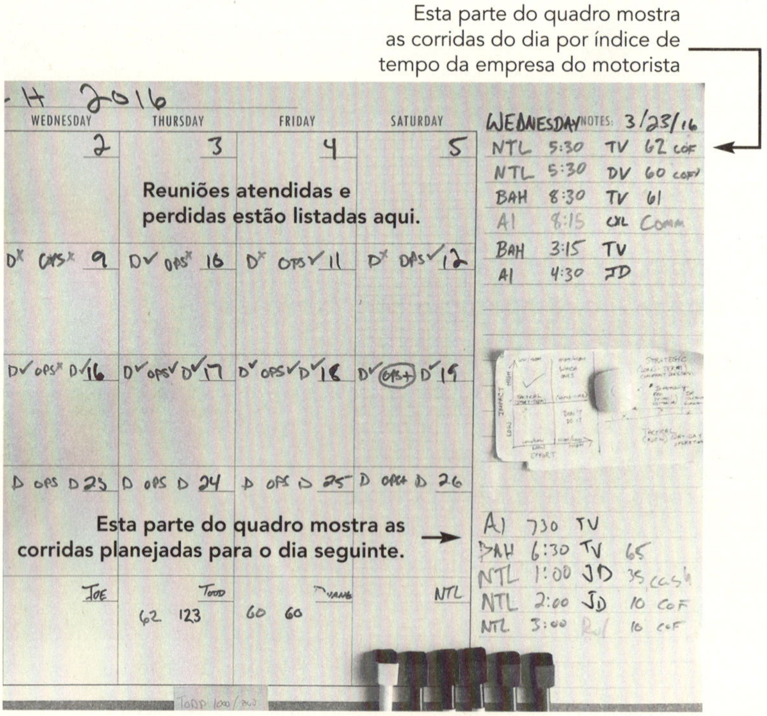

FIGURA 10.5 Quadro de gestão visual diária da NTL.

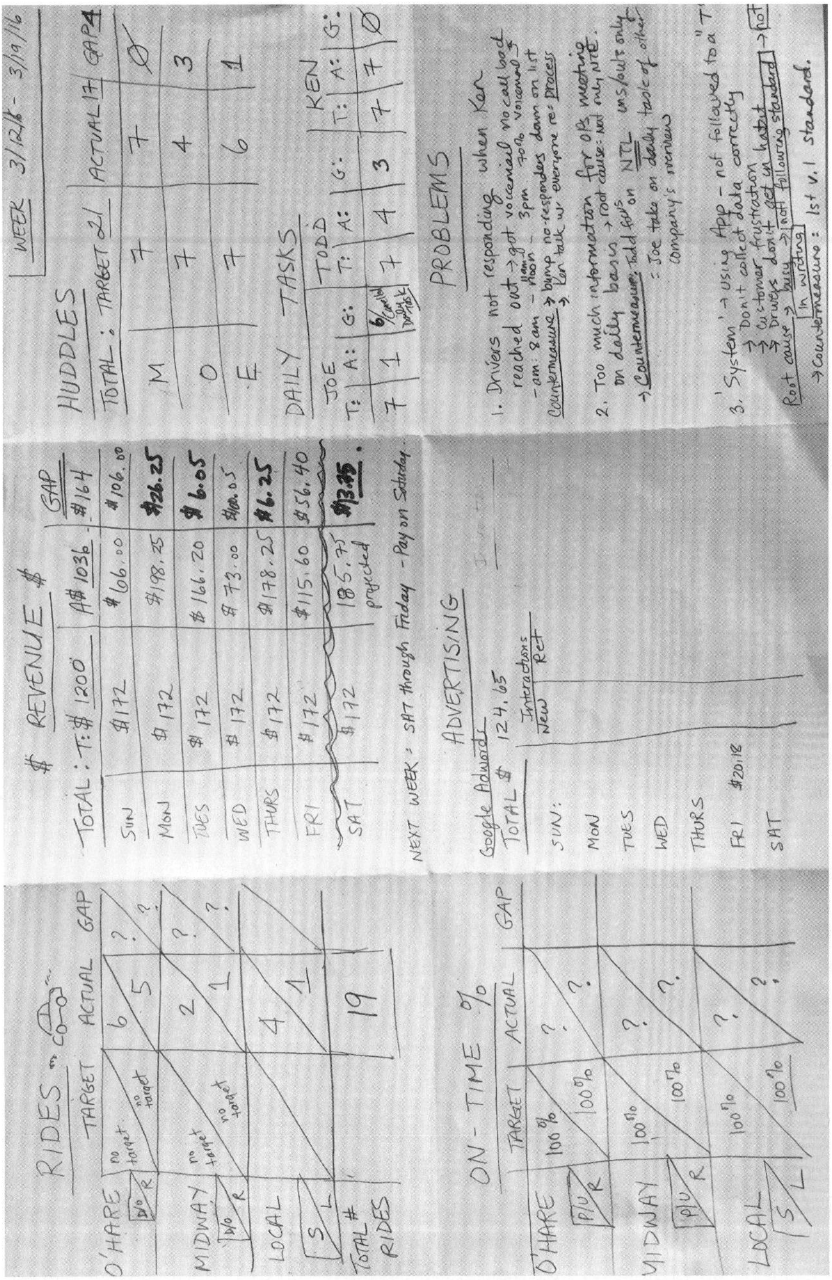

FIGURA 10.6 Documento de resumo semanal da NTL.

nas, definem-se metas para números de corridas, receita, reuniões diárias e publicidade para a próxima semana. No seu conjunto, essas metas apontam para os objetivos de mais longo prazo do mapa da NTL. Durante a reunião, os parceiros revisam se atingiram cada meta, repassando os problemas que ocorreram durante a semana. Eles analisam a eficácia das contramedidas que foram adotadas e, se as metas não foram atingidas, criam contramedidas para a próxima semana. Todos veem facilmente onde a NTL está em comparação com onde ela gostaria de estar. "É barbada", Joe disse. "E muda com o tempo. Você não precisa de um sistema complexo, só precisa ver onde está e onde gostaria de estar. Depois você descobre como chegar lá".

Princípio 8. Integrar a qualidade em todos os passos

Algumas semanas atrás, durante a reunião semanal dos sócios, Joe disse: "acho que precisamos falar de *jidoka*".

"*Jidoka*?", Todd perguntou com um olhar confuso. "O que é *jidoka*?"

Você pode não imaginar que taxistas usariam termos como *jidoka*, mas, como Joe explica, "a ideia de *jidoka* é bem simples, Todd. Devemos ter um jeito de todos os nossos motoristas reconhecerem um problema imediatamente e o contarem para nós, para que possamos descobrir o que deu errado e como resolver a situação antes que aconteça de novo. Se não fizermos isso, o fluxo vai parar."

"Não sei", Todd disse. "Acho que, se a gente parar de dirigir para informar um problema, isso é que vai interromper o fluxo. Nós não somos uma indústria. Não dá para 'interromper a linha' no meio da estrada!"

"Os dois estão certos", eu disse, e expliquei para eles que, quando um problema é detectado em uma linha da Toyota, o membro de equipe puxa a corda *andon*, mas a linha inteira não pára imediatamente. O que acontece é que o líder de equipe corre para ver qual é o problema e se esforça para entender a causa e contê-la imediatamente para que a linha de produção não precise parar.

"Você acha que daria para fazer algo assim enquanto está com um passageiro, sem afetar a segurança?", perguntei. Depois de pensarem um pouco, Todd, Ken e Joe criaram um plano. "Como a busca na hora certa é o mais importante para os nossos clientes, primeiro vamos descobrir o que está nos impedindo de buscá-los na hora", Ken sugeriu.

"Boa ideia", Joe disse. "Se os motoristas estão usando o aplicativo corretamente, assim que apanham um cliente, quem está despachando deve ver o tempo no sistema. Se o despachante estiver monitorando as corridas como deveria, ele vai ver imediatamente se há um problema ou não. Depois, quem estiver despachando pode contatar o motorista e perguntar por que a busca atrasou, mas só depois que a corrida terminar. Assim, ninguém precisa parar o carro ou usar o telefone para mandar mensagens ou fazer uma ligação dentro do carro. Assim, podemos conversar sobre o que aconteceu durante a próxima reunião do dia e garantir que o problema seja resolvido".

"Que tal criarmos um diário de problemas para registrar as corridas atrasadas?", Ken perguntou. "Poderíamos coletar todos os dados sobre corridas atrasadas e seus motivos durante a semana. Poderíamos também revisar os dados na reunião semanal dos sócios e decidir o que fazer na semana seguinte para tentar prevenir esses problemas."

"E vamos saber no que precisamos fazer no nosso trabalho padronizado também", Joe disse. "Quando vemos os problemas, conseguimos consertá-los e aprendemos a não deixar eles nunca acontecerem de novo."

Como Joe, Ken e Todd descobriram, se a experiência do cliente é sua maior prioridade, sempre é possível descobrir maneiras de integrar a qualidade em todos os passos com um pouco de criatividade.

Princípio 9. Usar a tecnologia para capacitar pessoas

"Desde que o Uber apareceu, todo mundo espera que uma empresa de táxi tenha um aplicativo", Joe disse. "O problema é que muitos dos nossos taxistas parceiros não estão à vontade com toda essa tecnologia, pois nunca a usaram antes. Nossos clientes querem, no entanto, e ela é ótima para controlar todas as nossas corridas regulares, então é super importante que todos se acostumem e usem o app regularmente."

Como muitas outras empresas hoje em dia, a NTL está descobrindo que considerar os efeitos de todas as escolhas tecnológicas, tanto para os clientes quanto para quem trabalha no negócio, é de suma importância. Para garantir que a tecnologia da NTL capacite clientes e motoristas, Joe e a sua equipe têm um processo para testar cada tecnologia específica com um grupo especial de clientes e taxistas parceiros. Todas as informações no *website* estão disponíveis em uma única página, e os clientes não precisam ficar clicando e trocando de tela para agendar uma corrida. Após receberem *feedback* de vários clientes que usam o site, eles alteraram o modo como as telas de agendamento funcionavam.

Além disso, qualquer mudança à interface do cliente no aplicativo é testada com um grupo especial de clientes, enquanto mudanças na interface do motorista são testadas com um grupo especial de taxistas parceiros. Se a funcionalidade do aplicativo não apoia o enunciado do desafio da NTL de "trabalhar juntos", eles voltam à estaca zero. "Nós controlamos o que a tecnologia faz pelos nossos clientes e pela nossa empresa", Joe diz. "A tecnologia trabalha para nós, não vice-versa."

Pessoas: desafiar, engajar e crescer

Princípio 10. Organizar para equilibrar o conhecimento profundo e o foco no cliente

Quando comecei a trabalhar com a NTL, as funções e responsabilidades dos sócios eram vagas na melhor das hipóteses. Todos faziam de tudo, e parecia que daria certo até a NTL começar a despachar táxis. Quando isso começou, Joe percebeu que ele,

Todd e Ken precisariam fazer uma melhor distribuição das responsabilidades na empresa. Como já observamos, a empresa de táxi funciona 24 horas por dia e, para garantir que nenhuma corrida seria perdida porque o responsável por atender o telefone caíra no sono, os sócios precisavam criar uma agenda diária de quem seria responsável pelo recebimento e quem seria responsável por despachar veículos.

Eles também perceberam que seria preciso assumir a responsabilidade primária por uma área do negócio, a fim de que algumas tarefas, como contabilidade e marketing, fossem completadas sem atrasos. Joe foi escolhido como o VP de operações, Todd virou o tesoureiro e VP de finanças e Ken se tornou presidente. Ken, que tem o maior acesso a possíveis taxistas parceiros e mais experiência no mundo dos táxis, é responsável por trabalhar com os taxistas parceiros para que tenham uma cobertura tanto local quanto de aeroportos de maneira correta; Todd, com experiência em negócios, é responsável por manter as finanças da empresa em ordem, o que inclui garantir que a NTL esteja atingindo seus objetivos de corridas diárias para que todos os taxistas parceiros e o negócio em si tenham boa saúde financeira. Joe, que gosta de análise de dados e *web design*, cuida do aplicativo, do site, da publicidade e de encontrar novas maneiras de expandir a base de clientes, e também muitas vezes despacha veículos.

As três reuniões diárias saíram dessa divisão do trabalho. Para ter certeza de que os sócios estariam se comunicando e "trabalhando juntos", eles determinaram que teriam três conversas rápidas todos os dias, duas "reuniões de despacho" para garantir que os taxistas parceiros estivessem organizados e que buscassem todos os clientes na hora certa, além de uma "reunião de operações" no meio do dia com os três sócios para verificar se as receitas e os outros objetivos estão sendo atingidos todos os dias.

Cada sócio também é responsável por completar um conjunto padrão de tarefas diárias, além de atualizar a planilha de gestão visual nas reuniões semanais dos sócios. Por ora, tudo isso está funcionando para equilibrar as necessidades dos clientes e garantir que cada sócio está trabalhando em uma área que combina com os seus pontos fortes. "Depois que decidimos dividir a organização assim, ficou bem mais fácil garantir 'todas as corridas, na hora' e certificar que estamos 'trabalhando juntos'", Joe explica.

Princípio 11. Desenvolver uma cultura deliberada

"A cultura do táxi não é sempre a mais agradável", Joe me disse quando comecei a trabalhar com a NTL. "Às vezes tem gritaria e comunicação ruim, e as pessoas não confiam umas nas outras porque acham que os outros motoristas vão roubar suas corridas. Não é essa a cultura que queremos na NTL. Porém, não tenho certeza de como garantir que isso não vai acontecer conosco. Quero que a gente consiga criar um tipo diferente de cultura, em que as pessoas se importem umas com as outras e trabalhem juntas para cuidar do cliente, mas não tenho certeza de como fazer isso."

"Não vai ser fácil", respondi. "Você está trabalhando com pessoas acostumadas à velha cultura do táxi. Contudo, é possível. Lembre-se do seu enunciado do desafio: 'todas as corridas. Na hora. Todas as vezes. Trabalhando juntos'. Vai ser preciso ter certeza de que todas as decisões que você tomar e todas as interações que você tiver apoiam esse enunciado. Será preciso garantir que Todd e Ken entendam isso também. Quando os problemas aparecerem, (e eles vão aparecer o tempo todo), você precisará criar uma cultura de 'trabalhar juntos', e isso significa trabalharem juntos de verdade para resolvê-los". Joe sorriu e concordou, mas eu não tinha certeza se ele estava entendendo de verdade.

Por sorte, um ou dois dias depois, tivemos a oportunidade de transformar a teoria em prática deliberada quando Joe me enviou uma mensagem de texto sobre uma situação que acontecera no dia anterior. Um cliente reclamara para um dos fornecedores da NTL sobre um dos taxistas da empresa. O cliente não gostara do modo como o taxista parceiro dirigira, e o fornecedor estava ameaçando parar de mandar suas corridas em excesso para a NTL.

"Não sei bem como lidar com isso", Joe me disse quando liguei para ele. "Não estou acostumado a esse tipo de conversa. No passado, eu teria simplesmente ignorado o problema, ou gritado. Mas isso nunca ajudou ninguém e, com certeza, não é o tipo de cultura que queremos". Pela próxima meia hora, Joe e eu conversamos sobre diferentes estratégias que ele poderia aplicar para lidar com o taxista parceiro e o fornecedor de modo a conseguirem trabalhar juntos. Depois que Joe decidiu qual abordagem utilizar, conversando primeiro com o taxista parceiro e depois com o fornecedor, nós dois ensaiamos a conversa até Joe ficar à vontade e ter certeza do que iria dizer. Joe, então, decidiu que seria melhor deixar as duas conversas para o dia seguinte, quando todos teriam mais energia e, depois de algum tempo ter se passado, o tempo ajudaria a dissipar a raiva inicial.

Imagine a minha felicidade quando Joe me ligou na noite seguinte. "Foi ótimo", ele contou. "O taxista parceiro ficou muito feliz que ninguém gritou com ele e aceitou muito bem as sugestões de como melhorar. Ele quer muito continuar trabalhando conosco e quer ter certeza de que os clientes estão contentes. Foi uma experiência excelente. Nosso fornecedor ficou ainda mais feliz. Ele sentiu que a gente se importa com ele e com os seus clientes. Em vez de não enviar as corridas em excesso, ele decidiu mandar mais corridas do que antes! Era o que eu sonhava quando fundamos a NTL: todos trabalhando juntos para satisfazer os nossos clientes!"

Desde então, Joe e sua equipe tiveram muitas outras oportunidades de criar a sua cultura deliberadamente, pois os problemas são um fato constante. Para cada problema que precisam resolver e cada decisão que precisam tomar, se não sabem o que fazer, eles refletem se isso vai ou não aproximá-los do objetivo de "Todas as corridas. Na hora. Todas as vezes. Trabalhando juntos".

Princípio 12. Integrar parceiros externos

Assim como todas as outras decisões que a NTL toma, escolher trabalhar com um parceiro externo é considerado do ponto de vista do propósito da NTL. Fiquei muito orgulhosa quando Joe, Ken e Todd cortaram seus laços com uma revendedora de autopeças porque o fornecedor não correspondia aos seus valores.

Algumas semanas antes, Joe ligara para o meu celular. "Estou muito animado. Estamos prestes a comprar um carro para a NTL. Todd e eu pesquisamos bastante e achamos que finalmente encontramos um carro que nossos clientes vão gostar e que cabe no nosso orçamento. Depois que comprarmos, eu mando uma foto."

Como não recebi foto nenhuma, no dia seguinte liguei para Joe. "Só queria dar parabéns pelo carro novo!"

"Ah, a gente decidiu não comprar", Joe respondeu. "Quanto mais ficávamos na concessionária, mais percebíamos que o pessoal lá simplesmente não tem os mesmos valores que a NTL. Parecia bom no começo, mas depois percebemos que eles não entendiam o que queríamos dizer por 'trabalhando juntos'. Eles também não pareciam interessados em resolver problemas. Como planejamos comprar muitos carros à medida que o negócio crescer, queremos ter certeza de que estamos trabalhando com uma concessionária que tem os mesmos valores que nós. Se a concessionária não tiver os nossos valores, como vamos superar nosso desafio de 'Todas as corridas. Na hora. Todas as vezes. Trabalhando juntos'? Além disso, se precisarmos de um carro novo e a concessionária não conseguir um a tempo? Ou se a qualidade não for boa, o carro estragar e a gente perder corridas? Problemas sempre acontecem, e se as pessoas na concessionária não queriam trabalhar na solução de problemas durante a primeira transação, o que aconteceria mais tarde? Se queremos ter certeza de que vamos satisfazer nossos clientes, precisamos garantir que todas as pessoas com as quais trabalhamos entendam e compartilhem dos nossos valores e da nossa filosofia... Ou que estejam dispostas a aprender!"

Princípios 13 e 14. Desenvolver habilidades e mentalidade fundamentais e desenvolver líderes como coaches *de equipes em desenvolvimento contínuo*

"Perdemos algumas corridas esta semana, e acho que descobri o porquê", Joe disse no início de uma das nossas reuniões semanais. "Acho que algumas coisas diferentes estão acontecendo. A primeira é que não temos um plano fixo de quem vai contatar os taxistas parceiros para agendar as corridas. Às vezes é o Ken, às vezes sou eu, mas às vezes um acha que é o outro que vai fazer e no fim nenhum dos dois faz nada."

"Acho que tenho um plano para testar isso esta semana", Joe continuou. "Ken e eu vamos dividir a lista de motoristas ao meio, e cada um de nós vai chamar os taxistas parceiros na nossa lista logo no começo da manhã. Depois, quando nos reunirmos para a reunião de despacho da manhã, vamos saber que todos os taxistas parceiros receberam uma ligação. O outro problema é que Todd nunca despachou antes, então ele está recém aprendendo. Ele está indo bem, mas acho que precisa de um pouco mais de treinamento para ganhar confiança. Já marquei um tempo para ele se reunir com o Ken, que é o grande guru do despacho."

"As duas ideias parecem ótimas", respondi. "Você, Todd e Ken têm todos habilidades diferentes e níveis diferentes de experiência dirigindo e despachando táxis. Vai demorar um pouco para entenderem e ajudarem um ao outro a desenvolver habilidades nas áreas em que precisam aprender mais. Depois, à medida que recrutarem mais taxistas parceiros, todos vocês vão ajudá-los a se desenvolverem também."

"Interessante", Joe disse, concordando. "Nunca percebi quanto administrar uma empresa era uma questão de ensinar e desenvolver pessoas. Todos nós somos bons em algumas coisas e não tão bons em outras e estamos ajudando uns aos outros a aprender e a crescer. É isso que está ajudando nosso negócio a se desenvolver e a resolver os problemas que aparecem."

Para que a NTL cresça e se desenvolva, Joe descobriu que, enquanto líder, sua função é desenvolver e fazer *coaching* com seus sócios, além de ser desenvolvido e receber *coaching* deles.

Princípio 15. Equilibrar recompensas extrínsecas e intrínsecas

"Nunca fui tão feliz na minha vida", Joe me disse outro dia. "E não tem nada a ver com dinheiro, porque já ganhei mais dinheiro simplesmente dirigindo meu táxi. Estou trabalhando mais do que jamais trabalhei. Antigamente, eu mal podia esperar a hora de não ter nada para fazer, mas agora, sempre que tenho um minuto de sobra, eu uso para fazer algo pela NTL. Não é o que eu esperava."

"Interessante", respondi. "Por que você acha que isso está acontecendo?"

"Bem", Joe disse. "Acho que é porque, antes, eu estava ganhando dinheiro e cuidando de mim mesmo, mas agora sou responsável por várias outras coisas: pelo ganha-pão dos nossos taxistas parceiros, para eles cuidarem das suas famílias; pelos nossos clientes, garantindo que estão recebendo a experiência de serviço que merecem; e por Todd e Ken, meus sócios, para garantir que estão recebendo o que precisam. Não é fácil transformar a nossa visão de 'todas as corridas. Na hora. Todas as vezes. Trabalhando juntos' em realidade, mas compensa mais do que jamais teria esperado."

Solução de problemas: aprendizagem organizacional contínua

Princípio 16. Desenvolver continuamente o pensamento científico

"Repete o que cada letra significa, por favor?", Joe pediu.

"P é ' Planejar,' D é ' Executar' e C é ' Verificar', e A é 'Agir'", respondi.

"E é um círculo, né?", Joe continuou. "Ele nunca pára e nunca termina."

"Sim", respondi. "Nunca termina. É assim que resolvemos todos os problemas e temos certeza de atingir nossos objetivos. Quando temos um objetivo desafiador, não sabemos como vamos alcançá-lo. Mas tudo bem. Precisamos aprender como alcançá-lo e ir descobrindo o que fazer."

"E para isso, a gente roda a roda do PDCA várias e várias vezes! Eu entendo, faz todo o sentido", Joe disse, revisando o Post-it que eu lhe dera. "Vou guardar isso, colocar onde eu enxergue todos os dias."

Joe e eu estamos trabalhando juntos há seis meses. Durante todo esse tempo, Joe aprendeu a usar o PDCA para resolver vários problemas. Com isso, a NTL está avançando a todo vapor em busca dos seus objetivos: completar o aplicativo e colocá-lo nas mãos dos clientes e motoristas, encontrar novos clientes, descobrir como nivelar corridas locais e para o aeroporto; tudo isso é apenas o começo. Para garantir que Joe esteja aprendendo e progredindo, nós temos reuniões de *coaching* semanais, e entre elas, Joe sempre pode me ligar quando precisa! Durante as nossas reuniões semanais, eu faço perguntas e escuto enquanto ele tenta refletir e raciocinar a resposta. Quando surge a necessidade, com base no desafio sendo trabalhado, eu ensino uma ferramenta ou um conceito. Durante a reunião, revisamos o progresso em comparação com os objetivos e trabalhamos os bloqueios. Depois, definimos o desafio da próxima semana. As reuniões diárias de Joe com seus sócios são uma oportunidade de "rodar a roda" rapidamente para enfrentar os problemas que surgiram naquele dia.

Ao girar a roda do PDCA diariamente, Joe está aprendendo na prática, comigo de *coach*, e também está aprendendo quando faz *coaching* com os outros. Ele explicou e ensinou o PDCA para os sócios e para os taxistas parceiros, guiando-os na solução dos seus respectivos problemas. Nossa abordagem não segue exatamente as rotinas de prática do *kata* de melhoria e do *kata* de coaching, mas usamos um padrão de melhoria semelhante que está funcionando.

Princípio 17. Alinhar planos e objetivos de melhoria de acordo com a aprendizagem organizacional

Todas as melhorias que os sócios da NTL tentam criar é priorizada com relação ao mapa original e criada para ver aonde eles estão indo. À medida que avançam pelo mapa (ou retrocedem, ou andam para os lados), eles descobrem como superar os obstáculos que os impedem de alcançar a próxima condição-meta.

Com todas as corridas diárias, eles estão resolvendo problemas para os clientes. Uma cliente pediu para agendar uma corrida de um aeroporto regional até um subúrbio. Quando Joe viu que o subúrbio ficava a mais de duas horas do aeroporto, ele ligou para a cliente para confirmar se ela tinha o aeroporto certo. A corrida seria excepcionalmente longa e cara. A cliente percebeu que poderia escolher um aeroporto diferente e ficou extremamente grata a Joe e à NTL por evitar um problema para ela. O que Joe e o pessoal da NTL entende é que resolver problemas para os clientes em todas as corridas, sem exceção, é simplesmente o seu negócio.

O que aprendemos com a NTL?

Sem dúvida nenhuma, Joe e o pessoal da NTL "buscam ativa e incessantemente seu propósito" com base nos valores que apoiam nosso modelo dos 4Ps da excelência em serviços.

Desafio

Joe, Ken e Todd são sócios em uma empresa recém-criada, e eles ainda não sabem como atingir seu objetivo de "todas as corridas. Na hora. Todas as vezes. Trabalhando juntos". A concorrência no setor de transporte pessoal é ferrenha, desde as empresas de táxi locais tradicionais até outros modelos, como Uber e Lyft. Para se diferenciarem e oferecerem uma excelência em serviços de forma consistente, sempre se mantendo competitivos e com preços baixos, Joe e seus sócios precisam se forçar a sempre pensar e agir de formas novas e diferentes.

Melhoria contínua

Os sócios da NTL aceitam e adoram a melhoria contínua. "Tudo muda, o tempo todo", Joe afirma. "Quanto mais novos clientes temos, mais eles querem coisas diferentes, e novos problemas não param de aparecer. Acabo de ler um artigo que diz que a Lyft e a Google vão ter serviços de carros sem motorista nos próximos anos. Temos que nos esforçar para acompanhar o que nossos clientes vão querer no futuro, e temos que começar a pensar nisso agora. Como Henry Ford disse, 'se tivéssemos perguntado para os clientes o que queriam, eles teriam dito cavalos mais rápidos'. Queremos trabalhar e ajudar nossos taxistas parceiros por muitos anos. Se não continuarmos a melhorar nosso serviço e nossas ofertas, nunca vamos conseguir acompanhar."

A melhoria contínua começa com cada um dos líderes. No passado, Joe tinha dificuldade para terminar o que começava. Esse problema sumiu. Hoje, ele veste um termo, lê livros e está totalmente engajado. Ele pensa em si mesmo como um empreendedor e mal pode esperar pela oportunidade de fundar e comandar mais negócios!

Aprendizagem no local de trabalho (gemba)

Joe, Ken e Todd têm experiência no mundo dos táxis, mas a NTL é recente. Apesar de poderem confiar em parte na sua experiência pregressa para criar a NTL, eles precisam aprender e descobrir, de corrida em corrida, o que os clientes querem e como resolver os problemas especiais que a NTL enfrenta na sua jornada para realizar seu propósito. A NTL não é a Uber, não é a Lyft e não é nenhuma das empresas de táxi nas quais Joe, Ken e Todd trabalharam no passado. Ela é a NTL, e o único jeito deles conseguirem se tornar a empresa que os clientes e os taxistas parceiros querem é experimentar no *gemba*, ou seja, no ambiente de trabalho, para descobrir o que funciona e o que não funciona.

Trabalho em equipe e responsabilidade

A cultura do táxi não costuma estar associada ao trabalho em equipe ou à responsabilidade. Muitas pessoas tornam-se taxistas porque gostam e querem independência, além de não quererem responder a mais ninguém. Antes de fundar a NTL, Joe fugia do que chamava de "conversas difíceis". Hoje, no entanto, ele tem essas conversas regularmente com empresas de *software*, taxistas parceiros e fornecedores. As necessidades dos clientes vêm em primeiro lugar, e ele precisa ser responsável pelo que acontece e garantir que os outros também são. A parte de "trabalhar juntos" do enunciado do desafio da NTL é a cola que une todas as suas partes. Se a solução para um problema de "todas as corridas, na hora" não envolve "trabalhar juntos", o pessoal da NTL não a adota.

Respeitar e desenvolver pessoas

Essa ideia está na visão da empresa de trabalhar em equipe na busca de 100% da satisfação dos clientes. Todas as vezes que os parceiros resolvem um problema para o cliente, um problema interno da equipe, ou aprendem a lidar com parceiros externos, eles estão recorrendo a essa visão. Coletivamente, essa aprendizagem os aproxima mais um pouco do ideal de respeitar e desenvolver todos dentro da empresa e os afetados por ela.

POR QUE LÍDERES LIMITADOS PRODUZEM RESULTADOS LIMITADOS

O mundo seria maravilhoso para os consultores se todos os nossos clientes tivessem a mesma mente aberta e vontade de aprender que Joe e seus sócios. Infelizmente, este não é o caso. Os líderes geralmente chegam onde estão porque são motivados, o que quase sempre significa que têm egos grandes e são um pouco teimosos. Eles sabem como tiveram sucesso e querem continuar nesse caminho. Como vimos, os hábitos podem ser substituídos por outros melhores, mas é preciso muito esforço para isso acontecer.

NL Serviços: PowerPoint em sala de aula não muda o comportamento da liderança

Era uma noite de segunda-feira. O dia na Serviço 4U fora longo, mas gratificante. Sam McQuinn estava no seu carro, dirigindo para encontrar Mike Gallagher, que assumira o cargo de vice-presidente executivo de Estratégia Corporativa *Lean* na NL Serviços depois que Sam foi contratado pela Serviço 4U. Mike enviara uma mensagem dizendo que chegaria alguns minutos atrasado, pois uma ligação de última hora da matriz atrapalhou sua agenda.

"Engraçado como tudo se acerta", Sam pensou consigo enquanto estacionava. "É exatamente onde eu estaria um ano e meio atrás". Quando entrou no restaurante (por coincidência, o mesmo onde ele e Sarah Stevens se reuniram antes dele ir trabalhar na Serviço 4U), Sam percebeu como aquelas segundas-feiras frenéticas na NL Serviços pareciam distantes. Mal podia esperar para ver Mike. Por algum tempo, eles mantiveram o contato depois da troca de emprego, mas isso não durou. Sam se surpreendeu um pouco quando Mike o ligou do nada e pediu para marcarem um jantar, embora fosse forçado a admitir para si mesmo que estava muito interessado em saber como andava a situação na NL Serviços.

"Perdão pelo atraso", Mike disse, estendendo a mão para Sam.

"Não esquenta, Mike", Sam respondeu, e deu uma risada. "Eu sei que faz tempo, mas acho que não apaguei totalmente da memória aquelas segundas-feiras malucas na NL Serviços."

"É", Mike balançou a cabeça e quase despencou na sua cadeira. "Acho que a coisa não mudou muito desde que você foi embora. Ainda brigo com a matriz toda segunda-feira por causa dos números, e passo mais tempo no telefone implorando aos gerentes regionais do que eu gostaria. Eu fico exausto! E como não temos nenhum projeto *lean* há seis meses, a coisa andou para trás. Não, ela correu para trás."

"Que pena", Sam disse. "Eu não sabia que a NL Serviços tinha abandonado o *lean*. A minha última notícia foi que o trabalho com aquela consultoria, a Lean Mechanics, estava nos eixos. É uma empresa grande, bem tradicional. Estou surpreso que vocês não estão mais trabalhando com eles."

"É", Mike disse. "Eu também estou meio surpreso. Tudo parecia estar indo tão bem com eles. Ficamos muito impressionados com a proposta de vendas, incluindo todos os exemplos de empresas iguais à nossa que trabalharam com eles e que elogiavam os grandes sucessos do Programa de Implementação Padrão. No papel, tudo parecia tão fácil. Os especialistas *lean* seniores deles chegavam e ministravam os dois dias de aula sobre ferramentas *lean* na matriz para os executivos e gerentes seniores. Depois, cada gerente sênior recebia a ajuda de um especialista da Lean Mechanics para implementar o programa na sua área. A Lean Mechanics nos deu tudo que disseram que íamos precisar, e tinham umas apresentações de PowerPoint ótimas sobre todas as ferramentas: 5S, mapeamento do fluxo de valor, trabalho padronizado e solução de problemas. Nós compramos a licença de todo o material de treinamento, assim, depois que nosso pessoal fizesse as aulas, poderiam ficar com o material de referência para se orientarem quando seu especialista *lean* não estivesse por perto para ajudar."

Sam via que Mike estava ficando cada vez mais constrangido com a história. "Bem", ele disse. "Parece que eles eram muito organizados e tinham tudo preparado. A Lean Mechanics estava com o plano prontinho. O que aconteceu?"

"É como diz o ditado, 'o homem planeja, Deus ri'", Mike disse, balançando a cabeça mais uma vez. "Como eu disse, no papel, o plano era ótimo. O problema é que, depois que todos os gerentes seniores terminaram as aulas de treinamento e voltaram para suas áreas, eles não seguiram o plano e lideraram a implementação como queriam. Depois que voltaram, eles disseram que o material no PowerPoint não se aplicava ao que sua unidade de negócios fazia, além de não terem tempo para preparar seu trabalho padronizado de líder". Mike parou um instante para tomar o vinho que pedira e Sam pensou consigo mesmo: "tão diferente do nosso trabalho com a Leslie. Parece que a Lean Mechanics não se importava com nenhum dos problemas que cada uma das áreas poderia ter. É tudo pré-formatado. Como é que eles acham que tudo vai se encaixar perfeitamente em todas as áreas da NL Serviços? Ou de qualquer empresa? Elas são tão diferentes, e os problemas que têm são diferentes também."

Quando Sam estava prestes a pedir para Mike contar mais, o ex-colega continuou. "E para piorar, os gerentes seniores não queriam prestar atenção nos especialistas da Lean Mechanics escolhidos para serem seus *coaches* depois que o programa de treinamento acabou. Os gerentes seniores reclamavam que os especialistas em *lean* não sabiam nada do negócio da NL Serviços e que os quadros de reunião, os painéis de controle e as métricas que criaram para a equipe não faziam o menor sentido para o negócio. Os gerentes seniores rejeitavam tudo o que os especialistas diziam ou faziam. Eles faziam o que bem entendiam e parecia que nada mudava. E como eles não adotaram a implementação *lean*, ninguém mais adotou também."

Mike suspirou, recostou-se na cadeira e tomou mais um gole de vinho antes de continuar. "Finalmente, depois de meses discutindo com os gerentes seniores, de resultados péssimos na Pesquisa Anual de Engajamento e Experiência dos Funcionários e de chegar à conclusão de que os acionistas também não estavam vendo o resultado, decidimos não renovar o contrato com a Lean Mechanics. Todo aquele tempo e dinheiro investido foi uma lição caríssima para nós na NL Serviços."

Sam refletiu por um instante e perguntou: "e quais você acha que foram as lições?" Mike terminou sua taça de vinho e franziu a testa. "Quando começamos essa coisa toda de *lean*, tínhamos altas expectativas", ele respondeu. "Depois do trabalho que você e Leslie fizeram, os gerentes e líderes nas outras regiões pareciam dispostos a tentar. Achei que seria fácil fazer todos eles fazerem o que deveriam e implantar o plano da Lean Mechanics, mas acho que mudar essa gente toda não podia ser tão fácil. A maior lição foi descobrir que implantar um plano não é igual a passar manteiga no pão. No nosso caso, não existe um modelo perfeito para todo mundo. A abordagem precisa ser adaptada e ajustada para cultivar a competência em *lean*."

Por que é difícil mudar o comportamento e o pensamento da liderança

Karyn prefere esquecer quantas vezes já prestou consultoria em *lean* para empresas como a NL Serviços. Suas principais contribuições profissionais ocorreram quando fez com que os executivos em organizações de serviços deixassem de lado o estilo de comando e controle e começassem a liderar pelo desenvolvimento de pessoas. Com o passar dos anos, ela identificou alguns pontos em comum por trás da dificuldade de modificar o comportamento da liderança. Vamos fazer uma pausa e analisar a questão pelos olhos de líderes seniores de sucesso cuja carreira foi toda em culturas de comando e em controle. Vamos também considerar o que os deixou tão isolados e dificulta tanto qualquer mudança no seu estilo.

1. Falta de entendimento da área de trabalho que estão liderando

Muitos dos executivos e gerentes não possuem experiência de trabalho na área em que estão liderando. Por exemplo, um executivo com o qual Karyn trabalhou de perto (vamos chamá-lo de Bob) foi promovido a um cargo de altíssima liderança, com a função de supervisionar as operações em diversas regiões. No passado, Bob ocupara cargos de liderança em diferentes funções de apoio para a empresa, mas a promoção o colocaria no comando de um grupo funcional que trabalhava diretamente com os clientes mais importantes. Bob tinha apenas um entendimento teórico das necessidades do departamento e dos clientes, baseado nas suas experiências em outros departamentos. Pode parecer um desafio gigantesco, mas Bob não pensava assim. Nem ele nem seus superiores tinham a mínima expectativa de que o cargo dependesse de um entendimento profundo de como o trabalho era realizado. Sua função era garantir que a unidade produzisse os *resultados* que deveria, e fim de história. Desde que os resultados estivessem lá, ninguém acima de Bob perguntaria (ou se importaria) como eles foram produzidos, ou se ele entendia como era o trabalho que os produzia.

Karyn começou sua carreira trabalhando em um *call center* e, devido às suas experiências, sempre acreditou que, nas suas consultorias, seria fundamental entender os clientes e o trabalho que sua unidade realiza. Parecia óbvio demais, até. Contudo, não era nada óbvio para os líderes das empresas. Em uma organização na qual trabalhou, a ignorância do trabalho era considerada quase uma virtude: "liderança é liderança". Se as pessoas tinham o potencial e a ambição de se tornarem líderes, elas giravam entre áreas bem diferentes para terem exposição dentro da empresa, com a expectativa de aceitarem qualquer oportunidade em qualquer área, seja qual fosse seu nível de experiência ou entendimento sobre o trabalho de cada uma dessas áreas. Elas seriam consideradas responsáveis pelos resultados. "Não sei como o trabalho acontece", os executivos gostavam de dizer, "mas não importa, desde que nossos acionistas tenham os resultados de que precisam em todos os trimestres."

Essa atitude poderia ser aceitável em um ambiente de comando e controle, mas em uma organização *lean*, a responsabilidade principal do líder é desenvolver a capacidade das pessoas através do trabalho. Executivos sem experiência em realizar o trabalho têm dificuldades enormes para desenvolver as habilidades do seu pessoal na prática, pois eles próprios não sabem como a prática deve ser realizada. Como nos lembra nosso sensei, Dr. Deming: "a gerência deve liderar, não supervisionar. Os líderes precisam conhecer o trabalho que supervisionam, além de estarem capacitados e direcionados para comunicarem e atuarem nas condições que precisam ser corrigidas".

Karyn já foi contratada para assessorar muitos executivos como Bob. Você poderia se perguntar como ela conseguiria convencê-los minimamente a investir em entender o trabalho, quanto mais o cliente. Como ela os leva ao *gemba*, onde os representantes prestam os serviços que os clientes querem e de que precisam? Empatia é importante. Eles estão preocupados com o fato das pessoas que eles deveriam liderar enxergarem uma fraqueza na sua falta de conhecimento profundo. Eles podem ter medo de passar vergonha quando um funcionário da linha de frente obviamente souber mais do que eles. Afinal, se são os líderes (e isso vale em dobro para um executivo), eles não deveriam saber de tudo? Karyn viu muitos líderes com estilos de comando e controle, do topo à base, com medo de perderem "controle" se as pessoas que lideram verem que não sabem como o valor é criado para os clientes. Como veremos posteriormente, "convencer" não é uma questão de dizer alguma coisa, e sim de criar um espaço seguro no qual possam fazer experimentos e aprender por conta própria.

2. O pensamento de comando e controle é reforçado pelo isolamento do executivo em relação às massas

Com o passar dos anos, Karyn notou que muitos executivos e líderes seniores ficam fisicamente distantes das pessoas que trabalham para satisfazer os clientes e criar resultados na sua área. Seus escritórios ficam na matriz ou, se no mesmo edifício que as pessoas que eles lideram, fica longe do *gemba.* No caso de Bob, apesar dele ficar no mesmo prédio que as pessoas que ele liderava, seu escritório ficava em uma área separada do complexo, com muros altos, um forte sistema de segurança e uma placa de "Apenas para Executivos". Pode parecer que isso o protege do perigo representado pela ralé; porém, na realidade, o que faz é criar uma aura de poder e controle. Pense nos reis e em seus castelos com fossos à sua volta.

Bob, como muitos executivos no setor de serviços, sempre teve um subordinado, isto é, alguém como um "gerente de operações", cuja função era entender o trabalho e gerenciar as pessoas que o realizam. Bob não liderava toda uma organização, e sim um pequeno número de subordinados que funcionavam como seus olhos, ouvidos e mãos. A principal função de Bob era participar de reuniões "importantes" com outros executivos. Esse isolamento era uma fonte de conforto e confiança para Bob, pois ele era um dos escolhidos, mas estava ocupado demais para se envolver nas operações de rotina. Ele teve dificuldades quando a empresa adotou o *lean*, pois parecia haver uma expectativa de que ele aprendesse o trabalho diário que ele praticamente ignorara e contornara na sua escalada. Era tudo muito assustador, abandonar a segurança da área "Apenas para Executivos" e conhecer o *gemba* em primeira mão!

3. Ficar no mesmo ambiente de sempre promove e reforça os hábitos de sempre

As iniciativas *lean* que Karyn assessorou quase sempre começaram no nível inferior, ou seja, no "chão de fábrica". Alguém ouve falar como o *lean* funciona na indústria, ou em um ambiente de serviços semelhante, e decide experimentar. A ideia é robusta o suficiente para até mesmo o uso básico das ferramentas produzir resultados iniciais que chamam a atenção dos níveis superiores, que, por sua vez, decidem transformar o *lean* em um programa corporativo a ser disseminado pela empresa. Nesses casos, apesar dos trabalhadores e gerentes que estão mais próximos da linha de frente desenvolverem alguma experiência na nova cultura *lean*, os líderes seniores e especialmente os executivos são os últimos a passarem por essa mudança cultural. Como os líderes seniores não prestam serviços para os clientes, costuma haver alguma confusão no modo que o *lean* se aplica às suas funções.

O isolamento é reforçado pelo modo como os líderes são selecionados. Em muitas organizações, os líderes seniores e executivos chegaram onde estão por serem promovidos por pertencerem a um "clube do Bolinha", ou então são trazidos de fora por esses mesmos membros por terem obtido resultados em uma cultura de gestão semelhante. A expressão "clube do Bolinha" não é coincidência. Como em qualquer outro clube, os membros se identificam uns com os outros e reforçam seus valores e crenças compartilhados. Isso reforça os hábitos de sempre, o que leva os líderes a serem recompensados, pois as recompensas são distribuídas por pessoas que pensam do mesmo jeito que eles. Esses hábitos são extremamente arraigados e muito difíceis de mudar. Um executivo sênior que ficou decidido a mudar quando descobriu o *lean* expressa assim sua frustração:

> *Como vou mudar quando estou no mesmo ambiente que incentivava os maus hábitos? Hábitos são difíceis de mudar. Enquanto líder, sei que preciso me concentrar nos nossos clientes, teoricamente (e isso é algo que tento praticar), mas gasto a maior parte do meu tempo em um ambiente que é a "cultura antiga" e acabo regredindo e voltando aos hábitos antigos de como pensar e agir. Depois, faço o possível para me recuperar e tento fazer alguma coisa para reanimar os novos hábitos. Eu trabalho todos os dias no ambiente da cultura antiga, então parece que os novos hábitos nunca ficam fortes o suficiente para se sobrepor aos antigos.*

4. Os líderes tradicionais do estilo comando e controle quase nunca são pensadores de sistemas

A maioria dos executivos com quem Karyn trabalhou em todos os seus anos de carreira não eram pensadores de sistemas. Eles desenvolveram uma mentalidade mecanicista que busca otimizar resultados, não pessoas e processos inter-relacionados. Eles são pagos e promovidos por atingirem suas metas e buscam a maneira mais direta de fazê-lo. Como esses resultados quase sempre são financeiros, o caminho mais direto é a eficiência na sua área, o que leva à redução dos custos. É uma fórmula simples, então xô, pensadores de sistemas! No entanto, como sabemos, essa viseira não é boa para a organização de serviços como um todo ou para seus clientes.

MUDANDO COMO A LIDERANÇA PENSA E SE COMPORTA

Algumas das perguntas que ouvimos com frequência quando estamos prestes a começar o processo são: "onde deveríamos começar nossos esforços *lean*? Com os altos executivos? Com os supervisores e prestadores de serviço no *gemba*, trabalhando diretamente com os nossos clientes, onde o valor é criado? Ou com a gerência média? Por qual nível de liderança deveríamos começar?" Na nossa experiência, a melhor resposta, como veremos, é adotar uma visão sistêmica e começar com todos juntos em uma área relativamente autocontida, pois todas as partes do sistema precisam funcionar juntas. Quanto mais alto o nível do líder engajado no teste piloto, melhor. Para ver como isso funciona, voltemos ao jantar de Sam McQuinn e Mike Gallagher.

Serviço 4U: aprendendo a liderança *lean* pelo autodesenvolvimento e desenvolvimento dos outros

"Mike, pelo jeito você e a NL Serviços estão passando por um período bem difícil. E está certo. Não é fácil convencer os líderes a mudaram o jeito que pensam e que agem, por mais que pareça que deveria. Era de se pensar que, com os altos salários que ganham e as habilidades que parecem ter, mudar seria fácil. Mas nunca é. Nós notamos que alguns dos nossos líderes estão tendo dificuldade para mudar e outros não. É muito interessante."

"Primeiro", Sam continuou, "passamos bastante tempo tentando descobrir se alguns deles são pensadores *lean* mais naturais ou se era uma questão do ambiente. Os líderes envolvidos desde o início tinham mais facilidade para mudar? Porém, depois de um tempo, percebemos que não temos como descobrir e, em vez de gastar mais tempo tentando, o que precisávamos mesmo era encontrar um jeito melhor de convencer todos os nossos líderes. Melhorar para nossos clientes é o mais importante para nós na Serviço 4U, e precisamos que todos os nossos executivos e gerentes saibam liderar de uma maneira que ajude toda a organização a melhorar."

"Concordo", Mike riu. "Era de se imaginar que, com todo o dinheiro que ganham, nossos executivos teriam bastante motivação para adotar o novo estilo. Mas obviamente não têm! Estou cansado de tentar entender o porquê. Eu não quero me meter, mas... Vocês conseguiram avançar com os líderes da Serviço 4U?"

"Conseguimos, na verdade", Sam respondeu. "E eu posso contar como, não é segredo. Depois que Sarah Stevens e eu determinamos que as áreas que estavam dando saltos em termos de satisfação do cliente e melhoria do desempenho de negócios eram as mesmas cujos líderes estavam adotando a nova forma *lean* de trabalhar, percebemos que precisávamos tentar algo novo. Nós procuramos Leslie Harries, que recomendou que trabalhássemos com Dennis Garrett, seu colega. Dennis entende de uma coisa chamada Toyota *Kata* e, desde que começamos a trabalhar com ele, nossos líderes se desenvolveram e aprenderam muito a desenvolver os outros. E esse progresso está aparecendo nos resultados de negócios também. O engraçado é que muitos começaram a se definir usando o termo do Dennis: nerd de *kata*!"

Mike ficou impressionado com o entusiasmo e a animação que escutava na voz de Sam. "Uau, esse Dennis deve estar fazendo algo de especial com os executivos para ter esse nível de resposta. Como eu disse, os nossos não davam a mínima para os especialistas da Lean Mechanics. O que o Dennis está fazendo de tão diferente?"

"No início, não tínhamos muita fé na abordagem dele", Sam começou após refletir por um instante. "Mas Dennis fez com que nossos executivos começassem a pensar de um jeito diferente, e o que ele fez foi fazer com que fizessem as coisas de jeitos diferentes imediatamente. Com o Dennis, ninguém assiste aulas de treinamento, ninguém vê apresentações de PowerPoint intermináveis. Aliás, ele quase nunca usa PowerPoint, só gráficos e tabelas simples, que as pessoas preenchem a lápis na área onde o trabalho está acontecendo, usando um quadro de *kata*. Ele simplesmente faz os executivos agirem de modo diferente para aprenderem a agir desse jeito sempre, e parece que isso está mudando o modo de pensarem. Sei que parece muito estranho, mas é bem menos complicado do que parece."

Mike Gallagher balançou a cabeça. "Eu não entendo bem", ele disse. "Mudar o que os executivos fazem para mudar o jeito que pensam? O que eles estão fazendo de tão novo e diferente?"

"Vou te contar", Sam disse. "Durante nossa primeira reunião, Dennis explicou para Sarah e a mim que um dos problemas que muitos consultores *lean* têm é que eles tentam fazer toda a organização mudar ao mesmo tempo. É como a Lean Mechanics. Mas na experiência dele, isso não funciona porque os líderes não sabem como liderar no novo estilo. Dennis sugeriu que começássemos trabalhando em uma das regiões que não estava progredindo, com um dos líderes. Ele foi visitar alguns dos nossos líderes, conhecer seus locais e decidiu que deveríamos começar com Maria Diaz, a líder de serviços da Região Nordeste, pois ela parecia a mais atrasada de todos.

"Dennis insistiu que Maria fosse com ele visitar as operações e decidiu que escolheriam uma área pequena para trabalhar, ou seja, a área que estava tendo mais dificuldade, além de definirem um objetivo desafiador para essa área buscar. Dennis explicou que ensinaria à Maria um método básico de melhoria, e queria que ela liderasse o esforço pessoalmente.

"No início, Maria hesitou. Ela reclamou que estava ocupada demais para liderar um esforço desses pessoalmente, ainda mais em uma área tão pequena, onde o retorno seria limitado. Dennis explicou que, para liderar uma transformação de liderança, ela precisaria ser a primeira da fila e desenvolver suas próprias capacidades. Aprenda a fazer antes de aprender a ensinar os outros. Dennis explicou que o papel dele seria aquele que, com o tempo, Maria e todos os seus gerentes ocupariam: fazer *coaching* para liderar a melhoria em busca do objetivo desafiador. Dennis e Maria visitaram o local no mínimo de quinze em quinze dias. Aos poucos, Maria liderou a equipe local e ajudou-a a superar o objetivo que fora definido. O *kata* de melhoria é simples e direto: definir uma direção, entender a condição atual, definir sua próxima condição-meta de curto prazo e depois experimentar feito louco! Mas seguir todo o *kata* sem pular nenhuma parte é algo que exige bastante disciplina.

"Maria não queria ir no começo, mas quando eles criaram uma rotina, e ela percebeu que Dennis estaria ao seu lado, ajudando-a a aprender esse novo jeito de liderar, a coisa decolou. Na verdade, ela diz que há décadas não se divertia tanto. Agora, ela e Dennis estão trabalhando em um plano para ensinar os outros gerentes do local a fazer *coaching* de melhoria com suas equipes."

Sam parou por aí. O olhar de perplexidade no rosto de Mike mostrava que o amigo estava confuso. "Sam, tudo isso é muito bom, muito bonito, e é legal que o comportamento da Maria parece estar mudando de verdade. Mas não parece que vai demorar muito para todas as áreas da empresa começarem a se mexer? Isso vai atrasar os resultados. Como você vai convencer o CEO e os acionistas a aceitarem isso?"

"Sei o que você quer dizer, Mike", Sam concordou. "Também tivemos dificuldade com isso. Queríamos mais velocidade, mas Dennis nos convenceu que mais rápido não é sempre melhor. Ele nos disse que, se não dedicássemos tempo a fortalecer a capacidade dos nossos líderes de comandar melhorias e fazer *coaching* para ensinar os outros a fazerem o mesmo, acabaríamos recorrendo a truques rápidos que não são sustentáveis. Gostamos de pensar que mudamos as ideias das pessoas quando dizemos a elas o que fazer, mas Dennis nos mostrou que, para mudar as ideias dos líderes, isto é, para que eles mudem seu comportamento, é preciso ensiná-los a trabalhar de maneira diferente, usando práticas repetidas. Todo mundo sabe que não dá para ensinar algo que a gente mesmo não entende, mas queremos que líderes sem nenhuma habilidade em pensamento *lean* ensinem os outros a serem líderes *lean*."

"Agora", Sam continuou, "Maria e o gerente local da área de serviços Nordeste estão trabalhando com outras 'fatias', que é como Dennis chama um processo e a cadeia de pessoas associada a ele. À medida que as pessoas vão aprendendo, elas se estendem para outras áreas no Nordeste. E, sim, vai ser um pouco mais lento, mas os resultados de negócios estão realmente melhorando, e os líderes estão maravilhados com o prazer que é aprender assim. Antes, era difícil levar vários deles para o *gemba*, para ver como o trabalho acontece, e agora o difícil é tirar eles de lá! Eu não teria acreditado se não visse com meus próprios olhos: os líderes estão agindo de modos diferentes e os resultados de negócios estão aparecendo."

Mike se inclinou para a frente, olhando fixamente para Sam. "Deixa eu adivinhar. Aposto que estão tentando resolver os problemas específicos que cada área tem, não usando ferramentas pré-formatadas que as áreas não estão interessadas em adotar."

"Exatamente", Sam respondeu. "Cada uma das áreas de negócios tem seu próprio conjunto de desafios e obstáculos a superar. Agora que os líderes de cada uma veem como o trabalho acontece e como se obtém os resultados, eles estão aprendendo a fazer *coaching* e a ajudar as pessoas a resolverem esses problemas. A situação está melhorando para as pessoas que fazem o trabalho, para o nosso negócio e, acima de tudo, para os nossos clientes. E o melhor de tudo é que liderar desse jeito está virando o jeito como os nossos líderes trabalham, nem mais, nem menos!"

"Sam", Mike disse, animado. "Pelo visto, a Serviço 4U está trabalhando do jeito 'certo' para seus clientes e seus líderes. Eu fiquei muito desanimado que o '*lean*' deu errado na NL Serviços; estava preocupado que não daria certo em lugar nenhum. Mas o que vocês estão fazendo é totalmente diferente, e creio que tem um enorme potencial de mudança positiva para seus clientes e seu pessoal. Vem cá, será que não tem uma vaga para mim lá na Serviço 4U?"

Dicas de *coaching* para executivos (e todo mundo!)

Durante sua carreira, Karyn aprendeu a ir além de encontrar pontos em comum por trás das dificuldades em alterar comportamentos de liderança. Ela descobriu como trabalhar com executivos e convencer outros executivos a fazer *coaching* com eles. Não é fácil, mas com tempo, paciência e persistência, até os hábitos dos mais altos executivos podem mudar. E mudam mesmo! A seguir, apresentamos algumas dicas e truques que Karyn aprendeu.

1. Comece com um plano, depois adapte-o ao seu aprendiz

Na experiência de Karyn, uma falha fatal na filosofia de *coaching* de muitas empresas nas quais trabalhou é deixar os executivos recebendo *coaching* escolherem no que querem trabalhar e como querem que o *coaching* seja realizado. Os *coaches* de *lean* vão até os líderes e pedem que preencham um formulário de autoavaliação e decidam em qual ferramenta *lean* gostariam de enfocar seu aprendizado. O problema com isso é que, sem a experiência *lean* (e muitas vezes sem o compromisso real com a aprendizagem), os líderes não têm como imaginar o que precisam fazer de diferente ou como desenvolver as habilidades diferentes de que precisam para serem líderes *lean*.

Imagine que um técnico treinará um time de futebol. O técnico pede que cada jogador escolha qual habilidade ele deveria treinar? Ou o técnico observa cada jogador cuidadosamente durante o treino e os jogos para determinar no que eles precisam melhorar? Alguns jogadores podem precisar melhorar a porcentagem de vezes em que recebem passes; outros, o posicionamento quando se defendem dos jogadores adversários. Depois que o técnico determinou no que cada jogador precisa trabalhar, ele diz a cada jogador suas necessidades e cria um plano para que eles possam treinar as habilidades necessárias. Nessa ordem!

Se você é o *coach* de *lean* de um executivo (ou outro líder), é preciso pensar na sua função como se você fosse o treinador de uma equipe esportiva. Primeiro, é preciso passar algum tempo com o executivo para entender como ele pensa e age hoje. Também é preciso dedicar tempo a entender claramente a situação atual: ele costuma ir ao *gemba* para ver por si mesmo? Se sim, ele está prestando atenção de verdade ou apenas "riscando itens" de uma lista, apenas para poder dizer que foi ao local? Depois de determinar qual é a "condição atual" do executivo, é preciso escolher a direção, ou seja, onde ele precisa estar nos próximos seis a doze meses. Qual é o enunciado do desafio para esse executivo específico? Em seguida, o enunciado precisa ser dividido em condições-meta sucessivas, sendo necessária a implementação de um plano referente às tarefas que o executivo precisa fazer para atingir cada condição-meta. Parece o *kata* de melhoria, mas aplicado ao desenvolvimento de um *coach*. É algo que pode e deve ser feito em colaboração com o líder, mas o treinador é quem deve treiná-lo!

2. Faça algo diferente com os executivos que está instruindo

Uma parte importante desse plano consta em fazer com que o executivo com o qual está fazendo *coaching* aja de forma diferente. Como explicado anteriormente, quase todos os executivos têm hábitos profundamente arraigados, pois sempre foram recompensados por trabalhar no mesmo estilo de comando e controle, do topo à base, por muitos e muitos anos. Para que comecem a desenvolver novos hábitos de liderança *lean*, é fundamental que você, seu *coach* em *lean*, coloque-os a *fazer as coisas de um jeito diferente*, assim que humanamente possível. Não é fácil, mas quanto mais cedo o executivo com o qual está fazendo *coaching* começar a fazer as coisas de um jeito diferente, mais cedo verá o pensamento dele começar a mudar.

Por exemplo, uma das coisas mais difíceis é simplesmente convencer os executivos a verem pessoalmente *como* o valor é criado para seus clientes. Karyn descobriu que a melhor maneira de levar os executivos ao *gemba* é simplesmente se recusar a realizar as sessões de *coaching* no seu escritório, ou mesmo na área executiva. Karyn marca todas as sessões de *coaching* no *gemba*, pois sabe que, se elas ocorrerem no escritório da pessoa, um lugar confortável e familiar onde os velhos hábitos estão no máximo, é difícil que ocorra qualquer nova aprendizagem. Se um executivo se recusa a ir ao *gemba* e insiste em se reunir no seu escritório, Karyn se encosta na porta e o convida a acompanhá-la até o *gemba*. Quando chegam lá juntos, Karyn faz perguntas ao executivo, orientando-o para entender a condição atual para descobrir que lição ela tem planejada para ele.

"O aprendizado não ocorre até o comportamento mudar", diz o ditado. Se quer que os executivos aprendam, isto é, que mudem seu modo de pensar, é preciso antes mudar o que eles estão fazendo.

3. Está tudo bem se os executivos dão sinal de não estarem confortáveis com o que estão aprendendo

Assim como todo mundo, os executivos não ficam à vontade quando estão aprendendo uma nova maneira de trabalhar. Pense bem: se alguém pede para fazer algo de um jeito ao qual não está acostumado, por exemplo, conversar em uma língua estrangeira que recém começou a aprender, você vai ficar constrangido. Talvez discuta com a pessoa que pediu para praticar o novo idioma ou tente encontrar um jeito de fugir da conversa. O medo e o desconforto causam comportamentos do tipo "lutar ou fugir". Como os nossos cérebros nos querem em segurança, eles não ficam à vontade em situações em que podemos não saber o que fazer. Portanto, se estamos felizes e sabemos o que fazer, estamos à vontade. O problema é que, se estamos à vontade, não estamos aprendendo. Toda aprendizagem acontece fora da nossa zona de conforto, além do que Mike Rother chama de "limite do conhecimento", situado na desconfortável "zona de aprendizagem". Como precisamos que os executivos aprendam, apesar de não parecer intuitivo, *o melhor que podemos fazer por eles é deixá-los desconfortáveis.*

Em muitas das organizações com as quais Karyn trabalha, as pessoas não querem constranger os executivos em nenhum sentido. Karyn escuta muitas reclamações de *coaches* sobre como uma sessão não foi boa porque o executivo estava mal-humorado ou foi muito negativo. Karyn já ouviu gritos de executivos quando pediu a eles que fizessem, ou até apenas pensassem, algo que os tiraria da sua zona de conforto. Pode não parecer intuitivo, mas quando Karyn escuta a frustração ou o mau-humor na voz dos executivos e vê que eles estão tentando fugir da situação (sim, Karyn já teve que correr atrás de executivos tentando se escapulir porque não estavam à vontade durante uma sessão de *coaching*!), esses são os momentos em que se sente encorajada. Ela sabe que agora eles saíram da zona de conforto e entraram na zona de aprendizagem (onde estão prontos para aprender), e é exatamente onde ela quer que estejam. Na experiência de Karyn, aprendizagem = desconforto.

4. Fique com os executivos enquanto estão aprendendo para apoiá-los na "zona de desconforto"

Uma vez que fica evidente pelo comportamento dos executivos que eles estão na zona de aprendizagem, o *mais* importante é ficar ao seu lado. Mais uma vez, pense no técnico de uma equipe esportiva. Depois que o *coach* decidiu no que os jogadores precisam melhorar e criou um cronograma para eles treinarem essas novas habilidades, por acaso o técnico deixa o jogadores treinando sozinhos? Não, com certeza não. Ele fica com os jogadores, correndo ao seu lado se necessário, encorajando-os e apoiando-os enquanto aprendem, em todos os momentos. É exatamente isso que precisa acontecer quando fazemos *coaching* com um executivo. Eles são pessoas acima de tudo, e como todas as pessoas quando não têm confiança (que só pode ser obtida pelo domínio na prática), eles precisam de apoio.

Na experiência de Karyn, muitos *coaches* de *lean* não entendem isso. Como eles não reconhecem que o desconforto dos executivos sinaliza que estão na zona de aprendizagem e precisam de apoio, os *coaches* quase sempre fazem exatamente o contrário do que deveriam: eles deixam os executivos sozinhos no seu momento mais vulnerável! Mais uma vez, apesar de não parecer intuitivo, Karyn acredita que a melhor opção é ficar com os executivos quando estes entram na zona de aprendizagem. Em vez de reduzir o contato, encontre maneiras de aumentá-lo, para que os executivos sintam que têm apoio e proteção enquanto aprendem novas maneiras de pensar e de se comportar. Dedicar mais tempo aos executivos para que possam fazer perguntas e experimentar novidades sob o olhar vigilante do seu *coach*, que já é experiente e confiante, cria uma relação de confiança e simpatia. Na experiência de Karyn, depois que essa relação existe, os executivos ficam mais dispostos a experimentar novidades no futuro, pois sabem que estarão seguros sob o olhar do seu *coach* durante o processo.

5. "Cochiche no ouvido do líder..."

Tudo isso se reúne em uma técnica que Karyn usa com sucesso há muitos anos nas mais diversas organizações de serviços e com líderes de todos os níveis. Karyn chama essa técnica de "cochichar no ouvido de alguém". É assim que funciona: para se preparar, Karyn passa algum tempo no *gemba*, aprendendo sobre os problemas que a área está enfrentando e sobre o líder. Após escolher um problema desafiador a ser trabalhado, que ela acredita que ajudará não somente o líder a aprender e avançar em sua jornada, mas também o negócio em si, ela o apresenta para o líder em um momento oportuno de uma conversa informal: "Sandy, gostei muito de acompanhar você nos escritórios regionais do Oeste. Acho que eles estão com problemas consistentes em atender os clientes dentro do prazo, e o problema parece ser de longo prazo. O que você acha?". Karyn, então, espera a reação do líder, geralmente uma reação do tipo "lutar ou fugir":

- **Lutar.** Líder (levantando a voz): "do que você está falando? Não é problema, meus gerentes dizem que os clientes não estão reclamando, e 75% de atendimento no prazo já é bom. O padrão do setor é 80%, então eu diria que está muito bom!"
- **Fugir.** Líder, afastando-se: "eu tenho uma *conference call* importante daqui a cinco minutos. Depois a gente conversa sobre isso..."

Quando Karyn encontra uma dessas reações de "desconforto", ela sabe que conseguiu tirar o líder da sua zona de conforto e levá-lo para a zona de aprendizagem, que é exatamente o que queria fazer e onde queria que eles chegassem.

Após a primeira conversa "desconfortável", Karyn deixa o assunto de lado e dá tempo ao lider para digerir o desafio. Contudo, sempre que ela se encontra com o líder de novo, ela dá um jeito de tocar no assunto novamente. Em todas as vezes, ela observa cuidadosamente a reação do líder. Com o tempo, normalmente após três ou quatro conversas, o líder está acostumado à pergunta e à conversa; de repente, ele traz o tópico à baila para Karyn como se fosse 100% sua própria ideia: "Karyn, notei que parece ter algo de errado no cumprimento de prazos na Região Oeste. Acho que isso não é bom para nossos clientes, mas não tenho certeza de como enfrentar a questão do novo jeito *lean*. O que você acha? Pode me ajudar a refletir sobre isso e decidir o que fazer?" Voilà! Como você deve imaginar, Karyn nunca menciona que tem cochichado no ouvido do líder sobre essa questão há algumas semanas...

Quando se utiliza essa técnica, o mais importante é não desistir depois da primeira vez que o líder rejeita a ideia. Você sabe que ele vai rejeitá-la. Lembre-se: uma reação de desconforto significa que o executivo está pronto para aprender, e a maioria das vendas não são realizadas no terceiro ou no quarto contato, e sim no décimo segundo! Siga cochichando e, mais cedo ou mais tarde, os líderes com os quais está trabalhando aceitarão sua ideia e a tomarão para si... É *exatamente* isso que você quer que aconteça.

DISSEMINAR MELHORES PRÁTICAS OU CULTIVAR SISTEMAS VIVOS?

Nós criticamos a abordagem de implantar ferramentas *lean* e defendemos que o *lean* de verdade, isto é, o Modelo Toyota, baseia-se na melhoria contínua. Porém se tentamos algo em uma área da empresa e funciona, por que simplesmente não ordenar que isso seja adotado com uma melhor prática? É puro senso comum. Por que reinventar a roda? Quando alguém, em algum lugar da organização, faz algo de inovador e obtém um bom resultado, a prática deveria ser compartilhada em toda a organização. Alguém em uma função semelhante deveria implementá-la. Como fazer é sempre a questão: criar um banco de dados de melhores práticas para que as pessoas possam consultar o que deveriam estar fazendo? Usar um setor da matriz para identificar melhores práticas, ensiná-las e realizar auditorias para garantir que estão sendo seguidas? São tantas melhores práticas e organizações nas quais espalhá-las. Como fazer isso com eficiência para que as práticas sejam seguidas à risca?

A McDonald's é uma organização de serviços obcecada com a disseminação de melhores práticas da mesma forma em todos os lugares, desde cultivar as mesmas batatas da mesma maneira a ter os mesmos equipamentos configurados do mesmo jeito em todo o mundo. A missão da McDonald's é "ser o lugar e o jeito favorito dos nossos clientes para comer e beber (...) e oferecer a qualidade, o serviço, a limpeza e o valor que nossos clientes esperam dos Arcos Dourados, um símbolo que conquistou a confiança do mundo todo".

Para nós, é um pouco difícil imaginar um restaurante de *fast food* que é "o lugar e o jeito favorito para comer e beber"; "que confiam" faz mais sentido. Para nós, a marca McDonald's representa um mesmismo confiável. Viaje para Cingapura, Beijing, Frankfurt, Cidade do México, ou praticamente qualquer outra cidade grande, e se quiser uma refeição familiar e confiável com absolutamente nenhuma surpresa, vá ao McDonald's. O restaurante usa um modelo de franquias, o que significa que os proprietários de todas essas lojas são diferentes. Para garantir que os restaurantes sejam todos iguais, a McDonald's tem uma matriz forte, além da Universidade Hamburger, para desenvolver, testar e disseminar as melhores praticas. Funciona, pois tanto o produto quanto o serviço baseiam-se em previsibilidade e confiabilidade para o cliente. No fundo, isso alimenta o nosso desejo por certeza: você sabe como fazer o pedido e sabe o que vai receber, onde quer que esteja.

Outra organização baseada em disseminar melhores práticas é a rede de academias Orange Theory Fitness, que faz a seguinte promessa: "com música poderosa, um grupo de instrutores talentosos e uma academia carregada de energia, você tem a receita para um treinamento que produz resultados FORTES e DURADOUROS". Eu sou cliente da Orange Theory há relativamente pouco tempo, e adoro o lugar. Você entra na zona laranja quando atinge 85% da sua frequência cardíaca máxima e ganha pontos de *splat* para cada minuto, pois esse é o barulho quando você entra nessa zona e suas células de gordura estouram. Uma tela enorme mostra sua frequência cardíaca, as calorias consumidas e os minutos na zona de *splat* durante um treino de uma hora. Todas as academias da Orange Theory têm o mesmo conjunto de esteiras, remos e aparelhos de exercícios. As telas na área de treino mostram em quais exercícios você está trabalhando, com instruções e demonstrações animadas. Os instrutores de *fitness* usam fones de ouvido e dizem o que cada grupo deve fazer, tudo em meio à música alta e vibrante. Uma sala com 25 a 30 pessoas produz baldes de suor (e de dinheiro) para a Orange Theory.

Todas as rotinas, o *software* e o *design* das academias são produzidos na matriz, e quem se inscreve na academia pode se exercitar em quase todas as grandes cidades dos Estados Unidos e, cada vez mais, do mundo. A empresa pretende dobrar seu número de academias todos os anos. É um excelente modelo de negócios que não pára de crescer. Os gerentes locais administram, tratam os clientes com simpatia e contratam instrutores que, por sua vez, recebem treinamento, mas não se espera que ninguém altere os padrões. A qualidade das muitas variedades de exercícios, dos equipamentos, do suporte técnico e da padronização da experiência do cliente são o ponto de venda da empresa.

O McDonald's é um distribuidor de bens produzidos em massa, enquanto a Orange Theory oferece uma experiência padrão. Os seus ambientes são relativamente simples e estáveis. Quando o ambiente, o produto e o serviço mudam lentamente, quase podemos ver a organização como uma máquina com peças intercambiáveis. Essa foi a situação que Frederick Taylor enfrentava quando desenvolveu a administração científica: deixe os gênios da matriz pensarem e os gerentes executarem. E isso ainda funciona, em algumas circunstâncias. Ainda assim, à medida em que os clientes escolhem outras opções quando não recebem um bom atendimento pessoal nesses lugares (da recepção ao caixa, dos treinadores aos cozinheiros), a gestão e a cultura local que foram desenvolvidas serão importantes. Minha experiência de tratamento no McDonald's e na Orange Theory sempre envolveu muita variedade.

Quando o trabalho tem variedade, e parte do modelo de negócios é a qualidade excepcional do atendimento ao cliente, precisamos que os membros da equipe e os gerentes inovem e trabalhem continuamente na melhoria do trabalho. Como alerta um grande blog: "as melhores práticas para profissionais não são espalhadas feito manteiga, mas cultivadas em um jardim. Como podemos permitir que isso aconteça?"[1]

O blog nos pede para pensar como "reabilitar" a ideia de melhores práticas. Em seguida, ele explica por que não deveríamos simplesmente disseminar melhores práticas:

1. ***Melhor é temporário.*** *Pode haver um "melhor jeito" atual de fazer alguma coisa, mas assim como o "campeão mundial" ou o "recordista", ele não vai continuar em primeiro lugar por muito tempo.*
2. ***Logo, o melhor é um ponto de partida.*** *Estamos sempre tentando melhorar o melhor; porém, sem saber qual é o melhor temporário não sabemos o que estamos tentando superar. Assim como um recorde mundial, o melhor existe para ser vencido. Ele é um limite mínimo aceitável.*
3. ***O melhor é uma questão de contexto.*** *Pode não haver um "melhor jeito" universal de se fazer alguma coisa. A melhor maneira de lidar com uma descompressão em um avião Jumbo pode não ser a melhor maneira de lidar com a mesma emergência em um caça Harrier.*
4. ***Em um novo contexto, não se pode aplicar cegamente o "melhor" de outro contexto.*** *Contudo, você pode aprender com outros "melhores": nenhum contexto é totalmente estranho, e pode haver abordagens que informam, assessoram e servem como base.*
5. ***A melhor prática não precisa ser colocada no papel.*** *Ela pode existir na nuvem comunitária do conhecimento tácito. O "melhor jeito de correr" que Usain Bolt aplica provavelmente não é algo consciente, e sim é algo que está na sua memória muscular. Contudo, se ele puder ser colocado no papel (em uma wiki, um documento ou um manual), melhor, desde que seja atualizado imediatamente sempre que for superado ou aprimorado.*

A Toyota usa a palavra japonesa *yoketen* para designar a disseminação de melhores práticas. Ela produz a imagem de preparar o solo para transplantar uma árvore preciosa. As condições sob as quais ela floresce no Japão podem não ser fáceis de reproduzir em outros países, e é preciso fazer experimentos e descobrir como adaptar a árvore e suas condições para que funcione no nosso ambiente. A Toyota certamente tem padrões, como as especificações de engenharia de produtos, as normas de segurança, os padrões de equipamentos e o processo de melhoria global das Práticas de Negócios Toyota, e esses padrões são fundamentais: quando compra um Camry, você não quer se perguntar qual a "melhor" versão que vai receber. A expectativa é que todos os carros sejam iguais. Contudo, muitas outras coisas podem ser adaptadas localmente, como o modo como o equipamento é ordenado, como o trabalho é alocado e como a gestão visual é realizada.

O problema que limita a melhoria contínua local é a visão de mundo de comando e controle que vem da matriz para transformar as operações usando conceitos e ferramentas *lean*. Mesmo nas organizações do topo à base, os executivos vivem falando em cultura. Eles dizem que querem mudar comportamentos e mentalida-

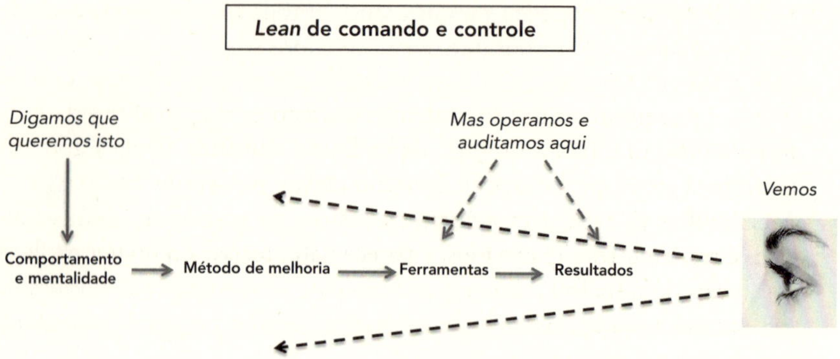

FIGURA 10.7 Os líderes tradicionais querem uma mentalidade de melhoria, mas concentram-se em resultados e ferramentas.

des, mas o que está em altíssimo foco para eles são as ferramentas que produzem resultados mensuráveis (ver Figura 10.7).

Como a melhoria contínua é um dos pilares do Modelo Toyota, a empresa encoraja o *kaizen*. Não copie; use o *kaizen* para tentar ser melhor. A visão de mundo da Toyota é 180° diferente da visão da maioria das empresas. A Toyota se esforça para desenvolver comportamentos e mentalidades para que as pessoas possam usar as ferramentas apropriadas e superar uma série de desafios (ver Figura 10.8).

A Toyota enxerga o valor dos sistemas vivos de pessoas que se desenvolvem continuamente e melhoram o trabalho dentro de limites claramente definidos. Criar um ambiente para encorajar e até forçar as pessoas a pensarem e a crescerem é fundamental para o respeito. "Cresça como um jardim" é uma metáfora muito repetida e adaptada dentro da Toyota. Por exemplo, quando a empresa abre uma nova operação, traz-se muita coisa de fora que atende às melhores normas técnicas conhecidas no momento, mas a cultura conscientemente cresce a partir do zero. Ela

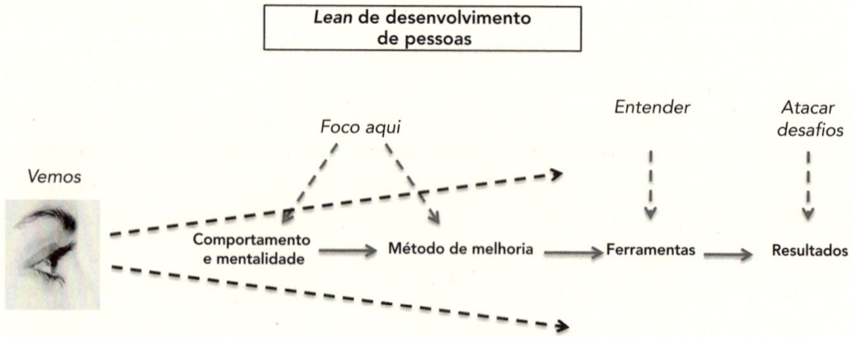

FIGURA 10.8 Os líderes *lean* querem resultados e processos centrados no cliente, mas se concentram em comportamentos e mentalidades.

se baseia nos princípios do Modelo Toyota, mas ainda é especial e exclusiva do local onde é criada.

O *lean* aprendido na Toyota pretende ser a filosofia de um sistema vivo. Se o *lean* é disseminado muito amplamente, isto é, sem profundidade, você tem as ferramentas, mas não a filosofia de melhoria contínua. Toda a aprendizagem acaba restrita ao grupo de especialistas em *lean*, e nós vimos como isso é limitado. A McDonald's já pratica os princípios básicos da engenharia industrial, com cozinhas e restaurantes organizados, e parece não precisar ou querer melhoria contínua nos locais de trabalho. Uma organização que acredita que a melhora contínua das pessoas em toda a empresa vai ajudá-la a realizar sua missão precisa adotar uma perspectiva de sistemas vivos.

> *Assim como um único passo não forma um caminho na terra, um único pensamento não forma um caminho na mente. Para criar um caminho físico, precisamos caminhar várias e várias vezes. Para criar um caminho mental profundo, precisamos pensar várias e várias vezes os tipos de pensamento que queremos que dominem nossas vidas.*
>
> —Henry David Thoreau

DESENVOLVER LÍDERES PARA CONSTRUIR UMA CULTURA DELIBERADA

O subtítulo deste livro é *Transformação Lean em Organizações de Serviços* e, para ser honesto, temos nossas dúvidas quanto a ele. Estamos transformando algo que não é *lean* em algo que é? A primeira impressão que temos é de uma metamorfose isolada, como um pedaço de argila transformado em uma linda estátua. Cria-se a imagem do *lean* como uma série de métodos e ferramentas para eliminar perdas, que são todas aquelas coisas ruins que aumentam o custo e o tempo de espera dos clientes.

Desde o Prólogo, enfatizamos que o *lean* é um modo de pensar centrado em dois pilares: o respeito por pessoas e a melhoria contínua. Também enfatizamos o papel fundamental da liderança, não apenas dos altos executivos. Se queremos uma cultura que respeita as pessoas (a começar pelos clientes) e que melhora continuamente, precisamos que os líderes em todos os níveis liderem com suas ações, o que inclui desenvolver pessoas que se importam profundamente com os clientes e criam as habilidades de melhoria. A casa do Modelo Toyota nos dá um excelente ponto de partida para o que queremos desenvolver nesses "líderes *lean*":

1. Espírito de desafio
2. Abordagem científica à melhoria

3. Aprendizagem no local de trabalho
4. Trabalho em equipe
5. Respeito o suficiente para desenvolver todos os indivíduos

Obviamente, sair do seu ponto de partida e chegar na sua visão para os clientes e a organização é um caso de "falar é fácil". Onde devemos começar? Como fazer com que as pessoas pensem em *lean* quando elas têm décadas de sucesso fazendo exatamente o contrário do que estamos tentando ensinar?

É uma jornada em que talvez seja preciso seguir o conselho de Mark Twain, que disse que "o segredo para avançar é começar". Quando estamos desbravando um novo território, a única coisa que podemos planejar é o próximo passo.

O mundo é complexo e dinâmico; e o futuro, impossível de conhecer. Ter algum tipo de visão é fundamental, e definir uma direção de curto prazo é poderoso. Como não recomendamos disseminar rigidamente as melhores práticas ou eliminar perdas aleatoriamente, pelo menos definimos alguns limites extremos.

Vamos repassar o que recomendamos neste livro e ilustramos com nossos muitos exemplos de caso:

1. O *lean* é uma forma de pensar focada na batalha permanente pela satisfação de todos os clientes.
2. O *lean* é a evolução de sistemas vivos para colaborar na melhoria em busca de um propósito comum.
3. Existem ferramentas e conceitos *lean* úteis que podem ajudar na caminhada para melhorar um pouco mais todos os dias o modo como atendemos nossos clientes.
4. Não basta " enxugar os processos", é preciso usar todas as ferramentas e métodos que puderem nos ajudar para avançarmos na direção de um desafio claramente definido.
5. O *lean* é um processo de aprendizagem que desenvolvemos passo a passo através de uma série de ciclos PDCA rápidos.
6. Cada ciclo PDCA é um processo de descoberta científica: Planejar o que faremos com uma expectativa clara, Executar e/ou Verificar o que aconteceu de fato e Agir para refletir e aprender.
7. Aprender a pensar cientificamente exige uma mudança pessoal profunda em quase todos nós, e isso só é possível com a prática regular (diária).
8. As rotinas de prática, ou *kata*, podem nos guiar no desenvolvimento da mentalidade e das habilidades necessárias para a melhoria contínua.
9. Construir uma cultura de melhoria contínua começa pelo desenvolvimento da mentalidade nos líderes de todos os níveis, transformando-se em uma corrente de *coaches*/aprendizes/*coaches*/aprendizes que atravessa toda a organização e vai além dela.

Com essa perspectiva sobre a transformação *lean*, centrada em desenvolvimento de pessoas, fica evidente que ele não tem como ser implantado rapidamente. É preciso ter paciência para construir a cultura, de pessoa em pessoa. Não é algo bom de se dizer. Pode ser que nos peçam um plano claro de implantação do *lean*, com uma linha do tempo, marcos, medidas e análise custo-benefício. A visão de sistemas vivos do *lean* significa que isso é quase impossível. Em certa medida, acertar o *lean* significa dar um salto de fé. Se investimos em desenvolver as pessoas do jeito certo com uma visão poderosa, e se selecionamos e desenvolvemos líderes com propósito, paixão e competência, conseguiremos satisfazer mais os clientes, ficaremos mais eficientes e superaremos os obstáculos para cada desafio que enfrentarmos. Os benefícios não serão fáceis de quantificar, mas superar grandes desafios e problemas que foram demais para nós no passado é uma revolução com benefícios duradouros muito maiores do que qualquer economia de custo predeterminada. Portanto, comece por quantificar o que vai acontecer quando superarmos o desafio.

Não seria honesto dizer que existe uma maneira simples de mudar o modo de pensar de uma empresa mecanicista, que quer implantar ferramentas *lean* mecanisticamente. Devemos fazer um motim contra o conselho administrativo? Provavelmente seria mais eficaz mudar a nós mesmos. Bill George escreveu um livro excelente de como encontrar nosso próprio norte verdadeiro em busca da liderança autêntica... Para nós mesmos.[2] Ele começa com uma paixão e uma direção que enfocam o autodesenvolvimento. Bill George era CEO da Medtronics, uma fabricante de dispositivos médicos, quando a empresa passou por uma grande transformação *lean*. Para ele, a liderança é uma jornada. George avisa:

> *Liderança instantânea não existe. A sua jornada para a liderança autêntica vai levá-lo por muitos altos e baixos à medida que encontrar as provações, recompensas e tentações que o mundo tem a oferecer. (...) Manter sua autenticidade no caminho pode ser o maior desafio que irá encontrar.*

Vimos a transformação pessoal de Joe, um dos fundadores da NTL. Seu estado inicial estava longe do líder *lean* exemplar, e tínhamos todos os motivos para questionar se ele seria capaz de se tornar um líder de sucesso. Karyn escolheu respeitá-lo e fazer *coaching* com ele. Durante sua jornada de criar e construir a NTL, Joe foi se tornando uma pessoa diferente, e a cultura da NTL começou a evoluir na direção da excelência em serviços.

Nas histórias fictícias sobre a NL Serviços e a Serviço 4U, vimos empresas com culturas muito diferentes que andavam para a frente, para trás e para os lados. Mesmo a NL Serviços tinha pessoas como Mike, que enxergavam as limitações da abordagem mecanicista da empresa e que, em algum momento, teriam a oportunidade de se basear na aprendizagem e nas desventuras da empresa e colocá-la em um caminho produtivo. Sam desabrochou na Serviço 4U. Quem sabe um dia a NL Serviços o convida de volta para fazer a diferença na empresa.

O importante é que a incerteza que dificulta tanto mudar a direção de uma grande estrutura burocrática também nos oferece uma segunda chance, e uma terceira, e uma quarta... As organizações parecem passar por fases, da implantação de ferramentas *lean* à responsabilização dos gestores, e algumas avançam até chegar à cultura de melhoria contínua. O modo como isso acontece varia de lugar para lugar, e a jornada raramente avança sempre na direção certa.

Nós argumentamos que o *lean* de verdade precisa atravessar a organização de linha, aquela responsável pelo trabalho. O objetivo é uma cadeia de gerentes interligados, todos sendo aprendizes e *coaches*. Isso não pode ser implantado superficialmente, usando um programa de treinamento rápido. O modelo ideal começa no topo e se dissemina pelo resto da hierarquia, de nível em nível, como a Toyota fez com o Modelo Toyota, as Práticas de Negócios Toyota e o Desenvolvimento no Trabalho.

O fator que limita a amplitude e a rapidez da implantação do *lean* é a demora para desenvolver *coaches* competentes. Todos os indivíduos precisam atravessar o ciclo de aprendizagem de liderança *lean* de conscientização, aprender a melhorar usando um *kata* bem-elaborado e aprender a fazer *coaching* usando *kata*. Os líderes precisam ser orientados por esse processo antes de poderem fazer *coaching* com seus subordinados. Quantos *coaches* competentes você tem, interna e externamente? Multiplique isso pelo número de pessoas com as quais cada um deles pode trabalhar e o tempo que demora para fazer *coaching* com alguém. O resultado é a sua capacidade. O seu entendimento de quanto um *coach* consegue fazer e quanto ele demora vai crescer com a experiência. Portanto, é melhor ir mergulhando no PDCA.

Para qualquer gestor individual que sonha em ser líder *lean*, pode ser necessário (ou pelo menos extremamente útil), ter um norte verdadeiro pessoal e considerar que todos os dias são novas oportunidades de aprendizagem. O que você planeja fazer hoje? O que espera? O que aconteceu? O que você aprendeu para tornar o amanhã melhor?

Um dilema interessante é que os nossos vieses cognitivos nos fazem acreditar que, se aprendemos algo conceitualmente, isso leva a comportamentos reais. Por mais que admiremos o entusiasmo de Jeff Bezos por aprender com os fracassos, as evidências claramente mostram que é muito mais comum nós não aprendermos com os nossos erros (se considerarmos que aprender significa mudar nossos padrões de comportamento para não estarmos mais suscetíveis ao mesmo erro). Ao escrever para a revista *The Atlantic*, Olga Khazan resume as pesquisas em neurociência que mostram que quando cometemos e repetimos erros, desenvolvemos "caminhos de erros", isto é, uma trilha no nosso cérebro que nos leva a cometer mais erros no futuro.[3] Nosso cérebro aprende o erro mesmo quando nosso córtex pré-frontal diz que não deveria e nosso cérebro oculto não sabe escutar. Khazen recomenda o seguinte: "em vez de se debruçar sobre os erros do passado, pense no que deseja conquistar no futuro. Se não quer repetir o passado, o melhor é *não* tentar aprender com ele". Em outras palavras, é melhor buscar um objetivo futuro e treinar a formação de novos caminhos no cérebro, que se sobreponham aos antigos e equivocados, do que tentar se convencer a mudar.

Todos temos muito no que trabalhar enquanto indivíduos para nos tornamos pessoas e líderes melhores. Tentar assumir a responsabilidade por transformar toda uma organização quase sempre está além do nosso controle. À medida que aprendemos e crescemos, no entanto, nossa influência sobre os outros e sobre as organizações às quais pertencemos vai aumentando.

Portanto, comece consigo mesmo: comece pequeno, aprenda, cresça, procure a ajuda de um *coach* e, durante o processo, a sua esfera de influência se expandirá. Se for responsável por transformar uma unidade ou toda uma organização, comece pequeno também, desenvolvendo aprendizes para se transformarem em *coaches*, e sua influência se multiplicará exponencialmente. Primeiro aprofunde, depois amplie. Se não tiver como seguir esses conselhos por causa do modelo de negócios e da cultura da sua organização, dê o melhor de si para aprender e aguarde a sua oportunidade. Ela vai aparecer. Ou você vai criá-la, como aconteceu com Joe.

Desejamos boa sorte na sua jornada. Ainda estamos trilhando a nossa. Agradecemos seu interesse nas nossas ideias e esperamos que elas lhe sejam úteis. Agora, aceite o excelente conselho de Mark Twain: comece.

Notas

Prólogo

1. Jeffrey K. Liker, *The Toyota Way*, New York: McGraw-Hill, 2004.
2. John Toussaint and Roger Gerard, *On the Mend: Revolutionizing Healthcare to Save Lives and Transform the Industry*, Cambridge, MA: Lean Enterprise Institute, 2010.
3. Samuel Smiles, *Self-Help*, London: John Murray Publishing, 1982.
4. James P. Womack, Daniel T. Jones, and Daniel Roos, *The Machine That Changed the World*, New York: Rawson Associates, 1990.
5. James P. Womack and Daniel T. Jones, *Lean Thinking*, 2nd ed., New York: Productivity Press, 2003.
6. K. Anders Ericsson, Michael J. Prietula, and Edward T. Cokely, "The Making of an Expert" (pdf), *Harvard Business Review*, July–August 2007.
7. Mike Rother, *Toyota Kata: Managing People for Improvement, Adaptiveness, and Superior Results*, New York: McGraw-Hill, 2009.

Capítulo 1

1. Jeffrey Liker and David Meier, *Toyota Talent: Developing People the Toyota Way*, NY: McGraw Hill, 2007.
2. *Monthly Labor Review*, U.S. Department of Labor, www.bls.gov/opub/mlr/2013/article/industry-employment-and-output-projections-to-2022.htm.
3. http://newsroom.accenture.com/news/us-switching-economy-puts-up-to-1-3-trillion-of-revenue-up-for-grabs-for-companies-offering-superior-customer-experiences-accenture-research-finds.htm.
4. www.forbes.com/sites/micahsolomon/2013/11/17/secret_shopping_four_seasons/.
5. www.theatlantic.com/business/archive/2012/03/the-anti-walmart-the-secret-sauce-of-wegmans-is-people/254994/.
6. Agradecemos a David Hanna, da HPO Global Alliance, por esta seção sobre o trabalho do Dr. Waal.

Capítulo 2

1. Jeffrey Liker and James Franz, *The Toyota Way to Continuous Improvement*, New York: McGraw-Hill, 2011.

2. Jeffrey Liker and Timothy Ogden, *Toyota Under Fire: Lessons for Turning Crisis into Opportunity*, New York: McGraw-Hill, 2011.
3. Womack, James P., and Daniel T. Jones, *Lean Thinking: Banish Waste and Create Wealth in Your Organization*, 2nd ed., New York: Free Press, 2003.

Capítulo 3

1. Dictionary.com.
2. Isadore Sharp, *Four Seasons: The Story of a Business Philosophy*, New York: Penguin Group, 2009.
3. www.heraldrecorder.org/business/like-many-united-fliers-in-recent-years-oscar-munoz-was-recently-on-a-lousy-flight-to-chicago-business-news-oscar-munoz-20154944/.
4. Richard Nisbett, *The Geography of Thought: How Asians and Westerners Think Differently... and Why*, New York: Free Press, 2004.
5. Ibid., p. 91.
6. Geert Hofstede, *Culture's Consequences: Comparing Values, Behaviors, Institutions, and Organizations Across Nations*, 2nd ed., Thousand Oaks, CA: Sage Publications, 2001.
7. E. Trist and W. Bamforth, "Some Social and Psychological Consequences of the Long Wall Method of Coal-Getting," *Human Relations*, Vol. 4, 1951, pp. 3–38.
8. David P. Hanna, *Designing Organizations for High Performance* (Prentice Hall Organizational Development Series), 1988.
9. Thomas Johnson, "Lean Dilemna: Choose System Principles or Management Accounting Controls—Not Both," Chapter 1, em Joe Stenzel (editor), *Lean Accounting: Best Practices for Sustainable Integration*, Hoboken, NJ: John Wiley, 2007.
10. www.toyota-global.com/company/vision_philosophy/toyota_global_vision_2020.html.
11. www.youtube.com/watch?v=LJhG3HZ7b4o&ab_channel=FastCompany.
12. www.strategicmanagementinsight.com/mission-statements/general-electric-mission-statement.html.
13. David Hanna, *The Organizational Survival Code*, Mapleton, UT: Hanaoka Pub., 2013.
14. Michael E. Porter, "What Is Strategy," *Harvard Business Review*, November–December 1996, pp. 61–78.
15. www.cbsnews.com/news/something-special-about-southwest-airlines/.

Capítulo 5

1. Mike Rother and John Shook, *Learning to See*, Cambridge, MA: Lean Enterprise Institute, 2003.
2. Karen Martin and Mike Osterling, *Value Stream Mapping: How to Visualize Work and Align Leadership for Organizational Transformation*, New York: McGraw-Hill, 2013.
3. www.slideshare.net/mike734/value-stream-mapping-the-improvement-kata.
4. www.zingtrain.com/free_samples/fivestupidways.pdf.

5. www.linkedin.com/pulse/productivity-hacks-want-more-productive-never-touch-things-bradberry?trk=eml-b2_content_ecosystem_digest-recommended_articles-49-null&midToken=AQG5zF5e_mGidw&fromEmail=fromEmail&ut=2wpCxG1Lq1BSY1.
6. www.umich.edu/~bcalab/multitasking.html.
7. Eduardo Lander, "Implementing Toyota-Style Systems in High Variability Environments," tese de doutorado, University of Michigan, Ann Arbor, 2007.

Capítulo 6

1. Paul S. Adler, "Time and Motion Regained," *Harvard Business Review*, January–February 1993, pp. 97–108.
2. Robert E. Cole, "Reflections on Learning in U.S. and Japanese Industry," Chapter 16, em J. K. Liker, M. Fruin, and P. Adler (editors), *Remade in America: Transplanting and Transforming Japanese Production Systems*, New York: Oxford University Press, 1999.
3. Para uma discussão detalhada sobre isso e sobre o método padrão de treinamento, ver Jeffrey K. Liker and David Meier, *Toyota Talent: Developing People the Toyota Way*, New York: McGraw-Hill, 2007.
4. John Medina, *Brain Rules*, reprint ed., Edmonds, WA: Pear Press, 2009.
5. Consulte um estudo de caso mais detalhado em Richard Zarbo, "Bringing Ford's Ideas Alive at Henry Ford Health System Labs Through PDCA Leadership," Capítulo 9 em Jeffrey Liker and James Franz, *The Toyota Way to Continuous Improvement*, New York: McGraw-Hill, 2011.
6. Philip Crosby, *Quality Is Free: The Art of Making Quality Certain*, New York: McGraw-Hill, 1979.
7. Ibid.

Capítulo 7

1. Henri Fayol, *Industrial and General Administration*, traduzido por J. A. Coubrough, London: Sir Isaac Pitman & Sons, 1930.
2. Kiyoshi Suzaki, *Results from the Heart: How Mini-Company Management Captures Everyone's Talents and Helps Them Find Meaning and Purpose at Work*, New York: Free Press, 2002.
3. Enquanto escrevemos este capítulo, ainda é muito cedo para saber qual foi o resultado da mudança da Toyota em 2016, com a adoção de organizações focadas em produtos. Aparentemente, parece que a Toyota está indo na direção de algo parecido com a organização de plataformas da Chrysler em P&D, mas suspeitamos que ainda haverá organizações funcionais dentro das unidades individuais para desenvolver conhecimento técnico profundo.
4. Jeffrey Liker and Gary Convis, *The Toyota Way to Lean Leadership*, New York: McGraw-Hill, 2011.

5. Jonathan Escobar, David Hanna, and Jeffrey Liker, "Invest in People, Boost Growth," http://planet-lean.com/the-virtuous-circle-of-sustainable-growth-how-lean-management-practices-at-proctergamble-and-toyota-make-for-an-environment-based-on-customer-focus-and-people-development.
6. http://elisa.com.
7. Michael C. Mankins, Alan Bird, and James Root, "Making Star Teams Out of Star Players," *Harvard Business Review*, January–February 2014.
8. Jeffrey Liker and Thomas Choi, "Building Deep Supplier Relationships," *Harvard Business Review*, December 2004, pp. 104–113.
9. Jeffrey Liker and Timothy Ogden, *Toyota Under Fire: Lessons for Turning Crisis into Opportunity*, New York: McGraw-Hill, 2011.

Capítulo 8

1. http://innotiimi-icg.com/fileadmin/user_upload/pdf-Dateien/Publications/3-2014-Gesamtausgabe-sml.pdf (March 2014, p. 10).
2. http://innotiimi-icg.com/fileadmin/user_upload/pdf-Dateien/Publications/3-2014-Gesamtausgabe-sml.pdf.
3. John Medina, *Brain Rules*, 2nd ed., Edmonds, WA: Pear Press, 2014.
4. www-personal.umich.edu/~mrother/Neuroscience.html.
5. www.youtube.com/watch?v=2ynryUjGFt8&ab_channel=TelecomSlayerDOTcom.
6. www.soulsmithing.com.
7. www.sportpsychologytoday.com/sports-psychology-articles/outcome-goals-vs-process-goals/.
8. Como descrito no Capítulo 16 de *O Modelo Toyota*.
9. Charles Duhigg, *The Power of Habit*, New York: Random House, 2012.
10. Scott Adams, *How to Fail at Almost Everything and Still Win Big: Kind of the Story of My Life*, New York: Portfolio, 2014.
11. Karl Duncker, "On Problem Solving," *Psychological Monographs* (American Psychological Association) 58, 1945.
12. Michael Ballé and Freddy Ballé, *Lead with Respect*, Cambridge, MA: Lean Enterprise Institute, 2014.

Capítulo 9

1. Daniel Kahneman, *Thinking, Fast and Slow*, New York: Farrar, Straus and Giroux, 2011.
2. www.youtube.com/watch?v=Qd8PetCER8E&ab_channel=MikeRother.
3. Robin Wall Kimmerer, *Gathering Moss: A Natural and Cultural History of Mosses*, Corvallis: Oregon State University Press, 2003.
4. Leath Tonino, "Two Ways of Knowing: Robin Wall Kimmerer on Scientific and Native American Views of the Natural World," *The Sun*, Issue 484, April 2016.

5. James Womack and Daniel Jones, *Lean Thinking: Banish Waste and Create Wealth in Your Organization*, 2nd ed., New York: Free Press, 2003.
6. www.youtube.com/watch?v=3f5wxRO7EYM&ab_channel=MikeRother.
7. Durward Sobek and Art Smalley, *Understanding A3 Thinking: A Critical Component of Toyota's PDCA Management System*, New York: Productivity Press, 2008.
8. John Shook, *Managing to Learn: Using the A3 Management Process to Solve Problems, Gain Agreement, Mentor, and Lead*, Cambridge, MA: The Lean Enterprise Institute, 2008.
9. Sou grato aos alunos e aos membros de equipe da Dunning que concordaram em participar do livro. O projeto foi patrocinado por John Taylor, gerente-geral e sócio, e o aprendiz foi Lowell Dunning, gerente-geral de vendas. Os alunos foram Xinhang Li, Mengyuan Sun, Ruqing Ye e Zhenhuan Yu.
10. http://philosophy.baddalailama.com/2012/11/meta-skills.html.
11. www.slideshare.net/mike734/the-coaching-kata-chain-of-coaching

Capítulo 10

1. *Let's Re-habilitate "Best Practice,"* www.nickmilton.com/2015/08/lets-re-habilitate-best-practice.html.
2. Bill George, *Discover Your True North*, 2nd ed., Hoboken, NJ: Wiley, 2015.
3. www.theatlantic.com/video/index/482514/the-cognitive-science-behind-repeating-mistakes/.

Leituras adicionais

Durante este livro, fazemos referência a diversos livros nos quais você poderia se aprofundar. A seguir, apresentamos algumas sugestões de leituras e pesquisas adicionais:

Sobre *kata*

Rother, Mike. *Toyota Kata: gerenciando pessoas para melhoria, adaptabilidade e resultados excepcionais*. Porto Alegre: Bookman, 2010. 256p.

O site Toyota Kata no Slideshare, www.slideshare.net/mike734.

O site Toyota Kata, "How to Develop Scientific Thinking for Everyone by Practicing Kata," www-personal.umich.edu/~mrother/Homepage.html.

Outros livros da série Modelo Toyota

Liker, Jeffrey K. *O modelo Toyota: 14 princípios de gestão do maior fabricante do mundo*. Porto Alegre: Bookman, 2005. 320p.

Liker, Jeffrey K.; Convis, Gary L. *O modelo Toyota de liderança Lean: como conquistar e manter a excelência pelo desenvolvimento de lideranças*. Porto Alegre: Bookman, 2013. 296p.

Liker, Jeffrey K.; Franz, James K. *O modelo Toyota de melhoria contínua: estratégia + experiência operacional = desempenho superior*. Porto Alegre: Bookman, 2012. 482p.

Liker, Jeffrey K.; Hoseus, Michael. *A cultura Toyota: a alma do modelo Toyota*. Porto Alegre: Bookman, 2009. 576p.

Liker, Jeffrey K.; Meier, David. *O modelo Toyota – Manual de aplicação: um guia prático para a implementação dos 4Ps da Toyota*. Porto Alegre: Bookman, 2007. 432p.

Liker, Jeffrey K.; Meier, David. *O talento Toyota: o modelo Toyota aplicado ao desenvolvimento de pessoas*. Porto Alegre: Bookman, 2008. 296p.

Liker, Jeffrey K.; Ogden, Timothy N. A *crise da Toyota: como a Toyota enfrentou o desafio dos recalls e da recessão para ressurgir mais forte*. Porto Alegre: Bookman, 2012. 272p.

Liker, Jeffrey K., and George Trachilis, *Developing Lean Leaders at All Levels: A Practical Guide*, Winnipeg, MB: Lean Leadership Institute Publications, 2014.

Franz, James, and Jeffrey Liker, *Trenches: A Lean Transformation Novel*, CreateSpace Independent Publishing Platform, 2016.

Do Lean Enterprise Institute

Os livros a seguir foram publicados pelo Lean Enterprise Institute de Cambridge, Massachusetts.

Ballé, Freddy; Ballé, Michael. *A mina de ouro: uma transformação Lean em romance*. Porto Alegre: Bookman, 2006. 372p.

Ballé, Michael, and Freddy Ballé, *Lead with Respect*, 2014.

Dennis, Pascal, *Getting the Right Things Done: A Leader's Guide for Planning and Execution*, 2006.

Rother, Mike, and John Shook, *Learning to See: Value-Steam Mapping to Create Value and Eliminate Muda*, 2003.

Shook, John, *Managing to Learn: Using the A3 Management Process to Solve Problems, Gain Agreement, Mentor, and Lead*, 2008.

Toussaint, John, and Roger Gerard, *On the Mend: Revolutionizing Healthcare to Save Lives and Transform the Industry*, 2010.

Ward, Allen, and Durward Sobek, *Lean Product and Process Development*, 2014.

Livros *lean* de outras fontes

Hoeft, Steven, *The Power of Ideas to Transform Healthcare: Engaging Staff by Building Daily Lean Management Systems*, Productivity Press, 2015.

Ohno, Taiichi. *O sistema Toyota de produção: além da produção em larga escala*. Porto Alegre: Bookman, 1997. 150 p.

Solomon, Jerrold M., *Who's Counting? A Lean Accounting Business Novel*, Indiana: WCM Associates, 2003.

Spear, Steven, J., *The High-Velocity Edge: How Market Leaders Leverage Operational Excellence to Beat the Competition*, New York: McGraw Hill, 2010.

Suzaki, Kiyoshi, *Results from the Heart: How Mini-Company Management Captures Everyone's Talents and Helps Them Find Meaning and Purpose at Work*, New York: Free Press, 2002.

Taiichi Ohno's Workplace Management, Special 100th Birthday Edition, New York: McGraw-Hill Professional, 2012.

Womack, James P., and Daniel T. Jones, *Lean Thinking: Banish Waste and Create Wealth in Your Organization*, 2nd ed., Free Press, 2003.

Womack, James P., Daniel T. Jones, and Daniel Roos, *The Machine That Changed the World*, New York: Rawson Associates, 1990.

Livros não *lean* para líderes *lean*

Adams, Scott, *How to Fail at Almost Everything and Still Win Big: Kind of the Story of My Life*, New York: Portfolio, 2014.

Coyle, Daniel, *The Talent Code*, New York: Bantam Books, 2009.

Deming, W. Edwards, *Out of the Crisis*, Cambridge, MA: MIT Center for Advanced Educational Services, 1986.

Duhigg, Charles, *The Power of Habit*, New York: Random House, 2012.

Greenleaf, Robert, *The Power of Servant Leadership*, San Francisco: Berrett-Koehler, 1998.

Hanna, David, *The Organizational Survival Code*, Mapleton, UT: Hanaoka Pub., 2013.

Johnson, H. Thomas, *Profit Beyond Measure*, New York: Free Press, 2008.

Kahneman, Daniel, *Thinking, Fast and Slow*, New York: Farrar, Straus and Giroux, 2011.

Medina, John, *Brain Rules*, reprint ed., Edmonds, WA: Pear Press, 2009.

Nisbett, Richard, *The Geography of Thought: How Asians and Westerners Think Differently... and Why*, New York: Free Press, 2004.

Pink, Daniel, *Drive: The Surprising Truth About What Motivates Us*, New York: Riverhead Books, 2009.

Senge, Peter, *The Fifth Discipline: The Art and Practice of the Learning Organization*, New York: Crown Business, 2006.

Sheridan, Richard, *Joy, Inc.: How We Built a Workplace People Love*, New York: Portfolio Hardcover, 2013.

Wheatley, Margaret J., *Finding Our Way: Leadership for an Uncertain Time*, San Francisco: Berrett-Koehler, 2005.

Índice